방송문화진흥총서 44

텔레비전 다큐멘터리 제작론

Television Documentary Production Handbook

최양묵 지음

한울
아카데미

국립중앙도서관 출판시도서목록(CIP)

텔레비전 다큐멘터리 제작론 = Television documentary product-
ion handbook / 최양묵 지음. -- 서울 : 한울, 2003
    p. ;   cm. -- (한울아카데미 ; 533)(방송문화진흥총서 ; 44)

참고문헌수록
MBC 방송문화진흥자금으로 출간
ISBN   89-460-3091-7 93070 : \18000

326.763-KDC4
384.554-DDC21   CIP2003000255

발간사

본회는 방송 진흥을 위한 사업의 하나로 방송과 관련된 우수 서적들을 선정하여 매년 발간해오고 있습니다. 진정한 방송 문화 발전을 위해서는 보이는 곳과 보이지 않는 곳 모두에 균형 있는 지원이 필요하다고 생각합니다. 흔히 방송이라고 하면 프로그램을 제작하는 것만을 떠올리기 쉽습니다. 그래서 방송에 대해 지원한다고 할 때도 프로그램에 대한 지원만을 우선 생각하게 되는 경우가 많습니다. 그러나 그 밑바탕을 이루고 있는 이론적인 기초도 엄연히 방송을 이루는 한 축임을 부인할 수 없습니다. 겉으로 나타나지는 않지만 튼튼한 이론적 바탕에 기초하지 않는다면 건강한 방송은 있을 수 없다고 생각합니다. 본회는 이런 사실을 인지하고 이론적 틀을 다지는 데 우리 방송계에 꼭 필요하지만 소외되기 쉬운 그리고 비상업적인 분야의 저술 번역서들을 발간함으로써 한국 방송의 기초를 튼튼히 하는 데 이바지하고자 합니다.

방송계 기초를 튼튼히 하여 방송문화발전에 이바지하기 위해 시작한 저술 번역사업이 어느새 10년을 넘었고, 그동안 발간한 책들은 40권이 넘었습니다. 방송문화진흥총서의 권수가 쌓여감에 따라 본회의 보람과 함께 책임도 커져감을 느낍니다. 그간의 발간물들을 돌아볼 때 눈에 띠지는 않더라도 많은 책들이 방송계에 꼭 필요한 분야의 책들이라고 믿어 의심치 않습니다. 올해 발간되는 책들도 그러한 의미에서 그 몫을 해주리라고 기대합니다.

올해는 지원규모를 늘려 총 6권의 서적이 발간됩니다. 세 권은 최근 미디어 동향에 대한 서적으로 각각 텔레커뮤니케이션, 인터넷, 방송경영에 대해 다루고 있습니다. 올해 발간되는 서적들은 방송학계뿐 아니라, 현업 방송인들에게도 많은 도움이 될 것이라고 생각합니다. 두 권은 현장에 있는 방송인들에게 직접적인 도움을 줄 수 있는 책으로, 다큐멘터리 제작과 영어뉴스 제작에 대한 내용을 담고 있습니다. 나머지 한 권은 간접적이긴 하지만 텔레

4

비전 오락에 대해 이론적으로 분석하고 있는 내용입니다. 아무쪼록 본 출간 물들을 기초로 하여 각 분야에 대한 최근 동향을 파악하여, 방송정책 수립 등 방송계 사안에 대처해나가는 데 좋은 지침으로 삼을 수 있는 계기가 되었 으면 합니다.

본회는 앞으로도 방송계 발전을 위하여 좋은 책들을 꾸준히 발간할 것을 약속드립니다. 비록 잘 보이지는 않지만, 착실히 터전을 다진다는 자세로 계 속 사업을 전개해나가겠으며, 많은 관심을 가지고 지켜봐주시기 바랍니다. 올해 저술과 번역에 수고해주신 저자분들 그리고 출판을 맡아주신 도서출판 한울 관계자 여러분께 감사드립니다.

2003년 2월
방송문화진흥회 이사장 김용운

머리말

텔레비전 다큐멘터리 프로그램의 제작이 활성화된 지도 어언 20여 성상(星霜)이 지난 것으로 생각된다. 1983년 봄 KBS가 교양국을 설립했고 MBC도 그해 가을 교양제작국을 만든 바 있다. 이 사실은 당시 TV 교양 프로그램이 오락프로의 구색(具色)을 갖추는 주변부 역할에서 공영방송의 주체로서 중심부로 이동했다는 것을 의미한다. 그후 3년이라는 준비기간이 경과되고 맞게 된 '86 아시안게임은 다큐멘터리 프로그램을 시청자들에게 새로운 시각에서 소개하는 계기가 되었다. 동시에 도약의 기회가 된 것으로도 평가할 수 있다.

그간 우리의 텔레비전 다큐멘터리가 괄목할 발전을 이룩한 것은 모두가 인식하고 있는 바이다. 그러나 현재 제작자의 열정과 프로그램의 열기는 다소 식어 소강상태 또는 침체기에 들어선 것이 아닌가 하는 분석들이 나오고 있다. 그 이유는 방송환경이 급격히 변화하고 있고, 구조적으로 도제(徒弟) 시스템이 와해(瓦解)되면서 감각 일변도의 소모형 프로그램들이 시청자를 공습(空襲)함으로써 초래된 결과가 아닌가 보여진다.

그러나 텔레비전 다큐멘터리는 그 본연의 역할과 임무가 있는 것이기 때문에 재도약과 중흥을 시도할 필요성이 점증되고 있고 지금이 그 시점이 아닌가 여겨진다. 따라서 다음의 동기로 집필을 서두르게 되었다.

첫째, 방송사에서의 현업도 오래 전에 종료되었고 대학교수로서의 역할도 시한이 있어 TV 다큐멘터리 프로그램의 기획과 제작 그리고 관리를 통해서 체득했던 전문성과 특수 지식을 종합해야만 한다는 일종의 사명감이 늘 머릿속에 남아 있었다.

둘째, 텔레비전 다큐멘터리에 관한 한국형 또는 내수용(內需用) 서적은 거의 없다시피한 것이 현실이다. 대부분이 미국과 영국 학자가 저술한 '텔레비전 제작론' 중 일부에 포함되었거나, '다큐멘터리 영화이론'에 편입되어 있는 점들이 아쉬움으로 작용했다.

셋째, 디지털 방송이 개시된 후, HDTV 프로그램에 적합하다는 영화·스포츠·다큐멘터리 중에서, 우리 텔레비전 여건으로 보아 다큐멘터리 프로그램이 16 : 9 화면을 구현하는 데 매우 유리하다는 판단도 다큐멘터리 이론화 작업의 의미를 일깨워주었다. 이를 위해 여기저기 놓여 있던 이론과 실제를 하나로 집적(集積)할 필요성이 높아진 것이다.

넷째, 텔레비전 프로그램의 유행이 클래식에서 크로스 오버나 팝으로 변화한 점도 동기가 되었다. 이대로 가다가는 음악의 클래식에 해당하는 TV 다큐멘터리가 소수민족으로 전락하거나 멸종하지 않을까 하는 우려가 작용한 것이다.

다섯째, 필자가 선호하는 프로그램인 다큐멘터리를 나머지 생애 동안 좀더 심도 있는 상태에서 접하고 싶은 개인적인 욕망을 해소하기 위한 목적도 있다. 즉 신규로 다큐멘터리에 진입하고자 하는 프로듀서와 구성작가에게 한 권의 교과서를 제공함으로써, 차후 훌륭한 다큐멘터리 작품을 생산하는 데 기여하고, 나 자신 그것을 향유할 수 있지 않을까 하는 생각에서다. 일종의 '수익자부담(受益者負擔) 원칙'과 유사한 의도에서 비롯되었다. '목마른 사람이 샘 판다'는 심정이 작용했다고 볼 수 있다.

이렇게 국내 저술이 저조한 것은 명성 있는 프로듀서는 경험을 정리할 시간적인 여유와 이론적 틀을 구성하는 것이 취약한 반면, 이론 전공 교수는 실무적 측면에서 빈약함을 부인하기 어렵다. 두 부문에 모두 종사한 필자의 체험을 사장(死藏)하는 것도 아까운 일이 아닌가 하는 자의적 생각을 했던 것도 하나의 연유이다.

다큐멘터리와 관련한 연구경향은 대체로 매우 단편적이고 질과 양적인 면에서 다양하지 못하다. 지상파 TV에서 다큐멘터리 프로그램을 제작하기 위해서는 적어도 5~7년간의 제작 경험이 필요하다. 그후 또 5년 이상 다큐멘터리 제작을 계속해야 하고, 이어서 기획자 또는 CP 등으로 근무해야 한다. 다큐멘터리 제작 관련 저술은 최소 차장급 이상의 경륜이 있어야 가능한데, 그들에게는 시간적 여유가 거의 없다고 보아야 한다. 따라서 본격적인 접근의 저술보다 '제작 노트' 형태의 짧은 아티클을 방송전문지를 통해 발표하기 때문에 다양성과 심도면에서 미약할 수밖에 없다.

해외에서 유학한 학자들도 대학원 과정에서 다큐멘터리에 관한 실습은 할 수 있어도 실제로 TV방송사에서 근무하면서 다큐멘터리 프로그램을 제작하는 경우는 드물다. 따라서 이론과 실무를 모두 아우르는 저술이 나오기가 쉽지가 않은 것이 다큐멘터리의 토양이다. 교수들의 입장에서도 제작 관련 논문보다 오히려 '커뮤니케이션론(論)' 부문에서 다큐멘터리를 둘러싸고 있는 여러 측면의 연구가 더 관심사일 수 있다.

또한 비디오 저널리스트(Video journalist)는, 전문기관의 연수나 수습과정 없이 독학이나 모방 등 방법에 따라 다큐멘터리 제작에 임할 수도 있을 것이다. 이때 어떤 기초나 룰에 따르지 않고 퓨전(fusion) 음식과 같은 형태로 프로를 만들 수도 있는데 이것도 우려되는 부분이다.

TV와 다큐멘터리 장르는 해외에서 수입된 개념이다. 따라서 그 제작기술도 이미 그들이 만들어놓은 2~3개의 기본 텍스트에 의존하지 않을 수 없다. 이 텍스트들은 한국어로 번역된 바 있다. 그러나 그들이 주창하는 내용과 이론은 TV방송 시스템과 메커니즘이 한국과 적지 아니 차이가 있어 전적으로 의존하기는 어려운 상태이다.

저술 구성의 방법에서 다음의 특성이 고려되었다.

첫째, '박인방증(博引旁證)'이라는 말이 있는데 이 단어의 사전적 의미는, "여러 가지 서책에서 많은 용례를 끌어내어, 그것으로 사물을 설명하는 일"이다. 따라서 이론을 정립하기 위한 박인방증의 사례는 주로 《조선일보》와 《동아일보》 기사를 인용했다. 그 이유는 문화와 예술 그리고 사회상과 연관성을 맺고 있는 다큐멘터리와 생활정보 제작은 가장 근접한 현실에 뿌리를 두고 있어야 한다는 점에 근거하고 있다. 그 현상은 빠른 속도로 변화하고 있기 때문에 오늘의 시대를 즉시 반영하고 내일을 예시하는 데 신속성을 발휘하는 무게 있는 일간지에 의존하게 된 것이다.

둘째, 내용 서술에서 매우 많은 양의 한자를 병기(倂記)했다. 이것은 텔레비전 다큐멘터리 프로그램이 '그림'을 통해서 표현되는 형식이지만, 여기에서 보여지는 '그림'과 내용들은 사실상 어떤 표의문자(表意文字·漢字)와 같은 역할을 수행하는 것이 아닌가 하는 의미에서 시도되었다. 즉 다큐멘터리를 마치 한자와 비슷한 성격을 지닌 프로그램으로 보는 것이다. 반대로 일반 전문 서적들은 한문을 그대로 한글음으로 표기하기 때문에 젊은 독자들의 이해를 방해하거나 오히려 표현을 무시하지 않나 하는 우려를 불식(拂拭)시키기 위함이다.

셋째, 이번 '다큐멘터리 제삭론'은 아날로그 제작방법을 주축(主軸)으로 했다는 점이다. 물론 디지털로 제작 메커니즘이 완벽하게 전환되었다 하더라도 그 기본적인 제작기술(제작 및 기술적 측면)이 전적으로 변화되는 것은 아니고, 디지털 형태의 기계를 도입하는 부분이 달라질 것이므로 아날로그 시스템을 기본으로 하더라도 무방하지 않을까 생각되었다.

넷째, 제작시스템과 메커니즘이 방송사, 프로듀서마다 다소 차이가 있을 수 있어 '프리·메인·포스트 프로덕션'의 순서나 접근이 약간 다를 수 있다는 점도 지적하고자 한다.

텔레비전을 드라마와 비드라마로 구분할 때, 비드라마 부문에서는 다큐멘터리 장르가 가장 상위에 위치하고 있는 것으로 판단할 수 있다. 왜냐하면 사고(思考)와 정보, 자료를 제공할 수 있고, 이로 인해 시청자의 분명한 판단을 유도하는 한편, 여기에 근거한 행동에 도움을 줄 수 있기 때문이다. 뿐만 아니라 문화와 예술, 그리고 문명에 대한 지식을 폭넓게 공급할 수 있는 장점도 있다. 따라서 다큐멘터리 프로그램은 텔레비전을 통한 보도나 오락적 기능, 정보전달의 기능보다도 한 차원 높은 심대한 영향을 우리 의식과 생활에 미치고 있다고 볼 수 있다.

그러나 최근 다큐멘터리는 여러 가지 원인으로 인해 부진을 면치 못하고 있다. 영국의 BBC조차도 성취도와 예산 확보에 대한 갈등으로 PD들이 다큐멘터리를 기피하는 현상이 나타나고 있는 것으로 전해지고 있고, 우리나라도 일부 방송사의 경우 힘든 다큐멘터리 제작을 달가워하지 않는다고 한다. 더욱 지상파 방송사들은 시청률 때문에 다큐멘터리 제작과 편성이 활발하지 못하다.

오히려 오락적 주제를 다큐멘터리 용기로 포장하거나 아니면 교양적 주제를 가지고 다큐멘터리를 만든다는 미명하에 우스꽝스러운 오락프로로 만들어버린다. 또한 PD 자신이 선호하는 이념적 주제로 다큐멘터리를 만들어 침묵하는 다수 시청자의 공감을 얻지 못하는 경우도 허다하다.

제작시스템이 분화되어 다큐멘터리 제작스태프 중에 구성작가가 담당하는 역할이 증대되고 있지만, 이들의 교육과 재교육은 방송사 내부의 관심사가 되지 못하고 있다. 또 지도편달(指導鞭撻)을 수행해야 할 시니어 PD의 감리(監理)와 감독도 사라져가는 추세로 여의치 못하다.

이러한 계제(階除)에 '다큐멘터리 제작 기법과 기술'을 한 권의 텍스트로 정리함으로써 펀더멘털(fundamental)을 공고히 하고 룰(rule)에 의한 프로그램 제작을 권장하고자 하는 것이 저술의 의도이고 내용이다. 다큐멘터리의 개념, 정체(正體), 영향력, 제작 계와 각론, 생활정보가 확장되어 다큐멘터리로 발전하게 되는 연계성, 실제 구성작가가 발휘해야 할 각종 역할 등, '텔레비전 다큐멘터리 제작'으로만 범위를 좁혀서 A~Z까지를 망라하게 되었다.

1부 다큐멘터리 제작론, 2부 생활정보 제작론, 3부 구성작가론, 그리고 부록으로 '프로그램 주제 및 분석 관련 용어·개념 해설 70' 등으로 구성했다. 이러한 과정을 통해 프로그램에서 주제선택의 다양성, 심층성 그리고 작품성과 완성도가 배가되었으면 하는 희망과 기대를 거는 바이다.

이 책이 출판되도록 저술지원을 해주신 방송문화진흥회와 장명호 사무처장님께 심심한 감사를 드린다. 그리고 촬영을 맡아준 동덕여대 임성택 교수, 일러스트를 담당한 최승리 씨에게도 고마움을 전한다.

2003년 2월
文井洞 雲興齋 南窓下
崔 陽 默

차례

2부 생활정보 제작론

3부 구성작가론

1부

다큐멘터리 제작론

1장 서론

1. 다큐멘터리의 세계

1) 21세기와 다큐멘터리 프로그램

우리의 방송환경에서 21세기가 개막된 것은 매우 중요한 의미를 부여해야 할 것으로 생각된다. 왜냐하면 지난 2001년 10월부터 정규 지상파 디지털 방송이 개시되었으며, 2002년 3월에는 디지털 위성방송 Sky Life가 서비스를 시작한 바 있다. 이러한 사실은 과거 흑백 텔레비전에서 컬러·텔레비전으로 전환된 것과 비교하면 훨씬 더 강도가 높은 변화이며, 어쩌면 경천동지(驚天動地)할 격변에 가깝다고도 할 수 있다.

'디지털'이라는 마술(魔術)이 텔레비전의 송신과 수신, 수상기와 프로그램에 배어들게 되기 때문이다. 현재의 지상파 텔레비전(아날로그) 프로그램의 총체적인 가치(화면·음향·정세도 등)와 그 질(質)을 1로 보았을 때, 디지털 프로그램은 최저(SD) 2.5배에서 최대(HDTV) 5배 정도까지 가치와 질이 확장될 수 있다고 전문가들은 지적하고 있다.

그러면 다큐멘터리 프로그램과 디지털방송과는 무슨 연관이 있는가? 지상파방송을 디지털로 송출하게 되면 화면의 비율이 현재의 4 : 3에서 16 : 9로 전환된다. 즉 영화관의 스크린 사이즈와 같은 'landscape' 형태[1]가 되어 시각적으로 대단히 시원한 느낌을 주게 되는 것이다. 현재 4 : 3 지상파 TV화면 넓이가 약 33%만큼이 더 커지는 것이 디지털 16 : 9 화면이다. 즉 4 : 3 화면의 세로 부분을 줄이고 그 양측 가로 부분에 16.5%씩 면적을 늘리게 된다. 이것은 TV 프로그램 제작에서 현격한 변화이다.

1936년 11월 2일 영국의 BBC가 텔레비전 정규방송을 시작한 이래, 또 우리나라는 1961년 12월 31일 KBS-TV가 방송을 개시한 이후, 수많은 연출자들과 카메라맨들은 4 : 3 화면구성에만 열중해왔다. 그들의 머리와 가슴 그리고 손은 오직 그 사이즈에만 익숙해져 있다. 이것을 바꾸기 위해서는 두 가지의 측면이 있다. 하나는 장르와 소재 자체를 16 : 9에 유리한 것으로 선정·변경하는 것이고, 다른 하나는 화면의 구도(構圖)를 조정·고안하는 것이 될 것이다. 일반적으로 디지털방송 또는 HDTV로 화면을 만드는 데 장점이 많은 형식은 영화, 스포츠 그리고 다큐멘터리 프로그램이 꼽히고 있다.

소재와 관련해서 다큐멘터리 프로그램의 여러 가지 속성(屬性)이 16 : 9에 더욱 적합하다는 견해들이 나오고 있다. 일본의 예를 보면, 2000년 9월 1일부터 3개월간의 시험 서비스를 거치고 12월 1일 본 방송을 개시한 BS 디지털방송은, 현장감을 그대로 전달하는 영상과 고음질을 즐길 수 있는 고선명(HD)방송, 원하는 뉴스나 일기예보 등 정보를 불러내거나 물건을 구입할 수 있는 데이터방송을 구현하는 것이 특징이다. NHK의 경우 '지중해 연안의 대자연을 담은 역사 다큐멘터리물' 등을, 텔레비전 아사히 계열 BS아사히도 '과학·역사 다큐멘터리물'을 특집으로 내보낼 예정이다.[2] 특히 HDTV의 특징은 예컨대 운동선수의 땀방울이나 여성 탤런트 얼굴의 모공(毛孔)까지도 극명하게 드러난다. 이런 기능이 다큐멘터리 프로그램의 피사체에 대한 이해와 인식도를 좀더 개선할 수 있게 된다.

따라서 지상파의 디지털 전환, 위성방송의 개시와 함께 다큐멘터리 프로그램은 새롭게 부상(浮上)하거나 한 차원 격상될 수 있는 환경이 조성되고 있는

---

1) 미술에서 회화의 사이즈는 portrait 형태와 landscape 등으로 나눌 수 있다. 포트레이트형은 위아래가 긴 초상화와 같은 모양을 말하며, 랜드스케이프는 가로가 긴 넓은 사각형의 풍경화와 유사한데, 신문은 포트레이트에 가깝고, 영화는 완전한 랜드스케이프이고, 현재의 지상파는 준(準) 랜드스케이프 형태라고 볼 수 있다.

2) ≪전자신문≫, 2000년 12월 1일.

것이다. 현재 답보상태이거나 침체 속에 있는 다큐멘터리 장르가 2002년 월드컵과 아시안게임 이후, 중흥기(中興期)로 접어들 수 있는 전기가 되지 않을까 하는 예측이 가능하다.

2) 최근 텔레비전 프로그램의 경향

최근 방송기사를 접하는 심정은 매우 착잡하다. 관련 내용들이 모두 일정한 라인을 벗어나 관음주의(觀淫主義) 일변도로 치닫고 있기 때문이다. 뿐만 아니라 '버라이어티' 프로그램들이 시청률 경쟁의 주전 선수로 등장하면서 상황은 더욱 나빠지고 있다. 일부 제작자들은 세상이 이미 변할 대로 변했는데 어떻게 옛날 윤리교과서 같은 프로그램을 만들어야 하느냐는 항변의 목소리를 낸다. 모든 대중문화가 변모하고 있는데 텔레비전만 제자리에 있을 수는 없다는 것이다. 다원주의, 신자유주의, 포스트모더니즘 등을 그 이론적 근거로 대기도 한다.

오죽하면 다큐멘터리 제작의 종주(宗主) 방송사인 영국의 BBC조차도 버라이어티 쇼의 확장으로 다큐멘터리 제작이 적지 아니 장애를 받는다고 울상을 짓겠는가? 그 원인은 제작비 절감의 압박과 제작자 개인의 고된 작업조건 그리고 시청률로 환산되는 낮은 성취도로 인한 갈등 때문이라고 한다. 강한 신념과 훈련으로 무장된 다큐멘터리 전문제작자들도 오늘의 시류에 흔들릴 수밖에 없는 세상인 것이다.

지난 2000년에는 '사생활 공개 프로그램'이 유럽과 미국 등지에서 폭발적으로 인기를 모은 바 있다. 자세한 사례를 예시함으로써 텔레비전 프로그램의 왜곡 현상을 확인하고자 한다.

- 올해 40세 주부인 '카린 반 엘스위크'는 네덜란드의 유명인사이다. 그녀가 유명인사가 된 것은 지난해 가을에 방영된 TV 프로그램 '빅 브러더'에 출연했기 때문이다. 이 프로그램은 그녀를 포함한 9명의 사람들이 100일 동안 한 집에 사는 모습을 24대의 카메라와 59개의 마이크로 촬영해 시시콜콜 방영한 것이다.
  '빅 브러더'는 일주일에 여섯 번씩 모두 114회에 걸쳐 방영되면서 최고의 시청률을 기록했다. 마지막회가 방영되던 날에는 시청률이 무려 53.6%로 치솟아 거리에 인석이 끊어질 정도였다.

다국적의 많은 TV방송이 경쟁하는 유럽의 풍토에서 50%가 넘는 시청률을 보였다는 것은 대단한 성과이다.[3] 그러나 이러한 '리얼리티 프로그램'[4]에 대한 비판도 만만치 않다.

독일에서는 방송규제위원회가 이런 프로그램을 취소시키려고 시도했다. 기획자들은 하루에 한 시간씩 집안의 한 침실에 관한 촬영을 하지 않겠다고 양보해야 했다. 그런데 이 프로그램의 출연자들은 이 결정을 달가워하지 않았다. 그들은 자신들의 사생활에 대한 침해가 줄어들수록 자신들의 '모험'의 격도 떨어진다고 생각했다.[5] 최후의 승자에게는 수많은 광고제안이 들어왔고 한 여성 참가자는 ≪플레이보이≫지의 모델이 되기도 했다.

• 독일의 민간방송사인 RTL2가 남자 여자 각각 5명을 외부와 차단된 집에 넣은 뒤, 24시간 일거수 일투족을 100일간 카메라에 담는데, 역시 이름은 '빅 브러더'이고 녹화를 마치면 각각 50만 마르크를 받는다. 반대자들은 이 프로그램을 두고 '인간동물원'이라고 비판했다.

---

3) 우리 텔레비전의 최고 또는 고시청률은 모두 드라마 프로그램에 의해서 기록된 바 있다.

① 첫사랑(KBS2)—65.8% ② 사랑이 뭐길래(MBC)—64.9% ③ 모래시계(SBS)—64.5% ④ 허준(MBC)—60% ⑤ 야인시대(SBS)—51.5%(2002.10.16.김두한과 구마적의 대결) ⑥ 왕건(KBS)—48.4%(마지막회)

4) www.ssy.co.kr/korean/read/cine/

'reality program'은 연출을 하지 않고 있는 그대로를 카메라에 담아 방송하는 프로그램을 말한다. 물론 촬영과 편집과정에서 연출자의 시각과 의견이 분명히 첨가되기는 하지만, 배우들을 출연시켜 드라마를 만들어내는 경우와는 확연히 구별되기 때문에 리얼리티 프로그램이라고 불린다. 대표적인 예는, 카메라맨이 실제 경찰차에 탑승해 경찰의 하루 일과를 카메라에 담는 FOX TV가 있을 것이다. 미국의 TV채널들을 통해 방송되는 이런 리얼리티 프로그램의 숫자는 30여 개에 이른다. 이렇게 리얼리티 프로그램들이 전성기를 맞이하게 된 것은 '로드니 킹 구타사건' 이후이다. 경찰이 무고한 흑인 운전사를 무자비하게 폭행하는 그 비디오는 거의 모든 뉴스채널의 황금시간대에 반복적으로 방영되었고, 그 결과 방송사가 생생한 현장화면의 상업성을 발견하게 되었던 것이다.

5) ≪동아일보≫, 2000년 5월 26일.

- 영국의 채널4 방송도 1억 2,000만 원의 상금을 걸고 유사형태의 프로그램을 방송했다.
- 프랑스의 상업방송인 M6도 낯모르는 성인 남녀 11명을 외딴집에 모아놓고 10주 동안 일상생활과 은밀한 내용까지도 여과없이 보여주는 '로프트 스토리'를 방송한 바 있다.
- 2000년 5월 31일 첫 방송됐던 미국 CBS방송의 '생존자(Survivor)'는 첫회에 1,500만 명, 마지막회 4,000만 명, 평균 시청자수는 2,450만 명이었다. 참가자들은 말레이시아의 팔라우티가 오지에서 굶주림을 채우기 위해 쥐를 잡아먹는 등의 원시적인 삶의 모습을 생생하게 전달했다.

세계의 유수방송사들의 경향이 이 지경이니 순수 텔레비전 다큐멘터리 프로그램의 설 자리가 어디 있을 것이며, 어떻게 살아남을 것인가? 그 자체가 가장 시급한 문제가 아닐 수 없다. 많은 텔레비전 회사들은 최소의 경비로 최대의 시청률을 올릴 수 있는 '엿보기(voyeurism)' 프로그램에만 몰두해 있는 것이다.

우리 텔레비전의 상황도 외국방송들과 비교해 별로 뒤떨어지지 않는다. 많은 카메라를 동원할 만큼 예산의 확보가 불가능하기 때문에 '빅 브러더' 형식의 프로그램은 시도하지 못하고, 가장 손쉬운 방법인 '벗기기'를 지상파 3사에서 경쟁적으로 애용한다.

벗기기의 극치를 이룬 대표적 사례는 2000년 7월 30일 저녁 7시에 방송된 MBC TV의 <일요일 일요일 밤에>였다. 한 여성출연자가 11m 다이빙대에서 뛰어내린 뒤 한쪽 젖가슴이 드러난 장면을 여과(濾過) 없이 그대로 방송했다. 이 사건을 계기로 당시 문화관광부 장관이었던 박지원 씨는 기자회견에서 "선정적이고 폭력적인 내용과 범죄 모방 등 비도덕적인 프로그램 수준이 사회적으로 인내할 수 있는 수위를 넘었다"며 "TV 속의 선정성, 폭력성을 없애는 데 장관직을 걸겠다"고 밝힌 바 있다. 이러한 언급은 거의 일과성(一過性)으로 끝났고 현재까지 크게 개선된 현상은 별로 발견할 수 없다.

이런 상황에 대한 반작용으로 텔레비전 다큐멘터리는 새로운 환경을 맞이하게 될 개연성(蓋然性)의 확보도 가능하게 된다. 독주(獨走)하는 드라마와 난무(亂舞)하는 버라이어티 쇼의 풍토에서, 다큐멘터리의 진흥이 실현된다면 전문 프로듀서와 구성작가들에게는 매우 반가운 일이 될 것이며, 시청자들에게도 프로그램 선택의 다양성이 증폭될 수 있다는 맥락에서 역시 다행스러운 계기가 되지 않을까 하는 기대를 걸어볼 수 있다.

2. 다큐멘터리의 개념과 정의

1) 다큐멘터리는 어떤 프로그램인가?

다큐멘터리의 개념은 단순하지가 않다. 어느 면에서는 매우 포괄적(包括的)으로 보여진다. 다큐멘터리의 정의는 논자에 따라 조금씩 강조하는 점이 다르다.

① 존 그리어슨은, 사실 또는 현실의 창조적 처리라고 했다
② 프랭크 비버의 『영화 사전』에 따르면, 비허구적인 영화(논픽션 필름)를 가리킨다
③ 웹스터 사전에서는, 어떤 사건이나 문화 현상의 실제적 모습과 가치 등을 예술적 형식으로 기록하거나 묘사하는 것이라고 했다
④ 1948년 제1회 다큐멘터리 세계연맹 회의에서는, 사실에 입각한 촬영 또는 진실하고 합리적인 재구성(재현 포함)을 통해서 현실의 상황을 기록하는 모든 방법을 가리킨다고 규정하고 있다.[6]
⑤ 1970년 미국 연방통신위원회(FCC: Federal Communication Commission)는 "뉴스의 대상이 될 수 있는 사회, 정치, 경제 문제 등 과거의 사건을 자료로 삼아 극화하지 않고 다루는 형식이다"라고 정의하고 있다.

좁은 의미로는,[7]

• 사회적으로 유익한 정보를 제공하거나

---

6) 마이클 래비거, *Directing The Documentary*, 조재홍·홍형숙 역, 지호, 1998, p.25.
7) 방송문화진흥회 편, 『방송대사전』, 나남출판, 1990, p.117.

• 대중설득(大衆說得)을 통한 교정적(矯正的) 행동을 이끌어내는 것이 그 목적이다.

넓은 의미의 다큐멘터리는,

• 문화적이고 교육적인 프로그램까지를 가리키며, 역사적 전기적 또는 자연관찰기나 여행기까지도 포함된다. 그러므로 TV에서 사실적인 내용을 담은 필름은 넓은 의미에서 모두 다큐멘터리라고 말할 수 있다.

한편, 앞에서 언급한 1948년 체코슬로바키아에서 세계 최초로 개최된 다큐멘터리 세계연맹회의에서는 다큐멘터리 영화에 대해서 다음과 같은 정의를 내리고 있다. 다큐멘터리 영화란 경제·문화·인간 관계의 영역에서,

• 인간의 지식과 이해를 넓히고 그 욕구를 자극시키며
• 문제와 해결책을 제시하기 위한 목적을 갖고, 이성이나 감성에 호소하기 위한 사실적 촬영으로
• 진지하고 이치에 맞는 재구성(再構成)을 통해 해석(解析 또는 解釋)되는 모든 면을 필름에 기록하는 방법을 말한다.

물론 이것은 다큐멘터리 영화에 대한 정의이기는 하지만 TV에도 그대로 적용될 수 있으며 다큐멘터리의 소재, 목적 및 방법을 일목요연하게 나타내주고 있다. 그러면 다큐멘터리는 뉴스와 어떻게 다른가? 뉴스보도는 객관성을 추구하는 데 반해 다큐멘터리는,

• 명쾌한 견해에 비중을 크게 둔다. 다큐멘터리는 뉴스의 문제, 인물, 사건을 취급하지만 뉴스 스토리 그 자체가 아니다.
• 뉴스의 뒤나 밑을 캐는 것이 다큐멘터리다. 뉴스보다는 심층적으로 사건 자체뿐 아니라
• 그 사건의 원인, 관련된 사람들의 태도와 감정 그리고 전문가의 해석, 시민의 반응, 개인과 사회에 주게 될 의미를 다룰 때 다큐멘터리가 된다.[8]

① 플레허티는 다큐멘터리를 "발견과 폭로의 예술이다. 모든 예술은 일종
　의 탐사다"라고 정의한 반면,

② 그리어슨은 "사실적인 것의 창조적 해석"으로 규정하고 있고,

③ 폴 로차(Paul Rotha)는 "현실적으로 존재하는 인간의 삶을 창조적으로
　그리고 사회적 의미에서 해석해야 한다"고 주장했다.9)

또 다른 견해는, 현대의 다큐멘터리는 이야기로 펼쳐지는 논쟁이며 사건의
진상을 제대로 파악하려는 지성(知性)을 함축하고 있다. 다큐멘터리는 주체
인 동시에 관찰자이고 사건이면서 동시에 사건에 대한 반응이다.

따라서 다큐멘터리란 정확하고 믿을 만해야 할 뿐만 아니라 그런 믿음을
줄 수도 있어야만 한다. 즉 어떤 것이 진실인지, 아니면 감독의 주관적인 견
해이긴 하지만 근거가 있음을 알려주어야 한다는 것이다.

주제를 편견 없이 드러내는 통찰성(洞察性)을 '객관성(客觀性)'이라고 하는
데, 이 객관성과 관련해서 더욱 나쁜 것은 뉴스나 다큐멘터리 종사자들이
자신들의 편견을 숨기는 태도가 너무도 교묘해서 대중들로 하여금 다큐멘터
리란 원래 객관적인 매체라고 믿게 만드는 것이다.

공평하고 객관적이며 균형 잡힌 다큐멘터리를 만들고 싶다면, 다룰 주제에
관한 사실들을 광범위하게 확보해야 한다. 그런 자료야말로 그 자체로 믿을
수 있고 설득력이 있다. 관객에게 보여주는 것은 사건 그 자체가 아니라 나름
의 논리와 역동성을 지닌 예술적인 재현이다.10)

위의 설명은 범위가 넓고 다소 어렵게 표현되어 있다. 총체적으로 보면
상당히 형이상학적(形而上學的) 면이 강하고 미학적인 요소도 포함되어 있다.
그러면 다큐멘터리 프로그램을 우리말로는 무엇이라고 부르는가? 정해진 이
름은 없고 관행적으로 그냥 '다큐멘터리'라고 부를 뿐이다. 다큐멘터리는
Documentary Film에서 왔다. Documentary Film을 우리는 기록영화(記錄映畵)
라고 얘기한다. 따라서 TV다큐멘터리는,

---

8) 『방송대사전』, pp.117~118.

9) 전평국, 『영상다큐멘터리론』, 나남출판, 1994, pp.24~25.

10) *Directing The Documentary*, pp.23~27.

'기록 TV 프로그램'으로 생각하면 좀더 이해가 쉽다. 다큐멘터리는 주제나 아이템, 취재나 구성에서 반드시 어떤 기록과의 연관성을 통해서 접근해야 한다는 점이 중요하다. 그 내용들이 구상적(具象的)이거나 추상적(抽象的)이거나 현상적(現象的)일 때도 마찬가지일 터이다.11)

또 하나의 견해는,
기록할 만한 자료로서의 가치를 강조하고 있다.

일반적으로 다큐멘터리의 개념적 이해에 관한 글들에서 가장 먼저 논의되는 부분은 용어상의 정의를 내세우는 것이다. 즉 documentary는 '가르친다'라는 뜻의 라틴어 docere에서 유래한 것이며, document가 어원이고, 19세기 후반의 옥스퍼드(Oxford) 영어사전에 의하면 documentary라는 용어는 "교육(a lesson), 훈계(an admonition), 경고(a warning)를 의미한다"는 등등으로 정의되어 있다.12)

최초의 다큐멘터리스트로 알려진 영국의 존 그리어슨(John Grierson)이 ≪뉴욕선(New York Sun)≫지에 기고한 글에서 <Moana>를 (사실적이고 근거가 있는) "기록할 만한 자료로서의 가치가 있다"고 표현한 데서 다큐멘터리의 전형적인 용례(用例)를 삼는 정도이다.

그리어슨에 따르면,

• 다큐멘터리는 은유적으로 표현해서 거울이 아니라 망치에 비유할 수 있다. 즉 다큐멘터리는 이미 존재하고 있는 기성의 사회상을 그저 드러내 보여주는 것이 아니라,
• 미래사회를 건설하는 사회개혁의 대행자로서의 역할을 수행한다. 다큐멘터리는 생활의 실제기록 이상의 무엇, 사회적으로 중요한 영향을 끼칠 수 있는 사회적 목적을 가지고 있어야 한다.13)

---

11) 최양묵, 『연세커뮤니케이션스』, 연세대학교 언론홍보대학원, 2000, p.179.
12) 강만석 외, 『텔레비전 다큐멘터리 정착화 방안 연구』, 한국방송개발원, 1998, p.26.
13) 앞의 책, pp.26~27.

또 마이클 레노프(Michael Renov)는 초비판적 패러다임으로서 다큐멘터리 텍스트의 네 가지 기능을 제시하고 있다.

① 기록하고 폭로하거나 또는 유지하는 기능
② 설득하거나 또는 촉진하는 기능
③ 분석하거나 질문하는 기능
④ 표현하는 기능14) 등을 지적하고 있다.

2) 다큐멘터리의 10 Key Word

앞의 내용 중에서 한국적인 다큐멘터리의 관점을 감안해, •로 표시된 부분만 발췌하면 텔레비전 다큐멘터리의 핵심적인 요소를 정리해낼 수 있다.

① 사회적으로 유익한 정보를 제공한다.
② 대중설득을 통한 교정적 행동을 이끌어낸다.
③ 문화적이고 교육적인 프로그램을 지칭한다.
④ 인간의 지식과 이해를 넓히고 그 욕구를 자극한다.
⑤ 문제와 해결책을 제시하기 위한 목적을 갖는다.
⑥ 진지하고 이치에 맞는 재구성을 통해 해석되는 모든 면을 필름에 기록한다.
⑦ 명쾌한 견해에 비중을 둔다.
⑧ 뉴스의 뒤나 밑을 캔다.
⑨ 그 사건의 원인, 관련된 사람들의 태도와 감정 그리고 전문가의 해석, 시민의 반응, 개인과 사회에 주게 될 의미를 중시한다.
⑩ 기록 TV 프로그램으로 생각한다.

만약 이러한 여러 가지 함의(含意)를 다 담아 프로그램을 만든다면 매우 고난도의 기술이 필요하고 진정 작품성이 뛰어난 프로그램이 될 것이다. 결

---

14) 앞의 책, pp.26~27.

국 TV 다큐멘터리는 제작하기 어려운 프로그램이며, 또한 대충 만든다면 결코 다큐멘터리가 성립되지 않는 특성을 갖고 있기도 하다. 그러나 이론과 실제는 너무 괴리(乖離)가 심해서 현실적으로는 다큐멘터리라는 의상(衣裳)을 걸친 많은 사이비 다큐멘터리 프로들이 수없이 방송되고 있고 심지어 창궐(猖獗)하고 있다고 해도 지나친 말은 아니다.

3) 로버트 플레허티와 북극의 나누크

1884년 미국 미시간 주 아이언 마운틴(Iron Mountain) 지방에서 태어난 로버트 플레허티(Robert Flaherty, 1884~1951)는 광산기사였던 아버지를 따라 미국, 캐나다 등 여러 지역을 돌아다니며 유년시절을 보낸다. 1910년 26세가 되던 해에, 그는 캐나다 철도건설업자인 윌리엄 매킨지(William Mackenzie)에게 고용되어 광산기사 겸 탐험가로서 활동하게 된다.

1913년 윌리엄 경은 자신이 탐험한 사진자료들을 완성시키기 위해 플레허티에게 이상한 사람들과 동물이 살고 있는 희귀하고 아름다운 곳을 촬영하도록 부탁한다. 그는 뉴욕주 로체스터에 있는 학교에서 3주 동안 필름에 대한 기본 교육을 받고 현지로 떠난다. 그곳에서 에스키모의 환경과 생활상 등을 약 7만 피트(약 12시간 분량) 길이의 필름에 담아 돌아온다. 그러나 편집 도중 담뱃불이 필름에 떨어져 원래의 필름 3만 피트를 불태운다.

플레허티는 1920년 모피회사 레빌론 브라더스사의 재정지원을 받아 다시 북쪽으로 떠나고, 16개월 동안 그는 에스키모 이티비뮤이트(Itivimuit) 족 사냥꾼 나누크(Nanook)를 주인공으로 영화를 제작한다. 이렇게 해서 세계 최초의 다큐멘터리 <북극의 나누크>[15)가 1922년 탄생되었다.

---

15) 강만석 외, 『텔레비전 다큐멘터리 정착화방안 연구』, 한국방송개발원, 1998, p.35.
  1922년 플레허티에 의해 제작된 <북극의 나누크>는 설원에 사는 에스키모인 나누크와 그 가족의 생활을 그린 다큐멘터리로서 이 필름은 파테영화사에 의해 미국과 캐나다 전국에 배급되어 상업적인 성공을 거두었고, 유럽 러시아 일본 등 전세계에서 상영되었다. <북극의 나누크>는 일반극장에 흥행 목적으로 배급된 최초의 장편 기록영화였고, 아이젠슈타인을 비롯한 당대의 러시아 영화인으로부터 1960년대의 다큐멘터리 감독들에게 이르기까지 많은 사람들에게 영향을 미쳤다.
  플레허티는 영화의 새로운 영역을 개척한 예술가로서 영웅대접을 받았고 그의 명성은 주인공 '나누크'는 유쾌한 또는 위험스러운 사건 후에 가끔 친구처럼 관객을 향해 웃는다. 실제로는 이미 친구가 되어버린 카메라 뒤의 플레허티를 향한 웃음이다. 바로 이런 웃음이 관객들로 하여금 에스키모인들의 생활 속을 파고들게 한다. 담담한 플레허티의 영상은 오히려 생존을 위해 살아가는 '에스키모의 삶'이라는 주제를 성공적으로 끌어낸 것이다.

오랜 기간 나누크 가족과 생활함으로써, 그들에게 카메라를 전혀 의식하지 않고 행동하도록 했다. 가장 유명한 장면은 바닷가에서 해마(海馬)를 사냥하는 모습과 얼음 조각으로 이글루(igloo, 지붕이 둥근 에스키모인의 집)를 짓는 장면인데, 이 부분은 영화제작기법과 접근방법의 중요한 열쇠가 되고 있다.

1926년 개봉된 <모아나(Moana)>도 아름다운 목가적(牧歌的) 다큐멘터리로 평가받았는데, 두 작품간에는 상당한 차이가 있다. '나누크'는 무대가 북극 동토(凍土)지대이고, 생존을 위해 자연과 싸우고 있는 불굴의 용기를 가진 원시인의 상징인 반면, '모아나'의 경우는 열기가 가득한 남태평양을 배경으로, 걱정이 없는 환경 속에서 목가적 삶을 누리고 있는 젊은 사모아인을 묘사하고 있다.16)

4) 존 그리어슨과 유망선(流網船, Drifters)

스코틀랜드에서 교사의 아들로 태어난 존 그리어슨(John Grierson, 1898~1972)은 글래스고 대학에서 윤리학을 공부하면서 영화에 관심을 가지고 있었다. 그는 교회나 학교가 담당하고 있던 교육적 역할을 이제는 영화나 대중매체들도 맡을 수 있다고 생각했는데, 이런 생각이 인생의 방향을 바꾸는 계기가 되었다.

<모아나(Moana)>, <아란 섬의 사람들(Man of Aran)> 등 이후 그가 만든 영화를 통해 확고해졌다. 그의 영화들에 일관되게 흐르고 있는 대상인 인간에 대한 애정과 장기간의 현지 조사를 통한 사전작업은 다큐멘터리 영화작가들에게 모범을 보인 것으로 평가된다. 반면 체계적인 방법론의 구축보다는 주관적이며 감성적인 문화의 이해에 의존한 점, 살아있는 문화를 필름에 담기보다는 이미 사라져버린 원형의 복원에 집착한 점은 비판의 여지를 남기고 있다.

16) 전평국, 『영상다큐멘터리론』, 나남출판, 1994, pp.57~64 및 에릭 바누, 『세계 다큐멘터리 영화사』, 이상모 역, 다락방, 2000, pp.47~69.

그는 록펠러 재단의 장학금을 얻어 미국으로 유학을 떠났고 플레허티와 만났는데, 그들은 평생을 두고 서로에 대해 애증의 태도를 갖고 있었다. 그리어슨은 플레허티를 '다큐멘터리의 아버지'로 받들면서도, 그가 벽지의 미개인에게만 집착하는 사실을 못마땅하게 여겼다. 그리어슨은 "지구의 끝으로 향하고 있는 시민의 눈을, 지금 일어나고 있는 시민들 자신의 이야기로 이끌어와야 한다"고 믿고 있었다. 그는 사회문제에 관심을 돌리고 있는 소련 영화에 대해서도 호의를 가졌다.

1927년 영국으로 돌아온 그리어슨은 EMB(The Empire Marketing Board, 제국통상국)로부터 2,500파운드의 제작비 지원을 받아 50분짜리 무성영화 <유망선>을 제작·감독해 1929년 공개했다. 이 영화는 소련의 아이젠슈타인(Sergei Eisenstein, 1898~1948)의 <전함 포템킨(Bronenosets Potyomkin, The Battle- ship Potemkin)>(1925, 러닝타임 65분)보다는 뒤떨어졌으나, 힘찬 전개와 상상력이 풍부한 구성으로 청어잡이의 일상생활을 생생하게 그려내었다. 그리어슨은 어촌의 가난한 모습이 아니라 '증기와 강철'에 초점을 맞추었는데, 소용돌이 치는 물과 흔들리는 배 안에서의 '인간과 기계의 맞물림'을 잘 묘사했다.[17]

플레허티와 그리어슨은 기록영화의 창시자로 알려져 있지만, 영화에 대한 사상과 철학은 크게 달라 대조를 이루고 있다.

플레허티의 주요관심은 세계를 자신이 본 그대로 남에게 보여주는 데 있었고, 이것이 예술가의 길이며 의무라고 생각했다. 예술작품은 사회변화에 기여할 수 있지만, 사회변화 자체를 목적으로 창조되어서는 안 된다고 주장하였다.

여기에 반해,

그리어슨은 영화를 설교자로 생각하고 영화를 선전의 한 수단으로 크게 활용했다. 그는 영화를 통해 대중을 교육시키고 사회제도를 개선하며 민주주의의 이상을 실현하고자 하였으며, 그의 목표는 언제나 사회적·경제적·정치적이었다. '예술을 노동운동의 부산물'로 해석한 그리어슨은 처음부터 영국 기록영화를 반(反) 심미주의 운동의 일환으로 보고, 사회학적 측면에서 현실을 창조적으로 해석하는 개념으로 보았다. 매우 상반되는 대조적인 요

---

17) 에릭 바누, 『세계 다큐멘터리 영화사』, 이상모 역, 다락방, 2000, pp.105~109.

<표 1-1> 로버트 플레허티와 존 그레이슨의 비교

로버트 플레허티	존 그리어슨	로버트 플레허티	존 그리어슨
자연(낭만파)	프로파간다	심미주의	반 심미주의
순수성(예술성)	사회성(목적성)	표면적	내면적 묘사
개인묘사	집단묘사	이색적 테마	일상적 주제
인간 대 자연의 투쟁	인간 대 사회(환경)관계	이국적	평범함
원시적	문명적	영리적	비영리적
미적 가치	지적 가치	촬영	편집
객관적	주관적	인터뷰 없음	인터뷰 사용
관찰·폭로	계몽·설득	longtake	short
인간성	사회성	작품이 길다	작품이 짧다
현실 묘사	현실 창조	원시인(이방인)	노동자·대중
시적·서정적	소설적·서사적	개인 제작활동	집단 제작활동
신화적(myth)	현실적	순수한 아름다움	메시지 전달
영웅화	비영웅화	오락적	교육적
과거 지향적	현재적		

인들은 <표 1-1>과 같다.18)

5) NHK의 Silk Road

일본 NHK가 기획·제작해서 방송한 30부작 <실크 로드(Silk Road)>는 미국의 '로버트 플레허티'와 영국의 '존 그리어슨' 못지않게 우리 다큐멘터리 제작자들에게 지대한 영향을 미친 작품이었다. 이 <실크 로드>의 시작은 1966년 일본의 후카다(深田丘彌) 씨19)가 '실크 로드 탐사대'를 편성해서 터키에서 소련령 투르키스탄, 이란, 이라크, 아프가니스탄, 파키스탄을 거쳐 인도까지 실크 로드 서쪽 절반의 각지를 답파(踏破)하고, 여기에 동행한 《아사히신문》 기자가 매일처럼 기사를 송고했기 때문에 '실크로드'라는 단어와 개념이 일반에게 알려졌다고 한다.

그런 식으로 10년 정도가 지나고 '죽(竹)의 장막'으로 불리던 중국이 개방하게 되고 여러 가지 조건이 성숙함에 따라 <실크 로드> 제작이 이루어졌

---

18) 전평국, 『영상다큐멘터리론』, 나남출판, 1994, pp.150~153.

19) NHK 취재반, 「모든 길은 로마로 통한다」, 이명성·김균 역, 『실크 로드』 제12권, 서린문화사, 1986, p.80.

다는 것이다. 이에 앞서 오타나 고오즈이(大谷光瑞, 1876~1948)라는 사람에 의해 3차(1902~1904, 1908~1909, 1910~1914)에 걸친 실크 로드 탐사가 수행되었는데, 프로그램 기획에서 그런 관련 보고서 등이 참조되었을 것이다. '실크 로드'라는 말은 프랑스어로는 '라 루트 들라 소아', 이탈리아어로는 '라 비아 디 세타', 러시아어로는 '쇼르코와야 다로가', 터키어로는 '따위로', 모두 '비단의 길' 또는 '큰 비단길'이라는 뜻이다.

NHK는 1979년 봄 취재·제작팀을 구성하고 프로듀서와 연출자 10명과 카메라맨 8명을 지명했다. 스즈키 하지메(鈴木肇) 씨는 이때 실크 로드 프로젝트 책임감독(Chief Director)을 담당한 바 있다.

제작팀은 1979년 여름에 사전 취재를 떠났고, 1979년 가을부터 1980년 연말까지 약 1년 반 동안 취재를 마쳤다. 촬영팀이 귀환하면서 1979년 말부터 편집이 시작되어 1981년까지 편집·제작이 완료되었다. 1980년 4월부터 1981년 3월까지 30부작(각각 43~47분)의 대서사시(大敍事詩)가 성공리에 방송되었다.

이 다큐멘터리는 일본 NHK와 중국(당시는 中共)의 CCTV가 공동으로 제작했는데 취재 허가, 대상 섭외 등은 CCTV가 담당하고, 취재와 촬영은 NHK가 수행했다. NHK는 역사, 유적, 문화관련 부분을 주로 촬영하고, CCTV는 신장(新疆) 위구르(Uigur)[20] 자치구의 개발상황을 찍었다. 또 자국 방송은 양국의 시각(視覺)에 따라 독립적으로 편집해 방송했다. 이것은[21] NHK 서울지국의 협조로 확인한 자료이다. 당시 <실크 로드>를 제작하기 위해 NHK가 사용했던 기재는 중국 CCTV에 기증하고 돌아왔다는 미담도 들린 바 있다.

1960년대 중국은 '죽의 장막'[22]이라고 불릴 만큼 모택동 주석이 문을 굳게

---

20) 몽고 터키계의 부족으로 수당(隋唐) 시대부터 송원(宋元) 시대에 걸쳐 몽고 및 감숙 (甘肅) 등지에서 세력을 떨쳤으며, 현재는 신장 위구르 자치구의 다수 민족이다.

21) NHK의 실크 로드는 20여 년 전에 방송된 프로그램이기 때문에 기획·제작·편성에 관한 상세한 자료나 제작 관련 서적 등이 서울에서는 거의 전무한 상태이다. 즉 하드웨어에 관한 것은 드물고, 30부작 실크 로드에서 다룬 아이템들, 소프트웨어에 관해 기술한 『실크 로드』(NHK취재반, 김명성·김균 역, 서린문화사 발행)는 구할 수 있다. 방송자료가 전산화된 오늘날과 20여 년 전과는 자료 추적 면에서도 격세지감을 금할 수 없다.

22) ≪조선일보≫, 김태익, 1999년 5월 24일.
1946년 3월 5일, 미국을 방문중이던 처칠 전 영국 수상이 미주리 주 풀턴 시에 있는

닫고 있었고, 한국전쟁을 계기로 경제적 자신감이 고양된 일본은 중국의 문호(門戶)를 열고자 하는 희망이 있었다. 특히 일본 문화계 일각에서는 중국과 문화예술 교류를 추진했으나 여러 가지 정황으로 성사되지 못하고 만다. 1972년 2월 미국 닉슨 대통령이 역사적인 중국방문에 성공함으로써 양국간의 공식 외교관계가 수립되었고, 그후 모택동은 피폐(疲弊)했던 경제상황이 호전되자 <실크 로드>를 통해 최초로 중국의 문명과 문화를 세계에 개방하게 된 것이다.

KBS도 NHK로부터 <실크 로드>를 수입해 1984년 5월부터 12월까지 성황리에 방송한 바 있다. 이 프로그램은 일반 시청자들에게도 매우 큰 반향을 일으켰지만, 특히 다큐멘터리 제작자들은 커다란 감동을 받았다. 왜냐하면 다큐멘터리 프로그램이 갖추어야 할 온갖 요소들을 30부작이라는 대하(大河) 프로그램을 통해 동양과 서양을 넘나들면서 담아냄과 동시에 유장(悠長)한 대서사시를 완성했기 때문이다. 당시 우리 방송계의 반응은 국내 프로그램과 비교할 때 거의 '파격적'이라는 의견이 지배적이었다.

<실크 로드>는 앞에서 소개됐던 로버트 플레허티와 존 그리어슨의 이데올로기나 신념과는 다소 다르다. 두 사람의 주장과 비교할 때 어느 면에서 중용지도(中庸之道)를 취하면서도, 면면히 흐르는 역사와 문명, 문화와 예술을 통해서 인간이 과연 어떤 모습으로 살아가야 하는지를 자연스럽게 규명하고자 노력했고, 또 철학적으로 설명하고 있다고도 해석할 수 있다.

<실크 로드>는 제작적 측면에서 다음의 몇 가지 특성을 보여준다.

첫째, 다큐멘터리이면서도 30부작이라는 거의 연속극 수준의 소재를 기획했다는 점이다. 기획자들이 프로그램의 주제나 소재를 정할 때, 그 사고에는 어느 정도 한계가 있다. 스케일의 면에서는 현재도 5부작 정도가 고작이다. 그리고 각 소재는 모두 내용이 달라야 하고 각기 특성이 있을 때만 프로그램으로서 가치가 존재한다. 기획의 볼륨이 대단한 것도 놀라게 되고 소재의

웨스트민스터 대학에 초청돼 강연을 했다. 그는 "지금 발틱 해의 스테틴으로부터 아드리아해의 트리에스테에 이르기까지 하나의 철의 장막이 유럽 대륙을 가로지르며 내려지고 있다"고 선언했다. 이 '철의 장막'이라는 표현은 처칠의 창작품은 아니었다. 독일 태생인 벨기에의 엘리자베스 여왕은 1914년 그의 고향과 조국 사이에 "오래 전부터 내려온 선혈이 낭자한 철의 장막이 있다"고 말한 적이 있다. 1949년 중국에 공산정권이 들어섰을 때 사람들은 이를 '죽(竹)의 장막'이라고 불렀다.

다양성을 추구했다는 점도 특기할 만하다.

둘째, 취재 지역이 광범위하고 따라서 이동거리도 상상을 초월한다. 몇 개의 대륙을 관통했고, 각 지역의 교통편과 이동조건 등이 매우 열악한 데도 불구(不拘)하고 그런 난관을 모두 극복했다. 이것이 20여 년 전에 수행되었다는 사실은 진정 족탈불급(足脫不及)이라 아니할 수 없다.

셋째, 2년이 채 못되는 기간 동안 신속히 취재를 완료한 것도 쾌거(快擧)가 아닌가 생각된다. 물론 여러 팀을 대거 투입했겠지만 당시나 현재나 방송사 입장에서 그것이 결코 쉬운 일은 아니다.

넷째, 취재 대상물들은 무정한 세월의 풍화작용이나 인간의 개발 등으로 마손(磨損)되거나 파괴될 위험에 노출될 가능성이 큰 것들인데, 이를 기록적(記錄的) 측면에서나마 자료로 저장할 수 있었던 것도 TV 다큐멘터리가 거둔 수확 중의 하나일 것이다.

다섯째, 탐사형 다큐멘터리의 모델을 제시한 것으로도 볼 수 있다. <실크 로드> 이후 지역이나 자연탐사에서 제작자들은 부지불식간(不知不識間)에 <실크 로드> 유형의 제작 방법을 모방하거나 벤치마킹하지 않았나 생각된다.

30부작을 모두 감상하고 나서 다큐멘터리 프로그램이 다루어야 될 것 중에 빠진 것은 아무것도 찾을 수 없었다. 동과 서의 문명과 문화, 유적과 잔해, 예술과 종교, 생활과 풍습 등 대 주제에서부터 남자, 여자, 처녀, 아이들, 결혼, 시장, 음식, 장례, 노래와 연주, 산과 강, 들판과 계곡, 절과 굴(窟), 집과 농사……, 도대체 인간에 관한 일 중에 없는 것이 없었다. <실크 로드> 이후 이 프로그램을 뛰어넘은 작품은 아직까지 발견되지 않고 있는 것으로 생각된다.

카메라 워크는 대단히 정교했고, 화면은 큰 스케일로 촬영되었으며, 편집 또한 흠잡을 데가 없었다. 해설도 간결하면서도 서정적(抒情的) 분위기를 자아냈다. 각 편에서 꼭 클라이맥스를 만들려는 의도는 안보였지만 그래도 묵직하고 장려(壯麗)한 볼거리들이 끊이질 않았다. 그리고 무엇보다도 일부 작품에서 종교적인 외경심(畏敬心)이 화면 전체에 면면히 흐르고 있었다는 점도 특기할 만하다.

KBS를 통해 <실크 로드>가 처음 방송될 당시, 특히 돈황(敦煌)의 막고굴(莫高窟)을 처음 화면으로 접하고는 입을 다물 수가 없었다. 실크 로드의 그

옛날, 중국 상인들은 서안(西安 당시 長安)에서 비단을 말에 싣고 스스로 짊어지고 로마로 향했다. 사막과 황폐한 길을 따라 죽을 고비를 수없이 넘기면서 비단을 로마에 가서 팔았는데, 귀부인의 실크 옷감 한 벌이 금덩이 한 개의 값에 해당했다는 것이다. 그만큼 당시 서양의 여성들은 실크를 선호했던 모양이다.[23] 향료 등 서역의 보물을 사가지고 중국으로 돌아오면서 그들은 병들고 도적에게 쫓기면서 또다시 사경을 헤맨다. 구사일생으로 돈황에 도착하면 '부처님 살려주셔서 정말 감사합니다'라고 부처님께 엎드려 감사를 드리지 않을 수 없었을 것이다. 그래서 그들은 모래벽에 굴을 파면서 평생을 부처에게 경배(敬拜)를 올리게 된다. <실크 로드>는 이런 일련의 분위기들을 화면에 정결하게 아로새겼다. 두 번 세 번 보아도 걸작이다.

그 내용을 잠시 짐작케 하고자 각 편의 한국어 제목을 열거한다.

제1편 비단의 고장 – 장안	제2편 황하를 건너서
제3편 사막의 미술관 –. 돈황	제4편 고비사막의 흑수성 – 카라코토
제5편 누란 왕국을 찾아서	제6편 타클라마칸 사막을 넘어
제7편 비단·비취의 오아시스 – 호탄	제8편 불타는 사막의 오아시스 – 호탄
제9편 천산 산맥을 뚫고	제10편 음악과 함께 하는 여정
제11편 천마의 옛 고향	제12편 파미르로 가는 길
제13편 간다라 평원으로	제14편 제왕의 길을 따라
제15편 불교왕국 라다크	제16편 현장법사의 발자취
제17편 페르시아의 고대도시	제18편 코란과 페르시아의 융단
제19편 천일야화의 고장 – 바그다드	제20편 호수로 사라진 길
제21편 초원의 길을 따라	제22편 천마의 고장 – 다반
제23편 사라진 낙타대상 – 소그드족	제24편 초원의 지배자 티무르
제25편 세계에서 가장 먼 땅	제26편 비단과 십자가
제27편 대상들과 함께 서쪽으로	제28편 기마민족의 후예들
제29편 터키의 비단 도시	제30편 모든 길은 로마를 통한다

※앞의 30편은 오아시스 레코드사에서 출시된 우제근 아나운서의 한국어 해설 레이저디스크로 감상할 수 있다. 또 2003년 1월 말 25시간 30부작 <실크 로

---

23) 이것은 지금도 마찬가지다. 세계적으로 부유한 여성들은 실크 블라우스에 양가죽 스커트 그리고 그 위에 밍크 코트를 걸치는 것을 이상적인 의상 조건으로 생각하고 있다.

드> DVD 박스 세트가 출시된 바 있다.

<실크 로드>는 이렇게 많은 나라와 무수한 사람들을 찾아다녔다. 프로그램의 형식은 다큐멘터리이지만 어느 면에서는 축약(縮約)된 드라마일 수도 있다. 장르도 역사다큐멘터리이면서 문화다큐멘터리이고, 문화다큐멘터리이면서 예술다큐멘터리이다. 또한 대륙을 관통하는 탐사(探査)다큐멘터리이기도 하다. 그리고 과거와 현재를 넘나들고 미래를 예시한다. 30편이라는 양적인 면에서도 경악(驚愕)을 금치 못하지만 질적인 기준에서 평가해도 모두 정수(精髓)의 느낌이다. TV 다큐멘터리도 진화하고 기법도 발전한다. 그러나 <실크 로드>는 관록이 쌓인 커리어 프로듀서라도 2~3년만에 한번쯤 다시 보아도 좋을 작품이며, 또는 새로이 작업을 시작하고자 하는 신예들에게는 하나의 전범(典範)이면서 교과서로 추천해도 손색이 없을 것으로 사료된다.

6) 다이렉트 시네마와 시네마 베리테

미국의 메이즐스 형제와 와이즈먼을 중심으로 한 다큐멘터리 감독들이 후일 다이렉트 시네마(Direct cinema)로 명명된 관찰적인 접근을 선택했다. 그들은 생생한 사건들이 방해받지 않고 흘러가도록, 사건의 직접성을 포착할 수 있도록 카메라 앞의 대상을 방해하지 않으려고 최대한 배려했다. 그들이 강조한 것은 촬영현장에서 인위적인 조명과 기타 촬영 장비를 가능한 한 거부한 채 비공개적으로 작업하는 자세 그리고 눈앞의 일들이 중요한 순간을 드러낼 때까지 곁에서 기다리는 일이었다.

시네마 베리테(Cinema verite)는 프랑스의 장 루슈(Jean Rouch)가 시작했다. 시네마 베리테는 주제와 연출자 상호작용을 허용하고 심지어는 촉발시키기도 한다. 이 방법론은 카메라의 존재를 합법화시켰으며, 감독에게 화면에서 일어나는 일을 함께 책임지는 촉매자(觸媒者)의 역할을 부여했다. 가장 중요한 점은 감독이 특정한 순간을 수동적으로 기다리는 대신 그 순간을 예상하고 자극할 수 있는 권리를 가졌음을 인정했다는 것이다.

에릭 바누(Erik Barnouw)는, 두 방법론의 차이를 다음과 같이 요약했다.

<표 1-2> 다이렉트 시네마와 시네마 베리테의 차이점[24]

주창자	미국의 메이즐스 형제 및 와이즈 먼	프랑스의 장루슈
연출자 및 카메라의 입장	카메라 앞의 대상을 방해하지 않는다 소극적	주제와 연출자의 상호작용 허용 또는 촬영내용 촉발 적극적
방법	촬영현장에서 인위적 조명 및 촬영장비 거부	감독이 특정 순간을 수동적으로 기다리는 대신 그 순간을 예상하고 자극한다
연출자의 개입 여부	방관적 관찰자 기다린다	적극적 개입(연출 수행) 선동자 촉발한다
대상의 접근	비공개적	공개적
제작 시간	다소 장기	의도적인 단축 가능

다이렉트 시네마의 감독은 카메라를 상황 속에 던져놓고 위기의 순간이 오기를 기다리며 참을성 있게 기다린다. 그들은 상황에 개입하지 않는 관찰자(觀察者)가 되려고 한다. 다이렉트 시네마는 카메라가 접근할 수 있는 사건들 속에서 진실을 구축(構築)한다.

반면 시네마 베리테 감독은 상황을 촉발시킨다. 또한 선동자(煽動者)가 되려고 한다. 시네마 베리테는 인위적인 상황을 유발시켜 삶의 표면 위에 진실을 가져다 주려고 한다.[25]

이상에서 고찰한 바와 같이 다큐멘터리의 개념과 정의도 모두 같지 않으며, 프로그램을 보는 시각과 추구하는 목적도 각기 다르다. 다만 인간과 사회를 위한 어떤 공동의 선(善)에 접근하기 위해 노력한다는 점에서는 차이가 없다.

우리 텔레비전에서 다큐멘터리 프로그램이 방송될 경우, 가끔 어떤 프로그램들은 이념이나 정치적 색채가 과장된 것들도 발견할 수 있는데, 그것은 아마도 그리어슨의 이론이 확대·왜곡되었거나 아니면, <전함 포템킨>(1925)으로 유명한 세르게이 아이젠슈타인식의 사회주의 리얼리즘[26]에 가까

---

24) 위에서 설명된 내용들을 필자가 도표로 재구성한 것이다.

25) *Directing The Documentary*, pp.47~49.

26) 사회주의 리얼리즘은 현실을 그 혁명적 발전에 있어서 역사적, 구체적으로 묘사하는

운 신념에서 비롯되었기 때문이 아닌가 생각된다.

따라서 다큐멘터리 제작자나 예비 프로듀서들은 다큐멘터리에 관한 여러 가지 연구와 다양한 사회적인 경험을 통한 연마(研磨)가 매우 필요할 것으로 판단된다. 균형감각과 공정성의 문제들은 다른 장에서 다시 논의될 것이다. 다큐멘터리는 작품성이 뛰어난 훌륭한 프로그램을 만들어내기는 참으로 힘든 장르이다.

리얼리즘으로 1934년 제1회 소비에트 작가대회에서 채택된 문학이론이다.

2장 텔레비전 다큐멘터리

1. TV다큐멘터리 프로그램의 범위

1) 시사프로그램

방송국에서 프로그램을 분류할 때는 보통 드라마와 비드라마로 나눈다. 비드라마는 주로 쇼프로그램, 코미디, 개그, 토크쇼, 퀴즈 등 연예오락 프로그램과, 교양, 모닝쇼, 정보프로, 문화프로, 토론, 다큐멘터리, 종합구성프로, 시사프로 등이다. 이른바 시사(時事) 프로그램은 우리가 알고 있듯이 <PD수첩>, <2580>, <추적 60분>, <그것이 알고 싶다> 등을 말한다. 이것들은 다시 심층취재, 시사매거진, 르포프로로 일컬어지기도 한다.

여기서 르포프로는 르포르타주(Reportage)에서 온 말이다. '사실에 대한 보고서'라는 뜻으로 문학에서는 보고문학, 기록문학을 뜻한다. 르포르타주는 전쟁시 기자나 아나운서가 먼 전쟁터 현장(on spot, on scene)에서 자세한 전황(戰況)을 보도한 것에서 유래되어 심층취재를 지칭하는 의미로 자주 사용되어 왔다.

정통 다큐멘터리 프로그램 외에, 위에서 거론된 프로그램들도 대체로 다큐멘터리의 범주에 포함하는 경향이 일반적이다. 이것은 아마도 프로그램의 구성이나 진행방법 등 어떤 포맷보다는 다루어지는 메시지를 기준으로 해서

정해진 것이 아닌가 보여진다. 앞서 제시된 '다큐멘터리 10 키워드' 중에 반
정도만 소화된다면 정통 다큐멘터리와 꼭 같지는 않겠지만 별 무리 없는 훌
륭한 다큐멘터리라고 말해도 부족하지 않을 것이다.

최근 지상파 텔레비전의 사시프로 또는 심층취재 프로들이 즐겨 다루는
주제나 소재들을 보면,

① 이데올로기와 관련이 있는 매우 미묘한 사안이나
② 정치성이 다소 개재된 사건
③ 극소외계층(極疏外階層)의 문제들
④ 종교문제
⑤ 성범죄나 매매춘

들이 많이 포함되어 있다.

성범죄 문제를 심층 취재하다 보면 사회고발 성격보다는 오히려 음란성(淫
亂性)[1]이 두드러져 시청률을 위한 기획이라는 일반의 오해가 많았고 또 실제
로 방송위원회로부터의 제재의 건수도 상당한 바가 있었다. 또 종교문제들
이 자주 방송되었다.

이러한 프로그램들은 사회를 정화(淨化)하고 비효율적이고 부조리(不條理)
한 거대한 메커니즘에 대한 해결사의 역할을 수행해온 긍정적인 면도 많았

---

1) 최민(한국예술종합학교 교수), 「포르노」, ≪동아일보≫, 2002년 4월 22일.
　원래 '매춘에 관한 이야기'를 뜻하는 '포르노그라피'의 준말 '포르노'는 제대로 정의를
내리기가 무척 힘들다. 시대에 따라 그 기준이 달라지기 때문이다. 보통 성기와 성행위
를 노골적으로 묘사한 글이나 이미지를 가리키지만 구체적으로 들어가면 복잡하기 짝
이 없다.
　'포르노'에 해당하는 우리말은 '외설(猥褻)', '음란(淫亂)' 정도인데 외설이 일본식 표
현이라 해서 현행법에서는 음란으로 표기한다. 음란은 성욕을 자극하거나 흥분 또는 만
족하게 하는 내용 가운데 일반인의 성적 수치심을 해치고 선량한 성적 도덕관념에 반
하는 것으로 정의된다. 좀더 구체적으로 예를 들면 성기의 노출, 적나라한 성행위, 강간,
변태적 성행위, 아동추행 등을 가리킨다. 그러나 '변태적 성행위' 같은 표현은 매우 포
괄적이고 뜻이 지극히 애매하다.
　그러나 여기에는 어떤 암묵적인 기준이 작용하고 있다고 생각된다. 그 하나는 '수치심
의 유발'이라는 기준이고, 다른 하나는 나이와의 관계로 포르노 또는 음란물이 '성인들
의 문화'라는 제한이다.

지만, 한편 이해당사자들과 부단히 갈등을 야기(惹起)해온 것도 부정할 수
없는 사실이다. 2001년에 있었던 신문개혁에 대한 심층취재 프로그램들도
유사한 맥락에서 이해할 수 있다. 이와 같이 사회적인 문제에 대한 칼과 방패
(防牌)의 역할은 오히려 시청자들에게 순기능과 관련 없이 소위 시사프로들
을 아주 유명하게 만든 역설적인 원인으로 평가하는 것도 가능하다.

이러한 관점에서 볼 때 우리 방송의 경우, 하나의 대안으로 시사프로들은
다큐멘터리의 카테고리에서 제외시키는 것이 현명하지 않을까 하는 생각도
할 수 있다. 왜냐하면 앞에서 지적한 여러 가지 요건들이 현실적으로 충족되
지 않는 상태에서 TV 다큐멘터리 이론의 논리적 근거에만 매달려 관행적으
로 시사프로를 다큐멘터리에 포함시키는 것은 바람직하지 않기 때문이다.
또 그래야만 정통 다큐멘터리를 만드는 연출자나 작가들도 더욱 작품성에만
치중할 수 있게 될 것이고, 시사프로그램을 제작하는 기자나 PD들도 다큐멘
터리 이론에 구속당하지 않고 자신들의 특색과 특성을 살린 내용들을 기획
하고 제작하는 편의성을 향유하지 않을까 보여진다.

2) 정통 다큐멘터리의 장르들

어떤 프로그램이나 마찬가지겠지만 주제(主題)가 선명하지 못한 프로그램
은 죽은 프로그램과 같다. 이렇게 볼 때, 주제가 무엇인가 생각해보면 결국
'시청자에게 무엇을 줄 것인가?' 하는 feed back(還流, 종합작용, 하나의 반향(反
響)으로 이해하면 좋을 것이다)이 주제가 될 것이고, '전 국민의 심성과 정서,
사회와 문화에 대해서 어떤 영향을 미칠 것인가를 날카롭게 따져보는 것'이
정확한 주제를 대신하는 정답이다.

주제를 통한 접근방법에 의해서 한국 텔레비전들이 자주 다루고 있는 다큐
멘터리의 유형(類型)을 살펴보고자 한다.

(1) 역사 다큐멘터리

역사적 사실(事實 또는 史實)이 우리에게 어떤 교훈(敎訓)을 주는가? 그러한 사
실을 어디에서 찾을 것인가?

과거 KBS에서 방송되었던 2부작 <하멜 표류기>[2] 같은 것은 역사 다큐멘터리로서 꼭 맞는 예가 되는 프로그램이다. <하멜 표류기>를 보면 당시 조선 정부는 외국과의 교류는 문을 닫은 채, 국제정세에는 지나치게 무관심해 차후 많은 화(禍)를 자초했고 국가경영에 성공하지 못한 역사를 설명하고 있다. 이것은 다만 지나간 옛날 이야기가 아니라 오늘날에도 그대로 적용되는 타산지석(他山之石)으로 삼아야 할 내용이다. IMF의 경우도 국제금융시장의 정보부재로 인한 재해라고 볼 때, 이러한 역사다큐멘터리의 존재는 매우 귀중하다 하겠다.

(2) 사회 다큐멘터리

어떤 것이 도대체 올바른 사회적 관계인가? 무엇이 잘못된 것이고, 어떤 것을 고쳐야 하며, 어떨 때 칭찬을 하여야 하는가? 왜 '노블레스 오블리주(noblesse oblige)'('귀족에게는 귀족의 의무' 즉, 높은 신분에는 도의상의 의무가 수반된다)는 강조되어야 하는가?[3] 등의 물음이 주제를 대신하게 된다.

특히 사회 다큐멘터리 분야는 우리 텔레비전이 우수작품을 많이 내놓지

---

2) 서기 1653년 네덜란드 동인도회사 소속 '스페르베르'호는 일본 나가사키 자국 상관(商館)으로 항해하다 폭풍으로 난파되고, 항해 서기였던 하멜 일행은 제주도에 상륙한다. 이들은 영암 나주 장성 입암산성 정읍 태안 전주 여산을 거쳐 조정으로 압송된다. 2년 간은 효종의 외인부대로 근무하다 전남 강진군 병영면에 유배된다. 일부는 조선 여성과 결혼도 하고 살았으나, 억류 13년 만인 1666년 8명은 여수에서 어선을 이용해 일본으로 탈출하고 네덜란드로 귀환한다. 2년 뒤 하멜은 당시의 항해일지를 책으로 출판했고, 이로써 조선이 당시 유럽국가들에게 알려지는 계기가 되었다.

3) ≪조선일보≫, 2002년 10월 5일.
변호사라면 우리 사회에서 가장 존경받을 직업군의 하나이고 일반 시민들의 사표가 될 수 있는 사람이다. 그러나 변호사들의 극소수이지만 일부는 도덕적 의무를 과도하게 저버린 사람들도 없지 않다. 예컨대 청와대 요원을 사칭하며 호텔 숙박비 수천만 원 떼먹기, 구속된 피고인의 도망을 돕기 위해 구치소 직원에게 뇌물 건네기, 남의 돈을 내 돈인 양 '꿀꺽'하기……
사기꾼들의 얘기가 아니다. 2000년부터 최근까지 대한변호사협회가 징계한 변호사 43명의 '비리 백태(百態)'에 나오는 사례들이다. 이는 법무부가 4일 열린 국회 법사위의 국정감사에 제출한 답변자료에서 드러났다. ※이런 아이템들이 사회 다큐멘터리의 주제와 소재가 될 수 있지만 사실상 이런 유의 소재가 프로그램화되지 못하는 것은 한국적인 상황이라고 할 수 있다.

못했다. 그 이유는 일반적으로 우리나라 사람들이 사회정의를 높이 주창(主唱)하기는 하지만, 그것이 자신의 이해관계와 상반될 때는 사생결단으로 대응하는 잘못된 속성 때문이다. 예컨대, 안마시술소의 빗나간 퇴폐행위를 고발하는 취재를 했을 경우 장애인들을 동원해 방해하는 사례와 종교문제를 다루었을 때도 늘 집단농성과 항의시위가 벌어지는 것을 봐도 알 수 있다. 한국에서 사회적 문제(social problem)을 다루기는 실로 지난하기 그지없다.

(3) 인간 다큐멘터리

휴먼 다큐멘터리는 그 주제와 주인공이 인간이다. 수많은 사람들 중에서 하필 왜 이 사람을 보여주는가? 그는 과연 어떻게 살고 무엇을 하고 있는가? 고난의 역경을 어떤 방법으로 극복하며, 어떠한 목표에 도전하고, 자기보다 가난한 사람을 왜 돕고 있는가? 이러한 질문에 대한 대답들이 주제와 소재가 된다.

선택의 폭은 무한히 넓지만 산삼을 캐기보다 주인공을 만나기는 어렵다. 과거 <인간시대>의 경우와 KBS <일요스페셜>에서 소개되었던 백혈병으로 투병한 '성덕 바우만'의 이야기나, 미국 볼티모어의 니콜스 맹인부부의 '엘런 가족 이야기' 같은 스토리가 바로 그런 예들이다. 프로그램의 파워는 매우 강력하다.

(4) 자연 다큐멘터리

자연의 지고한 아름다움과 우주만물의 외경(畏敬), 겸손함 등이 어디에 숨어 있는지를 찾아내야 한다. 또 그 속에서 어우러져 숨쉬고 살아가는 인간과 동·식물의 기상천외(奇想天外)하고 다양한 모습들을 스펙터클을 통해 또는 마이크로의 기법을 사용해 포착하지 않으면 안 된다.

MBC 자연 다큐멘터리 <한국의 나비> 중에는, 육지에서 멀리 떨어진 망망대해(茫茫大海) 먼바다에서 호랑나비 한 마리가 어디론가 힘차게 날아가는 장면이 있다. 섬도 없고 꽃도 없는 빈 바다를 호랑나비는 왜 비행하는 것이며 그 먼 거리를 어떻게 날아왔을까 진한 감동에 놀라움을 금할 수 없게 된다.[4]

---

4) 최근 과학자들의 실험 결과에 따르면, 실제로 나비는 먼 거리를 비행하는 것이 가능하다고 한다. 매년 겨울을 나기 위해 캐나다 동부에서 멕시코까지 3,500km를 나르는 황

최근 방송되는 자연 다큐멘터리들을 보면, 자연 속에서 살아가는 인간과의 관계는 거의 도외시(度外視)된 채, 동물의 왕국이나 식물도감(圖鑑)과 같은 프로그램들을 카메라의 첨단 기능과 기법을 이용해 양산하고 있는데, 이는 결코 바람직하지 않은 경향이라고 생각된다.

(5) 문화 다큐멘터리

소설, 시, 희곡, 음악, 미술, 조각, 발레, 연극 등 예술가들의 인간에 대한 뜨거운 사랑과 열정, 작품 자체에 내재된 아름다움, 작가 자신과의 싸움에서 승리한 투혼(鬪魂), 그런 것들을 교묘히 또 몰래 찾아내 보여준다. 문화는 어떤 향기로운 냄새 같은 것일지도 모른다. 즉 아우라(aura)[5]가 있어야 된다.

그런 것들을 영상화하는 작업은 고도의 테크닉이 요망된다. MBC에서 방송되었던 <명작의 고향>, <명곡의 고향>, <명화의 고향> 등과 KBS에서 나간 <문화기행> 등이 바로 문화 다큐멘터리에 속한다.

여기서 '문화'라는 개념은 문명, 문화, 예술 분야를 모두 포괄한다. 일반적으로 인류의 정신적, 가치적 소산을 문화(culture)라고[6] 부르는 데 반해 물질적, 기술적인 소산은 문명(civilization)으로 구분한다. 문화 중에서 도시적인 요소, 고도의 기술, 작업의 분화, 사회의 계층분화를 갖는 복합문화(문화의 복합체)를 큰 단위로서 파악한 총체를 문명이라고 부른다. 문명이라는 용어는 라틴어의 키비스(civis, 시민)나 키빌리타스(civilitas, 도시)를 우리말로 번역한 것이다.

문화에 대한 정의는,

① 구미풍(歐美風)의 요소나 현대적 편리성(문화생활, 문화주택 등)
② 높은 교양과 깊은 지식, 세련된 생활, 우아함, 예술풍의 요소(문화인, 문

제나비는 태양을 나침반으로 해서 먼고 먼 거리를 여행한다는 것이다.

5) 박명진 편, 『비판커뮤니케이션과 문화이론』, 나남출판, 1994, p.195.
    예술작품 자체가 지닌 독특성, 일회성 또는 사회적 구별성을 자아내는 특수 미묘한 분위기나 작용을 말한다. 그리스어, 라틴어에서 나온 말로 꽃향기의 발산과 같은 작용을 뜻한다.

6) 『동아백과사전』, 제12권, 동아출판사, 1992, pp.376~377.

화재, 문화국가 등)

③ 인류의 가치적 소산으로서의 철학, 종교, 예술, 과학 등을 말한다.

문화라는 용어는 라틴어의 cultura에서 파생한 것인데, 본래의 뜻은 '경작(耕作)'이나 '재배(栽培)'였는데, 나중에 '교양' '예술'의 의미를 가지게 되었다.

예술(art)은[7] 원래는 기술과 같은 의미를 지닌 어휘(語彙)로서, 어떤 물건을 제작하는 기술능력을 가리켰으나, 오늘날에는 미적 작품(회화, 조각, 음악, 문예 등)을 형성시키는 인간의 창조활동을 지칭하게 되었다. 라틴어의 아르스(ars) 등이 일정한 과제를 해결해낼 수 있는 숙련된 능력, 활동으로서의 '기술'을 의미했고, 이러한 기술로서의 예술의 의미가 예술활동의 특수성 때문에 미적 의미로 한정되어 기술일반과 예술을 구별해서 '미적 기술(fine art)'이라는 뜻을 지니게 되었다.

(6) 스포츠 다큐멘터리

현대사회의 영웅(英雄)으로서 인간의지의 한계, 각종 기록에 도전하는 선수들의 각고(刻苦)의 노력과 힘겨운 모습들을 엮어낸다.

수영선수들의 경기를 보고 있으면 어떤 물고기들이 그렇게 빨리 헤엄칠 수 있을까 하는 생각이 들 정도이고, 마루운동이나 싱크로나이즈드 스위밍(synchronized swimming), 피겨스케이팅, 스키 점프의 경기장면은 인체가 연출해내는 아름다움의 극치(極致)이다. 우리나라에서는 임춘애 선수의 이야기가 시청자들에게 신선한 충격을 안겨준 바 있고, 올림픽에서 2연패하고 3번째 준우승을 한 여자핸드볼 선수들의 눈물겨운 훈련이야기도 감동을 주기에 충분했다.

외국선수들 중에서도 152cm의 작은 키로 3체급을 오가며 70여 차례의 세계 신기록을 수립하고 올림픽에서 3연패의 위업을 달성한 후 은퇴한 터키의 역도선수 술레이마놀루라든가, 장대높이뛰기 선수 보브카의 이야기들은 스포츠 다큐멘터리의 훌륭한 소재가 될 수 있다.

---

7) 앞의 책, 제21권, p.223

(7) 과학 다큐멘터리

반도체와 컴퓨터, 정보통신 외에도 현대생활의 주축을 이루는 많은 과학이 야기들은 우리들의 깊은 관심사가 아닐 수 없다. 수출과 기간산업의 바탕으로 국가적인 의미도 크다. 그러나 과학자의 언어와 제작자의 영상언어의 조화가 여의치 않고, 또 시청률 면에서의 저조한 성과 때문에 질과 양적인 면에서 생산량이 넉넉하지 못했다.

(8) 의학 다큐멘터리

오늘날 현대인의 열망은 장수(長壽)와 무병(無病)이다. 새로운 의학기재들이 쉬지 않고 개발되고 있고 최첨단 의술들이 괄목할 성공을 거두고 있다. 따라서 현대의학과 한의학, 민간요법과 최신의학기재 등의 접근도 가능하다. 특히 암과 에이즈를 비롯한 난치병을 정복하기 위한 신약개발과 첨단기계의 발명 경쟁은 세계의학계를 뜨겁게 달구고 있다.

KBS에서 1996년 12월 1일에 방송했던 <생로병사의 비밀>, 제2부 '잿빛 노화(老化)-고개 숙인 성(性)' 편은 대단히 성공을 거둔 다큐멘터리였다. '고개 숙인 성(性)'은 금기시(禁忌視)되던 인간의 성문제(性問題)와 그 트러블을 TV화면으로 끌어들여 소재를 확대했다는 평가를 받았다. SBS의 담배의 피해를 해부한 프로그램도 애연가들에게 매우 심각한 충격을 가하는 칼날을 꽂기도 했다. 그러나 역시 의학적인 접근과 영상언어의 적절한 조화를 도모하지 못해 우수한 작품들이 다량 생산되지는 못하고 있는 실정이다.

인간의 4대 욕망은 논자에 따라 이견이 있을 수 있겠지만 대체로 ① 재력 ② 권력 ③ 건강 ④ 섹스로 축약될 수 있다. 자본주의 사회에서 금력은 무한한 힘을 발휘한다. 그래서 사람들은 돈을 벌기 위해 온갖 노력을 다하고, 극단적 예로 살인과 방화, 납치 등 야수(野獸)와 같은 짓을 저지르기도 한다.

한 1백억 원쯤 소유한 사람이 아내와 해외여행을 위해 인천공항에 갔다고 가정해보자. 휴가철이라 출국수속 줄이 수백 미터 길게 늘어서 있다. 이 100억짜리 사나이는 짜증과 화를 내게 된다. 그리고 줄을 안 서는 방법을 생각할 텐데 그것은 한 50억을 써서 국회위원이 되고 VIP코스로 경례받으며 아내와 팔짱끼고 나가는 것이다. 이렇게 재력과 권력을 모두 소유했다면 이것들을 오랫동안 유지해야 하는데 그러자면 건강이 뛰어나야 하고 건강을 지켜주는 등불은 곧 의학이다. 따라서 의학 다큐멘터리는 잘 만들어야 한다는 단서가 붙기는 하지만 앞으로의 전망이 매우 밝다고 하겠다.

금력과 권력, 건강까지 소유했다면 그 사람은 인간이 향유할 수 있는 최고의 쾌락인 섹스에 탐닉(耽溺)하게 될 것이다. 존 F. 케네디의 스캔들, 르윈스키와 백악관에서 정사를 감행한 클린턴, 실종된 인턴사원과 성관계를 시인한 미국 하원의 게리 콘디트 의원 등이 이 4대 욕망의 코스를 정확하게 밟았고 첨단섹스를 추구한 인물들이다. 결국 금력과 건강은 성과 정비례하는 모양이다.

일본 도쿄 고등법원에 재직하던 무라키 야스히로(村木保裕·43) 판사는 14세 여중생 등 3명의 미성년자와 4개월간에 걸쳐 소위 원조교제를 벌이다가 5월 체포됐는데 그의 변은 "14세 여중생에게 관심이 있었다"였다.

7월 23일 도쿄지법에서는 판사가 판사를 재판하는 이색적인 형사재판이 열렸다.[8] 이날 재판에서 무라키 피고인은 12년 선배인 야마무로 게이(山室惠) 재판장이 작업을 묻자 "재판관입니다"라고 대답하고 기소 사실을 모두 인정했다. 다만 무라키 피고인은 변호인 신문에서 "도쿄고법에는 어려운 사건이 많고 업무도 많아 늘 스트레스가 쌓였다"며 "일상생활에서 탈피하기 위해 전혀 모르는 세계에 있는 여자들과 사귀고 싶었다"고 주장했다. 그러나 야마무로 재판장은 그를 노려보며 "정말로 스트레스가 원인인가, 단순히 소녀 취향이고, 호색한(好色漢) 아닌가"라고 질책했다. 재판장은 이어 "일본 사법사상 말도 안 되는 일이 벌어졌다. 재판관이 이런 사건으로 다른 재판관을 심판하는 일이 있으리라고는 상상한 적도 없다"고 준엄히 꾸짖었다.

이에 질세라 우리나라 수원에서도 교수·변호사·의사 등이 인터넷 채팅을 통해 10대 소녀들과 성관계를 맺기에 이르렀다.[9] 이렇게 욕정의 불길이 거침없이 타오르고 있는 것이 우리들이 살아가는 오늘의 세상이다.

---

8) ≪동아일보≫, 심규선, 2001년 7월 25일.

9) ≪조선일보≫, 2001년 7월 4일.

(9) 탐험 다큐멘터리

지구촌이 항공기와 인터넷으로 촘촘하게 연결된 오늘날에도 인간은 아직도 미지의 세계에 대한 호기심이 넘친다. 남극과 북극이 모두 탐사되었고 히말라야의 고봉들에도 모두 인간의 발자국을 남겼지만, 심해와 사막, 비경과 신비한 볼거리를 사람들은 계속 원하고 있다. 새로운 장비들이 속속 개발되어 그런 작업이 더욱 용이한 면도 있는데, 방송국의 창사기념일 프로그램으로도 자주 제작된다.

일본 NHK의 <실크 로드>는 이 분야에서 뛰어난 작품성으로 최고의 성과를 올림으로써 다큐멘터리의 전범(典範)이 된 바 있고, SBS에서 방송한 <아마존강 탐사>, <아프리카 종단>, <유라시아 횡단>, KBS의 <몽골리안 루트> 등이 이에 해당되는 프로이다.

(10) 엔터테인먼트 다큐멘터리

대중예술과 문화에 종사하는 사람들의 이야기는 늘 우리들에게 관심과 선망의 대상이다. 천신만고 끝에 오르는 정상과 급전직하(急轉直下)로 낙하하는 파국(破局), 이것은 대 스타들이 맞이하는 숙명이고 꿈과 절망인 경우가 많다.

물론 잘만 만든다면 하는 단서가 붙기는 하지만 제작 전망이 좋은 부문이기도 하다. 영화 <라밤바>나 러시아의 전설적인 록커 <빅토르 최>의 스토리는 예능 다큐멘터리의 안성맞춤의 소재라고 볼 수 있다. 21세기에 접어들어 텔레비전을 통한 '영상 권력'은 대중문화의 확장을 고취시켜 '문화 권력'으로 자리잡는 과정에서 엔터테인먼트 다큐멘터리는 상당한 역할을 수행할 것으로 기대된다.

(11) 환경 다큐멘터리

앞에서 열거한 10가지 장르에 곁들여 공기, 물, 소음, 숲의 개간, 화학물질, 불량식품 등 각종 공해로 인해 날이 갈수록 파괴되고 피폐해지는 '자연'을 보전·보호하고 복원하자는 외침인 '환경 다큐멘터리'가 최근 자주 제작되고 있다. 이것은 자연 다큐멘터리의 요소와 사회 다큐멘터리 또는 현장 르포·고발 프로그램의 특징이 결합된 형태라고 할 수 있다. 환경 다큐멘터리 프로그램은 시청자의 관심이 증대되고 있는 반면, 정책 당국자나 관변에서는 크게 자극을 받고 있지 않은 것 같은 아쉬움이 있다. KBS의 <환경 스페셜>이나 EBS의 <하나뿐인 지구>는 이와 같은 의도를 지속적으로 추구하고 있는 좋은 예의 프로그램들이다. <하나뿐인 지구> 가운데 '초록빛 상상이 만든 환경도시, 꾸리찌바' 편은 대단한 수작이었다.

이러한 장르 외에도, 다큐멘터리는 여러 가지 아이템을 통해 새로운 다큐멘터리 장르를 개발할 수 있는 가능성이 많다고 하겠다. 위에서 열거한 10가지는 한국 텔레비전이 TV 다큐멘터리의 발흥(發興)과 함께 제작해온 것을 순차적으로 소개한 것이다.

어떤 사건이 발생했을 경우 단시간내에 속도전으로 특집을 만들어 방송하는 '인스턴트형 다큐멘터리'도 제작되고 있다.10)

또 특별하지 않은 소재의 작은 아이템들을 백화점식으로 나열해 '다큐멘터리'라는 그릇에 담는 '소프트 다큐멘터리'도 있다. 종전 KBS가 방송한 <특종, 비디오 저널>이 이런 유의 프로그램이다.

특기할 것은 영화적인 기법과 TV 영상의 이미지를 결합시킨 '시적(詩的) 다큐멘터리'의 태동도 지켜볼 만한 대목이다. 한편 디지털 카메라의 일반화

---

10) ≪동아일보≫, 2002년 1월 31일.

KBS 1TV의 <일요스페셜>은 9·11 미국테러가 발생했을 때, 당일(화요일) 밤 제작결정을 내려 일요일 저녁 미국 현지 모습까지 취재해 방영했다(만 5일). 그동안 <일요스페셜>에서 가장 짧은 시간에 제작한 프로그램은 1995년 1월 방송된 '긴급리포트-현장에서 본 고베 지진'이다. 이 프로는 목요일 오전에 제작결정이 내려져 2명의 PD가 당일 저녁 오사카로 갔다. 공항에서 지진으로 폐허가 된 고베로 향하는 도로는 완전히 끊긴 상태였다. 두 PD는 택시운전사에게 저널리스트의 사명감을 강조하며 밤새워 혈로를 뚫었다.

새벽에 취재 계획을 짜고 위험 지역으로 차단된 고베 시내를 정신없이 누비고 다닌 현지 취재 기간은 단 하루, 밤늦게 오사카로 돌아온 취재팀은 토요일 아침 서울로 향했다. 그 사이 서울에서는 다른 PD들이 밤새워 위성으로 일본 뉴스를 수신하고 내용을 분석하는 등 사후제작 준비를 했다. 도쿄 PD특파원은 일본정부와 언론의 대응, 일본 방송 자료를 서울로 보냈다. 이렇게 해서 목요일 오전 제작 결정이 내려진 프로그램이 일요일 오후 8시에 방영된 것이다(약 만 3일). 특집 '정주영 떠나다'는 원고가 제 시간에 나오지 않아 내레이션 절반을 생방송으로 진행하기도 했다.

도 다큐멘터리의 형식개발에서 중요한 변수로 작용할 것으로 전망된다.

3) 다큐멘터리 프로그램의 사회적 영향력

TV 다큐멘터리 프로그램을 제작하는 프로듀서나 작가는 어느 면에서는 철학도나 사회학자가 되어야 하리라고 본다.

그래야만 그들은 어떤 현상에 대한 해석에 있어,

- Message(哲學으로 이해해도 무방하다)
- Truth(眞實)
- Esprit(精神)
- Sign(記號 또는 象徵)

등 복합적인 내용을 준비할 수 있을 것이다.

다큐멘터리는 프로그램의 속성상 우선 어떤 '철학적인 요소'가 내재되어야 할 것이다. 또 어떤 사건이나 대상에서 '진실'이 규명될 필요가 있다. 뿐만 아니라 인간에게 가장 고귀하고 중요한 '정신'이 아로새겨져 있어야 여타 프로그램과 차별화되는 가치를 발생시킬 수 있다. 그리고 최종적으로 해당 다큐멘터리가 하나의 기호가 되어 시청자들에게 타당한 결론을 제시하거나 상징할 수 있어야 그 임무를 다하게 되리라고 본다. 이런 요소들이 숙성될 때만 작품은 강력한 파워를 발생시킨다. 잘 만든 다큐멘터리의 파워는 실제로 미사일에 비유되는 경우도 많다.

다소 극단적인 예를 하나 들고자 한다. 중국 CCTV는 1997년 1월 1일부터 등소평의 일대기를 다룬 12부작 대형 다큐멘터리 <등소평(鄧小平)>을 방송한 바 있다. 사망 임박설이 나돌고 있는 중국최고 지도자 등소평의 일대기를 엮은 대형 다큐멘터리 <등소평(鄧小平)> 12부작이 12일 방영·완료됐다. 이날 밤 '만년의 심정(晩年情懷)'이라는 부제로 방영된 다큐멘터리 마지막 편은 예상대로 등소평이 강택민(姜澤民)을 후계자로 선택한 사실을 강조함으로써 이번 일대기 방영이 등(鄧) 시대가 마감되고 강 시대가 개막됐음을 전 인민에게 선전하는 데 목적이 있음을 보여주었다.

특히 1989년 11월 12일 중앙군사위원회 확대회의에서 최고수뇌부와 군간부들을 상대로 등소평이 "강택민을 핵심으로 한 제3대 영도집단이 중국 특색의 사회주의를 발전시켜나갈 것"을 당부하고 참석자들이 박수로 화답하는 장면이 최초로 공개됐다.

무려 3년에 걸쳐 우리 돈으로 8백억 원의 제작비를 쏟아 부은 대작이었다. 등(鄧)의 프랑스 유학시절 자료와 미국과 일본 방문 때의 테이프 등 자료 구입비에만 50여만 위안(약 5,000여만 원)이 투입된 것으로 알려졌다.[11]

이 프로그램의 핵심은 등소평이 권력을 강택민 주석에게 승계한다는 뉴스필름을 삽입한 것으로 고도의 정치적 선전목적을 달성하는 데 이용되었고, 그후 이러한 시도는 완벽하게 성공을 거둔다.

물론 이 경우는 다큐멘터리의 선(善) 기능을 강조하는 적절한 예는 될 수 없겠지만, 그만큼 다큐멘터리는 시청자를 설득하는 우수한 기능과 작용을 해낼 수 있는 구조를 가지고 있다는 사실을 확인해주는 사례가 될 것이다.

따라서 다큐멘터리스트들은 기획에 심혈을 기울이고 제작을 보다 정교하게 수행해 국민들로 하여금 올바른 사고와 행동, 타인을 배려하는 심성과 정서를 유지하는 데 결정적인 도움을 주어 다큐멘터리가 사회적인 힘을 발휘하도록 노력해야 한다는 점이 매우 중요한 것으로 사료된다.

4) 최근 다큐멘터리의 경향

우리 텔레비전 방송이 선진국의 경향과 유행을 모방하고 있는 것은 어제오늘의 일이 아니다. 소수의 심층취재 다큐멘터리들은 포장만 다큐멘터리이지 내용은 완벽한 '선정성' 그 자체인 경우도 자주 발견된다. 그 정도를 가늠하기 위해 소개하기에 매우 민망한 예를 하나 들어보자 한다.

B사(2000. 8. 5. 20:25~20:50 방송): 심신장애자들의 수용시설인 천안 쉼터의 원장이 여자 원생을 성폭행한 사건에 관해 설명하면서, 원생들이 자신들이 겪은 성폭행 경험을 폭로하는 과정에서 "그랬더니 뭐 그게 아프네 젖가슴이

---

11) 《동아일보》, 1997년 1월 14일.

아프네", "밑에도 아프고 가슴도 아프고……", "아래 밑에 벗구요. 물이 나오
잖아", "자크를 열어…… 그거를 꺼내는 거야. 그러더니 입으로 하래……
안 하려고 했는데 막 고개를 바지에다…… 하라고", "막 가슴을 만지고 막
그래요. 빤스, 팬티도 벗기고 그래요", "막 혀를 내놓고 내 혀를 내놓고 내
혀를 이렇게 막 빨아먹어요. 여기 빨아먹어요. 그리고 나 소파에 이렇게 눕히
고 올라타요. 올라타는데, 싫어요 놔요. 그래도 누워 막 그래요", "가슴을 벗기
고 막 핥아먹고 그래요" 하는 내용을 여과 없이 그대로 방송한 바 있다.[12]

이것이 과연 공영성을 최고의 목표로 삼고 있는 지상파 TV가 제작방송할
만한 프로그램인지 또 가치가 있는 일인지 반문하지 않을 수 없다. 이와 같이
오늘날 한국의 텔레비전 다큐멘터리는 여러 가지 도전에 직면해 새로운 전
환과 방향 모색이 요구되고 있다. 시청률 경쟁으로 다큐멘터리 프로그램의
양과 질이 저하되고 있다.

다큐멘터리의 변종 프로들도 판을 치고 있는데, 특히 제작비가 적게 들고
취재가 용이한 매거진, '요리'(음식)라는 주제를 가지고 화면만 풍성하게 만
들어 관심을 끄는 유행적 경향, 스타 시스템적인 이점(利點)을 시청률과 연결
시키려는 유명인 다루기 등 마치 발렌타인 데이의 사탕 같은 내용들이다.

이것은 다큐멘터리의 정의와 개념을 매우 벗어난 별스러운 경향들이고,
개선되어야 할 주제들이다. 기획자와 연출자들은 '다큐멘터리'라는 외경스
럽고 묵직한 주제로 하루 빨리 회귀(回歸)해야 할 것이다.

2. BBC의 견해

영국 BBC의 다큐멘터리 프로그램은 세계적으로 그 작품성이 우수한 것으
로 정평이 나 있고, 그 제작에서 엄격한 규율과 엄정한 가이드 라인을 준수하
는 것으로도 유명하다. 따라서 BBC가 구축해놓은 다큐멘터리 모델은 일견
보수적이면서도 육중(肉重)한 느낌이 있지만, 텔레비전 다큐멘터리의 가치를

---

12) 최양묵, 《여의도저널》, 여의도클럽, 2000년 창간호, p.120.

추구·견지하는 BBC의 정신과 제작·행동규범은 제작자들에게 매우 훌륭한
전범(典範)이 될 것으로 여겨진다. 텔레비전 다큐멘터리 프로그램의 요소들
중에 중요한 BBC적 견해는 다음과 같다.[13)]

① 다큐멘터리가 파생되어나온 '다큐멘트(document)는 증거나 정보를 제공
하기 위해 기록(記錄)되어져 있는 것'이라는 의미를 갖고 있다. 사진은
그 기술이 발명될 당시부터 증거를 보여주는 일종의 '다큐멘트'로 받아
들여져왔다. 다시 말해 사진은 어떤 상황의 진실성을 입증할 수 있는
중요한 '증거'로 받아들여지게 된 것이다.

② 다큐멘터리는 사실을 묘사하고 서술하며 나아가 감추어진 진실을 드러
낸다. 또한 단순히 '드러내는 것'이 아니라 심미적(審美的) 관점을 깔고
있다.

③ 다큐멘터리는 단순한 현실의 재현이 아니라 기획자나 연출자와 같은
제작자의 주관적 관점에 근거한 창조물이라는 것이다. 즉 만드는 사람
이 다큐멘터리의 소재인 기존의 사실에 최소한의 새로운 해석을 가한
다는 점이 중요하다.

④ 베리테는 경우에 따라 몰래 훔쳐보는 관음주의적 행태로 이어지기도
하기 때문에 함정(陷穽)을 안고 있다. 병원, 경찰서, 군대훈련소, 학교
등에 카메라가 예고 없이 들이닥쳐 실제 진행상황을 그대로 드러내 보
임으로써 시청자의 충격적 호기심을 자극하는 데 빠질 수 있는 위험성
이 있다.

⑤ 퍼스낼러티 다큐멘터리는 특정한 퍼스낼러티를 갖고 있는 프리젠터
(presenter: 미국에서는 앵커(anchor)라고 부른다)를 진행자로 등장시켜 프
로그램을 이끌어가는 다큐멘터리다. 다른 다큐멘터리와 달리 프로그램
의 해설을 맡은 프리젠터가 화면에 등장한다. 프리젠터의 인터뷰, 해설
등이 프로그램에서 가장 중요한 비중을 차지하며 프로그램의 주제도
프리젠터의 시각이나 주관, 개성, 반응 등에 의해 결정되고 또 변하게

---

13) 한국방송영상산업진흥원의 <BBC 다큐멘터리 특강>(김사승)을 참고로 해서 필자가
일부분 재구성한 것이다.

된다. ※ 꼭 같은 것은 아니지만 우리의 시사 프로그램과 형식면에서 유사성이 있다.

⑥ 역사 다큐멘터리는 아카이브(archives, 영상물보관소)나 기록을 바탕으로 생존자들이나 증인들의 증언을 덧붙여 과거의 사건이나 현실들을 재구성하는 다큐멘터리이다. 역사다큐멘터리는 충분한 영상 아카이브 또는 기록 사진들에 거의 전적으로 의존한다. BBC가 제2차세계대전에 관한 역사다큐멘터리 분야에서는 세계 최고 수준의 작품들을 내놓고 있는데 이는 BBC의 풍부한 아카이브 덕분에 가능한 일이다.

⑦ 다큐멘터리 드라마는 배우들을 등장시켜 드라마 형태로 만들어지는 다큐멘터리로서 역사적 사건은 물론 동시대의 사건에 이르기까지 다양한 주제를 다룬다. 법원재판기록처럼 경우에 따라서는 누가 무엇을 누구에게 말했는지에 관한 완전하고 정확한 자료가 남아있어, 이를 토대로 실제 사건을 한편의 '이야기 구조'[14]를 갖는 드라마로 만들기도 한다. 그러나 실존인물을 다루는 경우 사실을 드라마화하는 과정에서의 조작적 연출 때문에 종종 문제를 일으키기도 한다. 이를 방지하기 위해서 아직 살아있는 인물을 다룰 경우 반드시 드라마로 만들어도 좋다는 허락을 받아야 한다.

⑧ 다큐멘터리 프로그램의 연출자는 뉴스나 시사프로그램 연출자와 달리 충분한 시간적 여유를 갖고 제작에 임해야 한다. '한 사람의 다큐멘터리 연출자가 1년에 제작할 수 있는 프로그램은 통상 50분짜리 다큐멘터리 두 편 정도면 적당하다.'

⑨ BBC는 다큐멘터리 제작과정에서 우선적으로 '대상 시청자(target audience)'의 설정을 요구한다. 즉 어떤 연령의, 어느 정도의 교육 수준을 갖고 있는 시청자를 대상으로 할 것이며, 그런 시청자의 규모는 어느

---

14) 이효인, 영화미학과 비평입문, 한양대학교 출판부, 1999, p.59.
　　'이야기 구조'는 narrative 또는 서사구조(敍事構造)로도 지칭되는데, "그 스토리란 대강 이렇다. 얘기가 벌어지는 상황, 주요 등장인물, 사건의 원인, 전개과정, 그리고 결말로 끝나는 그런 것이다"라는 의미이다. 그러한 기승전결의 구조가 없는 작품을 비내러티브 형식이라고 말한다. 내러티브란 일반 사람들에게 가장 익숙한 것이며, 그래서 인간들이 세상을 인식하고 이해하는 기본적인 방식인 것이다. 따라서 서사구조는 보편화된 체계이며 이것을 토대로 어떤 의사소통이 이루어진다고 봐야한다.

정도인지 등의 목표시청자에 대한 이해가 없다면 프로그램이 지향하는 바를 제대로 세울 수가 없다. 때문에 대상시청자에 대한 구체적 목표설정은 프로그램 전술의 첫 단계이다.

⑩ 시청률로 다큐멘터리를 평가할 수는 없다. 즉 '공영방송의 목적은 시청률이 아니라 좋은 프로그램에 있다'는 것이다. 특히 사회성을 강하게 띠는 다큐멘터리 프로그램은 시청률에 얽매여서는 안 된다는 점을 지적하고 있다.

⑪ BBC는 다큐멘터리의 초보제작자는 무엇보다 '균형감각을 지니고 있어야 한다'는 것을 확실하게 깨달아야 한다는 점을 강조하고 있다.

⑫ BBC는 다큐멘터리의 대본작성에 대해 대학에서 연구리포트를 작성하는 작업처럼 임할 것을 강조하고 있다. 리포트가 서론·본론·결론의 구조를 갖고 있어야 하듯이 대본에서도 이 같은 구조는 반드시 구축되어야 한다는 것이다. 하나의 프로그램에 주제와 관련된 중요한 아이디어들을 5, 6개 이상 등장시키지 말 것을 권하고 있다. 이보다 더 많은 아이디어들이 등장하면 프로그램이 전달하고자 하는 주제가 희미해져 버리기 때문이다.

⑬ 인터뷰 대상자에게 인터뷰한 내용들이 반드시 프로그램에 사용될 것이라고 약속해서는 안 된다. 가능한 모든 증언을 담겠다는 정도로 이야기하되 추후 편집에서 변화가 있을 수 있다는 점을 반드시 알려주어야 한다.

⑭ BBC는 모든 제작자에게 독립성을 부여하지는 않는다. 다큐멘터리의 경우 제작자의 독립성은 특정한 제작자 '개인'에게 부여되는 것이 아니라 다큐멘터리가 다루려는 '주제'에 부여되는 것임을 분명히 하고 있다. BBC는 제작자 개개인에 대한 평가에 따라 그에게 부여하는 독립성도 달라질 수밖에 없다고 강조한다. 즉 제작자 개인의 이력이 다큐멘터리 프로그램 제작과정에서 그의 독립성에 가장 핵심적인 기준이 된다는 것이다.

제작자가 그때까지 보여준 이력들이 신뢰할 만하고 경험이 풍부하며 다큐멘터리 제작자로서 갖추어야 할 갖가지 정신적, 윤리적 자질을 지니고 있다고 판단이 되면 그는 거의 무한한 제작의 자유를 누릴 수 있다

고 못을 박고 있다. 이때 말하는 윤리란 제작자가 평소에 보여주는 인간
적인 윤리에서부터 조직윤리 및 사회·윤리적 측면 등 모든 면에서의
윤리성을 말하는 것이다.

영국의 시청자들이 BBC 다큐멘터리 프로그램에 대해서 기대하는 가장
큰 가치는 불편부당(不偏不黨)한 형평성(balance)과 정확성(accuracy)이다.
그러나 완전한 균형이란 현실적으로는 불가능한 일이기 때문에 균형성
이란 이상적인 기준이라고 할 수 있다.

⑮ 최근 다큐멘터리 프로그램들을 소프 오페라(soap opera)15)처럼 만드는
이른바 '다큐-소프(docu-soaps)'를 두고 언론에서는 '픽션보다 더 이상
한 프로그램'이라거나 '얼마나 많은 시청자를 바보로 만들려고 하는가'
라며 비난하고 있다. 철저히 공적인 가치기준에 의해 유지되어 온 다큐
멘터리 제작문법과 다큐멘터리의 대상은 사적 영역(私的領域)으로 이어
지고 있다. 때문에 다큐멘터리 장르의 위상재정립이 불가피한 상황이
다. 특히 채널간의 경쟁강화는 다큐멘터리 프로그램제작을 줄이거나
프로그램에 보다 오락성을 가미해 가볍게 접근하는 쪽으로 몰아가고
있다.

초소형카메라를 이용한 '몰래카메라'16) 형식의 다큐멘터리도 유행한
다. 1991년 BBC에서 시작한 '비디오일기'는 아마추어들이 캠코더를 가
지고 촬영한 것을 편집만 해서 방송에 내보내는 것이다. 이런 종류의

---

15) 방송문화진흥회 편, 『방송문화사전』, 한울, 1997 p.246.
　　소프 오페라 — 이것은 가벼운 홈 드라마 형식의 연속방송극이다. 미국의 대표적인 대
　　중문화현상의 하나로 꼽히는 소프 오페라는 처음에는 낮에 방송되는 라디오 연속극을
　　가리키는 말이었다. 대략 1920년대 말, 30년대 초에 발생한 이 프로그램 형식은 아침시
　　간에 집안에 있는 주부를 대상으로 한 연속극으로서 비누 제조회사가 스폰서를 하는
　　경우가 많아 소프 오페라라는 이름이 붙게 되었다. 라디오 소프 오페라가 TV 소프 오페
　　라로 크게 번창하면서 낮시간 이외에 저녁시간에도 방송되었다.

16) ≪동아일보≫, 1999년 9월 8일.
　　'몰래 카메라'의 원조인 '캔디드 카메라' 프로를 처음 만들었던 사람인 미국의 TV사회
　　자 앨런펀트가 84세로 5일 별세했다. 캔디드 카메라는 1948년 처음 등장한 이후 현재까
　　지 시청자에게 신선한 웃음을 선사해오고 있는 미국의 대표적인 오락프로이다. 우편함
　　속에 사람이 들어가 말을 건네 행인이 깜짝 놀라는 모습 등 재미있는 상황을 연출해
　　시청자를 웃게 만든다.

다큐멘터리를 'DIY 다큐멘터리'라고 부른다. 이것은 '캠코더 문화'에
대한 논쟁으로 이어졌다. 캠코더 기술이 악용되어 관음주의, 감시의 문
제를 낳고 있다는 것이다. 이런 문제들은 특히 미국에서 심각하게 제기
되었다. 그러나 다른 한쪽에서는 '기술의 신비를 벗겨낸 쾌거'라는 주
장도 제기됐다.

3장 TV 다큐멘터리 프로그램 제작론

1. 제작의 전제(前提)

1) 다큐멘터리와 불혹(不惑)

최근 우리 텔레비전의 다큐멘터리 프로그램들을 시청하다보면 어떤 조급증(躁急症) 같은 것을 발견하게 되는 사례가 자주 있다. 그것은 두 가지 측면에서 나타나고 있다. 예컨대 사회적인 주제를 다룬다고 가정하면, 하나는 어떤 문제를 제기해놓고, 문제점과 그 원인분석에 대한 심층취재, 전문가의 견해와 시민들의 반응, 해외의 사례, 현실적인 대안 등의 제시 없이 대략의 결론에 서둘러 도달하고 마는 경우이다. 즉 구체적 논리를 이루는 골조(骨組)를 형성하지 못해 시청자 설득에 실패할 때이다.

또 하나는 소위 방송국 속어로 '그림을 후루룩 말아다가 뚜덕뚜덕 붙여' 그냥 방송해버리는 소모적인 프로그램이다. 대충대충 촬영을 했기 때문에 그림의 다양성과 정세도(精細度)가 미약할 수밖에 없고, 인서트가 주는 오묘함을 느끼지 못하게 된다. 이렇게 그림이 성기면(부실하면) 시청자들은 결국 화면에서 어떤 메시지와 이미지도 제공받을 수 없게 될 것이다.

이런 현상이 발생하는 것은 다큐멘터리의 대량생산체제와 제작자의 연령 하향화(下向化) 경향과도 무관하지 않은 것으로 판단된다. 특히 공기업 등으로부터 제작비 협찬을 받은 프로그램들을 자세히 관찰하면 그런 경향을 쉽게 발견할 수 있다.

텔레비전 방송사마다 제작관행이나 보유인원의 상황이 각기 다르기 때문에 한 명의 프로듀서가 연간 몇 편의 다큐멘터리를 만드느냐 하는 생산작품 수(數)에 대한 규정이 정확하게 공개된 것은 없다. 그러나, 특집형태의 50~60분짜리 다큐멘터리는, 우리의 제작 현실에서 백지 상태에서 출발하는 기획에서부터 완제품 후 방송까지 보통 90일, 3개월로 계산할 수가 있다. 그러면 1년에 4편이다.

정규 프로그램(regular - 주4회 50~60분물)은 제작인원이 최소 5개팀은 구성되어 있어야 한다. 인원 수급문제 때문에 4개팀으로 버틸 수도 있겠지만 매우 위태롭다. 5개팀일 경우 한 연출자는 1년에 약 10편을 만들어내야 한다. 앞서 제시된 BBC의 연간 2편에 비하면, 최저 2배에서 최고 5배 많은 과다한 프로그램을 만들어내야만 하는 것이 우리의 현실이다.

거의 모든 텔레비전 회사들에서 다큐멘터리는 다소 중량감 있는 중견 프로듀서에게 제작을 위임하는 것이 일반적인 관행이다. 비드라마 프로그램의 프로듀서로 입사했다면 1년 동안은 거의 FD 수준의 수련과정을 밟게 될 것이다. 그후 2년 여의 조연출 생활을 경험하고 입봉(일본어로는 '잇봉다치'로 정식 연출자로 독립·데뷔한다는 뜻이다)을 맞게 된다. 다시 2년쯤 난이도(難易度)가 크게 높지 않은 프로그램을 담당하고야 겨우 다큐멘터리에 투입될 수 있다. 이것도 프로듀서 개인의 재능과 소질을 인정받고 우등생 코스로 달려나갔을 경우이다. 입사 후 5년이 경과한 즈음의 시점이고, 남자는 군복무를 마치고 27세 경에 입사했다면 32~33세가 되어야만 다큐멘터리스트가 될 수 있다.

만약 다큐멘터리 CP(Chief Producer)가 상당히 중요한 프로그램을 배당할 때, 어떤 조건을 갖춘 프로듀서에게 맡기면 마음을 놓을 수 있을까? 필자라면, 50분짜리 20편 정도를 제작·연출한 경험과 경력을 지닌 PD를 선정할 것이다. 왜냐하면 특집형은 20편[1]을 제작하자면 1년에 4편씩 5년이 걸린다. 많은

---

[1] TV 다큐멘터리에 있어서 20편을 제작했다면 사실 대단한 경험이다. 20편 제작을 마친 프로듀서에게는 우선 방송사와 그 부서에서 어떤 기념 ceremony를 열어주면 어떨까 하는 생각이고, 태권도의 급수처럼 고수(高手)임을 인정해주는 어떤 관행이 있었으면 한

수련과 경륜이 뒷받침되는 37~38세에서 40세경, 불혹(不惑)[2]의 나이를 목전에 두어야 세상의 이치와 인간에 대한 경험이 쌓이게 되어, 다큐멘터리 프로그램이 제대로 보이기 때문이다.

다큐멘터리는 본질적으로 제작하는 데 어려움이 많은 고난도(高難度)의 장르이다. 그러나 근자에 와서 방송사의 구조조정을 통해 슈퍼바이저(superviser) 역할을 담당했던 시니어 프로듀서들이 모두 퇴출당했거나 위원 등으로 뒷방 마누라(영감)로 물러나 있다. 또 전(全) 프로그램의 오락화 과정에서 젊은 프로듀서로 세대교체됨으로써 작품성을 인정받지 못하는 프로그램들이 다량 생산되고 연성화(軟性化) 추세가 심화되고 있는 점도 두드러진다. 이것은 다큐멘터리의 본질과 역행되는 매우 유감스러운 상황이라 아니할 수 없다.

2) 수제품(手製品)에 대한 권유(勸誘)

옛날부터 사람들은 강가에 모여 살면서 농사와 수렵, 어업에 종사했다. 그러나 1789년 제임스 와트가 증기기관을 발명한 이후, 19세기 초 산업혁명에 의한 산업화가 추진되는 과정에서 도시화가 이루어졌고, 대중교육과 대중매체가 등장했으며, 정치의 대중화도 수립되었다. 이렇게 봉건사회가 붕괴되고 근대화가 형성됨으로써 대중매체를 통한 대중문화가 탄생하게 되었다. 대중문화는 과거 봉건 계층만의 전유물이었던 소위 고급문화에 대칭되는 개념인데, 고급문화와 달리 '표준화'와 '대량생산'이 가능했고, '모든 사람이 똑같이 향유(享有)'할 수 있고, '의식의 획일화'가 추진되었다는 주장이 생겨났다. 이들이 프랑크푸르트 학파이다.[3]

다.

2) 공자는 『논어(論語)』 위정편(爲政篇)에서 수양의 발전과정에 대해서 이렇게 말했다. "나는 열다섯 살 때 학문에 뜻을 두었고(吾十有五而志于學－志學), 서른 살에 입신했다(三十而立－而立). 마흔 살 때는 미혹하지 않고(四十不惑－不惑), 쉰 살 때는 하늘의 명을 알았다(五十而知天命－知命). 예순 살 때는 남의 말을 순순히 이해하게 되었고(六十而耳順－耳順), 일흔 살이 되니 마음 내키는 대로 해도 법도를 넘어서지 않았다(七十而從心所欲 不踰矩－從心). 이 중에서 사람들은 인생의 지혜와 경험에 있어서 절정의 시기인 40세, 불혹의 나이를 특히 중시하고 있다.

3) 이효성, 『정치언론』, 이론과 실천, 1989, p.281.
독일의 바이마르 공화국 시대인 1932년 프랑크푸르트 대학 내에 사회연구소라는 매우

　프랑크푸르트 학파는 대중문화를 '문화산업'의 개념으로 파악했는데, 이들은 현대의 대중문화가 자본주의적 생산관계 속에서 발생한다는 것에 초점을 맞추고 이것이 자본주의 국가에서 혁명을 발생하지 못하게 하는 가장 중요한 이유라고 설명하였다. 즉, 문화산업이 계급의식의 발달을 저해하며 사회통제의 강력한 도구를 제공한다는 것이다.

　이들은 문화산업을 문화, 정치 및 일상생활에 '무자비한 일치'를 강요하는 '냉엄한 체제'의 일부인 '절대 지배자'로 이해하고 있다. 나아가 대중문화는 전체주의적 착취를 용이하게 해주는 위험한 문화이며, 대중문화는 산업적 제작, 배급을 통해 표준화되고 조작된 요구에 의해 탄생한 사이비 문화인 동시에 현실에 대한 저항의지를 나타내주는 부정적 사고를 파괴한다고 주장한다. 아도르노와 호르크하이머가 '문화산업'이라는 말을 처음 사용한 것은 그들이 미국 망명중에 쓴 『계몽의 변증법』에서였다.[4]

　이들의 주장은 공산주의의 붕괴(崩壞) 등 시대적인 변화에 따라 수용에 많은 문제들이 제기된 바 있고 이론으로서 만의 존재의미가 더 컸다고 하겠다. 그러나 문화의 '대량생산' 즉, 대량복제(複製)라는 개념은 현재에도 강화되고 증가일로(增加一路)에 있다고 볼 수 있다. 이와 관련해 대량생산을 더욱 부추긴 것은 '포디즘(Fordism)'이었다.

　1913년 미국의 자동차왕 헨리 포드(Henry Ford, 1863~1947)는 디트로이트 북쪽의 하일랜드 파크 공장에서 전 공정에 걸쳐 컨베이어벨트(conveyer belt)를 도입한 결과 12시간 반 걸리던 차대(車臺) 제작시간이 1시간 반으로 줄어들었다. 보다 빨리, 보다 싸게 많은 물건을 생산할 수 있는 '대량생산' 기법이 탄생한 것이다. 다른 자동차들은 2,000달러를 호가(呼價)할 때 포드사의 '모델T' 값은 1925년 2백 60달러에 팔렸다.

　끊임없이 돌아가는 컨베이어벨트 속에서 인간은 하나의 기계부품으로 전

진보적인 연구소가 설립되었다. 처음에는 세계의 각종 노동운동에 관한 자료를 모으고 분석하는 일에 치중하였다. 그러나 1930년 호르크하이머(Max Horkheimer)라는 사회철학자가 소장으로 취임하면서 그 연구방향을 바꾸어 진보적 사회이론을 세련화시키는 쪽으로 나가게 되었다. 폴로크, 마르쿠제, 로웬탈, 아도르노, 프롬 등의 이론가들이 주요 연구원들이었다. 이들은 1933년 나치의 권력장악 후, 미국으로 망명하여 콜롬비아 대학에 그 연구소를 개설하고 연구활동을 계속했다.

　4) 최정호·강현두·오택섭, 『매스미디어와 사회』, 나남출판, 1995, p.337.

락하게 됨으로써 노동자들의 이탈이 잦게 되었는데, 이들의 이탈을 막기 위해 고심하던 헨리 포드는 1914년 1월 중대 결단을 내렸다. 하루 8시간 노동에 5달러(당시 평균 일당은 2.34달러)를 주겠다고 선언한 것이다.

두 배나 오른 임금 덕분에 포드사의 노동자들도 포드 자동차를 살 수 있게 되었다. 그들은 주말이면 교외로 나가 여가를 즐길 수 있는 최초의 '중산층'이 되었다. 극소수의 부자와 귀족들의 전유물이었던 자동차는 보통 사람들의 필수품이 되기 시작했다.

포드는 단지 노동자들을 붙잡아두기 위해 임금을 올렸지만 그들은 새로운 소비자가 되어 판매에 날개를 달았다. '포드주의'라 불리는 대량생산·대량소비 체제가 최초로 완전한 모습을 드러낸 것이다. 포드의 생산방식은 다른 회사로, 다른 산업으로 전파되었고, 자동차공업은 철강·고무·석유·도로건설 등 수많은 연관산업들을 발달시켰다. 미국은 이러한 생산혁명을 바탕으로 산업혁명의 발원지인 영국을 제치고 20세기의 패자(覇者)가 되었으며, 세계로 수출된 포디즘은 각국의 생활양식을 변화시켰다.5) 이러한 현상은 후에 노동시간의 효율적인 배분과 관련해 '인스턴트' 식품의 개발과도 연결된 바 있다.

오늘날 문화권력으로까지 일컬어지는 이러한 대중문화도 대량생산의 속성(屬性)을 지니고 있고, 텔레비전도 예외가 아니다. 일일연속극 한 프로그램은 주 5회 방송되니까 1년에 2백 60편이 나간다. 결국 텔레비전 회사는 프로그램을 생산하는 대형공장인 셈이다.

그러나 TV 다큐멘터리는 대량생산의 시스템에 편입(編入)되어서는 곤란하다는 점을 강조하고자 한다. 왜냐하면 여타 프로그램과 달리 도제(徒弟)형태에 의한 길드(guild)조직의 산물이기 때문이다.

드라마나 오락 프로그램들처럼 다큐멘터리는 선대본(先臺本)이 없는 경우가 대부분이고, 철학적·정치적·사회적·예술적 고려 등에 철저한 검증 절차를 거치는 과정이 필수적이다. 즉, 한 사람의 장인(匠人) 밑에서 청소부터 시작해 수십 년 동안 수련(修鍊)을 쌓고 기술을 연마해 또 한 사람의 진정한 명장(明匠)이 등장하는 것과 마찬가지의 과정이 다큐멘터리에서도 필요하다

---

5) ≪동아일보≫, 1999년 9월 2일.

는 것이다. 한마디로 다큐멘터리는 시간이 많이 소모되는 장르이다. 따라서 대량생산보다는 수제품 형태의 소량생산이 더 적합하다. 그러나 방송사의 생산과정에서 수제품을 찾기란 쉽지 않고, 수제품 형 다큐멘터리가 발견될 가능성도 높지 않다.

일본 애니메이션을 '문화'라고 부르게 만든 장본인은 '미야자키 하야오(宮崎駿)'6) 감독이다. 1997년 그가 만든 애니메이션 <원령공주>는 일본 영화 −애니메이션을 통틀어 사상 최고 기록인 1,353만 명의 관객을 동원했다. 흥행수익은 113억 엔(약 1,200억 원). 미야자키는 '애니메이션의 신(神)'으로 등극했다. 어떤 정치인이나 경제인에게도 붙여주지 않는 '국민적'이라는 수식어가 붙는 것만으로도 우리는 그의 파워를 느낄 수 있다.

도쿄 신주쿠에서 전철로 30분 거리에 있는 코가네이 시에 자리잡고 있는 스튜디오 지부리의 사업본부장인 스즈키 토시오 씨는 미야자키 감독의 철저한 스타일에 관해, "일주일에 5초를 OK시키면 된다. 요즘 미야자키 감독은 자신의 key animator 37명에게 1주일에 단 5초 분량의 그림 이상을 원하지 않는다. 대신 최고의 quality여야 한다. '이것이 안되면 나를 떠나라'라고, 초 단위의 불량 부분도 날림 부분도 용납하지 않는다."7)고 소개하고 있다.

다큐멘터리와 애니메이션은 장르상의 특성은 다르지만 수제품 성격에 입

---

6) 미야자키 하야오 감독의 극장용 애니메이션은 <바람계곡의 나우시카>(1984년), <천공의 성 라퓨타>(1986년), <이웃의 토토로>(1988년), <마녀의 특급배달>(1989년), <빨간 돼지>(1992년), <원령공주>(1997년) 등이 있다.
≪동아일보≫, 2001년 7월 20일.
등장인물의 선악이 뚜렷하고 '권선징악'을 주제로 삼는 디즈니 애니메이션과 달리 미야자키 등 저패니메이션은 선악을 구별짓지 않는 경우가 많다. 신적인 존재를 등장시키거나 인간주의를 내세우는 등 '이데올로기'를 생산해냄으로써 작품의 깊이를 갖춘다. 그림 면에서도 차이가 있다. 하늘을 나는 장면을 즐겨 사용하는 미야자키 감독의 경우 화면에 깊이가 있고 스펙터클한 장면이 많은 것이 특징이다. 또 정지 동작이 많고 속도감이나 화면 전환도 빠르다. 반면 디즈니로 대별되는 할리우드 애니메이션은 움직임이 좀더 부드럽다. 제작시스템도 다르다. 업무가 전문화, 분업화된 할리우드 애니메이션은 감독보다는 제작자나 '디즈니'라는 상표가 중요하지만, 도제(徒弟)시스템을 따르는 일본에서는 감독 이름이 더 강조된다. 캐릭터도 다르다. 할리우드의 캐릭터들은 6등신으로 실제 모습에 가까운 것이 많은 반면, 저패니메이션은 유아적이고 귀여운 3등신이 많으며 매우 다양하다.

7) ≪조선일보≫, 2001년 5월 8일.

각한 제작방식에는 별 차이가 없다. 다큐멘터리스트들이 귀감(龜鑑)으로 삼 았으면 하는 범례의 하나이다.

진짜 수제품 생산의 모습은 어떤 것일까? 그것을 소개하고자 한다.

프랑스의 최고급 패션 브랜드 에르메스(HERMES)는 상품 제작에서 대량생 산을 거부하는 것으로 유명하다. 스카프를 비롯해 가방 핸드백 구두 등 가죽 류, 옷, 도자기 등 모든 상품을 프랑스 본사에 있는 5백여 명의 숙련된 장인 들이 일일이 손으로 만들어낸다.

가죽가방 하나를 꿰매는 데 18시간 걸려 한 사람의 장인이 1주일에 2개를 만들지 못한다(법정 근로시간 1주에 33시간 정도).

이 때문에 영화배우 그레이스 켈리가 썼던 '켈리백(Kelly Bag)'이나 샹송가 수 제인벌킨이 메었던 '벌킨백(Birkin Bag)' 등 인기품목은 주문 후 2~7년을 기다려야 받을 수 있다. 모든 제품에 제조한 장인의 이름이 적혀 있어 수선할 때도 그 기술자가 다시 수선해주고 있다. 에르메스는 어머니가 딸에게, 아버 지가 아들에게 물려줄 수 있는 제품으로 만든다는 것이 모토이다.[8]

스위스의 명품 발리 구두도 이와 별반 다르지 않다.

구두 한 켤레가 만들어지는 공정은 120단계. 고가품은 220여 공정을 거친 다고 한다.

발리는 최상급의 소재, 완벽한 재단, 철저한 마무리를 통해 '신지 않은 듯 한 완벽한 착용감'을 선사한다는 것이다. 지금은 페라리(Ferrari)에 소속된 유 럽의 명차 '마세라티(Maserati)'도 자동차임에도 불구하고 기계 하나하나를 깎 고 다듬어서 만든 수제 자동차로 많은 애호가들의 선망의 대상이 되고 있다.

결국 수제품들은 정교한 생산과정을 통한 제품으로써 소비자로 하여금 감 동을 불러일으키는 특징을 갖고 있다. 그런데 최근에는 명성이 자자한 명품 뿐만 아니라 상당히 보편적인 상품들도 독특한 개성을 나타내는 경우가 많 다. 예컨대, 최근 유행하고 있는 고급 브랜드 커피는 70g의 커피 원두를 갈아 서 0.5gallon(작은 잔 약 15잔)의 커피를 만들고 타이머를 작동해 1시간 후 팔 다 남은 것은 즉시 폐기한다고 한다. 왜냐하면 시간이 지나면 커피 향기가 날아가 맛이 없기 때문이다.

---

8) 《동아일보》, 2001년 6월 29일.

　이러한 수제품(명품)의 제작과정과 정신을 장황히 설명하는 것은 바로 텔레비전 다큐멘터리의 제작과 수제품 제작이 원칙적으로 그 기본 공정이 일맥상통(一脈相通)하고 있기 때문이다.

　일반적인 소비재의 상품도 이처럼 정성과 공력(功力)을 들여 만드는데 전 국민의 정신을 대상으로 하는 텔레비전 다큐멘터리는 과연 어떻게 만들어야 할 것인가? 하는 문제는 더 이상 설명이 필요하지 않을 것으로 생각된다. 돈이 많이 들고, 힘들고, 생산성이 다소 떨어지더라도 수제품의 프로세스를 타산지석(他山之石)으로 삼았으면 하는 바람에서 재삼 강조를 하는 바이다. 그러나 현재 우리 다큐멘터리의 현실은 전체적으로 수제품 생산 시스템에 한참 못 미치고 있다는 느낌을 지울 수가 없어 안타깝다.

2. 다큐멘터리 프로그램 제작진행 단계

1) TV 프로그램 제작의 개념

　텔레비전 프로그램을 제작한다는 것은 어떤 의미를 내포하고 있는 것일까? 결론부터 얘기하면, 우리가 텔레비전에서 보게 되는 '프로그램을 만들어 공급하는 일'이다. 따라서 모든 TV 프로그램 제작은, 만드는 목적과 과정을 추적하고 그 효과를 미리 측정하는 내용이 되어야 할 것이다. 또한 프로그램에 참여하는 여러 스태프들이 어떤 역할을 훌륭하게 해내야 할 것인가도 분명하게 예측하고 있어야 한다.

　텔레비전 제작은 '요리'와 아주 흡사하다고 할 수 있다. 오후 3시쯤 한 주부가 오늘 저녁식사를 무엇으로 준비할 것인가를 궁리하는 과정을 생각해보자. 그 주부는 우선 무슨 요리를 만들 것인가를 결정하지 않으면 안 된다. 여러 가지 조건들을 따져본다. 더운 날인지 추운 날인지, 바람이 부는지 비가 오는지, 아이나 남편의 생일날인지 등에 따라 음식 자체의 종류가 달라지게 된다. 또 만드는 것도 처음부터 끝까지 자신이 다 할 것인지 요리 전문가인 이웃집 아주머니의 도움을 받을 것인지, 음료나 술, 후식은 무엇으로 할 것인지 등 판단할 문제는 적지 않다.

여기서 중요한 관점은, 이 음식들을 먹는 식구들의 입장을 생각해야만 한다는 것이다. 음식을 많이 먹는 남편, 입이 짧은 첫째 아이, 기름진 것을 싫어하는 둘째 아이 등 오늘 저녁의 요리는 나 혼자 먹자고 준비하는 것이 아니라는 점이다. 이와 같은 이야기들은 'TV 프로그램 제작'이라는 복잡한 테마를 보다 용이하게 이해하고자 하는 의도적 접근이다.

텔레비전이란 무엇인가? 한마디로 '그림'을 구경할 수 있는 기계이다. 텔레비전의 정의(定義)는 '그림'이다. TV 프로그램 제작의 목적과 사명은 시청자가 텔레비전에서 보게 될 내용을 사전에 '영상화(映像化)하는 작업'이다. 즉 '그림'을 만드는 일이다.

따라서 텔레비전 회사는 '그림'을 만들어 파는 장사라고 할 수 있다. 우리가 TV를 보면 화면에서 무엇인가가 보여진다. 무슨 일인가가 일어나기도 하고 노래도 불려지고 우스운 내용도 나오고 운동경기도 중계방송 된다.

다시 말해 텔레비전에서 방송되는 모든 종류의 프로그램들을 생각해내고 촬영해서 그림을 만들고 또 이것을 편집해서 실제로 방송에 나갈 수 있도록 준비하고 실행에 옮기는 전 과정이 제작인 것이다.

여기에 참가하는 사람들을 보면 어떤 형태(장르)의 프로그램에 어떤 주제(主題)를 담을 것인가를 고안해내는 기획자, 이와 같은 마스터플랜을 가지고 실제로 실행 설계도(기획안)를 만들어 촬영을 하도록 준비하고 꾸며서 완성하는 연출자, 카메라맨, 음향기사, 연기자와 출연자, 조명과 분장전문가, 무대세트와 의상담당자, 녹화하고 편집하는 기술담당자, 그리고 드라마 대본을 쓰는 작가와 구성작가 등 각기 다른 역할을 수행하는 많은 사람들이 있다.

이렇게 캐스트와 스태프가 어우러져서 어떻게 텔레비전 프로그램을 만들어가는가 하는 구조(構造)나 과정·방법·관행 등을 통틀어 우리는 'TV 메커니즘(mechanism)'이라고 부른다. 이 TV 메커니즘을 추구하고 이해해 완성하는 작업이 결국 TV 제작이다. TV 메커니즘을 구성하는 중요 부분들이 분명하게 규명되고 머릿속에 입력이 되어 있어야 캐스트와 스태프의 경우 자신의 역할을 수행하는 데 차질을 빚지 않게 된다.

최근 DVC(6mm Digital Video Camera)는 계속 소형화, 경량화, 고화질화, 저가화되고 있기 때문에 제작자의 일인다역(一人多役)화 경향이 일반화되고 있다. 한 사람이 기획·연출·촬영·리포트·구성·편집·원고를 쓰고 완제품까지 만든다. 소위 VJ(Video Journalist) 개념인데 이때 제작비는 지상파와 비교할 때, 3분의 2 이상 절감할 수 있다. DVC를 활용한 다큐멘터리 제작도 활성화될 것으로 전망되는데 프로그램의 심도에서는 다소 문제가 있을지 모르지만 현재의 ENG 제작에 비해 적지 아니 편의로울 수 있다는 장점이 있다. 그러나 TV 메커니즘은 지상파와 거의 동일하다.

다큐멘터리를 포함해서 텔레비전 제작이 있어서 중요한 점은 'TV 프로그램의 제작진행단계'를 정확하게 파악해두는 일이다. TV 프로그램도 하나의 생산제품이다. 모든 제품들은 물건을 만들어내는 소위 생산제작공정(生産製作工程)이라는 것이 있다. 어떤 원료·재료를 가지고 어떤 방법·기계를 이용해서 어떤 사람이 어떤 형태의 물건을 만들 것인가 하는 순서를 말하는 것이다. 오늘날 공장들은 컨베이어 시스템(conveyer system)을 통해서 공정을 일관성 있게 또 유동적으로 만들어간다. 마찬가지로, 텔레비전 제작자도 컨베이어 시스템에 해당하는 각각의 제작진행단계를 구체적으로 터득(攄得)하고 있어야 할 것이다.

TV 방송제작을 구성하는 요소들은 다양하다. 우리가 '설악산' 하고 말 할 때는 대청봉·소청봉 하는 식으로 설악산을 형성하는 몇 개의 큰 봉우리만 생각하게 되는데 사실은 설악산을 가까이서 또 좀 떨어져서 둘러싸고 있는 크고 작은 산봉우리와 작은 계곡, 깊은 계곡들이 모두 설악산인 셈이다. TV 방송제작도 이와 같다고 생각할 수 있다. 제작을 커다란 메커니즘으로도 이해해야 하고 각각의 부분에 관해서도 세밀하게 파악하게 되면 실행이 용이해진다.

2) 제작진행 단계

텔레비전 다큐멘터리 프로그램의 제작진행단계는 크게 나누면,

① 프리 프로덕션(pre-production)
② 메인 프로덕션(main-production)
③ 포스트 프로덕션(post-production)

세 개의 덩어리로 구분할 수 있다. 메인 프로덕션과 포스트 프로덕션을 구체성에 따라 세분하면 다시 20여 개의 독립된 작업과정으로 나누어진다.

- **프리 프로덕션**[9)]
  ① 기획(企劃)
  ② 주제(主題) 결정
  ③ 자료조사(資料調査)
  ④ 현지답사(現地踏査)
  ⑤ 기획안 작성

- **메인 프로덕션**
  ⑥ 촬영 콘티뉴이티(continuity) 작성
  ⑦ 출장촬영(야외 촬영)

- **포스트 프로덕션**
  ⑧ 프리뷰(preview)
  ⑨ 구성안(構成案) 작성
  ⑩ 야외 촬영분 편집(編輯)
  ⑪ 디졸브(dissolve)
  ⑫ 원고 작성
  ⑬ 음악 및 효과 의뢰
  ⑭ 더빙(dubbing)
  ⑮ 완제품(完製品) 제작
  ⑯ 예고(豫告) 제작
  ⑱ 수정제작

---

9) 프리 프로덕션은 텔레비전 메커니즘상의 개념으로는 인원계획, 제작장비, 제작인원, 제작일정 잡기 등을 지칭하는 것으로 쓰이고 있다. 그러나 한 편의 다큐멘터리 프로그램을 제작하는 입장에서 '프리 프로덕션'을 앞서의 관점과는 달리 제작 프로세스상 하나의 독립적인 과정으로 원용했음을 밝힌다.

까지가 정확한 의미에서 포스트 프로덕션이다. 그 이후의 단계도 큰 의미에서 포스트 프로덕션에 포함될 수 있을 것이다. 그러나 실제로 프로그램이 송출된다는 의미에서 '파이널 프로덕션(Final Production)'으로 표현할 수도 있을 것이다. 최후의 단계는 다음과 같이 이어진다.

⑰ 시사(試寫)
⑱ 수정(修正) 제작
⑲ 방송
⑳ 평가(評價) 회의
㉑ 정산(精算)

3) 프로덕션의 3단계

첫번째, 프리 프로덕션은 '기획'에 관한 모든 준비를 진행하는 과정이다.

① 기획
② 주제의 결정
③ 자료 조사
④ 현지답사
⑤ 기획안 작성

등이 여기에 해당한다. 논자에 따라서는 '기획'에 대하여 훨씬 더 마이너스 방향으로 가 막연히 '무엇'에 대한 프로그램을 기획할 것인가도 이 과정에 포함시킬 수 있다. 예컨대, 돌아오는 창사기념일 특집으로 '자연 다큐멘터리'를 만드는 것이 좋을까 아니면 '역사 다큐멘터리'가 더 적합할 것인가에 대해 폭넓게 사고하고 광범위하게 자료를 수집하는 것도 이 범주(範疇)에 집어넣는 것이다. 이때 고려되어야 할 관점은 '역사성(歷史性)', '시대성(時代性)', '시의성(時宜性)' 등 다양한 시각에 입각해 생각해보아야 한다는 점이다.

두번째, 메인 프로덕션은,

⑥ 촬영 콘티뉴이티 작성을 통해서
⑦ 직접 촬영을 모두 완료하는 과정이 된다.

실제로는 메인 프로덕션이 프로덕션의 전 과정을 통해서 가장 중요하고 핵심이 되는 부분이다. 왜냐하면 이 과정에서 주제에 대하여 시청자를 이해·설득할 수 있는 '그림'을 창출해 차후 편집에 임할 수 있는 소프트웨어(테이프)를 확보할 수 있기 때문이다. 비유해서 말하면 집을 건축할 때 철골에다 콘크리트를 부어 골조(骨組)를 완성하는 것과 같다. 즉 실전(實戰)의 국면이다.

세번째, 포스트 프로덕션은,

⑧ 프리뷰
⑨ 구성안 작성
⑩ 편집
⑪ 디졸브
⑫ 원고작성
⑬ 음악 및 효과 의뢰
⑭ 더빙
⑮ 완제품 제작
⑯ 예고제작
⑱ 수정제작

한 개의 프로그램이 최종 완성되기까지의 프로세스(process, 工程)가 포스트 프로덕션이다. 건축의 경우 전기, 수도, 냉·난방, 채광 등의 내장공사와 어쩌면 인테리어까지도 넣을 수 있는 경우에 해당될 것이다.

완제품 제작 이후에 계속되는 ⑰ 시사 (⑱ 수정제작) ⑲ 방송 ⑳ 평가회의 ㉑ 정산 등은 최종 방송을 위한 확인과 정리 과정이다.

3. 다큐멘터리 기획

1) TV 프로그램 기획의 일반론

첫째, '시작이 반이다'라는 속담이 있듯이 '기획(企劃)'은 프로그램 제작의 성패(成敗)를 좌우하는 중요성을 내포하고 있는 핵심적 개념이다. 만약 기획이 훌륭하다면 그 프로그램은 이미 절반은 성공한 것이나 다름없는 의미가 된다. 우리가 매일 매일 대하는 텔레비전 프로그램에서 만드는 제작자나 보는 시청자 모두에게서 '기획'이라는 개념은 거의 드러나 있지 않거나 숨겨져 있는 것처럼 느껴진다. 이것은 기획이 별로 중요하게 여겨지지 않는다는 뜻으로 해석할 수 있다.

TV 프로는 단지 '연기'와 '촬영' 그리고 '연출'로만 대별될 뿐 기타 분야는 거의 존재하지 않는 것으로 시청자들은 인식한다. 이것은 아마도 TV 오락프로들이 그 제작과정을 아이템 또는 내용의 일부분으로 사용함으로써 그 과정들이 화면으로 낱낱이 공개되고 까발려지기 때문에 시청자들은 텔레비전에는 연기·촬영·연출만 있는 것이 아닌가 오해할 수도 있을 것이다.

기획은 단지 크레디트(credit)[10]에서 CP(Chief Producer) 또는 책임프로듀서라는 단어로서 잠시 보여질 뿐 아무도 큰 관심을 보이지 않는다. 신문의 방송란(欄)에서도 사진이 들어가고 화제가 되는 것은 거의 연기자들뿐이다. 그러나 프로축구나 야구, 농구경기에서 어느 팀이 이겼을 경우, TV나 신문은 반드시 그 해당 감독에게 인터뷰를 청하고 선수 못지않게 승리의 공을 돌리고 있다. 이렇게 운동경기에서도 우리는 어떻게 이기는 경기를 만드는가 하는 감독의 기획 즉, 전략과 용병술 등에 관심이 많지만 TV에서는 그 기획자가 적지 아니 숨겨져 있다.

무릇 이 세상의 모든 일은 그 첫걸음이 '기획'에서부터 시작된다. 정치, 경제, 사회, 문화 모든 분야에서 어떤 발전이나 진보가 이루어지려면 훌륭한 마스터플랜(master plan, 종합기본계획)이 만들어져야 가능하다. 이러한 논리는 방송에서도 결코 다르지 않다. 왜냐하면, 텔레비전은 시청자에게 감동, 흥미,

---

10) 영화, TV 등에서 제작자, 자료의 출처, 제공자 등을 분명히 밝히는 일. 보통 프로그램의 말미(末尾)에 표시된다.

재미, 교양, 정보, 오락 등 훌륭하고 뛰어난 복합적 요소들을 제공하지 않으면 안 되기 때문이다. 그런데 각 요소들은 아주 단순하고 간단한 것들이 아니다. '감동'만 보더라도 감동은 희(喜), 노(怒), 애(哀), 락(樂)을 통해서 어떤 최고의 느낌을 화면으로 보여주어야 하는 것인데 그것이 어디 그리 쉽겠는가?

그밖의 많은 다른 요소들도 어렵기는 마찬가지다. 신문, 잡지, 서적, 라디오, 에프엠 등 매체는 서로 다르더라도 전달하고자 하는 내용은 즉, 감동, 흥미, 재미…… 등은 거의 유사하다.

그들(시청자)에게 무엇(what)을 줄 것인가? 는 프로그램을 만드는 데 최상위에 놓여져 있어야 한다. '무엇'을 줄 것인가를 '생각하고', '자료를 모으고', '주변의 상황을 비교하고'(시청자의 환경, 입장, 다른 방송국 프로의 특징 등을 고려), '최종결정' 내리는 전략(戰略)과 전술(戰術)을 만들어내는 것이 곧 기획이다. 쉽게 말하면 'what'을 결정하는 일이다. 우선 남다른 what을 찾아내고자 한다면 기획자의 두뇌가 뛰어나야 한다는 전제가 필요하다. what은 다시 테마(Main Thema, 큰 主題)와 아이템(中小 item)으로 구성될 것이다.

사실 what을 결정하는 것은 결코 쉬운 일이 아니다. 모든 제작자들이(신문, 잡지, 라디오, 에프엠, TV 등) 눈에 불을 켜고 테마와 아이템을 찾으려고 하니 그 작업은 결코 쉬울 수 없다. 기획은 '전방과 후방', '좌와 우', '하늘과 땅'을 살필 수 있고, 심지어 '땅속'까지 파볼 수 있는 안목과 혜안(慧眼)을 지녀야 가능하리라고 생각된다. TV 프로그램은 우리가 멀티플랙스(복합상영관) 앞에 도착해서 1관 프로를 볼 것인가 2관 프로를 볼 것인가를 즉시 선택하는 것과는 아주 다르다. 특히 TV 드라마의 경우는 기획 후 드라마가 방영되기까지는 1~2년, 긴 경우에는 3년이 걸릴 수도 있다.

둘째, 기획은 단기간에는 좋은 성과를 얻기 어렵다는 점이다. 그만큼 TV 프로그램은 그것이 드라마든 공개오락이든 정보·교양프로든 또는 다큐멘터리든 그 성격이 매우 복합적이라는 점이다.

따라서 소위 속전속결(速戰速決)의 기획을 했다면 그것은 실패의 지름길일 수밖에 없다. 어떤 드라마를 보면 6개월을 예정하고 출발했는데 한달 만에 또는 최저 20일 만에 막을 내리고 퇴출된 비참한 경우가 보도된 적이 있다. 이때의 일차적 책임은 기획자에 있다고 단언할 수 있다. 그 만큼 기획이 허술했거나 서둘렀거나 허점을 드러냈기 때문에 프로그램이 무참하게 부서질 수밖에 없었던 것이다.

셋째, 제작비 즉, 예산을 생각하고 기획에 착수해야 한다는 점이다. 많은 제작자, 연출가들은 TV 프로그램을 예술작품이라고 주장한다. 물론 예술작품이라고 할 수 있지만, 그러나 예술작품이기에 앞서서 TV 프로그램은 누가 뭐래도 현대적 의미에서 분명히 상품(商品)이다. 최소의 비용으로 최대의 효과(수익)를 기하는 경제 원리가 그대로 적용되어야 한다.

TV방송사들은 시청료나 또는 광고수입에 의해서 운영된다. 무조건 할리우드식의 블럭버스터[11]형 프로만 생각한다든지, 내용과는 무관하게 초호화 의상이나 세트를 구성해 눈요기에 치중한다든지, 컴퓨터 그래픽을 남발하는 기획은 질이 낮다는 평가를 면할 수 없다. 그러나 현실은 매우 다르다. 주제나 아이템의 질보다는 볼거리에 치중하는 경향이 점점 노골화(露骨化)되고 있다. 진정 우려해야 할 상황이다.

넷째, 기획에서 무엇보다도 중요한 것은 '시청자'를 최우선으로 생각해야 한다는 원칙이다. 시청자가 진정 원하는 것이 무엇인가? 무엇을 선호하는가? 또는 어떤 것을 제공하면 시청자의 의식, 정서, 기호에 도움이 될 것인가? 시청자는 어떤 감동, 흥미, 재미, 정보, 교양, 오락을 바라고 있는가? 즉 시청자의 취향과 입맛을 반드시 염두에 두어야 한다.

그러나 현실은 역시 원칙이나 이상과는 상당한 거리가 있다. 예컨대, 최근의 드라마는 다수가 트렌디 드라마(trendy Drama)[12]와 시트콤(situation comedy)이 압도적이다. 쇼프로그램 부문에서는 토크쇼가 주류를 이룬다. 토크쇼의 주제들은 거의 분명치 않고 모호(模糊)하다. 다만 분명한 것은 출연자 대부분이 인기 있는 젊은 탤런트나 개그맨, HOT, 핑클류의 가수, 리포터들이고 주

---

11) 블럭버스터(blockbuster)의 원래 뜻은 대형 폭탄이다. 그러나 할리우드 영화제작에서 상대사의 영화를 제압할 수 있도록 거액의 제작비를 투입해 초호화 캐스팅을 일삼고, 초대형 광고를 쏟아부어 작품성보다는 홍보에 치중해 흥행에서 성공을 거두고자 하는 영화를 지칭하는 의미로 사용되고 있다. 할리우드는 특히 무더위에 시달리는 여름휴가 기간을 겨냥해 시각적 효과와 오락성이 두드러지는 블럭버스터를 관행적으로 다수 기획하고 있다.

12) 젊은 미남 미녀 탤런트가 출연해 벌이는 다소 허황된 사랑 이야기가 주류인 드라마를 일컫는다. 특히 드라마의 스토리보다 감미로운 삽입음악이나 화려한 의상, 세트, 장신구 등 유행적인 요소를 강조해 시청자의 눈길을 끌고자 노력한다.

제가 어떤 것이든 비틀어서 서로서로 웃고 야단이다. 또 어떤 여자 MC나 출연자는 가슴이 다 드러나는 야한 옷을 입고 나와서도 태연하기만 하다. 과거의 텔레비전과는 아주 다른 정경들이다.

공개오락 프로들도 재치 있는 대사를 던지고 연기를 하기보다 이벤트 성격 위주의 구성이 많다. 비키니 수영복을 아슬아슬하게 걸치고 3m, 5m, 또는 10m 다이빙대에서 떨어져 조그만 원 안에 들어가야 점수를 얻는 게임이 있는가 하면, 119구조대 훈련용 고공사다리나 높은 번지점프대에서 무섭다는 사람을 억지로 떨어지게 하는 게임들이 유행이다. 이것은 절대 연기일 수가 없다. 스턴트맨(stunt man, 영화에서의 위험한 장면을 대신 연기하는 대역)의 역할일 뿐이다.

정보, 교양 프로그램도 이러한 범주를 크게 벗어나지 못한다. 대부분의 아침 정보프로들은 지방의 농촌, 어촌, 경승지, 산을 찾아가 무엇인가를 시도하는데 주로 음식을 만들어 지역주민이 리포터에게 먹이고 또 리포터가 다시 주민에게 먹여주는 내용이 매일 되풀이되곤 한다. 이런 내용들이 꼭 시청자를 위한 것인지는 다시 한번 생각해보면 좋을 것 같다.

시청자를 분류하면 유아, 어린이, 청소년, 대학생, 미시주부, 중년주부, 직장인, 자유직종, 중년, 장년, 노인, 남녀노소 등이 골고루 포함되어 있을 것이다. 그런데 앞에서 예시한 내용들은 일부 계층 즉, 청소년 대상의 프로들이다.

시청자들은 자신들이 보고 싶은 것이 있어도 그런 프로를 만들어 방송하지 않으니까 하는 수없이 청소년형 프로그램을 보게 되는 경우도 많이 있을 것이다. 결과적으로 볼 때, 이러한 기획들은 시청자들에게 진정 가까이 접근했다고 할 수 없다. 그러면 그러한 기획들이 유행하는 배경은 무엇일까?

하나는 광고주의 요구이고, 그 다음은 시청률이 높기 때문에 어쩔 수가 없다고 제작자들은 자주 주장한다. 광고의 경우는 젊은 층들의 구매력이 매우 높다는 것이고, 쇼나 토크 프로에서 그들의 참여도나 호응이 커서 시청률 면에서 크게 영향을 미친다는 것이다.

그럴듯한 이유이지만 제작자 자신들의 연령에도 적지 않은 문제점이 있을 수 있다. 왜냐하면 PD, 조연출, 구성작가, 출연자 등의 연령층이 모두 젊다. 그렇기 때문에 자연히 기획의 방향이 그쪽 방향으로 편중(偏重)될 수밖에 없다는 것이 전문가들의 분석이다.

교양프로의 경우는, 일부 젊은 제작자들이 자신들의 시각이나 취향에서 접근한 내용들을 방송할 때가 많다. 특히 인권, 정치적으로 민감한 사안, 지방색, 종교문제, 미성년자의 성문제, 매매춘 등을 사회적인 고발과 여론환기의 의도로 방송한다. 그러나 내용을 자세히 살펴보면 폭로주의, 선정주의 위주인 프로그램들도 자주 목격된다. 이 경우 높은 시청률을 기할 수 있고 제작자 자신들은 사회적 감시자(監視者)로서의 높은 지명도(知名度)를 획득할 수도 있다. 또 제작자가 소영웅주의로 흐를 위험도 배제할 수 없다.

따라서 교양, 정보, 보도, 심층취재 프로의 기획은 분명한 이슈와 의도, 구성과 대안 제시 등 정교한 틀 속에서 유지하도록 균형 된 사고와 다양성, 심층성이 요구된다고 하겠다.

이와 같이 텔레비전 프로그램의 기획은 시청자가 무엇(what)을 원할까에 대해서 어떻게 하면 가장 근접할 수 있을까를 생각해내는 기술이다. 또한 여기에,

- 토론, 르포, 시트콤, 다큐멘터리 등 어떤 장르의 형식에 담을 것인지,
- 또 오전 오후, 밤 심야, 몇 분 프로로 만들 것인지,
- 생방송 녹화, ENG구성 스튜디오 사용 등등의 방법 중에 어떤 것을 골라 쓸 것인가

를 선택해야 하는 고차원의 기술이 바로 기획이다. 시작이 반이라는 말처럼 기획이 뛰어나면 프로그램의 절반은 성공한 것으로 봐도 아무런 무리가 없다. 텔레비전 프로그램 제작에서 '기획' 그 자체가 가장 최상의 위치에 놓여 있어야 한다.

2) 다큐멘터리의 기획

텔레비전 다큐멘터리 프로그램의 기획은 일반 텔레비전 프로그램의 기획과는 아주 다르다. 보통의 교양프로들은 이런저런 내용을 보여주고 무엇무엇이 있다고 알려주는 형태이다. 즉 흥미와 정보를 제공해주는 것으로 프로그램의 임무를 다하는 것이라고 볼 수 있다.

그러나 다큐멘터리는 기본적으로 어떤 message(철학), truth(진실), esprit (정신), sign(기호 또는 상징) 등을 제공하도록 관행적으로 또 무의식적으로 제작자와 시청자가 공히 생각하고 있기 때문에, 여기에 부합되는 주제를 찾아내야 하는데, 실제로 그런 주제를 발견하기란 결코 쉽지 않다. 살아가는 의식주와 관련된 내용보다는 인간의 정신세계와 사고(思考), 그리고 판단(判斷)에 매달리는 모종의 문제에 대해 추적(追跡)하고 기록(記錄)을 찾아내고 여기에 어떤 해석을 부가하도록 노력해야 한다.

1장 2.2에서 언급한 다큐멘터리의 10가지 키워드는,

- 사회적으로 유익한 정보
- 교정적 행동의 유도
- 문화적·교육적 내용
- 지식과 이해의 확장
- 문제에 대한 해결책 추구
- 이치에 맞는 재구성을 통한 해석
- 명쾌한 견해
- 개인과 사회에 주게 될 의미
- TV에 의한 기록적 가치

등으로 압축해 기술한 바 있다. 이러한 10개의 키워드를 모두 포함한 다큐멘터리는 현실적으로 존재하지 않는 이상적인 목표일지도 모른다. 물론 발견된다 하더라도 야구의 퍼펙트 게임이나 골프의 홀인원처럼 희소(稀少)할 것이다. 따라서 다큐멘터리의 기획은 10개의 키워드 스펙트럼(spectrum, 범위·분포) 내에서 최대 7개, 보통 4~5개만 획득되어도 문제가 없을 것이며, 최저 3개 정도라도 견고한 키워드를 표현할 수 있다면 다큐멘터리 기획으로서의 틀을 갖추었다고 해도 무방할 것이다.

3) 서구형(西歐型) 기획

우리 다큐멘터리는 주제와 소재를 고르고, 자료조사와 현지답사를 하고,

촬영과 편집을 마치고, 원고를 쓰고, 완제품을 만든다. 일견 합당한 절차로 보이지만 실제로는 불합리한 부분이 많이 노정(露呈)된다. 어떤 주제에 대한 '정답'을 찾아가는 과정에서 만약 정답을 발견하는 데 실패하거나, 시간 부족으로 제한된 취재기간 내에 제대로 추적하지 못했다면, 자연히 왜소한 키워드 구성으로 방송되고 말 것이다. 즉 기획에 대한 사전보증(保證)이 불완전한 상태로 제작은 시작될 것이고 따라서 결과도 미흡하게 될 가능성이 높다.

서구형 제작은 이와 반대이다. 한 다큐멘터리 작가가 어떤 문제에 대해 관심과 흥미를 갖게 되면 그는 관련자료와 기록에 대해 도서관, 해당기관, 연구기관, 증언자 등을 찾아다니며 아주 오래 동안 자료조사에 임하게 된다. 또한 현장을 탐방하고 촬영부분에 관해서도 연구할 것이다. 이런 다양하고 확실한 자료를 바탕으로 그는 해당 내용에 대한 원고를 완성하게 된다.

그는 이것을 가지고 TV방송사의 다큐멘터리 파트를 방문해 제작에 대한 상담(商談)과 논의를 거치게 된다. 이때 chief 프로듀서는 이 대본을 검토해서 다큐멘터리 프로그램으로 채택할 것인지의 수용 여부를 결정할 것이다. 그는 검토과정에서 키워드에 대한 스펙트럼을 확인할 수 있게 된다. 즉 작품에 대한 성공 가능성을 예측할 수 있다. 확률이 낮다고 판단되면 냉정히 거절한다.

제작이 성사됐다면 작가와 연출자, 카메라맨 등이 다시 대본을 근거로 헌팅을 떠나 내용, 증언, 촬영장소와 내역 등을 재확인하면서 수정작업을 마치게 된다. 이후 제작과 촬영을 위한 제반 준비를 마치고 실제제작에 돌입하게 된다. 이 과정을 통해서 다큐멘터리 제작자 또는 연출자는 주제나 프로그램에 대해 여러 가지 문제를 생각할 수 있고 충분한 대응(對應)을 기할 수 있다.

이런 연유로 해서 BBC 제작은 한 명의 프로듀서가 1년에 2편 정도밖에 만들지 못하는 것이며, 반면 늘 작품성을 인정받고 있는 이유이기도 하다. 우리의 제작 환경도 이러한 패러다임[13]으로 차츰 변해가야 할 것이다.

---

13) 'paradigm'은, 어떤 것에 대한 견해와 생각을 규정하고 있는 틀로서의 '가치관' 또는 '사고방식'의 뜻으로 생각할 수 있다.

4) 기획과 제작 간의 책임 소재

기획과 제작은 동전의 앞면과 뒷면처럼 불가분의 관계에 있다. 물론 기획이 훌륭하면 틀림없이 제작도 유익하고 우수할 수 있다. 이러한 사실은 기획 자체에서 이미 촬영해야 할 줄거리들을 모두 제시했기 때문에 여기에 제작자(연출자)의 창의성과 노력이 가미되어 기획안의 내용보다 최소 30%에서 50% 이상 충실도와 고급화가 도모되어야 정상이다.

그러나 이와는 정반대의 상황도 가끔 발생한다. 예컨대 그 방송사의 창사 기념일 특집으로 해당 파트 전체의 중지(衆智)를 모아 성공률 90% 정도가 보장되는 기획안을 확정하고 A라는 연출자에게 제작을 위임했다. 제작기간은 1년이고, 5부작으로 제작비도 1억 원 이상 투입했다. CP는 초기에는 두 달에 한 번 정도, 반년이 경과하면서부터는 매달 제작 진도와 심도를 체크했다. 그러나 그 연출자는 계절적인 특수성, 해당 출연자의 해외 출장 등등의 교묘한 이유를 내세워 제작 종반에 중요 내용이 촬영된다고 주장하며 검증을 피해갔다. 최종적으로 그림을 붙여보니 1부작도 부실한 상황이었다. 이것은 실제 있었던 사례이다.

또 하나의 경우는 모 방송사의 예다. 기획안 내용은 한눈에 봐도 흠 잡을 데가 없어 보였다. 특수 장비 등 2억 원 이상이 소요된 대형 기획이었다. 완제품은 기획안의 40% 정도밖에 수용되지 못한 것으로 평가되었다. 동료 PD들조차도 많은 제작비를 쓰고도 성과가 미미했다고 수군댔다.

이런 정황에 관해 우리는 어떻게 생각해야 할 것인가? 물론 두 경우 모두 회사 차원에서 징계나 인사상의 불이익도 없었다. 더욱 한 제작자가 노동조합의 핵심 멤버 중의 한 사람이라면 징계는 어림도 없다. 이런 관행이 오늘의 한국방송 현실이다. 제작자는 잘 만들어도 그만, 못 만들어도 그만이다. 그냥 만들면 그뿐이다. 정말 이래도 되는가? 허공에 대고 물어볼 일이다.

영화의 경우는 할리우드조차도 10편 중 8편이 실패하고 2편 정도가 소위 대박을 터트린다는 것이 거의 정설이다. 소위 투기 수준이다. '한국영화 사상 최대의 제작비'[14]라는 111억 원을 쏟은 <성냥팔이 소녀의 재림>은 '한국영화 사상 최대의 참패'를 기록하고 있는 중이라는 보도가 나온 적이 있다.

---

14) ≪조선일보≫, 2002년 9월 24일.

추석 연휴 기간을 포함해서 22일까지 '성냥팔이'의 관객은 불과 14만 명이었다. 제작비 규모로 보아 전국적으로 250만 명은 동원해야 간신히 손익분기점에 이르는데, 이런 추세라면 전국 20만 명 넘기기도 힘들 것이라는 게 충무로의 예상이다.

최근 영화계의 관행 중에는 'P & A'라는 것이 있고 순수 제작비를 뜻하는 '순제'라는 것이 있다. 'P & A'는 완성본 필름복사(Prints)와 광고(Advertising)를 의미하는 것이다. 'P & A'와 '순제'의 비율은 50 : 50이라고 한다. 이것은 미국적인 개념이다. 영화의 작품성보다는 광고에 비중을 더 두고 홍보비를 마구 퍼붓는다는 전략이다. 그러니 어디 제작자나 감독이 목숨 바쳐 책임감을 가질 수 있을까 하는 의문이 생긴다. 못 만들어도 돈을 많이 퍼부으면 흥행에 성공할 수 있다는 믿음을 가지게 되지 않겠는가?

만약 영화가 실패하게 되면, 이때 제작사와 감독은 책임을 면하기 어렵게 될 것이다. 제작자는 재정적 궁핍에 시달리게 될 것이고, 감독은 다음 작품을 맡기는 제작자가 나타나지 않을 수도 있다. 그러나 영화는 위험 분산도 가능하다는 장점이 있다. 즉 '창투사'들이 투자조합(consortium)을 구성하는 경우가 많기 때문에 10개 회사가 투자를 했다면 한 회사당 10억 정도씩 손실을 입게 된다. 영화는 대부분 사기업이 관여되어 사실상 큰 문제는 없다.

그러나 텔레비전은 다르다. 시청료와 광고료(광고요금은 국민이 사용하는 제품 원가에 포함되어 있다)로 제작비를 충당하기 때문에 제작비는 공적(公的) 의미의 자금이다. 또 영화와는 달리 TV전파는 공공재(公共財)이기 때문에 텔레비전 프로그램을 기대 이상으로 잘못 만들었을 경우, 여기에 대한 어떤 제재 조치가 필요하다. 기대 이하의 다큐멘터리 작품이 많이 나오는 것은 그런 시스템이 전무한 상황에서 자연적으로 도출되는 결과라고 생각해도 무리가 아니다.

프로그램이 실패했을 경우 기획자, 관리자, 연출자 등에 대한 책임 소재를 분명히 따지고 거기에 대한 어떤 조치가 수반되어야 프로그램 품질 개선이 도모될 것으로 생각된다. 따라서 기획에 대한 평가작업, 제작에 대한 검수(檢受)를 통해서 다큐멘터리 프로그램에 대한 질적 통제(quality control)가 수행될 수 있을 것이다. 현재 다큐멘터리 프로그램에 대한 슈퍼바이징 시스템(supervising system)은 좋게 말해 창작의 자유라는 미명하에, 또는 제작자의 집단이기주의에 의해 매우 느슨해졌거나 거의 실종(失踪)된 상태라고 말해도 전혀 부정확하지 않다. 제작자가 마음대로 프로그램을 만들어서는 안 되고 잘못 만들었을 경우, 거기에 합당한 제재(制裁)를 받는 것이 타당하다고 본다.

4장 제작진행 단계 각론(各論)

1. 프리 프로덕션(기획~기획안 작성)

1) 기획

(1) 프로그램의 용기(容器) 결정

다큐멘터리 프로그램을 기획하고자 한다면 우선 세 가지 요소를 생각하지 않으면 안 된다.

첫째, 프로그램을 어떤 '그릇'에 담을 것인가 하는 것이다. 고정(固定, regular)프로, 계기(契機)프로, 특별기획, 해외제작, 장기(長期)제작(1년 이상) 등의 프로그램을 담는 용기에 해당하는 형태를 정하고, 몇 분짜리 프로그램인지 또 몇 부(部)작인지를 결정할 준비를 해야 한다.

둘째, 프로그램에 대한 접근방법 즉, 정통 다큐멘터리인지, 탐사프로그램 형식인지, 르포 프로그램으로 제작할 것인지 등을 고려해야 할 것이다.

셋째, 가장 중요한 것으로, 핵심인 주제(主題)를 무엇으로 할 것인가를 선정·결정해야 한다. 이 과정에서 주제에 따라 역사, 사회, 인간, 자연, 문화, 스포츠, 의학, 과학, 탐험, 연예, 환경 등으로 자연히 구분될 것이다.

가. 고정(固定) 프로그램

고정 프로그램은 편성표상에서 확정(fix)되어 있는 프로그램을 말한다. KBS 1TV가 매주 일요일 밤 8시부터 9시까지 60분간 방송하고 있는 <일요 스페셜>처럼 방송되는 요일과 시간, 방송량 등이 고정되어 있는 경우이다. 주 1회로 월 4회일 수도 있고, KBS 2TV의 <인간극장>과 같이 주 4~5회를 연속으로 방송할 수도 있다. KBS는 어쨌든 공영방송이기 때문에 다큐멘터리를 고정 프로그램으로 편성하지만, 최근에 와서 상업성을 추구하는 텔레비전 회사들은 미흡한 시청률 때문에 여간해서는 고정편성을 시도하지 않는다. 과거 1980년대 후반 MBC는 <명작의 고향>, <명곡의 고향>, <명화의 고향>, <지구촌의 한국인>, <한국 문화의 원류를 찾아서>, <인간시대> 등을 고정편성한 반면, KBS TV가 오히려 특집 편성의 형태를 유지한 바 있는데, 현재는 그런 상황이 역전(逆轉)되어 있다.

나. 계기(契機) 프로그램

이때의 '계기'는 어떤 '동인(動因)' 또는 '동기(動機)'를 의미한다. 즉 프로그램을 만들기 위한 하나의 원인제공이나 기념, 또는 '꼬투리' 같은 것을 가리키는 것이다. '전철 안에서 남자에게 구두를 밟혔는데, 그것이 계기가 되어서 연예를 하게 되었다' 하는 식이다. 방송에서 주로 접근하는 계기의 방식은 '농가월령가(農家月令歌)'와 유사한 개념이다.

• 1월 1일은 특집형태로 '원단(元旦)' 프로그램을 만든다. 원단은 '설날 아침'을 지칭하는 단어이다. 따라서 '일년지계는 원단에 있다'는 말도 있다. 설날 아침에 국민들이 맞이하고 경험해야 할 한 해에 대한 비전, 결의, 전망을 점쳐보게 된다. 다큐멘터리 제작이 가능하고 경륜이 풍부한 원로나 사회 저명인사들의 정담(鼎談)도 시도된다.
• 그 다음은 구정, '민속절' 프로그램이다. 텔레비전 방송에서 1년 중 가장 호황의 시기는 구정과 추석 그리고 연말연초이다. 가족들(시청자)이 모두 모여 집단을 이루기 때문이다. 구정으로 새해가 오면 '십간십이지(十干十二支)'[1]에 따라 하나의 동물이 상징된다. 양(羊)하면 양은 순박하고 인간에게 여러 가지 이득을 주는 동물의 의미가 있으며, 호랑이는 영민

하며 용맹스럽다는 특징을 갖고 있다. 구정 다큐멘터리는 이런 요소와 관련성을 갖고 민속학자의 해당 동물에 대한 증언을 중심으로 한 해의 전망을 시도하거나, 정치학자로 하여금 과거 그 동물의 해에는 역사적으로 어떤 사건들이 발생했는가를 분석하는 등의 방법으로 도전(挑戰)과 응전(應戰), 예방(豫防)과 주의(注意)를 기울이는 제언(提言)을 하게 된다.

구정특집은 다큐멘터리 외에도 2부작 정도의 드라마도 자주 기획되는데, 주로 갈등(葛藤)과 반항(反抗), 소외(疏外)와 좌절(挫折)로 고향을 등진 사람이 할머니와 어머니의 따뜻한 품을 찾아 고향을 방문하고 이산(離散)의 아픔을 토로(吐露)하는 스토리가 많다. 쇼프로그램은 대체로 평소보다 가족이 여러 명 모이기 때문에 보편적으로 대중성이 있는 대형 가요프로로 구성되는데 예컨대 '나훈아 스페셜' 같은 경우이다.

• 다음은 삼일절이다. 삼일절은 우리가 다 알고 있듯이 1919년 3월 1일에 일어났던 독립운동이다. 1945년 해방 이후 라디오 프로그램에서 많은 삼일절 특집을 방송한 바 있고, 텔레비전도 1961년 KBS-TV가 방송을 개시한 후에도 민간방송(MBC와 TBC)을 포함해서 다양한 삼일절 프로그램이 제작 방송되었다. 그 장르들은 대체로 종합구성과 다큐멘터리 그리고 드라마였다. 다큐멘터리도 많은 숫자가 방송되었고, 근년에 와서는 소재 고갈(枯渴)과 한일간의 국제적인 환경변화로 삼일절 프로그램은 다소 뜸한 형편이다.

초기의 프로그램들은 거의가 반일·항일의 의지를 나타내는 '때려잡자 쪽빠리' 하는 식의 메시지를 내장한 것들이 주류를 이루고 있었다. 1990년대 이후 한일간의 무역 등 경제적인 유대 및 보완관계로 인하여, 또

---

1) 십간과 십이지 또는 두 가지를 짝지운 것을 말하는데, 십간은 천간(天干)의 갑(甲)·을(乙)·병(丙)·정(丁)·무(戊)·기(己)·경(庚)·신(辛)·임(壬)·계(癸)로 60갑자의 윗단위를 이루는 요소를 총칭한다. 십이지는 60갑자의 아랫단위를 이루는 요소로, 지지(地支)의 자(子-쥐)·축(丑-소)·인(寅-호랑이)·묘(卯-토끼)·진(辰-용)·사(巳-뱀)·오(午-말)·미(未-양)·신(申-원숭이)·유(酉-닭)·술(戌-개)·해(亥-돼지)이다. 또 이렇게 천간과 지지를 순차로 배합하여 예순 가지로 늘어놓은 것이 육십갑자(六十甲子)이다. 따라서 기미년 하면 양의 해이고, 병인년 하면 호랑이의 해이다. 이런 각기의 동물을 상징하는 해는 12년마다 반복된다.

구소련의 붕괴 후 동북아의 국제정치 역학관계의 변화에 따라, 방송의 경우도 두 나라 사이의 공생(共生) 또는 상생(相生)을 추구하는 방향으로 바뀌었다가 현재는 소강상태를 이루고 있다.

그러나 2001년 '고이즈미 준이치로(小泉純一朗)' 일본 총리가 우경화정책을 추구하는 과정에서 돌출된 교과서 왜곡, 야스쿠니 신사 참배와 남쿠릴 열도에서의 한국 꽁치잡이 어선에 대한 일본측의 반대문제 등 한일관계 악화로 삼일절 특집 다큐멘터리의 불씨는 다시 살아날 가능성이 있다. 하지만 2002년은 반일형의 삼일절 특집은 거의 제작되지 않았다. 6월에 개최된 한국과 일본이 공동 주최하는 월드컵 축구대회 때문이었다.

- 이어지는 계기는 4월 5일 식목일이다. 그런데 식목일 특집을 빽적지근하게 치르는 경우는 텔레비전에서 그리 흔치 않다. 오히려 환경 프로그램들이 외국의 나무가꾸기 사례를 방송할 수가 있다. 단지 생활정보 프로그램 중에 고정프로들이 식목일 프로를 '윤색(潤色)'해서 방송한다.

윤색이라는 말의 사전적인 뜻은 "재료를 가하여 꾸미거나 매만져 곱게 함"이다. 예컨대 1시간짜리 A라는 생활정보 프로그램은 식목일 아침에 본래에 예정된 여러 가지 코너들 대신에 약 30~40분 정도의 식목일 관련 내용을 특별히 준비한다.

하나의 가상적인 예를 제시하면, 중계차를 수목원(樹木園)에 내보내고 현장에서 꺾꽂이라든가 나무심을 때의 주의사항, 최근에 유행하는 수종(樹種), 정원에 심을 유실수의 종류, 나무의 대체적인 가격들을 미녀 리포터가 물어보고 전문가가 대답한다. 말로 하는 설명이 길어지면 지루하니까 테너 엄정행 씨가 출연해서 '목련화'를 부르게 될 것이다.

그 다음은 '임도(林道)'라는 개념을 설명하게 된다. 과거 산림녹화에만 급급해 산에 나무를 너무 촘촘히 심은 결과 수십 년이 지나 낙락장송(落落長松)으로 자라고 이것이 서로 부딪치어 산불이 발생한다. 연전 강원도에서 일어난 대형 산불이 그 예이다. 따라서 나무를 심을 때는 미래에 나무가 크게 자랐을 때 적당한 간격을 유지하고 벌목(伐木)한 나무를 이동할 수 있도록 '나무 사이의 길'을 반드시 만들어야 한다는 개념이 임도이다. 그래야 숲에서 신선한 공기가 유통되고 나무의 생육(生育)을 돕는다는 것이다.

이때 백남옥 씨가 나와 '꽃구름 속에'를 한 곡 노래하게 된다. 이런 내용과 함께 나머지 20~30분은 본래의 코너들을 방송한다. 이렇게 식목일은 완전한 계기라기보다는 '준(準) 계기' 프로그램으로 관행적으로 운영되고 있다.

• 다음 계기는 5월 가정의 달이다. 가정의 달은 어린이 날, 어버이 날, 스승의 날로 구성된다. 그러나 어버이 날, 스승의 날은 대부분의 사람들이 수동적인 자세로 임하는 것이 오늘날의 시류(時流)이다. 반면 특히 젊은 엄마들은 자신의 아이를 특별하게 키우겠다는 넘치는 열정을 갖고 있는 것 또한 유행이다. 방송도 이런 행태에 영합하는 것인지 어버이, 스승의 날보다는 어린이날에 초점을 맞추는 빈도(頻度)가 많은 것 같다.

요새 아이들은 유아 때부터 블럭을 가지고 놀거나 게임기를 만지고 조금만 커도 컴퓨터를 다룬다. 무엇이든 혼자하고 혼자 놀고, 혼자서 먹는다. 자녀수가 적어 함께 하거나 빼앗고 빼앗기는 일이 거의 없다. 폐쇄성이 강하고 자폐적(自閉的) 사례도 나타난다. 성비(性比)에서도 남자애 수가 많고 여자수가 적다. 여자 어린이는 강해서 남자애들을 때려준다. 반대로 남자애는 여자 친구에게 맞고 운다. 따라서 아이들을 둔 엄마들은 자신의 자녀를 호연지기(浩然之氣)가 있는 강한 남자애, 여성적 매력이 있는 여자애로 키우기를 원한다. 이런 것들이 어린이날의 주제와 소재가 될 수 있다.

• 6월달에는 현충일과 6·25가 있다. 텔레비전은 6·25전쟁의 피해와 상흔(傷痕)이 너무 크기 때문에 현충일보다 6·25를 늘 크게 다루어왔다. 6·25도 이제 50년이 넘었다. 6·25특집은 드라마로도 많이 다루어졌지만 다큐멘터리 작품도 적지 않다. 6·25전쟁의 발발원인, 소련과 중국의 개입과정, 공산주의자들의 만행, 지리산 게릴라, 여수·순천 반란사건, 낙동강 전투의 사투기, 전쟁영웅들의 이야기, '전쟁발발에 대한 원인의 비중을 미국쪽에 더 둔다'는 '부르스 커밍스'의 수정주의 이론 등 많은 것들을 주제로 삼아 제작해왔다. 거의 '90년대 초까지 역시 '때려잡자 김일성' 식의 반공형이 대부분이었는데, 소련의 붕괴로 인한 동북아 정정(政情)의 변화와 남북화해의 기운으로 6·25특집은 대폭 축소·연성화되었고,

햇볕정책이후 6·25특집은 그 생명력을 상실한 상태다.

- 그 다음은 8·15특집이다. 8·15도 삼일절 특집과 맥락(脈絡)을 같이하는
데, '90년대 이후 한반도를 둘러싼 한국과 북한, 미국과 일본, 중국과
러시아 등 강대국과의 역학관계(力學關係)와 한국의 정체성(正體性) 모색
에 깊은 관심을 보인 바 있다. 그러나 2001년 한일간의 관계 악화로 인해
KBS는 광복절 기획으로 60분짜리 KBS스페셜 <일본을 보는 두 가지
테마(1)-역사교과서>와 <일본을 보는 테마(2)-고이즈미 현상>을 편
성한 바 있다.

- 이어지는 계기는 중추절이다. 추석은 거의 구정과 유사한 형태의 프로그
램들을 만든다. 2부작 정도의 특집 드라마와 대형 가요프로들이 그것이
다. 다큐멘터리를 제작한다면 우리 민족의 전통이나 민속에 관련된 것들
이 가능하다.

- 10월은 '문화의 달'이다. 소슬(蕭瑟)한 가을 날씨가 각종 문화행사들을
더욱 풍요롭게 한다. 문화·예술의 향기와 우리 '삶의 질'을 고양시킬 수
있는 요소들이 결합된 행사나 이벤트를 추적해 엮으면 된다. 다큐멘터리
가 제격이다.

- 연말 특집은 두 가지 관점에서 생각할 수 있다. 하나는 쉬운 접근으로
크리스마스 특집이다. 그리스도의 '사랑'에 대한 표현을 프로그램으로
만들면 된다. 또 하나는 '가난한 이웃'에 대한 배려를 중심으로 엮는다.
KBS의 <삶의 체험현장>에서 1년 동안 모은 돈으로 불우한 사람들이
있는 시설에 찾아가 선물을 주고 위로하는 형태와 같은 프로그램을 제
작하는 것이다. 이 각박한 세상에서 가난하고 어려운 사람들에게 관심을
유도할 수 있는 유일한 창구와 도구가 텔레비전이기 때문에 가장 심혈
을 기울여 제작해야만 할 프로그램이다.

계기 프로그램 사이에 있는 단오절, 현충일, 제헌절, 한글날 등은 준 계기
임으로 윤색프로로 주로 기획하고 특별한 사안이 있을 때는 계기프로로 다
룰 수 있을 것이다.

다. 특별기획

특별기획은 '특집'을 강조한 형태이다. 특집은 특정한 문제를 중심으로 하여 제작한 것을 뜻한다. 그러면 특별기획은 무엇인가? 이것도 결국 같은 말이다. 또 강조된 어감에서 느낄 수 있듯이 특집보다는 전체적인 방송시간이 길다든지 내용에서 다양성이 있다든지 해서 일반적인 '특집'에 비해서는 상당히 강력한 표현이라고 할 수 있다.

즉, 시청자들이 반드시 이해해야 하거나 주의를 기울여야 할 내용이나 사회적·국가적으로 중요한 사안에 대해 텔레비전 프로그램이 강조해서 꾸며 제작한 작품이라는 의미를 내포하고 있다. 애초에 특집이라는 단어가 너무 남발돼, 1980년대 초부터 특집보다는 한 차원 높은 프로그램이라는 인식을 주기 위해 TV편성부문과 제작자들 사이에서 관용적으로 사용된 용어일 뿐 '방송학'에서의 정식 개념은 아닌 것으로 판단된다.

예컨대 특별기획은 두 가지 관점에서 기획할 수 있다. 만약 월드컵 축구대회 특별기획이라면 최저 3개월이나 그 이상의 시간을 두고 제작 방송할 수 있지만, 어떤 전염병의 만연(蔓延)이나 재난 극복에 관한 것이라면, 전광석화(電光石火)식으로 일주일 이내에 제작을 완료하고 방송에 들어가야 한다. 이산가족의 문제라든지 금모으기 행사 같은 경우는 한편의 프로그램으로 끝낼 수 없고 국내뿐만 아니라 해외까지 취재 범위를 확대해야 할 것이다.

대다수의 특별기획은 종합구성인 경우가 많다. 방송시간(길이) 상으로 2시간 이상이고, 취재(정보) 소스가 매우 복합적이다. 스튜디오와 MC, 중계차와 지방사의 마이크로웨이브 송출, ENG취재와 출연자, 해외특파원의 위성연결과 스튜디오 실연, 방청객 등 다양하다. 그러나 방송시간이 길고 아이템들이 연속될 경우 프로그램이 주는 핵심 메시지의 농도와 응집력이 약화될 수 있는 약점이 노출된다.

이때 특별기획 다큐멘터리는 종합구성과 비교하면 보다 강력한 피드백(feed back)을 발휘할 수 있다. 김영삼 대통령 시절, 미국의 북한 공격설이 은밀히 시중에 유포된 적이 있다. 이렇게 되면 남북간의 전쟁상태가 재발되는 것인데, 정부의 공식적 견해는 전혀 보도된 것이 없고, 쉬쉬하는 소문만 무성해 슈퍼마켓에서 라면을 사재기하는 사람들도 생겨났다. 영국의 BBC방송은 가능성이 확인되지 않으면 분쟁지역에 특파원을 파견하지 않는 전통이 있다고 한다. 그런데 그 BBC가 을지로 롯데호텔 옥상에 위성안테나를 설치해 걸프전 때 CNN처럼 미사일이 난무하는 장면을 직접 중계할 계획이라는 유언비어(流言蜚語)까지 유포되었다. 국민들은 노심초사(勞心焦思)하지 않을 수 없었다.

이런 시정(市政)의 분위기를 감지해서인지 KBS 1TV는 특별기획 다큐멘터리 한 개를 시의적절하게 방송했다. 카메라는 최전방부대의 지휘관인 대령 한 사람의 일거일동을 24시간 추적했다. 초저녁부터 철책선의 모든 경비태세를 점검하고 인원배치와 교대상황을 확인하고 하는 등등의 군무의 수행은 새벽 2시까지 계속되었다. 그리고 군복을 입고 군화를 신은 채 목침대에서 새우잠을 자고 다시 4시에 기상하는 내용이었다. 이 다큐멘터리를 시청한 많은 국민들은 안도(安堵)했다. 물샐틈없는 대비태세를 보여주는 화면들이 강력한 설득력을 발휘했기 때문이다.

라. 해외제작

해외제작은 글자 그대로 대부분의 촬영이 국내가 아닌 외국에서 이루어진 경우이다. 다른 다큐멘터리 프로그램들도 해외 촬영분이 다수 포함되지만 이것은 해외제작이라고 말하지 않는다. 해외제작은 주제와 소재, 그리고 촬영대상이 90% 이상 외국에 존재할 경우에 한한다. 연전 KBS에서 연말 특집으로 방송한 '바이블 루트'가 해외제작에 해당된다. 성경에 나오는 여러 가지 이야기들과 등장인물들은 중동지역과 유럽대륙에 산재해 있기 때문에 이 프로그램의 모든 촬영은 그곳에서 수행될 수밖에 없다.

MBC의 <명작의 고향>, <명곡의 고향>, <명화의 고향>, '고향 시리즈'도 해외제작이다. 해당 작품과 작가의 무대가 모두 유럽의 도시와 시골 마을에 있기 때문이다. 앞서 90% 이상이라고 얘기한 것은 프랑스의 소설가 '스탕달'에 대해 작품을 만드는데, 관련 영상은 모두 유럽에서 촬영했지만 그 문학적 특징을 종합하는 그곳 학자와 인터뷰가 좀 난해하게 진행되었을 경우, 국내 스탕달 전공 불문학자의 코멘트를 대신 삽입할 수도 있다는 가능성을 염두에 두고 한 말이다.

마. 장기제작

프로그램의 제작기간이 1년 이상 걸리는 등 오랫동안 제작에 임하게 되는 프로를 '장기제작'라고 부른다. 즉 4계절(four season) 제작이다. 앞서 50~60분짜리 다큐멘터리 한편의 제작기간을 세 달로 거론한 바가 있지만, 1년이면 4배에 해당하는 기간이다. 우리 텔레비전에서는 자연 다큐멘터리가 주로 여기에 속한다. 자연 다큐멘터리는 산과 강, 동물과 식물, 곤충들의 생태와 이들과 어울려 살아가는 인간의 모습을 촬영하면서 춘·하·추·동 사계절 화면이 모두 포함하는 경우가 많다.

장기제작은 기획에서 더욱 세밀한 계획을 세워야 할 것이다. '시간'이라는 개념에서 본다면 프로그램은 '돈'이다. 프로그램 제작을 오래 끌면 끌수록 제작비가 상승할 뿐만 아니라 반드시 그 밀도 또한 보장된다고는 볼 수 없기 때문이다. 따라서 프로그램의 구조 자체나 특성이 장기를 요하지 않는다면 장기제작은 바람직하지 않다고도 할 수 있다.

장기제작이 불가피한 경우의 예를 들어보자. 텔레비전은 새해를 맞으면서 '제1호'에 많은 관심을 기울인다. 그래서,

① 프로듀서와 기자들은 종합병원과 대형병원 산부인과 병실에 사전에 연락을 해두고 제야(除夜)의 종이 울리고 초침이 새해를 가리킬 순간 태어난 아기(산모)를 추적·취재한다. 수원 S전자의 김 대리와 T화장품의 미용사원 박팀장 사이의 두번째 아기 출산이 포착되었다. 새해가 시작되는 시계의 초침이 12자에 닿는 순간에 3.5Kg의 건강한 남아를 출산해 기뻐하는 산모의 모습이 촬영된다. 지금 3살인 첫딸을 낳았을 때는 시아버님이 병원에 오셔 '수고했다'는 한마디와 10만 원짜리 수표 2장을 주시고 10분도 못되어 집으로 돌아가셨는데, 이번에는 '고맙다'는 말씀과 함께 1백만 원을 내놓으시고 한 시간도 넘게 병실에 머무셨다는, '아들이 뭔지……' 하는 인터뷰를 곁들여 15분짜리 프로그램으로 만들어 방송한다.

② 그 남자아기 이름을 '김신탄'으로 지었다고 가정하고 신탄이의 백일과 돌잔치를 취재해 역시 15분짜리 코너로 내보낸다. 한 생명이 이 세상에 태어나 1년 동안에 어떻게 변하는가? 신탄이는 돌상에서 무엇을 집었는

가? 1만 원짜리인가? 연필인가?

③ 세월이 흘러 신탄이가 유치원에 들어가고 생활하는 모습들을 통해 꼬마 여아와 남아의 여러 가지 모습들을 엮어 방송한다.

④ 신탄이의 중학교 진학하는 이야기

⑤ 고등학교 들어가는 것과 대학입시 준비

⑥ 고등학교 졸업과 대학입학 스토리

⑦ 캠퍼스의 낭만과 신탄이의 연애 이야기

⑧ 입대와 병영생활

⑨ 졸업과 취업, 신입사원 시절 이야기

⑩ 신탄이의 결혼과 신부

⑪ 계장 승진과 기업의 문화

⑫ 과장 승진과 가족 이야기

⑬ 부장 승진과 인생에 대한 반추(反芻)

이렇게 한 사람의 인간이 태어나 약 40~45년 정도의 여러 가지 국면을 장기적으로 취재할 수 있다.

⑬ 단계 이후 지금까지 방송했던 내용들을 특집으로 구성해 3~5부작 특집 다큐멘터리를 만든다면, 한 사람의 개인사(個人史)를 통해 국가와 사회가 직면했던 정황과 모습들을 직·간접적으로 이해하고 인식할 수 있는 훌륭한 프로그램이 될 수 있다.

이런 발상은 적이 일본적인 형태이지만, 우리 텔레비전도 소유구조의 정체성이 확보되고, 정치성이 배제되며, 경영과 제작이 합리적으로 분리돼 안정을 유지한다면 이러한 장기기획 프로그램을 기획하지 못하고 만들지 못할 이유가 전혀 없는 것이다.

요즘도 어쩌다 쇼프로그램에서 80년대 통기타 가수인 송창식, 윤형주, 김세환 등의 공연장면을 보면, 산도둑 같은 장발에 카우보이보다 더 넓은 나팔바지를 멋부려 차려입고 있는 모습에 실소를 금치 못하게 한다. 그것은 한 시대의 사회상을 비추는 거울이다. 이러한 장기기획은 인내심을 가지고 시도된다면 진정 가치 있는 작품이 될 것이다.

(2) 접근방법에 의한 형식선택

가. 정통 다큐멘터리

기승전결(起承轉結)에 따라서 취재화면이 구성되고, 성우나 해설자의 목소리로 내레이션이 포함되거나 아니면 해설자(commentator)가 직접 출연해 해설을 하고, 앞서(제1장 2절 참조) 언급된 10개의 다큐멘터리 '키워드' 중 프로그램이 시청자에게 전달하고자 하는 '내용'이 어느 정도(키워드 3~5개) 설치(設置)되어 있다면, 그것은 정통 다큐멘터리로 분류할 수 있다. 보통 텔레비전의 교양국이나 제작국에서 자주 만들어온 형태이다.

그러나 정통 다큐멘터리는 기획에서 제작·방송까지 상당한 시간과 비용이 소요되는 등 적지 않은 부담이 있는 프로그램이다. 어느 면에서 항공모함에 비유되기도 한다. 항공모함은 길이와 넓이·깊이 등 체적이 너무 육중해 방향을 바꾸고자 한다면 넓게 회전해서 빙 돌아야 한다. 따라서 적의 공격에 유연하게 대응하게 어렵다. 항공모함을 방어하기 위해 구축함의 호위가 반드시 필요한 이유이다. 구축함은 크기가 보다 작아서 퀵턴이 가능하다. 제작 규모로만 보아도 다큐멘터리는 항공모함과 유사하다 하겠다.

나. 탐사(探査)보도 프로그램(Investigative Reporting)

미국의 탐사기자협회(Investigative Reporters and Editors, 1983)가 내린 탐사보도에 대한 정의[2]는 "특정 개인이나 집단이 숨기고 싶어하는 사건이나 정보를 찾아내 보도하는 것"이었다.

이것을 근거로,

① 기자 주도하에 정보를 찾아내고
② 독자(시청자)들이 알아야 할 스토리를 갖춰야 하며
③ 누군가 독자들로부터 사건을 숨기려는 의도를 파헤치는 것으로
탐사보도를 파악했다.

---

2) lgpress@lg.co.kr

프로테스와 그의 동료들(Protess et al., 1991)은 더욱 명쾌한 기준을 제공해준다.

"국민의 공분(公憤)을 일으키는 폭로저널리즘"이라면서 "세밀하고 분석적이며 때때로 지루하게 인내를 필요로 하는 취재과정을 거쳐 권력자의 부정부패나 사회비리를 파헤친다. 나아가 국민여론을 형성하고 사회정의를 위해 정책의 변화를 유도한다."고 탐사보도를 규정한다.

이어 탐사보도의 세 가지 필요조건을 제시했다.

첫째, 보도에서 목표로 삼는 악역(villian) 즉, 고발대상이 있어야 한다. 인내를 갖고 세밀하게 분석적으로 파고들어야 할 고발대상이 존재한다는 뜻이다.

둘째, 고발대상이 만들어낸 피해자가 있어야 한다. 개인이든 사회 전체든 피해자가 있어야 하고 이 피해에 대해 시청자 다수가 공감할 필요가 있음을 지적한다.

셋째, 보도를 통해 악역을 처벌하고 사회개혁이 이루어져야 한다는 조건을 달았다.

국내 학자들도 미국학자들의 연구와 유사하다. 안광식(1984)은 탐사보도를 "사회의 부정부패와 비리비행을 폭로 고발하는 내용의 프로그램"이라고 정의했다. 차배근(1986)은 "정부나 사회의 부정부패, 비리, 위선 등을 파헤쳐 폭로·고발하는 보도"라고 규정했다. 팽원순(1984)은 "기자 자신이 적극적으로 조사자의 역할을 수행하면서 사회의 부정을 캐내어 폭로하고 또 고발하는 보도"로 규정하면서 탐사보도란 용어 대신 '조사보도'라는 표현을 사용했다. 결국, 제일 중요한 요인은 고발 대상자다. 탐사보도는 부정부패, 비행비리, 불법, 제도미비 등의 현상과 이를 빚어낸 주체가 고발 대상으로 명확하게 존재한다. 고발대상이 뚜렷하지 않거나 고발 대상을 명확히 잡지 못하면 탐사보도는 실패작이다.

사회개혁 보도라는 것은 성격상 고발·폭로 보도이다. 따라서 '폭로 저널리즘(Muckraking)'과 맥을 같이한다. 사회개혁을 하기 위해서는 폭로가 전제조건이다. 이런 의미에서 사회개혁 보도와 폭로보도를 명확히 칼로 자르듯 나눌 수는 없다. 폭로를 사적인 욕심으로 채워갈 때 문제가 생기는 것이다. 폭로와 고발이 사회개혁 차원을 벗어나 추문 들추기, 선정적인 사생활 캐기, 단순히 '폭로를 위한 폭로'로 변해갔다. 보도의 형식은 같았지만 목적은 달

랐던 것이다.

미국의 경우 개혁 차원의 폭로보도가 폭로를 위한 폭로로 변질되면서 폭로
보도의 전성시대를 맞았다. 1890년대부터 1910년대까지 '개혁을 위한 폭로'
와 '폭로를 위한 폭로'가 혼재된 상황이 이어졌다.

폭로 저널리즘의 'Muckraking'에서 muck란 '오물'을 말한다. rake는 '샅샅
이 뒤지다', '끝까지 찾다'는 뜻이다. 이 말은 시어도어 루즈벨트 대통령이
처음 사용했다. 존 번연의 『천로역정(天路歷程)』에 나오는 말이다. 『천로역
정』에는 "The man with muck-rate" 즉, '천국의 왕관을 주어도 마다하고 오물
만 들추는 자'라는 뜻으로 사용했다. 이를 인용해 루즈벨트 대통령이 무엇인
가 폭로를 위해 몰두하는 언론을 빗대어 처음 사용했다. 그리고 폭로기자를
머크레이커(Muckraker)라고 불렀다.

탐사보도의 기틀을 마련한 계기는 '워터게이트' 사건 보도이다. 워싱턴 포
스트의 '밥 우드워드'와 '칼 번스타인' 기자가 1972년부터 1년 여에 걸쳐 워
터게이트 사건을 폭로 보도했다. 어느 날 새벽 워싱턴 시 워터게이트 빌딩
민주당 사무실에 괴한 5명이 침입한 사건이 발생했다. 경찰조사 결과 그들은
도청장치를 설치하기 위해 들어갔으며, 그 중 한 명의 수첩에 적힌 전화번호
옆에 W. H.와 W. House가 표시되어 있는 것으로 밝혀졌다. 이러한 도청이
백악관과 관련이 있고, 또 은폐과정에서 닉슨이 위증(僞證)한 사실을 밝혀낸
것이다. 결국 닉슨은 대통령 재임 도중 사임하고 만다. 1960년대 후반에서
70년대 초에 걸친 일련의 사건을 계기로 탐사보도는 1백여 년 만에 사회개혁
적 폭로보도에서 새로운 모습으로 거듭 태어났다.

CBS는 1951년 본격 TV 다큐멘터리인 <See It Now>를 시작했다. 이 프로
그램은 제2차세계대전의 보도영웅 머로(E. R. Murrow)가 진행을 맡았다. 머로
는 당시 위스콘신 출신으로 미국사회에 반공이란 사회 역풍을 불러일으켰던
매카시 상원의원을 불러내 논리의 허구와 취약성을 여지없이 공박했다.

1958년에는 <See It Now>의 후속으로 <CBS Report>가 편성됐다. NBC
와 ABC도 차례로 다큐멘터리를 만들어 심층 프로그램으로 CBS와 경쟁했다.
NBC의 <Outlooks>, <White Paper>, ABC의 <Close up>이 등장했고,
1968년 시작한 CBS의 <60 Minutes>는 탐사보도 사상 최고의 시청률을 기
록했다.

3개의 아이템을 선정해 고발하는 매거진 프로그램의 원조 <60 Minutes> 와 함께 TV 탐사보도는 전성기를 맞았다. 이밖에 ABC의 <20/20>, NBC의 <Dateline>, FOX의 <Hardcopy> 등이 있다. 1999년부터 CBS는 <60 Minutes Ⅱ>를 편성해 역시 인기를 얻고 있다.

우리 방송의 경우는, 1964년 12월 7일 개국한 TBC의 15분짜리 <카메라의 눈>이 효시(嚆矢)이고(박명진, 1991), 1981년 MBC가 <레이다 11>을 시작해 새로운 차원의 탐사보도 프로그램을 선보였다. 1983년 2월 27일 KBS는 미국 CBS <60 Minutes>를 거울삼아 <추적 60분>을 시작하면서 본격적인 오늘날의 사회고발 프로그램의 문을 열게 되었다.[3]

이상에서 소개한 것은 탐사보도에 대한 미국적인 시각이다. 즉 폭로를 통해 부정부패나 사회비리를 파헤치고 사회개혁을 실현한다는 점이 강조되고 있다. 그러나, 영국적인 관점은 총론에서는 같지만 각론에서는 다소 다른 느낌을 주는 부분이 있다. 폭로와 개혁에 앞서 공정성, 객관성, 균형성이 더 강조되어야 한다는 점이 지적된다.

BBC의 '존 버트' 사장은 1970년대 '런던 주말 텔레비전'의 시사 프로그램을 담당할 때부터 "나열식 뉴스는 시청자가 이미 갖고 있는 편견을 고쳐줄 수 없다"며 '설명 의무'와 '심층보도'의 중요성을 강조해왔다. 물론 BBC의 탐사보도와 심층보도는 정평이 있지만 지침에 충실한 제작진들은 더욱 자의적 판단을 줄이고 '객관적 사실' 전달에 주력하는 경향이다. 이런 변화는 영국 국민들의 판단에 대한 믿음에 기초한 것으로 볼 수 있다.

"우리는 테러리스트라는 말도 쓰지 않는다. 다른 쪽에선 해방전사일 수 있기 때문이다. 한쪽 편만을 든다면 결정적인 순간에 누가 BBC를 찾겠는가?" 주로 외신부에서 아프리카를 담당해온 한 직원은 이것이 큰 사건이 터졌을 때 시청자들이 BBC를 찾게 되는 이유라고 설명했다.[4]

이러한 미국과 영국의 상황을 대하면서 한국 텔레비전의 탐사보도와 탐사 다큐멘터리를 뒤돌아보게 한다. 최근까지 방송된 프로그램의 내용을 대별하면 4가지로 분류할 수 있다.

---

3) lgpress@lg.co.kr

4) 《동아일보》, 1999년 3월 15일.

① 나름대로 사회개혁에 도움을 준 좋은 프로그램. 그러나 정부 또는 권력자의 부정부패나 비리를 폭로하고 파헤친 대어(大漁)급은 거의 기억나지 않고 중간 이하 작은 고기들이 대부분이다. 또 매우 작품이 좋았다는 의미에서의 작품 숫자도 '많았다'고 인식되지 않는다.

② 탐사 프로그램들은 '성폭행', '성판매'(언론과 시민단체들은 매매춘이라는 고상한 어휘를 사용하지만 사실은 성의 판매와 구매행위이다)를 주요 주제와 아이템으로 상당히 많이, 또 자주 다루어왔다. 미숙하고 연약한 미성년 여성을 위한 보호와 고발은 중요한 의미를 갖는다. 그러나 사건의 피해를 설명하면서 '성행위 피해과정'을 여과 없이 적나라하게 표현함으로써 재발방지의 목적보다는 선정성만 강조되는 가치전도(顚倒) 현상이 자주 발생했다.

방송위원회로부터 중징계명령를 받은 것도 한두 프로그램이 아니다. 일부 소영웅주의에 빠진 제작자들은 표면적으로는 사회의 감시자로 군림하지만 그 배면에서는 '선정성'을 팔아 시청률을 얻고자 하는 왜곡되고 추악한 모습을 보이기도 한다는 비난을 받기도 했다.[5]

③ 종교문제를 많이 다루어왔다. 그러나 시도된 모든 종교관련 아이템들은 피취재집단들이 방송사에 대한 시위를 감행했고 법원에 제소를 한 바

---

5) A사의 '성폭행과의 전쟁'편에서 강원도 평창에서 70대 후반의 노인과 주방장 등이 14세 이 모양을 성폭행한 사건을 다루면서 다음과 같은 내용이 자막으로 나온다.
70대 피의자: 늙은이가 저하고 못하는 걸 자꾸 했다고 하는 걸 어떻게 하느냐? 나는 사실 그 애가 오는 게 귀찮아 죽겠다. 나는 전혀 되질 않는데 그 애가 자꾸 덤벼들어 내 배 위에 올라가 야단치니 나는 귀찮다.
주방장 피의자: 여자가 할아버지 배 위에 올라앉고 영감님은 유방 만지고 옷을 벗기려 해서……
피해자 이 모양: 방에다 눕히고 몸에 올라가는 거예요. 그 아저씨가 바지 벗기고 조용히 하래요. (옆방에) 자기 아버지가 있으니까.
경기도 연천시에서 일어난 성폭행사건과 관련해,
마을 주민: 그 사람 밤에 술먹고 1~2시경에 와서 욕설을 하더라구, 어떤 놈은 주고 어떤 놈은 안 주냐고.
등등 차마 옮기기조차 부끄러운 내용들이 여과 없이 피해자들의 육성을 통해 계속된다. 아무리 고발내용에 대한 대의가 크고 명분이 분명하더라도 이런 과도한 선정성이 포함된다면 탐사보도의 순기능은 상실되고 선정성만 극도로 강조되는 역기능을 심히 우려하지 않을 수 없다.

있다. 그 사이 그런 갈등들이 신문에 대서특필(大書特筆)되었다. 어떤 방송사 사장은 '우리 방송국이 종교재판소냐?'는 의미심장한 말을 남기기도 했다.

④ 최근의 탐사보도를 통해 방송된 프로그램들 중에는 '이데올로기'와 관련된 것을 발견할 수 있다. 여기에서의 이데올로기는 제작자 자신만이 갖고 있거나 혹은 해당 방송사 조직의 일부만이 견지하고 있는 이념일 수가 있다. 이 경우, 지상파 방송이라는 강력한 매체의 힘을 이용해 다른 생각을 갖고 있을 수도 있는 '침묵하고 있는 시청자 다수'에게 자신들이 선호하는 견해를 강요하는 결과가 된다. 공정성, 객관성, 균형감각 등은 전혀 무시되고 만다.

앞서 언급한 '폭로'와 관련해서 일본에서는 새로운 변화(이규형, 2001)가 예고되고 있다. 폭로전문잡지 《포커스(Focus)》의 폐간은 사회문제 전반에 관심이 없는 새로운 세대의 등장으로 일본의 한 시대가 끝나가고 있다는 것을 상징한다. 《포커스》는 요즘 「우리들의 싸움」이라는 폐간(廢刊) 특집을 꾸미고 있다. 지난 20년간 어떻게 세상을 폭로하고 싸워왔는가에 관한 스토리다. '독가스 사건'으로 일본을 뒤집어놓은 살인 종교집단 '옴교'의 내부잠입, 결혼한 3명의 아내를 모두 죽이고 보험금을 타내려 했던 음모를 치열한 취재 노력으로 밝혀낸 것 등등. 이 같은 위력으로 《포커스》는 1990년대 초반까지 비슷한 폭로 경쟁지들을 압도하고 '200만 부 판매'라는 세계적 기록을 세우기도 했다.

그러나 1990년대 중반 일본 잡지계에 '헤어누드 사진'(여성음모가 노출되는 사진)이 공식적으로 인정되면서 사정이 달라졌다. 《주간 현대》, 《프라이데이》, 《플래시》 등에서 헤어누드 사진뿐 아니라 섹시한 사진들을 무수히 실었다. 《포커스》는 헤어누드 사진의 충격이라는 새로운 물결을 알면서도 그 물결을 타지 않았다. 그러나 대중들은 어느 때인가부터 《포커스》 대신 헤어누드가 듬뿍 실린 《프라이데이》와 《플래시》를 사기 시작했다. 이제 막 성인이 된 일본의 새로운 세대들은 선배 세대만큼 정치·경제·사회문제에 관심이 없다. 이런 변화 물결 속에 '포커스'는 막을 내릴 수밖에 없었던 것이다.6)

《아사히신문》은 작가·사진가인 후지하라신야(藤原新也) 씨의 기고문을 통해[7] "정보산업 흐름이 출판에서 인터넷 기반으로 이동하는 가운데, 《포커스》의 폐간은 큰 흐름 속 하나의 점에 지나지 않는다"고 진단하고 "그러나 이것이 사진 자체의 몰락을 의미하는 것이 아니며, 사진을 가벼운 자기확인의 도구 정도로 생각하는 일본 젊은이들 생각과 《포커스》지의 편집 방향이 맞지 않았던 것뿐"이라고 밝혔다. 인터넷과 휴대전화, 편의점 등으로 상징되는 일본 신세대에겐 사건의 고발·폭로를 통해 '인간관계'를 묘사하는 이 '끈끈하고 질퍽질퍽한' 잡지 《포커스》가 더 이상 매력적이지 않다는 것이다.

일본의 이러한 현상은 폭로저널리즘에 대한 위협이기도 하고 경고일 수도 있다. 또한 기회임을 시사하기도 한다.

'폭로'에서는 장기적이고 누적적(累積的)인 어떤 증거(채증·기록)가 반드시 필요하고 어느 면에서 '파파라초'[8]와 유사한 역할이 요망된다. 엄정히 단죄할 수 있는 정교한 틀(균형적 장치)의 구성이 전제되어야 한다.

---

6) 《조선일보》, 2001년 7월 24일.

7) 《조선일보》, 최원석, 2001년 8월 18일.

8) 《조선일보》, 이용순, 1997년 9월 2일.

'파파라초'의 유래는, 다이아나비 사망을 계기로 파파라초(paparazzo)라는 '생소한' 용어가 국내 언론에 등장하면서 이 말의 유래, 정확한 발음, 어의(語義)에 대한 논란이 분분하다. 파파라초는 유명인사를 쫓아다니며 사진을 찍는 프리랜서 사진사를 일컫는 이탈리아말로, 영어사전에도 철자 그대로 등록돼 있다. 복수(複數)는 파파라치(paparazzi)이다. 이탈리아어의 'Z' 발음은 한국신문편집인협회 외래어표기법에 따라 '차'로 표기한다.

파파라초라는 말의 어원은 작고한 이탈리아의 명감독 페데리코 펠리니가 만들어낸 것으로 알려져 있다. 펠리니 감독은 그의 대표작 중 하나인 <라 돌체 비타(달콤한 인생)>(1960)에서 영화계와 상류사회를 기웃거리는 사진기자의 삶을 그렸다. 이탈리아의 명배우 마르첼로 마스트로얀니가 상류사회 여인들과 놀아나는 바람둥이 기자역을 연기했고, 파파라초는 영화 속에서 그들을 쫓아다니는 사진기자의 이름이다. 월터 세네소가 그 역을 맡았다.

그 이후 그런 부류의 사진사를 가리키는 일반명사로 쓰이고 있다. 펠리니 감독이 어떻게 해서 파파라초란 말을 만들었는지는 확실치 않다. 일부에서는 안하무인(眼下無人)이고 공격적이었던 자신의 급우 이름에서 따온 것이라고 얘기하나, 많은 사람들은 귀찮게 달라붙는 모기를 가리키는 '파파타지(papatacci)'와 번개를 뜻하는 '라초(razzo)'의 합성이라고 설명한다.

한편 시청자 비율에서 월등히 높은 젊은 시청자들은 골치 아픈 '단죄' 등을 점차 멀리하기 시작한다는 점도 탐사 프로그램 제작자들이 간과(看過)할 수 없는 요인이라는 것을 기억하고 있었으면 한다.

다. 르포 프로그램

어떤 사회현상을(이미정)9) 사실대로 충분히 기록하거나 서술하는 보고기사 또는 기록문학을 말한다. 르포르타주(reportage)는 원래 프랑스어로 탐방·보도·보고(報告, report)라는 뜻을 지니고 있으며, 간단히 줄여서 '르포'라고도 한다. 텔레비전 르포나 포토 르포처럼 영상과 관계 있는 것들도 포함되지만, 이런 것들은 '기록영화'나 '다큐멘터리 사진'에 좀더 가깝다.

어떤 사회현상이나 사건 또는 인물에 대하여 단편적으로 보도하는 것이 아니라 보고자(reporter)가 자신의 지식이나 사물에 대한 분별력을 바탕으로 심층적으로 취재하고, 대상과 관련이 있는 사이드 뉴스나 에피소드를 포함 시켜 종합적인 기사로 완성하는 데서 비롯되었다. 뛰어난 르포르타주는 문학작품으로 평가받기도 한다. 그러나 궁극적으로는 사실에 바탕을 둔 기록과 보도이며, 넓은 뜻으로는 대부분의 신문기사가 여기에 속한다.

르포르타주는 미국의 'J. 리드'와 체코의 'E. E. 키슈'에 의해 발전되었다. 리드는 러시아 10월 혁명을 취재하며 1919년 <세계를 뒤흔든 10일간>을 르포르타주로 남겼으며, 키슈는 제1차세계대전 후에 프라하와 베를린, 유럽 각 지역을 취재하여 기록하였다. 그 이후 발표된 르포르타주는 E. M. 레마르크의 <서부전선은 이상없다>(1929)와 J.건서의 <유럽의 내막>(1936), E. P. 스노의 <중국의 붉은 별>(1938), A. 스메들리의 <중국의 노랫소리>(1943), D. 헐버스텀의 <베트남 전쟁>(1965) 등은 대표적인 기록문학으로 꼽힌다.

방송에서의 르포는 특히 현장성(on scene, on spot)이 강조된다. 보고자 즉 리포터가 자신이 현장에서 보고 느끼고 경험한 내용을 심층취재해 시청자에게 전달하는 것이다. 리포터(기자)는 제1·2차세계대전 당시 전황을 보다 신속하고 정확하게 국민들에게 알리기 위하여 전투지역에 파견되었고 그들의 보고가 일종의 르포로 자리잡게 되었다.

---

9) www.frenux.net

텔레비전 르포 프로그램은 전달하고자 하는 내용이나 메시지 또는 화면의 구성과 해설이 삽입된다는 형식의 면에서 다큐멘터리와 유사하기 때문에 거의 다큐멘터리 장르로 이해되어도 무리가 없다.

기자나 프로듀서가 르포를 제작할 경우, 자신이 취재한 내용을 구성하고 스스로 해설자(commentator 또는 reporter)로서 화면상에 직접 출연해 프로그램을 이끌면서 진행하게 된다. 만약 외부진행자(MC)를 기용한다면, 자신들이 취재해온 화면을 편집구성하고, PD나 작가가 현장감이 곁들인 해설 원고를 쓰고, 스튜디오에서 MC가 화면을 내보내면서 해설을 해나가는 형태가 될 것이다. 결국 많은 시사 프로그램들은 상당부분 르포 프로그램의 요소를 지니고 있기 때문에 양자를 서로 구분하는 것은 쉽지 않다.

예컨대 중국의 산업 생산성이 한국을 추월하고 있다는 내용을 전하고자 하는 기획의도의 르포라면, 기자나 PD가 중국 생산공장 현장에서 경영자와 공장책임자, 근로자와 수출담당자들을 만나서 취재한 내용들을 방송하면서 자신이 해설도 담당하는 것이 포맷상으로는 정상적인 양태이다. 다만 우리나라의 경우 다큐멘터리는 대부분 50~60분이 많으나, 르포는 15~30분 정도로 만드는 경우가 많다.

최근에는 6mm DVC(Digital Video Camera)가 소형화, 경량화, 고화질화, 저가화되고 있기 때문에 VJ(Video Journalist)들은 정통 다큐멘터리 프로그램에 도전하는 것보다 르포 프로그램 제작을 고려해보는 것이 지출과 수익의 면에서 경제적일 것이다.

아울러 지상파 텔레비전의 디지털 전환과 HDTV의 추진은 비용부담이 막대할 것으로 예상된다. 따라서 정통다큐멘터리도 제작비 확보에 압박을 받을 수 있으므로 15~30분물의 르포 프로그램을 위해 제작 테크닉 개발을 도모해보는 것도 바람직한 발상이 아닌가 보여진다.

2) 주제 결정

(1) 주제 선정의 경로

다큐멘터리 프로그램에서 기획은 꽤 두툼한 볼륨의 주제를 어디에선가 찾아내고 발견하는 일이다. 그 주제는 항상 여러 사람들이 보이는 곳에 놓여있지 않다. 늘 감추어 있다. 마치 보물찾기 놀이에서 여간해서 찾지 못하도록 감추어진 것과 유사하다. TV시리즈의 콜롬보 형사는 어떤 사건이 발생했을 때, 아무런 단서도 없는 곳에서 한 가닥의 머리칼, 조그만 단추 하나를 실마리로 해서 범죄의 가능성을 추적하고 풀어간다. 콜롬보는 우선 호기심이 많고 풍부한 수사경험을 갖고 있다. 그리고 열정적이다. 다큐멘터리 기획도 이런 민완 수사관이나 명탐정의 역할과 크게 다르지 않다.

기획자는 남달리 머리가 뛰어나야 하고 세상 돌아가는 일에 밝아야 하며 많은 책을 읽어 지성(知性)의 깊이가 심오해야 한다. 한마디로 기획은 시청자가 오락 프로그램이 아님에도 불구하고 관심을 가질 수 있는 훌륭한 스토리와 극치(極致)의 메시지를 탐구하는 일이다. 다큐멘터리 기획은 대체로 네 가지 경로를 통해 수행된다.

첫번째는 프로듀서의 독자적인 아이디어 제출이다. "나는 이러 이러한 이유 때문에 이러한 주제를 가지고 시청자에게 모종의 메시지를 전달함으로 소정의 시청률을 도모할 수 있다고 생각한다"고 하는 경우이다.

두번째는 전문기획자에 의한 기획을 들 수 있다. 이 사람은 부장, 부국장, 국장 등을 거쳤기 때문에 제작 경험이 많고 박학하며 텔레비전 프로그램의 흐름에 정통한 사람이다. 현재 지상파 방송사에는 이런 유형의 기획자가 거의 없는 실정이지만 매우 이상적인 형태 중의 하나이다.

세번째는 기획위원회 시스템의 가동(稼動)이다. 이럴 때 꼭 기획위원회라는 명칭을 붙이지는 않지만 통상 국장, 부장, 차장, 프로듀서, 구성작가 등 방송사의 내부인원이 모여 어떤 방향의 기획 아이디어를 발상·수집하고 이것들을 토론을 거쳐 한 가지 결론(주제)을 도출한다.

네번째는 해당회사의 경영층으로부터 전달된 내용을 가지고 기획에 들어가는 것이다. 이런 경우 프로듀서들은 일단 부정적인 태도를 보인다. 왜냐하면 관례상 이러한 기획의 주문은 정부나 정권, 또는 경영층의 이해에 따른 홍보의 의도가 내재된 사례들이 많았기 때문이다.

그러나 반드시 그렇게만 생각할 일은 아니다. 최고 경영자인 사장이나 경영자들은 항상 고차원의 다양한 정보채널을 확보하고 있는 관계로 때로는 일반 PD나 기자들이 생각하지 못하는 내용을 발굴할 수도 있다. 예컨대 '금 모으기 행사'는 그런 경로를 거친 것으로 추정된다.[10]

경회루

(2) 주제와 아이템

숙성(熟成)된 기획은 결국 주제를 결정하는 것인데, 주제는 '대주제'(大主題, main thema)와 중·소 아이템(item)으로 구성된다.

만약 주제를 '경회루(慶會樓)'[11]와 같은 형태라고 가정한다면, 대주제는 경회루의 '지붕'(팔작지붕의 이익공)과 같은 것으로 전체를 아우르는 것이며, 중·소 아이템은 경회루 지붕과 누마루를 받치고 있는 48개의 돌기둥에 해당된다.

50~60분 정도의 다큐멘터리라면 15~25개 가량의 중·소 아이템이 구성

---

10) ≪조선일보≫, 1998년 5월 1일.

　　금 모으기 운동 아이디어를 처음 냈던 검사가 1일 제35회 법의 날을 맞아 홍조근정훈장을 받았다. 제주지검 이종왕(李種旺) 차장검사. 이 검사는 IMF 긴급자금 요청 직후인 작년 11월 서울지검 형사1부장으로 있으면서 '검찰운영개선위원회'에서 금 모으기 운동을 벌이자고 제안했다. 이 아이디어는 즉시 채택돼 연말까지 서울지검은 금 2천 4백25g(1천 4백 92만 원)을 모았고, 이를 계기로 금 모으기 운동은 2개월 여 만에 3백여만 명이 참가하는 범국민운동으로 확산됐다.

11) 경복궁 서쪽 방지 안에 세워진 외국사신을 영접하고 연회를 베풀던 한국 최대의 누(樓)이다. 1412년 태종 12년에 창건되었고, 1592년 임진왜란 때 불타서 버려진 것을 1867년 고종 4년 대원군에 의해 재건되었다.

되어 있어야 할 것이다. 따라서 이들 중·소 아이템들이 각기 자신이 던지는
이야기와 메시지로 시청자를 이해시키고 설득함으로써 하나의 주제를 통한
감동과 피드백(feed back)을 전달할 수 있게 된다.

주제를 선정할 때 기획자는 매우 여러 가지 문제들을 고려해야 한다.

첫째는 왜 지금 이 '주제'를 선택하는가? 하는 동기와 이유가 분명하고 반
드시 타당성(妥當性)이 존재해야 된다.

둘째는 프로그램을 통해서 시청자에 대해 강력한 효과(감동·흥미·설득 등)
를 줄 수 있는가?를 냉정히 따져봐야 한다. 만약 메시지나 화면구성이 밋밋
하다고 예상된다면 주제로서의 가치는 상실된다.

셋째 다른 방송사나 프로그램에서 자주 다룬 주제는 되도록 피하는 것이
유리하다. 전작에 비해 특종 성격의 어떤 새로운 자료나 시각이 도출되지
않는 한 시청자들은 관심을 기울이지 않을 가능성이 높기 때문이다.

그러나 예외도 없지는 않다. 드라마의 경우지만 오래 전 MBC에서 방송했
던 <동의보감(東醫寶鑑)>을 다시 <허준>으로 바꾸어 기획해 60%의 고시
청률을 기록한 바 있다. 이것은 스포츠 경기나 영화와 마찬가지로 텔레비전
프로그램도 상당한 의외성이 존재한다는 것을 말하기 위함이다. 그러나 동

주제는 손 안에 잡히는 사과 한 알 만한 크기가 유리하다.

일 주제 사용에 대한 성공확률은 매우 낮은 편이다. 끝으로, 가장 중요한 관점은 '거대한 주제' 또는 '추상적인 주제'를 피하는 것이 유리하다는 점이다.

너무 큰 주제는 그 내용을 접근하기 위하여 아무래도 다량의 아이템들이 포함되어야 하고, 그 결과 주제 자체의 농도가 약해질 위험성이 있다. 따라서, '손 안에 잡히는 사과 한 알 만한' 크기의 주제가 대체로 성공률이 높다.

또 '세계 평화'와 같이 내용 자체가 추상적인 것도 제작이 여의치 않을 수밖에 없다. 평화를 얘기하자면 그 반대되는 개념인 전쟁과 분쟁의 원인과 해결책을 모색하고 현장에 접근하고 촬영에 임해야 하는데, 이것들은 애초부터 어려움이 수반되는 속성을 갖고 있다. 이런 주제들은 특별한 경우를 제외하고는 피하는 것이 좋은 방책이다.

3) 자료 조사

선정된 주제를 영상화하기 위해서는 세세한 아이템들을 그림으로 만들 수 있도록 촬영할 화면을 찾아내고 선정하며, 인터뷰 대상자, 증언자, 통계·자료화면을 미리 준비해두어야 한다. 이 과정이 자료조사 단계이다. 충분한 자료조사가 선행되었느냐의 여부가 기획(주제)의 성패를 판가름한다. 그만큼 자료조사의 중요성은 높다. 그러나 한국 다큐멘터리 제작 관행은 자료조사보다는 촬영에 더 치중하는 경우도 왕왕 발생한다. 개선되어야 할 습관이다.

주제에 대한 자료 소스(source)는 국내외의 일간지(경제지·스포츠신문·지방지 포함), 월간지, 전문지, 논문 등 활자매체 자료와 방송국·전문기관의 비디오 자료 중에서 '기획의도'와 '주제'에 가장 근접한 것을 추출해낸다.[12] 기획의

---

12) 근자에 들어 프로듀서와 작가들은 자료수집을 위한 인터넷 사이트를 활용하는 경우가 많다. 그러나 검색사이트들은 꼭 필요한 정보보다는 불필요한 내용, 심하게 표현하면 돌출심리에 취해 있는 일부 사람들이 쏟아놓은 쓰레기 정보의 홍수인 경우도 있다. 인터넷 사이트는 한계가 있는 것이다. 그러나 이런 현상 때문인지 방송사 사내 도서실(정보자료실)은 점차 피폐해간다는 방송사 직원들의 비판이 일고 있다. 방송사의 명분은 정보화이지만 실제적으로 정보화에 역행하고 있는 것이 현실이다. '지혜의 등대' 도서실의 보강확충은 매우 중대한 과제이다. 오히려 도서실의 디지털화와 온라인 전환이 시급한 형편이다. 방송사 도서실은 제작의 원천이고 돈을 벌어주는 종자돈에 해당된다. 방송사 도서실은 늘 PD와 기자, 구성작가들로 만원사례가 되고 정보채집자들로 북적여야 정상이다.

4장 제작진행 단계 각론(各論)

기간이 다소 여유가 있다면 자료조사는 프로듀서와 작가에 의해 이미 많은 부분 수집됐을 것이다. 왜냐하면 주제는 이들이 섭렵한 자료를 근간(根幹)으로 해서 결정되기 때문이다. 내용에서 특별한 전문성이 요구될 경우는 사전에 '제작 자문위원회'를 구성해 자료추적의 단계에서부터 활용하는 것도 하나의 방법이다.

세밀한 자료나 보강할 문건이 필요한 경우, 또는 촬영에 들어가야 할 시간이 촉박한 사정이라면 아르바이트 대학생을 3~4명을 고용하면 된다. 우선 주제와 관련된 국내·외 해당 인터넷 사이트를 모두 뒤지게 하고, 국립중앙도서관과 국회도서관, 유수 대학교 도서관에서 자료를 복사하도록 한다. 그리고 PD와 작가는 사내 영상자료실이나 한국방송영상산업진흥원 아카이브 등에서 비디오 자료를 찾도록 한다. 또 일본의 영상자료가 필요하다면 시간이 걸리기 때문에 사전에 주일 특파원을 통해 신청하고 구매해야 할 것이다.

이렇게 채집된 카피가 모두 120개가 되었다고 하자. 120개를 1번부터 120번까지 번호를 붙였다고 가정하고, 해당내용이 '기획의도'와 '주제'에 얼마만큼 부합하는지를 판단기준으로 해서 1번부터 따져나간다. 이때 고려해야 될 관점은 해당 자료의 촬영이 가능한가의 여부와 주제와의 근접성이다.

즉, 카메라로 촬영했을 때 '그림'으로의 영상화에 아무런 문제가 없어야 한다. 1번과 2번은 OK, 3번과 4번은 NO, 부적절해서 버리고…… 하는 식으로 축조심의(逐條審議)를 진행한다. 최종적으로 50개로 압축되었다고 한다면 이것들이 결국 프로그램의 중·소 아이템이 될 소재(素材)들이 된다.

중·소 아이템은 경회루를 떠받치는 48개의 돌기둥처럼 프로그램을 가능하게 하는 절대적인 역할을 수행한다. 또한 120개 중에서 제외된 70개의 카피는 그냥 버리는 것이 아니고, 그 내용을 천착해 프로그램의 방향설정에 참고할 수도 있고, 차후 해설원고를 작성하는 데 활용할 수도 있을 것이다.

BBC도 자료조사의 중요성을 강조하기는 마찬가지다. 즉, "조사는 다큐멘터리 장르의 가장 특징적인 작업과정 중의 하나라고 할 수 있다. 프로그램 제작의 바탕이 되는 자료를 수집하고 이 자료들을 종합하면서 프로그램의 제작방향을 결정하는 과정이 조사작업이다."

따라서 다큐멘터리 프로그램이 성공할 수 있는 관건은 조사가 얼마나 제대로 이루어졌느냐에 달렸다고 해도 과언이 아니다. 일단 프로그램의 주제와 관련한 아이디어가 단순한 아이디어 차원에서 벗어나 프로그램으로서 제작이 가능한 형태로 살이 붙어가기 시작하면 그 아이디어는 텔레비전 프로그램으로서 시청자에게 의미와 흥미를 제공할 수 있는지의 여부가 드러난다. 이런 단계에 이르면 아이디어는 하나의 구체적 체계를 갖추어야 다음 단계로 넘어갈 수 있게 된다. 조사작업은 바로 아이디어의 체계를 부여하기 위한 첫걸음이라고 할 수 있다.

자료조사의 구성물들을 BBC는 다음과 같이 예시하고 있다.

① 주제와 관련이 있는 인물들과의 인터뷰이다.
② 참고자료들이다. 여기에는 신문기사 스크랩, 백과사전 및 각종 정보다이제스트 들이 있다. 정보다이제스트란 『제인연감』과 같은 특정분야의 정보를 집약해놓은 것을 말한다. 특히 『브리티시 백과사전』은 반드시 검토해야 한다.
③ 도서관의 목록들이다. 주제와 정확하게 맞아떨어지는 자료에서부터 관련성이 희박하지만 검토해야 하는 자료에 이르기까지 모든 문서로 된 자료들을 찾아볼 수 있는 소스이다.
④ 비슷한 주제를 다룬 다른 텔레비전 프로그램이나 영화들이다.

4) 현지답사(hunting)

자료조사를 통해 기획의 줄거리와 기둥으로 드러난 중·소 아이템들은 해당지역을 직접 방문해 그 내용이 실제로 확실한 것인지, 오류(誤謬)나 과장은 없는지, 촬영이 가능한지, 어떤 제작조건이 필요한지 등을 구체적으로 일일이 확인하고 기록해둔다. 참여인원은 프로듀서와 조연출, 구성작가, 때로는 카메라맨도 동행할 수 있다.

특히 주제가 어떤 선행, 미담일 경우, 그 대상은 사람이 되는데, 현장에서의 정확한 검증이 반드시 필요하다. 신문기사나 활자매체 정보는 때로는 다소 과장되거나, 기자가 현장확인을 하지 않고 전언(傳言)이나 소문에 근거해 기사를 작성하게 되면 내용이 정반대로 왜곡될 가능성도 있다.

실례를 들어보면, MBC가 시행하고 있는 '좋은 한국인 대상'은 우리 민족의 모범이 될 수 있는 사람을 선정해 상금을 수여해 격려하고, 이 내용을 다큐멘터리로 제작 방송해 시청자들의 사고와 행동을 순화(醇化)시키고 고양하는 효과를 주고자 하는 것이 기획의도이고 포맷이다. 서울과 19개 지방 계열방송사에서 추천을 받아 후보를 심사하게 되는데, 어느 해에는 서류만 봐도 당장 대상(大賞)감의 인물을 발견했다. 지역사회와 어려운 이웃을 위해 부단히 선행을 베풀어온 존경받기에 부족함이 없는 인사였다.

대상은 떼어놓은 당상(堂上)13)으로 예비심사를 마치고 본심에 올려놓은 상황인데, '지독한 악당'이라는 정반대의 제보가 날아들었다. 여러 명의 직원들이 현지에 파견돼 그가 활동했던 지역을 고향에서부터 한곳 한곳 역추적한 결과 그는 살인미수, 강도, 강간, 폭력 등 전과 10여 범이 넘는 화려한 악당 중의 악당이었다. 교활한 그는 활동무대를 옮겨 자신의 비행을 덮기 위해 물량공세의 선행을 일삼았고, 선량한 시민들과 관리들조차도 속아넘어갔던 것이다. 이러한 예에서도 치열한 자료조사와 검토의 중요성은 입증된다.

야외 촬영의 경우 피사체 즉, 촬영할 대상과 관련해서 태양(daylight)이 오전에는 어느 쪽에 떠 있고, 오후에는 어느 방향에 있을지에 관해서도 체크해야 한다. 만약 특이한 지형에 있는 절을 촬영하는 데 오전에는 산의 그림자가 절에 드리운다고 하면, 촬영 스케줄을 오후로 잡아야 한다. 실내촬영도 어느 정도의 조명이 필요한지도 파악하고 그밖에 필요한 장비목록도 짜서 차후 준비해야 할 것이다.

이때 '라운드 트립(round trip)'의 방법이 유리하다. 프로그램의 제작은 많은 스태프가 참여하기 때문에 시간과 돈의 사용을 통해서 제작물이 완성된다. 따라서 시간과 돈을 절약하는 것은 높은 제작 효율성을 도모하는 것이다. 'round trip'은 시계방향(또는 그 반대방향)으로 여행을 하는 개념이다.

예컨대 유럽을 여행할 경우, 항공편으로 서울 → 파리, 파리에서 육로로 암스테르담 → 브뤼셀 → 프랑크푸르트 → 인스브르크 → 밀라노 → 피렌체 → 로마, 로마에서 항공편으로 런던에 도착한다. 런던에서 유로스타로 파리 → 서울로 돌아오는 방법으로 지그재그가 아닌 물 흐르듯이 순환적(循環的)

---

13) 글자 그대로 '마루 위'라는 뜻으로, 조선시대 문관은 정삼품 이상인 명선 대부(明善大夫)·봉순 대부(奉順大夫)·통정 대부(通政大夫), 무관은 절충 장군(折衝將軍) 이상의 벼슬 계제(階梯)를 말한다.

으로 여행하는 것을 뜻한다. 라운드 트립은 헌팅과 촬영여행시 국내외를 막론하고 매우 유용한 방법이다.

5) 기획안 작성

기획안(proposal) 작성은 프리 프로덕션의 최종단계이다. 한 개의 다큐멘터리를 제작하기 위하여,

① 프로그램을 담을 용기를 결정하고
② 접근방법에 따라 포맷을 선택하고
③ 대주제와 이것을 뒷받침할 중·소 아이템을 찾아내고
④ 이들에 관한 '그림 스토리'를 엮을 자료조사를 수행하고
⑤ 뽑힌 자료에 대해 현장답사를 통해 그 진위와 정확성을 확보한다

이러한 일련의 과정들은 결국 한 개의 '기획안 작성'을 완성하기 위한 행위일 뿐이다. 기획안을 만들기 위해 제작자는 먼 길을 달려온 것이다.

기획안은 프로그램에 대한 기본설계도이다.

훌륭한 건축물을 짓기 위해서는 반드시 정밀하고 합리적이며, 사용에 있어 효용성이 높은 과학적인 설계도면이 필요하다. 대지에 대한 측량, 지질에 대한 검사와 분석, 그 지역의 평균 강우량과 풍향, 내진(耐震)에 대한 대비, 건물이 완성된 후 다른 주변건물에 대해 주게 될 영향과 일조권(日照權) 문제, 교통영향평가, 건물이 지녀야 할 미적(美的)인 요소들, 인텔리전트 빌딩에 들어가야 할 첨단장비와 인테리어……, 수많은 관점들을 충족시키기 위한 문제점들의 검토와 연구가 선행되어야 한다.

따라서 유수한 대형 건축물들은 설계도 완성에 많은 시간이 걸리고 거액의 비용이 소요된다. 그리고 일단 설계가 완성되면 특별한 사유가 발생하지 않는 한, 변경하지 않는다. 변경사유가 발생하는 것은 설계작업이 부실한 것을 반증하는 것으로도 판단할 수 있다. 건축이 시작되면 설계도에 있는 규격, 자재에 의거해서 작업을 진행해야 한다.[14] 우리의 경우, 불완전한 설계, 거기에 따른 잦은 변경, 질 낮은 자재사용 등으로 불량 건물들이 양산되고 사회적

인 문제로 대두되기도 한다. 이런 현상은 기획·설계의 개념을 주먹구구식으로 운영하고 있을 경우 발생하는 병폐이다.

'주먹구구'는 대충 결정했다가 무슨 문제점이 생기면 즉시 바꾸는 편의적인 방법이다. 텔레비전 다큐멘터리에 있어서 주먹구구식은 완벽하게 배제되어야 한다.

앞에서 예시한 ①~⑤의 과정에 대하여 많은 시간과 노력과 비용을 투자하여 결코 변경이 있을 수 없는 완전한 기획안을 수립하는 것이 다큐멘터리에 있어 그 무엇보다도 중요하다.

결국 기획안이 다큐멘터리의 성공을 보증한다. 다만 우리의 현실이 기획안에 대한 열정보다 일단 뛰어나가 야외 촬영부터 하고 보는 것이 문제이다. 또 이것을 도깨비 방망이 휘두르듯 '뚝딱' 편집해 프로그램을 생산하는 체제가 관행으로 되어 있는 것에 대해 기획자와 제작자들이 심사숙고하고 자성해야 할 것으로 생각된다.

이렇게 기획안은 프로그램에 대한 설계도일 뿐만 아니라 '예산서'의 역할도 겸하게 되는 의미가 있다. 즉 방송시간(프로그램 길이)과 포맷이 이미 정해져 있는 고정프로들은 보통 편성국에서 일괄적으로 책정한 예산 액수를 제작비로 사용하면 된다. 그러나 특집들은 사정이 다르다. 프로그램 시간(길이), 포맷, 취재기간과 장소, 긴급성, 해외출장과 특수장비 사용 여부 등에 따라 제작비가 증가될 것이다. 따라서 회사로부터 기획안에 대한 결재(決裁)를 받아야 제작비용을 받을 수 있고, 제작비 지출이 수반되어야 실질적인 제작행위가 시동되는 것이다.

기획서는 TV회사마다 관행이 다소 다르기는 하지만, 해당 제작부서의 프로듀서가 기안을 마친 후, 차장 → 부장(팀장) → 부국장 → 국장 → 제작이사(제작본부장) 라인과, 편성국의 차장 → 부장 → 부국장 → 국장 → 편성이사(편성본부장) 라인, 기술이사(기술본부장)와 감사의 4개 라인의 결재과정을 거

---

14) 이런 부분을 전문성과 정확성을 가지고 감시하는 기관이 독립적인 감리회사이다. 특히 영국의 감리회사와 그 영향을 받은 홍콩 또는 싱가포르의 감리회사들은 그 엄격함이 대단하다고 한다. 어느 경우든 under table(뇌물)이 통하지 않는다는 것이다. 따라서 대형 건물의 발주사들은 입찰액수가 낮은 건축회사를 선정하고, 대신 영국계의 감리회사를 통해 애초의 설계와 같은 건물을 완성한다는 것이다.

치고, 전무(또는 부사장)의 종합적인 판단을 받고, 최종적으로 사장의 결재를
통해 해당 TV회사가 특정 프로그램을 제작·방송하고자하는 의지를 사내에
서 공식적으로 천명(闡明)하게 된다. 이 과정이 완료되면 회사 사장은 프로그
램에 대한 제작권한을 프로듀서에게 위임하게 된다. 이어 사장의 결재를 득
한 기획서를 가지고 경리부서에서 제작비를 수령해 제작에 임하게 된다.

위에서 예시한 4개 라인의 결재선(線) 인원은 최저 15명에서 최고 20명을
넘을 수도 있을 것이다. 팀제니 조직합리화니 해서 일견 조직이 슬림화된
것처럼 보이지만, 경비를 지출함에 있어서 회사들은 여러 가지 장치를 마련
해놓고 있다.[15] 또 4개의 결재선상 담당자들은 모두 해당회사의 엘리트 사원
들로 구성되어 있다. 따라서 기획서, 즉 제작설계도는 매우 정확하고 정교하
게 작성되어야 한다. 결함이 발견된다면 제작에 적지 않은 시간적 장애를
초래할 수 있다.

'기획안 작성'은 '기획·구성안' 또는 '프로그램 제안서', 'proposal' 등으로
지칭되기도 한다. 보통 B4용지 1~2쪽 분량으로 작성하는 데 반드시 포함되
어야 할 요점은 다음과 같다.

① 기획의도: 프로그램을 통해서 방송하고자 하는 목적과 방법, 제작의지
를 명확히 밝히고, 프로그램의 정수(精髓-중·소 아이템)가 담기도록 핵
심 부분만 미려한 문체로 압축 기술한다. 이 프로그램이 방송되면 시청
자에게 어떤 영향을 주게 되고 무슨 효과가 발생될 것인가 하는
feedback(기대효과)과 평가(evaluation) 부분도 반드시 표시해야 한다. 길이
는 7~10줄 정도면 될 것이다. 기획의도는 해당 프로그램의 '철학'이다.

---

15) 전국 네트워크 체제를 유지하고 있는 3개 지상파 TV방송사들의 조직은 대부분 비대
해져 있다. 전체 인원이 우리나라 상황에서 대체로 700명 선이면 무난하다고 주장하는
연구자들이 있지만, 아시안게임, 88올림픽, 월드컵축구, 디지털로 전환하는 명분들이
인원증가를 촉발해 기능에 비해 유휴인원이 늘어날 가능성이 상존한다. IMF 이후 KBS
제외하면 지상파방송은 1,200~1,500명 구조에 포함되는 것으로 추정되지만, 부분적인
하청이 많아 결국 인원에 대한 부담은 커질 수밖에 없다. 따라서 조직의 동맥경화증이
만연할 우려도 배제할 수 없다. 조직을 슬림화한다는 미명하에 자회사로 분사하는 것이
유행이나 또 하나의 조직을 만들거나 불필요한 옥상옥이 되고 마는 경우도 발생한다.
따라서 프로덕션 시스템으로의 전환이 자주 논의되고 있다. 제작단위가 작은 프로덕션
의 의사결정과정은 10명 이내이기 때문에 속도와 효율성에서 장점이 많다.

최종결재자인 사장은 기획의도를 통해서 제작여부의 결정에 대해 영향을 받게 된다.

② 예측되는 방송 날자와 시간, real time(프로그램 길이)도 명기한다.

③ 제작 방법: ENG, ENG+studio, 생방송, 녹화 등도 밝힌다.

④ 중·소 아이템: 50분 프로그램일 경우, 구체적인 내용과 그림에 대한 설명이 표시된 개별 아이템을 20개 이상 구성순서에 따라 기술·나열한다.

⑤ 예산, 작가, 해설자, 특수기재사용 등도 함께 쓸 수 있다.

이 부분을 도식화하면 다음과 같다.

1. 제목: 청소년의 성(性), 올바로 알자. (가제)

2. 기획의도: ＿＿＿＿＿＿＿＿＿＿＿＿＿＿＿＿＿＿＿＿＿＿＿＿

＿＿＿＿＿＿＿＿＿＿＿＿＿＿＿＿＿＿＿＿＿＿＿＿＿＿＿＿＿＿＿

＿＿＿＿＿＿＿＿＿＿＿＿＿＿＿＿＿ + feed back

※ 기획의도의 길이는 7~10줄 정도면 좋다.

3. 방송일시: ○월 ○일 ○요일, AM(PM), ○○~○○(60분간)

4. 제작방법: ENG 또는 ENG+studio 등등

5. 예산: 4,500만 원

6. 해설: 배한성

7. 주요내용 :

순서	소제목	내용	시간	비고
1.	#J여중 3-1반 가정시간	슬라이드를 보며 가정선생님이 여성의 임신과정을 설명한다. ※ 소제목 아래 적혀질 그림 내용을 구체적으로 간결히 표현한다.	3′	가족계획 협회 등에서 임신, 출산 등의 필름을 빌려온다
30.			42′	

※ 전체 길이 B4용지 1.5~2매 정도

'1 Page Proposal'이라는 제목의 책을 쓴 사업가 패트릭 G. 라일리(Patrick G. Riley)는 기획서 또는 제안서의 간결성을 강조하면서 다음과 같은 조건을 제시하고 있다.16)

① 추진하고자 하는 사업 혹은 프로젝트를 둘러싼 모든 객관적 사실, 추론, 상황을 간결하게 표현한다.
② 동의를 얻어내기 위한 것이므로 설득력 있는 언어를 사용한다.
③ 구체적인 실행과정을 설명한다.
④ 이 모든 것을 1Page Proposal 분량으로 프린트한다.

이 책의 핵심은 기획서를 읽고 채택 또는 반려(찬·반)를 결정해야 할 사장이나 고위 중역들 책상에는 늘 기획서와 같은 서류들이 다수 쌓여있기 때문에 서류의 간결성이 가장 중요하다는 점을 지적하고 있다. 짧은 대신 핵심적인 내용들을 압축해 미려한 문체를 사용해 설득력 있게 표현해야 효율적이라는 것도 매우 타당한 견해이다. 특히 독립제작사가 지상파TV에 기획서를 제출할 때는 이런 원칙들이 가치가 있을 것이다. '구체적인 실행과정의 설명'은 다큐멘터리 기획안의 중·소 아이템으로 대입할 수 있다.

기획의 종착역은 기획안 작성이다. 그러나 프로그램 제작의 시발점은 기획안 작성에서부터이다. 결국 프로그램의 생명은 기획이고, 기획의 생명은 자료이며, 자료의 생명은 주제에 대한 심도 있는 접근이다. 즉 완벽한 자료는 우수한 기획안을 만들어낸다.

요즈음 많은 프로듀서와 구성작가들이 시청률 때문에 울고 웃지만, 만약 시청률 부진으로 고민한다면 그 일차적인 원인은 프로그램의 기본 설계도인 기획안이 충실하지 못한 데서 찾아야 되지 않을까 생각한다.

---

16) 패트릭 G. 라일리, *1 Page Proposal*, 안진환 역, 을유문화사, 2002, p.19.

4장 제작진행 단계 각론(各論) **111**

2. 메인 프로덕션(촬영 콘티뉴이티 작성～야외 촬영)

1) 촬영 콘티뉴이티(continuity) 작성

(1) 콘티뉴이티 작성

프리 프로덕션이 기획서 한 장을 준비하는 과정이 망라된 것이라면, 메인 프로덕션은 촬영대상(내용)을 실제로 찍는 단계이다. 카메라를 통해서 피사체를 촬영함으로서 비로소 제작이 가시화(可視化되)는 것이다. 그러나 이미 '기획'에서도 지적했지만 촬영이라고 해서 아무렇게나 생각나는 대로 찍어댈 수는 없는 일이다. '주먹구구'식으로 촬영에 임해서는 안 된다는 점을 강조하고자 한다. '기획서' 즉, 설계도에 명시된 내용들을 촬영하기 위하여 '촬영계획서'를 만들어 활용하면 효율을 기할 수 있다.

'콘티뉴이티'의 일반적인 개념은 텔레비전이나 영화 또는 라디오의 연출대본을 뜻한다. 스크립트(script, 원고·대본)를 바탕으로 해서 연출에 필요한 모든 사항이 기입되어 있다. '콘티'라고 약칭한다. 작가가 쓴 대본을 스크립트라고 부르는데, 콘티뉴이티는 이 대본에 보다 상세하게 액션, 카메라 앵글, 음악, 음향효과의 지정 등이 기재되어 있다. TV의 경우는 각각의 컷에 대해 간단한 스케치까지 그림으로 그려넣는다. 특히 CM제작은 대부분 이 그림콘티를 사용한다. 패널(panel)화된 커머셜의 흐름은 스토리보드(story board)라고 한다. 연출자는 콘티를 작성하고 콘티에 의해서 대본에 표현된 내용을 실제 영상으로 만드는 작업을 수행한다. 콘티뉴이티와 스토리보드는 같은 개념의 단어로, 일본이나 우리나라에서는 스토리보드보다는 콘티뉴이티를 흔히 사용한다.[17]

콘티뉴이티의 또 다른 설명은, 극의 흐름을 유연하고 통일성 있게 만드는 사건의 흐름을 말한다. 다른 시간, 다른 장소에서 촬영된 단속적(斷續的)인 영상들이 화면과 화면 사이의 영화적 요소들이 가지고 있는 연속성 때문에 무리없이 전개될 수 있는 것이다. 시퀀스(sequence, 연속적으로 일어나는 순서)의 연속성을 유지하기 위한 법칙이나 편집유형이 지켜져야 하며, 경우에 따

---

17) 방송문화진흥회 편, 『방송대사전』, 나남출판, 1990, p.868.

라서는 이것을 깨뜨려서 극적인 효과를 증가시킬 수도 있다.[18]

이 기술(記述)은 대체로 TV 드라마나 영화에 더 많이 부합되는 설명이다. 드라마의 대본을 자세히 검토하면, 극의 진행상황, 연기자의 감정과 정서, 연기와 대사, 장소(무대가 되는)의 분위기, 어떤 종류의 음악과 음향이 삽입되면 좋을까 하는 무드 등에 관한 상상과 예상을 할 수 있다. 연출자는 촬영 전에 이러한 것들에 대한 유의점들을 스케치로 그리거나, 대본에 어떤 화면으로 처리하겠다든지 하는 의도를 표기해놓을 수 있다. 또 두 사람의 대화장면이라도 이것을 어떤 '화면분할'을 통해서 찍을 것인가 하는 것도 충분히 예단(豫斷)할 수 있다. 이렇게 드라마의 콘티뉴이티는 드라마 전체의 스토리를 몇 개의 장면(scene)으로 자를 것인가? 이것을 어떤 순서로 촬영할 것인가? 또 각 장면도 어떻게 분할해 무엇부터 찍을 것인가를 표시해놓은 장부(帳簿)이다.

그러나 우리 텔레비전이 다큐멘터리를 제작할 때 관행적으로 사용하는 시스템에는 사전 원고가 준비되어 있지 않은 경우가 대부분이다. 따라서 드라마처럼 콘티뉴이티를 촬영 전에 미리 작성하는 것이 어렵고, 그런 형태의 콘티뉴이티에 의거해 찍는 것도 가능하지 않다. 원고가 존재하지 않기 때문이다. 있는 것은 기획안과 그 안에 포함된 중·소 아이템뿐이다. 기획안에 제시된 중·소 아이템은 20여 개 이상이지만, 현장답사시에 확인한 것은 50개를 상회할 것이다. 그 50개 중에는 어떤 장면, 현장성, 인터뷰, 인서트(insert, 배경화면) 등 다큐멘터리를 구성하는 아이템의 다양한 화면들이 도처에 산재해 있게 된다.

이러한 모든 아이템들을 다 촬영하기 위하여 '공간적 개념'(촬영장소의 위치)과 '시간적 개념'(촬영의 순서, 촬영이 이루어지는 각각의 일시)에 따라 두 가지 요소를 혼합해 전체적인 '촬영 순서'를 정리해 일목요연(一目瞭然)하게 표시한 것이 다큐멘터리에서의 콘티뉴이티이다. 물론 현장답사시에 매우 자세하게 현장묘사 등을 메모해왔다면 드라마와 유사한 콘티뉴이티를 못 만들 것도 없다. 그러나 항용 헌팅은 짧은 기간에 수행되기 때문에 그런 여유는 생기지 않는다.

---

18) 존 하트, 『스토리보드의 예술』, 이남진 역, 고려문화사, 1999, p.19.

따라서 다큐멘터리에서 콘티뉴이티는 좀 다른 의미로 해석하면 카메라 파트에서 사용하는 '촬영 일람표'와 일부에서 유사하다.

① 출장기간(일자)
② 촬영대상(내용)
③ 촬영시간(오전, 오후, 밤)
④ 비고(촬영장비 또는 유의사항)

등으로 요약할 수 있다.

일시	촬영내용(오전)	오후	밤	비고
5월1일	잠실여고	대치동	방배동	※숙박장소
		게임방	카페촌	연락전화도
5월2일	부산출발	게임방	유흥가 취재	명기하면
5월3일	대구도착			좋다
	여고교사 인터뷰	YWCA	경찰서취재	

이러한 콘티뉴이티 일람표를 만드는 것은 촬영작업을 보다 효율적으로 진행하기 위해서이다. 앞서 현장답사 단계에서 거론한 '라운드 트립' 방법의 활용은 매우 유용할 것으로 생각된다. 촬영은 곧 비용발생으로부터 비롯된다. 따라서 가능한 짧은 기간 동안에 질적으로 우수한 다량의 화면을 촬영하는 것은 연출자와 촬영팀 모두의 목표이고 효용성이다.

(2) 촬영팀 구성과 역할

촬영팀은 시내촬영, 출장촬영, 해외촬영 등에 있어 모두 여러 기능의 인원으로 구성된다.

① 연출자
② 조연출
③ ENG 카메라맨

④ 오디오맨(카메라 보조)

⑤ 조명기사(2명)

⑥ 리포터 또는 해설자

⑦ 작가

⑧ 출연연사(대학교수 또는 전문가 등)

⑨ 운전기사

⑩ 해외촬영의 경우 현지코디 및 통역(1인 2역)

등 상당한 인원이 동원되어 보통 봉고라고 불리는 밴 승합차에 탑승해 이동하고 촬영에 임하게 된다.

이들 촬영팀은 아침 9시경에 회사를 출발하여 1일 5~6곳의 장소를 옮겨가며 촬영을 진행한다. 야외 촬영에 영향을 미치는 요인은 주로 '태양광선'과 '교통체증'이다. 즉 해가 일찍 뜨고 늦게 지는 하절기에는 아무래도 햇빛(daylight)에서 촬영할 수 있는 시간이 길기 때문에 촬영량이 많아진다. 특히 유럽의 경우는 여름철에는 거의 밤 10시경이 되어야 완전히 어두워지게 되므로 상당히 많은 양을 촬영할 수 있다. 반면 동절기에는 오후 4시경부터 일몰이 시작됨으로 촬영시간이 상대적으로 줄어든다. 그러나 조명을 사용한 실내촬영이 많으면 여러 아이템들을 계속 찍을 수 있다.

서울은 어느 지역이나 또 어떤 시간대(帶)나 교통체증이 심하다. 특히 강북에서 강남으로 다리를 건너게 되면 많은 시간이 지체된다. 반대로 강남에서 강북으로 진행할 때도 마찬가지다. 따라서 다리를 건너지 않고 강남에서 강남, 또는 강북에서 강북으로의 이동은 그래도 정체가 덜 하기 때문에 어느 정도 촬영량이 증가할 수 있다.

만약 서울 신림동에서 또는 안양에서 상계동을 간다고 생각해보자. 얼마나 많은 신호등을 지나야 도착할 수 있겠는가? 서울 외의 다른 지방 교통사정도 특별히 좋지 않다는 점도 유의할 필요가 있다. 따라서 촬영콘티, 촬영스케줄표는 이러한 제반 요인들을 고려해 확정하는 것이 도움이 될 것이다.

PD나 조연출은 촬영한 테이프에 촬영일자, 내용(지명, 사람이름 등), 시간(길이)을 기재해두어야 차후 활용하는 데 편리하다. 그리고 시내출장일 경우는 귀사한 후, 출장촬영시에는 숙소에 돌아와서, PD와 카메라맨은 반드시 그날 촬영한 테이프를 모니터해야 한다.

그 이유는 두 가지인데,

첫번째는 드라마처럼 사전원고와 자세한 콘티가 없고 소형 모니터를 보면서 촬영하는 것이 아니기 때문에 PD의 연출(촬영) 의도와 카메라맨의 실제 촬영내용에서 어떤 차이가 생겼는지의 여부를 확인해야 한다. PD는 카메라맨에게 피사체에 대해 어떤 사이즈, 또 어떤 각도 등 샷에 대한 지정을 일일이 하기 어렵다. 따라서 PD는 촬영대상에 대해 카메라맨에게 연출의도를 설명을 하고, 카메라맨은 PD의 지적을 파악해 자의적(自意的) 판단으로 촬영을 수행하게 된다. 물론 이때 양자간 교감과 커뮤니케이션이 상호 교환될 수 있지만 그것으로는 충분하지 않고 때로는 오해도 발생할 수 있다.

그래서 당일 촬영분에 대해 연출상의 오류가 없었는지를 모니터해서 차후 재발을 방지해야 할 것이다. 만약 큰 문제점이 생겼을 경우는 현장을 떠나기 전에(즉 내일 아침에) 재촬영에 임해야 한다. 때문에 프로듀서들은 자신과 연출상의 호흡이 잘 맞는 카메라맨을 선호하지만, 매번 충족되기는 쉽지 않을 것으로 생각된다.

두번째는 기재와 관련한 이유이다. ENG카메라는 매우 예민한 기계이다. 사용상의 문제점으로 또는 조작의 부주의로 완벽한 촬영화면을 얻지 못할 수도 있다. 특히 ENG카메라가 촬영화면을 만들어내는 가장 중요한 부품인 헤드(head)는 예컨대 1천 시간을 사용한 후에는 새것으로 교체해야 된다든지 하는 조건이 있는데 이런 것이 제대로 확인되거나 지켜지지 않을 때 문제가 발생할 수 있다. 잘 찍는 것도 중요하지만 잘 찍혔나를 모니터를 통해 확인하는 것도 필수과정이다. 트러블이 생겼을 때는 즉시 재촬영을 시도해야 한다.

2) 야외 촬영

(1) 테이프와 촬영

촬영은 한마디로 필름에다 카메라의 장치를 이용해 하나의 상(像)을 만들어내는 작업이다. 최초에는 스틸사진의 촬영이 고안됐으며, 영화가 발명되고는 필름에다 연속적인 화상을 만들어내는 형태로도 변화되었다. 또한 텔레비전이 개시되고부터는 테이프에 영상을 기록하는 방법을 사용하게 되었다.

1956년 암펙스(Ampex)사는 새로운 장비를 개발했다고 발표했는데 그것이 비디오 테이프 기계였다. 즉, 레이 돌비(Ray Dolby, 후에 돌비사운드 시스템 개발)를 비롯한 6명의 팀이 '쿼드'라는 기계를 개발했다. 4개의 녹화헤드(quad 라는 명칭이 여기서 비롯되었음)를 가지고 있고 2인치 폭의 테이프를 사용했다. 1956년 11월 3일 미국 CBS방송은 뉴욕의 생방송 프로그램인 <Doughas Edwards and the news>를 녹화해서 3시간 후에 서부해안 지역에서 방송하였다. 처음에는 쿼드 비디오 테이프 기계를 녹화방송용으로 사용했는데, 얼마 지나지 않아 제작자들은 이들 프로그램의 내용 중 일부를 잘라내거나 추가하는 편집을 원하게 되었다.[19]

그러니까 1956년 이전까지는 텔레비전 방송은 모두 생방송이었던 셈이다. 녹화기 개발 이후 '녹화'(錄畵)라는 개념은 프로그램의 '기록'과 '편집' 임무를 수행하게 되었다. 녹화는 하드웨어에 해당하는 녹화기를 통해 테이프에 영상이 기록된 소프트웨어를 생산하는 의미이다.

1975년 Bosch-Fernseh는 BCN 1인치 비디오테이프 포맷을, 그 다음해에는 소니와 암펙스에서도 방송용 수준의 1인치 장비를 발표했는데, 상호 호환(互 換)이 안 되는 결점을 가지고 있었다. 초창기의 1인치 녹화표준은 A타입(초기 암펙스 기록방식), B타입(Bosch-Fernseh 세그먼트 표준), C타입(암펙스와 소니의 절충평 표준) 등 세 가지였다. 이중에서 어떤 것은 머지않아 소멸될텐데, 그 포맷에 많은 투자를 할 회사는 없었다. 모두 NBC, CBS, ABC 3대 네트워크 중 한 곳이 결정하기를 기다렸고, ABC가 C타입 장비를 발주하고 난 후에 급속히 확대되어 C타입은 1인치 장비의 방송용 표준으로 굳어졌다.[20]

초창기에는 녹화기를 테이프의 크기로 분류하기도 했는데, 이것은 녹화의 질이 바로 테이프의 폭과 관련이 있었기 때문이다. 당시에는 테이프의 폭이 넓으면 녹화의 질도 좋았다. 테이프의 폭이 2인치, 나중에는 1인치, 그 미만이면 질이 떨어지는 것으로 간주했다. 그러나 현재는 이런 공식이 적용되지 않는다.[21] 1인치 이후 U-matic(3/4인치), Beta(1/2인치), 베타캄 SP를 거쳐 디지

---

19) 문화방송 편, 『영상편집이론』, p.1.

20) 앞의 책, p.8.

21) Herbert Zettl, 『텔레비전 제작론』(하), 황인성·윤선희·정재철·조찬식 공역, 나남출판, 1995, p.381.

털 베타(일명 디지베타)까지 출현하게 되어 소형 테이프도 대형 1인치에 못지 않은 우수한 화질의 녹화가 가능하게 되었다.

테이프의 폭이 넓으면 녹화화면의 질이 좋다는 것은 화소(畵素, picture element, 줄여서 pixcel)와도 관련이 있다. 화소는(이충웅) TV나 전송사진에서 화면을 구성하고 있는 최소단위의 명암의 점(點)을 말한다. 신문이나 잡지의 망판(網版) 사진을 루페로 보면 일정 간격으로 나란히 선[立] 많은 점으로 구성되어 있고, 그 점의 대소에 따라 그림의 윤곽이나 농담(濃淡)이 표현되어 있음을 알 수 있다.

따라서 화면 전체의 화소수가 많으면 많을수록 정세(精細)한 재현 화면을 얻을 수 있다. 대체적인 화소수는 8mm 필름 5만, 슈퍼8방식 7만 5,000, 16mm 필름 25만, 35mm 필름은 116만, 주사선 525방식 TV는 15만이다. 그리고 디지털 카메라와 HDTV는 한 화면당 200만 화소를 구현한다. 최근에 출시된 삼성전자의 DLP 프로젝션TV는 276만 화소까지 업그레이드되었다. 스틸로 찍는 디지털 카메라는 현재 415만 또는 500만이 넘는 화소까지 나오는 것들이 상용화되고 있다.

이렇게 오랜 세월동안 세계 거의 모든 텔레비전 방송은 연주소에서 방송을 송출할 때(on air) 1인치 헤리컬(helical) 테이프로 방송을 낸 바 있다. 그러나 텔레비전 기재가 점차 디지털화되면서 1인치 테이프는 모두 퇴역하고 방송 및 야외 촬영 등이 모두 1/2인치 베타테이프로 전환되었다. 야외 촬영용 베타 테이프도 아날로그 베타(속칭 아나베타)와 디지털 베타(디지베타)로 구분되는데, 지상파TV의 디지털방송이 가속화되면서부터 디지털베타로 전환되는 경향을 보이고 있고, 일부 방송사에서는 현재도 혼용되는 형태를 유지하고 있다.

(2) 야외 촬영의 개념

야외 촬영(location)은, 한마디로 여러 가지 장치와 장비가 갖추어진 스튜디오 내에서 촬영하지 않는 것을 말한다. 즉 스튜디오를 벗어나 어떤 장소나 지역, 또는 조건을 가리지 않고 촬영을 수행해야 하는 경우이다. 즉 '야외제작물(field production)'을 뜻한다. 이때 대부분 ENG(Electronic News Gathering)[22]

---

22) ENG카메라는 휴대가 가능한 TV카메라와 녹화기가 결합한 형태이다. 1971년경부터

카메라를 사용해 촬영한다. 스튜디오 촬영과 야외 촬영을 비교하면 스튜디오 촬영은 조명에 의존하는 것이고, 야외 촬영은 야외의 햇빛(daylight)을 사용한다. 물론 야외 촬영은 사무실 안에서 인터뷰하는 것도 포함되기 때문에 조명을 쓸 수는 있지만, 야외 촬영의 기본 개념은 야외의 광선을 이용하는 것이다. 스튜디오 촬영은 장소나 일기 등에서 별 문제가 없고 각종 설비와 제작요원을 최대한 사용할 수 있지만 비용이 많이 든다는 것이 약점이다. 야외 촬영은 시설·요원의 문제에서는 제한이 있지만 비용의 관점에서는 상당한 장점이 있다.

그러면 제작자들은 왜 야외 촬영을 많이 하고 어느 면에서 선호하게 되는가? 우선 맑은 날의 태양 광선은 매우 강력하기 때문에 스튜디오의 조명에 비해 화면이 밝고 선명한 느낌을 줄 수 있다. 뿐만 아니라 스튜디오는 아무리 대형이라 하더라도 넓이에 한계가 있어 피사체(찍히는 것)를 보는 범위가 좁을 수밖에 없다. 따라서 카메라맨과 연출자가 그림을 만들기 위해 모종(某種)의 방법과 기술을 사용하는 데 스튜디오는 매우 제한적인 반면 야외에서의 촬영은 그런 제약 면에서 상당 부분 자유롭다.

또한 화면을 구성하는 데 야외 촬영은 화면을 보다 크게 구사(驅使)할 수 있는 장점이 있다. 우리가 영화관을 찾아가 영화를 보기를 즐기는 것은 화면이 넓고 시원해 보이기 때문이다. 텔레비전의 경우도 그림이 화면 안에 넓게 비칠 때, 후련한 느낌을 주게 되고 시청자나 제작자가 모두 좋은 장면으로 생각하게 된다. 야외 촬영은 자연스러움도 하나의 장점이다. 비록 인터뷰라 하더라도 스튜디오에서 얘기하는 것보다 공원의 벤치에 앉아서 한다면 훨씬 더 자연스러운 이미지를 주게 될 것이다.

야외 촬영은 시간과 비용의 면에서도 유리한 점이 있다. 방송국의 스튜디오는 녹화해야 할 프로그램의 수를 스튜디오의 숫자로 나누어서 월간(月間) 또는 주간(週間) 단위로 운영된다. 그러므로 프로그램별로 배당받은 스튜디

미국의 CBS방송에서 사용하기 시작했고, 1973년 이후 보급이 본격화되었다. 종래에는 카메라맨이 16mm 카메라로 촬영하고 필름을 현상한 후, 다시 편집을 거쳐 방송했기 때문에 시간적 소모가 많았는데, ENG의 개발로 기동성과 경제성(테이프의 재사용)에서 발군의 효과를 기할 수 있었다. 다만 스튜디오 카메라와 달리 Camera Control Unit가 없어, 촬영시 White Balance와 Black Balance, Iris를 정확히 맞추어야 한다.

오의 사용 시간은 늘 부족한 편이다. 만약 녹화를 순조롭게 진행하기 위한 촬영 콘티라던가 유효 적절한 제반 조치를 미리 취하지 못해 스튜디오 사용 시간을 넘겼다면 그 다음부터 문제가 발생한다. 뒤에 녹화해야 할 프로그램에 장애를 주게 되고 결국 옹색(壅塞)하게 녹화를 마치게 될 것이다. 다시 말해 스튜디오를 사용한다는 것은 비용의 개념이다. 마치 연극을 하고자 할 때, 무대시설이 설치된 극장을 돈을 내고 빌려야 하는데, 이때의 극장과 스튜디오의 개념은 유사하다.

야외 촬영은 계획만 잘 세우고 조건만 충족시킨다면 이런 시간과 비용의 속박 없이 얼마든지 편안하고 느긋하게 촬영에 임할 수 있다. 광선만 양호하고 주변 상황만 좋다면 오랜 시간 촬영이 가능하고 그 효과도 높다. 세트로 만든 배경에 비해 야외의 모든 것은 꾸민 것이 아니라 실제임으로 사실성이 높다. 그래서 야외 촬영이 좋은 것이다.

야외 촬영이라 하더라도 카페를 빌려 찍을 경우는 장소 사용료를 지불해야 한다는 점도 알고 있어야 한다. 하지만 야외 촬영이 무조건 만능은 아니다. 비가 올 때도 있을 것이고 햇빛이 원만치 못할 수도 있다. '야외'라는 여러 가지 조건에 대해 잘 맞추는 것이 중요하다. 야외 촬영은 헌팅이 필수(必須)이다. 드라마의 경우는 헌팅을 담당하는 전문가가 있다. 그러나 교양, 정보, 다큐멘터리 등 비드라마 프로그램들은 '헌팅맨'이 없다. 따라서 PD나 조연출이 헌팅을 직접 해야 한다. 헌팅이 필수지만 교양 프로들에서는 왕왕 헌팅이 생략되거나 효율성이라는 면에서 무시되기도 한다.

(3) 대상(對象)에 대한 이해

앞에서 야외 촬영은 조건이 중요하다는 것을 강조한 바 있다. 따라서 여러 가지 조건을 정확하게 파악하고 대비한다면 야외 촬영은 보다 용이하면서도 효율을 높일 수 있다. 야외 촬영은 사실 연출자와 카메라맨의 활동 영역이다. 실제로 촬영을 수행하는 것은 프로듀서지만, 조연출이나 작가가 촬영 전 미리 세세한 내용에 대한 자료를 PD에게 제공한다면 촬영은 훨씬 속도감 있게 진행될 수 있다. 그렇게 하면 나중에 편집을 할 때도 매우 유리하다. 야외 촬영에 관한 '조건'들을 살펴보도록 하자.

① 사람: 한 사람, 두 사람, 세 사람…… 또는 집단인가를 생각해본다.

② 사물(非人間): 사람이 아니라면, 집, 어떤 물건, 동물, 식물, 강, 산, 바다…….

③ 크기: 큰 것, 작은 것, 넓은 것, 높은 것, 깊은 것……

④ 추상적(抽象的)인 것: 눈에 보이지 않기 때문에 주변 분위기를 촬영해 표현하도록 한다.

⑤ 구상적(具象的)인 것: 눈에 보이거나 손에 만져지는 대상은 특징적인 것을 중점적으로 파악해 촬영에 임하도록 한다.

⑥ 움직이는 대상: 되도록 운동감을 살려 동적(動的)으로 처리한다. CATV 초창기 어떤 회사에 한 때 일본 카메라맨이 근무한 적이 있는데, 이들의 그림은 상당히 동적(動的)인 요소들이 강했다. TV를 한마디로 '그림'이라고 표현한다면, TV의 특성은 '움직이는 그림'을 보여주는 것이다. 움직이는 화면은 같은 화면이라도 생동감이 있고 힘이 넘친다.

⑦ 정지되어 있는 물체: 가능한 한 카메라를 통해 움직임을 가지면서 한 부분 한 부분을 분할해서 촬영함으로써 전체를 표현할 수 있도록 한다.

⑧ 특별한 대상: 수중 촬영이나 헬기 등을 이용한 항공 촬영, 또는 컴퓨터 그래픽이나 가상현실을 이용한 화면 등이 모두 여기에 속한다. 또 다큐멘터리에서는 자주 파노라마(panorama, 주마등이 지나가듯 연속적으로 나타나는 광경)를 사용하는데, 파노라마는 그 도시에 있는 제일 높은 타워에서 주로 촬영해 도시의 전경(全景) 또는 분위기를 묘사할 때 활용한다. 특수 촬영은 예외의 비용이 발생하기 때문에 화면효과가 극대화될 때만 사용하는 것이 바람직하다.

⑨ 인서트(insert): 어떤 fact(주요내용)에 대한 배경, 뒤에 감추어진 부분, 이미지, 느낌 등 보조화면을 촬영해 전체적인 것을 이해하는 데 도움이 될 수 있도록 많은 양을 확보해서 추후 그림 편집에 대비하는 것이 좋다.

⑩ 자료: 아주 자세하게, 전체와 부분으로 나누어서 촬영하도록 한다. 그래픽을 이용해 도표화하거나 수치를 그림으로 만든다면 훨씬 설득력이 높다.

(4) 화면 구성

텔레비전의 핵심적인 개념은 무엇인가? 한마디로 '그림'이다. 따라서 '촬영'은 아름답고 보기 좋고 세밀하고 정확한 그림을 찍어 보여주는 것이 정답이다. 촬영은 '좋은 그림'을 찍는 행위이다.

'촬영을 한다'는 의미는 어떤 사건의 현장을 찍는 것처럼, 있는 것을 꼭 그대로 촬영하는 것을 뜻하지 않는다.

촬영은 어떤 사건 현장을 찍는 것과는 달리 찍는 사람(카메라 맨)과 연출자가 가공(加工)하지 않고는 적절한 그림을 만들어(촬영)내기 매우 어렵다.

즉 '만들어져 있는 상황(그림)'을 그대로 ENG 카메라로 그냥 찍어버리는 것이 아니고, 연출자의 뜻과 의지에 따라 '그림을 만들어' 카메라에 담아야 한다는 점이 촬영의 핵심이다.

그림을 만들기 위해 다음의 것들을 생각해보기로 한다.

① 우선 구도(構圖)를 만든다. 구도는 '미적 효과(美的 效果)를 얻기 위하여 전체적으로 조화되게 배치하는 도면구성의 요령'을 뜻한다. 즉 마치 화가가 된 듯이 바른 편에는 꽃병, 왼편에는 잉크병과 펜, 가운데는 담뱃

서양화가의 정물화 '구도'를 떠올리면 그림 만들기가 용이할 것이다(구자승의 〈꽃과 자두〉).

갑과 안경을 배치해 정물화(靜物畵)를 그릴 준비를 하는 경우와 같다.
연출자와 카메라맨이 촬영대상을 보았을 때 무언가 화면이 빈약하게
느껴졌다면 그 부분을 보강할 아이디어를 생각해보는 것이 촬영작업의
출발이다. 촬영하기 전에 어떻게 찍으면 그림이 멋있을까, 또 적절한
분위기와 프로그램의 의도를 시청자에게 전달할 수 있을까에 대한 장
치를 고안하고 실행에 옮기는 것이 요점이고 연출이다.

인터뷰를 할 때도 그냥 사무용 책상에 앉아서 하는 것보다는 근처 공원
의 벤치로 옮겨서 촬영한다면 말하는 사람의 표정도 잘 살필 수 있고,
전체적인 이미지가 한결 자연스럽게 느껴질 것이다. 촬영 과정에서 창
의적 발상을 통해서 좀더 성의와 공을 들인다면 다른 프로와 차별되는
훌륭한 그림을 만들 수가 있다.

② 대상의 특징을 잘 살릴 수 있는 뒷그림, 밑그림, 옆그림 거리들을 적절
하게 배치하면 보다 그럴 듯한 그림이 될 수 있다. 레오나르도 다빈치의
<모나리자>는 한 미인의 초상(肖像)을 그린 것이지만, 그 배경에 산과
언덕과 골자기와 나무 등이 정교하게 묘사되어 있어 여인의 미소에 신
비감을 더해주고 있다. 촬영은 이런 구도를 고안하는 것도 포함된다.

③ 정면(正面), 측면(側面), 배면(背面), 앙각(仰角 low angle), 부감(俯瞰 high
angle), 어느 앵글(angle)의 사용이 더 효율적일까를 생각해본다. 일본
NHK가 제작·방송한 <실크 로드>, 제2편 '황하(黃河)를 건너서' 중에
는 낙타가 수레를 끌고 가는 장면이 나온다. 낙타가 저렁저렁 방울을
울리면서 끝없이 펼쳐진 길을 저벅저벅 걸어간다. 카메라는 처음에 측
면에서 넓적하기 그지없는 낙타의 발굽을 잡았다.

다음에는 낙타를 탄 사람의 위치에서, 그러니까 부감으로 낙타가 얼마
나 무심하게 뚜벅뚜벅 걸어가는가를 묘사했으며, 이어서 정면에서 부
지런히 걸어가는 낙타의 천진스러운 눈망울을 보여준다. 정말 자세한
화면 묘사이다. 피사체를 세밀히 보여줄 때 정교함과 함께 프로그램이
성실하다는 느낌을 받게 된다.

④ 야구에서 투수가 직구와 변화구를 번갈아가며 사용하듯이, 한 대상에
대해 zoom in과 zoom out, long shot과 close up, pan과 tilt 등 어떤 상태에
서 그림을 잡는 것이 더 적절할 것인지에 대해 예측해본다.

⑤ 되도록 '안정적(安定的)인 그림', '편안한 그림', '자연스러운 그림'을 만들도록 노력한다. 장인(匠人)으로 평가되거나 커리어가 높은 카메라맨이나 연출자가 만들어낸 화면들을 자세히 살펴보면 앞에서 지적한 세 가지 요소들을 모두 골고루 갖추고 있다.

KBS가 방송한 바 있는 <일요스페셜>, '누가 부자가 되는가?'라는 프로그램은 대단히 성공한 벤처기업가들의 이야기를 다루고 있다. 이들이 '시간은 곧 돈이다'라는 모토 아래 촌각을 아껴가며 일을 해 성공했다는 것을 강조하기 위해서인지는 몰라도, 인터뷰를 걸어가면서 그것도 low angle로 처리했다. 또 같은 방법으로 승용차를 오너 드라이브하는 장면에서 인터뷰의 대답을 하는 것으로 촬영했는데, 이것은 분위기는 전달됐지만 내용은 불확실하고 어색하게 보였다. 정석(定石)을 무시한 과잉된 연출로 보였다.

내가 내맘대로 특색 있게 찍었는데, 당신이 무슨 걱정이냐고 한다면 할 말이 없지만, 프로그램은 시청자들이 편안한 화면을 보도록 하는 것도 중요하다.

⑥ 대상을 첫눈에 봤을 때 가장 눈에 띄는 것에 주목하고, 그것이 그 대상의 특징일 때는 그것을 강조해서 촬영하도록 한다.

⑦ 움직임의 빠름과 느림을 고려한다 하더라도 카메라는 일정한 흐름을 유지하는 것이 좋을 것이다. 너무 방정맞게 빠르거나 또 반대로 하품 나오게 느리지 않도록 적당한 속도와 흐름을 타도록 시도한다.

⑧ 미술 교과서에서 나오는 '원근법(遠近法)'의 구도가 발생할 때는 이것을 주저 없이 수용한다. 원근법의 화면은 참 보기가 좋다. 관람자의 눈앞에서 두 줄로 출발해 저 지평선 끝까지 한 점으로 이어지고 있어서 시원하고도 후련한 느낌을 준다.

⑨ 장면과 컬러(color)의 컨트러스트(contrast, 빛과 그늘의 대조, 대비, 현저한 차이)가 발견될 때는 이것을 활용한다. 산이 있고 그 앞에 강이 흐를 때, 산의 그림자가 강물에 드리운다면, 산의 모습이 강물에 이중적으로 대조되는 것이기 때문에 매우 운치(韻致)가 있는 장면을 자동적으로 연출해내는 경우이다. 이런 것은 절대 놓칠 수가 없다.

⑩ 스토리를 따라가는 식으로 그림을 만들어도 나쁘지 않다(not bad). CF제

작에서는 내용을 스토리의 전개 순서대로 스토리 보드(story board)를 만들어 진행하는데, 사안에 따라 이와 유사하게 화면을 찍는 것이 유리한 예도 있을 것이다. 이러한 경우는 촬영된 그림을 보고 그 내용이 무엇인지 쉽게 이해할 수 있다.

(5) 광선(또는 조명)의 사용

① 대상을 정확히 파악하도록 충분히 광선을 사용해 촬영한다. 간단한 인터뷰라 하더라도 조명에 적절하게 노출되지 못하면 말하는 사람(inter-viewee)의 모습이 분명하지 않다. 이런 모습은 화자(話者)의 오디오조차도 불분명하게 전달하게 될 위험성이 있다.

② 주변 또는 자연적인 분위기를 묘사할 수 있도록 비, 바람, 구름, 눈 등의 특성을 이용한다. 이러한 기상 요소들을 유효 적절하게 활용하면 매우 분위기 있는 장면들을 연출할 수 있게 된다. 영화는 거의 이러한 장면들을 인위적인 연출을 통해 만들어내고 있다.

③ 야외 촬영은 그 내용과 인간의 희(喜), 노(怒), 애(哀), 락(樂)과의 관련성을 생각할 수 있는데, 이때는 희노애락의 특성을 살리도록 노력한다. 예컨대 슬픔을 나타낼 때는 "좀 누른다……" 즉 카메라의 렌즈를 약간 닫아 광선을 줄여 다소 어둡게 함으로써 슬픔의 느낌을 만들어낼 수 있도록 해본다.

④ 대낮이라도 광선이 부족하다면 반드시 보조광선(조명)을 사용해야만 좋은 화면을 만들 수 있다.

⑤ 역광(逆光)은 피사체와 주변여건이 사리에 맞고 확실한 화면구성 요건이 존재할 때만 사용하는 것이 바람직할 것이다. 많은 영화 중에서 역광의 사용이 훌륭했다고 평가받은 것 가운데 에드워드 드미트릭 감독의 <젊은 사자들>을 빼놓을 수 없다. 사막의 고지 위에 있는 독일군과 계곡에 있는 영국군 간의 역광 속에서의 전투신(scene)은 매우 기억에 남는 장면이다.

또 <아라비아의 로렌스> 중, 낙조(落照)를 배경으로 끝없이 이어진 사막의 둔덕을 한 줄로 길게 행진하는 낙타의 행렬을 역광으로 처리한

것도 명장면의 하나이다. NHK <실크 로드>의 타이틀에서도 이와 유
사한 역광 속 낙타행진 장면이 사용된 바 있다.

⑥ 자연광이 좋을 때라도 태양의 위치에 순간적으로 문제가 있을 때나,
구름의 가림현상이 나타날 때는 리플랙터(reflector, 햇빛 반사판)를 사용
해 광선을 보강해 주어야 한다.

(6) 화면구성에 영향을 미치는 요인

텔레비전 화면구성에 있어서도 전통적인 미적(美的) 규칙이 있다. 화면구
성에 영향을 미치는 것23)은,

① 시계(field of view)
② head room
③ norse room
④ close up
⑤ 배경 – 요소

의 다섯 가지이다.

① '시계(視界)'는 피사체가 카메라에 대해 얼마나 넓고 가깝게 보이는가
하는 것 즉, 시청자에게 얼마나 가깝게 보이는가 하는 점이다.
extreme long shot,
long shot,
medium shot,
close up,
extreme close up
의 다섯 단계로 나누어진다.
② 야외는 물론 실내에서도 우리 머리 위에는 늘 공간이 있기 때문에 정상

---

23) Herbert Zettl, 『텔레비전 제작론』(상), 황인성·윤선희·정재철·조찬식 공역, 나남출판,
1995, pp.161~167.

적인 long shot, medium shot과 close up에서는 머리 위로 '헤드 룸'이라고 하는 공간을 남겨두어야 한다.

머리가 화면 위쪽으로 달라붙은 것처럼 해서는 안 되고, '편안하게 보이는 것'보다 조금 더 남겨놓아야 한다. 그러나 '헤드 룸'을 너무 많이 남겨 놓으면 화면이 이상하게 균형을 잃은 것처럼 보인다.

③ 사람이 정면으로 카메라를 보지 않고 특정 방향을 보거나 가리키거나, 또는 그쪽으로 움직일 때는, 그 방향 쪽으로 어느 정도의 공간을 남겨두어야 한다.

이와 같이 방향성이 있는 어떤 힘 앞에 나타나는 공간을 가리켜, 사람이 화면 왼쪽이나 오른쪽을 쳐다볼 때는 norseroom, 특정 방향을 가리키거나 그쪽으로 움직일 때는 leadroom이라고 한다.

이것들이 부족하면 화면이 이상하게 균형을 잃은 것처럼 보이는데, 화면의 끝 부분에 의해서 사람이 마치 저지(沮止)받는 것처럼 느껴진다.

④ 클로즈업과 익스트림 클로즈업은 텔레비전 영상언어로 자주 사용되는 요소인 데, 화면의 위 끝부분이 머리 윗부분을 가로지르고, 화면 아래 끝부분은 어깨 바로 아래를 자른다.

대략적인 지침이지만, 피사체의 눈높이를 화면의 윗부분으로부터 1/3되는 지점에 맞추면 된다.

⑤ 촬영의 일차적인 관심은 피사체에 한정되어 있어, 자칫하면 피사체 뒤쪽은 보지 못하는 경우가 생기는데, 배경 때문에 화면의 좋은 구도를 깨뜨리는 사례가 예상외로 많다. 어떤 물체가 사람의 머리에서부터 위로 자라나는 것 같다든지, 지평선이 기울어져 보이는 것 등은 가장 흔히 일어나는 구도상의 문제로, 유의해야 할 사항이다.

(7) 오디오에 관한 주의

① 오디오는 매우 정확히 채집(pick up)되도록 노력한다. 오디오 상태가 불량할 때는 비디오에 대한 이해와 설득력이 반감될 위험성이 있다.

② 촬영시 불필요한 배경음(잡음)이 많아 본 내용 오디오에 지장을 준다고 판단될 때는 중단하고 기다렸다가 장애 원인이 제거된 후에 다시 녹화

를 진행하도록 해야 한다.

③ 남·여·노·소에 따라 사전에 음량 테스트를 해보는 것이 안전하다.

④ 바람 소리가 심할 경우에는 마이크에 스펀지 캡을 씌워 차단한다.

(8) 촬영 기법(技法)

우리가 집에서 사용하는 카메라로 '찰칵'하고 셔터를 눌러 한 장의 사진을 찍었을 때 이것을 한 개의 'frame'이라고 말한다. 즉 프레임은 필름 속의 사진 하나이다. 그런데,

1초에 18프레임을 연속적으로 보여주면 '움직이는 그림(動畫像)'이 된다. 영화는 1초에 24프레임을 영사하고, 텔레비전은 1초에 30프레임을 내보내 영상을 발생시킨다. 카메라를 통해서 '영상'을 만들어낼 때, 그 영상은 세 가지로 구분할 수 있다.

첫째, '샷(shot)'이 있다. 샷은 촬영할 때, 카메라의 동작 스위치를 눌러서 촬영을 진행하다가 스톱할 때까지 사이에 찍힌 시간과 공간이 연결된 그림이다. shot은 '화면(畫面)'이다. shot은 '쇼트', 'take', 'cut'로도 호칭된다. 모두 같은 뜻이지만 각기 미세한 차이가 있다.

① 쇼트는 영화비평이나 분석에서 쓰이는 미학적 관점이라면,

② take는 영화촬영장에서 다소 기계적인 의미로 사용된다.

③ cut는 편집실에서 미학적, 기계적인 의미가 혼합된 상태에서 쓰이고 있다.[24]

둘째, '신(scene)'이다. 신은 쉽게 표현하면 여러 개의 샷이 합쳐져서 하나의 '장면(場面)'을 형성하는 것을 말한다. 장면은 한 개의 화면으로 만들어지지 않는다. 가령 키스하는 장면은, 두 남녀가 열정적으로 서로 눈을 바라보고 다가서고 팔을 돌려 껴안고 입술을 밀착시키고는 눈을 감는다.[25] 여러 화면

---

24) 이효인, 『영화미학과 비평입문』, 한양대학교 출판부, 1999, p.38.

25) 이준일·금동호·김영식, 『영상매체학개론』, 커뮤니케이션북스, 2000, pp.27~28.
  인간의 신체에서 감각 능력의 70% 이상을 차지하는 것이 눈이다. 청각, 후각, 미각

이 결합된 상태이다.

셋째, '시퀀스(sequence)'를 들 수 있다. 시퀀스는 몇 개의 장면이 이어진 경우이다. 영화에서 흔히 나오는 '재판'을 보자. 먼저 검사가 피고인의 범죄 혐의를 낱낱이 까발린다. 그 다음 변호사가 증인을 채택해 피고에 유리한 증언을 도출해내고자 노력하고, 그사이 검사가 끼어들어 본 건과 관련이 없는 심문이라고 이의를 제기하고, 재판장이 이것을 기각한다……하는 식으로 재판에 있어 한 부분의 스토리를 보여준다. 시퀀스는 몇 알이 아닌 한웅큼의 '국면(局面)'을 의미한다.

가. shot의 특성[26]

영화 TV 등 영상에 관해 이야기할 때 핵심은 바로 샷에 관한 것이다. 그런데 이 샷이라는 용어에는 단순히 카메라로 기록한 한 커트의 영상 단편(單片)을 의미하기도 하지만, 한 프레임에 담겨 있는 화상(畵像)의 크기를 가리키기도 한다. 또한 '신', '시퀀스'와 더불어 시각적 구성의 최소 단위를 가리키는 등 세 가지 각각 다른 뜻을 내포하고 있다.

첫째는 우리가 어떤 영상을 만들기 위해 카메라의 셔터를 눌러서 그 결과로 얻어진 한 토막의 단편(單片=화면)을 뜻한다.

둘째는 촬영한 풍경이나 인물이 프레임에 어느 정도의 크기로 찍혔느냐를 뜻하는 용어로, 가령 long shot으로 찍었느냐 아니면 medium shot으로 찍었느

그리고 촉각은 나머지 30% 정도를 차지하면서 보조적인 역할을 수행한다. 연인이 길고 정열적인 키스를 할 때 눈을 감는 것은, 눈이 전달해주는 비주얼 메시지를 차단함으로써 다른 감각기간으로부터 들어오는 정보의 양을 늘이고자 하는 본능적인 행위이다. 그들은 연인의 부드러운 숨소리, 머리와 피부의 향기, 입의 촉각 그리고 애무의 느낌에 감각을 집중하기를 원하기 때문이다.

키스는(이상엽) 원래 남편이 사냥갔다와서 아내가 식량을 축냈는지 확인하는 과정에서 시작됐다고 한다. 입술과 혀, 입 속의 점막에는 많은 감각신경이 분포돼 있고, 가벼운 접촉에도 예민하게 반응해서 심장 박동수를 급격히 증가시킨다, 그 과정에서 인슐린·아드레날린·백혈구·엔도르핀·엔케파렌 등이 활성화된다. 미국에서는 매일 규칙적으로 키스를 즐기는 사람이 그렇지 않은 사람보다 평균 5년 정도 더 오래 산다는 연구결과도 나왔다. 키스는 한번에 약 3.8kcal의 에너지를 소모시킨다.

26) 이 부분은 http://sig.kornet.net/on-air/studyroom/camera/camera4.html과 『텔레비전 제작론』(상)(Herbert Zettl, 황인성·윤선희·정재철 공역, 나남출판, 1995)을 참조해 정리·구성한 것이다.

냐, 또는 인물을 full shot으로 찍었느냐 얼굴만 close up으로 찍었느냐 하는 식으로, 프레임에 담긴 피사체의 크기를 말할 때 shot이라는 단어를 사용한다.

뿐만 아니라 촬영된 샷이 한 사람만 잡았느냐, 두 사람을 잡았느냐, 세 사람 이상을 잡았느냐 할 때도 one shot, two shot, group shot 등으로 표현하며, 그 샷이 어떤 움직임을 하고 있느냐에 따라 고정 샷(fixed shot), 팬 샷(panning shot), 틸트 샷(tilting shot), 이동 샷(traveling shot) 등으로도 부른다.

셋째는 화면과 화면을 연결하는 편집 개념으로서 한 신(scene, 장면)을 몇 개의 샷으로 구성하였느냐 하는 화면구성의 최소 단위를 뜻하기도 한다. shot 은 대개의 경우 움직이고 있는 것이다. 즉 피사체가 움직이거나, 카메라가 움직이거나 아니면 피사체와 카메라가 복합적으로 움직이고 있기 때문에 구도는 항상 변하고 있는 것이다. 특히 TV에 있어서는 복수의 카메라가 잡은 샷을 즉석에서 스위칭하여 생방송하거나 VTR에 녹화하고 있다.

영상작품이란 비유해서 말하면, '샷'이라는 '단어'들이 모아져서 '구절'을 이루게 되고, 또 그것이 다시 합쳐져서 하나의 '문장'을 만드는 것으로 생각할 수 있다. 이와 같은 샷의 연결은 '콘티뉴이티'에 의해 만들어진다. 문장을 작성하는 데 문법이 있듯 '콘티뉴이티'에도 그와 같은 문법이 있게 마련이다.

이러한 콘티뉴이티에 입각하여 화면과 소리를 입체적으로 구성할 것 같으면 자연히 그 작품의 주제를 강조하고 박력을 불어넣어 전체로서 잘 조화된 세계를 묘사할 수 있어 보는 사람을 감동시키는 것이다. 화면과 소리가 조화를 이루도록 연결하는 기법을 몽타주(montage)라 부른다. 몽타주는 차후 '편집'부분에서 상술하고자 한다.

나. 샷(shot)의 종류

샷의 종류는,

① 카메라와 피사체와의 거리에 의해 만들어지는 프레임 속의 피사체의 크기
② 카메라 앵글에 의해 표현되는 것 등

크게 두 가지로 나눌 수 있다.

익스트림 롱샷

롱샷

미디엄샷

클로즈업

익스트림 클로즈업

모델: 윤계선

① 프레임 안의 피사체 크기에 의한 shot의 종류

- long shot(L.S.): 피사체로부터 카메라가 멀리 떨어지거나 광각렌즈를 사용 해서 얻어지는 원경(遠景)을 '롱 샷'이라고 한다. long shot은 일반적으로 상황을 설명하고 정감(情感)을 표현하는 유력한 수단이다. 물론 롱샷은 촬영 주체와의 관계, 위치 등을 설명하고, 시각적인 효과를 얻는 데도 이용된다.

- medium shot(M.S.): 이 샷은 롱 샷과 클로즈 샷의 중간 사이즈를 말한다. 사람으로 말할 것 같으면 2~3인을 옆으로 나란히 잡을 수 있는 사이즈

이다. 이 샷의 성격은 롱 샷과 클로즈 샷의 중간 사이즈이므로 양자만큼 뚜렷한 성격을 갖지 못하고 있으며 다분히 설명적인 샷이라 하겠다. 샷을 무성격하게 만들지 않기 위해서는 세트나 조명조건 등에 유의하여 화면에 변화를 주도록 해야 하며 가급적이면 '세로(縱) 구도'로 잡아 입체감을 표현해야 한다.

예를 들어 두 사람의 인물을 촬영할 때 카메라 앞에 두 사람을 나란히 세워놓고 마치 기념 촬영하는 식으로 찍을 것이 아니라 세로(縱)의 위치에 엇비슷하게 세워놓고 '어깨 넘어 샷(over the shoulder shot)'으로 표현하는 것이 효과적이다.

- closed shot(C.S.): 카메라를 피사체에 아주 가깝게 접근시키거나 망원렌즈를 사용해서 얻어지는 샷이다. 따라서 피사체의 세부적인 질감을 효과적으로 표현한다.

이 샷의 성격은 롱 샷과는 정반대로 정감이 들어설 여지를 조금도 주지 않는 다. 세부를 샅샅이 묘사하기 때문에 대단한 박력을 느끼게 된다. 특히 클로즈 샷의 연속적인 사용은 강한 긴장감을 불러일으키게 하여 시청자를 브라운관 앞에 묶어놓게 된다. 클로즈 샷은 영상표현에 있어서 유력한 무기이다.

이상에서 설명한 롱 샷, 미디엄 샷, 클로즈 샷은 콘티뉴이티를 작성하는 과정에서 각기 적절하게 안배(按配)하여 주제를 명확히 표현해야만 시청자에게 어떤 느낌을 줄 수 있다.

한편 인물을 중심으로 하는 화면 사이즈의 구분은 일반적으로 프레임의 하단선(下端線)이 그 인물을 자르고 있는 부분을 보고 명칭을 붙이고 있다.

- full shot(F.S.): 즉 발끝까지의 전신상(全身像)을 full shot(F.S.) 또는 풀 피겨(full figuer F.F.)라고 한다.
- medium shot(M.S.): 무릎 위의 칠분신(七分身)을 medium shot(M.S.) 또는 knee shot(K.S.)으로 호칭된다.
- waist shot(W.S.): waist shot은 반신상(半身像)을 말한다.
- closed shot(C.S.): 가슴 이상의 화면을 closed shot(C.S.) 또는 bustshot(B.S.)이라 한다.

- up shot(U.S.): 버스트 샷보다 좀더 접근하여 어깨선까지는 up shot (U.S.) 이다.
- close up shot(C.U.): 머리와 얼굴만을 크게 잡은 것을 클로즈업(close upC.U.)이라고 부른다.
- extreme close up(E.C.U.): 클로즈업보다 더 접근하여 얼굴의 일부분 즉 눈 이나 귀만을 확대하여 접사(接寫)한 것을 익스트림 클로즈업(extreme close up E.C.U.) 또는 빅 클로즈업(big close up B.C.U.)이라 한다.
- 한 화면 안에 두 인물을 잡는 것을 two shot

  세 사람은 three shot

  네 사람은 four shot

  네 사람 이상은 group shot(G.S.)

  G.S.보다 많은 인원을 한 프레임에 촬영하는 것을 mass shot으로 부른다.
- loose 또는 tight: 여러 가지 호칭 외에 중간에 존재하는 애매하고 미묘 한 사이즈에 대해 'loose' 또는 'tight'라는 접두사를 붙여서 부른다.

  즉 어떤 사이즈보다 약간 느슨하게 잡는 것을 루즈라 부르며, 반대로 약간 꽉 차게 잡는 것을 타이트라고 한다.

  앞에서 설명한 업 샷을 tight closed shot이라고도 부르며, 이밖에도 loose bust shot 또는 tight two shot등 각 사이즈마다 루즈 또는 타이트를 앞에 붙여 부른다.
- 인물 이외의 동물 또는 물건 등의 경우는 그것을 인물 사이즈로 바꿔 놓고 생각하면 된다. 즉, 잠자리나 나비를 화면에 꽉차게 잡는 것을 잠자 리의 풀 샷 또는 나비의 풀 샷의 개념으로 대입할 수 있다.

② 카메라 앵글에 의한 shot

일반적으로 카메라를 사람의 눈 높이(eye level)에 놓고 촬영하는 경우가 많다. 그러나 카메라의 위치나 각도는 이 밖에도 얼마든지 자유롭게 선택할 수 있는 것이다. 카메라의 각도를 카메라 앵글이라 하며, 극단적인 카메라 앵글로 피사체를 잡을 것 같으면 우리들이 일상생활에서 흔히 못 보는 색다 른 화면을 얻게 된다.

정상적인 헤드룸

헤드룸이 없는 경우

헤드룸이 많은 경우

모델: 태보라

정상적인 노우즈룸

정상적인 노우즈룸

노우즈룸이 없는 경우

모델: 황혜성

정상적인 리드룸

리드룸이 없는 경우

바스트 샷

모델: 최의리

풀샷

부감(high angle)

앙각(low angle)

모델: 이미혜

- 부감(俯瞰) 샷(bird's eye view shot 또는 high angle): 높은 곳에 카메라를 올려 놓고 카메라의 머리를 수직방향으로 아래를 내려다보고 찍은 샷을 부감 샷이라고 한다.

  이런 앵글로 인물을 잡으면, 화면으로 볼 때 억압당한 사람처럼 보인다. 만약에 그 인물이 고개를 쳐들고 카메라를 올려다본다면, 그는 마치 애 원하고 있는 사람처럼 보일 수도 있다.

  부감 샷은 대상을 내려다보는 화면이기 때문에 지배적 위치에서 보는 시야를 얻게 됨으로써 우월성을 표현하는 동시에, 수평 위치에서는 느낄 수 없는 거리감과 높이를 표현하게 된다.

  또 감각적으로는 심려(心慮), 비애(悲哀), 동정(同情) 등 정서적인 표현을 하게 되며 설명적인 정경(情景) 묘사에도 사용한다.

- 앙각(仰角) 샷(frog's eye view shot 또는 low angle): 부감 샷의 반대로 낮은 위치에서 위를 올려보는 샷을 앙각 샷이라 한다.

  이 샷은 상대방의 위엄성을 표현하는 데 사용되며, 이때의 화면은 하늘 부분이 많이 보이므로 감각적으로는 명쾌한 감을 주어 명랑, 활발, 희망, 웅장 등을 표현한다. 또한 고도감에서 오는 위압감, 복종, 선망(羨望)을 느끼게도 한다.

  한편 부감 샷이나 앙각 샷은 원근감이 강조되기 때문에 광각렌즈를 사용 하면 이 특성이 더욱 강조된다. 그러나 지나치게 강조하면 풍자적(諷刺 的)인 표현이 되기 쉽다. 즉 잘못 사용하면 우스꽝스러운 화면이 될 수 있음을 유의해야 한다.

③ 특수한 샷(shot)

- 경사(傾斜) 샷(shot): 카메라를 비스듬히 기울여서 촬영하면 경사 샷을 얻 게 된다. 이 샷은 화면의 수평이 기울어져 불안정한 느낌을 준다. 이 점 을 이용하여 샷의 극적인 효과를 높일 수 있는 것이 특징이다.

  예컨대 하늘로 치솟은 철탑을 밑에서 위로 향해 경사지게 잡으면 철탑은 당장에 쓰러질 듯한 느낌을 표현하게 된다.

- 합성(合成) 샷(shot): 이것은 다른 장소에서 각각 일어나는 두 곳의 장면을 한 화면으로 표현하는 샷이다. 두 개의 다른 화면을 하나로 합성시키는

방법 은 차후 설명되는 dissolve와 와이프(wipe) 등이 있다. 이밖에도 합성 샷은 특수효과용으로 사용되는 경우도 있다.

- 페이크 샷(fake shot): fake의 뜻은 '꾸며 만들다' '위조하다' '날조하다'의 의미이다. 이것은 TV에서만 사용되는 독특한 샷이다. TV드라마에서는 한 작품에 최소한 3대의 카메라가 동시에 움직인다. 각 카메라가 잡고 있는 화면은 switching이라는 전기적인 조작으로 연결되어간다.

예를 들면, 극중의 인물이 손목시계를 들여다보는 장면에서 그 손목시계의 클로즈업이 인서트 커트로 필요할 경우, 그 연기자의 시계를 클로즈업으로 잡는다는 것은 쉬운 일이 아니다. 이때 그 연기자 대신에 다른 사람의 팔과 손목시계를 빌려서 클로즈업으로 잡으면 더 쉽고 더 좋은 앵글로 잡을 수 있다. 이렇게 다른 카메라로 잡은 화면을 스위칭하여 삽입하는 샷을 페이크 샷이라고 한다. 페이크 샷은 문자 그대로 속임수의 샷이며, TV뿐만 아니라 모든 비디오 제작에서 영상표현을 다양하게 할 수 있는 특유의 아주 편리한 샷이다.

위에서 설명한 특수 샷들은 부감 샷, 앙각 샷과 더불어 그 효과가 너무나 크기 때문에 이러한 샷들은 사용하는 데 부자연스런 느낌을 주지 않도록 각별히 주의할 필요가 있다. 또 이들 특수 샷은 꼭 필요한 경우에만 사용해야 효과가 있으며, 과용(過用)이나 남용(濫用)은 삼가야 할 것이다.

다. shot의 이동(movement or traveling)

샷에 움직임을 줌으로써 시선을 어느 한쪽에서 다른 곳으로 유도하여 많은 흥미로운 변화를 보여주는 샷의 이동에는,

① 피사체가 움직이는 경우
② 카메라가 움직이는 경우
③ 피사체와 카메라가 복합적으로 움직이는 경우

세 가지 방법이 있다.

① 피사체의 이동(subject movement): 이것은 촬영중의 인물이나 대상물이 스스로 움직이는 것을 말한다. 피사체를 움직이게 하는 것은 가장 단순하고 소박한 일이지만 인물을 움직이게 하는 것은 연출상의 어떤 동기가 있어야 하므로 결코 쉬운 일은 아니다. 그렇기 때문에 아주 어려운 것이 인물의 움직임이기도 하다. 그러나 심리적인 효과는 크다고 할 수 있다.

② 카메라의 이동(camera movement): 카메라의 움직임은 카메라가 고정된 위치에서 카메라의 방향만 돌리는 움직임(movement)과, 카메라 자체가 운송수단에 실려서 이동(traveling)하는 두 가지 방법이 있다.

- PAN(panoramic movement): 카메라의 움직임 가운데 가장 많이 쓰이는 팬은, 고정 위치에서 카메라를 수평으로 좌우로 회전시키는 방법이다. 팬을 하면서 찍은 화면은 마치 우리가 고개를 오른쪽이나 왼쪽으로 돌려가며 바라보는 정경과 같다. 즉, 움직이는 피사체를 눈으로 쫓는 효과와 같은 것이다.

  −TV의 영상속도는 매초당 30프레임으로 되어 있기 때문에 팬을 하는 속도가 이보다 빠르면 화면이 흘러버려 시각적으로 불쾌감을 낳게 할 우려가 있어 신중한 조작이 필요하다. 팬을 시작해서 끝낼 때까지의 속도가 고르지 않으면 안된다. pan right. pan left.

- TILT(tilting movement): 틸트는 정위치에서 카메라를 위로 치켜올리거나 아래로 끌어내리면서 찍는 움직임을 말한다. 틸트 화면은 마치 우리가 고개를 위로 들거나 위에서 아래로 수그리면서 바라보는 것과 같은 효과를 기대할 수 있다. 카메라를 위로 움직이는 것을 tilt up, 아래로 내리는 것을 tiltdown이라 한다.

- ZOOM: 카메라는 고정된 위치에 있고 줌렌즈를 조작해 피사체에 가까이 다가가거나(zoom in, 끌어당긴다) 반대로 멀리 떨어지는 경우이다 (zoom out, 밀어낸다).

  −ENG를 사용하는 일반적인 야외 촬영에서 pan과 tilt, 그리고 zoom이 가장 보편적으로 자주 사용되는 방법들이다.

- DOLLY(dolly traveling): 달리 샷은 카메라 전체를 이동차 위에 올려놓고

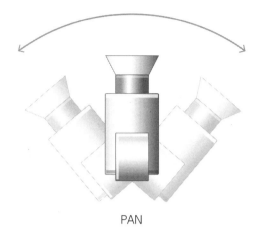

PAN

TILT

의도하는 대로 전후, 또는 좌우로 이동하면서 촬영하는 촬영기법을 말한다. TV 스튜디오는 장소적인 제약 때문에 이동이 여의치 않아서 줌 렌즈에 의한 전진·후퇴로 달리를 대신하는 경향이 늘고 있다. 카메라가 전진해 들어가는 것을 dolly in이라 하며, 후퇴하는 것을 달리 아웃(dolly out)이라 한다. 또한 좌우로 피사체를 따라가면서 촬영하는 것을 '팔로우 업(follow up)한다'고 말한다.

• crane shot 또는 boom shot: 달리 샷이 원칙적으로 수평이동인데 비해 크레인 샷은 일종의 기중기 위에 카메라를 올려놓고 이동하는 것을 말한다. 즉, 자유자재로 승강(昇降)하고 방향을 바꾸며 이동할 수 있는

ZOOM IN

크레인 샷은 보다 입체적이고 다이나믹한 표현을 할 수 있다.
크레인 샷은 카메라의 이동을 확실하게 의식시키는 점에서 더욱 효과
적이라 할 수 있다.

③ 피사체와 카메라의 복합적 이동: 영화나 TV는 화면에 변화를 주기 위해
   피 사체와 카메라가 개별적으로 움직이는 경우도 있으나 대개의 경우는
   동시에 복합적으로 움직여서 영상표현을 더욱 유연하게 만들어준다. 피
   사체의 움직임과 카메라의 움직임이 결합된 결과는 효과적인 시각적
   유동성(視覺的 流動性)을 낳게 하고 있으며, 훌륭한 작품에서 피사체의
   움직임과 카메라의 이동이 유연하게 구사되는 화면을 자주 보게 된다.

라. 샷의 유동성(流動性)

샷의 연속 및 개개의 샷은 무의미한 것이 되어서는 안 된다. 일반적으로 한 개의 샷이 의미를 유지할 수 있는 시간은 불과 수초(秒) 동안이다. 이 한정된 시간 내에서만 그 샷은 살아 있는 것이고, 그 시간이 지나면 죽는 것이라고 생각할 수 있다. 따라서 한 개의 샷이 살아 있는 동안에 다음 샷으로 이어져야만 한다.

살아 있는 샷의 연속에서 비로소 리듬이 생겨나는 것이다. 리듬은 관객이나 시청자의 감정을 유발하는 요소로서 극히 중요한 것이다. 리듬과 템포를 도외시하고는 작품이 설 땅이 없다고 해도 과언이 아니다. 중요한 요소로서의 리듬을 강조하기 위해 샷의 유동성이라는 문제가 등장하게 된다.

TV에 있어서는 롱 샷에 비해 미디엄 샷과 클로즈 샷의 사용빈도가 대단히 높다. 그러나 미디엄 샷이나 클로즈 샷은 동감(動感)을 표현하는 데 적합한 샷이라고는 말할 수 없다. 미디엄 샷은 설명적인 샷이다.

연출가는 유동감 넘치는 샷을 사용함으로서 시청자를 매혹시킬 수 있다. 극단적인 경우에는 오로지 리듬만을 위해서 즉, 오로지 유동감만 살리기 위해 사용하는 샷도 있을 것이다. 그 샷이 유동감 이외에 아무 뜻도 없다고 하더라도 그것이 다른 샷들과 연결되었을 때 중요한 의미를 지니게 된다. 따라서 이 같은 샷을 사용하는 데는 어디까지나 전체적으로 사전 계산된 것이어야만 가능하다. 무질서한 사용은 도리어 시각적인 혼란과 불쾌감을 주게 된다.

마. 촬영의 분량

다큐멘터리 프로그램의 제작은 기획안에 확정된 아이템들에 대한 화면을 촬영하는 것이다. 여기에는 주요 내용(fact)과 많은 양의 배경화면(insert)이 모두 포함될 것이다. 그러면 얼마만큼 찍는 것이 적정량(適正量)일까? 수학 공식처럼 자신 있게 정답을 제시한 전문가는 많지 않다. 분량을 측정하는 방법은 두 가지 관점에서 논의된다.

하나는 해당 프로그램 방송시간(예: 60분)의 몇 배만큼을 촬영하느냐 하는 척도이다. 만약 10배를 찍는다면 10시간을 촬영해 편집을 통해 1/10로 압축하는 결과가 된다. 어느 정도가 적정한가? 결코 쉽지 않은 문제이다.

무작정 길게 촬영한다면 나중에 연출자가 어느 장면을 선택하고 어느 화면을 포기할 것인가 결정하기 어렵게 될 수도 있으며, 제작비는 물론 제작시간을 지나치게 많이 투입하는 낭비를 초래하고 만다. 과다한 촬영에 따른 낭비는 현장제작에서 뿐만 아니라 편집실에서도 동일하게 일어난다. 그러나 최대 촬영비율을 확정적으로 잡아서는 안 된다.

BBC의 경우 통상 다큐멘터리의 촬영양은 전체 방영시간과 비교해 8 : 1 정도이다.[27]

즉 BBC는 촬영양을 방송시간의 8배를 정답으로 보고 있다. 이러한 비율은 우리의 관행과 견주어 판단해볼 때 상당히 합리적으로 생각된다.

또 하나의 계측방법은 테이프를 몇 권 찍느냐 하는 것이다. 방송시간이 50분일 경우, 20분용 베타테이프를 20~25권 찍어서 완성하는 모델이다. 최대 25권으로 보면 500분이다. 30분용 베타테이프로 계산하면 16~17권이다. 500분을 찍어 50분으로 압축해 프로그램을 만드는 것이다. 1/10 축소이다. BBC의 1/8과 비교하면 다소 차이가 있지만, 우리 제작환경이 열악한 상황을 감안할 때 이러한 1/10모델은 그렇게 나쁜 것은 아니다(not bad).

문제는 한국의 텔레비전 다큐멘터리 제작팀이 모두 1/10모델을 고수하고 있느냐 하는 점이다. 텔레비전 회사의 관행, 팀의 수준, 연출자의 능력에 따라서 촬영량은 모두 같지 않을 것이다. 그러나 필자의 판단으로는 1/10모델의 수용이 가능한 프로듀서는 아마도 50분짜리 다큐멘터리 20편을 제작한 경험을 소유한 사람이 아닐까 생각한다.

20편은 특집형 다큐멘터리로 따지면 1년에 4편씩, 5년의 세월 동안 종사한 사람이다. 그 이전의 경력까지 감안한다면 차장대우 내지 차장 정도의 중견 연출자이고 연령도 35~40세 부근이 될 것이다. 그 사람은 무슨 장점을 지녔을까? 그는 오랫동안의 다큐멘터리 필드 경험을 통해서 우선 주제를 너무 크지 않은 것을 선택할 것이며, 자료조사와 현장답사를 철저히 수행하고, 그 결과 정확한 기획안을 만들 수 있을 것이다.

따라서 그러한 설계도대로 촬영을 진행한다면 낭비 없는 절약적인 화면을 생산하게 될 것이 틀림없다.

---

27) 김사승, <BBC 다큐멘터리 특강>, 한국방송영상산업진흥원, 2000.

촬영의 양은 기획안의 정확성과 반비례한다. 즉 기획안이 정확하면 할수록 촬영량은 감소될 수 있다.

3. 포스트 프로덕션(프리뷰~완제품 제작)

포스트 프로덕션은 프로그램 제작에서 '후반기 작업'에 해당하는 공정이다. 기획안을 정하는 프리 프로덕션, 그 다음 기획안에 따라 촬영을 완료하는 메인 프로덕션이 이어진다. 그리고 기촬영된 테이프를 가지고 베타 편집실에서 프로듀서가 수행하는 1차 편집과, 여러 가지 기재와 장치가 설치된 종합편집실에서 편집자인 프로듀서가 기술감독의 통제하에 행해지는 최종 완제품 제작의 편집 단계가 포스트 프로덕션이다.

포스트 프로덕션은 오프라인(off line) 편집과 온라인(on line) 편집을 거치게 된다. 오프라인 편집은 전문 엔지니어(engineer)가 개입되지 않고 베타 편집실에서 연출자와 조연출에 의해서 진행된다. 베타 편집실은 모니터와 녹화기가 비치되어 있는 조그만 방이다. 여기서 촬영된 테이프를 틀어 모니터로 시사(試寫)하다가 필요한 화면이 나오면 이것을 뽑아 녹화기에 옮기게 된다. 이때 사용되는 테이프는 촬영시 사용했던 1/2인치 베타테이프 그대로이고, A reel(roll)과 B reel로 분할 편집되어야 한다(차후 dissolve 과정을 위해서다). 계속되는 dissolve와 dubbing은 engineer가 개입되고 완제품 제작은 종합편집실의 기술감독이 주도하게 된다.

따라서 한국적인 TV제작의 현실에서, 오프라인 편집과 온라인 편집의 개념을 단순화시키면, 엔지니어가 없이 제작자가 편집할 때는 오프라인이고, 엔지니어 개입에 의해서 이루어지면 온라인이다. 그러나 이것은 엔지니어라는 인원의 유무보다는 전자적으로 특수한 기능을 구현하는 전문적인 설비(기계)를 사용하느냐의 여부로 생각하는 것이 더 정확하다.

미국적인 개념은 다소 다르다. 오프라인과 온라인이라는 용어28)는 부정확

---

28) Herbert Zettl, 『텔레비전 제작론』, 황인성·정재철·윤선희·조찬식 공역, 나남출판, 1995, p.437.

하기 때문에 항상 혼동을 일으킨다. 처음에는 비방송용 장비를 이용하면 오프라인 편집이고, 고급의 방송용 장비를 이용하면 온라인 편집이라고 했다. 그러나, 요즈음은 사용하는 장비의 질보다 편집의도로 이 두 가지 방식을 구별한다. 최종의 편집 원본을 편집하기 위한 지침 역할로 테이프를 편집하면(필름의 가편집과 비슷하다) 오프라인 편집이라고 한다. 그러나 같은 테이프라도 처음부터 방송이나 다른 형태로 상영될 최종판으로 계획되어 있으면 온라인 편집이 된다. 한국적인 개념과 대동소이한 것 같으면서도 분명한 차이가 있다.

1) 프리뷰, 촬영 화면에 대한 예찰

프리뷰(preview)는 촬영해온 그림에 대한 '확인'과 '천착(穿鑿)' 과정이다. 즉 취재화면에 대한 예찰(豫察) 활동이며, 편집에 들어가기 위한 그림 선택의 '준비' 행위이다. 프리뷰 단계에 오면 연출자는 촬영된 화면에 대해 이미 많은 정보를 알고 있다. 왜냐하면,

① 중·소 아이템을 선정하면서
② 자료조사를 시행하면서
③ 현장답사를 하면서
④ 기획안을 확정하면서
⑤ 실제로 현지에서 촬영을 하면서

이렇게 5단계에 걸친 내용과 그림에 대한 탐구를 통해서 기 촬영된 화면에 대한 정보를 낱낱이 인지하고 파악하게 되기 때문이다.

그러나 이것은 기억 속의 내용이다. 인간은 기억(memory)이라는 훌륭한 순기능과 함께 망각(forgetfulness)이라는 역기능도 동시에 함께 지니고 있다.

프리뷰는 촬영된 그림에 대한 전면적인 시사(試寫)작업에 의한 '내용기록의 공정(工程)'이다. 촬영된 화면에 대한 구체성과 원형(原型)을 다시 확인하고자 함이다.

참여 인원은 연출자와 조연출, 그리고 구성작가이다. 촬영이 완료된 후 즉

시 베타편집실에서 프리뷰가 진행된다.

촬영팀들은 상당히 거친 생활을 영위해야 한다. 낯선 지역을 늘 여행해야 하고 밤낮을 가리지 않고 촬영을 수행하지 않으면 안 된다. 또 맛과 간이 각각 틀린 음식을 계속 먹어야 한다. 때문에 일주일 정도의 취재 여행에도 적지 아니 지친다. 따라서 귀소본능(歸巢本能)이 매우 강하다.

그들은 대체로 금요일 저녁이나 토요일에 귀사(歸社)하는 것을 선호한다. 아무리 호텔의 시설이 훌륭해도 자신의 체취가 배어 있는 집의 잠자리가 안면(安眠)을 할 수 있으며, 이름난 전통음식보다도 어머니나 아내가 끓여주는 된장찌개가 더 미각을 돋운다.

따라서 주말을 푹 쉬고 월요일부터 프리뷰에 돌입한다. 이럴 경우, 만약 베타 편집실이 항상 넉넉하거나 사전에 배정받지 못했다면, 조연출은 아침 일찍 출근해 베타 편집실을 선점(先占, occupied)해놓지 않으면 안 된다.

촬영된 테이프에는 PD 이름이 홍길동일 경우, (홍)1, (홍)2…… (홍)3……, 하는 식으로 테이프의 넘버가 표시되어 있을 것이다. 테이프 넘버 순서대로 one by one 시사를 이어간다. 이때 B4 용지에 시사한 내용을 dictation 때 받아쓰듯이 자세하게, 또는 메모형식으로 기재한다.

그러면 (홍)1-1은 @@@, (홍)1-2는 ☆☆☆, (홍)1-3은 *** ……의 형식으로 내용과 화면 시간 등의 표기가 계속될 것이다. dictation된 양(量)은 촬영분량 또는 인터뷰 건수에 따라서 20~30페이지가 될 수도 있고, 더 길어지거나 짧아질 수 있다. 이 작업은 보통 아침 일찍부터 심야까지 쉬지 않고 강행된다. 내용의 재확인을 거치지 않고는 구성안 작성의 방향과 구조(뼈대)를 결정할 수 없기 때문이다.

프리뷰가 완료되면 연출자와, 조연출, 구성작가는 프리뷰 내용을 한 10번쯤 정독(精讀)한다. 그러면 아마도 화면에 삽입되어 있는,

① fact와 insert
② 함유된 message, truth, esprit, sign에 대한 중요도와 비중
③ 기승전결 중 어디에 사용하면 좋을 것이다 하는 용도(用途),
④ 삽입장소 등 정확한 내용을 파악하게 될 것이다

그밖에 여러 가지 아이디어가 떠오르고 다양한 느낌도 받게 되리라고 보여진다.

다큐멘터리 제작에서 어느 과정 하나 중요하지 않은 것이 없지만 이 부분은 특히 심도 있게 처리되었으면 하는 점을 강조하고자 한다. 사지선다형(四肢選多型) 문제를 풀 경우, 그 정답은 이미 제시된 지문에 포함되어 있다. 문제를 정확히 읽고 파악하지 않는다면 어떻게 정답을 골라낼 수 있겠는가? 프리뷰는 이와 유사한 과정이라고 할 수 있다.

프로듀서들은 프리뷰 과정을 통과함으로서 다음 단계인 구성안을 작성하기 위한 준비작업을 마치게 된다. 프리뷰에서는 촬영한 많은 양(量)의 테이프에 담겨 있는 여러 종류의 샷(畫面)과 신(場面), 그리고 시퀀스(局面)에 관한 매우 자세한 의미와 용도를 재삼 인지하게 될 것이다.

또 이것들 중에서 기획의도와 가장 부합한 내용들을 뽑아내기 위한 판단도 내려야 한다. 우리가 과일을 선물할 때 사과로 할 것이냐, 배로 할 것이냐도 그렇게 쉬운 일은 아니다.

연출자는 내용과 화면을 선택해야 하는데, 그 힘든 판단은 자신의 사고 속에 내재해 있는 어떤 신념에 기초하지 않으면 안 된다. 신념을 형성하고 있는 것은 분명한 사고(思考)의 기둥들이고, 그것들은 상당히 강건한 모습을 하고 있어야 작품상으로 훌륭한 신념으로 평가받게 될 것이다.

시청자들이 충분히 이해하고 선호할 수 있고, 때로는 존경과 칭찬을 받을 수 있는 신념을 생산하기 위한 고뇌(苦惱)와 성찰(省察)의 시간이 바로 '프리뷰 작업'인 것이다. 따라서 그 면밀성과 중요성은 대단하다고 하겠다.

2) 구성안 작성

(1) 구성의 개념(概念)

구성안은 프로그램의 내용(그림)을 어떻게 배열할까 하는 순서를 정하는 계획이다. 즉 방송국식으로 말하면 '그림 붙이는 설계도'이다. 자주 지적하지만 텔레비전 제작에 있어서 '주먹구구' 방식은 곤란하다.

아무리 구성안 작성 사전의 과정에서 여러 가지 작업이 진행되어 프로듀서가 모든 것을 훤히 꿰뚫고 있다고 하더라도 암산하듯 머릿속에서만 생각해 그림을 배열하는 것은 바람직하지 않다. 이것은 착오와 오해를 자초할 가능성이 있다.

따라서 제작자들이 흔히 사용하는 관행적인 모델(구성안 작성)을 활용하는 것이 작품성을 업그레이드시킬 수 있고 작업의 진도를 원활히 수행하는데 도움이 될 것으로 생각된다. 그 관행적인 방법은,

① 기승전결(起承轉結)
② 구간(區間) 상의 길이 측정
③ prologue, body(climax 포함), epilogue 또는 opening, climax, closing
④ insert

등에 대하여 충분히 고려하는 것이다.

'구성'에 대한 정확한 사전적 의미는,

① 몇 가지 요소를 조립하여 하나로 만드는 일, 또는 그 결과
② 예술에서, 표현 상의 소재(素材)를 독자적인 수법으로 조립 또는 배열시키는 일이라고 정의하고 있다.

구성론을 이야기하면서 맨 먼저 구성의 개념, 즉 예술작품을 만드는 데 표현을 근사하고 멋있게 하기 위하여 여러 가지 소재를 독자적으로 또 독창적으로 조립·배열시키는 일이라는 것을 확인하고 강조하는 이유는, 많은 프로듀서와 구성작가들이 이러한 가장 기본적인 원칙을 별로 중요하게 생각하지 않고 있기 때문이다.

그들은 자신들이 찍어온 그림들을 '독자적·독창적'으로 '조립·배열'시키지 않고 그냥 '나열(羅列)'하고 있지 않나 하는 의심을 자주 품게 된다. 여기서 독자적으로 조립·배열시킨다는 뜻은 그 내용을 받아들여 이해해야 하는 수용자(受容者) 즉, 오디언스(audience, 청중, 관객, 청취자, 시청자, 독자, 사용자)가 가장 쉽게 전달 내용을 파악하도록 돕고자 하는 것이 기본 목적이다.

아무리 주제가 훌륭하고 아이템이 다양하며 심도 있는 것이라 하더라도

그것들이 한데 뭉쳐있거나 실타래처럼 엉켜있다면 그것이 무엇을 의미하는 것인지를 쉽게 알 수가 없다.

따라서 '구성'의 의미를 다시 표현하면, 전달하고자 하는 큰 덩어리의 이야기를 몇 개의 작은 덩어리로 자르는 것이라고 할 수 있다. 그래서 그 작은 것들을 순서대로 배열해 시청자들이 전달내용이 무엇인가를 손쉽게 알아차리도록 하는 것이다.

큰 덩어리는 우선 만드는 사람 자신도 보다 작게 잘라야 통제가 쉽고 제작에서 핸들링이 편하지 않겠는가? 제공자 스스로가 컨트롤하기 쉬워야 수용자도 용이하게 받을 수 있다.

예컨대 어머니들이 생선을 요리하는 것을 보면, 비늘을 긁어낸 생선을 네 토막으로 자른다. 먼저 머리를 잘라내고, 다시 등심을 두 토막으로 자른다. 이어 꼬리 부분을 잘라 네 토막으로 분리해놓는다. 왜 이렇게 할까?

이유는 간단하다. 만약 생선조림을 한다면, 여러 가지 양념이 생선에 골고루 스며들어야 하는데 통째로 양념을 바르면 생선 육질까지는 도달하지 못한다. 그러니 토막을 낼 수밖에 없다. 구이를 하는 경우도 한 마리를 그냥 가스레인지에 넣어 가열한다면 표면은 많이 타고 속의 고기는 구워지지 않고 설익게 된다. 열이 겉과 속에 전반적으로 전달되도록 토막을 내야 한다. 구성도 이러한 예와 같은 맥락(脈絡)에서 해석하는 것이 편리하고 유리하다.

(2) 기(起) 승(承) 전(轉) 결(結)의 전법

구성이 이야기 전체를 몇 개로 나누어 전달하는 것을 뜻한다면, 여기에 꼭 맞는 방법이 바로 기승전결(起承轉結)의 형식이다. 즉 전달해야 할 내용 중에서,

- '기'는 '발단(發端), 제시(提示), 도입(導入)'과 관련이 있는 것이고
- '승'은 '상승(上昇), 갈등(葛藤), 전개(展開)' 부분이다.
- '전'은 '클라이맥스(climax), 정점(頂點), 위기(危機), 극점(極點)'이고
- '결'은 '하강(下降), 결말(結末)' 부위이다.

이것은 원래 중국 사람들이 한시(漢詩)를 지으면서 고안한 방법이라고 한다.

이 '기승전결'은 소설, 시, 희곡, 시나리오, 영화, 라디오, 텔레비전, 음악, 무용 등 문예물을 구성하는 데 일반적으로 자주 사용된다. 물론 이 방법이 반드시 좋으냐 하는 문제는 작가와 작품, 주제와 소재, 장르와 스타일에 따라서 모두 다를 수 있다. 또 요즈음처럼 '포스트모더니즘' 등 다양한 형태의 작품들이 나오고 있는 상황에서 따진다면 진부(陳腐)한 면도 없지 않다. 그러나 기승전결 외에 더 독특하거나 걸출한 구성방법이 새롭게 정착된 것은 별로 발견할 수 없다.

다만 '결'을 맨 앞으로 가져오고 '기, 승, 전'으로 한다든지 하는 변형은 얼마든지 시도할 수 있다. 이렇게 볼 때, '기승전결'은 매우 오래된 구성 기술의 하나이지만, 모든 예술가들이 계속 애용한다는 의미에서는 가장 우수한 기법이라고 말할 수도 있다. 만약 어느 작품에든 '기승전결'만 철저하게 구사(驅使)할 수 있다면, 작품들이 모두 평균 수준 이상은 유지하지 않겠는가 하는 예측이 가능하다. 이렇게 생각할 때 현실적으로 '기승전결'은 프로듀서와 구성작가들의 금과옥조(金科玉條)와 같다고 주장해도 별로 틀린 말은 아닐 것이다.

(3) 드라마의 기승전결

같은 기승전결이라도 작품 장르(genre, 예술의 부분, 종류, 양식, 형의 뜻)에 따라서 조금씩 다르게 표현된다. 흔히 드라마의 구성단계를 희곡의 구성론인 '3부 5단설'로 얘기하는 사람이 있다.[29] 3부 5단설은 1863년 '플라이 다크'라는 사람이 『희곡론』에서 밝힌 것으로 발단, 전개, 클라이맥스, 전향(하향), 종결까지를 단계로 나눈 것이다. 시나리오나 TV드라마도 역시 영상이란 그림의 무대에서 극을 다루는 이상 이것과 크게 다를 것은 없다. 그러나 시나리오는 극장용이란 특성이 있고, 희곡은 제한된 무대적 요소가 있듯이, TV드라마도 그 매체에 따른 특성이 있다는 것을 이해할 필요가 있다.

일단 3부 5단설을 도표로 살펴보고 다시 드라마의 구조로 들어가보자.

도표에 나타나 있듯이 하나의 희곡은 발단, 전개, 결말 3부로 구성되어 있

---

29) 이환경, 『TV드라마작법』, 청하, 1999, pp.400-401, 419.

<3부 5단설>

있지만 전개라는 큰 부분 안에서 다시 반전, 클라이맥스, 위기(또는 위기, 클라이맥스, 반전)으로 배치되어 결국 다섯 계단으로 나누어져 있음을 볼 수가 있다.

드라마는 여기에서 조금 더 세밀하게 갈라진다. 발단부에 프롤로그와 도입부가 있고, 전개부에서 위기부분을 1차, 2차로 나누어 점진적인 긴장과 압축을 시도하여 클라이맥스로 넘기고 있다. 클라이맥스에 이어서 결말(엔딩) 사이에 반전을 시도한 것도 TV드라마에서 요구하는 구성상의 테크닉이다.

<TV드라마의 구성>

(4) 비드라마의 기승전결

위에서 본 바와 같이 똑같은 기승전결의 개념도 작품 장르에 따라서 조금씩 변형되고 있음을 알 수 있다. 드라마와는 달리 비드라마 특히 교양, 생활정보, 르포, 시사매거진, 다큐멘터리 등은 다루어지는 내용들이 대개 발단, 전개, 클라이맥스, 결말의 순서로 진행되지는 않는 경우가 대부분이다.

교양 프로그램들에서는,

- '기'는 어떤 사건의 '발단(發端), 또는 개요(槪要)'에 해당하고
- '승'은 '원인 또는 문제점'을 파헤치고 분석(分析)해보는 것이며
- '전'은 모종의 '대책(對策)'을 수립하고 '대안'을 제시할 수 있고, 이때 주로 외국의 우수한 사례나 예제를 들기도 한다.
- '결'은 내용을 마무리하면서, 앞으로 나아가야 할 방향 또는 전망 등을 모색하기도 한다.

다큐멘터리의 구성안 또는 대본에는 일반적으로 'prologue' 부분으로 시작하는 경우가 대부분이다. 프롤로그는 서언(序言), 서막(序幕) 또는 서시(序詩) 등을 뜻하는 단어이다. 따라서 전조(前兆), 발단 또는 서론적 사건을 말한다. 그러나 어떤 프로그램들은 그 프로그램의 가장 핵심적인 내용을 골라 짧게 구성해(2~3분 정도) 시청자의 시청을 유혹하는 용도로도 쓰이고 있다. 이어서 실제의 프로그램 전개 부분이 나간다. 이런 관점에서 보면 프롤로그는 해당 프로그램의 맛보기나 전개가 혼용된다고도 볼 수 있다. 그러나 최근 방영되는 많은 다큐멘터리 프로그램의 프롤로그는 별 볼륨도 없고 진지하지도 않은 경우가 많아, 생활정보 프로그램의 '오프닝' 정도에 불과한 사례도 자주 목격된다. 어쨌든 프롤로그는 '기'부분에 편입되어야 할 것이다.

에필로그는 후기(後記), 극의 끝말, 음악의 종곡(終曲), 후주(後奏) 등의 의미이다. 다큐멘터리 프로그램에서 에필로그는 프로그램을 종료하는 부분이다. 에필로그는 에필로그와 그 프로그램의 결론과 중복되거나 같을 수도 있지만, 그냥 그 프로그램을 종료하는 언설(言說)로도 사용되는 등 다소 모호한 경우가 많다. 역시 에필로그도 '결'부분에 포함되어야 한다.

프롤로그와 에필로그는 특히 TV 다큐멘터리 프로그램의 도입 또는 전개 부분과 종결 부위를 다소 품위 있게 표현하는 관용어로 쓰이고 있다고 보는 것이 정확할 것이다. 사실은 생활정보에서 쓰이는 오프닝, 클로징(ending)과 크게 다르지 않게 쓰이고 있는 것이 우리의 현실이다. 프롤로그와 에필로그를 그 의미 그대로 정확하게 쓰자면 해당 내용과 화면의 심도 등 상당한 가치가 발생할 때만 가능할 것이다.

보디(body)는 프로그램에 있어 핵심 내용들을 지칭한다. 문제점, 발생원인, 대안 등 중요 기둥들이 여기에 해당된다. 물론 여기에는 클라이맥스도 포함된다.

그러나 이것은 교양 프로그램 중에서 르포나 다큐멘터리 프로그램들이 관행적으로 자주 사용하는 방법의 틀일 뿐 절대적인 것은 아니라는 점을 부기하고자 한다.

(5) fact vs. insert

TV 교양 프로그램의 내용을 구성함에 있어서 fact(주제 또는 화면상의 주요 내용)가 기본 골격을 형성해야 하지만, 이야기가 진행되는 각 산맥과 골짜기에서, 또 마디마디와 장면 장면에서 insert(배경화면, 보조화면 또는 분위기를 묘사(描寫)하는 화면)가 당연히 포함되고 적절히 조화를 이루어 아로새겨져 있어야만 화면의 가치를 극대화할 수 있다.

예컨대 어느 절의 대웅전(大雄殿)을 찍을 때, 대웅전의 모습과 거기에서 불공(佛供)을 드리는 신도의 그림(fact)만 촬영한다면 시청자들은 화면도 아주 단조롭게 느낄 뿐 아니라(잘못하면 시청자는 절을 하는 여인의 엉덩이만 볼 수도 있다) 고찰(古刹)의 고즈넉한 분위기도 감지하지 못할 것이다.

먼저 건너편 높은 산 위에서 절의 부감 shot을 찍고, 절 입구에서 원형(圓形)의 작은 개울[일종의 해자(垓字): 성밖으로 둘러판 못]과 거기에 걸려있는 돌다리, 일주문 측면에 무서운 모습으로 몽둥이를 들고 '중생들아! 죄를 지으면 안 된다' 하고 위협하는 듯 한 사천왕상을 촬영한 후, 절 마당으로 들어와 탑과 세월의 무심한 소리를 읊조리는 풍경(風磬), 나무에 앉아 우짖는 새들의 모습을 적절히 조화시키면서(insert) 대웅전 안으로 들어가 무엇인가 간절히 기구(祈求)를 드리는 여인의 모습을 촬영해야 절의 독특한 분위기와 대웅전에서 일어나는 일들을 적절히 우리에게 전달해주게 된다.

이렇게 프로그램에서 비디오의 가치는 fact로만 100% 충족될 수는 없다. 반드시 insert가 fact를 감싸고 보강해주어야 한다. 음악에서도 강렬한 피아노의 음을 바이올린과 첼로가 감싸안아 조화로운 선율을 만들어내는 것과 유사하다. 이것을 공식(公式)으로 표현하면,

```
video value= fact + insert
```

가 된다. 팩트와 인서트가 결합될 때 또는 교묘하게 조화를 이룰 때, 진정한
의미의 화면 가치가 창출된다고 보는 것이다.

어떤 프로그램에서는 팩트보다 오히려 인서트가 내용에 대한 상징성(象徵
性)을 보다 절묘하게 나타낼 수 있기 때문에 프로그램의 흐름을 좌우할 경우
도 있다. 따라서 프로듀서와 구성작가는 본능적·동물적 감각과 직감으로 훌
륭한 인서트를 선별해내는 눈을 지녀야 한다. PD가 좋은 인서트를 찍어와야
고를 수 있을 것 아니냐는 반문도 있을 수 있지만, 인서트는 반드시 멋있고
근사한 그림에 국한되는 것이 아니다.

별스러운 그림이 아닐지라도 한 scene, 또는 한 shot와 정확하게 어울려 맞
아떨어질 때, 그 내용에 대한 독특한 분위기(雰圍氣)와 정서(情緖), feeling과
image를 나타내는 기능과 역할을 부가할 수 있다. 즉 PD, 조연출, 구성작가가
인서트를 고르는 일은 흙 속에서 옥(玉)을 찾아내는 작업과 같다. 그래서 특
히 커리어가 많고 능력이 있다고 소문난 톱 클래스의 구성작가들은 인서트
를 족집게처럼 집어내는 달인(達人)인 경우가 많다.

이쯤에서 또 하나 고려해야 할 것은, 'prologue'(opening), 'climax',
'epilogue'(closing)에 대해서 특별히 관심을 기울여야 한다는 점이다. 프롤로그
를 잘 만들지 못했을 경우는 매우 심각한 사태가 발생할 수 있다. 텔레비전
수상기의 '리모트 컨트롤'은 모든 제작 스태프들의 무서운 적(敵)이다. 로터
리식 다이얼 채널과는 달리 시청자들은 최초 2~3초 사이 별로 재미가 없거
나 내 관심사가 아니라고 생각하면 순식간(瞬息間)에 리모컨을 눌러 채널을
이동해버린다.

웬만한 다큐멘터리 프로그램들은 약 3달에 걸쳐서 제작하게 되고 예산도
한 편에 3~5천만 원 정도가 들어가는데, 막상 방송이 시작되고 아주 길게
잡아 5분 이내에 시청자가 외면해버린다면 참으로 기가 막히고 분통터질 노
릇이다. 이런 참담한 사정은 교양, 정보 프로의 경우도 마찬가지일 것이다.
외국 TV제품 중에는 리모콘이 권총 스타일로 된 것도 있다고 하니 권총을
쏘듯이 리모콘의 방아쇠를 당긴다면 프로그램은 총상을 입고 죽어버리는 셈
이 된다. 이런 것이 우리나라에서도 유행한다면 PD나 구성작가들은 더욱

스트레스를 받게 될 것으로 보여진다.

따라서 PD와 구성작가는 프롤로그·오프닝 감을 미리 준비하도록 조치해 놓는 것이 중요하다. 물론 구성작가 자신이 스스로 준비한다기보다 사전에 PD에게 매력적인 '도입부분' 촬영을 요청하고 리마인드시킬 필요가 있다.

또한 클라이맥스는 그 프로그램의 가장 큰 기둥이다. 교양프로의 경우 심하게 말하면 시청자들은 클라이맥스 부분을 보기 위해 드라마나 쇼도 안 보고 그때까지 기다린 것이다. 그런데 만약 클라이맥스 부분이 미약하다면 시청자들은 매우 실망하게 된다. 교양국에서 간부나 CP들은,

클라이맥스 부분을 '바윗돌'이라고 지칭한다.

이렇게 바위 돌이 놓여있어야 할 장소에 '조약돌'이 떨어져 있다면 과연 어떻게 될 것인가?

이 바윗돌 부분은 프로그램의 주제, 아이템에 관한 모든 감동, 흥미, 관심, 재미, 교양, 정보, 가치관, 전망 등등이 집약된 가장 민감하면서도 강력한 장소이다(좀 다르게 표현하면 성감대와 같고, 엑스터시가 점화되는 부위이다).

늘 큰 바윗돌을 놓지는 못할지라도 어지간히 큰 돌을 정상 부근에 박아놓을 수 있도록 노력하여야 할 것이다. 녹화가 끝나고 평가 모니터를 마쳤을 때 조약돌밖에 없을 경우, 담당 부장은 PD에게 '이 테이프 집에 가지고 가서 부모님도 뵈드리지 말고 문 닫고 네 방에 들어가 혼자 보라'고 비아냥거린다. 아주 모욕적인 발언이다.

epilogue·closing도 맘놓지 못하는 부분이다. 만약 기·승·전 쪽에서 확실한 것을 보여주지 못했다면, 심리적 부담 때문에 종결해야 할 부위에 중언부언(重言復言)하게 되고 이 그림, 저 그림을 자꾸 붙여 끝부분을 길게 만들 위험성이 높다. 앞과 중간이 잘 되었든 잘못되었든 간에 에필로그·클로징은 간략하게 또한 논리적으로 처리하는 것이 산뜻하다. 한 내용에 대해서 긴 시간을 보았기 때문에 중요한 것은 이미 다본 상태임으로 반복하는 것은 의미가 없고 지루하게만 느껴질 따름이다. 이 점도 매우 조심하여야 할 포인트이다.

(6) 기승전결 구간의 시간 조정(調整)

기승전결은 전체를 네 토막으로 나눈 것이다. 그러면 그 각 구간(區間)에서

길이는 어느 정도가 알맞을까? 물론 무슨 공식 같이 정해진 것은 없다. 그러나 관행적으로 모든 제작자나 구성작가들이 '기'부분은 그리 길게 만들지 않는 경향이 있다. 즉 도입 부분을 간결하게 처리함으로써 '승' 즉, 전개 부분에 속도감을 실어주려는 의도가 있다. '전'에는 아무래도 할 이야기도 많고, 담아내야 할 그림도 많을 것이다. 주제에 따라서 전개 부위의 시간 배분이 다소 길 수도 있지만, 일반적으로는 클라이맥스를 전후해서 세부 내용들이 집중하게 돼, 제일 긴 시간이 할당되는 경우가 많을 것이다. '결'의 부분도 '기'와 유사하게 간결하게 처리된다.

50분짜리 프로그램일 때, CM이 없는 KBS는 스파트(spot, 프로그램과 프로그램 사이에 들어가는 스파트 광고 또는 생활정보나 캠페인, 공지사항, 프로그램 안내 등을 통틀어 '스파트'라고 칭한다)와 스테이션 브레이크(station break, 앞 프로그램이 끝나고 다음 프로그램으로 넘어가는 시간을 말한다. 이때 '방송국명 고지'를 한다) 시간을 제외하면 리얼타임(real time, 실제 프로그램 내용물의 시간)은 48분~48분 30초 정도이다. CM이 삽입되는 MBC, SBS 등은 42~43분 정도일 것이다.

50분짜리 MBC 프로그램의 예를 들어보면, '기' 5분 + '승' 14분 + '전' 18분 + '결' 5분 등 총 42분의 형태로 만들 수도 있을 것이다. 이것은 다만 어떤 일반적인 모델을 제시하는 것이고, 주제에 따라 제작방식에 따라 한결같을 수는 없다.

(7) 실제 구성하기

50분짜리 프로그램을 만들기 위해 프로듀서가 찍어온 테이프(30분 사용 베타테이프)가 20권 내외라고 가정한다면, 구성에 들어가기에 앞서서 연출자와 조연출, 구성작가가 한곳에 모여(베타 편집실) 그 테이프들을 처음부터 끝까지 빠짐없이 모니터해야 한다. 이 프로세스가 프리뷰(preview) 과정임은 전술한 바가 있다.

함께 보면서 PD와 구성작가는 이때,

① 주제가 가장 잘 표현된 내용

② 좋은 인터뷰

③ 우수한 화면

④ 분위기를 물씬 풍겨줄 수 있는 insert

등에서 감동, 홍미, 재미, 관심집중 부분, 교양, 정보를 골라내어 언더라인으로 표시한다. 취재 촬영한 것들 중에서 가장 가치가 높은 백미(白眉)만 선택하는 방법이다. 그 언더라인 부분을 '(홍)1-3, (홍)2-6, (홍)4-1'의 식으로 테이프 넘버와 그 테이프의 내부넘버를 부여하면 편리하다.

언더라인이 그어진 맨 첫번째 것부터 기·승·전·결을 완성하게 되는 용도(用途)와 성격에 따라 기승전결 부분에 각각 재배치한다. 이 모습의 예를 들면 '기'= 홍3-6 + 홍5-4 + 홍2-3 + 홍4-8 ……의 형식이 될 것이다. 이때 테이프에 표시 넘버를 표시할 때, PD들은 자신의 이름 홍길동에서 이니셜을 따와 '홍'의 식으로 하거나 아니면 <명화의 고향>에서 '화'의 방법으로 프로그램의 제목에서 글자를 따와 명기하기도 한다.

이러한 작업이 끝나면 (6)번에서 설명한 대로 기승전결 각 구간의 시간을 다시 조정해야 한다. 시간을 조정할 때는 아무리 근사한 그림이라도 주제의 근접 정도에 따라 과감하게 뺄 것은 절개(切開)해서 시간을 맞추어야 한다. 시간 조절이 마무리됐다면, '기'부분의 내용들을 다시 기승전결의 순서로 재배열하고, '승' '전' '결'도 같은 방법으로 그림을 붙여가면 된다.

이때, 또 다시 유의해야 할 사항은, (5)번에서 이미 설명한 fact와 insert를 적절히 조화시켜야 하는 점이다. 그래야만 화면의 가치가 빼어나게 살아날 수 있고 내레이션(해설)을 삽입(挿入)할 공간도 확보할 수 있다. 또한 한 개의 짧은 이야기가 다소 빠르게 진행되다가, 조금 호흡을 조절하면서 진행될 수 있도록 완급(緩急)을 기하면 좋을 것이다. 이렇게 다큐멘터리 구성은 속도감이 있고 독자적·독창적이면서도 화려한 기술이 구사(驅使)될 때 프로그램의 작품성은 더욱 빛을 발하게 된다.

이런 방법을 통해서 전체적인 구성을 완결했다면, 그 내용을 하나 하나 그림으로 붙여가야 하는데, 그냥 맨손으로 해가기는 어렵고 복잡하다. 따라서 '그림 붙이는 설계도'인 '구성안'을 작성해야 한다. 구성안은 기획안 작성 중에서 '내용'부분에 해당하는 것을 확대한 것과 유사하다.

즉 붙여가게 될 그림의 내용들을,

① 순서
② 소제목(예: 잠실여중 3-2 교실)
③ 내용('가정 선생님이 슬라이드를 넘기면서 남녀의 임신과정을 설명한다'식으로 화면 자체로 이해되도록 표시), 기획안과는 달리 '비디오'부분과 '오디오' 부분을 나누어 표기한다.
④ 각 아이템의 시간표시. 이것도 각 아이템 시간만 표시할 수도 있고, 1번에서부터 누적적(累積的) 시간경과를 함께 기재할 수도 있다.
⑤ 비고의 항목으로 구분해 기술하고,

이러한 설계 도면에 따라서 화면을 연결해가면 구성이 완결되는 것이다.

<1차 구성작업의 예>

※기승전결 용도대로만 나열한다

[기] → 홍3-6 + 홍5-4 + 홍2-3 + 홍4-8 + 홍1-2 + 홍6-5 + 홍8-7 ⋯⋯
[승] → 홍7-3 + 홍2-7 + 홍6-1 + 홍3-2 + 홍9-8 + 홍11-2 +홍4-3 ⋯⋯
[전] → 홍8-8 + 홍15-4 + 홍6-6 + 홍4-4 + 홍3-3 + 홍5-5 +홍9-1 ⋯⋯
[결] → 홍1-1 + 홍13-4 + 홍7-8 + 홍7-7 + 홍12-13 + 홍18-1 + 홍9-9 ⋯⋯

<2차 구성작업의 예>

※같은 [기] 안에서 또 기승전결의 순서로 재배열하고, 기승전결 각 구간에 대한 '시간 개념'을 고려해 비중이 약한 화면은(밑줄로 표현) 삭제한다

[기] → 6-5 + 2-3 + 5-4 + 8-7 + 1-2 + 4-8 + 3-6 ⋯⋯=5분
  +
[승] → 3-2 + 7-3 + 11-2 + 6-1 + 9-8 + 2-7 + 4-3 ⋯⋯ = 14분
  +
[전] → 4-4 + 3-3 + 15-4 + 5-5 + 8-8 + 9-1 + 6-6 ⋯⋯ = 18분
  +
[결] → 12-13 + 7-8 + 18-1 + 1-1 + 13-4 + 7-7 + 9-9 = 5분 ☞ 총42분

<실제 구성안(그림 붙이는 설계도)의 기재 요소>

※ B4 용지 사용

순서   소제목   내 용   시 간   비 고
                        비디오   오디오

---

3) 야외 촬영의 편집

(1) 편집의 개념

텔레비전 프로그램 제작에서 '편집'은 몇 가지 의미를 갖고 있다고 볼 수 있다.

① 찍어온 그림 중에서 주제에 가장 가까운 좋은 화면을 골라내어 선택하는 작업이다.

② 뽑혀진 우수한 장면들을, 어떻게 하면 주제를 극대화시킬 수 있을까 하는 목적 아래, 보다 짜임새 있게 배열하느냐 하는 것이다. 이것은 마치 타피스트리(tapistry)[30] 작가가 가로 세로 직조(織造)를 해가면서도 중간에 회화성(繪畵性) 있는 그림을 잘 어울리게 또 그럴듯하게 집어넣는 것과 유사하다 하겠다. 이 부분은 앞서 구성론에서 논의한 바 있는 기승전결의 방법들이 모두 포함될 것이다.

③ 그림과 그림을 연결하는 데 그림간의 좌와 우, 높낮이, 색깔의 유사성, 조명의 심한 차이가 발생하게 하지 않게 하는 등 화면상의 어떤 통일성

---

30) 월간미술 편, 『세계미술용어사전』, 중앙일보사, 1996, p.406.
　　타피스트리는 다채로운 선염색사(渲染色絲)로 짜서 만드는 실내 장식물을 말한다. 마(麻)의 날실에 대하여 씨실인 색모사(色耗絲)를 나무바늘 따위로 적당히 짜서, 임의의 회화적 주제를 표현한다.

을 유지하도록 하는 것이다.

④ 종합편집실에 있는 여러 가지 장비를 활용해서 좋은 의미로 화면을 변형, 치장(治粧 또는 治裝), 재구성하는 등 기술적인 기법과 방법들을 들 수 있다.

연극, 영화, 텔레비전, 애니메이션 등을 좀 폄하(貶下)해서 말하면 한마디로 '그림 장사'이다. 따라서 이 예술 분야에서 일하는 작가들은 화면의 질을 높이고 고급화시키고, 흥미와 재미를 북돋기 위해 화면을 잘 정리·연결하고 치장하는 데 열중한다. 여기서부터 편집의 개념은 시작되는 것이다. 즉 그림을 어떻게 배열할까 하는 것과 그림을 갈고 닦는 과정이라고 할 수 있다. 또한,

편집은 어떻게 하면 공들여 찍어온 그림을 미련없이 버릴 수 있느냐 하는 결단(決斷)과도 관련이 있다. 그래서 '잘 버리는 사람이 좋은 편집자'라는 역설(逆說)적 이야기도 나온다.

특히 프로듀서들은 비록 주제와는 거리가 있지만 화면의 미적 가치가 우수하다든가, 촬영할 때 고생을 많이 했다든지 오랜 시간 공들여 찍었을 경우 그 부분을 빨리 빼버리지 못하고 망설이고 또 주저하다가 결국은 붙여놓고 마는 경우가 허다하다. 이러한 행위는 주제를 왜곡할 위험성이 있고 구성의 흐름을 저해할 가능성이 있다.

뿐만 아니라 화면의 양을 너무 줄이거나 늘리는 것도 편집의 범주에 포함시켜야 한다. 즉 사이즈(size)와 볼륨을 결정하는 것도 편집의 맥락(脈絡)에서 보아야 한다는 것이다.

영국 출신의 세계적인 영화 감독 '데이비드 린(David Lean)'의 <아라비아의 로렌스>의 경우를 보면, 1962년 첫 개봉 당시에는 엘리자베스 여왕의 시사 일정이 잡혀 있었기 때문에 편집시간을 충분히 갖지 못했고, 따라서 미완성의 상태에서 러닝 타임 187분의 영화로 내놓았다. 187분짜리 영화는 관객의 입장에서 스토리의 이해가 잘 안 되는 미흡한 부분을 느낄 수 있었고, 작품성에 있어서도 흠결(欠缺)이 있었던 것이다.

이것을 늘 안타까워했던 데이비드 린은 27년 후인, 1989년 필름의 복원과 재편집을 통해 감독 스스로 하고 싶은 이야기를 모두 담은 'Fine-Cutting

Director's Cut' 즉, 감독의 최종 편집 결정판에 해당하는 <216분짜리 아라비아의 로렌스>라는 또 다른 걸작을 재탄생시키고 우리 곁을 떠났다. 원래 '린'은 모두 7시간 분량을 촬영했었다고 한다.

또 <대부>로 유명한 '프랜시스 포드 코폴라(Francis Ford Coppola)' 감독의 사례도 이와 유사하다. 코폴라는 1979년 월남전의 폭력과 광기 그리고 공포를 그린 상영시간 2시간 27분짜리 <지옥의 묵시록(默示錄, Apocalypse)>(요한계시록을 말함. 신의 계시로 진리를 나타내어줌)을 제작 감독했다. 그 <지옥의 묵시록>31)이 22년만에 새로운 모습으로 재탄생했다. 코폴라는 당초 공개되지 못했던 49분 분량의 장면들을 새로 집어넣고 편집과 사운드 믹싱까지 다시 해서 러닝 타임 3시간 16분의 <지옥의 묵시록 리덕스(Apocalyse Now Redux)>를 2001년에 내놓았다.

위문공연을 온 누드 모델들이 되돌아갈 연료가 떨어지자 섹스와 맞교환하는 장면, 프랑스인 농장에서의 신랄한 대화와 육감적인 하룻밤의 장면, 커츠 대령과의 관념적 대화 장면 등이 새로 포함되었다. 코폴라는 원래 6시간 10분을 촬영했다고 한다.

이렇게 많은 양을 다소 작은 그릇에 담았기 때문에 그와 같은 문제가 발생했던 것이다. 전자는 개봉(開封) 등 시간적인 촉박함 때문에 후자는 사회적인 이유로 해서 삭제된 장면이 많아 영화를 제대로 이해하는 데 적지 않은 장애를 일으켰던 것이다. 이러한 예를 통해서 우리는 잘 버리고 잘 붙이는 것이 편집의 또 다른 관점이고 장점임을 알게 된다고도 할 수 있다.

(2) 편집과 계량(計量), '물탄 3부작'을 자제하자

이와는 반대의 경우도 자주 목격할 수 있다. 프로그램의 양을 늘려 여러 부(部)로 만드는 것이다. 즉 과량(寡量)편집과 반대로 다량(多量)편집의 경우이다. 양지머리 고기로 4명분의 국을 끓였는데 손님이 2명 더 와서 어쩔 수 없이 물을 더 붓고 6명분의 국을 만든 것과 같은 셈이다. 결국 고기국은 맛이 없어질 수밖에 없는 것이 당연한 이치다.

자연 다큐멘터리는 four season 일 년 사계절을 모두 찍는다. 촬영된 테이프

---

31) 《조선일보》, 2001년 8월 31일.

의 양도 대단하다. 아마 30분짜리 베타테이프 2백 권도 어렵지 않게 넘을 수 있을 것이다. 이때 60분짜리 2부작으로 만들면 꼭 좋을 것을 촬영을 위해 들인 공과 수많은 테이프 즉, 본전 생각 때문에 3부작으로 늘려 만들었다고 가정하면 앞의 두 프로는 몰라도 마지막 한 프로그램은 짜임새가 부족할 것이다. 만약 무리하게 3부작으로 만들었다면 세 프로 모두가 어딘가 엉성한 부분이 나올 개연성(蓋然性)이 높다.

또 해외취재 프로그램도 마찬가지다. 특히 유럽에서 촬영한 내용들은 이국적 분위기 때문에 아무래도 시청자들의 눈길을 끌게 된다. 이러한 속성에 이끌려 2부작 만들면 꼭 좋을 내용을 3부작으로 만들고, 3부작에 적합한 소재를 4부작으로 확장하는 우(愚)를 범하고 만다.

여기에는 편집 외적인 요인의 영향도 받게 되는데, 그것은 1부를 더 만들어 신탁(信託, CM붙이기)의 액수를 증가시키고자 하는 회사의 욕심이 작용하게 되는 경우이다.

이렇게 '물탄 다큐멘터리' 작품들이 최근 끊임없이 생산되고 있다. '작품성'이 망가지는 것은 명약관화(明若觀火)한 사정이다. 시청자들도 이런 유형의 프로들을 매우 여러 번 시청한 경험이 있을 것으로 생각된다. 따라서 '3부작을 자제하자'는 상징적 구호는 특히 다큐멘터리 제작에서 매우 중요한 의미를 내포하고 있는 것이며, 편집은 계량적(計量的) 개념의 관점에서도 신중하게 고려되어야 할 사항이라고 생각된다.

(3) 편집의 기능

텔레비전 프로그램을 제작하는 데 편집의 기능은 결합(結合), 삭제(削除), 수정(修正), 구성(構成) 등이다. 이것은 전체적인 그림을 구성하기 위해서 각각의 그림을 결합하고 삭제하고 수정하며 구성(또는 보강)하게 된다.

가. 결합(結合, combine)

편집에서 가장 일차적이고 원초적인 단계로서, 그림을 찍은 여러 개의 테이프 중에서 '기획·구성안'에 의거해 그림들을 빼내어 짜맞추는 과정이다. 여성들이 수(繡)를 놓듯 인내심을 가지고 한 커트 한 커트를 붙여가는 것이

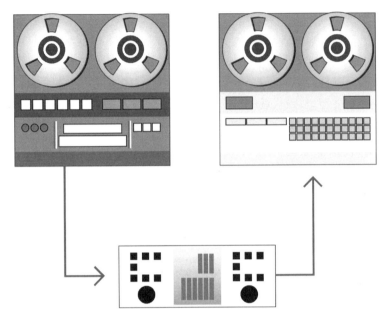

1:1 편집기

중요하다. 초기에는 그냥 그림만 나열·연결하는 과정이 반복되겠지만, 후기에는 '디졸브'를 시도한다던가 완제품 제작시 메인 타이틀, 프롤로그, CM, CG 등을 집어넣는 과정도 엄밀히 말하면 결합의 공정이다. 이러한 기본적인 그림 붙이는 편집이 원만히 수행됐다면 추후 최종편집을 할 때도 큰 어려움 없이 진행할 수 있는 이점이 있다.

나. 삭제(削除, trim)

삭제 기능은 말 그대로 불필요한 부분을 잘라내는 것을 말한다. 예컨대 한 커트의 길이가 3분일 경우, 1분 10초에서부터 2분까지 50초가 별로 의미가 없는 화면이라고 판단될 때, 이 50초는 주저없이 삭제해야 한다. 그러나 텔레비전에서 사용하는 베타테이프는 오디오테이프처럼 가위로 잘라서 쓸 수가 없다. 왼쪽에 설치된 재생녹화기에 원본을 걸고, 오른쪽에 있는 녹화용 녹화기에 1분 10초까지 복사를 한 후, 재생녹화기의 테이프를 다시 50초 앞으로 보낸 다음(빼버린다), 2분부터 재생녹화기의 테이프를 녹화용 녹화기에 복사하면, 결국 삭제가 이루어진다.

물론 작은 한 scene 정도를 덮어 붙이기(PD들은 '땜빵'이라고 부른다)를 통해서 화면을 보강·보충할 수 있지만 긴 화면을 잘라내야 한다면 베타테이프의 경우 이 원리가 적용된다. 따라서 기본 편집의 과정에서 나중에 다시 자르거나 손볼 경우가 생기지 않도록 애당초 철저한 자세로 임해야 한다는 점을 유의해야 할 필요가 있다.

다. 수정(修正, correct)

수정은 글자 그대로 잘못된 부분을 고쳐 바로잡는 것이다. 화면이 연출자의 맘에 들지 않거나 적절치 못하다고 판단되면 아예 그 부분을 빼버리면 되고, 또 그림이 어쩐지 미흡하다고 생각되면 딴 그림으로 '땜빵'하게 되면 큰 문제는 없다. 그러나 삭제하고 어느 특정 화면을 변경해야 할 뿐만 아니라, 새롭게 녹화한 것을 대체(代替)해야 할 경우도 생길 수 있다. 이것이 수정의 과정이다.

예컨대 스튜디오 진행부분에서 아나운서가 '우리나라의 GNP가 1만 3천 불이다'라고 했는데 나중에 보니까 이것이 틀린 것이었다면, 부득이 이 부분을 완전히 잘라내고 새로 정확하게 녹화한 것을 그 자리에 집어넣어야 한다. 이럴 때는 종전에 녹화했던 스튜디오와 그 배경 세트를 비롯해서 모든 제작 스태프가 다시 한번 녹화에 임하지 않을 수 없고, 최초에 녹화를 떴던 아나운서가 입었던 양복과 넥타이 등등을 그대로 재현해야 하니 결코 쉬운 일이 아니다. 조명도 지난번과 거의 같은 조도(照度)를 유지해야 하므로, 상당히 복잡한 작업과정을 거치는 어려움을 당하게 된다.

따라서 불가피하게 수정을 안 하면 안 될 경우를 제외하고는 부정확한 부분을 삭제해 앞뒤의 문맥이 통할 정도에서 적절히 조정하는 방법을 선택하는 것이 좋을 것이다. 무리해서 새로 녹화를 하면 소금으로 양치질 한 것처럼 개운하겠지만 방송국에서의 무리는 그렇게 쉽지가 않다.

그래서 녹화시 웬만하면 그냥 넘어가는 것이 능사(能事)가 아니고, 조금이라도 이상하면 끊어서 정확하게 확인하고 녹화해나가는 것이 후환(後患)을 사전에 예방하는 것이고, 또한 연출자의 능력(能力) 중의 하나라고도 할 수 있다.

라. 구성(構成, build)

구성은 여러 개의 화면을 결합해 주제에 대한 스토리를 만들어가는 과정이다. 이미 구성론에서 언급한 기승전결의의 방법을 사용해도 좋을 것이고, 개개의 연출자나 구성작가 나름대로의 독창적인 방법을 사용할 수 있다면 금상첨화다. 구성의 개념은 프로그램이 내포하고 있는 큰 주제(main theme)와 중·소 아이템(item, 큰 주제를 형성하고 있는 작은 기둥 같은 내용들)들을 시청자가 보다 쉽게 이해하고 파악할 수 있도록 전체 스토리를 구분해 정리하는 것이라고 말할 수 있다. 결국 편집의 최종 목표는 구성이고, 뛰어난 구성을 구현하기 위해, 결합·삭제·수정·구성의 프로세스가 요구되는 것이다.

(4) 비드라마 프로그램의 편집

드라마 프로그램은 원고가 있기 때문에 거기에 따라서 편집을 해가면 별 문제가 없다. 그러나 비드라마 프로들은 사전 원고가 없다. 그림과 그림을 이어서 원고와 같은 효과를 나타내야 한다. 그것이 어려운 점이다. 교양, 정보, 또는 다큐멘터리 등 비드라마 프로그램의 편집에서 중요한 것은 우선 주제에 맞는 그림을 잘 골라내야 한다는 점이다.

그러기 위해서는 프로듀서나 구성작가가 모두 그림을 찬찬히 또 미스 코리아 심사(審査)하듯 자세히 보아야 할 것이다. 물론 기획안 작성, 촬영콘티, 실제 촬영 등의 과정에서 무슨 그림이 찍혔는지는 충분한 인식이 가능하다. 그러나 언뜻 보았을 때는 별거 아닌, 또는 특별한 느낌이 없어 보이는 그림이라도 서치라이트를 비추듯 보게 되면 각별한 이미지가 살아날 수 있다. 더욱 이것이 앞 장면이나 뒷 그림과 조화를 이루었을 때는 내용에 대한 중요한 시사점을 던질 수 있는 경우도 많다. 특히 인서트는 초견(初見)에 판단을 내리는 것이 그리 용이치 않다. 시간적인 여유를 두고 두 번쯤 프리뷰하게 되면 그림 고르는 효과가 배가되지 않을까 생각된다.

(5) insert의 구사(驅使)

붙여갈 그림을 다 고르고 그 배열 순서도 정해지면 즉, 그림 붙이는 설계도인 구성안이 정해진다. 거기에 의거해 하나 하나 그림을 연결하면 된다. 이때 한가지 유의할 것이 있는데, 바로 insert를 적절히 활용해야만 하는 점이다. 이것은 마치 집을 지을 때 벽돌을 쌓는 과정과 흡사하다. 벽돌과 벽돌 사이에 이음새를 고정시키기 위해서 토수(土手, 흙일하는 기술자)들은 시멘트를 삽입한다. 우리는 이 점에 관심을 기울일 필요가 있다.

편집도 벽돌 하나하나를 이어가는 것과 마찬가지로 커트(화면)와 커트를 연결하게 된다. 만약 한 이야기가 끝나고 다른 이야기가 새로 시작된다면 여기에 '인서트'를 깔게 될 것이다. 인서트는 앞 장면과 뒷 장면이 스무드하게 이어지도록 하는 목적이 있을 수 있고, 또 하나는 이 지점에 '내레이션(narration, 解說)'을 집어넣기 위한 이유 때문이다. 앞 화면과 뒷 장면에 모두 말이나 소리가 깔려 있다면 해설을 삽입할 자리가 없게 된다.

해설의 길이보다 약간 길게, 앞뒤로 각각 약 5초 정도 씩 더 길게, 인서트를 깔아 여백을 확보해놓아야 해설이 들어갈 여지가 생긴다.

이렇게 인서트는 배경 화면, 보충 화면, 내용에 대한 분위기(이미지), 전후 화면 연결용을 위해 만들어진다. 장면의 연결용도 외에도 인터뷰 등의 경우는, 길이가 길어 화자(話者)의 얼굴과 말만 계속되면 지루하고 단조로워지기 때문에, 여기에 화자의 얼굴 대신 말하는 내용과 유사하거나 관련 그림을 덮는(얹어놓는) 경우도 포함된다.

'해설'의 길이와 '인서트'의 길이는 정비례한다. 앞서도 언급했지만 인서트의 길이는 해설의 길이와 비교해 거의 같다고 해도 되고 실제로는 약간 길 뿐이다. 해설의 길이를 어떻게 계산하면 될까?

200자 원고지의 앞부분 50자를 빼놓고(이 부분에는 보통 샷의 표시를 해놓는다. 예: # 영숙이네 집앞) 150자 정도를 아나운서나 성우가 적절한 속도로 읽을 때, 30초(30")가 소요되는 것으로 계산한다. 30분은 30'으로 표기한다. 그러니까 3분은 원고지 6장 분량에 해당된다.

상황에 따라 모두 같지 않겠지만 인서트에 해설이 들어갈 경우는 보통 앞 장면이 끝나기 5~6초 전에 음악이 시작돼 해설이 계속되는 동안 낮게 깔려 이어가다가 그 뒷장면이 시작할 즈음 사라진다.

BG(back ground music)는 해설의 소리 높이보다 아주 낮아 해설내용의 전달을 방해하지 않도록 세심한 주의를 기울여야 한다. 프로그램 제작을 처음 하게 되는 초심자들은 백발백중 BG를 해설 못지 않게 높게 넣어 해설을 정확하게 이해할 수 없도록 방해하는 실수를 자주 저지르게 된다. 매우 주의를 기울여야 할 대목이다.

드라마와는 달리 비드라마의 편집은 편집자의 창의성과 아이디어, 주제를 보는 안목과 상황을 꿰뚫는 시각에 따라 걸작(傑作)과 졸작(拙作)이 뒤바뀔 수 있다. 하나의 사례를 소개하면, 과거 MBC에서 방송됐던 <명곡의 고향> 시리즈 중 그 당시 최초로 적성(赤星)국가에 들어가 촬영한 프로가 있었는데, 1차 그림이 완성된 것을 보니 그 프로그램의 포맷으로 볼 때 거의 방송을 내기 불가능했다. 그저 신통치 못한 관광프로 정도였다. 호된 비판과 질책이 있은 후 2차 재편집 그림을 보니까 이때는 작가가 작품을 만드는 과정에서의 고뇌와 그 뒷얘기, 작품의 산실이 되었던 고향의 정경, 음악대학 교수들의 인터뷰 등이 정연(整然)하게 편집되어 있어 겨우 위기를 넘기고 방송할 수 있었다.

이 경우는 1차 편집 때 버릴 그림은 모두 붙이고, 붙일 그림은 정확하게 빼버린, 완전히 반대로 편집한 기막힌 사례라고 할 수 있다. 즉 지옥과 천당을 넘나든 셈이고 졸작을 겨우 면할 수 있었던 특이한 정말로 드물게 발생하는 프로그램이었다. 비드라마 프로그램에서 특히 편집은 하나의 마술(魔術)이며 최첨단 하이테크 기술이다.

(6) 편집의 주요 원칙

우리 입장에서 보면 텔레비전은 하나의 박래품(舶來品)이다. 1936년 11월 2일 영국의 BBC에 의해 런던 북쪽에 있는 알렉산드라궁의 실험 스튜디오에서 세계 최초의 텔레비전 방송이 실시된 이래, 1939년 뉴욕에서 열린 세계박람회 기간 중 NBC가 실험방송을 실시하면서 본격화되었다. 그후 제2차세계대전으로 중단되었던 TV방송이 1946년부터 재개되었다. 한국의 TV방송[32]

---

[32] 우리나라에서 최초로 TV방송(HLKZ-TV)이 시작된 것은 1956년 5월 12일이다. 이때의 방송은 미국 RCA가 설립했으나, 적자로 인해 한국일보사주에게 넘어가 '대한방송주식회사(DBC)'로 운영되다가, 1959년 2월 2일 화재로 소실, 중단되었다. 그후 1961년 5.16군사혁명 7개월 후인 1961년 12월 31일 'KBS TV'가 개국했고, 1964년 12월에 '동양TV(TBC)'가, 1969년 8월 'MBC TV'가 문을 열었다. KBS는 1980년 12월 1일부터, MBC는 동년 12월 20일부터 컬러TV 방송을 개시함으로써 본격적인 TV시대의 막이 올

은 원산지인 미국과 일본을 거쳐 유입되었다. 즉 수입품인 것이다. 따라서 텔레비전 제작이론도 수입에 의존할 수밖에 없는 형편이다. 지금까지 국내에 소개된 이론서(기능)들은,

① Techniques of Television Production: Rudy Bretz
② Effective TV Production: Gerald Millerson
③ Television Production Handbook: Herbert Zettl
④ BBC 제작지침서(제작노트)

등 영미 서적이 핵심 대본이다. 출간된 책들은 이것들을 직역하거나 해설을 곁들이거나 또는 우리 TV제작상황을 고려해 어레인지한 것들이다. 특히 '편집의 주요 원칙'은 매우 중요한 부분이기 때문에 정확한 의미전달을 위해 위의 책들 중에서 직역내용을 직접 요약·인용하고자 한다.

　사람들은 어떤 행위를 할 때 어떤 원칙이나 관행을 만들어놓고 여기에 따라 행동하는 경향이 있다. 이러한 원칙은 오랜 세월 동안 시행착오를 거쳐 완성되는 경우도 있고 머리가 우수한 선각자의 연구와 고뇌의 산물로 나오기도 한다. 다시 말해 일을 행하는 데 어떤 룰(rule)을 만들고, 이것이 매우 합리적이고 경제적이라고 사람들이 생각할 때, 그것은 하나의 공지된 메커니즘(mechanism, 기교, 수법)으로 정착된다. 텔레비전 프로그램의 제작을 위한 화면 편집에 있어서 'Zettl'은 다음과 같은 원칙을 제시하고 있다.

가. 연속성 편집(Continuity Editing)[33]

　대부분의 편집은 편집된 이벤트의 연속성을 지켜야 한다. 하나의 장면에서 또 다른 장면으로 넘어가더라도 영상과 음향이 모두 어느 정도의 통일성이 유지되어야만 화면 속의 여러 가지 동작들이 자연스럽고 부드럽게 계속되는 것처럼 보이는 효과를 얻을 수 있다. 특히

랐다.

33) Herbert Zettl, 『텔레비전 제작론』, 황인성·윤선희·정재철·조찬식 공역, 나남출판, 1995, pp.459~468.

① 등장인물의 동일성
② 등장인물의 배치
③ 움직임
④ 색상
⑤ 음향

등에서 연속성을 설정, 유지할 수 있어야 한다.

① **등장인물의 동일성**(Subject identification, 주제의 확인)

시청자는 샷이나 장면이 바뀌더라도 물체나 등장인물을 정확히 알아 볼 수 있게 그림을 연결해야 한다. 거리의 차이나 앵글의 변화가 아주 심한 샷끼리 서로 이어서 편집하는 것은 피해야 한다. 또한 비슷한 shot이라도 앵글 등이 틀린 화면을 함께 편집하면, 소위 점프 컷(jump cut)이 나타나게 된다.

점프 컷은 인물(주제)은 같지만 화면상 방향이 다른 shot을 편집할 때 생기게 된다. 이런 shot을 함께 편집하면, 등장인물은 명백한 이유도 없이 화면 한쪽에서 다른 쪽으로 갑자기 도약한 것처럼 느껴진다.

점프 커트를 피하기 위해서는, 앵글이나 시계를 달리해서 촬영한 위치가 비교적 유사한 장면을 삽입해 이어가면 된다.

② **등장인물의 배치**(Subject placement, 주제의 배치)

시청자들은 그들의 눈에 보이는 피사체는 이어지는 shot에서도 화면상 같은 위치를 유지할 것으로 기대하는 경향이 있다. 이야기하고 있는 두 사람을 over the shoulder two shot으로 잡고 있는 경우, 시청자들은 한 카메라 화면에서 다른 카메라 화면으로 전환이 이루어지더라도 이 두 사람이 화면상 자신의 상대적인 위치를 계속 지킬 것으로 기대한다.

두 사람이 이야기하고 있는 것을 클로즈업으로 촬영할 때도, 화면상 위치를 지켜야 한다는 것을 알고 있어야 한다. two shot에서 여인은 화면 오른쪽에 있고 남성은 왼쪽에 있었다면, 클로즈업에서도 이 여인은 화면 왼쪽을 보아야 하고 남성은 오른쪽을 보아야 맞다.

③ 움직임(Movement)

어떤 동작을 편집할 때는 샷이 바뀌더라도 가능한 한 그 동작을 오랫동안 지속시키도록 해야 한다.

동작의 연속성을 유지하기 위해서는, 물체나 인물이 움직이기 전이나 후가 아니라 움직이고 있을 때 커트한다. 예컨대, 의자에서 일어나려는 사람의 클로즈업을 잡고 있다면 그 사람이 일어나기 시작한 바로 뒤로부터 동작을 마치는 사이에 좀더 와이드한 샷으로 커트한다.

④ 색(Color)

편집에서 주의를 기울여야 할 점은 화면의 색상을 어떻게 일치시키는가 하는 문제이다. 특히 야외제작일 경우에는 장소와 조명 조건들이 다르기 때문에 어려움이 많다. 장소나 상황이 현저하게 달라지는 경우 색의 변화는 그다지 큰 문제가 되지 않을 수 있으나, 동일한 장소의 동일한 피사체가 shot의 변화에 따라 색이 달라지지 않도록 각별한 주의를 기울여 편집해야 한다.

⑤ 음향(Sound)

음향은 편집의 연속성을 유지시켜주는 데 매우 중요하게 작용한다. 다음 상황을 유의하도록 하자. 첫째, 대화나 인터뷰 등을 편집할 때 그것의 전체적인 리듬을 유지할 수 있도록 해야 한다. 둘째, 다른 곳에서 촬영한 여러 개의 샷을 연결할 때도 동일한 배경 음향이 있어야 이어지는 shot의 연속성이 유지될 수 있다.

나. 샷(shot)의 연결 방법[34]

영화나 TV에서 일반적으로 사용되는 화면의 연결방법은,

- 커트로 연결하는 방법
- 광학(光學)적인 방법
- 그 이외의 방법

등 세 가지가 있다.

---

34) http://sig.kornet.net/on-air/studyroom/camera/camera5.html

커트(cut)로 연결하는 방법은 다시,

① 매치 커트(march cut)
② 커트 어웨이(cut away)로 나뉘어지며,

광학적인 연결방법은,

① 페이드(fade)
② 디졸브(dissolve)
③ 와이프(wipe)로 나뉜다.

커트(cut)는 크게 두 가지 뜻을 지니는 용어이다.

첫번째 뜻은, 문자 그대로 자른다는 뜻으로 사용되는 것이다. 카메라의 스위치를 넣어서 얻어진 몇 개의 샷(shot)은 앞에서 설명했듯이 작가가 구상하는 의도에 따라 일정한 시간만큼씩 다듬어서 연결하기 위해 촬영한 단편(單片)들로서 이런 의미에서 그것들은 편집 이전의 소재(素材)에 불과한 것이다.

두 개의 샷을 연결하려면 필요한 만큼만 쓰기 위해 앞뒤를 다듬어야 하는데, 불필요한 부분을 도려내는 것을 커트 또는 커팅이라고 한다. 영화 필름의 경우는 필름의 앞부분과 뒷부분을 가로로 잘라내기 때문에 커트의 개념이 쉽게 파악될 수 있으나, TV나 비디오의 경우는 편집기의 스위치로 커팅을 하기 때문에 잘려나간 자투리가 손에 잡히지 않을 뿐이다.

하나의 샷을 필요한 길이만큼 다듬어낸 것, 그러나 아직 연결하지 않은 상태의 독립된 필름 단편을 영화에서는 커트라 하고, 잘려나간 부분을 아웃테이크(out take)라 하며 이것은 잘 보관해둬야 한다. 왜냐하면 커트를 연결해서 영사해보고 그 커트의 길이가 약간 짧았다고 생각될 경우 그 커트의 아웃테이크를 갖고 다시 필요한 길이만큼 잘라붙여야 하기 때문이다.

촬영 단계에서 머리와 꼬리 부분을 여유 있게 찍어놓은 단편들은 샷(shot)이라 하고 편집 단계에서 필요한 길이만큼 다듬어낸 것들을 커트(cut)라 한다. 그러므로 샷과 커트는 길이만 다르다 뿐이지 동일한 내용을 담고 있는 토막들이기 때문에 혼동해서 사용하는 경우가 많다. 그러나 샷과 커트는 내용상으로 큰 차이가 있음을 이해했을 것으로 생각된다. 구체적인 예를 들어보기로 하자.

가령 왼쪽에서 오른쪽으로 걸어가는 남자와 여자를 각각 10초씩 촬영한두 개의 샷이 있다고 하자. 이 두 개의 샷을 각각 5초씩 잘라내면 네 개의 커트로 나뉘어진다. 그리고 여자가 걸어가는 커트(5초) 뒤에 남자가 걸어가는 커트(5초)를 연결하고 다시 여자와 남자를 교대로 연결할 것 같으면 결국 두 개의 샷이 네 개의 커트로 연결되어 그 결과는 남자가 여자를 뒤쫓는 장면이 연출될 것이다. 이렇게 커트의 첫번째 의미는 문자 그대로 잘라낸다는 뜻을 지니는 동시에 필요한 길이만큼 잘라서 얻어진 이를테면 샷의 분신(分身)을 뜻한다.

두번째 뜻은, 편집상의 용어로 두 개의 화면을 연결하는 방법 중의 하나를 뜻한다. 즉, 선행(先行) 화면의 끝과 후속(後續) 화면의 머리를 칼로 자른 듯이 맞붙여 놓은 상태를 커트로 연결하였다고 하는 것이다.

두 화면을 연결하는 또 다른 방법으로는 페이드 인(fade in)과 페이드 아웃(fade out)이 있고, 이 두 개를 서로 겹치게 연결시키는 방법도 있다. 이 경우를 디졸브(dissolve) 또는 오버랩(overlap)으로 연결했다고 말한다.

커트로 연결

위의 그림에서 보는 바와 같이 화면(1)과 화면(2)를 맞붙여서 연결한 것을 커트라고 한다. 이와 같이 커트로 연결된 두 개의 화면 사이의 시간적인 흐름은 순간적이다. 따라서 비록 두 개의 화면이 담고 있는 내용이 전혀 다른 그림일지라도 그들이 커트로 맞물린 이상 두 개의 화면은 즉시적(卽時的)으로 연결되었기 때문에, 시간적으로 연속되는 전이(轉移)가 이루어졌음을 뜻하게 된다.

커트는 단순하고 무시간적(無時間的)인 것이기는 하나 영상표현에 있어 가장 기본이 되는 것이며, 현실적인 시간·공간을 초월하여 영상적인 시간과 공간을 창조하는 데 가장 큰 힘을 발휘하는 연결방법이다.

① 커트의 원칙

훌륭한 커팅은 눈에 띄지 않는다. 시청자가 조금의 저항도 느끼지 않도록 두 개의 샷을 연결하면 연결된 사실조차 인식 못하고 마치 하나의 영상으로 믿고 이야기 자체에만 주의를 집중하게 된다. TV를 시청하면서 좀더 자세히 보려는데 화면이 사라져 아쉬움을 느낄 때가 있으며, 반대로 한 화면이 너무 길어서 지루한 감을 느낄 때도 있다. 이런 경우는 모두 커팅이 잘 안 되었다는 증거이다. TV는 시청자를 만족시키는 데 첫번째 목적이 있다. 따라서 어설프게 연결된 커트를 보면 금세 불만을 표출하고 싫증을 느끼게 된다.

'루디 브레츠'(Rudy Bretz)는 시청자들의 시청욕구를 다음과 같이 지적하고 있다.

- 중요한 움직임은 클로즈업으로 자세히 보고 싶다.
- 영화와 같이 기민(機敏)한 전개를 보고 싶다.
- 화면 밖의 보이지 않는 부분도 보고 싶다.
- 화면 내의 상황과 자신과의 상대적인 관계를 알고 싶다.
- 시청의 혼란은 원치 않는다.

보고 싶은 화면이 차례로 전개되어 다음에 일어날 현상을 예기(豫期)하고 기대하게 되면 시청자는 그 영상표현에 자연히 빠져들게 마련이다. 즉 잘 이해되지 않는 화면, 혼란을 일으키게 하는 커트는 절대 금물이다.

'보고싶어하는 것을 보여주는 것', 이것이 커트의 원칙이다.

② 커트의 종류

화면을 커트(cut)로 연결하는 방법은 매치 커트(match cut)와 커트 어웨이(cut away)의 두 가지가 있다. 매치 커트는 연결 커트 또는 비분리(非分離)커트라고도 하며, 또한 커트 어웨이는 분리(分離)커트라고도 한다.

- 매치 커트: 선, 후 두개의 화면 중 후속 화면에 선행 화면의 일 부분이 남아 있을 때 이들 두 화면을 매치 커트로 연결되었다고 한다.
- 분리 커트: 선행 화면의 일부가 후속 화면에 남아있지 않고 새로운 화면

으로 연결되는 것을 분리 커트로 연결되었다고 말한다. 따라서 커트 백 (cut back)은 분리 커트의 일종이다.

매치 커트와 분리 커트는 연결되는 두 화면의 상관관계로부터 구분되는 것이다.

다음과 같은 네 개의 커트로 연결된 화면을 생각해보자.

교사의 M. C. S.	교사의 C. U.	학생의 M. C. S.	교사의 C. U.
①	②	③	④

화면①과 ②는 교사의 상반신(M.C.S.)과 같은 교사의 클로즈업(C. U.)이 커트로 연결되어 있다. 따라서 화면 ②는 선행화면인 ①의 일부분이다. 이와 같은 ①, ②의 관계는 매치 커트(연결 커트)로 연결된 것이다.

교사의 클로즈업과 학생의 상반신이 커트로 연결된 화면 ②와 ③의 관계는, 후속 화면인 ③이 선행 화면 ②의 구성부분을 포함하고 있지 않은 전혀 다른 화면으로 연결되어 있으므로 이 같은 연결은 커트 어웨이(분리 커트)이다.

화면 ③과 ④는 커트 어웨이로 연결되어 있으나, 화면 ④는 ③의 선행 화면인 ②를 다시 갖다붙인 것이다. 화면④가 ③을 사이에 놓고 바로 전에 선행했던 화면 ②로 되돌아가는 연결을 '커트 백'이라 한다. 화면 ③과 ④의 관계는 커트 어웨이로 연결되는 동시에 ④는 ②의 커트 백으로 연결되어 있다.

㉮ **매치 커트**(match cut)

계속되는 두 화면을 연결하는 데 후속 화면이 선행 화면의 일부분일 경우가 매치 커트인데, 두 화면을 매치 커트로 연결하는 목적은 시청자가 화면의 전환을 알아차리지 못하도록 화면의 연속성을 확보하는 데 있다. 매치 커트를 잘 사용하면 많은 샷으로 구성되는 한 신을 마치 하나의 연속된 화면으로 착각하게 만든다.

따라서 선행 화면과 후속 화면에 등장하는 인물들의 위치, 움직임, 시선 등 세 가지가 완전히 일치되지 않으면 안 된다. 이와 같이 화면을 구성시키는 데 반드시 지켜져야 하는 위치, 움직임, 시선의 삼일치(三一致)를 화면 일치의 기본적인 삼일체(三一體)라고 말한다.

㉠ 위치의 일치

화면을 커트로 연결할 경우 피사체의 물리적 위치는 반드시 동일해야한다. 화면은 여러 가지 내용들을 표현하는 것이지만 시청자의 주의는 반드시 어느 한 점에 집중되어 있다고 보아야 한다. 그리고 집중률은 미디엄 샷에서 클로즈업으로 사이즈가 커질수록 더욱 높아지는 경향이 있다.

탁자를 사이에 두고 왼쪽에 남자를 그리고 오른쪽에 여자가 앉아있는 것을 미디엄 투 샷으로 잡았다. 그 다음에 여자의 원 샷을 클로즈업으로 잡은 화면으로 커트로 연결시킨다. 이때 시청자는 여자의 위치가 오른쪽에 앉아 있는 것으로 기억하고 있다. 따라서 클로즈업으로 커트된 여자의 위치는 역시 약간 오른쪽에 치우쳐서 앉아있어야만 시각적으로 혼란을 일으키지 않는다.

반대로 여자를 화면의 중심선보다 약간 왼쪽으로 앉혀놓으면 오른쪽에 있었던 주의점이 갑자기 왼쪽으로 이동하게 된다. 이렇게 잡은 샷을 점프 샷(jump shot)이라고 한다. 이렇게 여자의 위치를 점프시키면 시각적으로 혼란을 일으키게 된다.

㉡ 움직임의 일치

사람이 왼쪽에서 오른쪽으로 걸어간다. 다음 화면에서 그 인물이 오른쪽에서 왼쪽을 향에 걸어가고 있다면 그 사람이 언제 어떻게 갑자기 방향을 바꿀 수 있었을까 하는 의아심이 생기게 된다.

인물이나 기타 대상물들이 움직이는 영상을 커트로 연결하는 경우, 피사체의 움직임은 움직이는 동작이나 방향이 항상 일정해야 시각상의 혼란을 막을 수 있다.

㉢ 시선의 일치

시선(視線)의 일치는 움직임을 일치시키는 것과 거의 같은 원칙에 따라 이루어진다. 시선을 일치시키는 데도 피사체가 바라보는 시선의 방향이 선행, 후속 화면에서 항상 동일해야 한다.

여자는 오른쪽에, 남자는 왼쪽에 앉아있는 미디엄 투 샷이다. 남자를 클로즈업으로 잡고 커트로 연결하면 그의 시선은 약간이나마 좌에서 우로 보고 있어야 한다. 다음 샷에서 여자를 클로즈업으로 잡고 커트로 연결하면 여자도 최소한 우측에서 좌측를 보고 있어야 한다. 다른 방법은 인물의 얼굴을 정면으로 찍은 샷을 삽입한 다음에 시선의 방향이 바뀐 샷을 커트로 연결하면 불일치를 면할 수 있다.

ⓔ 가상선(仮想線, imaginary)

이것은 카메라 앞에 가장 가까이 있는 두 사람을 연결하는 선을 말한다. 가상선이란 모든 등장인물의 움직임과 카메라의 위치와의 관계를 고려해서 콘티(촬영대본) 위에 그어놓는 선이지 실제로 존재하는 선은 아니다. 촬영에 임해서 여러 사람을 개별적으로 또는 그룹별로 촬영할 때 카메라는 이리저리 위치를 바꿔가며 찍게 된다. 이때 카메라는 가상선을 넘어서지 않고 잡은 샷과 가상선을 넘어서 잡은 샷을 커트로 연결하게 되면 이 두 개의 화면은 인물의 위치가 반대로 바뀌어서 시각적인 혼란을 일으키게 만든다.

가상선이란 선행 화면과 후속 화면을 커트로 연결하는 경우, 후속 화면을 찍기 위해 카메라 위치를 이동시키고자 할 때 이동할 수 있는 범위는 선행 화면을 찍을 때 이미 그어진 가상선 이내에서만 가능하다는 일종의 마지노 선이라 할 수 있다.

ⓜ 액션 커트(action cut)

같은 매치 커트 중에서도 액션 커트는 시청자의 주의점이나 혼란을 역이용하는 연결법이라 하겠다. 선행 화면에서 이미 주의점의 이동이 이미 진행중이고, 그 움직임이 다음 샷에서 완결될 경우는 선행 화면에서 움직임이 막 시작하는 시점(時點)에서 후속 화면으로 커트하면 원활하게 이어진다.

ⓝ Cut away(**분리 커트**)

분리(分離) 커트는 대체로 다음 세 가지 경우에 사용된다.

첫째는 촬영에 최선을 다했는데도 선행 화면과 후속 화면이 잘 일치되지 않아 원활한 연결이 안될 때 사용한다. 즉 분리 커트를 삽입해서 시청자의 주의점을 잠시 다른 곳으로 유도했다가 다시 후속 화면으로 돌아오게 하면 불일치(不一致)를 면할 수 있다. 이와 같은 목적으로 사용되는 샷을 '프로텍션 샷' 또는 '커버 샷'이라고 한다.

두번째는 시청자를 연기자의 입장에서 생각하게 하는 목적으로 사용한다. 즉, 연기자가 바라보는 시선에서 상대방을 보게 만든다.

세번째는 이야기 줄거리의 시간을 단축시키는 목적으로 사용한다. 즉 분리 커트를 삽입하여 주의점을 잠시 다른 곳으로 유도했다가 다시 원점으로 돌아와도 이야기의 흐름에 연속성이 유지되어 시각적으로 혼란을 일으키지 않게 하면서 시간을 생략하여 단축시킬 수 있다.

다. 커트와 구도

보통 우리가 구도(構圖)라 하면 개개의 영상의 사진적 균형이나 집단의 위치, 화면효과의 방향 등을 연상하게 된다. 이것은 영상표현의 효과면에서 볼 때 극히 중요한 요소들이다. 그러나 여기서 말하고자 하는 구도는 사진적인 균형이나 아름다움이 아니라 커트된 순간, 선행 화면과 후속 화면 사이에 시각적인 혼란이 생기지 않도록 하기 위해 프레임 안에 피사체를 어떻게 배치시키느냐 하는 문제를 말하는 것이다. 커트가 원활하게 연결되어 기분 좋게 보이게 하기 위해서는 다음의 세 가지 원칙을 지켜야 한다.

① 주요한 피사체는 선행 화면에서 보여준 구도상의 공간을 후속 화면에서도 비슷하게 유지시켜야 한다. 왼쪽의 남자와 오른쪽의 여자가 서로 마주보고 대화를 나누고 있는 장면을 미디엄 투 샷으로 잡은 다음 남자의 클로즈업과 여자의 클로즈업을 차례로 연결한다고 할 때, 남자의 원 샷은 프레임 우측에 약간의 여백을 두어 균형을 유지하고, 이어서 연결되는 여자의 원 샷 역시 좌측에 약간의 여백을 두어서 균형을 유지하는 것이 시청자의 시각적인 혼란을 막을 수 있어 좋다.

② 선행 화면과 후속 화면의 프레임 사이즈는 변화시키는 것이 좋다. L.S.에서 L.S.로 M.S.에서 M.S.로 커트하는 것보다는 L S.에서 M.S.로 커트하는 것이 좋고, 같은 맥락에서 C.U.에서 L.S.로, M.S.에서 C.U.로 커트하는 것이 효과적인 표현방법이다.

③ E.C.U.에서 L.S.로 커트하면 약간의 불일치는 잘 발각되지 않는다. E.C.U.에서는 어떠한 사이즈로도 커트할 수 있으며 나름대로의 효과를 걸 수 있다. 이 원칙은 콘티뉴이티 타입에서뿐만 아니라 뉴스 타입의 영상표현에서도 대단히 유용한 원칙이다. 그러나 카메라 앵글과 방향이 똑같은 L.S.에서 M.S.로 커트할 경우 아주 미세한 불일치도 당장 발

각되고 만다. 따라서 앵글과 방향이 각각 다른 화면을 커트로 연결하는
것이 바람직하다.

라. 커트의 제한

원활한 화면 전환으로 시각적인 혼란을 막기 위해서는 다음과 같은 커트의
연결은 피해야 한다.

① 무의미한 커트는 하지 말아야 한다. 커트를 많이 한다고 효과가 좋아지
   지는 않는다. 또 짧게 커트를 한다고 내용의 템포가 빨라지는 것도 아니
   다. 커트가 짧을수록 영상표현은 거칠어지고 연결도 부정확해진다.

② 비슷한 샷끼리의 커트는 삼가야 한다. 촬영을 하다보면 같은 피사체를
   비슷한 거리와 비슷한 각도에서 여러 번 찍게 되는 경우가 있다. 이렇게
   찍어놓은 화면들을 연결하는 데도 버리기가 아까워서인지 비슷한 샷들
   을 커트로 연결하는 경우를 자주 보게 된다. 그러나 비슷한 샷을 갖고
   커트로 연결하면 순간적으로 위치가 점프하거나 시선이 맞지 않아 어
   리둥절하게 만들 위험성이 있다.

③ 카메라의 큰 각도 변화는 삼가야 한다. 카메라의 위치가 갑자기 90도로
   바뀐 화면을 커트로 연결하면 정면으로 향했던 얼굴이 옆을 보는 얼굴
   로 바뀌고, 옆으로 걸어가던 사람이 갑자기 정면을 향해 걸어오게 되어
   다른 사람같이 느껴지기 쉽다.

④ 프레임 안에서 인물의 퇴장과 등장은 주의해야 한다. 선행 화면에서
   인물이 프레임 아웃되면 시청자는 그 인물이 퇴장한 것으로 생각한다.
   그런데 후속 화면에서 프레임 인 시키지 않고 이미 등장해 있는 상태로
   보이면 시청자는 혼란을 일으킨다. 인물의 퇴장과 등장은 특히 신경을
   써야 한다.

⑤ 커트로 할 것인가? 디졸브로 할 것인가? 또는 이동으로 할 것인가? 망설
   여질 때는 커트로 하는 것이 좋다. 디졸브로 표현하면 여러 가지로 해석
   될 수 있고 시간도 걸린다. 카메라 이동 역시 시간이 걸리는 동시에 불
   필요한 배경까지 보여야 한다. 이렇게 망설여질 때는 커트로 연결하는
   것이 좋다.

마. 내용의 편집

어떤 경우든 마찬가지지만 특히 뉴스와 다큐멘터리 편집에서는 주요 이벤트가 일어난 진정한 의미를 왜곡해서는 안 된다. 지방의 정치후보 연설을 취재한 테이프에 깊이 잠든 청중의 우스운 모습이 클로즈업으로 들어갔다고 가정해보자. 촬영한 내용의 다른 화면을 보니, 청중들은 모두 완전히 잠이 깨어 있을 뿐 아니라, 후보의 연설에 크게 고무되어 있다는 것을 알 수 있었다. 그렇다면 잠들어 있던 사람은 이벤트가 일어난 곳의 전체적인 상황을 결코 대변할 수 없기 때문에 클로즈업을 사용해서는 안 된다.

바. 윤리적 측면(일종의 鐵則이다)

편집을 통해 이벤트를 고의적으로 왜곡시키는 것은 미적인 판단력의 문제가 아니라 윤리상의 문제이다. 편집자에게 가장 중요한 원칙은 가능한 한 실제 이벤트에 충실해야 한다는 점이다.

예를 들어, 자신이 좋아하는 정치후보자가 우연히 지지받을 말을 했다고 해서, 실제로는 죽은 듯한 침묵이 감싸고 있었는데도 박수갈채를 편집해 집어넣는다면 분명 비윤리적으로 행동하는 것이다.

자신의 신념과 일치하지 않는 내용은 편집해서 모두 빼버리고, 공감하는 것만 남겨놓는다면 그 또한 온당치 못한 일이다. 어떤 내용에 대해 찬성과 반대가 나왔다면, 각각을 가장 잘 대표해줄 수 있는 것을 제시해야 한다. 미리 정해진 길이에 맞추려고, 어느 한쪽을 편집에서 빼버리면 안 된다.

샷을 두 개 병치(倂置)시킬 때는 그 안에 들어 있지 않은 제3의 생각을 암시할 수도 있으므로 특히 조심해야 한다. 예컨대 군비증강을 청원하는 정치가의 탄원 뒤에 원자탄이 폭발하는 장면을 연결시킨다면, 부당하게도 이 정치가가 핵전쟁을 지지한다는 암시를 줄 수 있다. 이런 몽타주 샷(montage shot)[35]

---

[35] 방송문화진흥회 편, 『방송대사전』, 나남출판, 1990, p.248.
　'구성한다, 쌓아올린다, 조립한다'(프랑스어: monter) 등의 뜻으로 '편집'이라는 의미와 '화면구성의 사상성'을 뜻하는 용어로 사용된다. 원래는 여러 가지 영상을 한 화면 내에 짜넣는다는 사진용어였으나, 러시아의 '에이젠슈타인' 등 이론가들에 의해 영화에 도입되면서, 샷들의 연결에 의하여 새로운 의미를 창조한다는 뜻으로 쓰이게 되었다. 하나의 화면구성뿐만 아니라 감정이나 의지, 사상의 흐름을 몇 개 장면의 연속(화면의 연결방법)으로 표현하는 것도 몽타주라 한다. 몽타주는 구성적으로 이루어진 영화편집

은 위험한 만큼 영향력도 강하다.

또한 자극적인 것을 촬영하기 위해 이벤트를 연출시켜서는 안 된다. 예컨대 소방수가 한 사람을 성공적으로 구출했는데, 이 장면을 못 찍었다고 해서 소방수에게 사다리를 타고 다시 올라가 대담무쌍했던 모습을 재현하라고 시켜서는 안 된다는 것이다.

특히 편집에 있어서의 '윤리적인 측면'은 매우 중대하다고 생각된다. 모든 제작현장의 기자나 프로듀서들이 100% 공정성과 균형감각을 소지하고 있다고 보기 어려운 상황이 일부 또는 부분적으로 존재할 가능성이 있기 때문이다. 즉 오늘날 한국사회에서 '이데올로기', '노동조합원으로서의 정서', '선호하는 정치 집단과의 관계', '특정 학벌과 지역주의', '집단이기주의', '극단적인 페미니즘', '젊은 계층에 대한 우대 경향' '반미·반자본주의' 등 다분히 편향된 생각들과 기타 여러 가지 병리현상적인 사고들이 돌출하고 있음을 우리가 목격할 수 있는 것이 그 배경이다.

특히 다큐멘터리 프로그램의 제작 담당자들의 연령이 점차 하향되고 있는 현실을 감안하면, 어느 일방에만 치우치거나 노출될 수 있는 가능성과 위험성은 점증되고 있다. 제작자들은 자신들이 공평무사(公平無私)한 진정한 언론인이라는 사명감에 입각해 심사숙고하는 사려 깊은 모습을 보여야 마땅하다고 본다.

또한 관리자들은 이러한 우려에 대해 전방위적인 경계와 주의를 기우려야 하고, 어떤 제도적 장치나 보완책을 마련해야만 작품성이 돋보이는 프로그램들이 생산될 것으로 판단된다. 현재 우리 텔레비전에서 편집상의 윤리적 측면은 아무리 강조해도 지나치지 않다고 느껴진다. 영국 BBC가 추구하는 균형감각과 공정성이 더욱 절실하게 요구되는 시점이 아닌가 생각된다.

(7) 디졸브를 위한 A & B roll(reel) 분할 편집

편집과정에서 디졸브(Dissolve)를 하기 위해서는 약간 불편한 작업을 수행하

이다. 영화에서는 하나의 scene 그 자체로서는 무의미하다. scene이 겹쳐 쌓아지고, 다른 장면과 서로 결합되어서 비로소 의미를 가진다. 이것이 몽타주이다. 프랑스는 감각적으로, 러시아는 심리적으로 몽타주를 설명하는 경향이 있다.

지 않으면 안 된다. 즉, 디졸브는 하나의 화면이 '없어지고', 여기에 '새로운' 화면이 미세하게 겹치거나, 1~2초간 black이 생겼다가 새 화면이 합성되는 형태이다. 따라서 부득이 A reel과 B reel에 각각 편집된 두 개의 화면이 지그재그로 번갈아 연결되어야만 디졸브가 가능해진다. 구성안을 통해 선택된 화면들을 사전에 디졸브할 부분(곳)을 정해놓고, 지그재그로 그림을 붙이기 위해 A reel과 B reel에 나누어 감아 편집하는 것이 분할 편집이다. 이와 같이 특정한 효과를 위해 화면을 두 개의 reel로 나누어 놓은 것을 'A&B rolls'라고 말한다(자세한 것은 '(11) 디졸브'에서 상술하고자 한다).

(8) 어셈블 편집과 인서트 편집

어셈블 편집(assemble editing)은 요약해서 말하면, 녹화가 끝난 여러 가지 테이프를 모아서 일정한 순서로 다시 녹화한 다음 하나의 테이프로 만드는 편집의 한 방법이다.

어셈블 방식에서는 녹화기가 재생용 녹화기가 제공하는 내용을 복사하기 바로 전에 테이프에 있는 영상, 음향, 컨트롤 트랙, 주소 트랙 등 모든 것을 소거(消去, 지운다)한다. 전에 녹화한 내용이 편집 원본 테이프에 남아있는 경우, 어셈블 방식은 첫번째 shot을 위해 필요한 만큼 테이프를 지운다.

shot 1에 shot 2를 편집하면 녹화기는 다시, shot 2에 포함되어 있는 영상, 음향, 주소, 컨트롤 트랙 등 모든 정보를 기록할 수 있는 공간을 만들기 위해 shot 1 뒷부분의 테이프를 지워버린다. 어셈블 편집에서는 편집 시작점만 입력하면 된다. 특별히 편집 종료점이라고 할 것이 없으며, shot 2의 편집 시작점이 바로 shot 1의 편집 종료점이 된다.[36]

인서트 편집(insert editing)은 녹화가 끝난 테이프에 어떤 부분을 끼워넣는 것을 의미한다. 다시 말해 잘못된 부분을 다시 촬영해서 오리지널 부분에 대치(代置)시키는 것이다. 따라서 인서트하려는 화면과 지우려고 하는 녹화된 그림의 길이를 정확히 일치시키지 않으면 안 된다.

인서트 방식으로 편집하면, 재생용 테이프에서 녹화용 테이프로 컨트롤

---

36) Herbert Zettl, 『텔레비전 제작론』(하), 황인성·윤선희·정재철·조찬식 공역, 나남출판, 1995, p.435.

트랙을 전사(轉寫)하지 않는다. 빈 새 테이프를 편집 원본 테이프로 이용하려면, 먼저 플랙을 녹화해서 컨트롤 트랙을 입혀놓아야 한다. 컨트롤 트랙은 계속해서 편집점의 지표 역할을 한다. 각 shot의 편집 시작점만을 나타낼 수 있는 어셈블 방식과는 달리, 인서트 방식에서는 편집 시작점과 종료점을 모두 설정할 수 있다.37)

(9) 선형 편집(Linear editing)과 비선형 편집(Non-Linear)

테이프를 사용하여 릴에 녹화된 순서에 따라서만 편집 내용을 재생 및 검색할 수 있는 영상편집방법을 선형 편집이라고 한다. 즉 현재에도 사용하는 아날로그 편집을 말한다. linear는 line의 형용사임으로 선형 편집을 '리니어 편집'이라고 말한다.

테이프는 선형적으로 한 줄로 길기 때문에 소재를 찾으려면 테이프를 편집하려는 지점까지 다시 감아야 하는 불편한 점이 있다. 테이프 편집은 1956년도 이래 폭넓게 사용되고 있으며, 1989년에 넌리니어(디지털 방식) 편집과 구별하기 위해 리니어 편집이라고 부르기 시작했다.

선형 편집은 직접 테이프를 감고, 조그(jog), 프리롤(preroll)하는 데 전체 작업의 40% 정도를 소비함으로 실질적으로 속도가 매우 느리다. 게다가 편집 마스터 장비에 녹화 소재를 순서로 입력하면 후에 편집하는 데 제한적 요소가 작용한다. 또 특수효과를 사용할 때는 더욱 복잡해진다.

비선형 편집은 선형 편집과는 달리 테이프를 사용한 편집이 아니라 컴퓨터의 데이터로 전환된 영상물을 디스크처럼 녹화 영역이나 소스의 해당 부분까지 빠르게 찾아갈 수 있는 편집환경을 설명할 때 사용하는 말이다. 즉 테이프 대신 컴퓨터 하드디스크에 디지털 신호로 바꾼 비디오 화상을 저장한 후 편집 소프트웨어를 사용해 편집하는 방법이다. 이렇게 하면 테이프 작업에서 했던 프리롤 등의 작업이 필요하지 않기 때문에 더욱 신속하게 편집을 수행할 수 있다.

그러나 어떤 프레임에도 리얼타임 엑세스가 가능하다는 것은 아니며, 압축 영상을 저장하는 오프라인 작업에 폭넓게 사용된다. 그러나 최근에는 하드

---

37) 앞의 책, p.463.

웨어의 개발에 따라 듀얼 엑세스를 장착하여 리얼타임 엑세스가 실현되고 있다.[38]

넌리니어 편집을 수행하는 구체적인 과정은 다음과 같다.

① 카메라로 촬영한 소스를 준비한다.
② 카메라와 컴퓨터 캡처보드가[39] 연결된 상태에서 프로그램을 실행시킨다.
③ 프로그램을 실행시켜 캡처받을 준비를 한 후, 영상을 플레이시켜 캡처를 시작한다.
④ 캡처된 영상은 파일로 저장되어 편집할 수 있는 디지털 신호로 변환된다.
⑤ 프로그램에서 영상을 불러들여 컷을 나누고 효과를 넣고 자막을 삽입한다.
⑥ 모든 편집이 종료되면 다시 테이프로 복사한다.

(10) BBC편집의 관점[40]

촬영이 끝나면 연출자는 모든 촬영테이프를 가지고 편집실로 간다. 편집실에서 편집자는 방송시간에 맞추어 촬영해온 모든 테이프들을 잘라 정리하고 여기에 음악, 효과음, 대사 등 모든 음향요소들을 처리한다. 이런 편집작업은 '소리와 영상을 일치시킨다'는 의미에서 '동조작업'이라고 불린다. 편집과정을 거쳐 최종적으로 완성된 프로그램의 길이는 촬영과 각종 자료화면 등을 포함한 전체 제작분량의 10% 정도밖에 안 된다. 어떤 경우에는 25% 정도까

---

38) ≪컴퓨터 아트≫, 1999년 7월호 참조.

39) Capture는 디지털 비디오 영상을 실제로 하드디스크에 저장하는 과정이다. 이 과정을 마치면 디지털 비디오 데이터가 하드디스크로 옮겨지기 때문에 이것을 어도비 프리미어를 비롯한 다른 비디오 편집 프로그램을 사용하여 원하는 대로 편집하여 사용할 수 있다. 동영상 캡처 보드는 몇 가지가 있는데, 통합보드는 여러 가지 기능(VGA 기능, TV수신기능, 정지화상, 동영상 캡처)을 하나의 카드 형태로 구성한 것이다. TV수신카드는 단순 TV수신뿐만 아니라 오버레이, 정지화상 및 동화상 캡처기능을 갖추고 있다. 전문 캡처 보드는 일반 사용자가 가장 많이 사용하는 캡처만을 위한 전용보드로 Miro사가 개발한 DC시리즈가 있으며, 이는 실시간 압축 저장함으로 방대한 캡처 용량을 줄여주면서 화질 손실을 최소화한다.

40) 김사승, <BBC다큐멘터리특강>(제11강－편집), 한국방송영상산업진흥원, 2000.

지 되기도 하지만 또 경우에 따라서 5%에 지나지 않는 것도 있다. 그만큼 다큐멘터리 프로그램은 제작과정에서 충분한 양을 제작해야 하며 또한 편집과정에서 엄청난 양의 테이프들을 잘라내야 한다는 것을 의미한다. 다른 한편으로 이는 편집과정에서 중요한 결정을 해야 하는 일이 많다는 것을 의미하기도 하다. 편집은 그만큼 중요한 작업인 것이다.

편집과정에서는 제작된 테이프의 90% 정도가 잘려나간다는 것은 편집과정을 거치면서 각 시퀀스의 애초 길이가 변하는 것에서부터 프로그램이 애초에 의도했던 형태전반에 걸쳐 변화가 일어날 수 있다는 것을 의미한다. 편집은 그만큼 전혀 새로운 제작과정이라고 할 수 있다.

BBC는 다큐멘터리의 편집과정의 엄격함을 이처럼 인정하지만 이런 편집과정을 거치더라도 프로그램이 당초 의도했던 형평성과 정확성은 반드시 지켜져야 한다는 것은 철칙이라는 점을 강조하고 있다. 즉 편집을 통해 프로그램은 새로운 모습으로 다듬어지지만 다큐멘터리 본래의 모습을 훼손(毁損)하는 식으로 이루어져서는 안 된다는 것이다.

제작된 테이프 가운데 물론 기술적인 이유 때문에 잘려나가는 부분도 있다. 즉 화면에 내보내기 적당하지 못한 장면이라든지, 주요한 장면이 화면에서 빠져 있다든지 등의 카메라 실수에서부터, 도입부분용으로 제작되었는데 막상 다른 화면들과 비교했을 때 도입부분에 적당하지 않다든지, 여러 가지 기술적인 이유로 전체 맥락에서 불필요하거나 의미가 없을 때는 잘라낼 수밖에 없는 것이다.

그러나 이런 경우는 그리 많지 않으며 거의 대부분은 어느 화면이 더 나은가 하는 '선택'에 의해 잘려나간다. 이런 선택을 위해 연출자와 편집자는 기본적인 판단을 해야 한다. BBC 다큐멘터리 프로그램의 편집을 위해 제시한 선택기준들은 다음과 같은 것들이다.

- 어느 화면이 흥미롭고 어느 화면이 지루한가.
- 인터뷰는 간단하고 명확하게 이루어졌는가.
- 인터뷰의 요지가 혼란스럽거나 일관성이 없지 않은가.
- 샷들이 다루는 사건들을 실제 있었던 그대로를 사실적으로 표현하고 있는가.

- 샷들이 다루는 사건들에 대해 잘못된 인식을 심어주지는 않는가.
- 샷들이 생동감이 있는가.
- 샷들이 너무 과장되게 표현되지 않았나.
- 인터뷰가 자유로운 분위기에서 이루어졌는가.
- 인터뷰가 부자연스럽고 억지스럽게 이루진 부분은 없는가.
- 프로그램 전체의 구조와 어떤 관련을 갖고 있는가.

(11) 디졸브

텔레비전에서는 'dissolve'라는 기법을 자주 사용한다. 교양 프로그램이나 뉴스 등에서보다도 드라마나 다큐멘터리 프로그램에서 활용의 빈도가 잦다. 그 이유는 '디졸브'의 개념을 정확히 이해함으로써 분명히 알 수 있다. 『방송 대사전』은, '디졸브'를 하나의 영상이 사라지면서 동시에 다른 영상이 선명하게 나타나는 것. 영화나 TV에서 하나의 화면이 점점 어두워지면서(페이드 아웃), 다음 화면이 점점 밝아지며 나타나는(페이드 인) 기법이라고 설명하고 있다. 보다 자세히 상술하고자 한다.[41]

디졸브는 한 샷에서 다른 샷으로 화면이 점진적으로 전환되는 것으로, 두 영상이 잠시 중첩된다. 커트 자체는 화면상에서 볼 수 없는 데 반해, 디졸브는 화면이 전환되는 것을 명확히 볼 수 있다. 디졸브는 두 샷을 가능한 한 눈에 띄지 않게 결합시키는 방법일 뿐 아니라, 그 자체로 영상 소재 가운데 하나가 된다. 따라서, 디졸브는 커트보다 더 신중하게 사용해야 한다. 디졸브의 사용 이유는 다음과 같다.

① 행동을 부드럽게 연결시킨다.
② 장소와 시간의 변화를 나타낸다.
③ 두 영상 사이의 관계가 깊다는 것을 나타낸다.

실례를 들어보면, 댄서(dancer)의 와이드 샷에서 클로즈업으로 화면을 흥미

---

41) Herbert Zettl, 『텔레비전 제작론』, 황인성·정재철·윤선희·조찬식 공역, 나남출판, 1995, pp.456~457.

있고 부드럽게 전환시키려면, 한 카메라에서 다른 카메라로 디졸브하면 된다. 독주자의 클로즈업을 전체 합창단의 롱 샷으로 디졸브할 수 있는데, 이렇게 디졸브로 처리하는 것이 커트보다 더 적당할 것이다.

장소가 바뀌는 것을 나타내기 위해, 새로운 세트로 커트하기보다 디졸브로 처리할 수 있다. 시간의 변화를 느린 디졸브로 암시할 수 있다. 디졸브는 이벤트의 전체적인 리듬에 따라 느리게 하거나 빠르게 할 수 있다. 아주 빠른 디졸브는 기능이 커트와 거의 같기 때문에 소프트 커트(soft cut)라고도 부른다.

디졸브는 시간이나 장소의 변화가(달라졌음) 있었음을 의미하나, 경우에 따라서는 심미적인 이유에서 사용되기도 한다.

일반적으로 디졸브는 2초에서 3초 사이에 이루어지는 것이 적당한데, 이때 일시적인 영상의 오버랩 현상이 일어난다. 문법적으로 말하면, 디졸브는 단락의 종결 또는 장(場)에서의 주요 액션의 종료를 뜻한다고 정리하고 있다.

드라마는 대본을 통한 이야기의 전개이고, 다큐멘터리는 ENG취재의 화면을 중심으로 해서 내러티브(story)가 엮어진다. 드라마와 다큐멘터리 두가지 모두 하나의 이야기이고 사건일 수 있다. 이렇게 줄거리를 만들어 가자면 여러 가지 에피소드(소설, 극중의 揷話)가 필요하게 되고, 하나의 에피소드가 끝나고 또 다른 내용으로 이어질 때는 반드시 '시간'이나 '장소'의 변경이 개입하게 된다.

예컨대, 오래 전부터 성실한 애인이 있는 미모의 여대생이, 우연히 지난 가을 키가 185cm 정도이고 눈이 유난히 큰 한 남자를 만나 사귀었다. 2~3달 만나보니 키만 컸지 마마보이인데다 커피값조차 낼 줄 모르는 미숙아 상태였다. 눈이 내리는 날 여대생은 잠실 신천동에 있는 카페 Who'who에서 그 미숙男과 결별을 선언하고 헤어졌다. 다음날 그녀는 속죄의 마음으로 본래의 성실男에게 점심을 사기 위해 신촌에 있는 '독(수리)'빌딩으로 향했다. 이런 과정을 나타내는 편집화면을 만들어야 한다면 반드시 '디졸브'가 필요하다.

왜냐하면 미숙男과의 '결별(訣別)'과 성실男과의 '재회(再會)'는 하나의 사건이지만, 그 성격에서는 분명한 차별을 보여야 한다. 시간적으로도 24시간의 차이가 있고, 공간적으로도 '신천'과 '신촌'은 발음상으로는 유사하지만 매우 다른 장소이다.

따라서 사태에 있어서의 핵심적인 형편, 시간과 공간의 다름을 화면으로 표현하기 위하여 확실한 어떤 선(線)을 그어주어야 하는데, 그것이 바로 '디졸브'인 것이다. 이 디졸브가 유효적절하게 사용되지 못하면 시청자들은 내용을 정확히 이해하지 못하고 때로는 오해할 가능성도 있다.

소설에서, 앞의 문장을 끝내고 줄을 바꾸어서 '한편', '다음 날' 등으로 표기하고, 이어서 '부산에 계신 아버님은' 하는 식으로 표현하는 것이 TV에서는 모두 디졸브 기법에 해당된다. 영화에서의 오버랩도 TV의 디졸브와 같은 개념으로 사용되지만, 긴 시간의 경과를 나타낼 때는, 자막으로 '5 years later' 등의 방법을 쓰는 것이 TV와는 다소 다르다.

앞서 기승전결을 설명하면서 '이야기'를 시청자가 이해하기 쉽도록 네 토막으로 잘라서 전달하는 것이라는 언급을 한 바 있지만, 이 디졸브도 한 개의 조그만 전개 내용을 파악하기 편리하도록 '화면의 구분 표시'를 하는 것으로 생각하면 된다.

만약 모두 16개의 화면이 선택·편집되어 있고, 이것을 디졸브 작업을 통해 연결해야 한다면, PD나 편집자는 베타 편집실에서 사전에 다음과 같이 A reel과 B reel(A&B roll) 두 개로 분할해서 화면을 감아놓아야 지그재그로 붙일 수 있게 된다.

AB롤(AB rolling)을 우리 TV에서는 흔히 reel로 쓴다. 편집시[42] 재생용 녹화기 두 대를 동시에 이용하는 경우를 가리켜 AB롤이라고 한다. AB롤에는 영상을 동시에 제공해주는 소스가 두 개이므로, 정해진 순간 A롤에서 B롤로 또는 B롤에서 A롤로 그 내용을 바꿀 수 있고, 화면전환 장치를 이용해 A롤과 B롤을 결합시킬 수 있다.

이러한 디졸브 과정은 도표로 보면 간단하지만 실제로 작업을 수행하는 데는 적지 않은 공이 든다. 때문에 편리한 것을 선호하는 일부 신세대 PD들은 귀찮은 디졸브를 무시해버리고 커트로 붙여버린 프로그램을 왕왕 보게 된다. 결코 바람직한 태도는 아니라고 생각한다. 프로그램을 제작하는 것은 시청자를 위해서 만드는 것이지 프로듀서 자신의 편의나 취향을 위해서 존재하는 것이 아니기 때문이다.

---

42) 앞의 책, p.450.

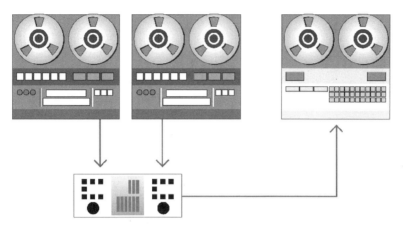

A&B roll

<디졸브로 A reel과 B reel을 연결할 때의 예>

※∨ 표시 지점−디졸브

① ② ∨ ③ ④ ∨ ⑤ ⑥ ∨ ⑦ ⑧ ∨ ⑨ ⑩ ∨ ⑪ ⑫ ∨ ⑬ ⑭ ∨ ⑮ ⑯

A reel   B reel

① ② ↘ + ↗ ③ ④

⑤ ⑥ ↘ + ↗ ⑦ ⑧

⑨ ⑩ ↘ + ↗ ⑪ ⑫

⑬ ⑭ ↘ + ↗ ⑮ ⑯

　디졸브 공정은 전체적으로 따지면, PD의 노력과 시간, 차후 종합편집실에서의 TD의 작업이 요구되기 때문에 제작비와 관련이 있다. 비용을 절감하기 위해서 베타 편집실에서 편집자가 직접 베타테이프로 디졸브를 할 수 있는 간이 디졸브 기계가 이미 사용되고 있다. 그러나 1인(人) 작업이기 때문에 100% 기량을 발휘할 수 없는 관계로 사용이 보편화되고 있지 않은 것으로 보여진다. 모든 방송기재들이 컴퓨터와 연계되는 추세이기 때문에 컴퓨터에 입력만으로도 디졸브가 가능한 환경이 더욱 확산될 것으로 기대된다. 넌 리니어 편집에서는 디졸브가 용이하다.

이때 디졸브는 종합편집실에서 기술감독(TD)의 주도·통제하에 진행된다. 이렇게 보면 디졸브는 포스트 프로덕션에 있어서 매우 비중 있는 단계이다. 디졸브 과정이 종료되면 구성 안에 순서대로 적시(摘示, 표현)된 모든 화면들이 한 개의 테이프에 수록(收錄)된다. 프로그램 타이틀과 CM을 제외한 종합적인 그림이 연결돼, 차후 방송될 프로그램의 길이(시간)와 거의 유사해진다.

와이프(wipe)[43]에서는 하나의 영상이 다른 영상을 화면 밖으로 밀어내는 것 같은 느낌을 준다. 와이프는 과감한 화면전환 장치이기 때문에 특수효과로 분류되어야 한다. 와이프는 보통 한 장면이 끝나고 다음 장면이 시작되는 것을 알려준다.

페이드(fade)는 화상이 점차적으로 블랙이 되든지, 블랙 상태에서 화면에 서서히 나타나든지 하게 된다. 페이드는 어떤 장면이 시작되거나, 끝나는 것을 분명히 알려주기 위해 쓰인다. 마치 극장의 커튼과 같이, 페이드는 화면에 나오는 이벤트의 일부가 시작되거나 끝났다는 것을 분명히 해준다. 기술적으로 페이드 그 자체가 진정한 화면전환은 아니므로, 블랙으로 빨리 페이드한 후 즉시 다음 영상으로 페이드 인하는 것을 크로스 페이드(cross fade)라고 한다.

특수 효과의 범주에 속하는 것으로 뉴스나 시사프로에 자주 사용되는 크로마 키(Chroma key)가 있다.

크로마 키는[44] 키 효과를 내는데 색깔(chroma)과 빛의 밝기를 이용하여 특수효과를 내는 수법이다. 기본적으로 크로마 키를 할 때는 배경으로 검은색 대신 보통은 푸른색을 쓴다. 푸른 배경 앞에 어떤 화상이 나타나든지 제2의 비디오 소스에 키로 삽입시킬 수 있다. 예컨대 한 무용수가 지붕에서 도시의 마천루를 배경으로 춤을 추고 있는 그림을 만들고 싶으면, 카메라1로 도시 마천루 사진을 찍고, 카메라2로 골고루 조명이 비치는 푸른 배경 앞에서 춤을 추는 무용수를 찍도록 한다. 크로마 키를 사용할 때, 무용수의 형태만큼 마천루의 배경 화상에서 파내고 무용수의 실제 이미지를 계속적으로 거기에 채워주면 무용수가 마치 지붕 꼭대기에서 춤추고 있는 것 같이 보이게 된다.

---

43) 앞의 책, p.458.

44) 앞의 책, p.496.

실제로 키를 조정하는 동안은 푸른 크로마 키 배경색에 접근하는 앞 장면에 배경이 비치게 된다. 따라서 일기예보자는 크로마 키를 사용할 때, 파란 계통의 옷을 입으면 안 되는데, 위에 위성에서 잡은 구름사진 앞에서는 사람이 부분적으로 보이지 않게 되기 때문이다. 배경색과 같은 넥타이만 해도 그 부분에 배경이 비치게 되므로 주의해야 한다.

12) 구성안 화면 연결본(連結本) 시사(試寫)

디졸브 작업을 통해 베타테이프(1/2인치 디지털 베타)에 구성안에 제시된 온갖 화면들이 연결되면, 기획안이라는 프로그램 설계도의 골격이 정해지고 뼈와 살이 다 붙게 되는 셈이다. 그리고 작품을 완성하기 위한 포스트 프로덕션의 대모(大謀)한 과정이 완결된다. 이제 완제품이라는 마지막 지점을 향해 달려가기 위해, 사전 준비를 시작해야 한다.

우선 구성안대로 이어진 연결본 테이프를 시사할 수 있는 재생chain을 확보하고, PD와 조연출, 대본을 집필할 다큐멘터리 작가, 음악작곡가, 음악효과(music effect) 담당자, 음향효과(sound effect) 담당자가 가능하면 같이 한자리에 모여, 연결본을 시사한다.

가. 다큐멘터리 작가

다큐멘터리 작가는 시사를 하면서 자신이 원고를 써야 할 곳(내용)을 정확히 파악하고, 몇 분, 몇 초 정도의 길이로 원고를 작성할지를 분명하게 기록해둔다. 또한 해당 화면의 분위기(희·노·애·락 등)나 정서가 어떤 것인지 잊지 않도록 명기한다. 이때 이미 작가는 자신이 써야 할 이야기의 중요 부분을 머리 속에 입력해야 할 것이고, 결의(決意)에 가득 찬 자세로 원고를 작성할 준비를 다지지 않으면 안 된다.

왜냐하면 원고를 완성해야 할 시한이 결코 길지 않기 때문이다. 사정이 좋다면 일주일의 시간이 주어질 수도 있지만, 대개는 2~3일, 오후에 시사하고 다음날 오전까지 원고를 완성해야만 하는 최악의 상황도 발생할 수 있다.

다큐멘터리 작가가 집필을 목전에 두었다면, 그는 원고 작성 외에는 아무것도 생각하지 말아야 한다. 자나깨나 앉으나 서나 오직 완성된 테이프의 그림과 자신이 써야 할 원고의 연관성만을 머릿속에 그려야 한다. 그리고 서예가가 일필휘지(一筆揮之)로 한순간에 작품을 완성하듯, one shot으로 속 전속결(5시간 이내) 원고의 마침표를 찍어야 한다.

이 경우 작가는, 넓이뛰기 경기에서 선수가 2차시기와 3차시기에 도전하는 것과 아주 다르다. 물론 수정할 때야 다시 원고 작성을 해야 하지만, 극도의 흥분 상태에서 일순에 사정해버리는 섹스처럼, 순식간에 써내려가야 한다. 따라서 다큐멘터리 작가는 내용과 함께 속도를 요한다는 점에서도 프로페셔 널해야 한다는 사실을 늘 기억해야 할 것이다.

여담 성격의 이야기를 한 가지 하고자 한다. 만약 프로듀서가 원고를 의뢰 한 다큐멘터리 작가가 매우 능력 있는 작가로 정평이 나 있는 경우에는 어떤 상황이 발생할까? 텔레비전에서도 수요와 공급의 법칙이 적용될 것이다. 즉, 인기가 있다든가 유명하다고 소문이 나거나 또는 실력을 널리 인정받게 되 면, 일을 해달라는 수요(需要)는 늘게 되고, 반대로 '몸' 하나로 아니면 '머리' 하나로 그 공급(供給, 요구)을 전부 감당하기는 어려운 사태가 생긴다.

이 경우, 소위 유명 작가는 다음 '기준'에 따라 작품(일)을 선택하게 될 것이 다.

① 프로그램의 편성 시간대. 다큐멘터리는 밤10시 후반을 선호한다. 골든 타임에 방송이 나가야 시청자에 대한 프로그램 노출이 높고 그래야 인 지도를 기대할 수 있다. 그러니까 작가는 자신이 맡을지도 모르는 프로 그램의 예측되는 편성시간대를 속으로 따져보게 될 것이다.

② 평소의 시청률, 이것은 담당 PD의 제작능력·경력과도 유관하다. 스티 븐 스필버그 감독은 <쉰들러리스트> <라이언 일병 구하기> <쥬라 기공원> 등 비교적 최근작만으로도 세계적 명성이 자자하다. 어떤 평 론가는 그가 히트 작품을 만들 수 있는 것은 '전문가 선택'에서의 입지 가 항상 최상위에 놓여 있다는 점을 지적한다. 스필버그가 일을 하자고 제안하면 거절할 사람이 없고 백사를 제쳐놓고 참가한다는 것이다. 왜냐하면 스필버그가 감독하거나 제작하면 흥행이 보증되므로, 자연히 유명해지고 몸값도 올라 돈을 더 많이 벌 수 있기 때문이라는 것이다. 따라서 최고 실력자가 모인 드림팀이 영화를 만드니까 실패가 드물다

는 것인데, 그럴 법한 이야기다. 해당 프로듀서가 평소에 마크한 시청률 랭킹에 따라 유명작가의 확보가 결정될 수 있다.

③ 규정 외의 높은 원고료. 다큐멘터리 작가에게도 드라마 작가와는 다르 겠지만 under table(뒷돈)이 있을 수 있다. 전속료로 묶여 있을 경우야 다르겠지만, 프리의 신분이라면 원고료가 좋은 방송사, 자료조사비 등 을 편법으로 원고료를 더 얹어주는 프로그램을 선택하게 될 것은 자명 한 이치이다.

④ 프로듀서의 인품(人品). 인품이라는 말의 의미는 인간으로서의 인격과 품성을 뜻한다. 다큐멘터리 PD 중에는 훌륭한 인격을 소유한 사람도 많겠지만 반대로 괴곽하고 야비한 사람도 없으란 법이 없다.

예컨대 프로그램의 시청률이 저조할 경우, 자신이 기획·취재·편집 등 제작 자체에 문제가 있었는데도 작가의 구성 능력과 원고의 탓이라고 떠들고 다닌다든지, 여성 작가에게 밤늦도록 술을 마시자고 강권하고 술값까지도 부담시키고 성적(性的)인 불편함도 야기한다면, 누가 그런 프로듀서와 일을 하고자 할 것인가? 정반대로 두 사람 사이에 신뢰와 존경이 존재한다면 그들은 한 팀으로 끈끈한 우정이 오랫동안 지속될 것이다.

전문 직업인으로서 PD와 작가간에는 이런저런 인간관계와 갈등이 존 재한다. 그런 가운데 만약 '고수(高手) 작가'로 공인된다든가 '빼어난 솜씨'로 평가받는다면, '연결본 시사'와 관련해서 그는 특혜를 누릴 수 도 있을 것이다.

즉, 능력 있는 작가는 항상 일이 많고 시간이 부족해 chain 앞에 모여 앉아 모두 함께 시사하기가 쉽지 않을 것이다. 이럴 경우 PD는 그 연결 본을 가정용 VHS로 복사해 작가의 집으로 택배한다. 작가는 편안하고 정중한 자세로 편집된 그림을 전진·후진시켜가면서 세밀한 관찰을 통 해 정확한 원고를 작성해나간다. 가정용으로 카피하는 조연출이야 불편 하겠지만 우수한 원고를 기대할 수 있다면 시도해봄직하다고 생각한다.

나. 음악 작곡자

영화 <닥터 지바고(Doctor Zhivago)>는 소련의 문호 '보리스 파스테르나크

(Boris Pasternak)' 원작 소설을 영화화한 것이다. 감독은 <아라비아의 로렌스> 와 <콰이강의 다리>로 세계적 명성이 높은 '데이비드 린(David Lean)'이 담당 했다. 닥터 지바고 역은 오마 샤리프(Omar Sharif), 라라 역에는 줄리 크리스티 (Julie Christie), 토냐 역은 제랄딘 채플린(Geraldine Chaplin) 등 당대 최고의 캐스 트와 스태프가 동원되어 만든, 영화사상 손꼽히는 걸작 중의 하나이다. 그러 나 이 영화를 떠올리거나 비디오로 다시 볼 때, 제일 먼저 생각나는 것은 "Somewhere my love……"로 시작하는 'Lara's theme'이다. 만약 닥터 지바고 의 영화 음악을 만든 '모리스 자르(Maurice Jarre)'가 없었다면, 이 영화의 감동 은 반감됐을지도 모른다.

또 하나, '2001 섹스 오딧세이'로 운위(云謂)되는 스탠리 큐브릭(Stanley Kubrick, 1928~1999) 감독의[45] 최후의 걸작 <Eyes wide shut>은 '질끈 감은 눈'을 뜻하는 말로, 뉴욕 상류층 부부가 빠져드는 성적 일탈(逸脫)과 환상(幻 想·幻像)을 통해서 그들을 둘러싸고 있던 가식과 순수한 욕망, 인간의 본질을 집요하게 추구한 작품이라는 평가를 받고 있다.

즉, '우리 모두의 마음속에 있으면서도 좀처럼 드러낼 수 없는 은밀하면서 도 강력한 어떤 것'을 표현하고자 한 매우 난해한 영화이다. 모두(冒頭)에 단음절의 강력하고 치열한 '탕! 탕!' 뚜드려대는 피아노 음악은 현대인에게 있어 '섹스'가 최고의 순위에 놓여 있어야 한다는 것을 갈파(喝破)하는 것 같은 느낌도 든다. 인간들이 통제할 수 없고 뒤틀린 욕망을 분출하는 장면을 묘사한 대저택의 집단 혼음(混淫)파티에서 힌두교 경전인 '바가바드 기타'의 일부 경구를 삽입한 음악은 그로테스크한 섹스를 극단으로 고조시킨 바 있다.

Original Music은 'Jocelyn Pook'에 의해 만들어졌다. 또 쇼스타코비치의 재 즈 모음곡 2번 중에서 왈츠도 삽입된 바 있다. 이 음악은 어떤 아련한 꿈

---

45) 스탠리 큐브릭은 영화평론가들이 선정하는 현대 최고 영화감독 중에 결코 빠질 수 없는 인물이다. 그는 독창적이고 완벽한 미학을 추구한 완벽주의자였으며, 특히 새로 운 기법과 기술을 앞장서서 선보인 영화 테크니션이었다. 처음에는 다큐멘터리와 단편 영화를 만들었다. 작품을 일별하면, <아이즈 와이드 샷>(1999), <메탈 자켓>(1987), <샤이닝>(스테디 캠 사용, 1980), <배리 린든>(촛불 조명 실험, 1975), <시계태엽 장 치의 오렌지(A clock work Orange)>(1971), <스페이스 오디세이>(우주여행 등 SF영화 의 전범제시, 1968-2001), <닥터 스트레인지 러브>(1964), <로리타>(1962), <스팔타커 스>(1960), <영광의 길>(1957), <살인>(1956) 등이다.

같은 멜랑꼴리, 아니면 강렬하고 뜨거운 불덩이 같기도 하고, 차가운 북극의 얼음 같기도 한, 잡혔다가도 곧 놓치고 마는, 또 다시 손에 넣고자 사생결단 하는 'Sex' 그것을 읊조리는 것 같은 느낌을 준다.

그만큼 영화나 TV에서 음악은 중요하다. 비록 TV다큐멘터리라 할지라도 음악은 프로그램을 살리기도 하고 죽이기도 한다. 음악 작곡가도 연결본 시사에 참가해 전체 내용이 담긴 그림을 세세히 관찰하고 차후 작곡할 '음악 원고'를 써야 한다.

이때 작곡가는 그림과 원고 내용 등을 감안해 자신이 작곡할 음악의 분위기나 악상(樂想)을 잡고, 음악의 길이도 체크한다. 만약 삽입되어야 할 음악이 15초 정도라면 20~25초 등 다소 길게 작곡해 여유 있게 만든다. 이들은 대체로 신서사이저를 이용해 작곡하고 이것을 오디오테이프에 녹음해 PD에게 전달한다. 신서사이저는 피아노, 바이올린 등 음악뿐만 아니라 기차 가는 소리, 동물의 소리를 유사하게, 코믹하게 만들 수 있어 편리하다.

다만 음악의 작곡도 앞서 원고의 경우처럼 타이트한 기간 내에 만들어 내야 하는 점은 같다 하겠다. 따라서 다큐멘터리 음악을 담당한 바 있는 상당한 경험과 경력을 소유한 작곡가에게 의뢰하는 것이 유리하다. 인기 있는 대중음악(가요)을 작곡했다든가 또는 최근 버클리에서 공부하고 와서 개성 있고 신선한 작곡을 할 수 있다는 다른 사람의 추천이나 권유는 심사숙고해야 한다. 아무리 훌륭한 작곡을 할 수 있다 하더라도 종합편집실을 잡아놓고 하는 완제품 제작 시간에 작품을 대지 못하면 아무 소용이 없다.

그러나 경력이 많은 작곡가에게 의뢰하는 것도 함정이 있을 수 있다. 짧은 시간에 창작을 하다보면 무의식적으로 전에 다른 프로를 위해 작곡했던 멜로디나 내용이 이 프로에 중복·삽입될 위험성도 있다. 작곡가나 PD, 피차에 유의해야 할 대목이다.

다. 음악효과 담당자

여기서 음악효과 담당자도 프로그램 내용과 그림을 천착(穿鑿)하지 않으면 안 된다. 이야기의 진전, 그때의 분위기, 출연한(또는 인터뷰한 사람) 사람의 감정, 화면 속의 날씨, 배경이 되는 지역이나 국가 등등에 따라서 화면(내용)

을 구성하고 있는 이미지나 분위기가 모두 같지 않다. 또 템포나 장단고저(長短高低)의 느낌도 각기 다를 수밖에 없다. 화면 외적인 음악적인 표현은 이미 음악 작곡가가 준비해놓았지만, 그것을 운영하는 것은 music effectman의 역할이다.

따라서 배경음악 작곡가가 만든 음악을 천둥치듯 포르테(forte, 강하게)로 올라가는 것이 좋을지, 아니면 피아니시모(pianissimo, 아주 약하게)로 까는 것이 화면에 더욱 효과적인지도 사전에 예측하고 있어야 한다.

최근 젊은 연출자들에 의해 자주 시도되는 트렌디 드라마는 특히 음악효과 담당자들의 역할이 두드러진다. 이들의 음악적 재능에 따라 드라마도 춤을 추는 것을 우리는 자주 목격한다. 이야기의 봉우리와 골짜기 구비구비마다 특성에 맞게 음악을 운용(運用)해야 한다. 그 테크닉에 따라 다큐멘터리 프로그램의 맛을 살리기도 하고 그저 밋밋한 장면으로 만들기도 한다. 시청자가 느끼는 감동에 불을 붙이는 사람이 음악효과 담당자이다. 이것은 매우 중요한 요소이므로 PD와 음악담당자 모두 세심한 주의를 기울여야 작품성을 기대할 수 있을 것이다.

라. 음향효과 담당자

영화와 마찬가지로 텔레비전도 종합예술이다. TV 프로그램을 만들기 위해서는 많은 요소들이 개입되어야 하는데, 그중에는 음향효과도 중요한 역할을 수행한다. 늦가을 산사(山寺)의 정경이라면 무심한 바람소리와 그 정적을 깨트리는 풍경(風聲)소리가 제격이다. 촬영시 산사를 스치는 바람이 약할 수도 있고, 풍경소리가 작아 제대로 들리지 않을 수도 있다. 이 경우 이미 테이프에 녹음된 동종 유형에 해당하는 소리의 요소들을 적재적소(適材適所)에 어울리게 삽입하는 것이 sound effectman의 역할이고 임무이다. 영화 여고괴담의 경우를 보면, 스토리의 전개나 화면의 구성보다는 공포와 긴장을 조성하는 sound effect가 영화를 주도(主導)해 나갔다고 말해도 결코 지나치지 않다.

음향효과 담당자는 연결화면을 자세히 보고 음향적인 해석을 내려 '적당하고 적절한 소리'를 부가하도록 해야 한다. 이미 녹음된 꼭 맞는 소리가 없을 때는 새롭게 합성해서 소리를 만들어내기도 해야 할 것이다. 음향을 까는

부분의 operating은 음향효과 담당자가 맡는데, 왜냐하면 '소리'의 연출은 그
가 곧 연출자이기 때문이다.

(13) 원고 작성

가. 방송원고의 특징

  방송 프로그램에 삽입되는 원고와 인쇄매체의 원고는 많은 부분 차이점이
있다. 우선 일반원고는 내용에 대한 서술과 묘사를 위해 쓰여지는 반면, 방송
원고는 '그림'이나 '말' 또는 '소리'를 보강하거나 연결할 목적으로 작성되는
경우가 더 많다. 특히 텔레비전은 그림과 그림간의, 또 그 사이에서 연관성을
중심으로 원고가 만들어져야만 된다는 점이 중요하다. 이미 촬영되고 편집
된 그림을 통해서 이야기하고자 하는 내용의 많은 부분이 설명되고 있기 때
문에 모든 것을 다 원고로 쓸 필요는 없다.

  즉 '제한된' 부분만 쓰면 된다. 제한된다는 의미는 원고의 길이 또는 원고
가 들어가야 하는 장소적·시간적 개념을 말한다. 꼭 필요한 만큼만 써야 하
고 무조건 많이 써서는 안 된다. 그러니까 방송문장은 짧다는 것, 즉 간결해
야 된다는 것이 첫번째 특징이다.

  또 방송원고는 문어체(文語體) 대신 구어체(口語體)로 주로 쓰인다. 물론
100% 그렇다는 것은 아니다. 뉴스라던가 시사프로그램들은 상당 부분 문어
체와 유사한 방식으로 쓰는 때도 많다. 그러나 주요 흐름은 구어체의 형식으
로 쓴다. 이것도 앞에서 언급한 바와 마찬가지로 그림을 통해 이해되고 인지
·인식되었으므로 굳이 딱딱하고 어렵게 쓰지 않아도 아무런 문제가 없다.
다시 말해 방송원고는 매우 소프트해야 된다는 점이 중요하다. 두번째 특징
이다.

  세번째 특징은, 방송원고는 무조건 쉽게 만들어져야 한다. 인쇄매체의 원
고는 시간을 가지고 두 번이든 세 번이든 다시 읽어보고 이해를 할 수 있지
만, 방송은 그 내용이 순간적으로 지나가버려서, 되도록 시청자가 단번에 무
슨 내용인지 확연히 알 수 있도록 아주 쉽게, 소박(素朴)하게 꾸며져야 한다.

  네번째로 유의해야 할 것은, 앞에서도 강조한 바 있지만 이미 그림을 통해
서 여러 가지 느낌과 이미지, 필링들이 보여졌기 때문에 인쇄매체 문장과

비교해서 과도한 서술이나 불필요한 묘사를 절제해야 한다. 그래야 결국 쉽고 편한 원고를 작성할 수 있게 된다.

다시 정리하면 TV원고의 특징은,

① 제한된 조건하에서의 간결성
② 구어체를 통한 부드러운 글쓰기
③ 내용파악이 용이하도록 쉽고 소박하게 작성한다
④ 서술과 묘사를 적절히 자제한다

등이다.

일반적인 원칙은 이러하나 실제 프로그램이 방송되는 것을 보면 아주 딱딱하고 어려운 말로 원고가 쓰여지고 있음을 자주 목격하게 된다. 특히 뉴스나 시사프로, 다큐멘터리, 또 많은 교양물들도 난해하게 쓰여지기는 마찬가지이다. 그 이유는, 라디오 방송이 시작될 초창기에는 개발된 특별한 원고 작성 노하우가 없었으므로, 신문의 기사를 그대로 읽어 방송했던 습관이 오랫동안 계속되어 왔고, TV탄생 이후에도 이러한 라디오의 관행이 그대로 답습(踏襲)되었기 때문이다.

최근 일부 기자나 PD, 구성작가들이 신문기사식으로 어렵게 원고를 쓰는 것이 권위가 있고 자신들이 유식하다고 느끼는 그릇된 풍조도 비(非)방송적 원고 작성에 한몫을 하고 있다고 볼 수 있다. 신세대, N세대 등 오늘날의 중심부 시청자와 청취자들은 한문도 잘 모르려니와 대화도 아주 쉬운 말을 사용한다.

또 핸드폰의 문자메시지가 단문으로 축약 전달되고 있고, 이메일에서조차도 '이모티콘(emoticon)'46) 형태가 확산되고 있다. 따라서 TV에서 평이하고

---

46) 김영석, 『멀티미디어와 정보사회』, 나남출판, 1999, p.467.
  인터넷의 유즈넷 뉴스그룹(usenet newsgroup)에서 처음 쓰이기 시작한 '스마일리(smily)'는 화자의 감정을 나타내기 위해 고안된 것으로, 기본적으로 영문자 및 키보드 자판의 문장기호들을 조합하여 만든 것이다. 보통 시계방향으로 90도 돌리면 사람의 얼굴모양이 나타나도록 조합되어 있다. 이러한 스마일리를 '이모티콘(emoticon)'이라고 하는데, 이모티콘은 화자가 전달하지 못하는 자신의 표정과 감정상태를 시각적으로 표현함으로써, 자신의 메시지를 효과적으로 전달하고자 하는 시도이다.

간결하고 듣기에 편안한 원고는 아무리 강조해도 지나치지 않다. 요리를 잘 만드는 사람들은 값비싼 재료를 쓰지 않고 흔한 것으로도 '감칠맛'나는 음식을 만들어낸다. 텔레비전 원고도 쉬운 말과 표현으로 써서 감칠맛을 내도록 해야 할 것이다.

나. 텔레비전 구성원고의 조건

실제로 원고를 잘 쓰기 위한 왕도(王道)나 요령은 없다고 봐야 한다. 그러나 구성작가(다큐멘터리 작가)로서 훌륭한 원고를 만들어내기 위해 사전에 고려해야 할 사항들은 분명히 있다.

우리가 텔레비전에서 원고를 통해서 전달하고자 하는 것은 과연 무엇인가? 그 답은 어떤 '생각'이다. 생각을 '글'로 바꾸고, 다시 '말'로 전환해서 시청자에게 전해주게 된다. 그러면 '생각' 자체가 중요한가, 아니면 '원고작성상의 기술'에 더 비중을 두어야 하는가? 논자에 따라 다르겠지만 결론은 '생각'이라고 판단된다. 따라서 구성작가가 좋은 원고를 써내기 위해서는 먼저 '좋은 발상'을 생각해내야 하고, 이것을 어떤 방법으로든지 구성하게 될 내용에 포함시키도록 시도해야 할 것이다.

그러기 위해 구성작가 준비생이나 현역 구성작가도 모두 공히 독서량이 많아야 한다. 특히 텔레비전 방송이 주로 다루게 되는 여러 가지 사회현상과 깊은 관련이 있는 사회과학 서적을 많이 읽어야 할 것이다. 텔레비전 작가는 우리나라의 역사와 현대사, 또 우리 사회가 안고 있는 문제점들에 대한 분명한 식견과 비전을 반드시 보유하고 있어야 하고, 그렇지 못하다면 작품성 있는 프로그램을 기대하기는 어렵다.

환경문제, 국제정세, 경제문제, 정보통신…… 등등에 관한 세분화되고 전문화된 지식이 없이는 결코 좋은 원고를 쓸 수 없다. 다시 말해 글재주만 가지고는 진정한 텔레비전 원고를 생산할 수 없다는 뜻이다. 기본적으로 원고는 편집된 그림에다 분칠하고 화장하는 것이 아니다. 독서량과 좋은 원고

'으음ㅁㅁㅁ'(깊이 생각에 빠짐), '안냐세요'(안녕하세요), '어솨요'(어서오세요) 등과 같이 고의적으로 철자법을 오용하거나 소리나는 대로 표기하는 형태를 '이모텍스트 (emotext)'라고 한다. 이모티콘과 이모텍스트로 분류되는 컴퓨터 매개환경 고유 표기성향은 '유사언어(paralanguage)'로 통칭된다.

작성은 정비례한다는 것을 커리어 작가들이 모두 인정하고 있는 전제 조건이라는 점을 기억하고 있었으면 한다.

부분적인 전문성 외에도 구성작가는 원고의 소재와 자료로서 다양한 문제들에 대한 폭넓은 이해와 인식이 필요하다. 따라서 경제지와 스포츠 신문을 포함한 여러 종류의 일간지들에 대한 정독(精讀)이 요구된다. 이런 과정 속에서 얻어지는 지식과 이해의 범위가 결국 객관성과 균형감각, 설득력 있는 원고를 구성하는 바탕이 될 수 있다.

다음의 몇 가지 요소들도 원고를 잘 쓰기 위해 참고가 되었으면 한다.

① 비록 보도프로가 아닌 교양, 정보프로라 하더라도 '육하원칙(六何原則)'을 기억하면서 원고를 써간다면 내용에 일관성과 조리가 있게 된다.
② 다루어야 하는 내용(소재의 한 부분)대한 정확한 개념과 성격을 파악하는 일이다. 예컨대,

　　사건(事件: 뜻밖에 일어나는 일)
　　사고(事故: 평상시에 없는 뜻밖의 사건, 어떤 일의 까닭)
　　사정(事情: 일의 곡절, 일의 형편, 처하고 있는 처지)
　　사안(事案: 법률적으로 문제되어 있는 일의 안건)
　　사실(事實: 실제로 있었던 일, 있는 일)

등등의 식으로 분명하게 접근한다.
③ 외양(外樣)과 실제(實際), 표면(表面)과 배면(背面), 어느 쪽을 중점적으로 다룰 것인가 판단한다.
④ 글을 만드는 데 어떤 전략과 전술을 활용할 것인가도 고려해본다. 문장력(文章力: 한 줄거리의 생각이나 느낌을 글자로 기록해 나타내는 능력), 서술력(敍述力: 차례를 쫓아 말하는 힘), 묘사력(描寫力: 사물을 있는 그대로 그려내는 능력. 예술품에서 어떤 대상을 객관적·구체적으로 표현하여 옮김), 구성력(構成力: 몇 가지 요소를 조립하여 하나로 만드는 능력. 예술에서 독자적 표현상의 소재를 독자적 수법으로 조립, 배열시키는 일) 등을 어떤 장소에서 어떻게 사용할 것인가도 생각해본다.

다. 원고작성의 '10 키워드(Key word)'

① 상황(편집된 테이프 속에서의 원고가 들어갈 수 있는 길이 또는 시간)에 꼭 맞는 어휘와 단어로 문장을 구성하되, 길이보다 약간 짧게 쓴다.

② 형용사, 부사의 사용을 자제하는 대신 동사(動詞)를 적절히 활용한다. 이러한 형태의 문장이 어떤 것인가를 꼬집어 말하면, 그것은 '헤밍웨이'의 작품들에서 쉽게 발견할 수 있다. 물론 영어로 쓰여진 헤밍웨이의 소설들은 다른 작가에 비해 대체로 문장이 아주 짧고 간결하며 형용사, 부사 등이 절제되었고 대신 다양한 동사를 많이 썼다.

따라서 글이 명료(明瞭)하며 스피드가 있고 힘을 느낄 수 있다. 이것은 번역된 문장에서도 마찬가지다. 아마도 방송문장을 연마하려는 사람들에게는 헤밍웨이의 작품이 가장 중요한 스승이 아닌가 생각된다. 서가(書架)에 꽂혀 있는 헤밍웨이 소설 한 권을 빼들고 읽어보면 금방 증명될 것이다.

③ 부득이한 경우를 제외하고는 어려운 단어, 문자, 외래어, 문어체를 삼간다. 예컨대 '폄하(貶下)'라는 말은 '치적(治績)이 나쁜 원(員)을 편출한다'는 뜻으로 남을 깎아내릴 때 쓴다. 매우 어려운 의미인데, 이런 말을 TV에서 과연 사용할까 하는 생각이 들지만, 실제로 쓰는 PD들이 있다. 유의해야 할 사항이다.

④ 같은 단어의 반복사용도 자제할 필요가 있다. 예컨대 어떤 인물을 다룰 경우 처음부터 끝까지 미스 김은, 미스 김은 하고 쓴다면 문장의 맛을 느낄 수 없다. 김영숙 씨는, 또는 옥이 이모는, 등으로 적절히 바꾸어감으로써 변화를 줄 수 있다.

⑤ 어미(語尾)를 다양하고 화려하게 구사하자. '것이다', '것이다'를 계속 반복한다면 이상한 느낌도 들고 매우 메마른 문장이 될 것이 아닌가? 이 문제는 앞에서 얘기한 동사(動詞)를 적절히 활용함으로써 해결할 수 있다. 던졌다. 집었다, 열었다, 먹었다 등 동사를 상용하는 습관을 유지하면 크게 도움이 된다.

⑥ Prologue 또는 Opening은 아주 힘있게 쓴다. 과거에 TV는 프로그램 개시 후 30초가 중요하다는 얘기가 유행했다. 그러나 리모트 컨트롤이 일반화된 현재 시청자들은 시작 3~5초 사이에 프로그램을 계속 볼 것인지 아니면 다른 채널로 옮길 것이지를 결정한다. 따라서 프롤로그의

문장은 아주 힘있게 꾸미는 것이 유리하다.

⑦ Epilogue 또는 Closing은 논리적으로 짧게 마치도록 한다. 만약 50분짜리 프로그램이라면 CM 빼고 거의 40분 이상을 시청한 상태이기 때문에 모든 내용을 이미 알고 있는데, 중언부언(重言復言)하고 사족(蛇足)을 단다면 시청자는 매우 부담스럽고 짜증날 수도 있다. 다만 논리를 갖추어 결론만 요점정리(要點整理)하면 족하다.

⑧ 전체적으로 원고는 시냇물처럼 흘러가야 한다. 원고는 우리가 차를 타고 가다가 방지턱에 걸려 '덜커덩'하는 것과 같은 느낌을 주어서는 곤란하다. TV원고도 마치 시냇물이 흘러가는 형상으로 어느 부분에서는 힘있게 '콸콸콸' 소리도 내고 또 바위를 휘돌아갈 때는 '졸졸졸' 하면서 아래로 아래로 거침없이 유연하게 진행되면서 화면과의 조화를 이룰 수 있어야 시청자가 프로그램에 몰입할 수 있다.

⑨ 힘을 빼고 쓰며, 장면과 관련해 과감한 생략도 시도하고, 양보다 질로 승부한다. TV원고는 단 기간내에 완성해야 할 경우가 대부분이다. 따라서 잘 쓰겠다는 의욕만 앞선다면 오히려 작업진도가 느릴 수가 있다. 골프에서의 금언(金言)처럼 힘을 빼고 쓰고, '연습하는 것'과 같은 편안한 정서로 임할 수 있으면 무리가 없다.

더욱 끝까지 설명하려는 자상함은 과감하게 버리고 생략을 시도하면 의외로 신선한 효과를 도모할 수도 있다. 이때 적절한 음악을 사용(때리는)하는 것도 좋은 방법이다. 무엇보다 원고의 질이 중요하므로 빨리 많이 쓰는 것보다(내용이 넘쳐 결국 나중에 짤라내야 하는 수모를 겪을 경우도 발생한다) 천천히 신중하게 질 위주로 쓰는 습관을 들이는 것이 유익하다.

⑩ 작가의 독특한 스타일을 구축하기 위해 message(철학으로 해석하자), truth(진실), esprit(정신) sign(기호)의 요소를 원고에 아로새긴다. 사실 '원고'는 최종적으로 작가의 예술이다. 따라서 작가마다 그 작가만의 독특한 분위기와 스타일, 방법을 마련해야 할 것이다.

그러기 위해서는 그냥 평범한 보통의 이야기라 하더라도 사람이 살아가는 데 놓쳐서는 안 될 철학적 관점이나, 지고한 진실, 또 고귀하고 푸르른 정신이 담겨있는 글을 써야 하고, 그것을 통해 어떤 깨달음에 이르는 기호적인 성격의 내용이 강조될 때, 우리는 그 원고에서 어떤 진한 감동과 향기를 맡을 수 있게 된다.

또 하나 참고했으면 하는 것은,

'블룸버그(Bloomberg)'[47] 뉴스 스타일이다. 블룸버그는 경제정보를 수집해 자체 단말기로 서비스하는 멀티미디어 금융정보회사이다. 불룸버그 뉴스는 그 정보의 일부분이다. 불룸버그는 세계 84개 뉴스 룸에서 수집한 정보를 16만 7대의 단말기를 통해 미국 연방준비은행으로부터 홍콩의 개인투자자에게까지 24시간 공급한다.

기획기사를 제외하고는 블룸버그 기사스타일은 표준화되어 있다.

첫 문장에는 하나라도 덜어낼 수 없는 사건의 핵심사실,

두번째 문장은 이에 대한 부가 설명,

세번째 문장에서는 관계자의 실명 인용,

네번째 문장에는 사건의 큰 맥락을 알 수 있는 내용이 들어가야 한다. 이런 스타일에 길들여지는 것은 기자만이 아니다. 정보를 보고 분초를 다투어 '사자' '팔자'를 결정해야 하는 블룸버그 뉴스 소비자들도 패턴을 읽으며 정보의 핵심을 짚는다.

블룸버그 기사 스타일은 다큐멘터리 원고 작성과 구성 방법에서도 시사(示唆)하는 바가 많다. 즉 분초를 다투며 수백만 달러 수천만 달러가 왔다갔다하는 거래를 결정하는 fact는 무엇인가? 그리고 그 배경은 또 어떤 것인가? 다시 그런 발언을 한 사람의 이름은 누구인가? 즉 그 인물이 신뢰할 수 있는 인사인가? 마지막으로 스토리의 느낌, 결단을 위해 파악할 수 있는 스토리의 분위기, 어떤 낌새 또는 냄새 같은 것이 문장으로 포함되어 있어야 한다는 것이다.

한마디로 나무 한 그루를 표현한 그림에 비유할 때, 반추상(半抽象) 형태가 될 것이다.

나무를 지탱(支撑)하는 큰 기둥(main)에 해당하는 줄기와 작은 가지들, 그리고 모든 나뭇잎을 다 그리지 않고 꼭 필요하다고 생각되는 부위에 이파리 몇 개를 그려서 전체적인 구도와 이미지를 표현·전달하게 되는

---

47) ≪조선일보≫, 정은령, 2002년 2월 15일.

것이다. 만약 이것을 육류음식으로 생각한다면, 기름기를 모두 제거하고 맛있는 살코기만으로 일품 요리를 만드는 것에 해당할 것이다. 결국 블룸버그 기사 스타일은 내용 '핵심'을 최대한 강조한 것이고, 그 강조된 부분에 대한 정황·증거·동기를 분명하게 부기한 형태이다. 물론 이러한 원고 형태는 그림 편집에서도 해당 요소가 선행 삽입되어야 가능할 것이다.

따라서 TV다큐멘터리에 있어서도 기본적인 그림이 시종일관(始終一貫) 뒷받침을 해주고 있기 때문에 원고도 쓸데없는 잔소리를 할 필요가 없고, 그림 등 구성도 중요한 뼈대 중심으로 수행되면 시청자가 보다 강력한 이해와 인식을 하게 되고, 소구(訴求)와 심금(心琴)의 울림이 있게 되지 않을까 생각된다.

라. 명문(名文)과 악문(惡文)의 요건

우리는 텔레비전에서 좋은 글을 발견하기보다는 거칠고 나쁜 글을 듣게 되는 경우가 더 많다. 이것은 그만큼 원고를 쓴다는 일이 어렵다는 뜻과 함께 정해진 시간 안에 원고를 마쳐야 한다는 강박관념(强迫觀念)이 작업을 방해하고 있는 것으로도 이해할 수 있다. 여기에서 강조하고 싶은 것은, 작가는 '훌륭한 원고쓰기'가 다른 어떤 것보다 우선해야 된다는 결의와 노력, 정성이 수반되어야 한다는 점이다.

다시 말해 내용을 협의한다고 PD와 오랜 시간 술을 마셔 시간을 빼앗긴다든가, 한 주에 다른 방송사 원고까지 두 개를 써야 하는 경우, 또는 개편이 얼마 안 남았으니까(개편 때 PD가 바뀌고 작가도 변경될 수 있으니까), 대충 쓰자는 태도로 임한다면 아무리 재능이 있는 작가라도 결코 좋은 작품을 쓸 수 없다.

최선을 다해 생각하고 고치고 지우고 하는 것이 명문을 만드는 지름길이다. 고3때 수능공부하듯 최고의 가치를 부여해야 한다. 이 범위를 벗어나면 원고는 결국 악문이 될 수밖에 없다. 이것은 꼭 방송문장에만 해당되는 것이 아닌 원고작성의 일반적인 수칙이다.

다음은 절대적일 수는 없지만 명문과 악문의 골자들을 간추린 것이다.[48]

<명문의 조건>

① 주제의 가치가 뚜렷할 것

② 주제에 따른 통일(일관성)

③ 구체적이고 강력한 자료(입증)

④ 논리적·과학적 구성

⑤ 효과적인 단락(段落)과 명료한 전개

⑥ 올바른 표현과 변화가 풍부한 글

⑦ 바른 문법과 화법

⑧ 독창적인 글

⑨ 한자투성이나 외래어가 적은 글

⑩ 사투리가 없는 글

<악문의 조건>

① 마라톤식의 글

② 혼란스러운 글

③ 불일치의 글

④ 쳇바퀴도는 글

⑤ 자기도 모르는 글

⑥ 대상이 희미한 글

⑦ 뜻이 흐린 글

⑧ 요점이 빠진 글

⑨ 혹을 붙인 글

⑩ 상투적인 글

위에서 나열된 요점들을 살펴보면, 명문의 조건들을 전부 무시하고 반대로 쓰면 악문이 된다. 또 악문이 갖고 있는 단점들을 최상으로 바꾸면 명문이 될 수 있다. 특히 악문의 조건들로 지적된 것들은 10가지 모두가 나쁜 점이 부분적으로 서로 혼재되어 있어 좋은 글을 쓴다는 것이 그 만큼 어렵다는

---

48) 신현웅, 『방송문장론』, 전예원, 1993, p.50 및 p.191.

것을 상징하고 있다.

이렇게 구체적인 것 외에 방송문장을 만드는 데서 특별히 주의를 기울여야 할 점은, 시청자를 야단치거나 윽박지르는 원고는 곤란하다는 것이다. 즉 '해서는 안된다', '하지 말아라' 식의 표현을 접하는 시청자는 기분 좋을 리 없다.

불특정다수의 시청자 중에는 남녀노소, 학력이 높은 사람과 그렇지 못한 사람, 부자와 가난한 사람, 권력이 있는 사람과 소외된 사람, 건강한 사람과 병약한 사람, 신경이 예민한 사람과 무심한 사람 등등의, 한 사람도 같을 수가 없는 기질과 특성을 지닌 다양한 계층의 사람들이 시청자 층을 구성하고 있다.

이러한 시청자들을 어떤 한 개의 자로 재거나, 작가의 기준에서 강요한다면 받아드리는 사람 입장에서는 불편하고 불쾌하게 느낄 수 있다.

따라서 같은 내용의 말이라도 모서리가 없게, 또는 설득적으로, 우회해서 표현하는 것이 좋다. '하지 말라'보다, 그 경우 '이런 장점도 있는 반면 모모한 큰 단점이 있는데 많은 사람들이 단점에 관해 우려를 나타내고 있다'는 식으로 풀어서 말하는 것이 유리하다.

No & Not의 뜻을 '곤란하다', '적절치 못하다', '인기가 없다', '호응을 못 얻는다' 등으로 원고를 만들면 부드럽기도 하고 시청자의 마음과 귀에 스며드는 데 훨씬 효과적이다.

또 많은 프로그램의 원고를 쓰게 되면 자연히 전문성이 생기는 반면 자칫 작가의 오만(傲慢)과 독선(獨善)이 자리잡기 쉽다. 겸손(謙遜)은 작가가 지녀야 할 가장 중요하고 소중한 덕목 중의 하나이다. 늘 기억되기를 당부한다.

글을 쓰는 일이 매우 까다롭고 힘든 일이고 방송원고는 나름대로의 독특한 성격을 지니고 있음을 강조한 바 있지만, 방송원고가 갖고 있는 좋은 점도 없는 것은 아니다. 일반원고는 웬만큼 잘 쓰지 못하면 작성자 자신도 읽어보고 나서는 만족하지 못하는 경우가 많다. 그러나 TV원고는 별로 잘쓴 것 같지 않은데 방송되는 프로그램을 봤을 때 그럴듯하게 보이고 아주 잘된 것으로 느껴지기도 한다.

이것은 특별한 기교를 부리거나 고심해서 쓰지 않았지만 앞과 뒤의 내용이나 그림과 조화를 이루었고, 또 읽는 성우나 아나운서가 원고의 해석을 잘해서 적절한 감정이나 정서를 첨가했기 때문이다.

방송원고의 장점은, 일반원고로 평가했을 때 60점이라면, 그것이 성우에 의해 읽혀졌을 때는 75~80점 정도로 업그레이드될 수 있다는 점이다. 물론 이런 장점에만 매달리면 안 되겠지만 좀 부족했을 때라도 그와 같은 특성을 감안하고 노력하면 우수한 원고가 나올 수 있을 것으로 기대된다.

마. 좋은 원고를 쓰기 위한 훈련방법

어떤 분야의 일이라도 훈련을 하기 위해서는 실제로 해보는 것 즉, '실시'(實施), '실행'(實行)이 가장 빠른 지름길이다. TV원고를 잘 쓰고자 한다면 해당 프로그램과 같은 장르·유형의 프로그램을 매우 주의깊게 모니터해서 기존 작가, 능력 있는 작가가 쓰는 내용과 특질을 분석해야 한다. 더욱이 그 프로그램을 녹화하고 가능하면 대본을 구해 연구할 수 있다면 금상첨화이다.

전쟁을 하자면 전쟁물자가 필요하듯이 글을 쓰는 데도 보급품이 있어야 한다. 우리가 원고를 쓰기 위해서는 주제와 소재가 있어야 하고, 그래야 글과 말로 표현할 수 있다. 이 표현의 부분은 보급품이라고 봐도 무방하다. 이러한 글과 말의 기술을 보급하는 요소로는 소설과 시가 있을 것이다. 소설에서는 표현과 단어, 대화(말)를 많이 배울 수 있고 시를 통해서는 의미, 느낌, 이미지, 필링들을 감지할 수 있게 된다.

이러한 글쓰기(글배우기)와 이야기 구성에 유익한 책들을 예시해본다.

- 『소설 토지』(박경리: 이전에 솔출판사에서 냈던 판본보다 5권이 늘어난 1~5부, 총21권으로 나남출판에 의해 새로 출간되었다)
- 『장길산』(황석영: 10권)
- 『태백산맥』(조정래: 10권)
- 『지리산』(이병주: 7권)
- 『객주』(김주영: 9권)
- 『혼불』(최명희: 10권)
- 『미망』(박완서: 3권)
- 『늘푸른 소나무』(김원일: 9권)
- 『삼국지』(이문열: 10권)……

등등을 읽어본다면, 글쓰는 기술과 기교 외에도 우리나라의 근·현대사를 이해하는 데 크게 도움이 되고 독서의 재미도 만끽할 수 있을 것이다.

시(詩)는 예를 들기 어렵지만 서점에 가면 별로 난해하지 않은 많은 현대시들을 만날 수 있다. 이것들을 읽고서 감각과 감성, 상징과 은유, 의미(意味)와 생략(省略)등 많은 글쓰기 요소들을 익힐 수 있다. 우리가 연애를 하게 되면 활기가 넘치고 열정에 휩싸이듯이 시를 읽으면 문장과 표현이 부드러워지고 무언가 세련된 느낌을 받게 된다.

그러나 책을 많이 읽는다고 저절로 글이 잘 써지는 것은 아니다. 독서로부터 공급받은 것을 가지고 실제로 글을 써보아야 할 것이다. 아무리 직업을 얻기 위한 목적이라 하더라도 자주 글을 쓰기는 결코 쉽지 않다. 이것은 어떤 동기가 부족하기 때문이다. 학점을 따기 위해 리포트를 제출해야 한다든지 입사원서를 낼 때 자기 소개서를 써야 한다든지 하는 뚜렷하고 분명한 목적이 있을 때만 우리는 글을 쓰게 된다.

이러한 입장을 극복하기 위한 가장 손쉬운 방법 중의 하나가 '일기'를 쓰는 것이다. 일기는 개인사의 기록이고 자신에 대한 성찰(省察)이다. 또 하루하루를 살아가다보면 희한(稀罕)하고 색다른 경험을 하게 되는 날도 있을 것이다. 그런 날 겪게 되는 특이한 소재를 가지고 일기를 쓰면 아주 좋은 글공부가 될 것이다. 일기라고 해서 쓸 거리도 없는데 무조건 매일 쓰기보다 테마가 있을 때만 쓰는 것도 무방할 것이다.

또 하나 생각해야 될 것은 '긴 글'을 쓰는 훈련도 해야 한다는 점이다. 처음부터 장문(長文)의 글을 쓰는 것은 무리다. 주제나 소재에 따라 원고의 길이가 변하게 된다. 따라서 처음 단계에서는 A4 1~1.5매(원고지 매수로 계산해서 10여 장 이상) 정도에서 시작하는 것이 좋을 것으로 생각된다.

초기에 원고지 20장 → 30장 → 40장 → 50장까지를 시도하고, 그 다음 단계에서는 100매 → 150매 → 200매에 도전해보고, 최종적으로 300매를 목표로 해보는 것이다. 300매는 중편소설 한 편의 분량이다. 만약 300장의 원고를 썼다면 그 질에 관계없이 문필가, 작가로서의 자질과 기량(技倆), 인내심을 인정받을 수 있다고 보아야 한다. 그 이후에 지속적인 집필과 연마(硏磨)만 수반된다면 반드시 훌륭한 작가로 입신할 수 있지 않을까도 생각된다.

결론적으로 원고는 안 써보면 잘 쓸 수 없다. 대신 자주 쓰면 점점 개선된다. 야구경기에서 투수가 게임에 임하기 전에 계속 볼을 던져보는 것과 같은 이치다. 이러한 행위는 볼의 컨트롤을 유지하기 위해서이다. 마찬가지로 글도 여러 번 써보게 되면 표현, 문장구성, 단어의 사용 등등에서 자신만의 독특한 기술과 요령을 터득할 수 있게 된다.

또한 텔레비전 프로그램을 만드는 원고를 쓰고자 한다면, 텔레비전 프로그램을 많이 보아야 할 것은 두말할 필요가 없다. 즉 텔레비전 프로를 구성하는 그림과 원고와 상관관계를 파악해야만 한다. 원고를 많이 써보고, 해당 장르의 프로그램 모니터를 게을리하지 않는다면 좋은 글을 쓰기 위한 바탕은 충분히 마련될 수 있을 것이다.

(14) 더빙(dubbing)

가. 더빙의 정의

더빙은 방송이나 영화를 녹음할 때, 대사만을 수록한 녹음매체(자기 테이프)를 재생하여 여기에다 필요한 효과음을 첨가해서 다른 녹음매체에 녹음하여 완성된 프로그램을 만드는 것을 통틀어 말한다. 어원은 더블(dubble)이다. 'voice over'라고도 부른다. 외국영화의 대사를 우리말로 바꾸어 넣는 경우, 단번에 한국어판 테이프를 만드는 것이 아니라 대사·음악·효과음을 각각 다른 테이프에 수록하고 이 3개의 테이프를 화면에 맞추어 다시 재생한 다음, 다른 자기 테이프에 완성 프로그램으로서 수록하는 방법을 취하고 있다(안수길). 즉, 제작된 테이프에 대사를 녹음하거나, 배경음악(또는 반주음악), 효과음 등을 음질이나 음향을 고려하여 재녹음하는 것을 말한다. 또 외국어 대사·해설을 한국어로, 우리말을 외국어로 변경하는 것도 더빙이다.

이해를 쉽게 하기 위해 지금은 사용하지 않는 C type 1인치 테이프의 그림

audio track 2	///////////////////////////////// 주로 '음악'을 기록한다
audio track 1	///////////////////////////////// 음성·해설을 기록한다
video	/////////////////////////////////
control track	·································
sync	=================
audio track 3	\\\\\\\\\\\\\\\\\\\\\\\\\\\\\\\\\\\
(tape code)	tape movement

을 예로 들었는데, 두 개의 채널은 각각 오디오용으로 사용할 수 있도록 되어 있고, 나머지 1개의 채널은 타임코드용으로 사용하도록 설계되었다. 두 개의 오디오트랙은 각각 분리해서 편집할 수 있는데, 주로 한 개의 채널에는 음성이나 해설을, 또 다른 채널에는 음악을 기록한다. 따라서 더빙은 지정된 1개의 채널에 해설을 집어넣는 작업이 될 것이다. 디지털 베타테이프는 맨 위에 cue track이 있고, 그 다음 상하로 video track이 있고 그 사이에 4개의 audio track이 있어 음성과 음악·효과 등을 넣을 수 있다. 그 아래는 control track이 있고, 맨 아래 time code가 들어가 있는 순서로 구성되어 있다.

나. 더빙의 구조

더빙실은 아래의 그림과 같이 녹음과 믹싱(mixing)을 할 수 있는 조정실과, 모니터와 마이크로폰이 설치되고 해설자가 낭독하는 스튜디오로 구성된다. 더빙은 지상파 방송사들이 각기 마련하고 있는 더빙실에서 이루어진다.

① chain에 걸린 연결본 테이프(디졸브를 통해 완성된)를 start시키면 스튜디오와 콘솔 룸에 있는 모니터에서 동일한 화면이 나가면서, 한편 녹화기도 동시에 작동해 녹화가 진행된다.

② 화면이 흐르면 정확한 해설삽입지점에서 PD가 해설자에게 큐를 준다.

③ 해설자는 큐를 받는 순간 해설을 읽어나가고, 또는 해설 속에서의 연기를 수행한다. 해설과 함께 그림 속의 할아버지를 묘사할 경우라면 할아버지 목소리로 대사를 연기해야 할 것이다. 이때 TD의 콘솔 조작으로 모니터의 그림과 해설자의 해설이 합성돼 VTR에 녹화된다.

해설자는 자기 앞에 놓인 모니터의 그림, PD의 큐사인 그리고 해설원고를 한눈에 동시에 보고 연기를 시작해야 하므로 고도의 숙련(熟練)을 요하는 임무를 수행해야 한다.

TV 다큐멘터리 프로그램의 더빙은 대부분 해설(解說, narration)을 삽입하는 작업인데, 우리들은 이미 디졸브 과정을 통해서, 50분짜리 프로그램일 경우는 약 42분(CM이 있는 방송사)이나 또는 48분(CM이 없는 방송사) 정도의 그림만 있는 완성본 테이프를 만든 바 있다. 그러면 '해설'은

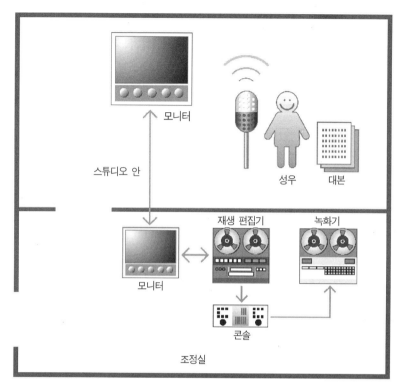

더빙 스튜디오

어디에 집어넣게 되는가?

그림에서 보듯이 '해설의 집'(넣을 곳)은 편집할 때 이미 마련해놓

<해설 삽입 지점>

앞 장면 그림	insert 그림(120초)	다음 장면 그림
▨▨▨▨▨▨	▥▥▥▥▥▥▥▥▥▥▥	▧▧▧▧▧▧▧

⇒⇒⇒⇒⇒⇒⇒⇒⇒

BG음악   ＿／ (원고114~117초) ＼＿

(음악 2~3초 전 in) →   이 지점에서 해설 삽입(음악1~2 또는 2~3초 후 out)

※만약 해설에 계속 BG를 깐다면 매우 낮게 흘리는 것이 바람직하다. 이것을 높이로
  표현한다면 약 8~12% 높이로 음악이 가는 것이 해설인지에 유리하다.

은 상태이다. 다큐멘터리에 있어서 해설은, 해설을 위해 지정(指定)된 장소에만 삽입해야만 한다. 왜냐하면 앞 장면의 그림에도 인터뷰(말) 또는 기타 audio가 들어 있을 수 있고 뒷 장면에도 마찬가지 일 경우가 있다. 만약 audio가 깔린 부분에 해설을 집어넣으면 두 가지 소리가 겹쳐 해설이 들리지 않게 되기 때문이다.

만약 insert 그림의 길이가 120초로 편집되어 있다면, 해설 원고는 120초보다 약간 짧은 114~117초 정도면 좋을 것이고, 앞 장면 그림이 끝나기 2~3초 전에 BG음악이 낮게 깔리기 시작하도록 한다. 이렇게 앞 장면과 insert, 또 insert와 다음 장면 사이에 음악이 흐르면 두 장면간에 단절감이 해소되고 단조로운 해설 목소리에 정감을 불어넣어 운치(韻致)를 살리는 효과가 발생한다.

이때 back ground music은 해설의 인지(認知)를 방해하지 않을 만큼 되도록 높지 않게 조정(調整)해야 할 것이다. BG가 높아 해설이 잘 들리지 않는 프로그램을 자주 볼 수 있다. 특별히 유의했으면 하는 바람이다. BG는 8~12% 이내에서 운용되면 큰 문제가 없을 것이다.

다. 더빙에서의 주의사항

더빙을 하는 PD들마다 각기 스타일이 다르다. 어떤 PD는 기억력이 매우 뛰어나 전체 그림을 거의 외우는 상태이기 때문에 해설삽입 지점을 메모 정도로만 기재해놓고 수행하는 사람도 있다. 그러나 이것은 별로 현명하지 못한 비생산적인 방법이라고도 생각할 수 있다.

더빙은 PD와 기술감독(TD: technical director) 그리고 해설자(성우 또는 아나운서), 3자(者)가 호흡과 박자가 정확히 일치해야 가능한 작업이다. 따라서 '더빙 큐시트' 또는 'mix-chart'를 작성해 시행하면 앞의 3자가 큐시트의 지시대로 녹음에 임하기 때문에 정확성도 기할 수 있고 효율성(NG가 줄어든다)도 도모할 수 있다.

더빙 큐시트는 외국서적에 표시된 form대로 복잡하게 하지 않더라도(각 트랙을 정렬시켜 놓은 난(欄)에다 각 음향의 입력과 출력마다 번호를 기록한다), 앞 shot의 화면내용과 insert shot의 내용 그리고 해설이 시작되는 시간만 정확히 표시된 간이 큐시트를 만들어 사용해도 큰 불편은 없을 것이다. 이 정도의 큐시트만 갖추어도 해설자도 적절히 대응할 수 있고, 나머지는 기술감독이 알아서 잘 처리하게 될 것이다.

최근 방송되는 다큐멘터리 프로그램들을 시청하다보면, 해설을 담당하는 성우들의 기량이 대체로 평준화된 느낌이고, 해설자의 숫자도 늘고 개성도 각양각색이다. 과거에는 양지운, 배한성, 이선영, 김세원 씨 등 중진에 해당하는 성우들이 주를 이루었지만, 이제는 2세대 3세대 능력자들이 많이 활동하고 있고, 표영준, 이규원, 이금희 씨 등 아나운서와 DJ 배철수 씨에 이르기까지 그 전문성의 범위도 차츰 확대되고 있다.

해설자들은 각기 다른 목소리를 소유하고 있으며 각각 특색 있는 연기를 소화해낼 수 있다. 이것이 해설자들의 개성(個性)이다. 반면 다큐멘터리 프로그램도 전체적인 주제, 기승전결을 통한 이야기의 흐름, 역사·사회·인간·자연·문화…… 등등 각기의 포맷(format)이 다르기 때문에 사실상 프로그램마다 그 개성이 상이하다. 더빙에서 해설자와 프로그램의 개성이나 특성이 배치(背馳)될 때는 작품성에서 크게 손상을 받게 되고, 더빙을 수행한 후에 분위기가 맞지 않는다고 해서 다른 사람으로 교체한다든지 하면 해설자에게도 적지 않은 상처를 주게 된다.[49) PD에게는 해설자를 족집게로 뽑듯 정확히 선택하는 혜안(慧眼)과 안목이 필요하다.

설득력 있고 잘 쓰여진 해설의 최우선 조건은 화면과 잘 조화를 이루어야 한다는 것이다. 그리고 프로그램이 전달하고자 하는 내용을 분명하게 표현할 수 있어야 하고 또 시청자들이 흥미를 느낄 수 있도록 해야 한다.

해설 대본작성의 첫 단계는 아주 중요하다. 해설은 우선 전체 프로그램의 분위기와 잘 어울려야 한다. 동시에 많은 사실적인 내용들을 다 드러내지

---

49) 과거 MBC <명화의 고향> 내레이터로 한참 주가를 올리던 張某 여성 성우가, 당시 최고의 시청률을 기록하던 <인간시대> 중 한편의 해설을 담당하게 되었다. 그녀는 모월모일에 자신이 녹음한 인간시대가 방송된다고 가족과 자녀들, 친척들에게 자랑스럽게 광고했다. 한편 담당 PD는 프로그램과 그녀 담당의 해설이 무엇인가 어울리지 않는다고 판단하고 鄭某 여자 성우로 교체 더빙해 버렸다. PD가 미안한 마음에 교체사정을 통보하지 못한 가운데, 방송은 나가버리고 장모 성우는 성우생활 중 최대의 상처를 입었다고 울먹였다. 담당PD가 그 사건에 대해 진심으로 사과하고 반성했는지는 알 수 없는 일이다.

않고서도 정보를 함축해서 전달할 수 있어야 한다. 또 진부(陳腐)한 표현을 사용하지 않고 프로그램 전체에 잘 스며들 수 있어야 하며 재미도 있어야 한다.

화면에 맞추어 해설 대본을 작성하는 데는 여러 가지 방법이 있으나 연출자는 그 가운데 한 가지 방법으로만 일관성을 갖고 작가가 작업에 임하도록 해야 한다. 여러 가지 방법을 동원하면 프로그램 전체의 흐름에 혼란만 가져다주게 된다. 작가가 해설 대본작성의 경험이 쌓이면 화면에 딱 들어맞는 정확한 표현이 어떤 것인지 찾아낼 수 있는 감각이 생겨난다. 해설대본 작성은 녹음작업에 들어가기 전에 마쳐야 한다. 완성된 대본은 해당화면을 표시해서 인쇄한 다음 해설자에게 건네주어야 한다.

더빙실의 작업일정이 오전 10시에 잡혀 있다면, 그 해설 원고는 아주 늦어도 오전 8시까지는 PD에게 전달되어야 한다. PD는 원고를 검토한 후 그림과 원고의 길이가 적당한지를 판단하고, 길이가 길면 불필요한 부분을 삭제하고, 짧다면 보충 작성해 집어넣고, 내용이나 문맥, 단어 등에 문제가 없는지 살펴 수정작업을 신속히 마쳐야 한다.

다음 이 원고를 해당 상사(차장·부장·CP)에게 제출해 재검토 후 최종 사인을 받게 된다. 다시 이 원고는 해설자에게 건네지고, 해설자는 그 대본을 자신의 낭독 스타일에 맞도록 소량 교정하는 한편, 호흡을 감안해 어느 지점에서 포즈(pause)를 두어 잠시 멈추었다가 다시 시작할 것인가도 사전 결정하고, 예독(豫讀) 끝에 더빙에 임하게 된다.

내레이터의 해설 녹음과 관련해서 또 하나 주의해야할 점은, 해설 대본의 한 페이지 끝이 문장 중간에서 다음 페이지로 넘어가도록 해서는 안 된다는 것이다. 내레이션 중간에 대본의 페이지를 넘기게 되면 당연히 내레이션의 호흡이 끊어지게 된다. 연출자는 아무리 경험이 많은 내레이터라 하더라도 '내레이션 상태'를 주의깊게 지켜봐야 한다. 특히 분명치 않은 발음이나 엉뚱한 대목을 강조하지 않는지 잘 파악해야 한다. 내레이션의 빠르기가 적당한지도 체크해야 한다. 녹음 현장에서 해설 대본의 문제점을 발견할 수도 있다. 이때 연출자는 더빙실 현장에서 작업을 중단하고 즉시 문제점이나 대본을 수정한 후 작업을 계속해야 후환(後患)을 사전에 예방하게 된다.

라. 실제 더빙 대본의 예

다음에 소개하는 해설 대본은 방송위원회 제정, '2001년도 올해의 좋은 프로그램 대상'에서(대상 1편, 최우수상 1편, 우수상 2편)에서 우수상을 수상한 춘천문화방송 특별기획 4부작 <DMZ>의 '제1부 그 땅에 뿌리내리다'의 일부분이다.

'DMZ(Demiliterized Zone)'는 155마일 휴전선을 중심으로 남북 양쪽 2km씩 남북의 군대와 살상무기가 배치되지 못하도록 무장해제된 지역을 말한다. DMZ는 지난 반세기 동안 사람의 출입이 통제되고 개발이 금지되어, 이 지구에서 유례를 찾기 힘든 자연생태계의 보고(寶庫)로 다시 생성되었고, 이제 인류가 함께 보존해야 할 자연환경유산의 가치를 지니게 되었다. 이 특별기획은 한국 방송사상 최초로 DMZ 안에 ENG카메라를 들여가 촬영에 성공함으로써 시청자에게 DMZ의 실상을 생생히 전달하고, 역사 고증(考證)을 통해서 DMZ 내 유적지(궁예의 도성)를 3D CG로 재현한 기획의도와 배경을 갖고 있는 다큐멘터리다.

대본을 작성한 작가는 MBC 본사에서 활동하고 있는 김혜주 씨다. 그녀는 이산가족 문제를 다룬 <MBC 특별기획 상봉>과 <상봉 그후>, <MBC 스페셜 돌아온 포로>, 자연 다큐멘터리 <양수리의 봄>, <8색조의 8가지 비밀> 등을 집필한 바 있다.

항목 / VIDEO	AUDIO
Prologue	
공문……	지난 반세기,
	아무도 갈 수 없던 땅.
'수신:UN 사령부'……	그 땅에 들어가기 위해선
	우리 정부가 아닌
	이방인의 허가가 필요했다.
'IMPOSSIBLE' 도장……	길고 지루한 실랑이가 이어지고.
DMZ 철책……	분단 이후 최초로

	비무장지대의 빗장이 풀러졌다.
고라니…… 산양……	
'지뢰' 표지판CU……	금단의 땅, DMZ !
	그곳은 정녕 인간의 간섭을 벗어난
	생태계의 낙원인가,
	철조망에 갇힌 위험한 유배지인가.

==

Sub-Title + 前 CM "그 땅에 뿌리내리다"

==

운무 FS……

초소 ZO……　　　　　　　체감온도 영하 60 도
　　　　　　　　　　　　전방의 겨울은 모질게 춥고 길다.

　　　　　　　　　　　　지구상에 남은 유일한 분단국가.
　　　　　　　　　　　　전쟁은 잠시 멈춰있을 뿐
　　　　　　　　　　　　끝난 것은 아니었다.

철조망……
경비병 순찰하는……　　　50여 년 전,
　　　　　　　　　　　　민족의 뜻과는 무관하게 그어진
　　　　　　　　　　　　155마일 휴전선은 남과 북
　　　　　　　　　　　　누구도 발 들여놓을 수 없는 단절의 땅,
　　　　　　　　　　　　DMZ를 만들었다.

DMZ CG……　　　　　　　DMZ, 비무장지대란
　　　　　　　　　　　　휴전협정 제1조 1항에 따라
　　　　　　　　　　　　군사분계선으로부터 남북으로 2km씩,
　　　　　　　　　　　　4km의 폭으로 설정된 무장해제 지역.
　　　　　　　　　　　　무려 2억 7천만 평에 달하는 면적이다.

DMZ 철책……　　　　　　무장이 금지된,
　　　　　　　　　　　　절대로 폭력을 행사해서는 안 되는
　　　　　　　　　　　　비무장지대는, 그러나 정작

지구상에서 가장 중무장을 한,
한시도 긴장을 늦출 수 없는 땅이다.
(FO / F1)

저도 일출……   동해안 최북단, 강원도 고성.

어선 출항……   만선의 꿈을 실은 출어 행렬로
                          대진항의 하루는 시작된다.

경비선 순시하는……   이곳은 남과 북의 군사접경지역.
                          어로한계선을 넘는 어선을
                          감시·보호하기 위해
                          해군의 경비가 삼엄하다.

어로한계선 등대……   어로한계선이라고 해야
                          등대 2개가 표시의 전부.
                          바다 위엔 아무런 금도 그어있지 않다.

고기 잡는 배……
청어 끌어올리는 어부……   대진항에 청어가 몰려드는 12월,
                          해마다 이맘때면 덩달아
                          얼굴을 내미는 손님이 있다.

물개 ZI……   배 주위를 유유히 맴도는 녀석은
                          바로 물개!
                          청어떼를 따라 먼길 마다 않고
                          동해를 찾아왔다.

물개 서식 CG……   세계적으로 베링해와 오호츠크 해에
                          서식하는 물개는 번식을 마치면
                          해류를 타고 남하하기 시작한다.
                          동해의 고성은
                          북태평양의 물개가 내려오는
                          남방한계선이다.

물개 ZI……   이곳의 해역은

물도 맑고 먹이도 풍부하고,
무엇보다 사람들이 함부로 접근하기 힘든
금단의 바다.

물개 헤엄치는 cu······   물개가 한 철 머무르기엔
더 없이 안성맞춤인 휴양지로,
여기선 한 겨울 파도를 가르며
한가로이 헤엄치는 녀석들을 보기가
그리 어렵지 않다.

먼 바다로 나가는 물개······   녀석들은 사람에 대해
별다른 경계를 하지 않는다고 했다.

어부INT   "청어 던져주면 물구 올라와 막 흔든다······"
"물개가 굉장히 영리하다. 사람이 가는 걸 용케 아니까."

태극기 ZI 물개······
물개 수중촬영······   물개는 매끈매끈한 피부와
어뢰 모양의 몸통으로
세상에서 가장 수영을 잘하는
동물 중 하나인데,
사람들의 탐욕 때문에
해마다 그 수가 격감되어
현재 세계적으로 보호를 받고 있다.

고개 내민 물개······   남과 북의 해상분계선이 만든
공백의 틈에서 녀석은
자신이 안전하단 걸 아는 듯
여유가 만만하다.

경비선······   그러나 바다는 그렇게 평화롭지 않다.
밤낮 없이 경비정이 순찰을 돌고.

금강산 유람선   유람선은 지척에 금강산을 두고

먼 포물선을 그리며
바쁜 운항을 해야 한다.

헤엄치는 물개……
물개 찍는 카메라…… 금단의 바다에서 벌어지는
해상의 긴장은
물개와는 상관이 없다.
보란 듯 낮잠을 즐기는 녀석도 있다.

낮잠 자는 물개 CU…… 물개는 번식기에는
해마다 일정한 섬에 상륙하여
수컷 한 마리가 수십 마리의 암컷을 거느리는
집단생활을 하지만,
나머지는 뿔뿔이 흩어져
대부분의 시간을 바다에서 보낸다.

낮잠자는 2S……

꼬리 CU…… 수중발레라도 하듯
파도에 몸을 맡기고,
녀석은 그렇게
남과 북의 경계를 허물고 있다.

석양…… (FO / FI)

- -

철원 벌판 PAN…… 철이 많이 나는 벌판, 철원은
골 깊고 산 높은 강원도에서
가장 너른 평야가 펼쳐져 있는
곡창지대다.

철새 날아오르는…… 가을걷이가 끝나고
농부들의 발길이 뜸해지면,
철원 DMZ 인근의 12만평 일대 논밭은
추위를 피해 한반도에 날아든 철새들
차지가 된다.

	철새들이 해마다 이렇게 철원을 찾아오는 이유는 너른 평야에 널려있는 낙곡과 한 겨울에도 얼지 않는 샘통 때문이다.
샘통 FS······	샘통은 현무암 지반을 뚫고 사계절 내내 15℃ 안팎의 따뜻한 물이 솟아오르는 천연연못. 넓이가 0.5ha에 달하는 샘통은 지난 겨울 기록적인 폭설과 한파에도 끄떡없었다.
두루미떼······	겨울, 철원 벌판의 주인공으로 첫손 꼽히는 새는 뭐니뭐니해도 두루미.
두루미 2S······	천연기념물 제202호로 지정·보호를 받고 있는 두루미는 현재 지구상을 통털어 1,500여 마리 가량 남아있는 것으로 추정되는데, 매년 300만 마리 안팎의 두루미가 철원을 찾아오고 있다.
노래하는 두루미······	월동지인 철원은 두루미의 신방. 암수가 함께 구애의 노래와 춤을 추며 짝짓기를 마친다.
두루미 날아오르고······ 나는 두루미떼······	풍부한 먹이와 편안한 휴식처, 사람들이 쉬 접근하지 못하는 벌판은 두루미에게는 낙원이나 다름없다.
착지하는 재두루미떼······ 논의 재두루미떼······	두루미와 함께 철원벌을 빛내는 또 다른 주인공은 재두루미.

재두루미 CU……	재두루미 역시 전 세계적으로 3천여 마리밖에 안 되는 국제보호조로, 천연기념물 제203호로 지정되어 있다.
두루미와 싸우는…… 두루미 & 재두루미……	두루미와 재두루미 무리가 함께 월동하는 지역은 전세계에서 철원의 비무장지대뿐으로, 세계조류학계의 주목을 받고 있다.
논의 두루미 & 재두루미……	금세기 안에 자취를 감출 수도 있다는 멸종의 새. DMZ는 그들에게 희망의 땅일까.
독수리 나는 하늘…… 나는 독수리……	겨울, DMZ의 창공을 수놓는 새로 빼놓을 수 없는 녀석이 독수리다.
논의 독수리떼…… 독수리 GS……	몽골의 초원에서 번식하는 독수리는 매년 10월 하순, 찬바람이 불기 시작하면 경기도 파주와 강원도 철원, 양구 등 DMZ 인접 지역에 날아들기 시작한다.
바람맞고 선 독수리……	독수리는 흔히 하늘의 제왕으로 불리지만, 정작 독수리는 자연의 청소부. 매나 다른 맹금류와 같은 사냥술이 없어 죽은 동물의 사체를 뜯어먹는다.
먹이 먹는 독수리……	번식지나 월동지에서 녀석들의 먹이는 늘 부족하다. 산업화와 도시화로 생태계가 점점 파괴되면서 독수리들의 먹이가 되는 야생동물의 수가 격감하고 있기 때문이다.

까마귀와 먹이 다툼 벌이는……주린 배를 안고
                                    멀리 한반도까지 날아온 독수리들은
                                    큰 등치에도 불구하고
                                    이 땅의 터주대감 까마귀들에게
                                    톡톡히 텃세를 당한다.

도망가는 독수리……
하늘 나는 독수리……   무섭게 개발되는 후방에 비해
                                    공해와 오염이 없는 청정지역,
                                    DMZ의 새들은
                                    철책을 자유롭게 넘나들며
                                    남과 북의 하늘을 하나로 잇고 있다.

설화…… (♪음악♪)

이 원고를 읽은 독자들은 다큐멘터리 해설 원고작성이 매우 쉽구나, 그 정도면 나도 충분히 쓸 수 있다고 생각하는 분이 많을 것이다. 그러나 화면과의 연관성을 고려해 '쉬운 것' 같이 쉽게 쓰기에는 상당한 시간이 소요되는 혹독한 훈련을 거쳐야 이룩될 수 있는 일이다. 해설 작성에 문리(文理)가 트이자면 아마도 50분짜리 다큐멘터리 적어도 20편을 담당한 이후에야 가능하지 않을까 생각된다.

'DMZ 제1부 그 땅에 뿌리내리다'의 원고를 읽으면 매우 소박한 느낌이 든다. 도대체 맺힌 데가 없고 강한 표현들이 별로 눈에 띄지 않는다. 작가로서 원고를 통해 폼잡거나 으스대고자 하는 구석이 없고 어려운 표현이나 단어가 절제되어 있다. 이것이 이 대본의 장점이다. 따라서 작가나 작가 지망생은 시(詩)를 많이 읽고 연구하는 자세가 필요하다는 점을 재삼 강조하는 바이다.

참고로 방송시간 55분짜리(내용물 52분 정도로 추측됨)인 이 DMZ 대본에 표시된 shot의 숫자(scene, interview, CG 포함)를 헤아려 보니 모두 217개였다. 해설 원고는 한 장면 한 장면을 통해서 217개 전부를 이야기해야 하고, 217개 전체와 조화를 이루는 가운데 한 장면도 묘사하지 않으면 안 된다. 매우

어려운 작업임에 틀림없다.

(15) 완제품(完製品) 제작

가. 완제품 제작

디졸브를 통해서 그림연결본이 완성되고, 이어서 더빙작업을 마치게 됨으로써 그림 안에 해설도 들어가게 되었다. 따라서 프로그램의 대모한 면모(面貌)가 형성된 셈이다. 그러나 아직도 미흡한 부분이 많다. 건축물로 비유하자면, 구조와 지붕이 완성되고 창틀 정도가 끝난 상태와 같으리라. 문이 달려야 바람을 막을 수 있고, 전기와 수도, 가스가 연결되어야 사람이 밥을 해먹고 잠을 잘 수 있지 않겠는가? 다큐멘터리 프로그램의 완제품 제작은 이처럼 각종 삽입물을 부착하고 내장(內粧·內裝)공사를 시행하는 단계의 개념이다.

완제품 제작, 즉 더빙이 완료된 테이프에 삽입되어야 하는 것들은,

① 타이틀(title)
② 프롤로그(prologue)
③ CM(commercial message)
④ 자막(字幕 super)
⑤ 음악(music effect)
⑥ 효과(sound effect)
⑦ CG(computer graphic)

등이다.

이 작업은 콘솔, 녹화기, 음향기재, DVE(digital video effect, 특수효과 장치) 등 온갖 관련 장비가 완비된 종합편집실에서 기술감독의 통제하에 PD, 조연출, VTRman, audioman, music effectman, sound effectman 등이 참여한 가운데 진행된다.

이때도 완제품 큐시트를 만드는 것이 좋다. 왜냐하면 가능한 한 종합편집실을 배정받은 시간 내에 완제품 작업을 완료해야 하기 때문이다. 종합편집실은 설치비와 유지비 감가상각비 등 비용이 과다하게 발생하기 때문에 재정이 넉넉한 지상파 텔레비전 방송사조차도 여유있게 여러 개 만들어 운영

하지 않는다. 항상 수요에 비해 공급이 부족하므로 종합편집실 배정은 일괄 편성부에서 담당한다. 고정 프로그램은 주단위로 확정해놓고 있고, 특집 프로들은 일주일 전쯤 사전에 신청서를 내서 배정받게 된다.

만약 배정시간 내에 완제품을 만들지 못하면, 바로 뒷차례의 PD로부터 빨리 끝내라는 시달림을 받게 되고, 서두르다 보면 자꾸 NG가 생겨 오히려 시간이 더 걸리고 제품에 완벽을 기하기 어려워진다. 이런 사태를 막기 위해 '완제품 큐시트'를 프로그램 나름대로 만들어 사용하면 혼란을 사전에 예방할 수 있다. 종합편집실을 외부에서 임차 사용한다면, 업체에 따라 다소 차이가 있겠지만, 아침 9시부터 저녁 6시까지(스태프 비용 포함) 1일 250∼300만원의 비용이 발생하게 된다. 종합편집실의 사용은 곧 '돈'이라는 것을 기억하면서 완제품 제작에 임하면 어떨까 한다.

① 타이틀

다큐멘터리 프로그램에서 타이틀은 일반적으로는 프로듀서가 직접 만드는 경우가 대부분이다. 취재한 화면 중에서 주제나 프로그램 내용을 가장 잘 표현하거나 상징할 수 있는 화면을 골라내고, 여기에 그래픽으로 만든 제목(또는 手작업), 예컨대 'KBS 특별기획 @@@'처럼, 제목을 합성해서 타이틀을 제작한다. 그러나 근자의 TV 다큐멘터리 프로그램들은 컴퓨터 그래픽이나 2D, 3D[50]를 사용하는 경우가 많아 타이틀도 상당히 고급화되고 업

---

50) 3D 그래픽에 대한 정의─현실 세계에서 우리가 보고 느끼고 경험하는 모든 환경들은 3차원의 공간상에서 일어난다. 우리가 보는 시야는 좌우(X축), 상하(Y축), 전후(Z축)로 구성되어 있으며, 그 공간 속에서 모든 물체를 감지한다. 이렇듯 우리가 보는 환경과, 환경 속에 있는 물체를 우리가 보는 것과 똑같이 3차원 공간 속에서 표현하려는 그래픽이 바로 3차원 그래픽이다. 3D는 컴퓨터라는 도구를 이용하여 2D 그래픽의 한계를 극복하고 3차원 공간상에 실사와 똑같이 느낄 수 있는 그래픽을 구현하는 방법이다. ≪조선일보≫, 윤송이, 2002년 7월 15일.
　컴퓨터 그래픽 기술을 이용한 영화 제작은 실제 공간과 같은 3차원의(3D·Three Dimensional) 모델을 만드는 데서 시작한다. 전체적인 공간의 선과 면 그리고 표면의 재질을 현실과 똑같이 만드는 것은 3차원 모델을 구현하는 첫번째 단계이다. 컴퓨터 그래픽이 만드는 3차원 모델은 보통 컴퓨터가 이해하기 쉬운 삼각형과 사각형의 조합으로 만들어진다. 이것이 '기하학에 기초한 모델링'인데 도형을 여러 개 이어 붙여 실제와 같은 모습을 만들어내는 작업은 컴퓨터 그래픽 예술가의 엄청난 노력을 요구한다. 이때 20개 정도의 사진만 있으면 흠잡을 데 없는 3차원 컴퓨터 그래픽을 구현할 수 있다.

그레이드된 상황임을 목격하게 된다. 따라서 CG를 활용해서 제작하는 다양한 양태의 타이틀도 점차 늘어나고 있는 추세이다.

그러나 CG는 과다한 사용료가 문제이다. 거의 1초당 또는 10초당 산출되기 때문에 적지 않은 제작비 부담이 수반된다. 예컨대 TV 스파트용 CG를 만들 경우, 15초를 기준으로 해서 그 비용은 대체로 200만 원 내외가 된다는 것이다. 그러나 최첨단 기재를 사용하는 고급에 해당하는 CG는 1초당 500만 원을 상회한다고 한다.

따라서 취재화면에 자신이 있다면 비용도 절약할 겸, 담백하고 소박하게 '자체 그림'만으로 타이틀을 만드는 것도 결코 나쁘지 않다. 왜냐하면 작품성은 우수하지 못한 데 타이틀만 요란스러워도 꼴불견이 아니겠는가? 만약 작품이 대작(大作)이고 프로그램의 질도 매우 높아 그 회사의 제작능력을 과시하고 싶은 경우라면, 타이틀을 CF회사에 제작 의뢰할 수도 있을 것이다. 이런 회사들은 보통 15초, 또는 30초 등의 시간 단위로 광고를 제작하기 때문에 우선 제작기법이 일반 지상파 CG실의 방법과는 차별성이 있고, 사용기재도 고가의 최첨단 장비가 활용되므로, 주제 접근력이라든지 압축력에서 뛰어난 화면을 창출할 수 있다. 다만 고액의 제작비를 지출할 각오가 되어 있어야 할 것이다.

② 프롤로그(prologue)

프롤로그는 에필로그(epilogue, 終決部)와 상대되는 개념으로 소설이나 장편시의 서사나 서곡, 또는 연극의 서막을 일컫는 개념이다. 따라서 다큐멘터리 프로그램에서 '프롤로그'를 준비했다면(없을 수도 있다), 그것은 작품의 '핵심부분'이나 매우 '특이한 부분'을 추출해 시청자를 유인하는 내용이 되어야 할 것이다. 즉 프로그램의 맛보기이며 영화의 예고편과 유사한 성격을 지니기도 한다. 프롤로그만 보아도 프로그램의 전체적인 맥락을 암시하기 때문

3차원 세트가 완성되면 색깔과 질감 등을 입혀 더욱 사실적으로 보이게 만든다.

1999년 개봉된 <매트릭스>는 놀라운 특수 효과로 SF영화의 새 장을 열었다는 평가를 받았다. 120대의 카메라가 배우들을 둘러싸고 1초에 100프레임씩 1만 2,000프레임을 찍는 초고속 촬영방식과 애니메이션 기법을 이용해 탁월한 시각적 효과를 창출했다. 감독인 워쇼스키 형제는 총 제작비 8,000만 달러 가운데 2,000만 달러를 특수효과 비용으로 투입했고, 2000년 아카데미상 4개 부문을 휩쓴 바 있다.

에 시청자가 시청여부를 결정하는 데 중요한 역할을 담당하게 된다.

프롤로그는 성격상 도입부에 해당한다. 도입부의 '유인책(誘引策)'[51]은 시청자의 호기심을 자극해야 한다. 흥미로운 상황을 제시한 다음, "보십시오! 우리를 따라오면 아주 놀랄 만한 것을 보여드리겠습니다."라고 말하는 것이다. 가령 아주 심각한 중년 남자가 여자 옷을 입고 있는 장면으로 시작한다고 하자. 또 다른 작품에서는 새침하고 얌전한 여학생이 지하실에서 물체를 향해 권총을 발사하는 장면을 상상해보자.

우리는 즉각적으로 이런 낯설고 괴상한 상황에 충격을 받는다. 우리는 이 남자가 누구이며 왜 저러는지를 알고 싶어진다. 배우일까? 아니면 성도착환자? 스파이? 저 여학생을 누구일까? 호신술 연습중인가? 자살을 하려는 것일까? 부모를 죽이려는 것은 아닐까?

이쯤되면 호기심은 극에 달하고 상상력이 동원된다. 우리는 질문에 대한 답변을 원하기 때문에 잠시 그 작품을 계속 보기로 하는데, 단 처음 두세 장면에서 어떤 '보상(補償)'이 있을 때만 그렇다. 뭔가 흥미로운 것으로 진행되어야만 하는 것이다. 핵심은 우리가 뭔가 놀라운 것을 보게 될 것이기 때문에 이것을 놓치거나 무시하는 것은 바보 같은 짓이라는 확신을 심어주는 것이다.

위의 설명은 프롤로그가 단순히 전체 내용에 대한 압축을 도입부에 보여준다는 것은 별 의미가 없다는 것이다. 확실한 어떤 유인적인 요소가 없을 때는 군이 프롤로그를 만들어 끼울 필요가 없다는 것도 시사하는 내용이다. 특별한 유인 기제(機制)가 있을 때만 약 3분 이내로 프롤로그를 만들어야만 프로그램 시청에 실제적인 도움이 될 수 있을 것이다.

③ CM

CM이라는 단어는 광고를 뜻한다. CM은 Commercial Message, CF는 Commercial Film을 줄인 말이고, 일본 사람들이 만든 조어(造語, coin)이다. 광고라는 의미로 CM과 CF가 관행적으로 많이 쓰이고 있지만 'advertising' 또는 'commercial'이 보다 정확한 표현이다.

---

51) Alan Rosental, 『다큐멘터리 기획에서 제작까지』, 안정임 역, 한국방송개발원, 1997, pp.149~150.

광고(advertising, advertisement)의 어원(語源)은[52] 라틴어 'adverter'에서 나온 것으로, 그 뜻은 '돌아보게 하다', '주의를 돌리다'는 것이다. 독일어와 프랑스어에서는 광고를 각기 Die Reklame와 Réclame라고 하는데, 이 역시 '부르 짖다'라는 의미를 가진 라틴어 Clamo에 그 어원을 둔 것으로 '반복하여 부르 짖다'는 의미를 가졌다. 따라서 광고는 '반복해서 부르짖음으로써 주의를 끌 게 하는 것'이라고 할 수 있다.

오늘날 광고는 우리들의 실제 생활을 영위하는 데 하나의 중요한 축을 이 루고 있다. 특히 텔레비전 광고는 제품의 판매와 생산 촉진에서 중요한 역할 을 담당하므로 '광고'는 텔레비전의 5대 기능(오락·보도·정보전달·문화전파) 중에 하나로 포함된다. 광고는 제품과 서비스를 팔고, 기업 이미지를 고양시 키며, 시청자를 판매한다. 다시 말해 프로그램에 광고를 실어 방송하기 때문 에 방송사는 광고회사에 시청자와 청취자를 모아 파는 결과가 된다. 일본의 유명한 광고회사인 덴쯔(電通)는 자체 광고에서 '광고란 마치 공기와 같다'고 비유함으로써 광고의 중요성을 갈파한 바 있다.

상업방송에서 TV 다큐멘터리 프로그램에 광고가 붙지 않는다면, 어느 면 에서 좀 창피한 노릇이다. 그만큼 시청자의 관심이 프로그램에 집중될 가능 성이 적다는 해석이 되고, 시청자를 모으지 못하니, 광고회사에 팔 시청자 수가 부족하다는 의미도 될 것이다. 결국 해당 다큐멘터리 프로그램은 인기 가 없다는 뜻이 된다. 이와 같은 이유로 해서 CM은 그 다큐멘터리에 있어 일종의 권위일 수도 있기 때문에 대단히 귀중하게 생각해야만 한다. 또 CM 이 없다면 다큐멘터리의 제작비 충당은 불가능할 터이다.

현행 방송법으로 CM은 전체 방송시간의 10/100까지 붙일 수 있다. 50분짜 리 프로그램은 5분(300초)이다. 요즈음 CM은 모두 15초 단위이기 때문에 완 전히 판매가 이루어졌을 경우, 20개의 CM을 수용할 수 있다. 타이틀 다음에 제공 슬라이드가 수퍼되고(업체를 5개씩 표기하면 4장, 7개씩 표기하면 3장이 바뀌어야 한다), 전 CM 10개, 후 CM 10개로 분할 삽입한다.

해당 CM의 배열은 광고부에서 편집해오는 복사본과 순서를 그대로 사용 하면 된다. CM이 송출될 때 화면 우측 상단(上端)에 프로그램명(名) 자막을

---

52) 강대인·김우룡·홍기선 공저, 『방송제작론』, 나남출판, 1995, p.251.

넣으면('상단'으로 불린다), 이제 막 TV를 켠 시청자도 CM이 나가고 있는 상
태에서 무슨 프로그램인지를 알 수 있고, '상단'이 화면에서 빠지면 CM도
끝나게 돼, 본 프로그램이 시작된다는 것을 시청자에게 알릴 수 있어 편리
하다.

④ 자막(字幕)

자막을 넣는 것은 일명 '수퍼(super)'라고도 칭한다. 이것은 superimpose를
뜻한다. 수퍼임포즈는 화면 내의 특정한 위치에 특정한 그림 또는 글자 등을
삽입하거나 중첩(重疊)시키는 것을 말한다. 따라서 PD가 자막을 넣을 때는
'수퍼 인'으로 큐를 주고 자막을 뺄 때는 '수퍼 아웃'으로 지시한다.

삽입해야만 하는 자막에는 여러 종류가 있을 것이다. 사람 이름(人名), 소속
과 직위, 장소 이름(地名), 발음이 불분명한 노인의 인터뷰 내용, 외국인이
자기 나라 말로 언급한 내용의 우리말 번역, 노래 가사 등등 다양할 것이다.
연출(조연출)은 들어가야 할 자막의 내용원고를 만들어 미술부에 의뢰하고,
수퍼가 완성되면 오기(誤記)가 없는지 교정을 거친다.

특히 사람 이름과 한자 표기는 자주 틀리는 경우가 생기기 때문에 세심한
주의를 기울이는 것이 안전하다. 사람 이름 단 한자가 틀려 완제품 후 재녹화
나 '땜빵'(틀린 부분을 지우고 색깔을 입혀 수퍼하는 것인데 모양이 좋지 않다)을
해야 하는 사례가 일어날 수 있다. 유의했으면 하는 대목이다.

또한 수퍼가 이루어진 후 몇 초 동안 화면에 글자가 머물어 있어야 하는가?
하는 시간적 개념도 반드시 고려해야 할 점이다. 예컨대 '김서울(서울대학교
교무처장)'처럼 인명과 소속·직위를 고지할 경우, 수퍼인 큐로 '……교무처
장'까지 글자가 화면에 뜬 후에, '김/서/울/서/울/대/학/교/교/무/처/장'식으로
입 속에서 글자를 발음해 본 후, 적절히(충분히) 화면상에서 인지가 됐다고
판단될 때, 수퍼아웃을 시행하면 문제될 게 없다.

그러나 수퍼인 후 다음 장면의 수퍼가 연속적으로 나올 것 때문에 조바심
이 나서 또는 습관적으로 빨리 수퍼아웃을 해버리면, '서울대학교 교' 또는
'……교무처' 정도에서 수퍼는 사라지고 '……무처장' 또는 '……장' 자는
날아가버린다. 이런 상황이라면 수퍼 내용을 시청자가 절대로 인식할 수 없
다. 즉 화면상의 인물이나 장소 등의 이해를 돕기 위해 자막을 넣는 것인데

이것이 잘리거나 제대로 인식이 안 된다면 몰이해를 불러일으킬 수밖에 없다.

이런 일을 방지하기 위해 앞의 자막과 다음 자막간의 간격을 충분히 헤아려서 편집을 해놓는 것이 바람직하다. 어떻게 소위 지상파 방송사에서 수퍼를 줄줄이 사탕처럼 매달아놓는 일이 발생할까 의문을 가질 수도 있겠지만 실제로 그런 일도 발생한다.[53]

또한 자막이 들어가야 할 부분(면적)은 일정한데 너무 많은 내용을 집어넣게 되면 자연히 글자 크기가 작아져 인식도가 떨어질 수 있고, 멋을 부리기 위해 이상한 글자체를 사용해도 때로는 시청자가 읽기에 매우 불편한 경우도 발생할 수 있으므로 유의했으면 한다.

⑤ 음악 효과

앞에서도 음악에 관해 언급한 바 있지만, 음악은 프로그램에 생명을 불어넣는 것과 같아 음악이 들어가면 피가 도는 것과 비슷한 효과가 발생한다. 만약에 드라마건 다큐멘터리건 간에 음악이 전무하다면 프로그램이 얼마나 메마르고 무미건조(無味乾燥)할 것인가 상상해보자. 도대체 시청할 마음이 안 생길 것이다. 그만큼 음악은 중요하다.

배경음악(물론 테마부분도 포함된다) 작곡가가 작곡한 음악을 music effectman이 사전 지정된 지점에서 삽입한다. 이때 음악을 높게 틀 것인가, 아니면 낮게 기어가듯 갈 것인가, 점점 거세게 크레센도(crescendo)로 갈 것인가, 반대로 미디뉴엔도(diminuendo)로 잦아들 것인가는 music effectman의 판단과 재능에 의존해야 한다. 그는 장면과 장면상의 분위기와 특징, 강조할

---

53) 과거 MBC는 <까레이스키>라는 드라마를 야심차게 제작한 바 있다. 많은 연기자와 스태프가 러시아로 건너가 촬영에 임했고, 편당 1억원을 상회하는 제작비를 쏟아부었다. 회사는 상승·복합 홍보효과를 위해 '까레이스키 제작'과 관련해 특집 다큐멘터리를 제작하게 되었다. 요즘은 'DVD'에 본 프로그램 외에 끼어있는 'Special Features'와 같은 것이다. 결과는 SBS <모래시계>에 치욕적인 참패를 당한 바 있다.
　토요일 저녁, 완제품을 시사해보니 수퍼가 100여 개가 넘고 10여 초마다 수퍼가 나타날 정도로 온통 수퍼로 도배를 한 프로그램이 나타난 것이다. 원인은 신인PD가 편집에서 문제가 발생한 것을 자막의 설명으로 커버하려는 과욕에서 비롯된 사고였다. 외부편집실 임차로 철야작업을 통해 아슬아슬하게 일요일 밤 방송시간에는 대었지만 프로그램은 상처투성이였던 것이 아직도 기억에 새롭다.

내용에 관해 많은 경험과 본능적인 feeling, image를 소유한 인물일 것이다. 그리고 각 에피소드를 음악을 통해서 시작하고, 반대로 음악을 이용해 종료를 알리는 요술(妖術)을 부리게 된다.

음악의 삽입은 완제품 한 단계 전인 더빙 과정에서도 함께 수행할 수 있다. 이때 해설자가 배경음악의 분위기를 탈 수 있어 정서적인 quality를 기할 수 있는 장점이 있는 반면 NG가 날 경우 작업이 다소 복잡해질 수도 있다. 완제품 제작단계에서 음악을 넣으면 music effectman은 여러 가지 요소들을 충분히 감안(勘案)할 수 있기 때문에 음악을 통해 마음껏 기량을 발휘하고 프로그램에 헌신하게 될 것이다.

⑥ 음향 효과

sound effect의 역할도 대단하다. 화면이 진행되면서 어떤 이야기가 전달되고 고조(高潮)되는데, 그때 그 장면에 꼭 어울리는 소리, 예컨대 교회 종소리라든지 문을 꽝 닫는 소리가 화면에 울려 퍼지면 마치 화룡점정(畵龍點睛: 가장 긴한 부분을 완성시킴)과 같은 효과를 기대할 수 있다. 다큐멘터리에 있어 sound effect가 다량 필요한 경우는 그리 많지 않겠지만, 필요한 소리는 매우 정선된 것을 사용해야 할 것이다. 그리고 삽입 포인트는 1초도 느리거나 빠르지 않게 정확해야만 음향 효과의 소임을 다 할 수 있다.

⑦ CG(computer graphic)

다큐멘터리 프로그램에서는 CG의 사용이 점차 늘어나고 있는 경향이다. 과거에는 취재팀의 이동경로를 지도상에 나타낼 때, 움직임을 화살표시 '→'로 표현하는 것들이 고작이었지만, 요즈음은 다양한 내용을 CG로 전달하고자 시도하고 있다. CG는 CG실에서 별도로 제작해 대체로 완제품 제작시 예정된 장소에 삽입한다. CG제작은 관련자료를 사전에 충분히 제공하고 제작자가 원하는 바가 무엇인지 정확하게 설명하는 것이 무엇보다도 중요하다.

KBS의 역사스페셜 프로그램은 많은 부분을 '가상현실(VR, Virtual Reality)'에 의존한다. 가상현실 시스템은[54] 인간에게 감각에 대한 환상을 제공함으

---

54) 김영석, 『멀티미디어와 정보사회』, 나남출판, 1999, p.389.

로써 현실이 아닌 인위적으로 창조된 세계를 현실세계로 착각(錯覺)하도록 유도하는 기술을 말한다. 가상현실은 라니에(Lanier)가 사람을 몰입시키는 시스템 종류를 가리키는 용어로 사용하기 시작하였다. 그러나 다양한 컴퓨터 시스템에서 그 용어가 사용된 것은 1990년대 중반부터이다. 깁슨(William Gibson)의 소설 *Neuromancer*(1984)로부터 차용한 용어인 '가상공간(cyberspace)'은 사용자들이 쌍방향적인 소프트웨어로 만들어지는 환상적인 상황을 창조하고 경험할 수 있도록 해준다.

가상현실 기법을 사용해 다큐멘터리를 만드는 경우, 가상현실 제작은 일종의 ENG취재 부분과 같은 별도의 개념이기 때문에 일반적인 TV다큐멘터리 제작과는 다소 다른 제작단계를 거쳐서 만들어지게 된다.

위에서 여러 요소와 각도에서 설명한 바와 같이, 완제품 제작은 이렇게 본 프로그램에 대한 여러 가지 부가적인 요소들을 제반 시설과 인원(전문가)을 가용할 수 있는 종합편집실에서 수행하는 과정이다. 그러면 완제품 제작은 글자 그대로 다양한 요소를 삽입하기만 하면 되는 것일까? 꼭 그렇지는 않다. 어떻게 보면 '완제품'이라는 그 의미 자체가 하나의 이야기이고 하나의 드라마이다. 따라서 내용과 요소들이 막 달려가기도 해야 하고, 때로는 좀 쉬어가면서 숨을 고르기도 하는 한편, 어느 지점에서는 산 정상을 향해 뛰어오르기도 해야 한다. 즉 리듬(rhythm, 율동)과 템포(tempo, 진행의 속도·박자)가 고려되어야 한다.

리듬과 템포는 애초에 편집된 내용을 통해서 이루어져야 마땅하다. 그러나 완제품 제작과 관련된 여러 요소와 요인들을 조화롭고 적절히 조합해 원래의 내용에 속도감과 율동감을 부여하는 재치가 발휘된다면 성공적인 완제품 제작이라고 말할 수 있겠다. 이 경우 프로그램 전체를 꿰뚫는 프로듀서의 안목이 선행되어야 하고, 각기의 요소들을 리듬과 템포에 입각(立脚)해 결합하는 기술감독의 풍부한 경험과 테크닉이 필요하다는 점을 지적하고자 한다.

나. 연출의 범위

1번 단계인 '기획'에서부터 15번 '완제품 제작' 그리고 16번의 '예고 제작'과 18번의 '수정 제작'까지의 모든 과정이 광의(廣義)로 말할 때 '연출(演出)'의 범위에 속한다(17번의 시사를 연출 카테고리에 포함시키는 것은 다소 무리가 있어 제외시키고자 한다). 이 17개의 계단 외에 구석구석과 틈새 틈새에 있는 아주 작은 것과 커다란 것을 가리지 않고 연출자의 창의성과 아이디어에 따라서 하나 하나가 결정되고 작품화된다. 연출은 범위가 매우 넓어 추상적(抽象的)으로 생각될 수도 있지만, 연출자의 일거수일투족(一擧手一投足)이 프로그램의 미세한 부분에까지 영향을 미치기 때문에 사실상 매우 '구체적(具體的)'이라고 할 수 있다.

특히 다큐멘터리 연출이라는 '종합적'이면서도 '단편적' 또는 '파편적(破片的) 판단과 행위에는 학문적인 심도(深度), 문명·문화와 관련한 지적 기반, 인간에 대한 보편적 가치와 풍부한 경험, 사회를 재단(裁斷)하는 척도, 탐미적(耽美的) 감각, 도덕적·윤리적 체계, 개인적인 정직·성실·신의 등등 헤아릴 수 없는 다양한 요소와 요인들이 포함된다.

그래서 다큐멘터리는 한 편의 학위논문을 쓰는 프로세스를 밟아야 한다는 BBC의 주장에 대해 매우 정곡(正鵠)을 찌르는 해석이라고 동의하게 되는 것이다. 한마디로,

"다큐멘터리 연출은 '지적 요소가 풍만(豊滿)한 지혜의 냄비'를 사용해 '인간이 먹을 고급 정신적 요리'를 만들어는 것"이라고 규정할 수 있다.

협의(狹義)로 생각하면, 연출은 한 개의 아이템을 '화면'을 중심으로 해서 어떻게 잘게 쪼개고 또 어떠한 방법으로 종합해(촬영과 편집) 시청자에게 보여주고 이해시키느냐 하는 기술이다. 그러나 요즈음 다큐멘터리 프로듀서를 지망하는 하는 사람들은 연출을 단지 야외촬영을 하는 것, 또는 스튜디오에서 '커트'를 넘기는 정도로 치부(置簿)하고 나머지는 모두 구성작가나 다른 스태프들이 수행하는 것으로 오해하는 것을 자주 보면서 우려의 생각을 금치 못하게 된다. 다큐멘터리 연출은 작고 얕은 것이 아니며, 크고 깊은 것이고, 대충하는 것이 아니라, 정확하게 하는 것이라는 점을 재삼 강조하고자 한다.

다. 과잉(過剩) 연출

과잉 연출은 보편적인 텔레비전 제작기법상 적정한 연출의 범위를 벗어난 경우나 왜곡된 사례를 뜻하는 것으로 해석할 수 있다. 만약 그 경계를 매우 많이 이탈했다면 그것은 진정한 의미에서 연출이라고 말할 수 없다. 신문은 그런 프로그램에 대해 '조작(造作)'이라고 표현한다. '조작'이라는 단어를 사

전은 '일부러 무엇과 비슷하게 만듦'이라고 설명하고 있다. 여기서 '일부러'
라는 말은 '고의(故意)' 즉, 속임수로 해석할 수 있고, '비슷하게'는 같지 않으
니까 '가짜'로 규정하는 것이다. '속임수의 가짜'. 따라서 조작이라는 딱지가
붙는 것은 문서조작과 같이 어떤 범죄적 혐의나 사기행위와 같은 불미스러
운 암시를 저변에 깔고 있는 매우 불쾌한 서술이다. 이런 유감스럽기 그지없
는 사태가 근자에 우리 다큐멘터리 업계(業界)에서도 발생한 바 있다.

　1998년 6월 15일부터의 ≪동아일보≫가 보도한 <KBS 일요스페셜>의
'수달 조작'의 일지식(日誌式) 전말은 다음과 같다.55)

　　[KBS '수달 남매' 진실 의혹…… 주민 "철조망 쳐놓고 촬영"]

　KBS가 지난달 24일 <일요스페셜>을 통해 방영한 '자연 다큐멘터리─수달'을
둘러싸고 의혹이 제기되고 있다. 천연기념물 330호인 수달(水獺)을 다룬 이 프로
는 강원 인제군 내린천에 서식하는 '수달 남매'의 성장기를 그려 화제를 모았다.

　그러나 이 프로가 방영된 뒤 "철조망을 쳐 수달을 가둬놓고 촬영했다" "자연산
이 아니라 사육수달"이라는 제보가 이어지며 일부 장면이 연출됐다는 의혹이 일
고 있는 것.

　인제군의 일부 주민들은 "지난 여름 수달이 자주 출몰하는 오류동 계곡 양쪽에
길이 50m 정도의 철조망이 설치됐다. 어린 수달을 이곳에 방사했지만 철조망을
피해 달아났다"고 말했다. 기자가 현지 답사한 결과 방동 1리의 오류동 계곡에는
철조망이 제거됐지만 굵은 철심과 막대, 철망 조각 등이 군데군데 남아 었다.

　KBS측은 "철조망을 설치한 것은 사실이지만 사육수달을 촬영에 사용한 적은
없다"면서 "오류동 부분은 극히 적은 일부분이고 방송사의 자연 다큐가 대부분
이 정도의 인위적인 촬영을 하고 있다"고 말했다.

　제작진의 한 관계자는 "밀렵꾼으로부터 보호하기 위해 수달을 철망 안에 풀어놓
은 것이 주변의 오해를 산 것 같다"고 밝혔다.

　　[KBS '수달 다큐' 조작극이었다…… 사육용 동원 촬영 확인]

　지난달 24일 KBS 1TV <일요스페셜>에서 방영한 '자연 다큐멘터리─ 수달'이
야생 수달이 아닌 사육 수달을 촬영한 조작극으로 드러나 충격을 주고 있다. KBS
의 한 관계자는 16일 ≪동아일보≫를 통해 철조망을 이용한 제작진의 인위적
촬영이 드러나 자체 조사한 결과 수달전문가 한성룡 박사(경남대)가 연구용으로
보유하고 있던 수달을 강원 인제군 내린천으로 옮겨와 촬영한 것으로 확인됐다"

---

55) ≪동아일보≫, 1998년 6월 15일, 17일, 21일, 23일, 25일 및 7월 10일.

고 밝혔다. 이 다큐에는 또 지난 여름 한 주민이 사육하던 수달도 동원한 것으로 밝혀졌다.

그러나 연출자 신동만 PD는 사육 수달이 '주인공'인 달미와 달식이 아니라 일부 방영된 '조연급' 수달이라고 주장하며 "그 정도의 인위적 촬영은 자연다큐 제작에 흔한 관례"라고 말했다.

[KBS, '수달' 촬영 조작 "다큐본질 훼손" 사과방송]

KBS는 21일밤 <일요스페셜> 방영 직전 최근 사실 조작으로 물의를 일으킨 '자연 다큐멘터리 수달'(5월24일 방영)과 관련해 "자연 다큐멘터리의 본질을 훼손(毁損)하고 제작에 도움을 준 학자의 명예에 누를 끼치게 된 데 대해 깊이 사죄한다"고 밝혔다. KBS는 20일 <9시 뉴스>에서도 사과 방송을 했으며 같은 날 오전 옴부즈맨 프로 <시청자 의견을 듣습니다>에서는 <일요스페셜>의 책임 프로듀서 남성우(南晟佑) 주간이 출연해 경위 설명과 시청자에 대한 사과를 했다.

[KBS, '수달' 파문 중징계······ 담당PD 6개월 정직 결정]

KBS가 인위적인 연출로 파문을 일으킨 자연 다큐멘터리 <수달>과 관련, 담당 PD를 6개월 정직시키고 책임 프로듀서와 담당 국장을 인사조치하는 등 대규모 중징계를 단행했다. 또 박권상 사장을 포함, 감사와 본부장 등 임원 전원에도 연대 책임을 물어 감봉(減俸) 결정이 내려졌다.

KBS는 22일 밤 특별인사위원회를 열어 <수달>의 연출자인 신동만 PD에 정직 6개월의 징계를 내렸으며, 제작을 지휘한 안해구 차장과 담당 CP인 남성우 TV1국 주간에 각각 1개월 정직처분을 내렸다. 또 프로그램 제작 당시 TV1국장이었던 이홍주 씨에게는 감봉 2개월, 이석우 TV1국장은 감봉 1개월의 징계가 각각 내려졌다. 이들 前·現職 TV1국장에게는 인사조치도 함께 취해져 이홍주 심의평가실장은 인력개발센터 교수로, 이석우 TV1국장은 심의평가실 심의위원으로 좌천(左遷)됐다. 제작 당시 TV본부장이던 방원혁 감사와 현 강대영 TV본부장에게도 감봉 6개월의 징계가 내려졌다. 아울러 사장을 비롯, 경영·보도·라디오 기술·특임본부장 등 프로그램과 직접 관련이 없는 임원들 전원에게도 감봉 결정이 내려졌다.

이처럼 폭넓은 중징계 조치가 취해진 데 대해 '방송의 진실성이 훼손되는 것은 용납할 수 없다'는 박권상 사장의 의지가 강하게 반영된 것으로 전해졌다. KBS 관계자는,

"한 프로그램의 잘못으로 사과방송을 세 차례나 하고 임원들에게까지 연대책임을 물어 징계를 내린 것은 KBS 창립 이래 이번이 처음인 것 같다"면서 "방송의 공영성을 높이려는 의지가 드러난 것"이라고 해석했다.

한편 담당 신동만 PD에 대한 징계수위는 당초 일부에서 '면직'까지 거론된 것

으로 알려졌으나 KBS 조직원들의 사기저하를 감안, '6개월 정직'으로 감해진 것으로 보인다. KBS PD들은 22일 오후 간담회를 열어 <수달> 파문은 있어서는 안 될 일이지만 징계수위가 높을 경우 다큐멘터리의 제작 위축을 우려하는 의견을 냈으며 노조도 담당자에 대한 극한적인 징계는 피해줄 것을 당부한 것으로 알려졌다.

박 사장은 이에 앞서 20일 가진 집행부 간부회의에서 "수달 사건은 KBS의 공신력을 땅에 떨어뜨린 중대사건"이라고 규정하고 "이 문제에 대한 죄의식 없는 불감상태가 더 문제"라고 지적한 바 있다. —연합

[방송위, KBS '가짜수달' 담당PD 1년 연출정지 징계]

방송위원회(위원장 김창열)는 9일 연출 조작으로 물의를 빚은 KBS 1TV <일요스페셜—자연 다큐멘터리 수달>에 대해 시청자에 대한 사과 명령과 담당PD에 대한 1년의 징계를 결정했다.

- 다큐멘터리 제작의 윤리

얼마전에 있었던 KBS의 <일요스페셜—자연 다큐멘터리 수달>의 조작 파문은 방송사가 늦게나마 조작 사실을 공식적으로 인정하고 사과함으로써 외형적으로는 일단락되어가고 있다. 그러나 처음에 문제가 불거져 나왔을 때는 강력하게 부인하다가 여러 가지 증거가 나오자 마지못해 시인하는 듯한 그간의 KBS의 태도는 뭔가 개운치 못한 여운을 남겨주었다. 신정부의 출범과 함께 공영방송인 KBS는 그동안 한국방송의 고질이었던 시청률 위주의 방송과 선정성을 과감히 탈피하겠다고 국민에게 약속했었다. 세계의 대표적 공영방송인 영국의 BBC와 같이 질 좋고 품격 있는 방송 내용으로 승부를 걸겠다며 방송 개혁의 구호를 외친 것이 바로 엊그제다.

그런 KBS에 의해 그것도 하필 가장 공영적인 간판 프로그램으로서 국민의 신뢰와 사랑을 한몸에 받아왔던 <일요스페셜>에서 이러한 조작이 발생하였다는 점은 시청자들에게 매우 큰 충격과 당혹감을 안겨주었다. 이로 인해 다큐멘터리 프로그램은 물론이고 공영 방송 전반에 대한 국민의 신뢰도가 크게 실추되지 않을까 걱정된다.

두말할 나위 없이 다큐멘터리란 인위적이거나 가공적 사실이 아닌, 있는 현상 그 자체를 기록 형식으로 다루는 제작 기법이다. 그럼에도 사실성을 높이기 위한 수단으로 여러 가지 자료나 데이터 등을 첨가할 수도 있고 또 시청자들을 감동시키기 위해 효과적인 음악이나 내레이션 등을 사용하기도 한다. 그러나,

제작 과정에 불가피하게 인위적 연출이 꼭 필요한 경우에는 그 사실을 시청자들에게 반드시 알려주어야만 한다.

사실 이번의 조작 파문은 그 정도가 다른 때에 비해 좀 심했다는 것뿐이지 과거

에도 이와 비슷한 사례들은 있었다. 그리고 방송 제작자들의 윤리 의식이 우리보
다 훨씬 강한 서구의 많은 나라들에서도 다큐멘터리 조작 문제는 가끔씩 논란의
대상이 되곤 한다.

　말 못하는 동물이라는 점을 이용해 인위적으로 가둬놓고 촬영을 했으면서도 마
치 자연상태에서 한 것인 양 거짓말을 했다. 또 그로 인해 그 동물들의 목숨까지
뺏었다 하니 의식 있는 시청자들이 흥분하는 것은 당연한 일이다. 대다수의 시청
자들에게 우리 방송사들은 과연 자신의 역할을 제대로 수행하고 있는가 하는 근본
적인 질문이 이번 조작사태와 관련해 제기돼야 할 것이다. ─김영석(연세대교수·
신문방송학)

　1983년 봄에 KBS 교양제작국이, 그리고 그해 가을에 MBC 교양제작국이
창설된 이래, 대체로 1985년경부터 우리 방송에서 텔레비전 다큐멘터리 제
작이 발흥되기 시작했다. 이렇게 보면 13년이 경과한 성숙기에 다큐멘터리
는 치명적인 상처(傷處)를 입고 커다란 오점(汚點)을 남긴 것이다. 이것은 비
단 KBS <일요스페셜>의 경우에만 국한된 것이 아니라, 시청자와 당국으로
부터 MBC와 SBS, EBS 전체 다큐멘터리 프로그램의 심장에 비수(匕首)를 꽂
은 결과가 되었다.

　각 사의 동업 제작자들간에는 동정론도 없지 않았지만, 매우 유감스럽고
쥐구멍이 있으면 숨고 싶은 것이 다큐멘터리스트들의 솔직한 심경이었을 줄
로 생각된다. 우리 TV사상 유례가 없는 석고대죄(席藁待罪) 수준의 자체 징
계가 수반되었음에도 불구하고 시청자와 활자매체들은 결코 용서가 안 되는
듯 오랫동안 여론이 들끓었다.

　연출은 어떤 내용을 보다 근사하게 시청자에게 전달하기 위해 이렇게 저렇
게 화면을 꾸미는 행위이다. 물론 그 꾸미는 행위가 적절해야 될 뿐 아니라
내용의 본질을 훼손해서도 안 된다. 특히 대상이 동물일 때 연출은 먹혀들지
않는다. 자연 상태에서의 동물은 인간이 지시하는 말귀를 알아들을 수 없다.
이와 같이 특히 동물이 주연(主演)일 경우는 상당한 유의가 필요하다.

　수달 사건이 TV에 주는 교훈이 너무나 강력했고 심대했기 때문에 다시는
그러한 조작연출이 재연(再演)되지 않을 것으로 시청자들은 생각했을 것이
다. 그러나 4년이 경과한 2002년, 비록 연예·오락 프로그램이긴 하지만 동물
관련 조작 사건이 재발하고 말았다.

[MBC 너구리 생포장면 실제 아닌 '연출']56)

MBC TV 오락프로그램 <!(느낌표)>가 12주만에 생포하는 데 성공했다며 지난 달 26일 방영한 야생 너구리 포획 장면이 실제상황이 아니라, 잡았던 너구리를 놓아주고 찍은 것으로 밝혀졌다. MBC는 '연출'이란 의혹이 제기되자 나흘이 지난 30일 다른 프로그램을 통해 사과방송을 했다.

<느낌표>는 이날 '다큐멘터리 이경규 보고서' 코너에서 밤중에 이동하는 서울 양재천의 너구리가 포획망에 걸리는 장면을 적외선 카메라로 촬영해 내보냈고, 진행자 이경규는 실제 생포 장면인 것처럼 중계했다.

그러나 <느낌표>의 김영희 PD는 30일 밤(수 10:55 방송) MBC <섹션TV 연예 통신>에 출연, "너구리를 잡는 장면을 카메라에 담지 못해 재촬영할 수밖에 없었고, 실제상황인 것처럼 오해하게 한 점을 시청자 여러분께 진심으로 사과드린다"고 말했다. 이 프로그램 진행자인 김용만은 "지난주 생포장면이 나간 직후 '재촬영된 것'이란 시청자 제보가 있었다"고 소개했다.

이 프로그램에서 '너구리 전문가'로 등장한 박 모 박사는 "제작진이 촬영 당일 낮 너구리를 손으로 몰아서 잡은 것으로 안다"며 "밤에 주 서식지에 풀어놓고 통로에 그물을 놓은 뒤 촬영했고, 나중에 화면을 보면서 더빙했다"고 말했다.

이에 대해 김 PD는 "너구리를 생포한 순간을 촬영하는 데 실패, 잡은 너구리를 놓아주고 다시 기다렸다가 찍은 화면"이라며 "다시 잡히는 장면을 찍었기 때문에 연출이나 조작은 아니라고 생각한다"고 말했다.

'좋은 방송을 위한 시청자모임' 김명선 회장은 "이번 사건은 98년 KBS의 '수달 다큐멘터리 조작사건'을 떠올리게 하는 명백한 연출이자 조작"이라고 말했다.

[야생너구리 포획 장면 MBC 조작방영 파문]57)

MBC TV가 야생 너구리 포획장면을 조작 방영해 파문이 일고 있다. 학계와 시청자 단체들은 이번 '너구리사건'이 1998년 방송가에 큰 파문을 일으킨 KBS '다큐멘터리 수달'처럼 방송의 신뢰성과 공공성에 큰 상처를 준 조작 사건이라고 지적하고 있다.

MBC는 지난달 26일 오락프로 <!(느낌표)>의 한 코너인 '다큐멘터리-이경규 보고서'에서 서울 양재천에 서식하고 있는 야생 너구리를 그물로 잡는 장면을 방영했다. 그러나 양재천 부근에 사는 시청자가 조작 의혹을 제기하자 파문이 확산될 것을 우려, 30일 밤 <!(느낌표)>의 김영희 책임PD가 연예정보 프로 <섹션TV 연예통신>에 나와 "26일 '이경규 보고서'에서 방송한 너구리 포획 장면은 연출된

---

56) ≪조선일보≫, 2002년 2월 1일.

57) ≪동아일보≫, 2002년 2월 1일.

것"이라며 "그 장면이 실제 상황인 것처럼 시청자들의 오해를 불러일으킨 데 대해 사과드린다"고 밝혔다.

MBC의 조작은 지난 3개월간 야생 너구리를 잡는 과정을 방송해온 제작진이 지난달 20일 오후 그물망에 걸린 너구리 한 마리를 발견하면서 시작됐다. 그물망에 포획되는 '결정적 순간'을 촬영하지 못한 제작진은 다음날 밤 너구리를 그물망 50m 밖에 풀어놓고 다시 이를 잡는 과정을 촬영했다.

MBC는 26일 방송 때 잡았다 놓아주는 과정과 설명을 생략한 채 실제 야생 너구리를 잡는 것처럼 방송했다. 진행자인 개그맨 이경규 씨는 "너구리가 움직인다. 드디어 그물에 잡혔다"며 흥분한 목소리로 실제 상황인 듯 중계했다. 하지만 이 씨는 "방송이 나간 후 제작진으로부터 연출했다는 사실을 통보받았다"고 말했다.

MBC는 지난해 11월 <!(느낌표)>를 시작하면서,

"정직하고 바른 사회를 만들자"는 슬로건을 내걸었으나 결과적으로 시청자를 속인 셈이 됐다.

여성민우회 미디어운동본부 조정하 정책실장은 "'섹션TV……'에서 MBC 제작진의 '고백'을 보지 못한 시청자는 아직도 야생너구리 포획 장면이 연출된 것인지 모를 것"이라며 "시청률 경쟁에 내몰린 제작진의 우발적 실수라고 해도 공영방송인 MBC는 구조적 차원의 대책을 마련해야 한다"고 말했다. 이화여대 언론홍보영상학부 박성희 교수는 "이 사건은 상식 수준의 방송윤리가 시청률 경쟁에 뒷전이 된 대표적인 사례"라며 "디지털 시대에 걸맞은 방송윤리 확립이 요구된다"고 지적했다.

또 ≪동아일보≫는 같은 날 'MBC의 파렴치(破廉恥)한 조작 방영'이라는 제목하에 사설을 통해 청소년에 미칠 악영향을 우려하고 있다.

"MBC의 한 프로그램이 동물 포획(捕獲) 장면을 조작해 방영한 것은 시청자 앞에서 공개적으로 거짓말을 한 것으로 공영방송으로서 본분을 망각한 일이다. 조작된 장면을 내보낸 <!(느낌표)>가 청소년이 많이 보는 프로그램이라는 점에서 어린 세대들에게 미칠 악영향도 걱정하지 않을 수 없다."고 지적하고 있다.

MBC측은 며칠 뒤 잘못을 인정하고 사과방송을 내보냈다. 하지만 해당 프로그램이 아닌 다른 프로에, 그것도 심야시간에 사과방송을 내보낸 것은 당당하지 못한 자세다. 시청자의 따가운 눈총을 가급적 피해가려는 의도라는 비판을 면키 어렵다.

문제의 '수달'과 '너구리' 사건의 다른 점은 사과와 반성 수준이다. KBS는 전하(殿下·임금=시청자) 앞에 나가 머리 풀고 삼베옷을 걸치며 거적에 엎디어 처벌을 기다리는 석고대죄(席藁待罪)와 유사했다면, MBC는 심야에 방송되는 <섹션TV>라는 연예 프로그램에 나가 담당PD가 사과의 말을 했다는 것인데, '진정 잘못을 저질렀기 때문에 다시는 그런 일이 없겠다'는 의지보다, '다소 미안하게 되었다'

하는 느낌으로 시청자들이 받아 드리고 있는 것으로 전문가들은 보고 있다.

여론이 거세게 확산되자 2월 2일 <!(느낌표)> 본 프로그램 방송에서 다시 사과했는데 그것도 마지못해 하지 않았나 생각하는 사람들이 많다. MBC를 대표하는 <뉴스데스크>에서 사과한 바도 없고 대규모 징계도 없었다. 그래서 혹자는 MBC의 사과는 공적(公的)이라기보다 PD 개인의 사적(私的) 형태라고 혹평하기도 한다.

결국 방송위원회 상임위원회는 2월 8일 야생 너구리 포획 장면을 연출 방송해 물의를 빚은 MBC <!(느낌표)>에 대해 '프로그램 경고 및 관계자 경고' 조치를 취하기에 이르렀다.

상임위는 "<!(느낌표)>의 '다큐멘터리 이경규 보고서'는 너구리 포획 장면을 재촬영한 사실을 시청자들에게 밝히지 않아 방송심의규정을 명백히 위반했다"는 점을 밝혔다.

이렇게 조작연출이라고 폭탄을 맞은 두 프로그램에 대해서 지나치게 소상하게 내용을 소개한 것은 많은 다큐멘터리 연출자들이 좋은 표현으로 '과잉연출', 나쁘게 말하면 '조작연출'의 유혹에 빠질 개연성(蓋然性)이 상존하고 있음을 강조하기 위해서이다.

앞서 언급한 클라이맥스 즉, '바윗돌'이 필요하다는 것을 모르는 연출자는 없겠지만, 그것을 성취·달성하는 것은 결코 쉬운 작업이 아니다. 극적 장면이 여의치 않을 때, '조작'의 씨앗이 잉태(孕胎)될 수 있기 때문이다.

뿐만 아니라 시청률 경쟁이 격화되면서 '너구리'사건처럼 교양적 소재를 오락화하는 것이 하나의 유행으로 번지고 있는데, 검증은 뒷전이고 일단 '화제'를 일으키고 보자는 센세이셔널리즘이 또한 과잉연출의 원인 중에 하나가 되고 있다.

MBC의 <!(느낌표)>가 야생 너구리 생포장면을 연출해 파문을 일으킨 지 며칠 지나지 않아 SBS의 <순간포착 세상에 이런 일이>에서 자작극 '귀신소동'을 검증 없이 방송, 파문이 확산되고 있다.[58] '귀신소동'이 방송된 뒤 SBS의 인터넷 게시판에는 4천여 건에 달하는 항의성(抗議性) 글이 올라왔다.

시청자들은 이 프로의 허점을 논리정연하게 지적하는 글을 올렸다. 화분이 저절로 떨어진 것이 아니라 자작극의 주인공인 김 모 군의 오른쪽 다리가

---

58) ≪동아일보≫, 2002년 2월 8일.

먼저 움직였다, 몸이 저절로 움직인 것이 아니라 두 발이 먼저 움직이고 그에 대한 반작용으로 몸이 흔들렸다는 등의 주장들이었다.

3일에는 이 사건이 자작극이었음을 밝히는 한 지방신문의 기사를 한 시청자가 재빠르게 게시판에 올리기도 했다. 제작진이 사건의 전모를 밝히기도 전에 이미 시청자들이 조작사실을 파헤친 셈이다.

이처럼 제작진이 조작의혹에 대한 검증에 나서기도 전에 상황이 이미 '종료'됐는데도 SBS는 사과조차 하지 않았다. 7일 방송에서도, 주인공들이 자작극을 벌였다고 인정했다는 사실과 사건의 정황만 설명했을 뿐 시청자를 현혹한 데 대해 한마디 사과도 하지 않았다.

담당 최낙현 PD는 "7일 방송을 조작의혹이 제기되기 전 제작을 끝내 검토하지 않고 방송을 내보냈다는 비판에 대해 사과문을 넣지 못했다"고 말했다. 이에 따라 시청자 게시판에 "SBS는 각성하라" 등의 항의성 글이 계속 올라오고 있다.

왜 이처럼 무책임한 제작 관행이 이어지고 있을까. 전문가들은 방송 종사자들이 중요한 사실을 한 가지 잊고 있다고 입을 모았다.

방송도 일종의 서비스업인데 수요자 즉, 시청자의 수준을 너무 낮게 설정하고 있어요. 방송 제작자처럼 수요자를 우습게 아는 공급자도 아마 없을 겁니다. 결국 시청자들이 나서서 잘못된 방송 프로그램을 추방하는 수밖에 없습니다.

이것은 정곡을 찌른 필살(必殺)의 지적이다.

'수달'과 '너구리', '귀신소동'에 대처하는 방송사와 제작자의 자세는 한결같다. 일단 회피하고 덮고 보자는 심산(心算)이다. 손바닥으로 하늘을 가리는 형국이다. 이런 결과로 텔레비전 프로그램은 '동네 북'에 다름 아닌 꼴이 돼 가고 있다. 시청자의 수준을 낮게 설정하고 있다는 지적과 함께 제작자들은 관습적으로 과연 정교하게 프로그램을 연출하고 있는가 하는 의문이 제기되고, 문제가 돌출했을 때 전혀 겸손한 자세를 나타내고 있지 않다. 심하게 표현해 '마구잡이식' 제작이라는 시청자들의 혹평도 나오고 있다.

예컨대 의사들이, 잘못된 의학 정보를 내보냈다는 이유로 MBC를 언론중재위원회에 제소했다.[59] 대한이비인후과학회 김희남 이사장(연세대 의대 교수)과 이비인후과 개원의협의회 문성무 회장은 29일 언론중재위에 소를 내고, MBC <일요일 일요일 밤에>가 부작용이 예상되는 내용을 건강비법이라고 소개했다며 정정보도를 요구했다.

문제가 된 <일요일 일요일 밤에>는 지난달 30일 '건강보감 베스트'란 특집 코너에서 지난 한 해 동안 방영된 '생활건강정보'들 중 1위로 '코 청소법'을 선정해 소개했다. 한의사인 김모 씨의 지도 아래 개그맨 이경규와 탤런트 조형기·김보성이 물을 코로 마시는 모습을 비췄다. 자막 등을 통해 물로 하는 코 청소법이 코감기 예방에 좋다고 설명하고, 코가 건강해질 수 있으니 날마다 다섯 번씩 따라할 것을 권했다.

이비인후과 개업의협의회회측은 "방송이 나간 후 이를 따라한 후에 생긴 코질환 증상을 문의하는 환자가 있어 학회 차원서 대책을 논의한 끝에 언론중재위에 MBC를 제소했다"고 밝혔다. 이들은 <일요일 일요일 밤에>가 내보낸 '코 세척법'의 부작용으로 ▷ 체온보다 낮은 물이 코에 들어가면 코점막의 과민성이 증대되어 비염을 유발할 수 있고 ▷ 때로는 심폐기능에 위협을 초래할 수도 있으며 ▷ 어린이가 이를 따라하다가 마신 물이 기도로 들어가면 흡인성 폐렴을 일으킬 수도 있다는 점 등을 들고, 언론중재위에 관련 문헌자료를 제출했다.

소비자단체협의회 박인례 사무총장은 "방송은 특히 건강·생명과 직결된 문제에 대해서는 전문성과 공익성을 우선하는 제작태도를 보여야 한다"며 "이번 일을 계기로 최근 늘고 있는 TV다큐·오락 프로그램 제작에 보다 신중을 기해야 한다"고 말했다.

더욱 급변하는 방송환경하에서 지상파TV는 경영적 측면에서의 구조조정이 요구되고, 이에 대한 케이블TV와 위성방송의 도전도 거세질 것이다. 이 와중에서 생존의 법칙은 결국 '작품성과 시청률'일 터이다. 그러나 '작품성'은 지난(至難)한 것이고, 다소 손쉬운 '시청률'을 선택할 가능성도 예측할 수 있다. 그렇다면 또다시 조작연출과 같은 부정행위가 시도되지 않을까 하는 우려를 하지 않을 수가 없게 된다. 전체적인 제작 책임을 지고 있는 지상파 및 각 방송당국과 제작자 제위는 이런 부분에 대한 진솔한 성찰(省察)이 있었

---

59) ≪조선일보≫, 2002년 1월 29일.

으면 하는 기대를 하게 된다.

(16) 예고(豫告) 제작

다큐멘터리 프로그램에서 예고 프로그램의 중요성은 대단히 높다 하겠다. 고정 프로그램들은 매주 같은 요일, 같은 시간에 방송되기 때문에 시청자들 간에 이미 인지되어 있는 상태지만, 특집 성격의 다큐멘터리들은 사전 홍보가 없어 예고가 나가지 않는다면, 시청자는 특집 다큐멘터리의 존재에 대해 알 길이 없다.

예고 제작을 완제품이 끝난 직후, 이어서 그 종합편집실에서 시행하면 여러 모로 편리하고 유리하다. 타이틀의 경우와 마찬가지로 해당 프로그램 전체를 나타낼 수 있는 밑그림을 만들고 방송 일시와 방송시간, 주요내용, 특징 등을 성우의 말과 자막, 음악을 넣어 CM처럼 요약해서 만든다. 예고만 보고도 프로그램이 무엇을 말하는지 시청자가 눈치챌 수 있으면 잘 만든 예고가 될 것이고, 무엇보다도 시청자가 꼭 보아야지 하는 매력을 느낄 수 있도록 유혹(誘惑)적인 화면을 골라내어 사용하는 것도 하나의 방법일 것이다.

그러나 예고를 너무 요란하게 무슨 야단이라도 난 것처럼 만드는 것은 바람직하지 않다. 경험적으로 볼 때, 요란벌떡한(?) 예고의 본 프로그램들은 대체로 작품성이 별로 신통하지 못한 경우가 많다. 그 이유는 정확치 않으나, 프로그램을 잘 만들지 못했으니 예고라도 강하게 만들어 시청자를 끌어보자는 반작용이 아닌가도 보여진다.

예고를 보고 본 프로그램을 시청한 시청자가 작품성이 우수하지 못하다고 판단했다면, 그는 '속았구나' 또는 '사기당했구나' 하는 배신감 마저 느끼게 돼 스테이션 이미지에 오히려 손상을 주게 될 것이다.

예고는 프로그램이라기보다 오히려 spot 형태에 가깝다. 이것은 예고가 길지 않아야 한다는 점을 강조하는 말이다. 예고는 50초, 1분, 1분 20~30초까지도 만든다. 그 회사의 창사기념 프로그램이나 전사적(全社的)인 입장의 프로그램 예고가 아닌 바에야 1분 20초짜리 예고를 어떻게 자주 송출할 수 있겠는가? 그러니까 50초짜리 예고가 자주 나갈 확률이 가장 높다.

그러나 이 경우는 프로그램 제작이 실제 방송일로 잡힌 날짜보다 최소 일

주일 전에 이루어졌을 때만 가능하다. 만약 방송일 당일이나 2~3일 전에
완제품을 만들고 그때 예고를 함께 만든다면 과연 예고방송이 몇 번이나 나
갈 수 있겠는가? 완제품 제작이 여러 가지 사정으로 늦어지게 된다면,

예고만이라도 종합편집실을 배정받아 방송 10~7일 이전에 제작해 예고방
송이 이루어지도록 해야 한다.

예고도 프라임타임(대체로 저녁 6~10)에 방송되어야 시청자들과의 접촉도
가 높고 효과가 있다. 그러나 하루에 수십 개의 프로가 나가고 특집도 여러
개가 편성되어 있다면, 프라임타임에 단 한 번 나가기도 쉽지 않다. 따라서
10일 전, 최소 일주일 전에 예고를 편성부에 넘기고 간절하게 자주 부탁의
말을 하는 것이 좋다.

편법이지만 예고 담당자에게 점심을 대접하면서, 해당 프로그램의 작품성
과 메시지에 관해 설명해 공감을 얻고 예고를 자주 내 달라고 요청하는 것도
꼭 비열한 행위라고 탓하기는 어렵다. 프로그램을 기획하고 제작하는 것도
방송사 외(外)와 내(內)에서 피나게 벌어지는 경쟁이지만, 프로그램 홍보는
한 차원 더 높은 여러 가지 수단을 동원하지 않으면 성공하기 어려운 것이
현실이다.

포스트 프로덕션 이후 파이널 프로덕션의 과정은 프로그램 '예고'와 '홍보'
가 핵심이라고 해도 과언이 아니다.

또 예고 제작과 동시에 신문 방송란에 보낼 홍보기사도 작성해야 한다.
특히 중요 일간지와 연예지가 관심을 나타낼 화제성(性) 기사를 만들 수 있다
면 신문홍보가 다소 유리해진다. 이때 사진도 반드시 곁들여 송부한다(이메
일에 올려놓는다). 보통 이 업무는 홍보부서에서 주간 홍보책자나 이메일로
뿌리지만, 역시 해당PD가 방송담당 기자에게 직접 전화를 하고 설명하는
열의를 보인다면 조금이라도 성과가 있지 않을까 생각된다. 왜냐하면 방송
담당 기자 책상에는 5개 지상파TV와 수많은 케이블TV의 홍보문안들이 수없
이 쌓이고 그는 그 중에서 value가 있는 것만 골라야 하는데, PD가 그것을
좀 도와준다고 생각하면 열심히 전화를 걸 수도 있지 않겠는가?

일간지 등의 방송담당 기자와의 관계도 생각해볼 점이다. PD들은 기자도
언론인이고 PD도 언론인인데 저자세로 무슨 청탁을 할 것인가? 자기들이
내주고 싶으면 내주는 것이고, 그런 것 아닌가 하고 무심할 수도 있을 것이

다. 그러나 정확하게 따지면 프로듀서와 방송담당 기자는 공생관계일 수 있다. 기자는 독자를 위해 꼭 필요한 텔레비전 프로그램 정보를 제공하기를 원하고 PD는 그런 정보를 신문의 방송란을 통해 홍보하기를 바란다. 이 어찌 공생관계가 아니겠는가? 어느 면에서 동지(同志)일 수도 있다.

따라서 다큐멘터리를 자주 제작하는 PD나 간부들은 방송담당 기자와 평소 돈독(敦篤)한 관계를 유지할 필요가 있다. 아무런 이해관계가 존재하지 않는 시기에 소주잔을 마주하고 다큐멘터리 제작의 어려움, 여러 가지 갈등, 에피소드 등을 토로(吐露)하며 친교를 다질 수 있다. 그러면 차후 다큐멘터리 프로그램 홍보시 다소는 편리하지 않을까 하는 예측이 가능해진다. 즉 다큐멘터리 홍보와 관련된 인프라를 구축하자는 말이다.

현대사회에서 홍보는 경쟁의 소산이다. 금요일 조간 신문은 두세 면이 온통 영화광고투성이다. 이중에서 과연 어떤 영화를 볼 것인가? 이것을 뒤집으면 어떤 영화가 대박이 터질 것인가를 알 수 있다.

최근 제일기획이 발표한 보고서에 따르면[60] '한국영화 흥행 4대조건'은,

① 스타 등 제품효과: 35%
② 광고 등 매체효과: 27%
③ 구전(口傳)효과: 21%
④ 배급효과: 17%

로 조사되었다.

조사대상은 서울 영화 관객 600명이었는데 흥행 성공요인 중 작품성과 홍보는 단지 8%밖에 차이를 보이지 않았다.

특히 매체효과로는 신문 13%, TV 8%, 인터넷 4%, 잡지 2%로 신문이 TV보다 5% 가량 높다. 이것이 다큐멘터리 프로그램이 신문홍보 문안에 정성을 기울여야 하는 이유이다. 다큐멘터리 기사는 오락·연예 프로그램에 비해서 독자의 선호도가 낮은 대신, 신문 자체가 다소 우대해주는 경향도 없지 않다. 텔레비전 다큐멘터리의 활성화를 도모하고 확장시키기 위해서는 파이널 프

---

60) ≪동아일보≫, 2002년 1월 16일.

로덕션으로 예고 다량 송출과 함께 신문 홍보에 최선을 다해야 할 것이다.
따라서 이제,

다큐멘터리도 '흥행'의 개념을 도입해야 할 시기가 도래했다고 판단해도
아주 지나친 것은 아닐 것이다.

(17) 시사(試寫)

가. 기본적 요소에 대한 검증

완제품 제작이 무사히 끝났다면 곧이어 '시사'의 과정이 수행(遂行)되어야
할 것이다. 대체로 지상파 방송사에는 20~30명을 수용할 수 있는 시사실이
마련되어 있다. 이때의 참석자는 해당국(局)의 국장, 부국장, 부장, 차장 또는
팀장, 기획자 또는 CP(chief producer), 연출자, 조연출, 구성작가, 카메라맨 등
의 범위가 보통이다. 시사실에는 40인치 이상의 대형 모니터(프로젝션TV)와
작은 책상 등이 비치되어 있는데, 조연출은 시사 시작 전 간단한 음료수를
준비해놓고 시사 후 프로그램이 무사통과 되기를 기원한다. 영화관처럼 불
이 꺼지고 프로그램 시사가 시작된다. 여기서 다큐멘터리 프로그램을 구성
하고 있는 기본적 요소들이 제대로 삽입되고 수립되었는가가 검증되어야 할
것이다.

첫번째 시사의 목적은 프로그램이 기획안과 구성안대로 제작되었는가를
판단하는 작업이다. 건축물에서 '준공검사(竣工檢査)'와 같은 단계이다. 확인
항목은 적지 않다.

① 구조, structure는 제대로 되었는지?
② 여러 개의 아이템들이 주제(主題)를 정확히 구현(具現)했는지?
③ 기승전결(起承轉結)을 통해서 각각의 아이템들이 적절히 배치되었는지?
④ insert가 효율적으로 사용되어 전후 아이템간에 단절감 없이 부드럽고
   자연스럽게 연결되었는지?
⑤ 프로그램이 고속(高速)과 저속(低速), 급행(急行)과 서행(徐行)이 순차적
   으로 교차되어 그럴듯한 '속도감'과 '안정감'이 유지되고 있는지?
⑥ 해설자의 내레이션 분위기와 상태는 이상이 없는지?

⑦ superimpose(자막)의 글자체 및 글자 크기는 시청자에게 호감을 줄 수 있고, 또 화면상의 정지시간이 너무 짧아 인지에 지장이 없는지?

⑧ 자막에 오자(誤字)는 없는지? 자막 색깔이 화이트 일색일 때 문제가 없는지?

⑨ 배경음악이 해설을 방해하지 않는지?

⑩ 배정된 방송시간을 초과하고 있지 않은지?

⑪ 감동, 흥미, 재미, 정보, 교양, 오락……은 있는지?

⑫ 다른 사람에게, 예컨대 자기 아내에게 꼭 시청하라고 권할 수 있는지?

⑬ 어느 정도의 시청률을 예측할 수 있겠는지?

⑭ 예고 spot는 잘 만들어졌는지?

⑮ 최종적으로 기획안 대로 되었는지?

등등 프로그램을 둘러싸고 있는 정면, 배면, 측면, 상부와 하부 요소를 구석구석 점검하고 꼼꼼하게 살핀다. 이런 여러 가지 소스(source)들이 조화롭게 포함되었다면 프로그램은 '감동'과 '흥미'를 유발하게 되어 작품성을 인정받고 성공적인 작품으로 평가받게 될 것이다. 10개의 프로그램을 시사했을 경우, 1~2개 작품 정도가 감동을 자아내는 수작(秀作) 또는 걸작(傑作)으로 판정된다. 진정 빼어난 다큐멘터리는 그렇게 쉽게 나오지 않는다. 방송위원회에서 주관하는 '이 달의 좋은 프로그램' 선정의 경우를 봐도 지상파와 지방사, 케이블TV를 다 합쳐도 만장일치로 우수성이 입증된 작품은 1년 동안 5편에 채 못 미친다. 다큐멘터리는 그만큼 제작하기 어려운 속성(屬性)을 지니고 있다.

그리고 시사한 10편 중, 한 4~5개는 그냥 보통수준의 범작(凡作) 그리고 3~4개는 수정작업이 불가피한 졸작(拙作) 또는 태작(駄作)일 가능성이 일반적이다. claim(원래는 손해배상의 뜻)이 걸리는 비율은 거의 30% 정도이다. 수정판정이 내려지면 수정작업에 돌입하게 된다.

시사의 두번째 목적은, 제작 완료된 프로그램이 편성시간이 잡히지 않았을 때, 시사를 통해 프로그램을 천착한 후, 작품성의 경중(輕重)에 따라 다른 경쟁 방송사와 비교해보고 방송 날짜와 편성 시간대를 정하는 척도로 삼을 수 있다. 그 프로그램이 정통 다큐멘터리라면 다른 지상파 방송에서 나가는 단막 드라마나 영화, 또는 흥미로운 시사 프로그램과 맞붙는 편성은 결코 유리한 결과가 나오지 않을 것이다. 따라서 시사를 통해 해당 다큐멘터리의 편성 전략과 전술을 도모하도록 활용해야 한다.

작품성이 확인된 창사특집 다큐멘터리 등은 같은 시사실에서 오후 4시쯤 일간 신문의 방송 담당기자들을 초대해 프로그램을 시사하게 함으로써 신문 홍보의 일환으로도 활용된다. 이어지는 저녁식사 모임에 담당PD도 참석해 프로그램 제작과 에피소드를 소개한다면 한층 심도 있는 기사가 될 가능성도 있다.

나. 특정 이데올로기에 대한 검토

이 부분은 상당히 조심스럽고 미묘한 사안이다. 그러나 극히 일부, 정말 극히 일부 제작자는 자신이 신봉하는 여러 가지 이데올로기를 다큐멘터리 프로그램에 삽입하려는 시도가 과거에는 존재했었다. 지금은 분명하지 않지만 일부 프로그램에서는 그런 성향이 엿보인다. 여기에는 민주화에 대한 열망, 특정지역에 대한 고려, 소외계층 감싸기, 남북통일에 대한 편향적 북한 편들기, 재벌·부유층을 비난하는 자본주의 부정하기, 반미주의, 페미니즘의 몰입 등 여러 가치와 이데올로기 등이 존재한다.

물론 이것을 객관적인 관점에서, 또 공정하고 균형감 있는 시각에서 프로그램을 만든다면 사회발전에 공헌할 수도 있고, 시청자의 의식고취를 위해서도 도움이 되기 때문에 아무런 문제가 없을 것이다. 그러나 이런 것들을 관철하기 위한 전략에서 즉, 투쟁적인 수단으로 이용되어서는 안 된다는 점이다. 그리고 만약 이데올로기 편향 PD그룹이 있을 경우, 해당 사항을 지적하고 교정해야 할 간부들이 그들의 세력에 대해 매우 취약하다는 일반론을 지적하고자 한다. 또 그것이 오늘의 우리 방송현실임을 말하지 않을 수 없다. 따라서 '시사'에 참여하는 고급 간부들은 공정성과 객관성, 보편성과 균형성의 기준에 의거해서, 다루어진 이데올로기 부분에 문제가 있을 때는 사명감과 책임감 아래 과감하게 지적하고 적절한 균형감각을 유지할 수 있도록 조치해야 할 것이다.

한가지 뾰족하게 잘 드러나지 않는 경우를 소개하고자 한다. 담당PD가 여성인 경우, 과도하게 페미니스트 이론(feminist theory)에 빠져들 가능성도 있다. 이것은 필요한 곳에, 꼭 들어가야 할 부분에 들어가고 취급된다면, 아무런 문제가 되지 않는다. 그러나 어떤 문제든 페미니즘을 통해 이야기를 전개고자 한다면 이것도 문제가 아닐 수 없다. 실제로 어느 지상파TV의 일부 예를 보면, 제작 조건이 열악하면서 PD의 숫자가 적고 로드도 많기 때문에 회사측에서 차마 너무 심하게 수퍼바이징을 하지 못하는 상황을 이용해 그런 류의 프로그램을 계속 만들어낸다. 그런데 이런 페미니즘 프로그램은 대체로 여성단체 또는 시민단체에서 제정한 각종 상에서 특별상 등의 명목으로 수상을 하게 되기 때문에 소위 명분론을 내세울 수 있다.

따라서 그 부서의 입장에서는 어쨌든 그런 페미니즘 프로그램의 수상이 회사에 대해 체면과 권위를 부여받을 수 있어, 그런 류의 프로그램 기획과 제작을 PD와 적당한 선에서 타협하고 있는 것이 아닌가 하는 예측도 해볼 수 있다. 반대로 그 PD는 어쩌면 소수의견 또는 투쟁적인 견해를 여성계 또는 시민단체가 지지 찬동해 주었다는 자신감에 따라 의기충천(意氣衝天)하고 득의만면(得意滿面)하면서 승승장구(乘勝長驅) 페미니즘 프로그램을 양산하게 되고, 그는 자의반 타의반 소영웅으로 밀려가게 된다.

이런 사정은 어느 면에서 브레이크 없는 자동차와 같고 결국 프로그램의 사용화(私用化)라고 밖에는 볼 수 없다. 결국 TV프로그램과 다큐멘터리, 그 외의 프로그램들에 부정적인 영향을 미치게 되고, '남녀'를 떠나 '인간'이라는 관점에서의 가치가 존중되어야 하는 현대사회의 화두로부터 동떨어지게 된다.

참고로 페미니즘의 개념을 설명하고자 한다.[61]

페미니스트 이론은 '전 사회 속에 일반화되어 있는 불평등한 성적 관계의 근원과 본질에 대한 올바른 분석을 추구하고, 그 불평등한 관계의 변화를 모색하는 이론'을 지칭한다. 즉 성적(性的) 불평등의 기원에 대한 다양한 견해, 그 문제에 접근하는 방법론의 차이, 문제해결을 위한 변화의 서로 다른 입장에 따라 여러 갈래로 발전되어왔다.

---

61) 박명진 편, 『비판커뮤니케이션과 문화이론』, 나남출판, 1994, pp.323~325.

① 자유주의적 페미니즘(liberal feminism)은, 여성의 정치적·경제적 불평등 문제에 자유주의 정치철학을 적용하여, 여성불평등의 근원은 사회 속의 비합리적인 선입관 때문임으로 이 문제는 여성의 교육과 직업성취가 보장될 수 있는 법률의 제정과 개개인의 자발적인 잠재능력의 개발 노력을 통해 기존의 체제 내에 합리적으로 해결 될 수 있다고 보는 것이다.

② 급진적 페미니즘(radical feminism)은, 성적 불평등이 생리적인 성의 차이를 남녀불평등의 기원으로 합리화한 여러 관행과 제도로부터 비롯된다고 본다. 특히 가부장제(家父長制 patriarchy)가 여성의 불평등한 위치를 재생산하는 가장 중요한 억압의 기제(機制)라고 간주한다. 그러므로 여성이 억압에서 해방되려면 남성 중심의 세계와 완전히 분리된 새로운 성관계, 출산과 육아방식의 변화, 여성의 언어개발, 여성에 대한 올바른 지식을 산출할 수 있게 하는 접근방법 등이 추구되어야 한다는 것이다.

③ 마르크스주의 – 사회주의 페미니즘(marxist-socialist feminism)은, 엥겔스의 저작에 기초하여 자본주의 체제의 계급억압이 여성억압의 근본요인이라는 데 동의한다. 정통 마르크스주의 페미니즘이 계급문제를 불평등의 첫번째 원인으로 보는 반면, 사회주의 페미니즘은 비일부일처제 가족형태의 여성과 노동자계급의 여성은 억압받지 않을 것이라고 한 엥겔스의 오류를 지적하며, 가부장제를 계급과 동일하게 여성불평등의 핵심적인 요인으로 간주하는 점에서 서로 구별된다.

다큐멘터리 프로그램은 이데올로기나 소영웅주의에 물든 프로듀서들이 자신들이 선호하는 성향으로 만드는 프로그램이 아니다. 다큐멘터리가 이런 피해를 입게 되는 이유는, 앞에 지적한 그런 특정한 요소들은 TV드라마에 넣을 수 없고, 쇼프로그램에도 삽입할 수 없으며, 생활정보 프로그램에서도 다룰 수 있는 상황이 아니기 때문이다.

이런 특이한 사례를 방지하기 위하여, 시사는 방송 5일 전까지 완료해야 한다든지 하는 엄정한 내규(內規)가 필요하고 국장·부장·차장·CP 등이 반드시 시사에 참여해 올바른 평가의견을 제시하는 수퍼바이징 시스템을 확립해야만 순종(純種)의 다큐멘터리를 시청자에게 공급할 수 있을 것이다.

다. 다큐멘터리의 주체

시사와 관련해 다큐멘터리 프로그램 자체의 주체(主體)는 누구인가?, 를 한 번 생각해볼 필요가 있다. 그 주체에 대한 정체성이 확실하게 규명되어야 프로그램의 정확한 방향이 정립될 것이고, 따라서 시사과정에서 오해되거나 곡해된 부분이 사전 예방될 수 있기 때문이다.

1987년 민주화 이후 각 방송사에는 노동조합이 활성화되어 있다. 그간 방송사와 노동조합간에 여러 가지 문제로 갈등이 유발되었고, 각 사마다 수차 례씩 파업이 야기된 바 있다. 그중 자주 등장하는 아이템이 편성권과 제작권이었다. 현재 방송사마다 각기 다른 성격으로 이 문제를 규정해 운영하고 있는 것으로 알고 있다.

그 부분은 논외로 하고, '다큐멘터리 제작론'을 정리하면서 과연 다큐멘터리의 주체는 누구인가? 하는 원칙을 한번 짚고 넘어갔으면 하는 생각이다.

다큐멘터리 프로그램의 주체는 명백히 '국민' 즉, '시청자'이다. 시청자를 위해 다큐멘터리를 제작하는 것이고, 프로그램을 통해 최대한으로 시청자에게 감동 흥미 재미 정보…… 등등을 제공해야 하는 것이다.

방송사의 평화시에는 다큐멘터리는 아무런 문제가 없다. 그러나 파업시에는 다큐멘터리의 주체와 소유권이 별안간 변해서 프로듀서에게 귀속되는 경우가 왕왕 발생한 바가 있다. 그 이유는 프로그램을 내가 잠 안자고 피땀을 흘려 만들었으니 내 프로그램이고, 내가 프로그램을 방송하고 싶으면 내는 것이고, 내기 싫으면 안 내도 된다는 비상식적인 논리에 근거한 것이다.

어느 방송사의 파업시에 한 조연출자가(최고 명문대 출신이다) 이것은 내가 만들었으니 내 프로그램이라는 비상식적 주장과 함께 프로그램을 집으로 가지고 가서 감추어버렸다. 시청자들이 매우 선호하던 그 프로그램(정규프로)은 불방되고 방송사가 견지(堅持)하고 있던 편성원칙은 무참히 깨지는 한편, 시청자에 대한 신뢰는 나락(奈落)으로 추락한 바 있다.

이런 변고(變故)가 일어난 것은 아마도 '텔레비전 프로그램 제작'이라는 기본적 개념을 제대로 이해하고 있지 않았거나 오해한 때문이 아닌가 여겨진다.

텔레비전 제작은 한마디로 시청자(국민)를 위해서 존재한다. 따라서 정부는 자본과 인원, 기술과 장비를 보유하고 있는 방송사에 그 제작과 방송을 위임하고 있는 것이다. 이러한 권한과 의무를 수탁받은 방송사는 '집단제작(集團製作)' 형태를 통해서 또다시 제작의 권한을 프로듀서에게 재위임하고 있다. 다시 말해 국민과 정부로부터 프로그램 제작권을 위임받은 지상파 방송사 사장은 이것을 다시 PD에게 위임하게 된다.

텔레비전 제작이 집단제작이라고 하는 것은, 텔레비전 프로그램은 그 제작 메커니즘이나 특성상 PD 혼자서 만들 수 없는 것이고, 앞에서 보았듯이 21단계의 과정을 거쳐서 많은 전문가와 인원이 동원되어 완성되는 산출물이다. 위임받았다고 해서 어찌 그 소유권이 PD에만 있다고 주장할 수 있을 것인가 반문하지 않을 수 없다. 만약 화가가 자신의 돈으로 캔버스와 물감을 사고 수십 일에 걸쳐 그림을 그려 하나의 풍경화를 만들었다면, 그 소유권은 당연히 그 화가의 몫임을 아무도 부정할 수 없을 것이다.

그러나 다큐멘터리의 경우는 최소 3천만 원 정도의 제작비를 방송사로부터 제공받았고, 프로그램을 만드는 대가로 매월 급여를 받고 있고, 취재비와 진행비, 출장시에는 숙박 및 식음비도 공여받는다. 그밖에도 촬영기재, 스튜디오, 차량, 여러 스태프 등이 지원된다. 그럼에도 불구하고 프로그램에 대한 소유권과 사용권이 프로듀서에게 있다고 주장할 수 있는가? 실로 어불성설(語不成說)이다. 그러나 이런 사실이 실제상황임을 다큐멘터리스트들은 유의해야 할 것으로 생각된다.

방송사에는 드라마, 쇼, 코미디, 교양, 생활 정보, 보도 프로 등 다양한 장르가 있지만 프로그램에 대한 소유권을 PD가 주장한 예는 아직 들어보지 못했다. 유독 다큐멘터리 프로그램에만 그러한 주장이 생기는 데 대해 깊은 연구와 성찰이 있었으면 하는 바람이다. 이런 집단제작의 관점이 시사의 전제로 이해되었으면 한다.

(18) 수정 제작

'수정작업'(trim 및 correct)은 오류(誤謬) 부분을 삭제(削除)하거나 교정(矯正)하는 것이다. 만약 '방송될 시간'이 이미 편성표상에 확정됐다면 별로 시간이 많지 않기 때문에 전면적으로 재제작하기 어렵다. 따라서 우선 '잘못된 부분'을 절개(切開)해서 삭제하지 않으면 안 된다. 라디오에서는 자성 성분을 칠한 플라스틱 테이프를 사용하기 때문에 에러(error)난 곳을 가위로 잘라내고 이어붙일 수 있다. 그러나 텔레비전에서는 테이프를 가위로 자를 수 없고, 녹화기를 이용해 에러 부위를 잘라내야 한다. 수정작업을 위해 종합편집실을 사용해야 할 경우라면, 앞에서도 언급한 바 있지만 종합편집실은 항상 타이트하게 배정되어 있어 연출자가 아무 때나 사용할 수 없다. 이것이 수정작업의 고민이고 어려움이다.

시사과정에서 불합격되어 수정작업이 불가피하다면 수단과 방법을 가리지 말고 종합편집실을 확보해야 한다. 이런 관점에서 볼 때, PD는 평소에 기술감독이나 동료PD들과 늘 원만한 관계를 유지하는 것이 중요하다. 평소에 이들과 자주 점심도 같이하고 저녁에 맥주를 마시는 것도 나쁘지 않을 것이다.

만약 인간적인 차원에서 종합편집실 확보 섭외에 실패했다면 우물거릴 시간이 없다. 즉시 이 사실을 부장을 통해 국장에게 보고하고 국장이 해당 국장과 협의해 종합편집실 사용을 관철토록 해야 한다. PD에게 수정작업은 병가상사(兵家常事)이지만 긴급히 종합편집실을 확보하느냐 못하느냐의 여부는 분명 해당 PD의 제작능력 범주에 속하는 사항임에 틀림없다.

가. 삭제의 경우

예컨대 완제품 내용 중 10분에서 11분까지 60초를 빼버려야 한다면, 에러 부분을 잘라내기 위해서는 아래 그림과 같이 3개의 녹화기가 필요하다. 먼저 재생용 녹화기A에 완제품 원본을 걸고, 이것을 콘솔의 조작을 통해 녹화·편집용 녹화기C에 0분에서 10분까지 복사·녹화한다. 그리고 녹화를 정지한 후, 녹화기A에 걸려 있는 완제품 원본을 10분에서 11분까지 60초를 앞으로 감아 흘려보낸 후, 이것을 다시(11분부터) 녹화기C에 복사·녹화하면 '에러 60초' 부분은 삭제된다. 날려버리는 것이다.

나. 교체(交替) 삽입의 경우

만약 'NG 60초'를 빼내고 새 화면X를 삽입해야 한다면, 앞의 경우와 마찬

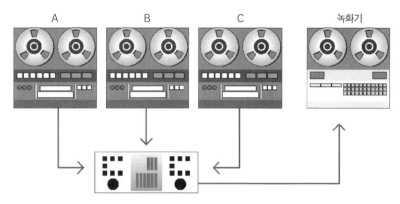

ABC rolls

가지로 녹화기A에 걸려 있는 완제품 원본을 0 → 10분까지 녹화기C에 복사·녹화한다. 다시 재생용 녹화기B에 걸려있는 새 화면X 60초를 녹화기C에 복사한 후 정지하고, 계속해서 녹화기A에 걸려있는 완제품 원본을 11분부터다시 복사·녹화해가면 된다. 이렇게 해서 새 화면X 60초에 대한 '땜질'이완성된다. 이런 상태는 기술감독과 VTR맨의 개입으로 해결할 수 있고, 난이도에서 상중하로 나눈다면 '하'에 속한다.

다. 전면적 개수(改修) 작업

위와는 달리 삭제부분에 음악이나 효과음 등이 깔려 있다면 문제는 달라진다. 또 NG부분을 끊어냈을 경우, 앞과 뒤를 잇는 해설이 틀어져서 문제가생긴다면 해설도 수정해 다시 넣어야 한다. 해설자가 화면에 나올 경우에는,그는 종전 첫 녹화 때 입었던 동일한 의상(양복, 와이셔츠, 넥타이 등)을 그대로착용해야 하며 분장도 같은 분위기로 해야만 한다. 중간중간 여러 개의 자막이 잘못되어도 마찬가지일 것이다. 완제품은 만들었지만 다시 완제품을 만드는 것과 똑같은 절차와 과정을 밟지 않으면 안 된다. 최악의 상황이 발생한것이다. 전면적 개수 작업은 종합편집실에 기술감독, 조명감독, VTR맨, 오디오맨, music effectman, sound effectman 모든 스태프가 총동원되어야만 한다.

이때 중요한 것은 애초에 기획안을 통해서 예정했던 어떤 '기초'가 수정을통해서 훼손되거나 흔들려서는 안 된다는 점이다. 이것 빼고 저것 넣고 하다가 전체적인 tone과 tune을 잃을 수가 있기 때문에 수정하지 않으면 안 될 절대적인 부분만 손을 대고 마는 것이 현명한 방법이다.

이렇게 진행되는 수정작업은 PD에게는 매우 괴롭고 고달픈 일이다. 이런 수모를 겪지 않으려면 현재의 ⑱ 수정제작 단계를 하나씩 역진(逆進)해서 잘 만들어야 자동적으로 아무런 문제가 발생하지 않는 우수작품이 될 것은 명약관화하다. ⑰ 시사 → ⑯ 예고제작 → ⑮ 완제품 제작 → ⑭ 더빙 → ⑬ 원고 작성 → ⑫ 구성안 화면의 연결본 시사 → ⑪ 디졸브 → ⑩ 야외 촬영의 편집 → ⑨ 구성안 작성 → ⑧ 프리뷰 → ⑦ 출장촬영 → ⑥ 촬영 콘터뉴티 작성 → ⑤ 기획안 작성 → ④ 현지 답사 → ③ 자료 조사 → ② 주제 결정 → ① 기획.

이렇게 따져보면 기획과 주제 결정, 자료조사, 기획안 작성과 구성안 작성, 야외 촬영과 편집 등이 매우 중요한 단계임을 알 수 있다. 앞의 과정과 그 한 단계 앞의 작업을 보다 정확히 수행하면 절대 문제가 있을 수 없는 것이다. 한 걸음씩 거꾸로 올라가면 프로그램의 첫번째 시발(始發)은 '기획'이다. 따라서 다큐멘터리 프로그램에서 '기획'은 핵심적인 요소이다.

여러 가지 제작과정 중에서 문제가 발생했다면 그 원인을 '기획', 그 자체에서 찾아보는 것도 지혜로운 접근이 될 것으로 생각한다. '기획'과 '주제 결정'은 옷의 첫 단추를 정확히 끼우는 것과 같은 개념이다. 첫 번 단추를 잘못 잠가서 누적적으로 18단계까지 흘러간다면 많은 오차(誤差)가 발생하는 것은 당연한 귀결이 아니겠는가? 다큐멘터리 제작은 '기획'과 '주제 결정' 그 자체라고 해도 과언이 아니다.

라. PD의 꼼수

'꼼수'라는 말은 절대 격조 있는 단어가 아니다. 사전적 의미는 '쩨쩨한 수단이나 방법'을 지칭한다. 모든 PD에 다 해당되는 사례는 아니고 극히 일부, 또 소수 PD에 국한되는 일이다. 즉 A라는 PD가 디졸브를 끝내고 더빙까지 마치고 보니 생각했던 것보다 작품성이 떨어지고 자신에게조차 감동과 흥미가 안 온다고 가정해보자. 빨리 완제품을 만들어 '시사'에 걸면 속말로 왕창 깨질 것이 분명하고, 여러 가지 비난과 잔소리가 상사로부터 쏟아지게 될 것이다. 그리고 많은 수정지시가 떨어지게 될 것이 분명하다.

이 경우 자존심이 강하고 머리가 좋은 A PD는(실제로는 머리가 좋지 않을지도 모른다. 머리가 좋다면 프로그램을 잘 만들 테니까, 실제로는 잔꾀가 뛰어난 것이다) 진짜 쩨쩨하게도 잔머리를 굴린다. 즉 여러 가지 핑계거리를 만들어 완제품 제작을 실제 송출시간에 가깝게 최대한 지연시킨다. 이렇게 되면 사실상 시사는 불가능해지고 수정작업 또한 불발(不發)이 된다. 어차피 개선의 여지가 없는 구제불능(救濟不能) 상태에서 자포자기(自暴自棄)의 감정일 수도 있지만, 매우 교활한 회피이고 시청자에 대한 배려는 조금도 없는 몰염치한 행위이다. 엄정하게 말하면 PD의 자격이 없다고 해도 무방하다.

더 심한 경우도 있다. 극소수의 PD가 쓰는 수법이다. 회사측에서 적절치 않다고 생각하는 이데올로기나 극소수의견 또는 자신이 선호하는 정치문제 등을 프로그램에 삽입하고 싶을 때는, 이미 작업을 다 마치고도 디졸브도 안 됐고 더빙도 아직 미완성상태라고 여러 가지 이유를 들어 시치미를 뗀다. 그러다 송출이 임박한 최종 순간에 완제품을 내밀고 시간이 없고 종합편집실 배정이 어려워 수정이 불가능하다고 주장한다.

'배째라'라는 간교한 저의와 고의가 똘똘 뭉쳐 있는 예다. 요즈음은 이런 사례가 없겠지만 과거에는 분명히 있었고, 이런 예를 소개하는 것은 '절대 따라 하지 말라'는 간곡한 부탁의 말을 강조하기 위해서이다.

(19) 방송

드디어 실제 '방송'이라는 종착역에 도착했다. '다큐멘터리'라는 기차는 최종적인 이 방송을 위하여 굉음(轟音)을 발하며 90~100일 동안 멀고 먼 길을 쉬지 않고 달려온 것이다. 앞의 18개 단계(驛)는 오직 방송만을 목적으로 존재했을 따름에 불과하다. 따라서 방송을 통해서 시청자로부터 소기(所期)의 효과를 기대하는 것은 당연한 일이다. 그러나 18단계의 고생 끝에 다큐멘터리가 제작되었음에도 불구하고 우리나라 지상파 텔레비전 방송은 대체로 밤 11시~11시 30분 사이에 다큐멘터리를 편성하는 것이 관행이고 현실이다.

다만 2개의 채널을 운영하고 있는 공영방송인 KBS만이 토요일 밤 8시에 <역사 스페셜>, 일요일 밤 8시에 <일요 스페셜>을 큰맘먹고 내고 있는 것은 특별한 예외이다. 우리 방송 환경에서는 주말 밤 8시~9시의 다큐멘터리 편성은 더 바랄 수 없는 최고의 대우이다. 그런 의미에서 앞서 거론한 두 해당 팀들은 시청자에게 지금보다 더 작품성이 우수한 프로그램을 제공해야 하는 의무가 부여되어 있지 않을까 하는 생각도 든다.

상업방송은(MBC도 이 범주에 포함되어야 한다고 고집하는 전문가도 많다) 저녁 7·8·9·10·11시 초반까지는 시청자와의 접촉도가 좋은 골든타임이기 때문에 연예·오락 프로그램을 편성해 시청률을 높이고 신탁(信託)수입을 올리려는 상업적인 전략이 저변에 깔려 있다. 어떤 다큐멘터리는 자정이 넘은 12시 30분에 방송되는 것도 본 일이 있다. 심야극장도(이것은 최악의 엔터테인먼트 관행이다) 밤 12시면 시작하는데 영화도 아닌 다큐멘터리를 막무가내(莫無可奈)로 12시 반에 편성해놓고 보라는 것은 방송사 입장에서도 시청자에 대해 너무 체면없는 소치(所致)가 아닌가 한다.

또한 다큐멘터리의 주제가 다소 소프트하거나 여성이 선호할 수 있다고 판단될 경우, 오전 11시에 본 방송을 내거나 아니면 재방송으로 심는 사례를 자주 볼 수 있다. 물론 편성시간대(帶)가 협소한 지상파들은 시청률을 고려해 다큐멘터리를 되도록 주변부(周邊部)로 이동시키고자 하는 고육지책(苦肉之策)을 이해할 수도 있다.

그러나 그 다큐멘터리가 주는 feed back이나 메시지가 보통 이상이라면 오전 11시대(帶) 방송은, CM 붙이는 신탁에는 도움이 될지 몰라도 시청자와의 접촉 측면에서는 거의 성공을 거둘 수 없을 것이다. 서울을 비롯한 대도시에서 낮 11시라는 시간은 주부들이라 하더라도 TV 앞에 앉아 있기 어려운 활동시간이기 때문이다. 다큐멘터리의 낮 11시 편성은 엄밀하게 말하면 프로그램이라기보다 filler(시간 때우기)에 더 가깝다 하겠다.

만약 제작 완료된 프로그램이 여러 관계자로부터 상당히 작품성이 높은 것으로 평가된다면, 보다 좋은 방송시간을 확보하기 위하여 편성측과 긴밀한 협의를 시도해볼 만하다. 부정한 의미가 아니라면 로비를 벌이는 것도 주저하지 말아야 한다. 이렇게 얘기하면 혹자는 적절치 못한 생각이라든지 점잖치 못한 비겁한 행태라고 비난할 수도 있다. 그러나 각고(刻苦)의 노력으로 제작한 프로그램이므로 30~60분 앞 시간에 편성되는 것은 시청자가 그만큼 더 많이 볼 가능성이 있다는 의미에서 결코 가볍게 생각할 사안이 아니다.

PD는 프로그램을 위해 존재하고, 프로그램은 시청자를 위해 만들어진다.

보다 좋은 시간은 시청자가 조금 더 프로그램을 즐길 수 있는 조건이다. 편성도 인간으로 형성된 조직의 일부이기 때문에 진솔한 마음으로 설득하고 부탁하면 20~30분이라도 빠른 시간을 얻어낼 수 있다. 프로그램에 대한 편성요청은 노력이고 투쟁이다.

방송시간이 확정됐다면, 해당시간에 프로그램이 방송사의 채널을 통해서 송출(on-air)될 때, PD를 비롯한 전 스태프가 반드시 시청하는 것이 좋다. 물론 각자 가정의 TV를 통해서이다. 담당PD는 아마도 화면들을 1백여 번 이상 보았을 것이다. 그림이 연결된 디졸브와 더빙, 완제품과 시사 때도 보았다. 그래서 화면들을 거의 외울 지경일 줄로 생각된다.

그러나 집에서 식구들과 둘러앉아 보는 느낌은 또 다를 수 있다. 감동도 맛볼 수 있고, 기쁨과 슬픔도 느낄 수 있으며, 잘못된 곳과 마음에 안 드는 점도 쉽게 발견된다. 이때의 여러 가지 시청소감이 프로그램의 진정한 모습이다. 상품도 공장에 쌓여 있을 때보다 데커레이션이 화려한 상점 매장에 진열됐을 때가 한층 돋보일 수 있고 반대로 빈약한 느낌을 줄 수도 있다.

만약 이때 PD나 스태프 외에 가족이나 주변 사람들이 감동을 받고 흥미를 느낄 수 있었다면 이번 다큐멘터리는 진정 성공한 프로그램이다. 그래서 시청률을 제외하고 방송국 내의 선배·동료·후배·구성작가·카메라맨·TD 등 여러 직종의 시청의견에 귀를 기울이는 것이 필요하다.

여담이지만 PD들은 완제품과 시사가 끝났을 때 무사통과되었을 경우, 기분이 좋기 때문에 또는 수정작업을 하게 되어('깨졌다'고 표현한다) 마음이 무겁다는 이유로 상사나 스태프 동료들과 술을 마시러 간다. 그러나 방송이 진짜 나가는 날은 바람처럼 사라져 집으로 가는 예가 많은 것 같다.

TV로 자기가 만든 프로그램을 직접 아내와 아이들과 함께 보면서 출장 때 얼마나 고생을 했는지…… 하는 에피소드도 소개한다. 또는 이러이러한 message와 truth, 그리고 esprit·sign을 이 다큐멘터리 안에 집어넣은 것이 자신의 신념이었다고 자랑스럽게 얘기할 것이다. 아내에게 프로그램의 소상한 이야기를 해줄 수 있는 것, 또 시청자에게서 잘 보았다는 전화를 받는 것, 방송사 인터넷에 좋은 프로그램이라는 글이 올라오는 것 그리고 부장이나 상사로부터 이제는 CP시켜도 되겠다는 말을 듣는 맛에, 많은 다큐멘터리스트들은 계속 편집실에서 밤을 지새우고 새우잠을 자는 모양이다.

4. 분석 평가론

1) 평가·분석 회의

평가회의는 모든 다큐멘터리 프로그램에 모두 적용되는 것은 아니다. 한 주일에 몇 개씩 방송되는 다큐멘터리를, 한 프로그램이 끝날 때마다 매번 평가회의를 연다면 시간도 많이 걸리고, 해당 제작자 외에 다른 프로그램을 맡고 있는 PD들의 참석은 거의 불가능할 것이다. 그래서 '평가회의'는 자연 다큐멘터리와 같이 제작상 각기 상이한 기술이나 기법이 요구되는 프로그램, 또는 한 3~5부작 정도로 1년 가까이 제작한 대작(大作)의 방송이 종료되었을 때 실시하는 것이 보통이다.

앞서의 '시사'단계가 방송을 내는 데 어떤 '문제'가 없는지에 대한 검증이라고 본다면, '평가회의'는 해당 제작팀이 제작을 하면서 실제로 부딪치고 경험한 사실과 스스로 터득하게 된 제작상의 노하우, 또는 실패한 사례들을 진솔함 마음으로 타 제작팀과 후배들에게 털어놓는 일종의 고백성사(告白聖事)와 같은 성격의 모임이라고 할 수 있다.

평가회의에서는 프로그램에 대해서 어떤 결함이나 실수를 인정했다고 해서 '시사'와는 달리 무슨 수정작업의 지시가 내려질 사정도 아니다. 따라서 PD 스스로가 작품에 대해서 폭넓게 장점과 단점을 자세히 피력(披瀝)할 수 있다.

예컨대 상투적인 예이지만, "두메산골 마을의 한 인물을 취재하고자 하는데, 수줍음을 많이 타고 어색해서 도무지 '그림'이 되지 않았다면, 그 마을의 몇몇 촌로들을 초청하고 닭을 잡고 음식을 몇 차례 대접한다. 그 사이 빈 카메라를 자주 돌려 촬영하는 체하면, 처음에 굳어 있던 주인공과 주변 인물들이 촬영하는지 마는지 하는 태도로 카메라에 무관심해지고 자연스러워진다. 그럴 즈음 촬영을 시작했다" 하는 식의 이야기다(이 예는 로버트 플레허티가 북극의 나누크에서 일찍이 사용한 방법과 유사하다). 그리고 상사와 동료, 후배들도 프로그램에 관해 허심탄회하게 선의의 비판을 할 수 있는 자리이다.

프로그램에 대한 사후 평가와 분석을 시도하는 것은 기본적으로 작품성 높은 프로그램을 제작하고자 하는 것이 주된 목적이다. 그러기 위해서는 프로듀서 자신이 '어떤 프로그램이 진정 좋은 프로그램인가?'를 판단할 수 있는 안목(眼目)이 반드시 필요하다. 그러한 판단과 어떤 기준을 보다 높이 키우기 위해서는 국내외의 다른 연출자들이 제작한 프로그램을 면밀히 시사하고 그 장단점을 가려낼 수 있다면 크게 도움이 될 것이다. 그러나 '비평'을 통해서 프로그램의 눈높이를 높이기 위해서는 프로그램과 관련된 여러 가지 조건을 고려해보아야 할 것이다.

(1) 수용자 개념의 변화

디지털[62]이 텔레비전에 도입됨에 따라 방송과 수용자 개념도 변모된다. 방송(broadcasting)은 원래 '넓게 씨를 뿌린다'는 뜻의 지상파 개념이다. 다채널 다매체의 출현으로(케이블TV 및 위성방송) 협송(協送, narrowcasting)이 가능해졌고, 인터넷이 보편화됨으로써 개송(個送, personal casting)에까지 이르게 되었다.

따라서 수용자 개념도,

① '공중(公衆: 신문을 읽는 등 이성과 판별력 소유)'에서
② 대중매체 등장으로 '대중(大衆)'으로 바뀌게 되었는데, 이 대중은 이질적(異質的), 익명적(匿名的), 산재(散在)·고립화(孤立化)·원자화(原子化)된, 비판력(批判力)이 없는 다수의 무리를 의미한다
③ New Media가 등장하자 이 대중은 다시 '분중(分衆, fragmented audience)'과 '취향공중(趣向公衆, taste public)'으로 나누어지고
④ 인터넷의 확산에 따라 분중은 '개중(個衆)'으로까지 분화를 거듭한다. 주로 네티즌들인 이들 개중은 서로간에 결합·유기적 연결을 도모하거나 아니면 고립되고 개인적인 국면에 집착한다.

---

62) 디지털 기술은 전파의 파장을 이용하는 아날로그 방식과는 달리 모든 부호를 '없으면' 0, '있으면' 1로 나타내게 된다. 디지털 압축의 경우를 예시하면, '나는=0, 0', '너를=0, 1', '사랑한다=1, 0'으로 표시한다고 가정하면, 이것을 전송로에 실어보낼 때는 '0³1²0' 식으로 압축하게 되어 전송량이 감소될 수 있다.

(2) 프로그램의 분류와 기능

우리나라의 텔레비전은 프로그램은 1961년 12월 31일 KBS TV가 개국한 이래, 드라마 → 쇼 → 코미디 → TV영화 → 보도 → 스포츠 → 패밀리 프로 → 개그쇼 → 일반 교양 → 모닝쇼 → 다큐멘터리 → 토론 → 토크쇼 → 보도 다큐멘터리 → 다큐드라마 → 심층취재 → 시사프로 → Big Shot[63] → 시트콤 → 이벤트쇼 → 연예인 밀착취재프로 → 장르파괴 프로 등으로 분류되면서 개발되어왔다.

이러한 프로그램의 기능은

① 오락 기능(정서순화 및 위무)
② 보도 기능(이해, 인식, 비판, 지향)
③ 정보전달 기능(삶의 질 향상)
④ 문화전달 기능(역사, 문명, 문화에 대한 의식고취)
⑤ 광고 기능(생산과 건전한 소비증진) 등이다.

따라서 각 장르별 프로그램의 특성과 핵심 골간(骨幹)은 다음과 같다.

• 드라마는 '사랑과 이별', '갈등과 눈물'이다.

---

63) 이 프로그램은 세계적인 석학이나 정치가·경제 전문가 등을 초청한 강연을 현장 녹화하거나 또는 스튜디오에서 같은 내용을 요약 녹화해 방송하는 프로그램을 지칭한다. 예컨대 미국의 정치·외교·국방·경제 시스템에 박학한 헨리 키신저라든가, 철의 재상으로 다년간 유럽 정치를 주름 잡았던 영국의 대처 수상, 또는 미국 MIT 미디어 연구소 네그로폰테(Nicholas Negroponte, *being digital*의 저자)의 '디지털의 미래' 등의 강연을 듣게 하는 것이 'Big shot'이다. 미국의 전 대통령이었던 클린턴도 이런 Big shot으로 상당한 수입을 올리고 있는 것으로 전해지고 있다.

시행방법은 대체로 대형 신문사에서 초청·장소(호텔 컨벤션센터) 섭외를 담당하는데 강연료가 50만 달러일 경우, 입장료 등 약 40만 달러를 재계를 통해 확보하고 10만 달러 정도는 TV에 녹화권으로 팔아 조달하는 형식으로 이해하면 된다.

거액의 비용이 소요되는 이런 이벤트는 국가 경영의 최고 정책수립에 관여(關與)하는 인사들에게 어떤 비전(사실은 비밀이다. 강연료가 많으면 많을수록 더 많은 비장의 이야기들을 털어놓을 것이다)을 제시해 국제적인 안목을 키우는 것이 주된 기획의도이다. 여기에 직접 참여하지 못하는 많은 전문가들에게 TV를 통해 유사내용을 공개하는 것은 텔레비전의 공공 개념에 상당히 부합하는 행위라 할 수 있다.

- 쇼는 '즐거움과 흥겨움', '애절함과 슬픔'이다.
- 생활정보는 '새로운, 특이한, 빠른 인간과 생활에 대한 모든 것'이다. 생활정보=의(衣)·식(食)·주(住)·문화수요(文化需要)×춘하추동(또는 계기)으로 공식화할 수 있다.
- 다큐멘터리는 '역사와 문명, 사건과 인간에 대한 진실과 판단을 추구하는 작업'이다.
- 보도는 '빠르고 깊이 있고 공정하고 다양한 국내외 모든 부문에 대한 정보와 그 판단'이다. 등등으로 각기 다른 개성을 내포하고 있다.

비록 다큐멘터리 프로그램이라 하더라도 위와 같은 텔레비전 프로그램 전체의 맥락에서 평가되고 분석되어야 정확할 것이다.

(3) 비평의 틀

비평(批評)에 대한 사전적 의미는 '가치평가 작업'(가치의 많고 적음)과 '작품에 대한 가치부여'(어떤 가치를 나타내는지)와 함께 인간의 '본능적 지적 작업'이라고 할 수 있다.

- 비평의 기능은,

① 가치발견 기능(대상 평가후 부여)
② 비판의 기능(문제점 추출 등 예컨대 폭력이 청소년에게 미치는 영향)
③ 재창조 기능(긴 문학평론의 경우)
④ 상호작용 기능(송신자와 수신자 간)
⑤ 해석의 기능(안내, 해설, 정보전달)
⑥ 감시의 기능

등이다.

- 척도를 진(眞), 선(善), 미(美)로 단순화시킬 수도 있다.

진은 진리의 가치

선은 윤리·도덕적 가치(그 解弛에 대한 고발)

미는 미적(美的) 가치

로의 평가도 가능하다.

• 심미(審美)적 비평은

작품에 대한 예술성·미학적 가치를 특히 중요시한다.

그리고 영상미학 비평에서는 색, 빛, 조명, 공간의 세계, 동작의 세계, 단순한 아름다움, 측정하기 어려운 시각을 제공하는 것에 대한 우수성을 따진다.

• 영상 작품(영화, 애니메이션, TV프로)에서는 공히,

① 스토리의 전개에 무리가 없어야 한다

② 배우의 연기가 포괄적이고 심금을 울려야 한다

③ 미술적 요소가 탁월해야 한다

④ 구성에서 전체적으로 훌륭한 짜임새를 지녀야 한다.

• 방송위원회에서 1991년 9월부터 시행하고 있는 '이 달의 좋은 프로그램' 선정기준을 참고로 소개하면 다음과 같다.

▶ 선정기준

* 시청자의 알 권리를 충족시킨 작품

* 시청자의 건전한 가치관 정립(定立)에 기여한 작품

* 아동 및 청소년의 선도에 기여한 작품

* 국민의 교양과 정서함양에 기여한 작품

* 내용이 유익하며 예술적 가치가 풍부한 작품

* 건전하고 명랑한 내용으로 시청자에 즐거움을 제공한 작품

* 공공질서와 도덕 및 사회윤리 신장(伸張)에 기여한 작품

* 민족문화의 보전, 발굴과 창조적 개발에 기여한 작품

* 국제화·개방화 시대의 조류에 맞춰 국가 경쟁력 향상에 기여한 작품

* 기타 방송 품격향상에 기여한 작품

▶심사시 참고사항

 * 전체구성 → 형식적 측면: 기승전결의 체계성
 * 완성도 → 내용적 측면: 주제의 일관성, 분명한 메시지, 감동적 요소 등
 * 공적 기여도 → 여론 환기 여부: 뚜렷한 주제의식(환경보호, 휴머니즘 고취, 사회비리 고발 등)
 * 독창성 → 기획의 참신성, 제작기법 및 내용전개의 독창성
 * 제작충실도 → 제작자의 성실한 노력 → 근거제시를 위한 다양한 접근 (실험, 현장추적 등)

(4) 시청자와 시청률

프로그램 평가는, 방송 외적(外的) 즉, 국민일반과 시청자의 호감도 측면과 방송 내적(內的), 시청률 및 방송전문가(사내·외)의 견해를 축으로 해서 접근하는 방법을 생각할 수 있다. 두 가지 측면을 모두 달성했다면 매우 우수한 프로그램이 될 것이다. 그러나 그런 경우는 드물게 나타난다. 일반적으로 시청률이 높으면 작품성에서 문제가 있을 수 있고, 그 반대일 때는 시청률이 별로 높지 않게 나타난다. 시청률의 예측은 가변적(可變的)이기 때문에 마치 도깨비와 같은 존재로 늘 변덕을 부리기도 한다. 방송사 내부에서는 대체로,

작품성 = 시청흡인력(시청률) + 완성도

의 공식을 사용하는데 이것으로 검증하면 표면상 별 문제는 없을 것이다.

시청자를 분류하면 유아, 어린이(초등학생), 청소년(중고생), 대학생, 미시주부, 중년여성, 직장남성, 중년, 장년, 노인 등의 남녀노소가 골고루 포함되어 있을 것이다. 앞에서 예시한 각각의 프로그램에 따라 각계 각층의 시청자들은 자신들이 원하는 프로그램을 소구(訴求)하게 된다.

방송사는 프로그램을 통해(방송함으로써), 위의 시청자들로부터 시청률을 끌어모아(프로그램을 재미있게 만들어 시청자가 많이 보게 함으로써), 이것을 광고주에게 파는 행위를 하게 되는데, 이것이 바로 시청률의 정체이다.

따라서 시청률이 높은 프로그램은 작품성보다는 오락적 요소가 다수 가미

되어 있다고 보아도 무리가 없을 것이다.

시청률은 TV수상기를 가진 가구(家口) 전체에 대한, 특정 방송사의 텔레비전 프로그램을 시청하는 가구의 백분율이다. 즉 시청률은 각 방송사의 시청자를 텔레비전을 보유하고 있는 전체 가구수로 나눈 것이다.

$$\text{시청률} = \frac{\text{특정방송사 시청 가구수}}{\text{TV보유 가구 전체}} \times 100$$

점유율은(share of audience)은 '텔레비전 시청가정'(HUT-Home Using-Television)이나 '텔레비전 시청자'(PUT-Person Using Television)에 대한 특정채널을 시청하고 있는 가구의 백분율이다.

$$\text{점유율} = \frac{\text{특정방송사 시청 가구수}}{\text{텔레비전 시청가구(또는 시청자)}} \times 100$$

따라서 시청률은 좀 쉬운 표현으로 말하면, 예컨대 시청자 100명을 조사했을 때, K1=30명, K2=20, MBC=20, SBS=20, TV를 안 보고 있다=10명처럼, '안본 사람'도 포함했을 경우는 시청률이라고 볼 수 있고, 안본 사람은 빼고 본 사람 중에서 몇 사람이 특정방송사의 프로그램을 보았느냐를 따지는 것이 점유율이다.

국내 텔레비전에 대한 시청률 조사는[64] 1991년 영국 AGB와 합작형태로 조사를 시작한 MSK(Media Service Korea)와 갤럽TV센터의 두 업체가 경쟁체제를 유지하다 1994년부터 MSK 독점체제로 들어갔다. 그러다 1999년 유럽계 회사인 TNS Media Korea가 한국 텔레비전 시청률 조사 시장에 뛰어들면서 시청률 조사는 경쟁체제에 돌입하게 된다. 그리고 우리나라에 시청률 조사를 뿌리내린 MSK는 세계적인 시청률 조사기관인 닐슨으로 합병되기에 이른다.

---

64) 「심미선의 시청률 이야기 ④-우리나라 시청률 조사현황」, ≪MBC가이드≫ 2001. 7
호, p.52.

현재 우리나라 시청률 조사는 AC닐슨과 TNS코리아 두 개 회사가 담당하고 있다. MSK(현 AC 닐슨, 미국계)는 1991년 말부터 서울지역 3백 가구를 대상으로 시청률 조사를 시작했고,

TNS 미디어 코리아(영국계)는 1999년 10월 1일부터 서울·부산·대구·광주·대전 등 5개 도시 1천 가구(4천 명)를 대상으로 전국 시청률 조사 서비스를 실시하고 있다.

그러나 AC닐슨은 2001년 3월 27일부터 조사대상 가구를 1,550가구(5,600명)로 확대했다. 서울 350가구, 경기·인천 350가구, 부산 250가구, 대구 200가구, 대전 200가구, 광주 200가구이다. 이 중에는 케이블TV 560가구, 위성 TV 1,350가구가 포함되어 있다. AC닐슨은 그간 수도권 600가구와 부산 300가구에 대해서만 시청률 조사를 해왔다.[65]

양사는 모두 People Meter기를 사용하며, 리모컨형의 측정기기에 연령, 성별, 채널 등이 입력되어 있고, 채널을 작동하면 그 데이터가 메인 컴퓨터에 입력되어 시청 자료가 나오는 형태이다. 현재 두 회사가 제공하는 시청률 자료는 상호 다소 차이를 보이고 있다. 그 이유는 시청률은 1분을 단위로 어느 방송을 시청했는가를 측정해 집계하는데, '어느 방송을 보았는가'의 기준이 회사간에 서로 다르다는 것이다.

AC닐슨은 1분 중 30초 이상 한 개의 프로그램을 볼 경우 '시청했다'고 기록되는 데 반해,

TNS는 1분간 가장 오래 본 채널을 기록한다. 즉 '1분 시청률'에 대한 정의가 달라 시청률 조사 결과가 상이하기 때문이라는 것이다.

조사대상 가구가 미국은 4,500가구, 영국은 4,400가구, 독일 4,400가구, 프랑스 2,000가구 정도이고, 시청률 조사에 대한 검증 기관이 별도로 설치되어 있는 것도 객관성 유지에 중요한 요소가 되고 있다.

그런데 문제는 AC닐슨과 TNS 양사의 시청률이 특정 프로그램 및 방송사별로 차이를 보이고 있어 방송 관계자 및 시청자들을 당혹스럽게 하고 있다는 점이다.[66]

---

65) ≪조선일보≫, 2001년 3월 28일.

66) 「심미선의 시청률 이야기 ④-우리나라 시청률 조사현황」, ≪MBC 가이드≫, 2001. 7호, p.52 및 p.53.

AC닐슨코리아 조사에서는 상대적으로 KBS1과 SBS의 시청률이 높게 나오는 데 반해, TNS미디어코리아 조사에서는 MBC의 시청률이 상대적으로 높게 나오다보니 시청률 불신론까지 터지고 있다.

2000년 5월 15일자만 보더라도 전반적으로 TNS의 시청률이 닐슨의 시청률보다 낮은 가운데, 닐슨에서 집계한 KBS1과 SBS 전 시간대 평균 시청률은 TNS 시청률보다 3퍼센트 포인트씩 높게 나온 데 반해, KBS2와 MBC 시청률은 1퍼센트 포인트 높은 것으로 나타났다. 사정이 이렇다보니 결국 한국방송광고공사(KOBACO)가 시청률 검증위원회를 구성해 시청률의 차이를 밝히고, 시청률 조사 과정의 정확성을 재단하겠다는 단계에 이르렀다.

피플미터에 의한 시청률 조사는 여느 사회 조사와는 비교할 수 없을 정도로 초기 투자비용이 많이 드는 사업이다. 일반적으로 피플미터 한 대를 설치하는 데 드는 비용은 150여만 원 가까이 든다. 만약 설치하고자 하는 패널 가구에 텔레비전이 2대라면 한 가구당 설치비용은 300만 원까지 든다. 최근 텔레비전을 2대 이상 보유하고 있는 가구가 늘어나면서 양사 모두 40퍼센트까지는 2대 이상 텔레비전 보유 가구를 표본으로 확보하고 있다.

이럴 경우 1천 가구에 피플미터기를 설치한다고 해도 1천 개의 피플미터기가 필요한 것이 아니라, 약 1,400개의 피플미터기가 필요하다는 결론에 이른다. 피플미터기 한 개당 가격이 약 150만 원이라고 가정할 때 1,400개의 피플미터를 구입하는 데 드는 비용은 21억 원 가까이 든다.

시청률 조사는 가구를 대상으로 하기 때문에 가구의 특성을 가장 잘 나타내는 변인(變因, variable)[67])이 표본 가구선정의 주요 요인이 된다. 양사가 표본 추출시 고려했던 주요 변인들을 중심으로 표본 특성을 살펴보고자 한다.

---

67) R. 위머·J. 도미니크, 『매스미디어 조사방법론』, 유재천·김동규 역, 나남출판, 1999, p.66.
　　변인─구성이나 개념에 경험적으로 상응하는 것이 변인(variable)이다. 변인들은 경험적인 세계와 이론의 세계를 연결시켜주기 때문에 중요하다. 즉, 변인이란 측정과 조작이 가능한 현상이나 사건을 말한다. 변인은 연속적인 것으로 한 가지 이상의 값을 지닌다. 이를테면 '케이블TV 프로그램에 대한 만족도'라는 변인은 서로 다른 값(value)들인 '매우 만족한다', '약간 만족한다', 아니면 '전혀 만족하지 않는다' 등을 포함할 수 있다. 그리고 이런 변인을 통해 우리는 이론적 세계의 '케이블TV 프로그램에 대한 만족도'라는 개념을 경험적 세계에서 나타낼 수 있는 것이다.

TNS는 표본에서 케이블TV 가입비율을 일정 부분 고려했고, 또한 텔레비전을 지나치게 많이 보는 중(重)시청자를 표본에서 제외시켰다.

반면 닐슨은 케이블TV 가입을 고려하지 않았다. 닐슨의 입장은 케이블TV가 전체 시청 행위에 영향을 미치려면 적어도 서울시내 보급률이 30퍼센트 이상은 되어야 하는데, 현재 케이블TV 보급률은 10퍼센트 미만으로 저조하기 때문에 고려할 필요가 없다는 것이다.[68] 또한 시청 시간도 고려하되, 텔레비전을 하루 30분 미만 시청한 사람들은 최종 분석에서 제외시키고 있다.

즉, TNS에서는 지나치게 텔레비전을 많이 보는 시청자를 최종 분석에서 제외시켰는데 반해, 닐슨에서는 텔레비전을 아주 적게 보는 사람들을 분석에서 제외시킨 것이다.

이렇게 TNS나 닐슨이 특정 시청자를 시청률 분석에서 제외시키는 이유를 이해하려면 통계적인 설명이 필요하다. 시청률 조사는 표본 조사 결과에 가중치를 부여해 전체 시청률 수치를 구한다. 그리고 패널 가구 중 1가구의 시청 행위가 보통 1만 가구의 시청 행위를 대표한다. 이를 풀어 설명하면, 텔레비전을 30분 미만 시청한 가구 중 1가구가 실제 분석에 포함되면, 궁극적으로는 1만 가구가 텔레비전을 30분 미만 시청한 것으로 확대된다.

그러나 실제적으로 하루에 텔레비전을 30분 미만 시청하는 가구는 상당히 적을 수 있다. 가중치를 이용한 시청률 조사의 한계를 극복하기 위해 닐슨 및 TNS는 표본 추출이나 다른 패널 관리 프로그램을 이용해 시청 시간을 통제하는 것이다.

표집 과정상의 이러한 차이를 종합할 때, TNS 표본은 케이블TV 가입자를 고려하고, 동시에 텔레비전을 많이 보는 중시청자를 표집 과정에서 제외시킴으로써 텔레비전을 많이 보는 시청자가 상대적으로 적게 표집되었을 가능성이 높다.

일반적으로 소득 수준이 높을수록 텔레비전 이외에 다른 여가 활동을 하는 비율이 높다는 점을 고려할 때, 텔레비전 시청량과 소득 수준은 반비례 관계에 있다고 말할 수 있다.

---

68) 필자 주: 주 65의 ≪조선일보≫ 기사는 AC 닐슨이 2001년 3월 27일부터 케이블TV 560가구에 대해 시청률 조사를 실시하는 것으로 되어 있다

이는 결국 TNS 표본이 닐슨 표본에 비해 상대적으로 소득 수준이 높은 특성을 가지고 있음을 시사하는 것이다.

다시 말하면 TNS 표본이 비교적 소득 수준이 높은 가구에 편향되었다면 동시에 닐슨은 소득 수준이 낮은 가구에 편향되었다고 말할 수 있는 것이다.

소득 수준은 닐슨과 TNS 모두 표본 선정시 중요하게 고려한 요인이지만, 이외에 닐슨은 텔레비전 대수와 가족수를, TNS는 시청시간과 케이블TV 가입여부를 중요하게 고려함으로써 결국 닐슨과 TNS의 표본은 상당히 다른 특성을 가지고 있음을 미루어 짐작할 수 있다.

또한 시청률과 다른 관점에서 프로그램을 평가하는 방법 중의 하나는 '공영성 지수(PSI: Public Service Index)'의 개념을 대입해 판단하는 것이다. '시청률'은 프로그램의 완성도를 측정하지 못하는 한계가 있고, '수용자 반응조사'는 실제 인기와는 상관없이 '재미'와 '유익' 등 2개 항목의 질적 평가만 내리는 단점이 있다. 반면,

- '공영성 지수'는 '뭔가 얻는 게 있다(인지적 차원)'
- '정이 간다(정서적 차원)'
- '다른 사람도 보았으면 좋겠다(총체적 차원)'

에 대한 반응을 집계하는 것이기 때문에 비록 방송전문가가 아니라도 '좋은 프로그램'과 '나쁜 프로그램'을 구별하는 잣대로서 매우 유용할 것으로 생각된다. 다만 여러 가지 조사 상의 문제 때문에 현재 공영성 지수 조사는 이루어지지 않고 있다. 여기서 전문가나 일반 시청자가 프로그램을 보고 하도 '좋아서'(감동·공감·심금을 울려서) 다른 사람에게 보라고 권한다면 상당한 완성도와 작품성이 인정되는 기준이라는 것을 강조하고 싶다. 따라서 이것저것 복잡한 기준을 논할 필요가 없이 타인에게 시청을 권할 정도로 프로그램 제작에 임할 수 있어야 된다는 점을 제작자들은 기억했으면 한다.

또한 지상파 방송사들이 시청률과는 별개의 프로그램 평가 기준 개발에 나서고 있다.[69] EBS는 최근 방송학회에 의뢰해 독자적인 시청자 평가지수

---

69) ≪조선일보≫, 2002년 9월 12일.

(EPEI: EBS Program Evaluation Index)를 개발했다고 발표했다. EBS는 이 지수를 활용해 1년에 두 차례 5만 여명의 시청자에게 이메일을 보내 각 프로그램에 대한 평가를 의뢰하기로 했다. 평가기준은 독창성·완성도·공익성·흥미도 등 4가지이다. 첫번째 조사는 2002년 10월 초 실시할 예정으로 되어 있다.

MBC도 프로그램 평가지수를 개발중이다. 1만 명 이상의 시청자를 표본으로 삼아 내년 초부터 1~2차례 자사 프로그램을 평가할 계획이다. SBS 심의팀도 비슷한 자체 프로그램 평가기준을 개발한다는 방침을 세워놓고 있다.

이런 움직임은 방송 프로그램의 저질화를 초래하는 고질적인 병폐인 시청률 지상주의에 대한 변화라는 점이 주목되는 반면, 방송 관계자들은 광고 수입과 직결되는 시청률, 시청 점유율을 절대적 기준으로 프로그램의 존폐를 결정짓는 풍토와 구조에서 이런 내부적인 평가는 요식행위 내지 '지수를 위한 지수'에 그치기 쉽다는 지적이 나오고 있다.

(5) TV 프로그램 비평의 조건

텔레비전 프로그램을 분석할 때 드라마는 '폭력성'과 '선정성'을 가장 비중 있게 감시해야 할 것이다. 왜냐하면 모든 드라마는 통속적인 요소를 통해 가장 강력한 시청흡인력을 추구하기 때문이다. 더욱이 젊은 시청자는 입맞춤을 하거나 애무행위에 대해 별로 거부감을 느끼지 않는다. 따라서 작가와 연출자들도 별 심사숙고 없이 다소의 시청률을 의식해서, 비평자의 입장에서는 유해장면으로 판단되는 scene을 삽입하게 된다고 보아야 할 것이다. 폭력내용은 종전에도 과다했지만 영화 <친구>, <신라의 달밤>, <조폭 마누라> 등의 영향으로 지속적으로 증폭할 가능성이 높다.

쇼프로그램과 시사프로그램에 있어서도 선정성과 관음적 요소가 문제가 된다.

지난 번 <일요일 일요일 밤에>에서 자행된 여자 탤런트의 젖가슴 노출사건은 결코 일회성 해프닝으로 볼 수 없는 고의성이 의심되는 경우이다. 시사프로도 성폭행, 성의 매매를 근절하겠다는 미명하에 피해 여성의 성행위 과정을 여과없이 미주알 고주알 다 까발린 것이 어디 한두 번인가? 이것은 지상파 텔레비전 프로그램의 품위를 손상시키는 행위이다.

다큐멘터리도 초상권(肖像權)을 침해하는 부분들은 자제되어야 하고, 특히 재현장면에 문제가 있을 수 있다.[70]

생활정보 프로는 특히 간접PR사례가 과다하다. 프로그램 자체가 광고의 수단으로 이용되어서는 안 된다는 것은 자명한 일이다. 그리고 미풍양속(美風良俗)을 저해하는 내용, 인간과 가족의 존엄성에 위배되는 이야기도 여과되어야 한다.

보도와 시사프로들은 현재 공정성과 형평성등 균형감각이 상당히 훼손되어 있지 않나 생각된다. 각 가지 정파적 이해, 편향된 이데올로기의 난무, 집단이기주의의 팽배, 왜곡된 소영웅주의 등으로 보도내용에서 어떤 것이 정확한 것인지, 무엇이 진실인지, 시청자로서는 정말 판단이 어려울 때가 많다. 밤 9시 뉴스의 경우도 같은 사안에 대해 각 사마다 시각이 적지 아니 다른 뉴스가 나올 때도 많고, 다음날 아침 신문과는 현격한 차이를 보이는 아이템도 있다. 날카로운 눈매로 개선의 실마리를 찾아야 할 것이다.

(6) 분석의 요체(要諦)

1. 기획: 주제(主題)가 한 알의 사과처럼 손안에 꽉 잡히는 것이 좋다.
2. 취재: 자료조사가 철저히 이루어졌는가를 잘 살펴야 한다.
3. 구성: 기승전결(起承轉結)에의 전개와 결론이 논리적인가를 판단한다.
4. 편집: Fact(주요내용)와 Insert(배경·분위기 화면)가 적절히 조화되어야 유연한 이해가 가능하다.
5. 원고: 고기에 비유하면 기름기 등 군더더기가 없는 메시지의 삽입과 연결고리의 확보 여부가 관건이다.
6. 출연자: MC, ANN, 해설자, 기자, 리포터, 전문가 등은 top class여야 한다. 자신의 이해를 위한 출연자는 배제되어야 마땅하다.
7. 보조제작물: 음악, 효과, 그래픽, CG, Set 등은 정교히 제작되었는가를 살핀다.

---

70) 과거 MBC의 <경찰청 사람들>은 순기능이 많았음에도 불구하고 프로그램에서 예시되는 사실적인 범죄수법을 흉내낸 모방범죄가 논란을 일으켜 종국에는 막을 내리는 사례도 발생한 바 있다.

8. 완제품 제작: 여러 가지 제작요소의 기술적인 믹싱은 완급과 장단고저
   의 형태를 통해 되도록 부드러운 톤으로 완성되는 것이 좋다.

텔레비전 프로그램의 비평도 스포츠 경기에 출전하는 선수와 유사한 점이
있다. 선수도 연습과 훈련을 통해 경기력이 향상되듯이 TV비평도 다양한
프로그램을 시청해 중요 요소와 골간을 이해하고, 프로그램의 배후에 감추
어진 장점과 단점을 파악해, 이것이 시청자에게 유익(有益)한 것인지 유해(有
害)한 것인지를 선별하는 안목이 필요하다.

왜냐하면 텔레비전은 시청자에게 감동, 흥미, 재미, 교양, 정보, 오락 등
훌륭하고 뛰어난 요소들을 무수히 제공하지 않으면 안 되기 때문이다. 그런
데 이러한 각 요소들은 아주 단순하고 간단한 것들이 아니다. '감동'만 하더
라도 감동은 희(喜), 노(怒), 애(哀), 락(樂)을 통해서 어떤 최고의 느낌(엑스터시
같은 것)을 화면을 통해서 보여주어야 한다. 즉 어떤 프로그램이나 아이템이
시청자의 심금(心琴)을 울리는가?를 찾아내야 할 것이다.

따라서 프로그램을 지속적으로 또 누적적으로 시청하고, 프로그램이 형성
되고 있는 산맥과 골짜기를 구비구비를 섭렵함으로써, 프로그램에 내장된
요소를 파악할 수 있어야 한다. 즉 비평은 노동이 될 수 없고 강한 취향과
취미를 동반해야 소기의 성과를 얻을 수 있다.

2) 정산(精算)

모든 방송 프로그램이 모두 그렇지만 다큐멘터리도 필요한 예산이 확보되
어야 프로그램을 제작할 수 있다. 그런 의미에서 프로그램은 곧 '돈'이다.
여기에는 기획비, 자료 조사비, 출장비(숙박 및 식음), 취재·진행비, 출연료(전
문가 및 리포터 등), 원고료, 음악작곡료, 효과료(음악 및 음향), 조명 사용료,
렌트카 비용, 번역료, 가이드 비용, 자료구입비, 타이틀 제작비, CG제작비,
헬기·선박 임차료, 특수 기재 사용료, 자문료, 원작 사용료, 예비비 등 제작팀
의 일거수일투족에 빠짐없이 비용이 발생한다. 따라서 회사 입장에서 보면
돈으로 똘똘 뭉친 것이 바로 프로그램인 것이다.

다큐멘터리 프로그램의 예산 규모는 아마도 최저 3천만 원 정도에서부터

시작할 것이다. 물론 3천만 원 이하로 다큐멘터리를 만들 수도 있겠지만, 최근의 물가수준을 고려할 때, 그런 액수로 만들게 되는 프로그램은 제작 내용이 매우 독특해 저 예산으로도 가능한 경우이거나, 아니면 다소 부실하게 만든 프로그램이 아닐까 생각된다. 4천만 원짜리 다큐멘터리와 5천만 원 다큐멘터리는 그 규모(몇 부작인지)와 심도에 따라 달라질 것이다. 또 잠수정을 임차해 심해 수중촬영을 실시한다든지 하면 금방 2~3억을 상회하게 된다.

지상파 방송사들은 정부 부처와 마찬가지로 예산제도를 도입해 활용하고 있다. 예산제도는 해당 연도에 사용할 예산을 그 전년 10~11월경 미리 편성해놓고 해당 연도에 그 범위 내에서만 사용토록 하는 제도를 말한다. 방송사는 보도, 드라마, 연예오락, 교양 등 분야별로 사전 예산을 확정하는 것이다. 따라서 다큐멘터리는 교양제작국이나 그와 유사한 조직 예산안에 포함되어 있을 것이다.

다큐멘터리 부분의 책임PD들은 다음해 예산을 심의할 때, 정규 프로그램을 포함해서 특집 다큐멘터리가 몇 편이 소요될 것인가를 예측해 그 예산을 책정하지 않으면 안 된다. 보도형 다큐멘터리는 보통 보도제작국이나 특집국 예산으로 충당한다.

한 개 다큐멘터리 프로그램의 예산이 정해졌을 경우, PD는 대체로 그 액수를 초과할 수 없다. 왜냐하면 정액예산의 개념을 무시해 주먹구구식으로 예산을 사용한다면 예산제도의 의미가 성립되지 않기 때문이다. 예산제도는 '정확한 예측과 그에 따른 합리적인 집행'이다. 초과사용시에는 그에 합당한 사유서를 제출해야 한다.

다큐멘터리 예산에서, 각 항목별로 그 회사가 책정한 표준제작비에 해당하는 액수가 있다. 프로듀서는 그 한도에 따라 비용을 정확하게 사용해야 한다. 이것을 위반하면 반칙이다.

반칙의 사례는 다양하다. 과거의 예이지만, 운동권 출신 PD가 만든 한 다큐멘터리 프로그램의 경우, 조명비용이 과다 사용되었다. 자료를 제출받아 조사해보니 조명사용 일수가 평균에 비해 많고, 실내 촬영이 없고 날씨가 화창했는데도 대낮에 조명을 사용한 것으로 기록되어 있었다. 담당PD에게 추궁한 결과 조명업체가 영세하고 불쌍해 도와주기 위해 그렇게 꾸몄다는 예상치 못한 엉뚱한 대답이 나왔다. 가난한 자에게 좀 도와주면 어떻냐고.

그는 우리나라의 최고라고 일컫는 대학교 출신이었다. 이런 식으로 비상식적으로 예산을 집행하는 특이한 경우도 드물지 않게 발생한다.

어떤 기자는 해외특집 다큐멘터리에서 헬기를 이용한 공중촬영비용으로 수천 달러 청구했다. 프로그램을 조사해보니 '촬영화면'이 아니라 그 나라 방송사의 '자료화면'이 분명했다. 그 얘기를 들은 기자는 명예훼손을 했다고 펄펄 뛰었다. 부득이 감사실 직원이 영수증에 기록된 헬기임대 회사에 리콜을 해보니, 자기네 회사는 해당 날짜에 한국 방송사의 임차의뢰를 받은 바 없다는 팩스를 보내왔다. 그 기자는 변상을 했고 상당한 징계를 당했다. 이 경우는 비용착복의 의도가 있는 비양심적인 행위였다.

정산(精算, 정밀한 계산)의 의미는 사용한 예산이 각각의 항목에 맞게 정확한가(과다)와 오용이 없었는가를 측정하는 절차이고, 또한 방송이 끝난 후 단시간 내에 임금성격의 비용을 해당 협조자(담당자)에게 착오없이 전달되도록 하는 두 가지 목적이 있다. 특히 정산에 있어 영수증의 확보와 첨부는 매우 중요하다. 따라서 PD는 조연출에게 자주 영수증을 제대로 챙기고 있는가를 확인하는 것이 좋다.

프로그램의 조연출은 방송이 끝난 후 즉시 정산서류를 작성해 PD → 차장 → 부장(CP) → 부국장 → 국장 → 이사(본부장) → 편성부 → 감사실 → 감사 → 전무(부사장) → 사장의 순서로 결재를 받는다.71) 이때 사전 가불금을 받아 사용한 출연료, 숙박, 식음, 현지 비용 등은 영수증을 첨부(상쇄)해 정리한다. 그리고 작가의 원고료, 음악, 효과, 조명, 리포트 등등 방송사 업무(비상근)에 자주 활동하는 인원에 대한 비용은 그들이 방송사에 신고한 은행계좌(방송사에 은행지점이 있다)에 입금된다.

방송사에서 일하는 모든 인원들은 방송이 주는 성취감도 있지만 사실은 수입을 위해서 일한다는 것이 보다 정확하다. 따라서 후불(後拂) 지급은 빠를수록 좋고 그래야 마땅하다. 방송사의 PD는 매달 정해진 날짜에 월급을 지급받지만 프리랜서들은 파우처(돈표, 은행입금)를 받아야 생계를 유지할 수 있다. 그러나 PD나 조연출 중에는 부지런히 정산을 마치는 사람도 있지만 게을

---

71) 이 제작비 정산은 각 지상파 방송사의 시스템과 절차에 따라 다소 차이가 있을 수 있다.

러서 정산에는 별 관심이 없어 원성(怨聲)을 사는 사람도 없지 않다.

이렇게 약 21단계의 과정을 거쳐서 한 프로그램의 다큐멘터리가 생성(生成)해서 소멸(消滅)된다. 한 개의 작품은 거의 90여 일이 소요되며, 불면의 밤을 지새우는 프로듀서의 고뇌(苦惱), 수많은 스태프들의 정성과 노고가 배어 있다. 또 시청자들은 다큐멘터리를 통해서 드라마나 연예프로그램·교양 프로가 주지 못하는 특별한 메시지, 주제에 대한 진실, 무지개 같은 영롱한 정신, 복잡다기(複雜多岐)한 현대사회를 통찰(通察)하는 어떤 기호(記號)를 제공받을 수 있다. 시청자는 드라마, 쇼와 코미디, 생활정보, 토크쇼만 보고는 살 수 없는 것이 오늘의 방송환경이다. 이런 와중에 다큐멘터리는 오직 우뚝 서 있는 존재가 되어야 한다. 따라서 다큐멘터리는 매우 귀중한 존재이고, 그 제작자들이 온갖 정성과 노력을 경주해 프로그램을 만들지 않으면 안 된다는 결론에 도달하게 된다.

5장 결론

　지상파 텔레비전 방송, 프로덕션, 케이블TV 등에 지원하려는 사람 또 아카데미 같은 방송 연수기관에서 훈련을 받고자 하는 학생들을 면담해보면, 드라마를 지망하는 부류와 다큐멘터리 지망생이 비슷해서 거의 반반 정도이다. 어떤 때는 오히려 드라마보다 다큐멘터리가 다소 많은 경향을 보이기도 한다.

　그러면 그들은 왜 다큐멘터리에 경도(傾倒)되는가? 우리는 그 원인을 몇 가지 측면에서 생각해볼 수 있다.

　첫번째는, 프로그램의 가치 측면이다.

　현재의 시점에서, 드라마는 우리가 도달하고자 하는 꿈과 환상의 세계에 접근하지 못하면서 현실감이 부족한 짜맞추기 형태의 이야기에만 집착하고 있는 듯하다. 갈등구조를 억지로 만들다보니 생기는 비현실적 에피소드가 난무하고, 여간해서 일어날 수 없는 우연(偶然)이 판을 치기도 한다. 또 아무리 사랑이야기가 드라마의 핵심이라고는 하지만 '삼각관계'가 지나치게 많다. 일반적으로 여권이 신장되고 남녀평등도 이루어지고 있는 현실에 반해, 연속극에서는 여성들의 시집가기 위한 노력이 눈물겨울 정도로 반복된다.

　근년에 와서 TV드라마는 소위 '페미니즘' 일색이다. <여자는 무엇으로 사는가?> <고개숙인 남자>를 한참 지나 최근에는 결론적으로 '여성은 주인,

남자는 하인'식의 억지 드라마들도 양산되고 있다. 그 이유는 일차적으로는 드라마를 보는 시청자 중에 절대적으로 여성의 수가 많아 그들의 비위를 맞추어 시청률을 얻기 위해 주력했기 때문일 것이다. 뿐만 아니라 드라마를 집필하는 작가 중 90% 이상이 여성작가라는 점도 간과할 수 없다. 드라마의 중심부와 주변부 모두가 여성적 안목으로, 사고방식으로, 본능으로, 통합적인 페미니즘으로 꾸며지고 있다고 봐도 크게 틀리지 않는다.

이런 상황 아래서 오늘날의 텔레비전 드라마는 흐뭇한 세상사 이야기도, 진정 가슴이 시린 사랑이야기도, 변동하는 사회와 문화에 대해 알아야할 어떤 느낌도, 시급한 노령화 문제에 대한 진지한 성찰도, 또 우리 민족이 이어가야 할 가치나 전통에 관한 메시지도 전하지 못한 채 그냥 잡다한 '이야기 공장'으로의 역할만을 담당하고 있다는 평가도 받고 있다. 드라마는 작품에 따라서 재미있고 유익한 것도 없지는 않다. 따라서 전체적으로는 폭넓은 시청자를 거느리고 있다고는 하지만, 30년이 넘는 TV드라마의 역사를 반추(反芻)하게 되면 TV드라마는 아직도 제자리걸음을 하고 있지 않나 하는 생각을 지울 수 없다. 그래서 평자들은 드라마를 싸잡아 '그 밥에 그 나물'이라고 폄하하기도 한다.

오락 프로그램의 경우도 대부분의 쇼, 코미디, 개그 프로들은 시청 연령층은 10대, 20대 초반을 대상으로 하고 있다. 극단적으로 말하면 심각하게 왜곡되어 있는 상태이다. 특히 KBS의 일부 프로그램을 제외한 나머지 방송국들의 쇼프로그램 중에서 성인대상은 눈을 씻고 봐도 찾을 수 없다. 오락 프로그램의 기능이 정서를 순화하고 위안을 주는 개념인데, 우리나라의 30대 이후 시청자들은 TV쇼를 통해서는 제대로 위안을 받지 못하고 있는 형편이다. <열린음악회> 등 긍정적인 제 역할을 하고 있는 프로그램도 있지만 전체적으로는 쇼프로의 구조가 편향되어 있음을 부인하기 어렵다.

보도의 경우를 보면 오래 전부터 계속되어 왔지만, 아직도 '관변뉴스'가 중심이다. 보도자료에 의해 만들어진 뉴스가 많은 양을 점유하기 때문에 만약 큰 사건이 발생하지 않는다면 시청자는 정말 재미없는 관심 밖의 뉴스만 보게 된다. 그리고 어느 정권이나 마찬가지이지만 그들의 이해관계, 또는 입맛을 맞추려는 뉴스가 넘실거린다. 그런 뉴스에 대한 반감을 갖고 있는 일단의 시청자들은 뉴스를 시청하고 배알이 뒤틀린다는 자조(自嘲)를 내뱉기도 한다. 오직 '권력'에만 집중되고 치우쳐 있는 뉴스 이런 반감 때문에 오히려 <시사매거진>류의 프로그램들이 시청자의 관심을 끌고 사랑을 받고 있다. 그러나 시사성 프로들도 주제의 다양성, 취재의 심층성, 선정성 등으로 판단할 때 아직 큰 점수를 얻고 있지 못하다.

일반적인 교양프로들 역시 위에 열거한 여러 장르의 프로그램들과 경쟁하고 부대끼면서 아직은 나름대로의 특성과 재미 그리고 효용성에 도달하고 있지 못한 듯하다.

그러나 다큐멘터리는 다소 다르다. PD는 다루는 주제가 여타 장르에 비해 가치가 있고 사회를 이끌어가는 선도자 또는 감시자로서의 성취감을 느낄 수 있다. 그리고 여러 프로그램을 제작하는 과정에서 많은 자료를 섭렵(涉獵)하고 심층 연구에 종사하게 됨으로써 전문성도 획득할 수 있다는 장점이 있다. 다큐멘터리 PD 중에서 일부는 소위 지성파 PD로 성장 코스를 밟는 사람도 나오고 있다. 다큐멘터리 작가의 성격도 역시 유사하다. 다큐멘터리 종사자는 그가 다루는 내용이 높은 가치를 지니고 있다는 점이 최대의 장점이다.

두번째로 지적할 수 있는 것은 전문가로 성장하는 기간의 문제일 수도 있다.

우선 프로듀서나 구성작가의 진입(소위 입봉, 잇봉다찌) 문제이다. 쇼나 교양프로들은 좀 다르지만 드라마는 PD가 되는 데 7~8년의 연마기간이 필요하고 드라마 작가로 입신하기란 하늘의 별따기다. 반면 TV 다큐멘터리는 PD와 작가가 되는데 소요되는 시간이 드라마에 비해 각각 최소 3분의 1 정도는 절약될 수 있다. 그만큼 고생도 덜하게 되고 노력 여하에 따라 신속히 전문가의 반열(班列)에 오를 수 있다는 점도 매우 유리한 조건이다.

세번째, 다큐멘터리 프로그램과 HDTV 프로그램과의 연관성까지 생각한다면 다큐멘터리는 가장 전망좋은 장르임에 틀림없다.

HDTV의 특성과 딱 들어맞는 것이 다큐멘터리이기 때문이다. 빠른 기간 내에 입문하면 젊은 시절 초반에 훌륭한 다큐멘터리스트가 될 수 있다. 많은 시청자가 기억할 수 있고, 방송학도 등 후대에도 전문가들이 그 제작자를 평가할 수 있다면 걸작을 남긴 소설가나 시인처럼 큰 자부와 의미를 부여할 수 있지 않겠는가? 특히 HDTV는 모든 예술가들이 가장 선망하는 영화의 메커니즘을 곧 추월하고 압도할 수 있을 것으로 예측되기 때문에 차후 다큐멘터리스트는 고급 영화를 만드는 감독 이상의 존재가 될 가능성이 높다.

이런 제반 상황이 방송지망생들로 하여금 다큐멘터리 장르를 보다 선호하게 되는 것이 아닌가 하는 결론에 이를 수 있다. 따라서 다큐멘터리 프로그램의 본질과 제작과정을 연구하는 것은 매우 중요한 작업이고 앞으로도 계속 진화되지 않으면 안 된다는 점을 강조하고자 한다.

끝으로, <텔레비전 다큐멘터리 제작론>을 마치면서 한 가지 이론을 제시하는 것으로 결론을 대신하고자 한다.

구조주의 학자 롤랑 바르뜨(Roland Barthes, 1915~1980)[1]는 신화분석에서, 현대 언어학의 아버지, 구조주의의 원류, 기호학의 창시자인 '페르디낭 드 소쉬르'(Ferdinand de Saussure 1857~1913)의,

> 기호(記號 sign)=기표(記票, signifier−音聲的 이미지) + 기의(記意, signified−概念)

라는 공식을 따르고 있다. 여기서 소리(기표)와 개념(기의)이라는 부분적 기호는 서로의 관계가 연속적이거나 한 쪽이 다른 쪽에 영향을 미치는 것이 아니다. 기호는 둘의 상관관계를 얘기하는 것이며, 기표와 기의의 상관적 합(合)이 기호를 이루는 것이다.

단순히 기표를(원용진) '기호의 표시'라고 생각하고, 기의를 기호의 표시에 의해서 생긴 '기호의 의미'라고 생각하면 된다. 물론 기표는 문자로 쓰인 것, 소리에 의한 것 모두를 포함하는 광범위한 것이다. 즉 기표는 우리가 감각을 통해 지각하는, 말의 소리 또는 사진의 형상과 같은 기호의 물리적 형식이다.

이에 관한 바르뜨의 유명한 예는 '장미꽃 다발'이다. 많은 경우 이 꽃다발은 열정(熱情)을 상징하는 것으로 사용된다. 그럴 경우 장미다발은 기표(signifier), 열정은 기의(signified)가 되는 것이다. '기표는 꽃으로서의 물체 자체'를 가리키며, '기의는 꽃이 상징하는 개념'이라는 것이다. 이 둘의 관계가 제3의 용어를 만들어내게 되는데 그것은 바로 '기호(sign)로서의 장미꽃다발'이다. 이때 비로소 언어가 성립되는 것이다. 그렇다면 기호로서의 장미는 기

---

1) 조종흡, 「롤랑 바르뜨, 신화론자인가? 도착적 쾌락주의자인가?」.

표로서의 장미와 다르다. 그래서 기표로서의 장미는 의미가 비어 있는 데 반해, 기호로서의 장미는 꽉 차 있는 것이다. 신화는 의미화 과정의 첫번째 단계인 언어의 영역이 아니라 두번째 단계의 의미화 체계에서 생산되는 것이다.

바르뜨는 『카메라 루시다』라는 사진론에서 외연(外延)과 내연(內延)의 두 가지 의미를 보다 더 확실하게 구분한다. 외연은 '필름에 나타난 사물의 기계적인 재생'을 말하는 것이고, 내연은 '인간의 주관적 개입과정을 통해 나타난 의미'인 것이다. 여기서 주관적인 요소라고 할 수 있는 것들은, 프레임에 무슨 배경을 넣을 것인지에 관한 결정, 포커스와 조리개의 선정, 카메라 앵글, 필름의 종류 등의 기술적인 요소를 말하는 것이다. 외연은 '무엇이' 사진에 찍혔는지를 말하며, 내연은 '어떻게' 그 사진이 찍혔는지를 가리키는 것이다.

이러한 내용들은 구조주의(structuralism)와 기호학(semiotics)[2]과 관련된 매우 난삽하고 복잡한 이론 중의 일부이다. 앞의 서술 중에 특히 언더라인이 그어진 부분과 다큐멘터리의 제작은 매우 긴밀한 관계를 발견할 수 있지 않을까 하는 것이 필자의 견해이다.

첫번째로, 특히 "기표는 문자로 쓰인 것, 소리에 의한 것 모두를 포함하는 광범위한 것이다. 즉 기표는 우리가 감각을 통해 지각하는, 말의 소리 또는 사진의 형상과 같은 기호의 물리적 형식이다."라는 부분에 주목하게 된다. 여기에 '화면'도 포함될 수 있다고 보기 때문에, 그런 관점에서 판단한다면 한국 텔레비전 다큐멘터리 프로그램들은 다 그런 것은 아니지만 일부 프로그램들은 단순한 '기표 차원'에 머무르고 있지 않나 하는 생각을 할 수 있다. 즉 프로그램을 다 보고 나서도 기표(그림)만 시청한 것이지, 프로그램에 내재된 기의 즉, 어떤 프로그램의 개념을 충분히 느끼지 못하고 있는 것이 아닌가 하는 말이

---

2) 박명진 편, 『비판커뮤니케이션과 문화이론』, 나남출판, 1994, pp.62~63.

기호학은 기호학의 아버지라고 하는 스위스의 언어학자 '소쉬르'에 의해 제시된 용어이다. 그는 1916년에 발간된 책에서 기호학을 '사회 내에서 기호들의 삶을 연구하는 과학'이라고 정의했다. 이러한 정의는 프랑스 구조주의자 롤랑 바르뜨에 의해 원칙적으로 채택되었는데 그는 1960년대에 기호학이 널리 알려지고 확산되는데 크게 기여하였다.

기호학의 성장과 성공은 말의 분석에서 이루어졌다가 보다 다른 기호체계 특히 문학, 영화, 선전, 사진 그리고 텔레비전 등의 분석에서 이루어졌다. 기호학은 다분히 다양한 형태의 대중문화에 대한 점증하는 진지한 연구와 폭넓게 제휴해왔다.

다.

두번째로, "기표로서의 장미는 의미가 비어 있는 데 반해, 기호로서의 장미는 꽉 차 있는 것이다."라는 부분이 매우 중요한 의미를 시사하고 있다고 할 수 있다. 그러한 서술을 통해서, 즉 장미와 다큐멘터리를 비유해서 결론을 내리자면, "의미가 비어있는 기표 형태로서의 다큐멘터리 제작은 곤란하고, 의미가 꽉 차 있는 '기호(旗號)'로서의 다큐멘터리를 제작해야 한다."라는 암시(暗示)를 재삼 깨닫게 된 점은 매우 의의가 있지 않은가 생각한다. 다시 말해, 외연적(外延的)인 다큐멘터리는 피하자는 것이다.

쉽게 얘기해서 '속 빈 강정' 같은 다큐멘터리 제작은 지양(止揚)하지 않으면 안 된다는 결론이다. 여기에는 어떤 개념이나 비전, 전망이나 대안 제시가 없는 단지 다큐멘터리의 의상을 걸친 프로그램과 무슨 연구보고서처럼 복잡하기 그지없이 내용을 펼쳐놓아 시청자로 하여금 접근의지를 상실케 하는 프로그램도 포함된다. 속 빈 강정은 그저 심심풀이 먹거리이고 배도 부르지 않으며 영양분도 전혀 없다는 것을 우리 모두 기억하고 있었으면 한다.

2부

생활정보 제작론

1장 서론

1. 다큐멘터리와 생활정보

엄밀하게 말하면 다큐멘터리 프로그램과 생활정보 프로는 본질과 성격, 장르와 내용면에서 매우 다르다. 그럼에도 불구하고 다큐멘터리와 생활정보의 연관성을 논하게 되는 것은 두 프로그램이 제작과 관련된 절차상 '선후(先後)적'인 선상(線上)에 놓여 있기 때문이다.

프로듀서가 제작부문으로 방송사에 입사하면 최소 6개월간은 로테이션 근무 명령을 받는다. 즉 드라마·연예오락·교양 등의 부서를 돌아가면서 해당 부서의 업무가 무엇인가 체험한다. 이렇게 반년 동안 오리엔테이션을 겪게 되면 텔레비전 제작이 어떤 것인지에 대한 메커니즘과 아웃라인을 이해하게 되고, 이후 개개인의 자질과 특성, 연수 성적에 따라 각 부서에 배치된다. 만약 신입사원으로 교양국에 정식발령을 받았다면, 그는 곧 모닝쇼와 같은 생활정보 프로그램의 조연출 임무를 부여받게 될 것이다.

말이 좋아 조연출이지 실상은 완전한 퀵서비스 내지 심부름센터 직원의 성격일 수도 있다. 물론 자신의 보스인 연출자가 있지만 그 부서의 모든 선배들이 자잘한 업무에서부터 심하면 은행에 돈 좀 내달라는 개인적인 일까지 신입사원을 부려먹고 시켜먹는다. 소위 일류대학을 우수한 성적으로 졸업하고 입사시험에서 최고의 성적을 기록한 것 따위와는 아무런 상관이 없다. 마치 군대의 신참 졸병과 같은 신세이다. 청바지에 잠바 하나 걸치고 매일 편집실이나 사무실 소파에서 새우잠을 자지 않으면 안 된다.

육체적인 소모가 매우 심하기 때문에 라면과 소주를 주식으로 삼고 선배가 사주는 삼겹살을 걸신들린 사람처럼 게걸스럽게 먹어치우는 처지로 변한다. 이때 '프로듀서'라는 화려한 무지개 빛깔의 꿈에 부풀어 100여대 1의 경쟁을 뚫고 입사한 엘리트들은 심한 좌절과 충격을 맛보지 않을 수 없다. 이것이 PD가 밟는 형극(荊棘)의 첫 발자국이다. 그런데 묘한 것은 이런 무질서한 근무 형태에서 프로듀서의 진정한 자질이 체득되고 발휘된다는 점이다.

만약 모닝쇼의 1일(한 요일) 또는 2일간 조연출을 담당한다면, 그는 눈코뜰 새 없는 하루를 보낼 것이다. 아침 생방송이 끝나면 식당에서 3천원짜리 밥을 먹기가 무섭게 연출자와 함께 야외 촬영에 나가야 하고, 귀사하면 섭외를 확인하고, 편집에 들어가야 하고, 자막원고를 작성해 미술부에 전달하며, 자료 화면도 여러 곳을 뒤져 확보해야 하고, 생방송 중에는 FD와 함께 프로그램 운행에도 신경을 써야 한다.

이런 기본기(基本技)를 익히는 치열한 훈련은 최소 1년간 계속될 것이다. 그 사이 요령 부리지 않고 성실히 조연출 업무를 수행했다면, 그는 신입사원으로서의 홍안(紅顔)은 간데없고 피곤이 덕지덕지 붙은 중늙은이의 얼굴로 변해 있어야 정상이다.

이 과정에서 그는 연출자인 선배의 기획 아이디어, 연출의 테크닉, 카메라의 운용, 스태프와의 인간관계 형성, 생활정보 프로그램의 본질과 핵심 등 중요부품에 대해 심신의 모든 촉각을 총동원한 가운데 체험에 들어가게 된다. 마치 '수공업 길드(guild)'[1]의 도제(徒弟)와 유사하다. 도제는 중세 유럽의 수공업에서, 직업에 필요한 지식·기능을 습득하기 위하여 스승 밑에서 노무(勞務)에 종사하던 어린 직공을 뜻하는 것으로 우리가 익히 알고 있는 바이다.

춘프트는 9~10세기에 이탈리아에서 성립되었고, 중세 말기로 접어들자 시장이 좁아졌기 때문에 생업 활동 범위는 한계에 달했다. 그 결과, 춘프트는 영업의 독점을 유지하기 위해서 각종 조건을 설치하여 가입제한을 하기에

---

1) 『동아백과사전』 제6권, 동아출판사, 1992, p307.

이르렀다.

① 가입 희망자는 출신의 제한을 받았다.
② 수공업자의 지위를 얻기 위해서는 도제로서 일정기간의 수업시대(修業時代)를 지내야 하고, 또한 직인으로서 일해야 하며,
③ 수공업자로서의 시작품(試作品)을 제공하여, 그 심사에 합격하지 않으면 안 되었다. 도제의 수업시대는 영국에서는 7년, 독일에서는 약 3년, 그밖의 나라에서는 5년이었다. 도제가 수업을 마치면 직인이 되지만, 수공업자가 되기 전에 수년간 여러 도시를 편력하지 않으면 안 되었다.

생활정보 프로그램의 조연출자는 위에서 보듯이 길드 조직의 도제와 상당히 비슷한 점이 많다. 일정기간의 '수업시대'를 겪어내야 하는 내용이나 수년간 여러 도시에서 편력(다양한 경험)을 쌓아야 하는 과정 등이 PD의 수련 그대로이다.

이렇게 보면 PD라는 직종 자체가 길드 조직의 산물일 수도 있지 않나 하는 생각조차 들게 한다. 1년에서 1년 반, 또는 2년 정도의 수업시대를 졸업하고 조연출자는 드디어 연출자로 승격(昇格)하게 된다.

방송국에서는 이러한 조연출에서 연출자로의 변신을 '입봉'이라는 명칭으로 관행적으로 쓰고 있다. 이것은 일본 영화계에서 조연출에서 연출자로 독립한다는 의미의 '잇봉다찌(一本だち)'를 그대로 쓰다가 발음조차도 '입봉'으로 왜곡·변형된 것이다. 원음을 그대로 쓴다면 입봉이 아니고 '잇봉 또는 잇뽕'에 가까울 것이다. 우리 텔레비전에서는 '입봉'이라는 엉터리 말을 그대로 쓰고 있는 반면, 일본인들은 오히려 '데뷔(debut)'라는 프랑스어를 사용하고 있다.

그는 자신의 선배처럼 모닝쇼 주 5일 중, 1일 프로그램을 담당하게 된다. 그후 이 연출자는 여러 종류의 프로그램을 제작하고, 소위 '종합구성' 프로 등을 담당하기도 하면서 약 5년(현재는 아마도 3년으로 단축한 회사도 있을 것이다)의 세월을 연마한 다음 다큐멘터리 프로그램의 제작을 수명(受命)받게 된다. 다큐멘터리를 향한 수업시대는 길드 조직의 평균 5년과 유사하다고 볼 수 있다.

생활정보와 다큐멘터리의 연관성은 여기서 발생한다. 생활정보는 모닝쇼를 기본으로 볼 때, 한 개의 아이템 길이는 약 5~7분 정도이다. 모닝쇼가 50분짜리라면 6개 정도의 아이템(꼭지)으로 구성된다. 그러나 5~7분짜리 아이템이라도 취재화면은 기승전결을 통해서 편집·구성될 수밖에 없다. 다큐멘터리에서 가장 중요한 요소인 해당 내용에 대한 구성력은 생활정보의 한 개 아이템으로부터 비롯되는 것이다.

50분짜리 다큐멘터리는 '구성적' 개념에서 해석한다면 5~7분 아이템을 약 7배 정도 확장한 것으로 생각할 수 있다. 어떤 크기를 소형(小型)·중형(中型)·대형(大型)으로 구분할 경우, 모닝쇼의 한 개의 아이템은 소형에 해당할 것이고, 다큐멘터리는 대형으로 보는 것이 이치에 맞는다.

따라서 생활정보의 제작기술이 달인(達人) 수준에 이르러야 다큐멘터리 연출자로 변신하는 일차적 조건이 될 수 있다. 결론적으로 말하면 다큐멘터리의 연출자는 어느 날 별안간 하늘에서 떨어지듯 탄생하는 것이 아니고, 생활정보라는 다양한 수련을 통해서 수많은 인고(忍苦)의 세월을 견디어낸 후라야 가능하다. 생활정보 프로그램은 다큐멘터리로 가는 시발역(始發驛)이고, 그 종착역(終着驛)은 역시 다큐멘터리다.

2. 생활정보 프로그램의 상황

오늘날 사람들은 많은 정보를 텔레비전에서 얻고 있다. 물론 정보의 구득(求得)을 신문에도 의존하지만 텔레비전과 인터넷(신문도 인터넷에서 본다)을 통해 온갖 정보를 구한다. 특히 신세대 주부들은 생활정보 프로그램을 보면서 살림을 배운다. 요리, 육아, 패션, 화장, 에어로빅, 가요 배우기, 예절, 재테크, 영화정보, 심지어 성적인 트러블(sex trouble) 조차도 생활정보 프로그램에서 배우고 해결점을 찾게 된다. 가히 'TV 생활정보 시대'라고 말할 수 있다. 그 생활정보의 홍수가 매일 매일 지상파방송에서 밀려나오고 있다. 지상파 외에 케이블TV도 비교적 제작비가 덜 드는 생활정보 프로그램의 편성이 증가하고 있는 추세다.

생활정보는 프로그램 숫자도 많고 그에 못지 않게 PD도 많다. 뿐만 아니라

한 프로그램당 2~3명의 구성작가들이 포진해 밀착되어 있다. 주 5일 프로그램이라면 10여 명 가까운 구성작가가 활동하게 된다. 텔레비전에서 일하는 구성작가는 99% 대졸여성이다. 동시에 생활정보를 담당하고 있는 구성작가 역시 100% 여성이다.

생활정보에서 그 초창기를 제외하고 남성작가가 활동한다는 얘기는 아직 들어보지 못했다. 생활정보는 여성작가의 전유물이다. 구성작가들은 텔레비전 방송의 많은 프로그램들을 이미 장악(掌握)했으며, 방송사 입장에서 보면 TV는 구성작가에 의해 정복(征服)당한 상태라고 표현해도 절대 지나치지 않다.

1) 구성작가의 세계

'영상저널리즘'이라고 지칭되는 TV제작은 기자와 PD, 카메라맨과 구성작가를 축으로 해서 많은 스태프들이 참가해 작품을 만들어낸다. '구성작가' 하면 드라마 작가를 제외한 비드라마 프로그램의 작가 모두를 말한다. 쇼, 코미디, 개그쇼, 토크쇼, 공개오락, 연예가 화제, 유아프로, 어린이, 청소년, 패밀리프로, 모닝쇼, 일반교양, 토론, 다큐멘터리 등의 프로그램들은 모두 비드라마에 속한다.

그들은 원고를 작성할 뿐만 아니라, 기획에 참여해 아이디어를 제공하고, 아이템을 개발하며, 섭외를 도맡고, 구성에 개입하며, 프로그램 전체에 막대한 영향을 행사하고 있다. 한마디로 구성작가는 워드프로세서로 원고를 쓰는 직업이 아니다. 텔레비전의 전 제작 과정을 이해하고 있어야 하며, 그림을 만들어낼 아이디어도 짜내야 하고, 각각의 화면에 맞추어 원고를 작성해야만 한다.

또한 프로그램의 주제와 소재를 발굴하고 결정해 기획안을 만드는 데도 분명한 견해를 갖고 있어야 하며, 충분하고 광범위한 자료조사도 수행해야 한다. 뛰어난 섭외능력도 요구된다. 우리 사회를 지탱(支撑)하고 있는 각 분야의 전문가가 누구누구인지 꿰뚫고 있지 않으면 안 된다. PD가 찍어온 그림을 보고 fact와 insert를 선별하고 적절히 조화시킬 수 있는 능력도 보유해야 한다.

TV 프로그램, 특히 생활정보 프로그램의 제작에서의 역할을 100%로 볼 때, PD가 기획과 촬영, 편집과 방송 진행 등 60%를 담당한다면, 구성작가는 섭외와 구성, 원고와 마무리 등 약 40% 정도로 업무를 분담하고 있다고 생각할 수 있다. 40%는 상당히 높은 비율이다.

그런데 구성작가가 매우 능력 있고 노련한 반면 PD의 경력이 다소 일천하다면, 구성작가 60%, PD 40%로 역할의 비중이 역전될 소지도 있다. 이런 상황이라면 TV 생활정보 프로그램은 구성작가의 손안[掌中]에 있는 것이다. 이제 구성작가는 TV 프로그램과 불가분(不可分)하고 불가피(不可避)한 관계로 발전했다.

프로듀서 입장에서는 이견이 있겠지만, 솔직히 말해 생활정보 프로그램을 성공시키기 위해서는 어떤 능력 있는 구성작가를 기용하는가 하는 문제가 중요한 요인으로 작용하고 있는 것이 현실인 것이다.

구성작가는 여대 졸업생에게 매우 장점이 많은 직종이다. 그들은 방송사의 일을 맡는 심사과정에서 문과·이과·예능계를 가리지 않고 전공이 무엇인가에 대해서 별로 따지지 않는다. 일반 회사와는 매우 다른 관행이다. 지상파 TV는 약 2년마다 공채로 구성작가를 모집하기도 하지만, 공채에 큰 비중을 두지 않는 것 같다. 필요시 3개 지상파 계열회사가 운영하고 있는 전문양성 기관인 '아카데미'에 의뢰해 서류심사와 면접을 거쳐 선발한다.

만약 서울 소재 지상파TV에 구성작가로 채용되었다면, 그녀는 최초 3~6개월 동안은 연수생 신분으로 또는 '자료 조사원'으로 구성작가 업무를 배우게 될 것이며, 이때의 수입은 월 60만 원을 상회할 것이다. 그 다음 단계는 '서브(sub) 작가'(일명 새끼작가)로 올라가는 것인데, 그때의 수입은 월 80만 원에서 120만 원 정도일 것으로 생각된다. 프로그램에 따라 다르겠지만 보통 한 사람의 메인작가 밑에는 2~3명의 서브작가가 있을 수 있다.

메인작가는 경력이 대체로 3년 이상이고, 다양한 장르의 프로그램에서 능력을 인정받았을 때 메인작가가 되는데 수입은 월 250만 원에 이른다고 한다. 언급한 월수입은 각 방송사, 프로그램, 능력과 경력 등에 따라 보편적인 수준을 예시한 것임으로 실제는 차이가 있을 수 있다. 물론 여성이라 하더라도 일의 특성상 방송국의 텅빈 사무실에서 새우잠을 자며 밤을 지새우는 것을 밥먹듯해야 한다. 즉 철야(徹夜)의 도사(道士)가 되어야 하는 것이 그 대가

일 것이다.

income의 수준은 대졸공채사원의 100~150원과 비교할 때, 결코 나쁘지 않다. 대졸공채는 거의 2년 이상을 준비해야 하는 고시 못지 않은 입사시험이 필수이지만, 구성작가는 그런 지옥(地獄)의 관문(關門)이 없다는 점을 고려한다면 상당히 좋은 조건이다. 출퇴근 시간이 비교적 자유롭고 잡무가 거의 없다. 또한 구성작가는 수요와 공급에서 회전이 매우 빠른 것도 장점이다. 그녀들은 좀 일할 만하면 결혼·유학 등으로 미련없이 구성작가직을 버린다. 그리고 새 사람이 유입된다. 구직자에게는 아주 유리한 입장이다.

그녀들을 필요로 하는 곳은[2] (2002년 12월 현재) KBSTV1·2MBC·SBS·EBS 등 서울 소재 지상파와 KBS 25개소의 지방사, 18개의 MBC의 지방방송사, 부산·대구·광주·대전·경인·전주·청주·울산·강원·제주 등 9개 지역민방 등 총 42개의 지상파 방송사가 있다.

그리고 방송채널사용사업자(Program Provider) 139개사, 종합유선방송사업자(System Operator) 110개사가 있고[3], KBS·MBC·SBS·CBS 라디오와 FM이 있다. 또 각 지역의 교통방송도 존재한다. 그밖에 불교방송, 평화방송, 극동방송, 아세아방송, 원음방송 등 종교방송과 장애자방송, 국악방송 등 폭넓은 시장이 형성되어 있다. 한편 180여 개사에 이르는 프로덕션도 구성작가에 대한 수요가 발생한다. 위성방송 SkyLife에서도 구성작가가 필요할 것이다.

구성작가의 사회적 입장은, 매체수가 증가함에 따라 수요도 커져서 확고한 직업군(群)으로서의 위상이 정립되고 있으며 '구성작가협회'도 일부 지상파에 결성되어 있다. 따라서 구성작가는 실질적인 TV저널리스트로 가는 가장 빠른 지름길이며, 성취욕을 누리고 고소득을 오릴 수 있는 하이클래스의 직업이다. 구성작가들 중에는 오피스텔과 아름다운 색깔의 섹시한 'New Beetle'(뉴비틀—독일제 신형 폭스바겐) 승용차, 고급 오디오를 마련해 부모로부터 독립하는 것을 목표로 삼는 사람들도 있다.

---

2) 「2002년 방송산업 실태조사 보고서」, 방송위원회, 2002. 12.

3) 2002년 11월 4일 방송위원회는 중계유선방송사업자(RO) 2차 SO 전환승인 심사결과 우리방송(경기) 등 7개사를 승인했다. 승인보류되었던 1개사는 차후 조건부 승인된 바 있다. 따라서 2003년 1월 현재 SO는 모두 118개이다.

2) 구조적인 문제점

생활정보 프로그램도 여러 가지 문제를 내부적으로 지니고 있다. 여성 시청자와 접촉도가 높음에도 불구하고 방송사 입장에서는 정성과 성의를 다하기 어려운 측면이 드리워져 있다.

첫째로, 모닝쇼의 경우는 방송 전일에는 거의 PD와 조연출이 방송국 사무실에서 철야를 하거나 잠시 눈 붙이는 수준으로 일을 해야 하기 때문에 매우 피로하다. 만약 주 2일을 담당한다면 육체적인 노고는 상당하게 된다. 따라서 대부분의 중견PD들은 모닝쇼를 기피하는 경향이 있다. 부득이 이와 같은 업무는 경력이 많지 않은 젊은 PD들에게 맡겨질 수밖에 없다.

결국 전문성과 집중력에서 약점을 보이게 된다. 집중력(集中力)의 문제는 월드컵 4강에 한국팀이 진출하는 과정에서도 여실히 드러났지만 어떤 분명한 성취를 이루어내는 데 결정적인 요소이다. 전체적인 커리어와 집중력이 낮을 경우, 프로그램에 접근하는 심도와 제작의 정세도(精細度)도 떨어질 우려가 있다. 결코 작은 문제가 아니다. 생활정보 전문 프로덕션에 외주를 주는 것으로 해소할 수도 있겠지만 거기에는 또 다른 문제들이 숨어 있을 것이다.

두번째 문제는 구성작가이다. 모닝쇼 구성작가는 다큐멘터리 작가와는 달리 역시 경력이 짧은 편이다. 프로그램에 투입되기 전에 방송에 필수적인 훈련을 받는 경우가 많지 않다. '아카데미' 같은 전문기관에서 연수를 받을 수 있지만, 대체로 TV 전반적인 것이고, 교수의 전공에 따라 보도, 드라마, 코미디, 카메라 등에 치우칠 수 있어 생활정보만 자세히 교습받기는 어렵다. 또 공채도 3~4개월간 정규 교육이 있지만, 그 지도를 거의 해당국의 프로듀서들이 돌아가면서 담당할 수밖에 없기 때문에 체계적이기보다 형식적일 수 있다. 또 PD들이 교육에까지 전념하기에는 시간적으로 여유가 없을 것이다.

따라서 초보 구성작가들은 독자적으로 생활정보 프로그램을 공부하지 않으면 안 된다. 즉 실습생 내지 자료조사원으로서 선배 구성작가들이 어떻게 프로그램에 참여하는가를 어깨 너머로 익히거나 독학에 의존할 수밖에 없다. 이 과정을 통해서 그들은 구성작가로서의 '기능(技能)'은 습득할 수 있다.

그러나 텔레비전 방송 전체 속에서 교양 프로그램 또는 모닝쇼가 어떤 역할을 담당해야 하며, 어떻게 발전되어 나가야 하는가 하는 TV스태프로서의 보다 본질적 측면은 거의 등한시(等閑視)될 수밖에 없다. 만약 구성작가가 기능으로서만 프로그램에 개입한다면, 프로그램으로서는 다시 말해 시청자는 손해보는 입장이 될 수 있다. 왜냐하면 프로그램의 기본인 내용적 측면에 관해서는 충실하기가 어렵게 때문이다.

세번째 지적되는 관점은, 생활정보가 비록 대부분 여성을 대상으로 제작되지만, 제작진의 한 사람인 여성작가가 많은 부분 영향을 미치게 됨으로써, 내용에 접근하는 시각이 너무 여성적이거나 감성적 측면에 치우칠 수 있다는 위험성이다. 이런 견해가 시청자 사이에서 고착(固着)된다면, 생활정보 프로그램은 오늘날 현대 생활을 영위하는 데 중요성이 큰 프로그램임에 불구하고 '심도가 약한 프로그램'으로 오해될 가능성이 있다.

생활정보 프로그램을 업그레이드하고자 한다면 구성작가의 재교육이 반드시 필요하고, 그것이 현실적으로 방송사 내에서 쉽지 않다면 구성작가 스스로가 어떤 방법을 통해서든지 텔레비전에 관한 제반 지식을 재무장하지 않으면 안 될 것이다.

2장 생활정보 제작론

1. 생활정보 프로그램

1) 생활정보 프로그램의 개념

생활정보는 우리가 살아가는 데 필요한 여러 가지 정보를 텔레비전을 통해서 전달하고 받는 것을 의미한다. 쉽게 생각하면 아주 간단한 것들일 것이다. 그러나 자세히 보면 꽤 넓은 범위(spectrum)를 갖고 있다. 일부 교양 프로그램과 종합구성까지를 포함하는 광의의 생활정보는 드라마, 쇼, 코미디, 보도, 시사프로, 다큐멘터리, 토크쇼, 토론 등 TV의 다른 장르와 경쟁할 수 있도록 '뚜렷한 특성'이 내장(內藏)되어 있어야 경쟁력도 있고 생명력도 강해지게 된다는 것을 전제하고자 한다.

그 개념은 다음과 같이 정리할 수 있다.

① 생활정보는 최신(最新)의 인간과 인간 생활에 관한 모든 정보이다. 즉 새로운, 특이한, 빠른, 즉 가급적 다른 매체나 프로에서 다루지 않은 정보를 지칭한다.

② 생활과 문화의 개혁·개선을 목표로 하고 '삶의 질' 향상에 기초를 둔다. 시청하고 나서 얻는 것(약효 또는 좋은 feed back–還流)이 있어야 한다.

③ 생활정보라도 '재미'와 '흥미'를 수반해야 하고 '그림'도 지루하지 않으며 다양해야 하고 설득력도 필요하다.

④ 모닝쇼와 이브닝쇼 류(類)가 대종을 이룬다.

⑤ 종합구성 프로그램은 'source'와 '구성 channel'이 생활정보에 비해 다양하고 방송시간도 긴 경우에 해당된다.

⑥ 교양프로는 format이나 주제가 solo인 경우가 많고, 생활정보는 multi(또는 잡지식)로 구분할 수도 있다.

그런데 ②번에서 강조하고 있는 '삶의 질'은 무엇인가에 대해 정의(定義)랄까 개념을 확인하는 것도 필요하다고 생각된다. ≪조선일보≫에 연재하고 있는 「이규태 코너」는 수회에 걸쳐서 '삶의 질' 문제를 논하고 있는데, 이를 요약·인용하는 것이 근접한 정답이 될 것 같다.

- 플라톤의 행복철학이 밝힌 삶의 질은 이렇다.
① 하고 싶은 수준보다 조금 못다먹고 못다입으며 못다사는 정도의 재산
② 사람들이 칭찬하기에는 약간 모자라는 품성과 용모의 아내
③ 자만(自慢)하고 있는 것의 절반밖에 알아주지 않는 명예
④ 두 사람한테 이기고 한 사람한테 지는 정도의 체력.
⑤ 청중의 반수만이 손뼉을 치는 웅변력(雄辯力)이 그것이다.

플라톤의 기준은 상당히 추상적인 느낌이 든다. ②번의 경우는 오늘날 여성들은 코방귀 뀔 내용이다.

- 삶의 질을 뜻하는 QOL(Quality of Life)을 '스테판린더'는,
① 브라질 커피를 마시면서 네덜란드의 시가를 피우고 프랑스의 코냑을 홀으면서 <뉴욕타임스>를 읽는다.
② 거기에다 스웨덴 아내의 시중을 받으면 금상첨화다.

"이 모두를 갖추면 두말할 나위 없고 보다 많이 갖출수록 삶의 질이 올라간다"고 해학적(諧謔的)으로 설명하고 있다. '에리히 프롬'은, "현대사회에서 QOL은 양(量=To Have)으로부터 질(質=To Be)로의 전환이다"라고 질을 강조했다.

벨기에의 '아스킨' 교수는 To Have에서 To Be로의 전환시점으로 국민평균 소득이 1만 달러에 육박했을 때라고 했다.

두 견해는 플라톤보다는 구체성이 있지만 그래도 삶의 질을 정확히 판독(判讀)하기는 쉽지 않다. TV 생활정보 프로그램이 추구하는 삶의 질에 대해 정곡(正鵠)을 찌른 것은 프랑스 대통령이었던 '프랑수아 미테랑'의 생각이 아닌가 판단된다.

세상 사람들은 미테랑이 유럽 연합에서 공을 남긴 사람으로 기억하지만 프랑스 서민층에서는 '카르테 드 비', 곧 삶의 질 향상을 먼저 연상한다. 2백 50만의 신 빈곤층의 지지를 받고 대통령이 된 미테랑은 삶의 질 향상을 약속했다. 그 약속이 추상적이 아니어서 설득력이 있다.

이를테면,

① 1주일에 한번꼴로 가족 외식을 가능케 해준다는 경제적인 약속 이외에
② 외국어 하나씩은 할 수 있게 하며
③ 악기(樂器) 하나를 다룰 수 있게 하고
④ 스포츠 한 가지를 즐길 수 있게 하며
⑤ 자기집 나름의 전승(傳承) 요리솜씨 하나를 갖게 한다 하는 등의 문화적 삶의 질 향상이 그것이다.

도덕적 삶의 질도 제시했는데,

⑥ 집밖에서 아이가 그릇된 짓을 하면 남의 자식일지라도 나무랄 수 있게 하며,
⑦ 약자(弱者)를 두둔하고 강자에 강하며,
⑧ 나만이 하는 독선(獨善)을 초월하게 한다.

는 것 등이 그것이다. "이 모두 우리가 이 시점에서 본떴으면 하는 문화적·도덕적 삶의 질이 아닐 수 없다"고 칼럼은 결론을 맺고 있다.

여기에 한국적 현실에서 한 달에 최소 한 권의 책을 읽고, 영화관과 음악회에 가고, 일 년에 한번쯤 국내외 여행을 할 수 있다면 세속적인 의미에서도 삶의 질은 충족되는 것이 아닐까 하는 생각을 해볼 수 있다.

TV 생활정보가 추구해야 할 목적은 손에 잡히지 않는 추상적인 한편, 또 사례가 분명한 구체성을 띠고 있다는 점에서, '삶의 질'에 대한 연구를 계속

해야 하고 시청자들이 앞으로 추구하고 싶어하는 항목들을 개발하고 방법을 찾아내도록 노력해야 할 것이다.

그러면 한국인의 삶의 질은 어떤 수준일까? 2002년 7월 24일 현재 세계 173개국 중 27위를 차지하고 있다고 한다.[1] 유엔개발계획(UNDP)에서 발표한 올해 인간개발지수(HDI)에서 한국이 세계 173개국 중 27위를 기록했다. HDI는 평균수명, 피교육자수, 성인문맹률, 1인당 국민소득 등을 토대로 삶의 질을 수치로 나타낸 것이다. 국가별로는 노르웨이가 작년에 이어 1위를 지켰으며 이어 스웨덴, 캐나다, 벨기에, 호주, 미국, 아이슬란드, 네덜란드, 일본, 핀란드가 10위 안에 들어 있다.

한국인의 삶의 질은 결코 만족할 만한 수준이 못 된다. 특히 한국은 정부의 효율성과 공직자 부패 항목에서 상위그룹 중 하위 수준의 평가를 받는 데 그치는 형편이다.

2) 생활정보의 범위(spectrum)

인간이 세상을 살아가는 일은 간단하게 의(依), 식(食), 주(住)와 문화수요(文化需要)로 압축·요약할 수 있다. 만약 의·식·주를 형이하학으로 비유한다면 문화수요는 형이상학에 해당하리라. 문화수요는 한마디로 현대인들은 '밥만 먹고는 못산다'는 뜻이다. 영화와 연극도 보아야 하고 음악회에도 가고 미술관에도 들러야 한다. 여행도 다녀야 하고 외식도 해야 사람 사는 것 같다. 한국인은 춘·하·추·동 사계절을 바꾸어가면서 살아간다. 이런 요소들을 대입해 생활정보를 공식화하면 다음과 같다.

생활정보 = 의·식·주·문화수요 × 춘·하·추·동(또는 + 계기(契機))

생활정보의 내용은, 먹고 입고 잠자면서 사는 여러 가지 지혜로운 방식과 방법을 봄·여름·가을·겨울에 맞게 정리해 시청자에게 제공하는 것이다.

또 방한한 파바로티 음악회의 입장권 중 가장 가격이 싼 것은 얼마라든지,

---

1) ≪동아일보≫, 2002년 7월 25일.

지금 얼마나 표가 남아있다든지 하는 식이다. 계기는 추석, 구정, 입학과 졸업시즌 등으로 이때는 어떤 선물이 유행인지 등의 접근이다. 결국 생활정보는 오늘날 복잡하기 그지없는 현대인들의 삶을 보다 현명하고 지혜롭게 살기 위한 여러 측면에서의 정보를 발굴해서 제공하는 것이다.

3) 커뮤니케이션 모델과 생활정보와의 연관성

커뮤니케이션의 모델 중에는 미국의 정치학자 헤럴드 라스웰(Herolld D. Lasswell)이 고안한 'SMCRE 모델'이라는 것이 있다. 이 모델은 5가지 요소로 구성되며, 프로퍼갠더 이펙트(Propaganda Effect)를 가져온다는 이론이다.

① Source(Communicator) → 정보(source)를 작성하고 전달하려는 전달자가 있어야 하는 커뮤니케이션의 출발인 '통제분석' 구성요소
② Message → 정보의 구체적인 내용을 상징(symbol)으로 즉, 기호화한 상태이며 '내용분석' 구성요소
③ Channel → 정보가 담겨 있는 '매체분석' 구성요소
④ Receiver → 정보를 전달받는 '수용자(audience)분석' 구성요소
⑤ Effect → 수용자에게 전달된 정보가 초래하는 '효과분석' 구성요소

로 커뮤니케이션의 초기 연구 과제였다

위에서 설명한 구성요소는 매스커뮤니케이션 현상을 전체적인 상황 분석적으로 고찰하는 틀을 제공하고 초기 커뮤니케이션 학문도 이를 바탕으로 전개되었다.

다음은 이것을 공식화한 것이다.

$$\bullet\ Effect(효과)\ =\ f\ (Source\ \frac{Message\ \rightarrow}{\leftarrow\ Channel}\ Receive)$$

- Who ⟶ Source(통제분석)
- Says what ⟶ Message(내용분석)

- in which channel ──────────→ Channel(채널분석)
- to whom ──────────→ Receiver(수용자분석)
- with what effects? ──────────→ Effect(효과분석)

이 모델은 선전, 설득, 여론분석 등의 효과연구에 많이 활용되나, 이 모델의 치명적인 단점은 언제, 어디서, 어떠한 상황, 환경에서 일어났느냐 하는 즉, 상황(context)에 대한 언급이 없다는 점이다. 라스웰의 5단계 모형에 이어 여러 가지 이론이 개발되어 그 뒤를 잇는다.

'S-R모델'이 있는데 이 모델은 커뮤니케이션을 '자극'과 '반응'으로 보는 이론(Stimulus-Response Theory)으로 행태심리학의 핵심모델인데, Stimulus(자극) → Receive → Response의 과정을 거친다. ▷수용자의 태도변화 ▷메시지의 직접전달 ▷메시지의 동일한 해석 ▷격리·수동적 수용자 ▷즉각적인 반응이라는 전제 조건을 갖춰야 한다. 이 '자극반응이론'은 수용자가 매스 미디어의 메시지라는 외부 자극에 기계적인 반응을 보인다는 이론이다.

'마법의 탄환이론(Magic Bullet Theory)'은 매스 미디어의 메시지가 수용자를 변화시키는 신통력을 갖춘 탄환에 비유된다는 의미에서 나온 이론이다.

'피하주사형이론(Hypodermic Needle Theory)'은 매스 미디어의 효과는 마치 피하주사와 같이 즉각적이라는 데서 나온 이론이다. 이들 이론은 최근에 와서는 매스 미디어의 최초의 이론이라는 상징적 의미만을 갖는다고 한다. 특히 S-R이론은 '대효과 이론'의 바탕이 되고 있다.

대효과 이론은, 1920∼1940년대에 라디오와 영화 등 대중매체가 보편화되면서 유행한 매스컴에 관한 최초의 이론으로, ▷대중은 수동적이어서 매스 미디어가 전하는 정보를 무비판적으로 받아드리고 이것을 행동으로 옮긴다. ▷매스미디어를 지배하는 엘리트 계층은 의도적 메시지를 대중에게 전달한다. 즉 매스 미디어 → 의도적 메시지 → 대중 → 효과 의 공식이 되는 것이다.

이런 커뮤니케이션의 모델과 이론은 일견 TV 생활정보와 무관한 것처럼 보인다. 그러나 보도프로나 드라마는 특별한 또는 복합적인 목적이 잠재되어 있는 반면, TV 생활정보는 큰 의미에서 '삶의 질' 향상으로 볼 때, 생활정보를 제작하는 제작자도 어떤 강력한 결의(決意)가 다소 미진하지 않은가 하는 생각을 할 수 있으며, 시청자도 역시 그런 의도를 뚜렷이 느끼지 못할 수도 있을 것이다.

만약 '삶의 질' 개선이 TV 생활정보가 추구하는 핵심적인 목표라고 한다면, 어떤 전략이 필요할 것인데, 예컨대 그것은 아마도 시청자를 '자극(刺戟)'하는 것이 되지 않을까 하는 생각을 하게 된다. 그래야 어떤 효과가 나오지 않겠는가? 그렇다면 'Stimulus → Response' 모델도 타당성이 있다. 따라서 생활정보 프로그램은 무조건 ENG로 찍어오고, 연사를 스튜디오에 출연시키고, 전화를 생방송에 물리고, MC는 이말 저말을 하는 무의식적인 반복행위는 한번쯤 뒤돌아봐야 할 관행이 아닌가 하는 의문을 갖게 된다.

따라서 SMCRE·S-R이론은 전체적인 커뮤니케이션 서클(circle)의 기본적인 틀이고, TV 생활정보도 범위는 좁지만 구체적인 커뮤니케이션 행위이기 때문에 그러한 이론을 대입하거나 접목해보는 것도 상당한 의미를 부여할 수 있을 것이다.

생활정보 프로그램의 '효과'(E)가 무엇이냐? 어느 정도이냐? 하는 것들이 중요할 것이다. 이것을 고양시키기 위해 매일매일 방송이 나간다고 생각할 때,

① 누가(Who) source(정보)를 보내느냐?
② 무슨(Says what) Message를 보내느냐?
③ 어떤 채널(in which channel)을 이용하느냐?
④ 누구에게(to whom)에게 보내느냐?
⑤ 어떤 효과(with what effects)를 기대하고 방송하느냐?

하는 framework를 자주 상기(想起)하면 도움이 될 것이다.

제작자들은 모든 텔레비전 프로그램들을 다 만들기 어렵다고 느끼겠지만, 특히 생활정보 프로그램은 귀찮고 번잡하고 소모가 많은 반면, 시청률이라던가 성취욕에서는 만족할 만한 수준에 이르지 못한다는 점을 감안할 때, 위에서 제시된 '기본 틀'을 하나의 도구로서 활용하는 것은 부가적인 전술이 될 것으로 여겨진다.

2. 생활정보의 제작

1) 기획개념

생활정보 프로그램을 기획하면서 시청자에게 무엇(what)을 줄 것인가를 생각하지 않을 수 없다.

단순하게 접근하면,

① 최신 생활정보의 직접적 전달
② 생활문화의 개혁
③ 영상원고의 창출

3가지 정도로 요약할 수 있다.

(1) 최신 생활정보

최신 생활정보는 무엇이고 직접적 전달은 어떤 것인가? 대답하기 결코 쉽지 않은 개념이다. 예컨대 결혼에서 혼수(婚需)와 예단(禮緞)은 자주 양가의 갈등을 일으키는 요인이 된 지 오래다. 특히 중매결혼일 때는 연애결혼과는 달리 어떤 실물 거래적인 요소가 개입함으로써 신랑측이 손해보고 신부측이 이익봤다든지 하는 식의 정서를 엿볼 수 있다. 어떤 어머니는 자신의 딸을 시집 보낼 때 해주었던 예물 이상을 며느리를 들일 때 요구한다는 것이다.

이런 일부의 관행에 환멸을 느낀 예비 신랑 신부가 새로운 방법을 생각해 냈다고 가정해보자. 즉 남녀평등이니까 주거(집)를 제외한 모든 비용을 신랑과 신부가 공동 부담하는 룰이다. 집은 신랑측이 준비한다. 그리고 예식과 혼수·예물의 목록을 정한 후 비용이 총 6천만 원으로 산정되었다면 신랑 신부측이 각각 3천만 원씩 부담하면 문제가 없지 않겠느냐 하는 모델이다. 여기에는 시어머니에게 선물한 밍크코트가 포함되어도 크게 속상하지 않고, 냉장고의 크기도 별로 문제가 없다는 내용이다.

이 경우 '최신 생활정보'라는 뜻은 이런 사례가 여러 커플들 사이에서 이미 있었던 사실이고 일부 사람들이 이미 알고 있다 하더라도 일간지나 방송에서 다루어진 적이 없다는 것을 의미한다.

또 '직접적 전달'은 '그런 식으로 혼수를 해결하는 젊은이들이 있다'고 들은 이야기를 전달하는 것이 아니라 '실제로 그런 식으로 혼례를 치른 당사자'를 찾아 ENG로 찍어오거나 스튜디오에 출연시켜 생생한 체험을 듣는 것을 말한다. 그러나 이 세상에 단 하나밖에 없는 독창성은 매우 드물다. 따라서 신문 어느 귀퉁이에 난 짧은 기사(사람)를 심층 취재하는 것도 가능하다. 여기서 중요하게 생각할 점은 남들이 스쳐버리거나 중요하게 생각하지 않는 것을 특별한 안목으로 골라내는 재능이 필요하다는 것이다.

(2) 생활문화의 개혁

이것은 생활정보 프로를 보고 나서 시청자가 반드시 얻는 것이 있어야 된다는 것을 강조하는 부분이다. 사람들이 TV를 즐겨보는 것은 '재미' 때문이다. 그래서 드라마와 쇼·코미디가 시청률이 높은 것이다. 생활정보는 별로 재미는 없지만 보고 나면 배울 것이 있고 얻는 것이 있어 이득이 생기므로 보게 된다.

만약 초봄 집안 분위기를 바꾸기 위해 도배를 새로 할 경우, 상가의 인테리어 집에 의뢰한다면 상당한 비용이 든다. 그러나 생활정보 프로그램이 시내 도배 전문상가를 취재하면서 도배지의 디자인, 가격(도매가격), 도배사의 공임 등을 자세히 소개한다면 경제적 사정이 넉넉하지 않은 서민들에게는 적지 않은 도움이 될 것이다.

(3) 영상원고의 창출

한마디로 '근사한 그림(화면)'을 보여주자는 것이다. 세상을 살아가자면 많은 부조리한 일, 불편한 경우, 불쾌한 정서를 경험하게 된다. 우리는 늘 그런 편치 못한 상황에 노출되어 있다. 따라서 우리가 TV를 보고 잠시라도 시름을 잊는다면 좋지 않겠는가?

아름다운 농촌 풍경을 보여주고 그 속에서 욕심내지 않고 소박하게 살아가는 노부부의 모습을 아이템으로 방송해도 좋을 것이다. 시청자들은 프로그램을 통해서 무심유족(無心唯足)의 경지를 배우게 될 것이다. 미담(美談)도 마찬가지이다. 자신이 가난하고 어려운 상황인데도 이웃을 도와주는 것을 보면 사람들은 겸손해지고 속으로 조금은 반성하게 될 것이다. 문제점을 꼬집고 날카롭게 비판하는 것보다 화면이건 내용이건 우리에게 위안(慰安)을 주고 감싸주는 의도가 내재되어 있는 것이 영상원고의 창출이고 가치이리라.

2) 기획 동기(動機)

① 춘하추동은 우리의 생활과 직결되어 있는 한 개의 라인이다. 쉽게 남성의 의상으로 생각해본다면, 봄에는 카키색 버버리가 필요하고 여름에는 모시 남방 셔츠가 좋을 것이다. 가을에는 얇은 모직 가디건이 편리하고, 겨울에는 중년 남성의 경우 캐시미어 100% 코트를 하나 준비한다면 값은 비싸더라도 노후까지 편안하게 입을 수 있다.

이와 관련된 모든 정보들이 생활정보의 범주에 들어간다. 또 전통적으로 늦가을과 초겨울은 김장철이었다. 그러나 아파트 주거형태가 증가해서 김치를 제대로 오래 보관할 수 없는 것이 현실이다. 따라서 김장하기와 함께 김치냉장고의 구입이 필수적인 과제가 되어가고 있다. 그러나 김치냉장고의 값은 결코 싸지 않다. 기능과 크기, 회사마다의 특징, 가격 등이 계절과 관련된 아이템이 될 수 있다. 우선 인터넷의 가격비교 사이트를 참고하고 구체적인 제품의 장단점을 취재해 시청자에게 전달한다면 이 아이템은 생활정보의 본령(本領)이 될 것이다.

② 시의성(時宜性)의 뜻은 '그때의 사정에 맞는 성격'을 말한다. 유명 여성 탤런트가 마약을 복용한 혐의로 체포되어 구속되었다면, '마약의 확산'에 대해 우려하는 전문의의 설명을 듣는 것도 시의성 있는 아이템이 될 것이다. 마약은 한번 손대면 유혹을 뿌리치기 어려운 특성을 갖고 있다. 마약을 상용하면 인간의 정신과 육체가 얼마나 송두리째 망가지는지에 대해 얘기를 듣는다면 사람들은 조심하게 될 것이다. 또 요즈음 유행하는 라식 수술로 시력을 개선한 사람들도 많지만, 반대로 부작용을 경험한 환자도 있을 것이다. 라식 수술에 관한 상세한 취재는 시의성에 근거한 것이다.

③ 시사성(時事性)은 그 당시에 생긴 여러 가지 세상일과 관련된 것들을

말한다. 앞서 예를 든 마약을 복용한 여성 탤런트 사건과 그 얼마 전 있었던 또 다른 여성 탤런트와 매니저 간의 고소사건, 그리고 남자가수의 병역문제 등은 연예인의 사회적 윤리가 시청자에게 어떤 영향을 주는가 하는 시사성 문제로 다루어질 수 있다. 크게는 9·11테러와 관련한 이슬람 세계, 강(江)의 대형 수질오염, 지하철 사고 등 그 시기에 발생한 중요 사건을 다루는 것이 시사성을 바탕으로 한 아이템이 될 수 있다.

④ 화제성(話題性)은 아이템으로 취급될 당시 많은 사람들의 입에 오르내려 시청자들이 크게 관심을 갖는 내용이다. 탤런트 최진실 씨가 연하의 야구선수 조성민 씨와 결혼한 이야기 같은 것이다. 부럽거나 선망의 대상이 될 수도 있고, 반대의 경우도 가능하다. 특히 스캔들 같은 경우가 여기에 해당된다. 방송에서 아이템으로 다루어지지야 않겠지만 "클린턴 전 미국 대통령이 르윈스키 양과 집무실에서 부적절한 관계를 맺었다"류에 가까운 화제가 여기에 속한다.

⑤ 'Something Good', '어떤 좋은 것'도 기획 동기로 자주 활용된다. 낙엽이 쌓인 고궁에서 소프라노 가수가 서정적인 노래를 부른다, 패션 모델의 고혹적(蠱惑的) 자태, 앙증스러운 분재를 손질하는 모습, 애완견의 재롱 떨기 그리고 가슴을 울리는 미담(美談)의 주인공 등은 사랑스럽고 자랑스럽고 평화로운 정서를 우리들에게 제공하게 된다.

위 유형의 내용들이 아이템화되더라도 그 접근과 처리가 세련되어야 효과면에서 유효하다. 모든 프로그램들은 '음식'에 비유할 수 있다. 생활정보 프로그램은 우선 각 아이템의 '맛'이 좋아야 한다. 맛은 흔히 '간'이 맞아야 된다고도 말한다. 따라서,

'맛 = 모양(음식내용 및 담는 그릇) + 간 + 냄새'

의 등식으로 축약할 수 있다.

또 음식을 먹을 때는 충분한 포만감이 필요하다.

'포만감 = 영양분 + 청량감'

으로 표현될 수 있을 것이다. 기획 동기가 다양하더라도 그 동기에 '맛'과 '포만감'이 수반된다면 더없이 훌륭한 아이템이 될 것이다.

3) 기획 size 및 volume

① 방송시간이 몇 분인가에 따라 기획의 크기를 결정하게 된다. 대체로 생활정보 프로그램은 50~60분인 경우가 대부분이다. 매일 다루어야 할 소재들이 많을 수도 있지만 그 가운데서 중요한 것 5~6개만 고르면 문제가 없을 것이다. 방송시간이 30분 미만일 때는 여러 개의 아이템을 다루지 않고 한 개나 두세 개 정도를 자세히 취재하면 된다.

② 전국에 다 나가는 방송이라도 전국성 소재와 로컬성(도시형)에 해당하는 것을 적절히 안배하는 것이 바람직하다. 아이템이 6개일 경우 전국성이 4개 로컬형이 2개 정도로 구성되면 균형을 이룰 수 있다. 만약 얼굴의 주름을 펴거나 박피(剝皮)수술의 최신기법이 도입되었는데 그 비용으로 1천여만 원이 소요된다고 하면 도시의 일부 부유층 여성에게만 관심이 있고, 일반 여성시청자에게는 중요한 사안이 아니다. 오히려 그것을 자세히 까발려 소개하는 것은 여성시청자간에 위화감(違和感)도 유발할 수 있으므로 좋은 선택이라 할 수 없다.

③ 한 가지 단일 테마로 일관(一貫)할 것인가, 아니면 개별 아이템을 여러 개로 정할 것인가도 고려해야 한다. 단일 테마의 경우, 그 테마를 '결혼시즌'으로 한다면, 기본 혼수, 예식장, 웨딩 드레스, 화장, 식장촬영, 웨딩촬영, 답례품, 신혼여행(국내·해외), 부모님 선물 등으로 엮어가는 형식이 될 것이다.

'개별 아이템 모음'은 예컨대, 봄철 1일 관광 추천(밤 10시경 버스로 떠나 차에서 자고 아침 7시부터 오후 5시까지 관광하고 귀가), 야채와 과일을 이용한 봄철 피부미용, 국내 새로운 신혼여행지, 찜닭 요리강좌, 동대문 의류상가 밀착취재 등으로 새봄에 유익한 여러 가지 정보를 혼합하지만 어느 정도 통일성 있게 꾸며가는 스타일이다. 대체로 매일매일 개별 아이템 모음으로 방송하고, 어느 한 날을 지정해 특집형태로 구성할 수도 있다. 개별 테마와 단일 테마를 적절히 안배하면 다양성과 심도를 기하게 되어 프로그램이 유연한 느낌을 주게 된다.

④ 아이템을 구성하는 데 '가벼운 것'과 '무거운 것'을 조화롭게 배치하는 것도 생각해야 할 문제이다. 가벼운 아이템만 계속되면 깊이가 없어 시청자가 정보로서 기대하는 내용이 부족할 수 있다.

반대로 무거운 아이템(장애자 문제, 극소외층, 쓰레기 소각장, 화장장 건립 갈등 등……)이 많으면 재미와 흥미가 떨어진다. 따라서 다소 경쾌한 것 4건, 약간 문제성이 있는 것 2건 정도로 구성하면 무난하리라고 본다. 그리고 그날 아이템 중에 클라이맥스에 해당하는 것이 있으면 더욱 좋을 것이다. 이것은 그날 타방송사 생활정보 프로그램 아이템과 수평 비교했을 때 특종 성격의 아이템을 지칭한다. 소위 프로(CP 등 전문가)끼리 봐도 참 아이템이 좋다 하는 정도를 말한다.

⑤ 50~60분 정도의 생활정보프로 MC는 대체로 남녀 2MC가 보편적이다. 다른 나라의 프로그램들도 비슷하다. 이것은 한 사람보다는 두 사람이 덜 단조롭기 때문일 것이다.

한편 이들의 진행능력 자체가 프로그램의 어떤 volume을 은연중 표현할 수도 있다. 내용을 구수하고 재미있게 또는 날카롭게 정리함으로써 시청자에게 깊은 인상을 줄 수 있다. MC의 선정도 핵심적인 요소이다.

⑥ 프로그램의 volume은 내용뿐만 아니라 형식적 면에서도 고려될 수 있다. 대부분의 생활정보 프로그램들은 방청객을 스튜디오 배치한다. 이것은 두 가지 목적을 가지고 있다. 하나는 스튜디오에서는 최소 3대 이상의 카메라가 운용되는데 방청객이 없다면, 카메라는 MC와 출연자 외에는 별로 보여줄 것이 없다. 화면이 ENG취재, MC, 출연자뿐이라면 너무 단조롭다. 스튜디오의 모습은 어쩐지 허술해 보이고 비어 있는 느낌이 든다.

또한 MC와 출연자가 열심히 얘기하는데 들어주는 사람이 없다면 그들의 입장에서는 신이 안 나고 심심하다. 따라서 방청객은(매우 미안한 표현이다) 일종의 세트와 유사한 개념일 수도 있다. 방청객이 많으면 카메라에 비친 스튜디오는 꽉 차게 보인다. 그러나 일반 시청자 중에서 방청객을 recruit하는 것은 결코 쉽지 않다. 이런 용역을 담당하는 전문회사가 있기는 하지만, 비용도 1일 30명 정도는 필요하니까 1인당 1만 원씩 지급한다면 30만 원이 넘는다. 부업성격의 방청객은 아무리 의상을 자주 갈아입어도 신선미가 떨어진다. 방청객의 중요성은 크지만 운영은 어려움이 많다.

두번째 목적은 방청객을 일종의 출연자로 활용하고자 하는 것이다. 만약 가을철 김장하는 요점정리를 요리연구가가 나와서 설명한다고 할 때, 실제 시장에서 거래되는 배추가격이라든지 체험적인 지혜는 오히려 방청하는 주부들이 생생하게 들려줄 수 있다.

'vox pop'(시민의 소리, vox populi 복스 포퓰라이) 형식도 가능하다. 'vox'의 뜻은 라틴어로 '소리'이다. 즉 복스 폽은 시민의 소리, 여론을 뜻한다. 버스 요금이 인상되었다. 서비스가 개선되었나를 질문하면 매일 이용하는 방청객 주부들은 그 실상을 정확히 전달할 것이다.

또한 출연자가 매우 우스운 이야기를 했을 때, MC만 빙그레 웃는다면 화면의 생동감이 부족하다. 미모의 젊은 주부가 흰 이를 잔뜩 드러내고 까르르 웃어대는 장면을 카메라가 포착한다면 매우 분위기 있는 화면이 될 것이다. 카메라의 reaction cut를 위해서도 방청객은 중요한 역할을 하고 있다.

전체적인 volume이 다소 적은 20~30분형 생활정보라면 방청객은 부적절할 수도 있다. KBS의 <6시의 내고향>이나 SBS의 <그것이 알고 싶다>처럼 크지 않은 스튜디오에서 MC가 취재화면을 소개하면서 진행하는 포맷이라면 방청객이 없어야 오히려 집중력도 있고 담백해서 좋다.

이렇게 생활정보 프로그램의 size와 volume은 여러 측면이 있을 수 있는데, 적절한 기간과 계기에 따라 수정하고 개선하면 늘 신장개업(新裝開業)한 것 같은 이미지를 유지할 수 있을 것이다.

4) 아이템 source

생활정보 프로그램은 한마디로 '아이템 싸움(전쟁)'이라고 단정할 수 있다. 어느 프로그램 어느 프로듀서가 더 반짝거리는 아이템을 찾아내어 재빨리 취재하느냐가 관건이다. 시청자들은 리모콘으로 이 방송국 프로 저 방송국 프로를 돌려가며 보기 때문에 타 방송에서 이미 다룬 내용이 나오게 되면 채널은 즉시 돌아간다. 그리고 프로그램의 권위나 신뢰성도 떨어진다. 상한 생선을 파는 가게와 같아진다.

시청자들은 날이 갈수록 죄송한 표현이지만 똑똑해진다. 다시 말해 다양한 정보채널에 노출되고 있다는 뜻이다. 특히 여성들은 어디엘 가든 많은 생활정보를 접할 수 있다. 미용실, 종합병원, 동네 내과 병원, 치과, 은행, 증권회사, 투자신탁 등등 여성지와 전문지, 광고잡지가 비치되지 않은 곳이 없다. 그들은 그곳에서 흥미와 호기심 때문에 또는 시간을 때우기 위해 기사(생활정보)를 읽는다. 시청자들은 거의 모르는 것이 없다고 말해도 과언이 아니다.

따라서 신종(新種), 또는 최신 정보를 제공해야 그들은 관심을 갖게 된다. 즉 다른 방송이나 매체에서 접하지 못한 소위 특종(特種)에 해당하는 아이템을 방송해야 시청자가 호감을 갖게 되고 시청률도 올라간다. 그러나 그러한 정보는 그리 흔치 않다. 이러한 희귀종(稀貴種)의 정보를 얻기 위해서는 프로듀서나 구성작가가 수많은 일반정보를 접하고 그중에서 색다른 아이디어를 추출해내는 것이 중요하다. 정보가 많은 곳은 다음과 같다.

(1) 신문

① 신문은 일간지(조간과 석간), 경제지, 스포츠신문, 지방신문 등 종류가 다양하다. 여기에는 정치·경제·사회·문화 등등 온갖 분야의 기사들이 다 올라와 있고, 또 '레저' 'Books' '실버' '자동차' '여행' '영화' '건강' '패션과 미용' '키드 라이프' 'IT산업' '카메라' 등등으로 세분화되고 있다. 일단 여기서 단서(端緖, 일의 실마리)를 찾고 다시 이것을 가지고 변형시키는 것이 가능하다.

② 경제신문은 경제분야에 종사하는 사람만 읽는 어렵고 전문적인 내용이 많다는 것이 일반인의 인식이다. 이러한 생각은 프로그램 제작자들도 마찬가지다. 경제지를 참고하는 프로듀서나 구성작가는 별로 많지 않다고 판단된다.

그러나 경제지에는 경제에 관한 전문적인 기사와 함께 '경제'를 둘러싸고 있는 쉽고 유익한 정보들도 다수 게재(揭載)되어 있다. 거의 생활정보에 가까운 것들이다. 기사(아이템)의 접근이 일간지와는 적지 않게 다르다는 것도 하나의 특색이다. 경제신문을 천착하면 '괜찮은' 아이템을 발견할 수 있다는 것은 경험을 통해서 알게 된다. 새로운 아이템을 찾는 것이 주임무인 PD와 구성작가 공히 경제신문에 관심 갖기를 당부한다.

③ 스포츠신문은 스포츠와 연예뉴스로 구성되어 있다. 여기에는 일간지들이 거의 다루지 않는 많은 대중적인 스타들이 등장하고 우리는 아이템에 관한 정보(출연자)를 더욱 손쉽게 골라낼 수 있다. 생활정보는 대체로 '사람'을 통해서 나오거나 '사람 자체'일 수 있다. 그리고 시청자들은 그들 스타들에게 대해서 각별한 관심과 선망의 감정을 느끼고 있다. 시의(時宜, 그때의 사정에 맞음)와 화제성(話題性)에 따라 대중적인 인기인은 하나의 아이템이라고 할 수 있다.

그리고 스포츠신문에서는 '운동' 또는 '건강' 정보가 실리게 되는데, 이것들은 일간지와는 다소 다른 접근을 보이는 경우가 많다. 잘 참고하면 좋은 아이디어를 얻을 수도 있다.

④ 지방신문은 ≪인천일보≫, ≪충청일보≫, ≪대구매일≫, ≪부산일보≫와 같은 지방지들이다. 이들 지방신문이 중앙 일간 신문과 다른 점은 지역소식을 중점적으로 그리고 소상히 다룬다는 것이다. 중앙지들은 기사의 우선 순위를 '전국적'인 것에 두고 있으며, 따라서 각 지역 주민의 관심사는 아무래도 뒷전으로 밀리기가 쉽다.

그러나 중앙지 관점에서 소외된 많은 기사들 중에는 진정 보석 같은 내용들이 숨어 있는 경우를 발견할 수 있다. 사건과 사고, 미담과 스캔들, 화제와 그 지역만의 독특한 이야기, 수도권과는 비교할 수 없는 소박함과 평화, 서정성과 탐미적 요소로 가득찬 아이템들이 도사리고 있다. 다만 서울에서만 찾다보니 그런 정보를 접하지 못할 뿐이다.

물론 로컬 스테이션에서 보내주는 아이템으로 만족할 수도 있겠지만, 특히 구성작가는 지방신문을 샅샅이 뒤져 적절한 아이템을 확보해 직접 취재하도록 유도하거나, 아니면 로컬 PD에게 취재물을 송출하도록 부탁할 수도 있을 것이다. 아이템이 딸릴 때 지방신문을 서치하는 것도 괜찮은 방법임을 말하고자 한다.

(2) 잡지

⑤ 월간 종합지는 ≪월간 조선≫, ≪신동아≫, ≪월간 중앙≫ 등의 두툼한 책이다. 그 잡지들은 대체로 독자인 국민들이 관심을 갖고 있거나 앞으로 관심을 갖지 않으면 안 될 좀 크고 무게가 있는 theme나 agenda들을 매우 다양한 각도에서 자세하게 다루는 것이 특징이라고 할 수 있다. 또 정치 경제 사회 문화…… 등등 제한이 없다. 따라서 매우 비전(vision)적일 수도 있고 한편으로는 정보적일 수도 있다.

다만 아티클의 볼륨이 다소 크다는 것인데, 전체 중에서 일부의 내용들을 쪼개어 충분히 아이템화할 수 있다. 이런 기사들은 '화면'이 없어 인식과 이해, 감동과 공감에 약점이 있다. 어느 면에서 약간 중고품 같은 느낌이 없는 것은 아니지만 선택하기에 따라서는 명품(名品)에 해당하는 아이템을 건질 수 있다.

구성작가들이 월간 종합지를 많이 읽는다면, 너무 세속화되어 감각적이고 감성적이고 즉물적(卽物的)인 아이템 취사선택(取捨選擇)의 시각에 적절한 심층성과 균형 감각, 보다 이성적인 요소들이 가미될 수 있어 매우 긍정적인 효과를 얻을 수 있을 것으로 믿어진다.

⑥ 종합 월간 여성지는, 구성작가에게 한마디로 '독(毒)'인 경우를 오랜 기간에 걸쳐 경험한 바 있다. 여성지의 구성은 50~60%가 광고형 화보이고 나머지가 일반 기사인데, 특이한 것은 각기 개성을 살린 여러 여성지들의 내용이 작게는 다르더라도 크게는 모두 대동소이(大同小異)하다는 점이다.

그 이유는, 월간이기 때문에 계절 감각이 같고, 지난 한달간 화제를 뿌린 인물도 그 밥에 그 나물이며, 또 아무래도 제작비를 많이 들인 미국·일본·프랑스 등 여성잡지도 참고할 수도 있겠는데, 국내 여성지들이 똑같은 세계 유명 잡지에서 아이디어나 힌트를 얻기 때문이 아닌가 추측된다. 따라서 여성지에서 아이템을 구한다면 마치 대형 수퍼마켓에 있는 물건을 고르듯 너무 일반적이고 개성이 부족한 내용일 가능성이 높다 하겠다.

또한 앞서 지적한 화보는 구두·핸드백·화장품·의상·속옷 등 모두 여성

용품이다. 여성의 입장에서 이 화보를 들여다보고 있으면 모두 갖고 싶고 비싸도 언제든 사고 싶은 물건들이다. 마치 맛있는 음식을 보면 우리가 침이 고이는 식욕을 느끼는 것과 유사한 상황이며, 그것이 오늘날 여성지의 존재 이유이고 생존 방식이다. 구성작가도 대부분 구매력이 왕성한 젊은 여성이고 보면 그들도 잡지 속의 여러 화보에 상당한 관심을 기울일 수밖에 없다. 결국 구성작가 자신도 느끼지 못하는 사이에 많은 시간을 빼앗겨버리는 대신 개성 있는 아이템은 건지지 못할 가능성이 높다.

구성작가가 발견하고 확보해야 할 아이템들은 타 방송사의 동종 프로그램과 경쟁이라는 측면에서 보면 모두 분초를 다투어야 할 것들이다. 즉 속전속결(速戰速決)의 전술을 구사하지 않으면 안 된다. 그러나 여성지의 테마들 중에는 매우 특색이 있으면서도 생활정보와 연결시킬, 또는 변형시킬 아이템은 그렇게 많지 않다. 왜냐하면 여성지는 1일용이 아니고 한 달용이기 때문이다. 만약 여성지 천착으로 많은 시간을 소모했지만 아이템을 찾지 못했다면 1일 기획 데드라인에 쫓기어 그 책에 개재된 개성없는 아이템을 부득이 선택할 위험성을 배제할 수 없다. 이런 관점에서 생각한다면 '여성지는 구성작가의 적(敵)'이라고 말해도 과히 틀린 표현은 아닐 것이다. 물론 과거의 일이지만 구성작가들이 일하는 사무실의 풍경 중에는, 앉아 있는 구성작가의 상체가 보이지 않을 만큼 많은 여성지들이 쌓여 있고, 그 앞에서 잠든 구성작가의 모습이 목격되는 경우도 자주 있었다. '여성지' 자체와는 무관하게 여성지가 구성작가의 약(藥)이 될지 반대로 독(毒)이 될지는 그들 스스로가 판단해야 할 문제라고 생각된다.

⑦ 특수 잡지는, 예컨대 ≪음악 동아≫, ≪객석≫, ≪월간 미술≫, ≪TV 가이드≫, ≪물가 정보≫, ≪부동산 정보≫, ≪월간 DVD≫ 같은 잡지들이다. 이들 잡지는 보편적이고 일반적인 내용들이 아니라 상당한 전문성을 띤 것들이고, 문화 예술 부문이 많고 재테크와 관련된 것들도 더러 있다.

이러한 '특수지'의 아이템들을 직접적으로 생활정보 아이템으로 펴오는 것은 별로 현명치 못할 것으로 생각된다. 예컨대 세계적으로 새롭게 각광을 받고 있는 여성 음악가가 있는데, 한국인인 그 어머니의 자녀 교육 방법이 몹시 독특한 측면이 있었다는 내용이 기사에 포함되어 있다면, 여기서 아이디어를 얻어 그 음악가의 어머니를 스튜디오에 초대하거나 또는 ENG로 취재해오는 방법이 될 것이다.

또 연극 잡지에 '버자이너 모놀로그'2) 순회공연 예고 기사가 실렸다면 여기에서 생활정보 아이템에 대한 어떤 힌트를 얻을 수도 있을 것이다. '버자이너 모놀로그'는 여성 스스로 폐쇄적인 입장에서만 논의되던 자신들의 성(性) 문제를 여성의 성기(性器)를 하나의 단서(端緒)로 해서 연극이라는 공개적인 커뮤니케이션 수단을 통해 시시콜콜 까발리고 공론화(公論化)한 모노 드라마이다.

순회공연은 지방을 돌면서 하는 경우를 말할텐데, 이런 까발림이 전국적으로 다수의 여성에게(미혼·기혼을 망라해서) 전파되는 것이 오늘을 살아가는 현대여성에게 어떤 영향을 미칠 것인지는 한번 생각해볼 수 있는 사안이다. 즉 하나의 아이템으로 다룰 수 있다.

왜냐하면 거기에는 어떤 배경이 존재하고 있다. 공영방송인 지상파TV의 드라마(고백)조차도 이런 은밀한 문제를 공개적으로 다루고 있기 때문이다. 과연 그래도 되는 것인지? 의문이 생긴다. 대사가 너무 예사롭지 않아 민망하지만 일부를 소개하고자 한다.

결혼 17년 기념일 밤 부부의 적나라하고 거침없는 대화가 화면을 압도한다.

　　　부인: "그냥 잘거야? 결혼기념으로…… 해?"
　　　남편: "하고 싶어?"
　　　부인: "당신은?"
　　　남편: "난 뭐 해도 좋고 안 해도 좋고……."
　　　부인: "무슨 말을 그렇게 재미없이 해?"

---

2) 원제 'Vagina Monologues'는 미국의 여성 극작가 이브 엔슬러의 작품을 번역한 것으로, 그동안 사적으로 수없이 노출되어왔지만 공적으로는 금기시되거나 감추어졌던 내밀한 성적 문제를 연극 무대에서 공개해 많은 관심과 센세이션을 일으킨 작품이다. '여성의 성기'를 주된 소재로 내세워 여성의 성적 억압과 고뇌 그리고 그 해소와 해결 문제 등을 거론하는 내용이다.

남편: "사실 뭐 재미없잖아?"

부인: "재미로 하나 뭐……, 정으로 하지. 난 당신한테 몸 맡기고 있으면
고향처럼 편안해지더라……."

이 드라마는 선정성(煽情性)을 극대화하기 위한 의도인지는 몰라도, 드라마 속의 장면으로 '버자이너 모놀로그' 실황의 일부를 장면으로 삽입하기도 했다. 이와 같은 유행들은 생활정보 프로그램이 추구하는 의식적인 관점에서는 상당히 우려되는 상황이라고 판단할 수 있다. 부득이같이 시청하게 되는 자녀들에게는 어떤 영향을 주게 될 것인가? 또 각기 다른 상황에 처해 있는 주부들 자신에게는 심리적으로 자극을 주지는 않을까?

최근 통계자료에 따르면, 연간 결혼 건수는 지난 30년간 8% 증가하는데 그쳤지만 이혼 건수는 무려 10.6배가 증가했다. 즉 통계청이 발표한 '2001년 혼인·이혼 통계 결과'에 따르면, 지난 한 해 동안 전국에서 32만쌍(하루 평균 877쌍)이 결혼, 2000년(33만 4,000건)보다는 1만 4000건 감소했다.

결혼이 줄어드는 데 반해 이혼은 급증하는 추세다. 지난 한 해 동안 13만 5,000쌍(하루 평균 370쌍)이 이혼, 이혼 건수가 2000년(12만 건)에 비해 12.5%나 증가했다. 이에 따라 작년 한 해 동안 인구 1,000명당 2.8쌍이 갈라서면서, 이혼율이 OECD 회원국 중 미국(4.2쌍)과 영국(2.9쌍)에 이어 3위를 기록했다.[3]

수치상의 단순 비교로 계산하면 1일 877쌍이 결혼하고, 그 가운데 43%(42.98%) 정도인 370쌍이 이혼하는 것이다. 2002년 서울통계연보에 따르면, 서울에서는 하루 212쌍이 결혼하고 79쌍이 이혼한다. 우리가 무심한 가운데 우리나라는 이혼의 천국이 되어가고 있는 셈이다. 그래서 신문 광고에는 '재혼' 광고가 지면을 상당량 차지하고 있다.

자! '버자이너 모놀로그'류(類)의 확산과 관련해 자녀 교육에 미치는 영향, 현대 여성의 정체성 또는 이혼율과의 상관관계도 한 번 분석해 볼 필요가 있을 것이다. 그러면 균형감각을 지니고 있는 여성학자와의

---

3) ≪조선일보≫, 2002년 3월 22일.

인터뷰나 대담도 한 개의 아이템으로 상당한 의미를 지닐 수 있지 않겠는가?

이와 같이 생활정보는 어느 시장에서 물가가 싼가 비싼가의 식이 아니라 우리 생활과 직결된 '의식'의 문제도 다수 포함되어야 할 필요가 있다는 점을 지적하기 위해 제기한 것이다.

≪TV가이드≫ 등도 중요한 인물 정보를 제공할 수 있다. 연예인 하면 스캔들이라든가 취중운전 등 부정적인 이미지가 많은데, 어떤 남성 탤런트는 지속적으로 자원봉사에 임해 대형사고 현장에서 땀을 흘린다. 인터뷰 등 그를 통해 봉사의 의미를 설명 듣는다면 어떤 저명 인사의 당부(當付)보다 설득력이 강하고 젊은 학생들이 공감을 얻기가 쉬울 것이다.

2002년 초가을 전국적으로 발생한 수재로 집과 재산 가족을 잃은 농민·어민·서민들은 가족이 해체된 상태였다. 많은 국민들이 수재의연금을 각계 기관에 기탁했는데 탤런트 차인표·신애라 부부는 선뜻 5천만 원이라는 거액을 냈다. 대학교수들도 봉급의 1%를 내는 것을 마다하는 사람이 있는 세상인데 그들은 어떻게 그런 큰 마음을 먹게 되었을까? 이것도 하나의 아이템이 될 수 있다.

최근 꾸준히 확산 보급되고 있는 'DVD 정보'도 상당한 효과를 볼 수 있을 것이다. 예컨대 '이 가을에 감상할 명화' 같은 서브타이틀 아래, 지고한 사랑과 우수(憂愁)가 배어 나오는 영화 5편쯤을 골라 스토리, 영화감독, 주연 배우 등의 이야기가 나간다면 특히 여성 시청자들은 상당한 호감을 느낄 것이다.

⑧ 각 사회단체의 리포트를 들 수 있다. 근자에 와서 시민운동은 점차 세분화되고 단체의 수도 증가 추세에 있다. 이들은 국가 또는 행정, 아니면 대자본 즉, 권력의 입장이 아닌 국민의 관점에서 문제점과 오류, 비행을 조사하고 검증하게 된다. 이렇게 사회단체의 리포트는 사안에 관한 어떤 이해관계에서 매우 자유롭다. 따라서 이 단체들의 보고서는 매우 가치가 있을 경우가 많다.

'소비자 문제를 연구하는 시민의 모임'이라든지 'YMCA', 'YWCA', '경실련'의 리포트들은 상당히 자주 인용되고 있는 것을 우리는 익히 알고 있는 바이다. 이러한 리포트를 아이템으로 사용할 경우 주의할 점도 있다. 여기에서 거론되는 문제들은 신문·잡지·라디오·텔레비전 등 매체 전체에 광범위하게 노출되어 있기 때문에 fact 그대로를 순진하게 사용한다면 너무 일반적인 아이템이 되고 만다는 약점이 있다.

이것을 피해가는 방법은 조사된 내용의 전체를 다루기보다 한 부분이나 실험실에서의 관점, 제조업체(또는 加害측)의 입장, 대안 등을 추적한다면 적지 않은 독창성을 보이게 될 것이다. 다시 말해 리포트에 있는 내용을 그대로 나열하는 것이 아니라, 문제에 접근하는 시각(視角)과 각도를 달리하고, 여기에 프로그램 자체에서 시도하는 '심층성(深層性)'을 가미하여 시청자가 문제를 깊이 인식하도록 하는 효율성을 도모하자는 말이다.

그러나 수립되는 정권의 특성에 따라 매우 정치성을 띄는(다른 표현으로 하면 정권과 유착관계를 유지하는) 왜곡된 단체들도 존재할 수 있다는 가능성을 염두에 두고 PD와 구성작가는 해당 문제를 아이템화하는 데 리포트 자체에 공정성과 균형감각이 내재되어 있는가에 대한 검증이 선행되어야 할 것이다.

뿐만 아니라 매우 극소수이겠지만 특정 이데올로기에 물든 제작자는 왜곡된 리포트에 극단적인 화면을 붙여 문제를 더욱 편향적으로 만들 위험성도 완전히 배제할 수도 없다. CP나 데스크는 이런 가능성도 늘 염두에 두고 사전 supervising을 늦추지 말아야 좋은 방송을 낼 수 있다.

⑨ 사내·외보는 삼성이 발간하는 ≪함께 사는 사회≫ 같은 것을 말한다. 이 잡지들은 기업 이미지의 고양(高揚)을 위해 순수성, 교양성, 다양성, 전문성 등을 비상업적으로 추구해 상당한 수준을 유지하고 있는 경우가 많다. 많은 사내·외보를 수집할 수 있다면 대단한 정보 source가 될 수 있다. 그러나 많은 기업의 홍보실에 전화를 걸어 그 잡지들을 확보할 수 있느냐와 그것들을 꼼꼼히 읽어 아이템을 발견할 수 있는 성의와 열정이 현실적인 문제가 아닌가 본다.

⑩ 백화점의 이벤트 회보(bulletin)도 때로는 가용할 수 있다. 백화점도 대형 기업으로 성장함으로 고급 두뇌들이 다수 포진하고 있어 백화점 인지도와 매출 향상을 위해 고도로 연출되고 계산된 이벤트를 열기도 한다.

이것을 취재해 방송하면 시청자에게 색다른 느낌을 줄 수 있다.

그러나 이것은 모든 매체에 노출되어 있고, 특정 백화점을 홍보해주는 위험성이 도사리고 있다. 잘못하면 여러 지상파TV의 생활정보 프로그램이 똑같이 특정 백화점 이벤트를 방송하는 어이없는 경우가 발생할 수도 있다.

쉽지는 않겠지만, 백화점 이벤트 책임자에게 이번 아이템은 우리 프로그램만의 독점 취재를 확약받는 조치도 유도해볼 만하다. 물론 그 약속은 지켜지지 않고 파기될 개연성(蓋然性)이 더 높다. 왜냐하면 백화점은 이윤 추구를 최고의 목표로 삼기 때문에 위약(違約)은 별로 문제삼지 않는 경향도 있다. 그러나 신사협정이 가능하다면 시도해볼 만하고, 자막 등을 '시내 백화점' '판촉 담당자' 등으로 표현해 백화점 PR에 가담되지 않도록 유의할 필요가 있다.

⑪ 지방자치단체 홍보물도 관심을 가지고 볼 만한 소재이다. 지방자치단체의 장은 해당 주민의 투표로 선출된다. 따라서 '행정'의 기본 개념은 '서비스'로 해석할 수 있다. 특히 구민회관에서 시행하는 문화예술 행사들은 점점 수준이 높아가고 있고, 수혜(受惠)에 대한 비용이 매우 저렴해 시민들간에 인기도 적지 않다. 시행되는 내용들이 대동소이할 수도 있겠지만, 각 지자체들이 특이한 아이템을 개발할 수도 있다.

이런 것을 소개해준다면 모르고 있는 해당 주민들에게 홍보가 될 수 있고, 또 다른 지자체들이 이것을 도입해 일종의 '보편적 서비스(universal service)'4)의 기능을 수행하는 것도 가능해질 것이다. 다만 지자체의 장이

---

4) 김영석, 『멀티미디어와 정보사회』, 나남출판, 1999, p.568.과 한국전자통신연구소, 『유니버설 서비스』 머리말, 1995 참고

'보편적 서비스'(universal service)라는 용어는 나라와 지역에 따라 다른 의미로 사용되며 각국 내에서도 문서마다 내포된 의미가 다르다. 1991년에 발표된 미국의 'The NTLA Infrastructure Report'에서는 어디에서든지 이용 가능(Availability)하고, 저렴한 요금으로 접속 가능할 것(Affordability)을 보편적 서비스의 기본 개념으로 제시하고 있다.

반면 같은 해에 OECD가 발표한 'Universal Services and Rate Restructuring in Telecommunications Tariff'에서는 위의 두 가지 전제 조건에 추가하여 양질의 서비스 제공과 요금에서의 무차별적 대우 등 네 가지를 보편적 서비스의 요건으로 들고 있다. 보편적 서비스란 사회전반에 걸쳐 광범위하게 보급되어 있고 누구나 이용할 수 있는 저렴한 요금으로 제공되는 필수적인 서비스라고 정의할 수 있겠다.

나 책임자들은 대부분 정치성향의 인물들이 많기 때문에 자신들이 시행하고 있는 프로젝트에 대해 지나치게 자찬(自讚)할 가능성을 배제할 수 없으므로 이들과의 인터뷰는 특별히 유의할 필요가 있다.

5) 아이템의 성격, 아이템 모델 30개

아이템의 성격을 세분화하면 매우 많은 종류로 구분할 수 있다. 그리고 이러한 아이템들은 사회적인 분위기나 시류(時流)에 따라서 변동하면서 새롭게 생겨나기도 하고 반대로 소멸되기도 한다. 예컨대 1980년대 전 후반에 상당한 인기가 있던 '부업(副業)' 관련 아이템은 1990년대에 들어와서는 소위 경제의 고도성장으로 거의 사라졌었다. 그러나 IMF가 닥치면서 다시 살아났다가 경제위기가 해소되면서 제작자와 시청자가 서로 인식하지 못하는 사이에 슬그머니 없어져버렸다.

어떻게 보면 아이템은 아주 변화무쌍(變化無雙)한 것이며 또한 변덕이 많다고 해도 과언이 아니고, 다른 관점에서는 유행에 매우 민감하다고도 할 수 있다. 유럽여행의 경우도 파리를 중심으로 해서 암스테르담, 브뤼셀, 프랑크푸르트 등의 여정이 보편적이었는데 월드컵 4강 진출 이후 암스테르담 위주가 아니라 히딩크 감독의 고향 마을을 방문하는 것으로 변한 것만 봐도 아이템은 매우 민감한 존재라는 것을 알 수 있다.

앞에서 서술한 '아이템 소스'와 '아이템 성격'은 일부 중복되는 측면도 있지만 그 구체성에서는 모두 다르다. 지상파TV에서 자주 다루는 아이템 별 성격과 관련해 '아이템 모델 30개'를 순서없이 소개하고자 한다.

(1) 순수 생활정보

주로 의·식·주 관련이 많다. 김장은 언제가 적기(適期)이고, 김치 냉장고 값은 어디가 싸고, 사기그릇의 전문 백화점은 어느 시장 안에 있다는 식이다.

보편적 서비스는 국가의 미디어 정책상 미디어 통신망에 대한 독점적 운영이 불가피하게 인정되는 경우, 그 독점사업을 인정하면서 그에 대한 반대급부로 독점사업자로서의 특별한 공적인 책임을 부여하고자 한 데서 출발하였다. 그 대표적인 예가 전화사업이다.

아주 평범해 보이지만 새롭게 개발하면 항상 수요와 시청률이 높은 아이템
이다. 그 종류는 실로 무궁무진(無窮無盡)할 것이다.

(2) 문화·예술

음악회, 미술전람회, 연극·무용·대중음악 콘서트(또는 라이브) 등 각종공연
정보와 음악가·아티스트 정보, 일시, 장소, 입장권 가격, 구매가능 여부 등등
우리 생활에서 문화와 예술의 욕구나 체험과 관련된 정보이다.

이미 오래 전부터 중년 여성들 간에는 '밥만 먹고는 못산다'는 말이 유행한
적이 있고 그 기조(基調)는 아직도 유효하며, 그 정도는 더욱 고급화되고 다
양화되고 있다고 판단된다. '밥만 먹고는 못산다'는 말의 뜻은 다소 애매모
호(曖昧模糊)하지만 정작 해석해보면 의미가 정확하지 않은 것도 아니다.

첫째는, 주로 서울 예술의 전당에서 열리곤 하는 테너 알라냐와 소프라노
게오르규 부부 콘서트라든지, 아니면 쿠르트 마주어가 지휘하는 뉴욕 필의
공연을 보아야 한다는 말이다. 과거에는 남편이 의식주만 해결해주는 능력
을 소유하면 문제가 없었다. 그러나 시대와 세월이 바뀌어 이제는, 비록 15만
원짜리 R석은 아닐지라도 성장(盛裝)을 하고 고급 향수를 뿌리고 남편 팔짱
을 끼고 음악회에 가는 멋과 낭만 그리고 여유를 누려야만 한다는 상황이
강조되고 있는 현실을 반영하는 것이다. 이와 같이 예술과 문화는 생활정보
아이템으로 발군(拔群)의 가치를 지니고 있다.

애기가 나온 김에 '밥만 먹고는 못산다'는 말의 두번째 내용을 소개하면,
그것은 남편에 대한 강력한 섹스 에너지의 요구이다. 과거에는 다(多)자녀
생산으로 육아에 소모가 많아 여성들이 모두 지쳐 있었다. 그러나 피임약[5])이

---

5) ≪조선일보≫, 이미경, 1999년 7월 5일.

　　1960년 5월 9일, 인류는 신의 '거대한 섭리'에 반기를 들었다. 하늘의 별처럼, 바닷가
모래처럼 자손을 퍼뜨리라는 신의 '축복'을 거부하고 여성 호르몬 조작으로 임신을 저
지하는 피임약을 개발, 상업화했다.

　　미국 식품의약국(FDA)은 이날 내분비학자 그레고리 굿윈 핀커스 박사가 10년에 걸쳐
개발한 경구 피임약 '에노비드 10'을 공식 승인했다. 이로써 여성은 스스로 임신을 조
절하고 자신의 인생을 관리할 수 있는 절대적인 수단을 손에 넣게 됐다. 1960년대 후반
부터 거세게 일기 시작한 여권운동도 바로 이러한 여성의 생물학적, 육체적 자유를 바
탕으로 가능한 것이었다.

일반화됨으로써 두 자녀 또는 한 아이만을 두게 되어 양육의 부담에서 상당히 자유로워졌다. 과거에는 음식 섭생(攝生)의 수준이 매우 조악(粗惡)한 경우가 일반적이었다. 그러나 현재는 영양가 높은 음식을 다량 섭취할 수 있고, 의료보험을 통해 질병도 다스릴 수 있을 뿐 아니라, 폐경기가 되어도 '여성 호르몬제' 복용으로 여성들은 싱싱하기 그지없다. 반면 가장(남편)들은 IMF 이후 끝간 데 없는 경쟁과 구조 조정으로 심리적으로는 폐인이 되어가고 있고, 성적으로는 거세(去勢) 상태와 유사한 형편에 처해 있다.

이 과정에서 나온 대사가 '밥만 먹고는 못산다'이다. TV드라마에는 비약이 심해(일부는 실제일지도 모르겠다) '남편이 섹스에 대해 배전의 노력이 없다면 젊은 애인이라도 구하겠다'는 강한 소구와 협박 같은 것이 근저에 흐르고 있다. 이 '섹스 부조화'에 대한 아이템은 차후 다시 거론하고자 한다.

(3) 이색 행사·장소

아주 쉬운 예로 서해안 고속도로의 완전 개통과 초등학생의 여름방학을 맞아 서해안 갯벌체험 현장이라든지, 잠수함식 카페가 생겼다면 그런 것들을 의미한다. 종전에는 우유 마시기 대회, 맥주 마시기 대회, 겨울 바다에서 수영하기 등이 이색행사로 인기를 끌었다.

외신에 따르면6) 미국에서 먹기대회 열풍이 불고 있다고 한다. 지난 주에는 뉴욕주 브루클린에서 펠메니(러시아식 고기만두) 먹기대회가 열렸다. "신사, 숙녀 여러분"으로 시작하는 사회자의 선동적인 소개로 몸무게 200kg에 육박하는 20여명의 선수가 등장한다. 이들은 승리의 포효를 섞어가며 손과 입을 음식더미에 처박고 정신없이 먹어댄다. 50~100달러를 지불한 250여 관중들의 흥분은 음식더미가 난장판이 될수록 고조된다.

먹기대회는 뉴욕주 코니아일랜드의 '핫도그 많이 먹기대회'가 세계적으로 유명해지면서 우후죽순격으로 생겨나고 있다. 여기에 폭스TV 등 방송까지 가세해 부추기고 있다. 이를 두고 《뉴욕타임스》는 최근 '뚱보나라의 엽기 쇼'라고 비아냥거린 바 있다.

이와 같이 지나치고 우스꽝스러운 이색행사는 곤란하지만 시청자를 즐겁

---

6) 《동아일보》, 2002년 11월 5일.

게 해주는 이색행사는 프로그램에 생동감을 줄 수 있다.

(4) 인물

사람에 관한 정보와 이야기는 무궁무진하다. 그러나 사람을 소개하는 데는 시청자 자신이 갖고 있지 못한 특별한 그 무엇이 있어야 한다. 즉 '그 사람' 이야기를 통해서 교훈이던 교양이든 정보든 간에 반드시 시청자가 배우거나 어떤 깨달음에 이르는 요소가 있어야 한다.

(5) 사회

'사회' 분야는 매우 광범위한 개념을 갖고 있다. 그러나 평범한 시청자가 그것을 모두 꿰뚫으면서 알고 있을 수는 없다. 따라서 여기에서의 '사회'는 보다 '시사성(時事性)'적인 요소에 가깝다고 할 수 있다. 예컨대 여성 총리의 청문회 과정에서 문제가 되었던, 미국에서 유학할 때 출산한 자녀에 대해 귀국 후 어떤 조치를 취해야만 대한민국 국민으로서의 자격에 문제가 없는 지? 이것은 혼인한 자녀가 있는 가정에서는 여러 가지 가능성이 있기 때문에 관심이 있을 수 있다.

뿐만 아니라 매일매일 수없이 벌어지는 문제들에 대한 이해에 필요한 가이 드 라인 또는 판단·결정 등의 정보가 다량 필요할 것이다. 이것들을 사회적 인 관점에서 취사선택(取捨選擇)해 제공하는 형식이 될 것이다. 다만 이것은 있는 그대로가 아니라 연화(軟化)해서 쉽고 흥미롭게 만드는 것이 중요할 것 이다.

(6) 교육

생활정보의 시청자는 여성이 대부분이고 이중에서도 자녀를 둔 주부가 주 류를 차지한다. 특히 한국적인 여건에서 어머니들은 아이들의 교육문제에 열정적이고 치열하다. 자신과 남편의 현재 위치보다 한층 업그레이드된 미 래를 혈육에게 보장해주고자 하는 노력의 일환일 것이다.

교육의 문제는 크게 3가지로 대별되는데, 하나는 유치원·초등학교 시기에

아이 재능에 대한 개발이고, 다른 하나는 고등학교에 진학 후 대학입학에
관한 다양한 정보 욕구이다. 그리고 주부인 자신의 자기 실현을 위한 평생
교육의 문제에도 관심이 많다. 대체로 이러한 카테고리(category) 내에서의 문
제와 대안, 어느 정도의 해답을 이끌어내는 것이 모두 아이템화될 수 있을
것이다.

(7) 패션

평범한 보통 여성에게도 화장하고 옷 갖추어 입는 일은 매우 중요한 일상
사이다. 그것은 오늘날 여성에게 가장 상위의 가치일 수도 있다. 그래서 직장
여성은 월급의 50% 정도를 여기에 투입하는 사람들도 많다고 한다. 그 결과
로 직장 내에서 자신의 위치를 유지하는 데 도움을 받게 되고, 미혼인 경우
배우자를 선택하거나 선택받는 데 유리하게 된다는 것이다.

기혼일 때는 남편과의 관계, 또는 동창과 친구간의 교류에서 유대감과 자
신감을 유지할 수 있는 장점이 있다. 패션은 다양하고, 미용은 정교하다. 옷
모양과 어떻게 입으면 좋은지를 화면으로 24시간 보여주는 케이블 방송이
있을 정도로 패션은 인기가 많다.

만약 백화점 세일 때 여성옷이 있는 층을 한 번 돌아보면 그 종류와 양에
놀라게 될 것이다. 또한 할인매장이나 대형시장에 가봐도 여성들의 기기묘
묘(奇奇妙妙)한 의상은 산처럼 쌓여 있다. 미혼·기혼·하이틴·아동을 가리지
않고 옷은 여성의 최대의 관심사이다. "옷이 날개이기 때문일까?" 아니면
최소의 비용을 투자해 "최대의 자유를 누릴 수 있기 때문일까?" 옷은 여성의
영역을 넘어 남성들도 지대한 관심을 기울이는 핫 아이템으로 이미 변해버
렸다. 특히 30대 초반남성들에게 그 열기는 대단하다.

따라서 남녀 구분없이 디자인, 옷감의 소재, 컬러, 가격, 브랜드(trademar
k)……, 구두, 핸드백(남성용도 포함된다), 시계, 우산, 각종 소품 등의 유행과
편의성, 미적 감각, 모든 것이 아이템으로 활용될 수 있다. 이것들이 유용한
아이템이 될 수 있는 것은 TV가 정확한 여러 모양과 모습을 그림으로 보여
줄 수 있기 때문이다.

패션 아이템을 활용하는 데 유의해야 할 점은 대체로 극도의 상업성을 바

탕으로 하고 있기 때문에 특정업체의 간접 선전이 되지 않도록 고도의 세련된 장치를 확보하지 않으면 안 된다. 자칫 방송 후 곤란한 지경에 이르러 비난을 면치 못하게 된다는 사실을 염두에 둘 필요가 있다.

(8) 미용

오늘날 '미용'에 대한 개념과 해석도 단순하지가 않다. 편하게 이야기하면 '얼굴에 화장하는 것'에서부터 '미인이 되기 위해 쌍꺼풀을 만드는 것', '코를 높이는 것', '턱을 깎아 갸름하게 정형하는 것', '피부를 건강하게 하는 것', '체형을 알맞게 유지하는 것' 그밖에 많은 항목이 모두 포함된다.

체형 유지, 다시 말해 살을 빼는 것은 어느 면에서 목숨보다 중요하다. 왜냐하면 체중을 줄이기 위해 지나치게 식사량을 줄이거나 중국제 유해 다이어트 약품을 복용하고 생명을 잃는 사례가 발생하기 때문이다.

또한 "여성의 알몸은 보여줄 수 있어도 화장 안한 원 얼굴은 보여 줄 수 없다는 말도 있다."[7] 여성의 화장은 '알몸을 보여주는 것'과 비견(比肩)할 수 있으며 '살을 빼 날씬해지는 것'은 생명과 맞바꾸는 위험과도 견줄 수 있는 것이 오늘날의 세태(世態)이다.

한 주간잡지[8] 기사의 요약을 통해서 실상을 살펴볼 수 있다.

  [쌍꺼풀은 필수, 코나 턱은 선택?]
  "시인 유하는 1991년 압구정동을 '욕망이 빽빽하게 진열되어 있는 쇼윈도'라고 표현했다. 그후 10년 압구정의 '욕망'은 한층 물신(物神)에 다가섰다. 압구정은 이

---

7) 《조선일보》, 「백현락의 연예 파일」, 2002년 7월 11일.
   지난주 영화배우 장진영이 무면허 음주운전 혐의로 경찰에 입건됐다. 하지만 몸싸움 강하기로 소문난 TV연예정보 프로그램 카메라들조차 그녀의 얼굴을 한 컷도 잡을 수 없었다. 그녀 얼굴을 TV에 내보내지 않으려는 소속사 매니저들의 경호가 한국 축구 대표팀의 '압박수비' 저리 가라 수준이었기 때문이다. 어차피 다 드러날 일인데 왜 그렇게 얼굴에 옷을 덮고 탈출해야만 했을까? 이유야 많겠지만 다른 여자 연예인들처럼 결코 '화장 안한 얼굴'을 만천하에 드러내고 싶지 않았을 것'이다. 여자 연예인들은 "차라리 알몸은 보여도 죽어도 '원판'은 공개 못한다"고 농담할 정도니까 말이다. 마약 복용 혐의로 구속됐던 탤런트 성현아와 황수정이 최근 수의(囚衣) 입은 사진이 인터넷에 공개됐다며 손해배상소송을 낸 것도 비슷한 맥락이다.

8) 《주간 동아》, 2002년 5월 9일.

제 '성형외과의 거리'다."……

"지하철 압구정역에 내려 지상으로 올라와 동서로 약 3km 반경 사이에 200여 곳의 성형외과가 몰려 있다. 세계적으로 유례없는 '성형 특구'를 형성하고 있는 것. 전국 500여 개 성형외과 중(의료관련 기관 통계는 467개이다) 40%가 집중되어 있는 이 지역은 한 건물에 두 곳의 성형외과가 입주해 있거나 건물 전체가 성형외과인 곳이 적지 않다."……

"부드러운 인상을 원한다면 쌍꺼풀 수술보다도 코뼈를 깎으세요. 턱이 뒤로 들어가 있으니까 턱을 앞으로 빼는 수술까지 하시면 더 낫겠습니다. 눈·코·턱 세 부위에 대한 수술비는 700만 원입니다(J성형 박모 원장)."……

"놀라운 사실은 성형외과 대기실에서 수술이나 상담을 기다리는 '환자(?)'들이 여느 여성들보다 더 예쁘다는 점이다. G성형외과 대기실에서 만난, 큰 눈에 귀여운 인상의 이모 씨(22)는 코를 세우고 싶어 왔다고 했다. 지방에서 올라와 수술날짜를 잡은 박모 씨(24) 역시 보기 드문 미인이었다"……

"여자들만 압구정 성형타운은 찾는 것은 아니다. 원빈이나 배용준 사진을 들고 '꽃미남'이 되겠다고 찾아 나선 20대에서부터 눈 밑 주름을 제거해 회춘을 시도하려는 50, 60대에 이르기까지, 남성 고객이 전체 성형 수요의 10~20%를 점하고 있다."……

이렇게 여성들이 얼굴 성형에 집착하는 이유는 성형외과 의사들이 어떤 모델을 설정해놓고 있기 때문이 아닌가 생각된다.

예쁜 연예인들의 얼굴9)이 매력적으로 보이는 이유는 얼굴의 크기가 작아서가 아니라 가로와 세로의 비율이 1대 1.3으로 균형 잡혀 있기 때문이다. 한국인은 이 비율일 때 가장 매력적으로 보인다. 그래서 성형외과의사는 안면윤곽교정수술을 할 때 이 비율로 맞추려고 한다. 입술수술도 관심이 높은데, 입술의 길이는 거울을 보았을 때, 양쪽 눈의 눈동자 사이의 거리와 같고 두께는 위 아래 입술의 비율이 2 : 3이 될 때 매력적으로 보인다. 전체적으로 입술의 모양은 '큐피트의 활'처럼 보이는 것이 이상적이다.

소위 '미인(美人) 산업'은 미국에서도 열풍이 불고 있다는 보도이다.10) ≪인터내셔널 헤럴드 트리뷴≫은 25일 미국성형외과의사협회의 자료를 인용, 지난해 미국에서만 850만 건의 미용성형수술이 이루어졌다고 보도했다. 이는 2000년에 비해 48% 증가한 것으로 액수는 70억 달러에 이른다.

---

9) 강윤섭(세라 성형외과의원 원장)

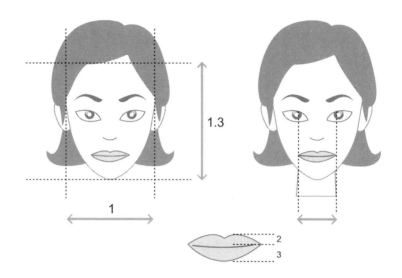

평균 2,947달러(약 354만 원)가 드는 코 성형이 가장 인기가 높아 전체의
16%에 달하는 11억 달러를 차지했다. 3,043달러(약 365만 원)가 필요한 유방
확대 수술에는 6억 6,900만 달러, 한 번 맞는데 333달러(약 40만 원)가 드는
콜라겐 주사에는 2억 6,500만 달러가 들어갔다.

미국뿐만이 아니다. 지난해 독일의 미용성형 시장규모는 15%, 영국은 30%
나 성장했다. 아시아에서도 시장규모가 매년 20%씩 늘어나는 추세다. 미용
성형수술 산업의 성장세를 주도한 것은 보톡스와 콜라겐, 레이저를 이용한
여드름과 모발 제거 등 이른바 '칼을 대지 않는' 미용성형. 특히 근육경련
완화 목적으로 개발된 보톡스는 FDA로부터 주름제거제로 승인을 받아 선풍
적인 인기를 끌고 있다.

이것이 국내외에 걸친 성형과 관련된 실상이다. 그러니 이런 것들이 왜
중요하지 않겠는가?

순수한 의미의 화장(化粧, make up)도 마찬가지다. 사람과 사람이 서로 만났
을 때, 제일 먼저 대하게 되는 것이 얼굴이다. 따라서 얼굴을 처음 봤을 때의
인상(印象)이 여러 가지를 시사하게 된다. 그 사람이 지닌 아름다움, 눈(眼)으
로부터 오는 정신, 인품, 교양, 능력, 여유 있음과 까다로움 등 다양한 캐릭터

---

10) ≪동아일보≫, 2002년 8월 26일.

(부정적일 수도 있다)를 발견할 수 있다. 얼굴은 그 인간으로 들어가는 출입문이고, 눈은 창문으로 자주 비유된다. 그만큼 얼굴의 비중은 최고의 높이에 존재한다.

따라서 국내외를 가리지 않고 화장품 제조회사들은 얼굴을 치장할 갖가지 제품과 기술·기법을 개발하기 위해 심혈을 기울인다. 이런 이유로 서울을 비롯한 세계 대도시의 백화점 1층은 거의 화장품 코너로 채워져 있다.

역시 특정회사와 그 제품을 홍보하지 않도록 주의하면서 잘 설명하면 아이템으로서 짭짤한 효과를 볼 수 있다.

(9) 다이어트(diet), 몸이 계급이다

보건복지부 통계에 따르면,[11] 한국 성인 3명 중 1명은 비만이다. 생활수준이 높아지면서 비만이 영양결핍을 밀어내고 국민 건강을 위협하는 주범으로 떠올랐다. 그러나 생활이 윤택한 사람이 뚱뚱해지는 것이 아니다. 교육수준이 상대적으로 낮거나 소득이 적을 수록 뚱뚱해질 가능성이 높다. 몸이 사람의 사회적 지위를 나타내는 하나의 상징이 돼가고 있는 것이다.

서울대 보건대학원은 보건복지부의 의뢰로 2000년 서울의 20세 이상 성인 3,878명을 대상으로 비만율을 조사했다. 그 결과 초등학교 졸업자의 50.07%가 비만으로 분류됐고, 중졸 38.36%, 고졸 27.23%, 대졸 이상 25.05%로 학력이 높을수록 비만율이 떨어졌다.

인제대 상계백병원팀이 지난해 서울의 20세 이상 성인 2,570명을 대상으로 한 비만조사에서, 월 소득 50만 원 이하의 비만도를 1로 했을 때, 소득별 비만도는 50~150만 원은 1.101, 150~250만 원 1.065 그리고 250만 원 이상 0.808이었다. 50만 원 이하 소득계층을 제외하면 소득수준이 높을수록 비만도는 떨어졌다. 왜 사회·경제적 수준에 따라 비만율에 차이가 나는 것일까? 상계백병원 이선영 전문의는 "교육과 소득수준이 높을수록 운동할 여유가 있고 영양학적인 지식도 많아 칼로리 조절을 하기 때문"이라고 설명한다.

'홍콩과 한국의 몸매미인을 감동시킨 바로 그 프로그램!'이라고 줄기차게 신문광고를 때리고 있는 세계적인 체형관리센터인 '마리 프랑스 바디라인

---

11) ≪동아일보≫, 2002년 2월 22일.

(Marie France Bodyline)'에서는 부위별로 몸을 '조각(彫刻)'해준다. 밴드를 온몸에 둘둘 감아 살을 빼는 기본적인 래핑 관리가 10회에 77만 원이지만, 지난해 3월 국내 첫 지점을 오픈한 지 1년도 되지 않아 회원 수가 4,000명을 넘어섰다. 서울 강남 주부들 사이에 '세상은 마리프랑스 회원권을 가진 주부와 그렇지 않은 주부로 나뉜다'는 우스갯소리도 생겼다.

다이어트 산업이 급성장하자 '음모론'까지 등장했다. 리처드 클라인은 저서 '포스트 모던 다이어트'에서 "비만은 의사와 영양학자, 몸매 관리사들 때문에 생긴 일종의 의원병(醫員病)일지 모른다"고 주장한다. 비만의 범주가 너무 넓게 잡혀 있고 그 위험성이 과장된 탓에 다이어트에 막대한 돈을 투자하지만 효과는 별로 없다는 것이다.

음모론의 설득력 여부와 관계없이 분명한 것은 프랑스 사회학자 피에르 부르디외가 통찰했듯이 우리는 "각 사회계급의 구성원들이 자기 신분을 증명할 수 있는 몸 관리 방식으로 서로 다른 체형을 생산하는 시대에 살고 있다"는 사실이다. 이제는 "몸이 계급이다."

유사한 관점이지만, 지금 우리 몸은 오락과 산업의 대상물로 전락하고 있다는 것이다.[12] 지금 우리 몸은 예술과 인문학의 소재에서 오락과 산업의 대상물로 옮겨가고 있다. 1년만에 30여kg을 뺀 이영자의 몸은 누구 것인가. 지방흡입술을 시행한 성형외과 의사는 이영자의 사라진 몸(살)과 현존하는 몸 사이에서 지적소유권을 주장하고 있다. 그가 자기 몸의 소유권은 갖고 있을지 몰라도 통제권은 온전하게 행사하지 못한다는 것을 분명히 보여주고 있다.

근면한 노동을 위한 도구로서의 근대적인 몸, 고귀한 정신을 담는 그릇으로서의 고전적인 몸은 이제 없다. 지방흡입술과 주입술, 뼈를 깎는 미용성형수술 같은 현대의학기술이 가세, 몸은 이제 하나의 '프로젝트'가 되었다. 정신과 몸의 이분법이 사라진 상황에서 몸은 더욱 거센 권력 다툼의 현장이 되고 있다.

현대미술가 바바라 크루거가 '너의 몸은 전쟁터다(Your body is a battle-ground)'라고 일찍이(1989) 선언했듯, 몸을 둘러싼 소유와 통제의 싸움은 성적

---

12) ≪조선일보≫, 2001년 6월 7일.

욕망과 매력 같은 것을 생산해내는 미모 산업과 대중 문화, 미디어 등 자본주의 사회의 여러 장치들 덕에 더욱 치열해지고 있다.

이영자 스캔들은 바로 자기 몸에 대한 통제력을 잃어버린 오늘날 우리 모습이다. '날씬해지고 아름다워지고 싶다'는 한 여성의 개인적 욕망은 그를 앞세워 이윤을 창출하려는 자본과 만나 가속이 붙었다. 비밀리에 '만들어' 새 상품으로 내놓은 이영자의 몸은 이미 자본에 귀속된 재화다. 몸을 훼손한 (살 빼기) 덕에 방송·광고·상품 판매로 얻을 수 있는 수익이 1kg당 2,200만 원씩 될 것이란 웃지 못할 추정치까지 나왔으니까.

우리가 관심을 갖고 있는 몸은[13] 우리 하나하나가 가지고 있는 개성 있고 평등한 몸이 아니라, 미디어라는 창을 통해 전시되고 욕망되는 '잘난 몸'이라는 것이다.

한국에만 약 200여 개가 있는 각종 미인대회, 유방과 성기 확대 수술, 이영자 씨의 지방흡입술, 중학교 미술 교사의 알몸 사이트 등 미디어를 통해 매일 전달되는 소식들은 '몸'에 대한 관심을 분명하게 드러낸다. 평범한 동네 아줌마·아저씨를 새벽과 밤거리로 내모는 요즘의 마라톤 붐 역시 몸에 대한 자각과 관심이 꽃피우는 현상이다.

미디어를 통해 이렇게 우리 일상생활의 중심에 들어온 '멋진 몸'은 우리의 펑퍼짐하고 평범한 몸을 부정한다. 미디어가 우리에게 제시하는 멋진 몸은 상품화, 규격화되어 몸 서열의 꼭대기에 위치한 몸이다. 매일 매일 시시각각 우리 앞에 전시되는 멋진 몸들은 그것이 만들어진 과정에 대한 설명없이, 누구나 그 같은 몸을 가질 수 있고 가져야 한다고 욕망을 부채질하는 시청각적 메시지를 날려보낸다.

시청자는 미디어가 제공한 극도로 좁은 영역의 모범 답안을 통해 따라하기를 강요받는다. 궁극적 메시지는 미디어와 공생 관계에 있는 몸 관련 산업의 생산품을 소비하라는 권유다. 그런 점에서, 미셸 푸코의 명령, '벗어라. 그러나 날씬하고 잘생기고 햇볕에 잘 그을린 피부여야만 한다'는 말은 여전히 유효하다.

따라하기를 강요하기 위해서 미디어는 사람들을 좌절시킨다. 좌절시켜야

---

13) ≪조선일보≫, 2001년 6월 7일, 김규원(전남대학교 언론문화연구소 연구원).

교육적 효과가 극대화되기 때문이다. 우리가 몸으로 해서 겪는 대표적인 좌절이 바로 일반인으로서는 꿈속에서도 불가능한 몸매다. 한국 여자에게 175 센티에 45㎏ 그리고 34-24-34인치의 몸이라니! 도대체 일반인들이 일상 속에서 미스코리아 수준의 몸 관리가 가능할 법한 일인가. 미디어는 보통 사람들에게 몸(체형과 미모)에 대한 좌절과 결핍감을 심어주고 불만과 불안에 떨게 한다. 미디어는 말한다. '보고 비교하라, 그러면 반성할 것이다.' 이렇게 좌절과 불안을 통해 욕망을 자극하는 미디어와 몸 산업은 악어와 악어새 관계다.

21세기 디지털 시대에는 어떻게 될 것인가. 미디어는 '따라 하라!'는 압력을 더욱 강화할 것이다. 현실과 가상의 구분이 불분명해지는 한편으로 사람들의 미디어 소비와 의존은 더욱 증가한다. 미디어가 확대하는 몸에 대한 관심과 '멋진 몸'에 대한 욕망은 여성 상품화라는 남성 중심의 사회적 합의를 여전히 유지할 뿐 아니라, 나아가서는 남성마저도 상품화의 길로 내몬다. 멋진 몸의 전시에는 남녀 모두가 포함되는 것이다. 서열화된 몸이 빚어내는 권력 관계야말로 미디어와 상품, 광고 산업이 공생하는 열쇠다.

이렇게 '다이어트' 즉, 살찌지 않은, 다시 말해 적당히 말라서 옷의 모양이 잘 어울리는 몸매를 유지하기는, 남녀를 불문하고 현대생활에서 지고(至高)의 코드(code)이다. 우선 몸이 뚱뚱하지 않으면 옷이 잘 어울려 남에게 좋게 보이고, 각종 성인병에 걸릴 확률도 한층 낮아진다. 동시에 '몸이 계급'임으로 사회적으로 다중 앞에서 군림하기에 유리하고 다른 사람들로부터 추앙받기에 문제가 없다.

이상과 같은 논리라면 정보 프로그램에서 '다이어트'의 아이템은 상당한 비중을 둘 수 있다. 다만 그 접근방법에서 일반적인 것, 예컨대 조깅이라든지, 이런 것들은 매우 재미가 없어 지속적으로 시행하기에 부적합하다. 그런 것 외에 매우 특이한 것 그리고 적절한 효과가 보장되는 하드웨어나 소프트웨어를 발견한다면 대단한 아이템으로 호평을 받게 될 것이다.

(10) 건강

건강은 현대인에게 최대의 관심사이다. 의료보험의 확대로 건강의 질이 높아지는 측면이 있는 반면, 각종 암, 성인병은 결코 줄어드는 추세(趨勢)가 아니다. 그리고 과거에는 별로 없었던 특이한 질환들이 새롭게 계속 나오고 있다. 인간 사회에서 전쟁이라든지 IMF와 같은 재난보다 난치병들이 최대의 적이 된 지 오래다. 뿐만 아니라 항상 환자는 많고 만족할만한 병원과 의사, 의료 서비스는 부족한 현실이다. 이름 있는 대형 병원은 검진을 위해 오가는 시간까지 합쳐 2~6시간을 소모하고도 진료는 5분 이내로 끝나는 경우도 허다하다. 또 비용도 결코 저렴하지 않다. 수요(需要)와 공급(供給)이 적절히 고려되지 못한 사회정책적인 시스템이 구축되지 못한 탓이다.

따라서 해외TV들도 'Meet the Doctor'라는 프로그램을 편성하고 있는 경우가 많다. 한 명의 전문의가 출연해 병의 증상과 처방, 주의점을 자세히 설명하면 유사한 병 때문에 고생하고 있는 많은 사람들이 도움을 받을 수 있다. TV의 '공공적' '사회적' 책임과 역할면에서 매우 중요한 기능을 수행할 수 있는 것이다.

'병'에 대한 접근도 셀 수 없을 정도로 가짓수가 많고 다양하다. '현대 의학'은 내과·외과·산부인과·이비인후과·비뇨기과·안과·치과…… 등등으로 크게 나눌 수 있고, 내분비·흉부외과·자궁암·유방암·성기능장애 클리닉…… 하는 식으로 세분화된다. 어쩌면 인간은 병 속에서 살고 있는 지도 모른다. 사람들은 "병고에 시달리지 않는 삶이 가장 행복한 인생"이라는 결론에 도달하게 될 것이다.

환자들의 한의학(韓醫學)에 대한 의존도도 계속 높아지고 있다. 사상의학(四象醫學)에 근간을 둔 한의학은 소위 양방(洋方 – '韓方 또는 漢方의 반대이다')과 부분적으로 결합하면서 상당한 성과를 거두고 있다. 보양·침 등처럼 직접적이기보다 다소 긴 치료기간이 소요되지만 은근하게 병이 치유되는 장점이 있다.

또 민간요법(民間療法)도 신묘(神妙)한 것들이 있다. 예컨대 손등에 사마귀가 많이 났을 경우, 이것을 없애고자 한다면 외과적 수술로 제거해야 한다. 그러나 민간요법에서는 '무화과'(無花果) 나뭇잎을 잘랐을 때 나오는 우유 빛깔 수액(樹液)을 자주 바르면 그 독한 사마귀가 근까지 녹듯 떨어져 나간다고 전해지고 있다. 왜 그렇게 되는지에 대한 이유나 설명은 잘 알 수 없다. 다만 그것을 바르면 낫는다는 사실만 기억하면 되고 그 점이 중요하다. 소위 비방(秘方)이다. 대개 재료(材料)가 되는 소재는 모두 값이 별로 비싸지 않은 경우가 많다. 그래서 민간요법 또는 전통민약도 가치가 있고 매력적인 것이다.

건강을 유지하기 위하여 병으로부터 자유롭도록 하는 TV 생활정보의 접근 방법은,

① 사전에 문제가 있는 부분을 발견해 대처하는 '정기 건강진단'
② 신약(新藥)이 발매되었을 때의 효능 복약(服藥) 가격 등. 각종 암·에이즈에 관한 부분은 환자와 가족들이 매우 민감한 반응을 보인다.
③ 새로운 치료법이나 시스템, 또는 치료 기재가 발명되었을 경우
④ 증상을 극세분했을 때, 소위 '명의(名醫)'로 평가받는 의료인에 대한 소개 및 인터뷰
⑤ 유산소운동을 비롯하여 각종 운동을 통한 치료 형태
⑥ 음식물 등을 이용한 개선 방법
⑦ 심리적·정신적 과정으로 치유에 이르는 형태

등등 매우 다양하고 전문적인 문제들에 관해 해답을 제시함으로써 아이템의 가치를 시청자들로부터 부여받게 될 것이다.

폐경기[14] 이후 여성들이 노화현상을 극복하기 위해 사용하는 복합 호르몬 대체요법(HRT: Hormone Replacement Therapy)이 유방암 등을 일으킬 위험이 높은 것으로 조사됐다고 로이터통신이 보도했다. 미국국립보건원(NIH) 산하 '심장·폐·혈액 연구소'의 자크 로소 박사는 이날 기자회견에서 "골다공증, 성욕감퇴 등을 치료하기 위해 여성 호르몬인 에스트로겐과 프로게스틴을 복합 투여하는 호르몬 요법은 유방암(26%), 심장발작(29%), 뇌중풍(41%)의 위험(발병 확률)을 높인다"면서 "호르몬제 복용 여성은 향후 사용 여부를 담당 의사와 상담해야 할 것"이라고 밝혔다.

이러한 뉴스를 접한, 이 약을 복용하고 있는 국내 폐경(閉經)여성(약 50만여 명으로 추산)은 매우 당황했을 것이다. 지금까지는 최선의 방법으로 권장되왔

---

14) 《동아일보》, 2002년 7월 11일.

었는데 하루아침에 위험하다니 도대체 갈피를 잡기 어려웠을 것이다. 여기에 대해 대한폐경학회는[15] HRT 요법을 현행대로 계속한다는 입장을 밝혔다. 이 학회는 학술위원회와 상임이사회를 긴급 소집한 끝에 이 요법을 지속하기로 결정했다. 학회는 폐경여성의 유방암 발병률이 높은 미국과는 달리, 한국은 폐경 전에 발생하는 확률이 높기 때문에 크게 문제되지 않을 것으로 판단했다고 밝혔다. 이와 같은 내용과 학회의 판단 그리고 여러 전문의들의 견해를 재빨리 또 상세하게 프로그램으로 소화했다면 좋은 생활정보 아이템이 되지 않았을까 보여진다.

(11) 영상구성

영상구성은 글자 그대로 '아름다운 그림'을 보여주는 것이다. 그 이유는 아무리 생활정보 프로그램이라 하더라도 이것저것 복잡하고 어렵고 골치 아픈 국면이 많다. 무엇인가 따져봐야 하고 생각해야 하고 자신의 입장과 비교도 해보아야 한다. 그럴 때, "잠깐 쉬어 갑시다" 하는 취지(趣旨)에서 '말랑말랑'한 화면을 내보낼 수 있다. 인간의 성선설(性善說)을 자극할 수 있는 예쁘고 멋있고, 스케일이 크거나 오밀조밀한 화면을 보여 준다면, 시청자는 잠시 순수하고 조강(燥强)한 정서를 눈으로 호흡하게 될 것이다.

계절에 맞추어 또는 어떤 이벤트 중에서도 이런 류의 그림은 창출된다. 물론 꼭 아름다운 그림만은 아닐 것이다. 'insert'에 해당하는 그림일지라도 우리의 심성과 기분을 정화시키는 요소가 포함되어 있다면 모두 가능하다. 그러나 이와 같은 영상구성은 촬영과 편집에서 매우 절제(節制)되고 정선(精選)된 것이라야 시청자에게 어떤 이미지나 메시지를 전달하게 되어 감동을 일으킨다. 다시 말해 예사 것은 곤란하다는 이야기다.

일본 NHK에서 filler성 또는 본 프로그램으로 자주 방송되는 '유럽 음악 기행'의 화면은 거의 트라이 포트나 레일을 사용해 흔들림이 없고, Pan이나 Tilt up·down의 속도가 절도 있으면서도 유연하다. 한마디로 눈이 화면에 끌려 들어간다. 즉 촬영자의 절제를 통해 심미(審美)를 추구하는 것이다.

또한 코믹해도 좋을 것이다. 경기도 어느 시골길에서 일어난 장면을 예로

15) ≪조선일보≫, 2002년 7월 13일.

소개하고자 한다.

젊은 자녀들이 다 도시로 떠나고 노부부만이 농사를 짓고 있다. 어느 가을 날 추수도 마무리됐고 해서, 돼지우리를 청소해준다. 문을 잠시 여는 순간 해방감을 느낀 어미 돼지는 빈 논으로 뛰기 시작했고 나머지 네 마리의 돼지도 각기 뛰기 시작했다. 처음엔 영감님만 애쓰다가 할머니까지 합세해 다시 우리로 몰아넣으려 하지만 길길이 뛰는 돼지는 오히려 국도에까지 침범해 주행하는 차량까지 멈추게 했다.

처음에는 재미있다고 구경만 하던 양쪽 차선 운전사들이 노부부가 애쓰는 모습이 안쓰러워 하나둘 차에서 내려 '돼지잡이'에 합세한다. 일순 국도와 추수가 끝난 넓은 논은 돼지몰이 럭비 경기장으로 변했다. 청년들이 최선을 다해서 뛰어보지만 겨우 꼬리를 잡았다가 미끄러져 놓치고, 돼지와 인간들의 진검승부(眞劍勝負)는 쉽게 결말이 나지 않는데……. 시골에 남은 노부부의 애잔함과 청년들의 경로(敬老)의 따뜻한 마음이 유머러스한 화면 위에 절절히 흐른다. 이런 경우는 현장감이 가장 중요해 상당한 행운이 함께 할 때만 가능하리라. 이것은 병사가 항상 총의 탄환을 장전(裝塡)하고 있듯이 촬영팀이 어느 순간이든지 카메라를 돌릴 수 있는 만반의 준비를 갖추는 것이 중요하다.

(12) 미담(美談)

미담은 사람들간에 일어나는 좋은 의미로의 대단히 파격(破格)적인 관계나 그 결과를 의미한다. 한국 최고 재벌의 총수가 실로 거액의 장학금을 쾌척(快擲)했을 때도 미담이 되지만, 지방 도시의 아주 작은 시장에서 평생 나물장사를 해서 안 먹고 안 입고 해서 번 돈 3억원을 할머니가 대학교에 기부했다면 그것은 우리들에게 더 큰 감동을 준다. 더욱 그 자녀들까지 할머니의 행위를 지지찬동(支持贊同)했다면 정말 대단한 일이 아닐 수 없다. 이러한 스토리는 비록 그 할머니처럼 실행에 옮기지 못하더라도 부유층과 보통사람들을 부끄럽게 하고 반성의 염을 갖게 한다.

강물에 빠진 어린이나 화재가 났을 경우, 생명의 위험을 무릅쓰고 도움을 주었다면, 그 사람은 오랫동안 마땅히 칭송을 받아야 한다. 2001년 초 일본

도쿄의 전철 선로에 추락한 일본인 취객을 구하려다 숨진 고 이수현 씨나, 최근 시민의 핸드백을 날치기해 달아나던 소매치기범을 붙잡으려다 자동차에 치여 목숨을 잃은 고려대학교의 고 장세환 씨 이야기, 또 2002년 9월 "수능이야 또 보면 되지만 아버지는 한 분뿐"이라며 수능을 포기하고 아버지에게 자신의 간을 떼어준 백진우 군의 사연은 오늘의 세상에서는 결코 흔히 있는 일이 아니다.

여름철 가족 중 누군가 아파트 출입문을 오래 열어놓아 모기가 들어오고 그 모기에 몇 군데 물렸다 하더라도 짜증을 내고 그런 원인을 제공한 식구에게 화를 내는 것이 보통의 정경인데, 하물며 목숨을 걸고 의로운 일을 수행했다면 칭찬받아 마땅하다. 물론 과거의 속담이지만 '사촌이 논을 사도 배가 아프다'는 말처럼 우리들은 사실 칭찬에는 매우 인색한 경향이 있지 않은가 생각된다.

미담은 많은 형태와 종류가 있겠지만, 경제적으로 유복한 사람보다 보통의, 또는 가난한 사람들이 이웃이나 남을 위해 애쓰는 사례가 강력한 메시지를 발생시킨다는 사실을 기억하고 있으면 좋을 것이다. 보고 듣기에 고약한 일들이 지겨운 세태에서 '미담'은 빛나는 보석(寶石)이요, 향기로운 한 송이 꽃이요, 갈증을 달래주는 감로수가 아닐까 한다.

(13) 경제

경제는 학문적으로도 그렇고 매우 딱딱하고도 재미없는 분야이다. 그러나 그것들이 모두 가정 경제와 연결되어 있다. 즉 돈을 벌고 쓰는 것과 관련이 있어 대단히 중요하다. 뉴욕 증권시장의 주가가 떨어진다든가, 원·달러 환율이 계속 하락한다든가 할 때, 우리 가계(家計)에는 어떤 영향을 미치게 될지? 또는 남편의 정년 퇴직으로 받은 퇴직금을 어떻게 운용해야 할지? 등이 큰 안목으로 보면 모두 경제에 속한다.

또 작고 다소 무게가 덜 나가고 가벼운 경제 용어라도 이것을 제대로 이해하는 것이 필요하다. 주부들이 이러한 난해한 경제에 이미 깊숙이 개입해 있는 상황에서 '경제 문제'에 대한 요점정리식 쉬운 해설은 참으로 가치가 있다. 이 아이템은 명강의를 하는 교수처럼 뛰어난 연사를 발굴하는 것이 관건이 될 것이다. 연예인이 나와 이런 저런 이야기만 늘어놓다가도 적절한 경제 아이템이 포함되면 시청자는 프로그램 자체에 대해서 어떤 신뢰감을 느끼게 될 것이다. 생활정보 프로그램은 월드컵 4강 신화에서 '멀티 플레이어'의 역할처럼 다양한 소재가 취급되는 것도 나쁘지 않다.

(14) 여행·레저(leisure)·취미

이 분야는 한마디로 사람들이 여기 저기 다니면서 '재미있고 즐겁게 노는' 내용 또는 방법에 관한 아이템이다. 노동과 휴식은 동일 선상에 존재한다. 노동을 하면 반드시 휴식이 수반되어야 하고 그후 다시 노동에 복귀하게 된다. 노동을 통해 어떤 산출물을 생산하는 중요성 못지 않게 'relax'는 재충전의 원동력이 된다.

그런데 이렇게 '노는 데'는 여러 가지 정보와 자금, 사전 준비 등 기획력이 절대적으로 필요하다. 사람이 놀고 싶다고 해서 무조건 잘 놀아질 수가 없는 것이 오늘날의 세태이다.

특히 여행을 통해서 쾌락을 얻고자 한다면, 시간, 비용, 교통, 볼거리(sightseeing), 맛있는 음식(food), night tour 등 따져봐야 할 것들이 하나 둘이 아니다. 또 그러한 관광명소들도 조건이 자주 변동된다. 과거에 다녀온 사람의 말만 믿었다가는 낭패(狼狽)를 보기 십상이다. 또 여행할 장소도 산도 있고 바다도 있고 섬도 있고 국내도 있고 해외도 있다. 교통편도 등산처럼 걸어야 하는 곳도 있고, 배로 이동할 수도 있으며, 경비행기를 타고 갈 수도 있고, 코끼리 등에 앉아 가는 트래킹(tracking)도 있을 것이다.

준비물도 옷·음식·약품·장비 등 무수히 많다. 우리가 그런 지식을 무슨 수로 다 안단 말인가? 이런 것들은 반드시 여행 전문가의 조언을 들어야 해결될 수 있다. 특히 여행과 레저는 최소의 비용으로 최대의 즐거움과 편의성을 만끽해야만 하기 때문에 사전 정보는 필수다.

주 5일제 근무 등으로 여행하는 사람들이 하도 많다보니 교통편과 숙박시설을 확보하는 것은 결코 쉬운 문제가 아니다. 이런 잡다한 난제(難題)들에 대해 생활정보 프로그램이 도움을 주고 해결과 상담의 역할을 수행한다면 시청자들로부터 상당히 큰 박수를 받을 수 있지 않을까 생각된다.

여기에 주의해야 될 점은 여행 컨설턴트 즉, 여행 전문가들은 프리랜서도 있지만 어느 여행사에 소속된 인사일 수도 있다. 이 경우 자기 회사 여행 상품을 중심으로 소개한다면 이해관계의 측면이 강조돼 아무래도 객관성에서 문제가 발생할 수 있는 소지가 있다는 점을 기획 단계에서부터 고려하면 좋지 않을까 한다. 정보와 함께 인터넷 검색을 유도해도 좋다.

취미와 레저는 사실은 전혀 다른 의미다. 그러나 그것을 추구하는 과정에서 서로 영역이 중복되기도 하고 목적이 같아지는 경우가 많아 유사한 개념으로 바뀌어가고 있다. 취미생활의 영역은 사람들의 성격과 취향이 각기 다르듯이 원하고 실행하는 바가 무수히 다양하다. 여성의 경우,

재즈 피아노 배우기/싱얼롱/합창/박물관 공부/수채화·유화 그리기/사진/비디오 찍기(6mm Digital Video Camera)/국악 배우기(가야금·거문고·사물놀이 유형·시조 등등)/한문 배우기/외국어 회화 공부/서예/매듭/요리 강습/꽃꽂이/난 가꾸기/분재(盆栽)/도예(陶藝)/수지침 배우기/에어로빅/수영/테니스/배드민턴/탁구/마라톤/등산/낚시/여행/자전거 타기/스키/골프/서핑(surfing)/스킨 스쿠버 다이빙/수상스키/레프팅(rafting)/더키(Ducky 카누를 닮은 공기주입식 소형보트 타기)/패러글라이딩/인라인 스케이팅/번지점프/각종 콜렉션 등등…… 셀 수 없을 만큼 많다.

사람들은 더 재미있고 진진하고 스릴있게 놀기 위하여 누군가 기기묘묘(奇奇妙妙)한 놀이 방법을 연구하고 계속 고안해내고 있다. 취미와 레저는 시간이 흐를수록 더욱 개성적이고 독특한 면을 보이고 있다.

취미를 달성하는 데도 순전히 재료나 책을 통해 혼자하는 방법도 있을 것이고, 지도하는 선생님이 반드시 있어야 하는 경우, 어떤 단체를 통해 팀 또는 집단으로 행해야 유리한 아이템 등으로 나누어질 수 있다.

또 취미를 추구함으로써 그냥 재미나 즐거움만 개인적으로 얻고 마는 내용이 있을 수 있고, 어느 수준 이상이 되면, 매듭 분재처럼 그것을 팔아 상당한 수입을 올리는 것도 있을 것이다. 그리고 합창이나 국악, 미술, 서예와 같이 여러 취미자가 모여 위안 공연, 전시회 등을 열어 성취감을 맛보는 것도 있을 것이다. 예컨대 조용필 노래에도 나오는 아프리카 최고봉인 킬리만자로(Kilimanjaro)에 도전하고 싶다면 등산회에 가입해 오랫동안 경험을 쌓은 후 출발해야 할 것이다.

이렇게 다양한 것들을 생활정보 프로그램 아이템으로 소화하기 위하여 어떤 특정의 룰이나 기준, 관행은 없다. 취미 아이템을 선정하는 것은 춘하추동, 계기, 어떤 시류에 입각한 유행(외국에서 많이 한다든지), 또는 그 방송사나 프로그램 자체에서 어떤 캠페인 성격으로 추진하는 것이 있다면 그것을 강조하는 경우도 있을 것이다. 특별한 방법이 없기 때문에 자연히 기획자인 PD나 구성작가의 감각, 감성에 의존할 수밖에 없는 경우가 더 많을 터이다.

5월, 날이 따뜻해지면서 프로그램은 시청자에게 '수영'을 권유할 수도 있을 것이다. 여성 중에는 수영을 못하는 사람도 많을 것이고, 수영은 체중 조절에도 어느 정도 효과가 있을 뿐만 아니라 성인병 예방을 위해서는 매우 훌륭한 운동이라는 것은 이미 알려져 있다. 대형 수영장보다는 구청에서 운영하는 체육관이나 청소년 수련관 등의 정보를 전달해 수영에 대한 의지를 다지게 할 수 있을 것이다.

접근 방법은 시청자가 한 번 해보아야겠다고 평소에 생각하고 있을 만한 아이템을 어떻게 하면 효과적으로 배울 수 있을까를 배려하는 것이 가장 중요하지 않을까 생각된다.

예컨대, 미국 TV 프로그램에서 자주 사용했던 'How to' 프로그램의 범주와 유사하다. How to play piano?의 원칙과 방법을 효율적으로 전달하면 될 것이다. 여기에는 최고의 전문가(훌륭하다고 소문난 지도자)와 가장 우수한 시스템을 소개하는 일이 우선되어야 할 것이다.

취미·레저 아이템을 활용하는 핵심은, 그 아이템이 무엇이든 간에 TV화면을 보고 시청자가 '나도 그거 한 번 해봤으면 좋겠다' 하는 유혹의 마음이 들게 하는 것이 가장 좋은 방책일 것이다. 그러자면 구성도 짜임새가 있어야 하고 화면도 세련되어야 하며 지도하는 전문가도 톱클래스(top class)여야 매력이 발생한다. 가장 일반적이고 손쉬운 아이템이긴 하지만 성공하자면 세밀한 기획과 많은 노력이 뒷받침되어야 할 것으로 생각된다.

(15) 취업·부업

이 분야는 TV에서 전달되는 아이템을 통해 어느 정도의 수입을 기대하는 '돈벌이'와 관련된 것이다. 취업은 각 사회 단체 등에서 시행하는 '전문 인력의 교육'과 '각종 취업 정보'로 대별될 것이다. 국부(國富)가 커졌다고는 하지만 아직도 많은 서민이 존재하고, 자녀들의 과외비 부담이 계속 상승하고 있어 주부들은 취업·부업에 상당한 관심을 갖고 있다. 또 부업의 경우는 남녀를 가리지 않고 노인 인구가 늘어나[16] 어떤 소일거리가 필요한 시점이기도 하다. 그러나 IMF의 터널을 통과한 현재 TV 생활정보에서는 이 부분을 별로 다루지 않는 것으로 보여진다.

그러나 사회적으로 볼 때, 건축 등 여러 분야에서 전문적인 또는 숙련된 근로자의 공급은 부족한 경우가 많다. 그런 가운데서도 도배/도장(塗裝)/미용/의상(재봉 재단 디자이너)/금속·보석 세공(細工)/수퍼마켓의 점원/청소/운전/심지어 용접(鎔接)까지도 여성인력의 진출은 활발하다. 이러한 여성의 근로는 국민총생산의 일익을 담당하고 가계(家計)를 보충한다는 의미 외에도 '평생을 일하면서 전문가로서 사회에 기여한다'는 여성의 자기 실현을 성취하는 수단이 될 수 있다는 성격을 지니고 있다. 다만 이 아이템은 TV 프로그램으로서 화면이 멋있거나 그런 요소는 없지만 재정적 요소와 연결되는 강점이 있다.

취업과 부업에 접근하자면 1차적으로 연수와 훈련을 수행하는 기관을 서치(search)해야 할 것이고, 이러한 인력을 수용할 수 있는 기업 또는 업체를 캐치(catch)하는 작업이 선행되어야 할 것이다. 이 두 부분의 관계가 생산적일 때, 방송적인 효과가 발생할 것이다.

2차적으로 여기에 교육과 관련된 비용, 기간, 훈련 심도, 취업률(가능성) 그리고 취업 후의 일당(日當)/주급/월급/보너스/휴가/의료보험 등에 관한 정보가 필요하다. 또한 근로할 '지역'에 대한 고지(告知)도 빠질 수 없다. 여성은

---

16) ≪동아일보≫, 2002년 9월 17일.

재경부가 밝힌 '노인인구 부양비율 추이' 자료에 따르면, 2002년 현재 생산활동 인구 (15세 이상 65세 미만) 10명이 부양해야 할 노인 인구는 1.11명이지만 2010년에는 1.48명으로 늘어나고 2020년에는 2.13명, 2030년 3.57명, 2040년에는 5.16명으로 증가할 것으로 추산된다. 이같은 추산은 65세 이상 노인인구가 2002년 377만 명에서 2010년 530만 명, 2030년 1,160만 명, 2040년 1,453만 명으로 40년 동안 4배 가량 늘어나는 반면, 생산활동 인구는 출산율 저하현상이 본격화되면서 2002년 3,407만 명에서 2040년에는 2,815만 명으로 줄어든다는 분석에 따른 것이다. 이런 추세라면 국민연금도 현 체제로 운영하면 2050년쯤이면 바닥이 난다는 것이다.

가사와 육아를 도외시(度外視)할 수 없는 특성을 지니고 있기 때문에 근로지
와 거주지의 관계가 매우 중요하다.

부업은 대체로 근로자의 집에서 수행하는 경우가 많다. 봉투를 붙인다든지
박스를 접는 등 단순작업이 주를 이룬다. 따라서 부업은 재미도 없고 생산성
(소득)도 일반적으로 그렇게 높지가 않다. 이런 약점을 개선하기 위해, 작업
장소를 정해 여기서 집단적으로 시행한다면 유휴(遊休) 노인 인구에게는 크
게 도움이 될 것이다. 동회나 구청, 기업, 사업장의 공간을 얻는 것도 프로그
램이 유도해볼 일이다. 이미 노인정이나 마을회관은 이런 류의 목적으로 자
주 사용된다. 만약 이 분야가 활성화될 수 있다면 노령 인구를 근로 형태로
전환하는 데 커다란 역할을 할 수 있을 것으로 기대된다.

부업과 관련해서, 필자가 데스크 시절에 있었던 에피소드 하나를 소개하고
자 한다. 1980년대 비교적 가계가 빈약하던 시절, 모닝쇼 프로그램은 자주
부업 아이템을 다루었다. 내일 방송될 아이템은 이미 3일 전 확정되었고, 5개
의 아이템 중 3개는 취재가 완료되었다. 나머지 2개의 촬영을 위해 아침 일찍
취재팀은 경기도로 먼길을 떠났고, 오전에 1개의 아이템은 취재를 마쳤다.

점심 후, 섭외된 나머지 1개의 취재를 위해 현장에 도착했으나, "도저히
촬영 조건이 성립되지 않아 포기할 수밖에 없는 상황이다. 다른 요일 팀이
예비로 갖고 있는(섭외된) 아이템이 혹시 없느냐?"는 다급한 전화가 걸려왔
다. 다른 요일 팀을 모두 확인해보아도 즉시 가용(可用)할 만한 예비 아이템
을 뽑아주기는 어려웠다. 그 사실을 알리자 취재팀은, 수원 쪽에 한 군데 더
가보고 거기서도 실패하면 대신 어떤 '예비 출연자'를 스튜디오에 나오게
해달라고 요구했다. 취재팀은 저녁 8시가 넘어서 돌아왔다.

그들이 촬영해온 것은 '메뚜기 사육(飼育)'이었다. 그 당시 맥주집에서 메
뚜기를 볶아 안주로 사용해 인기가 있던 시절이었다. 사육공간이 집의 방
한 칸에 불과해 카메라는 클로즈업 즉, 접사(接寫)를 할 수밖에 없었고, 따라
서 메뚜기의 영상은 살이 통통히 찌고 구워먹는다면 정말 맛있어 보였다.
방송시, 취재관련 전화번호를 자막으로 내보내고, 방송이 종료된 후에는 부
서 사무실 칠판에 그 번호를 적어놓고 직원들이 수시로 걸려오는 전화문의
에 답해주는 것이 관행이었다.

필자는 사무실에서 방송 내용을 모니터하고 있었는데, 그 메뚜기 연락처

자막이 지나가자마자 그 넓은 사무실의 모든 전화가 동시에 울리기 시작했고, 잠시 후 전화교환실에서 연락이 오기를, 한꺼번에 수없는 전화가 폭주해 방송국의 전화 전부가 불통 상태라는 것이다.

그 '메뚜기 사육' 문의전화로 교양국과 TV제작국 직원들은 1년 여를 심하게 시달렸고, 총 3년 1천 일 이상 전화는 계속되었다. 그때처럼 TV의 위력을 실감하기는 입사 후 처음이었다. 그렇게 메뚜기가 폭발적으로 인기를 얻게 된 것은 부업을 위해 어떤 비용(자본금)이 거의 들지 않고, 맥주 안주로 수요가 있고 판로가 좋을 것이라는 판단 때문이었다. 심하게 말하면 화면을 보고 시청자의 '공짜 심리'가 발동했다고도 볼 수 있다. 따라서 제작진들은 여러 가지 반성의 생각도 했다.

이것은 과거의 이야기이고, 오늘의 생활정보 프로그램들은 젊은 주부들을 중요 대상으로 하고 있기 때문에 칙칙하고 구질구질한 취업·부업의 아이템은 선호하지 않을지도 모른다. 그러나 사회적으로 유용한 가치가 있는 것이기 때문에 주 1회, 또는 월 1회 정도로 횟수를 줄여 시행하면 적지 않은 성과가 있지 않을까 생각된다.

(16) 애완 동물

가족 구조가 핵가족으로 변하고 주거 환경이 단독 주택에서 아파트로 변화되면서 사람들은 애완 동물 키우기에 열심이다. 개와 고양이, 금붕어와 작은 거북이, 이구아나 등 종류도 다양하다. 특히 애완견은 선호도가 높아 1990년대에는 보통 한 마리 정도 키우던 것이 최근에는 한 집에서 2~3마리를 키울 정도로 숫자도 늘어나고 있어 그 위치도 상승했다. 가족의 순위가 1번 아내, 2번 아이들, 3번 남편, 4번 강아지, 5번 할아버지, 6번 할머니이기 때문에, 시골에서 상경한 할아버지가 아파트 경비실에다 농사지은 물건을 맡기고, "3번아! 5번 왔다 간다"는 쪽지를 써놓았다는 우스개 이야기도 나돌고 있다.

애완견은 집에서의 서열(序列) 4위이다. 자신을 낳아준 아버지와 어머니보다 한 단계 높다. 기형적인 현상이지만 이것은 어느 정도 사실이다. 서울의 대한극장 부근이나 압구정동에는 동물병원(주로 애완견 병원이다)이 즐비하다.

서울대학교 건국대학교 일부 지방대 등 소수의 수의과대학만 존재해 그런 수의사 수요를 다 감당하지 못해 신규로 수의과대학을 신설하고자 계획한 대학교도 있다. 그러나 기존 수의과대 교수들이 과잉공급이라고 항의하는 바람에 갈등이 유발되고 있다. 여기에 지원하는 수험생들의 수능 성적은 1등급으로 의대·한의대·약대를 지원하는 최상위 수준의 학생이 될 것이라는 전망이다. 이것은 동물병원은 돈을 잘 벌 수 있다는 가능성에 근거한 것이다.

과거의 경험을 통해서 보면, 시청자들은 이상하게도 특히 예쁜 강아지에 관심이 많고 그밖에 여러 가지 동물에 대해서도 열성적이다. 그래서 '자체 시청률 조사기간'(요즈음은 그런 조사를 하지 않는다)에는 자주 동물원에 중계 차를 대놓고 동물들의 재롱과 생태에 대한 설명을 내보내기도 했다. 동물병원이 도처에 있다면 궁금증이나 오리엔테이션에 관해서 거기에서 정보를 얻겠지만, 그것도 그리 여의치는 않다. 따라서 잘 찾아보면 애완 동물의 아이템 중에서 시청자에게 깊은 인상을 심어줄 것들이 있을 것으로 생각된다.

(17) 문학

문학은 소설·시·수필·희곡·시나리오 등이 모두 망라된다. TV에서 많이 다루어지는 것은 소설과 시 그리고 수필이다. 소설은 우리 사회가 변화해가는 커다란 틀 속에서 주로 사랑이야기이고 인간이 소외(疏外)되면 얼마나 고독한가를 자주 주제·소재로 삼는다. 소설과 TV 드라마는 정체와 속성, 모든 것이 다르다. 좋은 소설을 한 권 읽으면 우리들은 훌륭한 음식을 잘 먹은 것 같은 정신적 포만감을 느낄 수 있다. 반면 TV 드라마는 '카우치 포테이토(couch potato)'(소파에 앉아 감자칩을 먹으며 TV를 보는 사람)를 위한 프로그램이라고 해도 특별한 반론이 옹색(壅塞)하다.

그러나 오늘의 우리 생활이 아무리 TV의 공습(空襲)에 두 손을 들었다 하더라도 소설은 필요하다. 그런 의도로 해서 일찍이 1980년대 초 MBC TV가 <TV독서토론>을 정규 프로그램으로 방송한 바 있고, 최근에는 KBS가 1TV를 통해 <TV, 책을 말하다> 그리고 라디오는 <이수향의 책마을 산책>이라는 프로그램을 방송하고 있다. 이런 책읽기 권장(勸獎) 전문 프로그램은 모두 프랑스의 공영방송 F2의 프로그램이 원조이다.

F2는[17] '독서의 영웅'으로 추앙받는 저널리스트 출신 '베르나르 피보' 씨 (Bernard Pivot, 66)를 PD 겸 진행자로 내세워 28년간 책읽기 프로그램을 방송함으로써 프랑스 국민의 지성을 공고히 해왔다. 30년에 가까운 일련의 책읽기 프로그램은, 1973~74년까지는 <따옴표를 여세요(Quvrez les Guillemmets)>, 1975~90년까지는 우리나라에서도 널리 알려질 정도로 유명한 <아포스트로프(Apostrophes)>, 그리고 1991~2001년 3월까지는 <문화의 온상(Bouillon de culture)> 프로그램으로 이어지면서 '피보'라는 책읽기에 미치다시피한 걸출한 인물의 시대는 마감되었다.

피보는 그동안 1,200여 회에 걸쳐서 문학·역사·철학·예술 등 각 분야의 저명한 저술가 5,000여명과 그들의 책을 평범한 프랑스 국민들에게 소개해왔다. 2001년 6월 29일 밤 10시 50분부터 2시간 동안 특집으로 꾸며지는 그의 고별 생방송엔 최다출연자 소설가 '장 도르메송' 등 10여 명의 문학인들이 출연해 1990년대의 문학을 이야기하며 방송 28년을 총정리한 바 있다.

피보 씨에 이어서 공영방송 F2는 <CAMPUS(캉뛰스)>라는 책 프로그램을 새로운 시대의 기호에 맞추어 편성했고 진행은 신예 '기이욤 뒤랑'을 기용해 피보의 뒤를 잇고 있다. 진정 TV의 역할이 무엇인가를 다시 돌아보게 하는 프로그램이다.

이런 포맷이나 내용이라면 만약 베꼈다느니 모방했다느니 하는 비난이 있을지라도 그냥 참고 넘어갈 수 있다. 따라서 생활정보 프로그램에 삽입되는 책읽기 오리엔테이션은 의미도 있을 뿐만 아니라 연예와 관련된 화제 등 잡다한 아이템을 중화(中和)시키는 데도 상당한 역할을 하는 것으로 보아야 한다.

우수한 소설을 선정해서 시청자에게 권하는 것은 생활정보 프로그램이 갖고 있는 순기능(順機能) 중의 하나일 것이다. 문제는 한국적 상황에서 TV가 도시락 싸가지고 다니면서 권할 만한 소설이나 시가 과연 넉넉하냐 하는 것이다. 그렇다 하더라도 꼼꼼히 선정해 소개하면 시청자들이 상당히 선호하게 될 것이다.

21세기는 어느 나라나 자본주의와 시장경제를 신봉한다. 자본주의라는 개

---

17) 2002년 7월 18일, KBS 1TV, <TV, 책을 말하다> 50회 특집에서 인용.

넘은 고약하게 표현하면 자본과 상품이 결합되고 상품과 매체가 결탁(結託)하는 위험이 도사리고 있다. 그 선정이 특정 출판사의 이윤 확보를 위해 이루어진다면 기획의도에서 아주 빗나가는 것이고, 곧 시청자의 지탄을 받게 될 것이다.

미국의 여성 토크쇼 진행자 <오프라 윈프리> 프로그램의 책소개는 상당히 성공한 것으로 평가받지만, 우리나라 한 지상파TV 쇼프로그램에서 하고 있는 책 관련 코너는 '책읽기 프로냐?' 아니면 '책나르기 프로냐?'는 의문과 함께 부정적 시각으로 생각하는 시청자가 적지 않은 것 같다.

<!(느낌표)> 프로그램에 대해, 문학평론가이며 고려대학교 불문과 교수인 김화영 씨는[18] "이 프로그램의 진행자들은 책의 주제나 내용, 지적 해석, 심리적 감동의 깊이에는 관심이 없고, 책이라는 물건의 무게와 양에만 관심이 있다"고 비판했다. 2002년 계간 문예지 ≪문학동네≫ 가을호의 기고문에서 "우리나라에서 TV는 사실상 공기·물·음식·자동차와 더불어 개개인의 사활(死活)이 걸려 있는 필수적 항목이며, 우리 국민이 독서할 수 있는 얼마 안 되는 여가시간의 대부분이 텔레비전에 의해 유괴(誘拐)되고 있다"고 <!(느낌표)>와 관련해 TV의 역기능을 지적하고 있다.

비록 코너적 성격에 해당되는 아이템이라도 문학(소설·시·수필)을 권유하는 데 프랑스 F2의 '피보'처럼 전달자의 역할과 재능(말 등 표현능력)이 매우 중요하다는 점을 강조하고자 한다. 최근의 경향을 보면, 각 일간지의 젊은 문학 담당 기자들이 해당 프로그램에 상당수 출연하고 있다. 이들은 전문가이면서도 어떤 이데올로기를 견지할 수 있고, 사람에 따라서 '진보적'인 경향을 추구할 수도 있다. 프로듀서나 구성작가는 이런 경우 섭외에서 중용(中庸)의 자세를 취한다면 성과 있는 프로그램을 만들 수 있을 것이다.

시(詩)는 시대와 시대 정신을 노래하는 하는 것이다. 시는 사랑을 읊조리고 자연을 찬미한다. 그래서 시는 '잠든 아기의 얼굴', '곱게 핀 꽃', 그리고 '미소짓는 처녀의 모습' 못지 않게 아름다운 개념이라고 사람들은 생각한다. 또 시는 '짧은 철학'이다. 단지 우리가 길이가 짧다고 느끼나 그 깊이는 동굴보다 깊다. 그러나 시는 시대를 반영하는 것이기 때문에 어떤 이데올로기와

---

18) ≪조선일보≫, 2002년 8월 15일.

관련이 있는 것도 없지 않다.

어떤 유명한 시인은 다분히 정치적인 장면에, 침묵하는 다수의 국민들이 의문의 눈초리로 쳐다보고 있는데도 아랑곳지 않고, 자랑스럽게 술잔을 높이 들고 파안대소(破顔大笑)하면서 독재자와 사진 찍히기를 즐겼다. 그것은 그 시인의 자유이다. 그러나 대부분이 평범한 주부들에게 그런 시를 권유한다는 것은 바람직하지 않다고 생각된다.

오늘의 시에 대해 원로 시인 신경림 씨는 여러 가지 걱정을 하고 있다. 시와 시인에 대한 함축적인 고언(苦言)이 설득적이어서 소개하고자 한다.[19]

「농무」의 원로시인 신경림(申庚林·67) 씨가 요즘 시들이 너무 부자연스럽고 경박하며, 지나치게 독자들에 영합해 깊은 '울림'이 없다고 매섭게 질책했다.

신씨는 신작시집 『뿔』(창작과비평사)의 말미에 붙인 '시인이란 무엇인가'라는 글에서, 최근 전문지·잡지·동인지 등을 통해 수많은 시가 발표되고 있지만, 대부분 "울림을 주지 못한다"고 말했다. 이는 "시를 억지로 만들기 때문"이며, "시를 억지로 만들다 보니까 오늘의 우리 시 중 많은 것들이 말장난으로 시종하고 있다."고 작금의 시작(詩作) 풍토를 비판했다. "삶과는 아무 관계 없는 말들을 이리저리 뒤바꾸고 돌리고 비틀고 해서 말의 난장판을 만들어 놓을 뿐"이라는 것이다.

신씨는 이어 "요즘 시인들이 너무 쉽게, 너무 함부로 시를 쓴다"고 지적했다. 이는 "70, 80년대의 이른바 민중시의 무거움에 대한 반동의 측면이 강하다"면서, 당시의 일부 민중시인들이 분단현실이나 노동문제 같은 주제만 다루면 다 시가 된다는 잘못된 잣대에 따라 불량품을 대량생산하기도 했던 게 사실이라고 말했다.

이와 함께, 요즘 시인들이 독자들에 지나치게 영합하고 있다는 사실을 지적하며, "시가 경박해지는 것도 시를 너무 쉽게 쓰는 것도 따지고 보면 이와 무관하지 않다"고 했다. "70, 80년대의 사회성의 시들"도 어쩌면 또 다른 형태의 독자와의 영합이었다는 혐의를 둘 수 있다고 그는 말했다.

신씨는 "시인이란 자신의 사상이나 감정을 보다 쉽게, 보다 힘있게 표현할

---

19) ≪조선일보≫, 승인배, 2002년 7월 3일.

수 있는 능력을 획득하고 있는 사람"이라는 영국시인 워즈워스와 코울리지
의 정의를, 시인의 특성을 한마디로 요약한 명언이라고 소개한 뒤, 자신이
생각하는 '시란 무엇인가'를 이렇게 요약했다.

> '시는 어차피 이상주의자(理想主義者)의 길에 피는 꽃이다.' 억지로 만드는 데서
> 벗어나 좀더 자연스러워지면서, 잃어버린 '절규성'을 회복하고, 왜소해짐으로써
> 놓친 큰 울림을 되찾는다는 일은 새로운 세기에 들어선 우리 시가 한번 시도해볼
> 일이다.

"시는 어차피 이상주의자의 길에 피는 꽃이다"라는 문장은 시의 핵심을
가장 시적으로 표현한 정의가 아닌가 생각한다. 만약 프로듀서나 구성작가
가 시를 선정할 경우 참고했으면 한다.

시를 아이템으로 사용하는 데는 '낭송(朗誦)'이 매우 중요한 요소이다. 즉
성우나 아나운서가 시를 제대로 잘 읽어 내려가서 시의 '맛'과 '오묘함'을
시청자들에게 정확하게 전달해야 한다.

그러나 다른 사람 즉, 시인이 직접 읽거나 아니면 진행자의 목소리로 소개
할 수도 있다. 시인이 읊조릴 경우, 물론 '훌륭한 낭송'이 될 수도 있겠지만,
경험적으로 보면 대체로 'over'해서(요즘 젊은이들의 표현) 시의 전달과 인식
에 장애(障碍)를 주게 된다. 유의했으면 하는 대목이다. 그리고 낭송의 바닥
에 시와 딱 어울리는 back ground music을 높지 않게 곱게 깔아간다면 효과는
더 클 것이다.

수필도 길이가 그렇게 길지 않고 시청자의 심금을 울리는 내용이 많기 때
문에 문학아이템으로 높은 가치가 있다. 예컨대 수필의 성격인 '경봉'(鏡峰)
스님의 『꽃은 져도 향기는 그대로 일세』는 수필 또는 수상록(隨想錄)적인 제
목의 책인데, 스님은 이 책에서 "남을 꾸짖을 마음으로 나를 꾸짖고 자기를
용서하는 마음으로 남을 용서하라. 남은 봄바람처럼 대하고 자신에겐 추상
(秋霜)같이 하라"고 갈파하고 있다.[20] 이 얼마나 값진 메시지인가? 때로는

---

20) ≪조선일보≫, 2002년 7월 5일.
　　한국 근대불교의 대표적 선사(禪師) 중 한 명인 경봉(1892~1982) 스님 입적(入寂) 20
　　주기를 앞두고 그가 50년 동안 써내려갔던 일지(日誌)가 책으로 묶여졌다. 『꽃은 져도
　　향기는 그대로 일세』는 경봉 스님이 1927년 12월부터 1976년 4월까지 남긴 기록 중

수필도 아주 다룰 만한 내용이다. 다만 수필집이 나오자마자 다룬다든가, 또는 수필집을 소개하는 데 출판사 사장을 출연자로 내세운다던가 하는 일은 바람직하지 않다.

　이런 시와 수필성의 글과 관련해서, 인터넷에 올라오는 글도 소재가 될 수 있다는 사례를 소개하고자 한다. ≪동아일보≫는 2002년 9월 13일, 「아버지는 누구인가?」라는 제목으로 인터넷에 올라온 작자 미상의 글을 게재해 감동과 화제를 불러일으킨 바 있다. 만약 생활정보 프로그램에서 인터넷을 뒤지다가 이 글을 먼저 발견했다면 진정 훌륭한 아이템으로 사용되었을 것으로 생각되어 다소 길지만 전문을 소개하고자 한다.

　　[아버지는 누구인가?]　　　　　(작자 미상, 인터넷과 입소문으로 부유함)
　　아버지란 기분이 좋을 때 헛기침을 하고,
　　겁이 날 때 너털웃음을 웃는 사람이다.

　　아버지란 자기가 기대한 만큼 아들, 딸의
　　학교 성적이 좋지 않을 때 겉으로는,
　　'괜찮아, 괜찮아' 하지만
　　속으로는 몹시 화가 나는 사람이다.

　　아버지의 마음은 먹칠을 한 유리로 되어 있다.
　　그래서 잘 깨지기도 하지만,
　　속은 잘 보이지 않는다.
　　아버지란 울 장소가 없기에 슬픈 사람이다.

　　아버지가 아침 식탁에서 성급하게 일어나서 나가는
　　장소(그 곳을 직장이라고 한다)는,
　　즐거운 일만 기다리고 있는 곳은 아니다.
　　아버지는 머리가 셋 달린 龍과 싸우러 나간다.

80편을 골라 원문과 해설을 수록한 것이다. 경봉 스님은 15세에 출가한 후 평생을 통도사에 머물면서 선풍(禪風)을 드날렸다. 특히 1953년부터 통도사 극락암에 조실(祖室)로 주석하면서 이곳은 전국의 선승(禪僧)들이 동경하는 수행장소로 떠올랐다. 세상을 떠났을 때 조문객이 10만 명을 넘었고 장례행렬이 2km나 이어졌다는 것 등이 불교계의 전설로 남아 있다.

그것은 피로와, 끝없는 일과, 직장 상사에게서 받는
스트레스다.
아버지란 '내가 아버지 노릇을 제대로 하고 있나?
내가 정말 아버지다운가?' 하는 자책을 날마다
하는 사람이다.

아버지란 자식을 결혼시킬 때 한없이 울면서도
얼굴에는 웃음을 나타내는 사람이다.

아들, 딸이 밤늦게 돌아올 때에 어머니는 열 번
걱정하는 말을 하지만, 아버지는 열 번 현관을
쳐다본다.

아버지의 최고의 자랑은 자식들이 남의 칭찬을
받을 때이다.

아버지가 가장 꺼림칙하게 생각하는 속담이 있다.
그것은 '가장 좋은 교훈은 손수 모범을 보이는
것이다'라는 속담이다.
아버지는 늘 자식들에게 그럴듯한 교훈을 하면서도,
실제 자신이 모범을 보이지 못하기 때문에,
이 점에 있어서는 미안하게 생각도 하고
남모르는 콤플렉스도 가지고 있다.

아버지는 이중적인 태도를 곧잘 취한다.
그 이유는 '아들, 딸들이 나를 닮아 주었으면' 하고
생각하면서도,
'나를 닮지 않아 주었으면' 하는 생각을 동시에
하기 때문이다.

아버지에 대한 인상은 나이에 따라 달라진다.
그러나 그대가 지금 몇 살이든지, 아버지에 대한
현재의 생각이 최종적이라고 생각하지 말라.

일반적으로 나이에 따라 변하는 아버지의 인상은,

4세 때-아빠는 무엇이나 할 수 있다.
7세 때-아빠는 아는 것이 정말 많다.
8세 때-아빠와 선생님 중 누가 더 높을까?
12세 때-아빠는 모르는 것이 많아.
14세 때-우리 아버지요? 세대 차이가 나요.
25세 때-아버지를 이해하지만, 기성세대는 갔습니다.
30세 때-아버지의 의견도 일리가 있지요.
40세 때-여보! 우리가 이 일을 결정하기 전에, 아버지의 의견을 들어봅시다.
50세 때-아버님은 훌륭한 분이었어.
60세 때-아버님께서 살아 계셨다면, 꼭 助言을 들었을텐데…….

아버지란 돌아가신 뒤에도,
두고두고 그 말씀이 생각나는 사람이다.

아버지란 돌아가신 後에야 보고 싶은 사람이다.
아버지는 결코 무관심한 사람이 아니다.
아버지가 무관심한 것처럼 보이는 것은, 체면과
자존심과 미안함 같은 것이 어우러져서 그 마음을
쉽게 나타내지 못하기 때문이다.
아버지의 웃음은 어머니의 웃음의 2배쯤 농도가
진하다.
울음은 열 배쯤 될 것이다.

아들, 딸들은 아버지의 수입이 적은 것이나,
아버지의 지위가 높지 못한 것에 대해 불만이
있지만, 아버지는 그런 마음에 속으로만 운다.

아버지는 가정에서 어른인 체를 해야 하지만,
친한 친구나 맘이 통하는 사람을 만나면 소년이
된다.
아버지는 어머니 앞에서는 기도도 안 하지만,
혼자 車를 운전하면서는 큰소리로 기도도 하고
주문을 외기도 하는 사람이다.

어머니의 가슴은 봄과 여름을 왔다갔다하지만,

아버지의 가슴은 가을과 겨울을 오고간다.

아버지! 뒷동산의 바위 같은 이름이다.

시골마을의 느티나무 같은 크나 큰 이름이다.

앞에서도 인용한 바 있지만, 가정에서 아내가 ①번, 자녀가 ②번, 남편 즉 아버지가 ③번, 강아지가 ④번이라는 풍자적인 농담이 떠돌아다니지만 이것은 상당 부분 현실이다. 그 순위는 강아지보다 겨우 한 단계 높을 뿐이다. 앞의 글은 자책과 비애가 가득 찬 선량한 아버지의 그래도 점잖은 고백성사이다. 이것을 단도직입(單刀直入)적으로 짧게 말하면 '아버지는 가족에게 있어 돈버는 기계이다', 또 '아내에게 있어서는 sex machine이고', '노부모에게 있어서는 퀵서비스이다.'

이런 이유로 해서 남편 또는 아버지도 생활정보 프로그램에서 하나의 아이템이 될 가능성이 있다. 왜냐하면 시청자가 주로 여성 즉, 아내인 경우가 많기 때문이다. 위의 글을 계기로 해서 남편의 아이템도 개발하도록 노력하면 좋을 것 같다. 여러 측면에서 다루다가 외국 아버지들은 어떤가도 취재할 수 있을 것이다.

(18) 해외 토픽

해외 토픽은 국내가 아닌 해외에서 발생하는 재미있는 일들을 전문 제작사가 만든 필름(tape)을 사오거나 특파원들이 취재한 내용들이다. 이것들은 직접적으로 뉴스 벨류가 있는 것일 경우 보도국에서 짧은 뉴스 아이템으로 사용한다. 그러나 한 개의 에피소드나 삽화(揷畵)적인 성격의 것은 사장(死藏)될 가능성이 많다. 보도국과 잘 교섭을 해서 재미있고, 엉뚱하고, 우리의 형편과 남다른 특이한 내용을 시청자에게 전달한다면 한 잔의 사이다처럼 시원한 청량제(淸凉劑)가 될 수 있다.

문제는 보도국 관련 기자와의 관계이다. 지상파 방송사는 표면적으로 아주 합리적인 조직으로 보인다. 그러나 속을 들여다보면 지극히 보수적(保守的)이고 국실(局室)간에 장벽이 매우 높다. 기자군(群)은 다른 회사나 조직에서 도움을 받는 일은 열성적이고 철저하지만, 자기가 타방에게 어떤 편익을 주는 데는 매우 인색한 경향을 보이기도 한다.

어느 경우는 다른 방송사(경쟁회사)에 부탁하는 것만도 효과가 못하다. 예컨대 A라는 지상파 방송사가 세계적으로 유명한 테너의 음악회를 주최한다고 가정할 때, 대외 홍보기능을 갖고 있는 부서에 부탁하면 같은 회사의 일이니까 최대한 도움을 주어야 마땅하다. 그러나 결과는 그렇지 못하다. 하는 수 없어 15만 원짜리 초대권을 10장이나 20장 정도 전달하면 겨우 응해주는 경우도 있을 수 있다.

따라서 같은 회사끼리라도 도움을 받을 가능성이 있는 부서 담당자에게는 평소 점심도 사주고 커피도 같이 마시는 등 돈독(敦篤)한 관계를 유지하는 것이 필요하다. 해외토픽은 보도국 예산에서 구매한다. 따라서 사용량이 많을 때는 쓴 만큼 보도국에 비용을 지불할 수도 있고, 아니면 해외토픽 전문 공급사와 계약을 체결해 독자적으로 사용해도 무방할 것이다. 그림(화면)만 해외 발생이지 특별한 의미가 없는 것은 시청자로부터 환영받지 못한다.

(19) 스포츠

스포츠는 현대인에게 어떤 힘과 판타지(fantasy)를 제공한다. 경기의 속시원한 장면을 보고 열광하며 스포츠 스타들에게 친밀감을 느끼고 동경한다. 그들은 오늘의 영웅(英雄)이고, 그들을 둘러싼 화제도 많다. 선수들은 언제나 '불가능'을 극복하는 것을 목표로 하고, 기록에 도전한다.

2002년 9월 15일 프랑스 파리에서 열린 국제육상경기연맹(IAAF) 그랑프리 파이널 남자 100m, 미국의 팀몽고메리 선수(27)는 100m를 '9초78'에 완주함으로써 3년만에 0.01초 앞당겨 세계기록을 경신(更新)한 바 있다. 종전의 최고 기록은 1999년 6월 17일 미국의 모리스 그린이 세운 9초79였다. 그것은 철옹성(鐵甕城)이었지만 도전자에 의해 무참히 깨어졌다. 이러한 '마하인간'이 탄생한 것은 1960년 6월 22일, 독일의 아민해리 선수가 10초F를 끊은 지 실로 42년 만의 쾌거였다. 0.01초, 그것이 바로 '기록'의 정체이다. 인간은 1초를 줄이기 위해 40년 넘게 1초에 매달려 있는 것이다. 어찌 위대하지 않겠는가?

이러한 과정에서 극본(劇本, 시나리오) 없는 드라마를 연출한다. 연못 숲가에 걸쳐 있는 공을 물 속에 들어가 쳐올리면서 우승한 박세리의 불굴의 모습이라든지, '2002 Korea·Japan World Cup' 대회에서 한국팀이 이룩한 4강 신화 등은 이러한 스포츠의 파격과 신비함을 제시한 바 있다.

선수의 극기(克己), 훈련방법, 감독의 전략, 그 가족 등의 이야기들은 우리들의 궁금증과 호기심을 풀어주고 화면을 통해 건강한 삶과 정직한 룰을 예시해주기 때문에 어린이와 여성, 주부 시청자에게 전망 있는 아이템이다.

(20) 과학

과학은 아주 단순하게 표현하면, 고등학교 학생들이 수능시험을 볼 때, 문과(文科) 이과(理科)로 나누는 이과 전반의 영역이라고 할 수 있다. 이 분야는 기본 원리, 가설, 연구, 실험, 검증, 발명 등 여러 과정을 거쳐 어떤 이론에 다다르게 되고, 이것을 이용해 인간의 문명과 문화, 발전과 복지를 위해 모종의 산출물(output)을 도출해내는 것이다. 정치 경제 등 여러 요소가 모두 제반의 역할을 수행해야 되겠지만, 그중에서도 과학은 인간의 현재와 미래를 생각할 때 지고(至高)의 가치가 있다는 것은 아무도 부인할 수 없다. 그러나 사람들은 과학을 아주 어려운 존재로 생각해서 경원하는 경향이 많다.

생활정보 프로그램의 아이템으로 과학을 다룬다는 것은 빈도면에서는 떨어지지만 확실한 아이템일 경우도 많다. 예컨대 2002년 열린 제24회 전국학생과학발명품경진대회의 대통령상은 '내리막길에서도 속도가 자동 조절되는 안전 자전거'를 출품한 김진영 군이 차지했는데, 공기 오염이 더 이상 한계점에 이르러 천연가스 버스 등장하는 이 시대에 자동차 대신 짧은 거리는 이와 같은 안전한 자전거 사용이 시급히 요망되는 시점이다.

어린 나이에 기상천외(奇想天外)한 발상과 아이디어로 진정 필요한 이기(利器)를 고안해내는 것은 월드컵 축구에서 골을 넣은 것보다 몇 배 기특하고 칭찬과 격려를 아끼지 말아야 할 일이다. 이런 것을 발명하게 된 과정과 발명품의 기능, 그 부모와 선생님의 이야기 등을 한 개의 아이템으로 꾸며내면 시청자가 보기에도 얼마나 대견스럽고 기특하겠는가?

어린이 외에도 어느 연구소에서 이룩한 여성의 가정 생활과 관련한 특별한 결과, 의료 기구, 편의의 방법과 기재 등은 자주 소개되어도 좋다.

혼자서 집안 청소를 해내는 로봇이 이 달 중 미국에서 선보인다.21) 미국 매사추세츠공대(MIT) 인공지능연구팀이 12년간의 연구 끝에 개발한 진공청 소로봇 '룸바(Roomba)'가 9월중에 판매된다고 미 시사주간지 ≪타임≫(23일 자)이 보도했다. 판매가는 199달러(약 24만 원). 룸바는 지름 30cm, 무게 2.6kg 의 납작하고 둥근 로봇으로 회전하며 움직인다. 장애물에 접촉하면 방향을 바꾸고 벽에 닿으면 벽을 따라 이동한다. 이 과정을 몇 차례 반복하면서 방의 크기와 장애물 수에 대한 정보를 스스로 학습해 방 구석구석을 청소한 후 자동으로 멈춘다. 불편한 점이 있다면 청소하는 동안 방문을 닫아두어야 한 다는 점이다.

주부에게 이 얼마나 흥미로운 아이템인가? 만약 이런 것을 특파원이 촬영해 보낼 수 있다면 아주 색다른 아이템이 될 것이다. 이런 특이한 발명품은 시청 자의 관심도 높고 활용도도 크기 때문에 제작자들이 관심을 기울일 필요가 있다.

(21) 어린이의 과외(課外) 활동

요즈음 어린이들은 그들의 부모와 아주 다른 양상을 보인다고 한다. 남자 어린이는 여성화되고, 여자 어린이는 남성화된다. 특히 초등학교 저학년에는 이런 경향이 더 하다는 것이다. 남자 어린이가 여자 어린이에게 매맞고 오고, 남자애는 '예쁘다'는 말을 많이 쓰고, 여자애는 '귀엽다'는 표현이 잦다고 한다. 이렇게 과거의 고정관념은 계속 변해가고 있고, 이 어린이들은 유아 때는 각종 블록을 가지고 놀며, 좀 커져서는 컴퓨터에 깊이 빠지고, 주거 환 경이 아파트로 변해 그들의 행동 반경은 아파트와 학원, 피자집 등 패스트푸 드점을 맴돌 뿐이다.

젊은 주부들은 어린이 키우기에 조금 경력이 붙게 되면, 어린이들의 이런 점을 걱정하기 시작한다. 방 속에서 작은 것에 집착하고, 남과 어울리고 양보 할 줄 모르는 이기주의자가 되고, 어떤 작은 일도 독자적으로 처리하는 독립 심이 없으며, 따라서 도시의 편의주의에만 안주(安住)하는 '여리고 약한 아

---

21) ≪동아일보≫, 2002년 9월 25일.

이'가 되어갈 가능성에 대해 경계심을 느끼게 된다. 주거 조건이 제한되다보니 '호연지기(浩然之氣)' 같은 것은 애초에 기대하기 어렵다.

그래서 그녀들은 보다 강한 자녀로 키우기 위해 청소년 캠프, 해양소년단, 청소년 수련관 등등의 체험교육에 관심을 갖게 된다. 그러나 우리가 각종 보도를 통해 알고 있듯이, 시설·교육과정·숙식·안전 등에서 심각한 문제점들이 계속 노출되어 왔다. 만약 취재팀이 각 단체의 다양한 프로그램을 검증하고 합리적인 시스템을 제시한다면 그것도 상당한 매력이 될 것이다. 연전에 일어났던 인천 '시월드 사건'에서 보았듯이 학부모들은 특히 자녀들의 '안전'을 가장 중시한다는 점을 기억했으면 한다.

유치원 아이들과 초등학교 저학년 중심으로 '수영해서 한강건너기', 코흘리개의 '동자승(童子僧) 체험' 등은 매년 시행되는 연례 행사이지만, TV·신문·잡지 등 여러 매체들이 빠짐없이 아이템으로 취급할 만큼 인기가 높다. 또 소위 조기교육 열풍으로 우리말도 제대로 못하는 유아들에게 무리하게 영어교육을 시킨다든지, 피아노·암산·컴퓨터·태권도 등 너무 여러 가지 배우기를 강요해 아이들의 정서에 손상을 가져오는 현상도 프로그램이 따져볼 수 있는 항목이다.

(22) 시사 정보

시사 정보는 TV뉴스와 신문 기사에 자주 등장하는 내용들이다. 이것은 국내외의 정치·경제·사회·문화·뉴 미디어 등 많은 분야에서 일어나는 일에 대한 원인·배경·동기·과정·결과·전망들에 관한 일종의 쉬운 해설을 제공하는 형태이다. 예컨대 이스라엘과 팔레스타인은 왜 끊임없이 서로 살육을 일삼는지? 뉴욕 증시에서 증권시세가 폭락하면 세계 경제에 어떤 영향을 미치게 되는지? 문제가 되고 있는 공적 자금은 정말 국민들이 모두 부담해야 되는 것인지? 이런 질문을 받았다고 가정할 때, 시청자들은 모두 다 알 것 같으면서도 실제로는 정확한 내용을 모를 수가 있다.

그러나 자녀 교육을 거의 전담하고 있는 오늘의 주부들은 이런 것에 무지해서는 곤란하다. 아이들 학습에 도움을 준다는 차원에서, 그리고 동료·이웃과의 교류에서도 필요하다 하겠다. TV는 이런 관점에서 시사 정보라는 비타

민제를 투여해 건강의 fundamental을 공고히 해 지적 수준을 고양시키는 것
도 의미가 있을 것이다. 이때 제작자 가장 신경써야 할 점은 시시 정보를
제공할 전문가이다. 그는 진정 그 분야 최고의 전문가로 권위가 있어야 할
뿐만 아니라, 화술도 좋아야 하고, 내용을 짜임새 있는 구성을 통해서 여성
시청자에게 전달할 수 있는 능력을 겸비해야 한다. 교수는 자신이 다 알고
있는 것이기 때문에 아무리 쉽게 설명한다하더라도 결국 어려운 설명이 될
수 있는 가능성이 높은 반면, 학원의 유명 강사는 학생들 눈높이에서 '이해
도'에 가장 신경을 쓰고 있다는 점을 반면교사(反面敎師)로 삼았으면 한다.
만약 시사 정보를 잘한다면 생활정보 프로그램의 권위에도 상당한 보탬이
될 것으로 판단된다.

(23) 기상(氣象)

제2차세계대전사를 읽어보면, 그 가공할 전쟁의 분수령은 1944년 6월 6일
미국의 아이젠하워 대장 총지휘하에 미국 제1군, 영국 제2군, 캐나다 제1군
등을 주축으로 한 연합군이 북프랑스의 노르망디(Normandy) 상륙에 성공하
고부터이다.[22] 6월 5일과 4일 영불해협은 악천후로 항공기와 군함의 발진이
불가능한 상태였다고 한다. 군 지휘부와 참모진의 작전 회의가 잇달아 열렸
는데, 초미(焦眉)의 관심사는 해상의 일기예보였다.

이때 미국군 대령인 한 기상장교는 4일과 5일의 기상 개황은 상륙작전이
절대 불가하다는 점을 강조했다. 난색을 표하는 수뇌부에 대해, 그러나 6일
몇 시간 정도는 해상 날씨가 다소 소강상태를 보일 가능성이 있다고 보고했
다는 것이다. 여기에 고무된 아이젠하워 대장은 최종 결단을 내리고 6일을
D데이로 결정해 노르망디 상륙작전을 감행했고, 이것이 미증유(未曾有)의 세

---

22) 『동아세계대백과사전』 제7권, 동아출판사, 1992, p.400.
　　상륙 당일 수송기 2,316대와 많은 글라이더를 동원하여 공수부대를 독일군 배후에 투
하시켜 거점을 확보하고, 그 엄호 아래 항공기 총 1만 3,000대와 함선 6,000척을 동원하
여 7개 사단이 상륙하는 데 성공하였으며, 7월 2일까지 인원 약 100만 명, 물자 약 5만
톤, 각종 차량 17만 량 등이 상륙하였다. 상륙 초기 3주간 연합군의 손해는 사망자
8,975명, 부상자 5만 1,796명이고, 독일군 포로는 약 4만 1천 명이나 되었다. 이 작전으
로 전쟁 초기 서부전선에서 패하여 유럽대륙으로부터 퇴각한 연합군이 독일 본토로 진
격하기 위한 발판을 마련했다.

계대전 종식을 가져올 수 있었고, 인류 역사의 전환점이 되었다는 얘기다. 이 사실을 놓고 볼 때, 연합군측은 '날씨'를 존중했고, 독일군측은 대체적인 개황만 믿고 '일기'를 무시했다는 결론도 내릴 수가 있다.

이렇게 '날씨'는 인간이 살아가는 데 지극히 중요한 요소이다. 기상과 관련된 정보는 정확한 것이 첫째이고, 둘째는 신속해야 한다. 셋째는 날씨에 대해 무심하기 짝이 없는 많은 시청자에게 부단히 자주 자주 알려주고 경고하는 것이 TV가 수행해야 할 중요한 임무 중의 하나이다.

왜냐하면 매체의 특성상 신문은 제작시간의 제한 때문에 시간의 변화에 따른 일기의 변화를 전달하는 것은 불가능하다. 또 일반 가정에서는 늘 라디오를 틀어놓지 않는다. 2002년 여름, 폭풍 경보가 발령됐는데도 이를 무시하고 무인도 갯바위에서 바다낚시를 즐기던 사람들이 높은 파도에 밀려 16명이나 사망 또는 실종됐다는 보도는 TV의 이러한 사전 예보기능의 중요성을 다시 일깨워주는 사건이라 하겠다.

다만 천편일률(千篇一律)적인 전달 방법을 탈피해 다이렉트 정보보다는 심층적이거나 해설적인 내용이 시청자의 관심과 흥미를 유발하는 데 더욱 유리할 것이다. 비와 바람, 눈, 폭풍과 해일(海溢)은 인간의 생명과 재산에 막대한 피해를 주고, 1차산업인 농수산업과 2차산업인 제조업에도 막대한 영향을 미치게 된다. 최근(2002년 8월) 엘니뇨 현상이 원인으로 의심되는 100년만의 기록적인 홍수가 중·동부 유럽을 강습해 오스트리아의 찰스부르크, 체코의 프라하와 독일의 드레스덴시가 침수된 바 있다. 그리고 강릉지방 전역에 유사 이래 가장 혹독한 수해가 발생해 많은 주민들이 아직도 고통을 받고 있다.

또 우리가 삶의 일환으로 자주 펼치는 각종 행사(또는 이벤트)와 운동 경기도 날씨 앞에는 무력하다. 현재 KBS 라디오는 매시 58분에 기상정보를 정규적으로 편성한다. TV도 이와 유사한 프로그램을 심는 것이 바람직할 것이고, TV 생활정보 프로그램은 공영방송과 상업방송을 가리지 않고 다량의 기상정보를 아이템으로 다루는 것이 중요하다고 생각한다. 이것은 TV 전파는 '공공재(public goods)'이기 때문에 공공성에 부응하는 역할을 당연히 수행해야 하는 것이 의무라는 근거에서다.

(24) 교통 정보

2002년 7월 23일 서울시 통계에 따르면, 현재 서울 시내 자동차 등록대수는 총 263만 7,690대로 이 중 승용차는 75.8%인 200만 234대로 집계되어 승용차 등록대수가 200만대를 돌파했다. 2001년 말 서울시내 가구수가 350만 7,000가구이므로 1.8가구당 1대의 승용차를 보유하고 있는 것으로 나타났다. 5,000가구인 대단위 아파트를 예로 들어 이 비율을 적용하면 그 아파트에는 모두 2,777대의 승용차를 보유하고 있다는 계산이 된다.

두 집도 채 못되는 가구마다 차가 1대인 것이다. 이것은 한국 최대의 도시이며 세계적인 도시인 수도 서울이라는 특수 상황이기는 하지만 지방과 농어촌도 꾸준히 차량 증가 추세를 보이고 있다. 따라서 도로·고가도로·교량 등 교통기반 시설이 현격히 개선되지 않는 한, 자동차는 도시의 재앙(災殃)이 되고 있다.

밤 11시, 서울 강남쪽 88도로는 거의 주차장 상태이다. 이 길로 귀가하는 사람들은 거의 1시간 이상 걸려 집에 도착한 경험이 많을 것이다. 대도시의 출퇴근 시간은 거의 2시간을 넘어 3시간에 육박하는 지역도 많다. 서울의 경우, 분당·일산 평촌·죽전 등 위성 도시가 완성되었고, 그밖의 도시들도 계속 개발되고 있어 차량의 항시 정체는 시민들의 삶을 무자비하게 파괴하고 있다.

이렇게 되면 휴식시간과 수면량이 줄어들고, 장시간 공해물질에 노출돼 각종 질병에 걸릴 위험이 높고, 스트레스와 긴장에 시달려 생산성이 저하될 가능성도 무시할 수 없다. 따라서 적지 않은 주민들이 서울을 벗어나 전원(田園)이나 지방 소도시로 U턴 현상을 보이고 있지만 이들은 일부 소수일 뿐이다.

서울시는 현재 도로율이 20%를 상회해 선진국 수준에 이르고 포장률도 93%,17개의 한강교가 있고 이중 4개를 대대적으로 확장하고, 4개를 신설하고 있다는 자찬의 얘기를 하고 있지만 계속 서울로 유입되는 차량에 대해서는 획기적인 대책을 못 내놓고 있다.

세계 어느 나라도 장기적인 계획이 없이는 교통난의 해결이 어렵다. 미국 보스톤시는 하루 10시간의 교통체증을 2시간으로 줄이기 위해 고가도로를 허물고 지하차도를 건설해 체증 없는 녹색도시로 만들기 위해 별명 '빅딕(Big Dig)'으로 불리는 '중앙동맥·터널 프로젝트(CA/T)'를 시행하고 있다.[23]

'빅딕'은 1982년 환경평가를 기초로 공사계획이 수립된 후 1987년 의회의 승인을 받아 1991년 공사가 시작됐고, 오는 2004년 12월 완공을 목표로 하고 있다. 공사계획 수립 당시 보스턴시는 하루 10시간 이상 길이 막히고, 교통사고율이 미국 평균의 4배를 웃도는 열악한 상황이었다. 도시 중심부의 고가도로는 1959년 하루 평균 7만 5,000대의 교통량을 예상하고 건설됐으나 1990년대 들어 하루 20만 대 이상의 차량이 이 고가도로를 통과했다.

교통체증과 연료낭비, 사고증가, 배달지연 등으로 인한 손실이 연 5억 달러로 추정됐다. 대책을 마련하지 않으면, 2010년에는 도심이 교통체증에 시달리는 시간이 하루 15~16시간에 달한 것으로 예상됐다. 빅딕이 완공되면 지하에는 하루 24만 5,000대의 차량을 통과시킬 수 있는 지하 8차선 도로가 개통된다. 교통체증은 러시아워에 2시간 정도로 줄어들 전망이다. 교통의 흐름이 원활해지면 공기 중 일산화탄소율도 12% 이상 떨어질 것으로 추측되고 있다. 지하도로를 건설하며 파낸 흙더미는 미식축구경기장 하나를 가득 채울 정도로 엄청난 양으로, 이 흙더미를 보스턴 항구에 있는 스펙터클 섬에 모아 새로운 공원도 개장한다고 한다.

우리로서는 꿈같은 이야기지만 교통 문제는 장기 계획과 투자 그리고 국민의 인내가 없이는 해결할 수 없는 특성을 갖고 있다.

차를 타고 다니는 것은 이제 '편의(便宜)·안락(安樂)·신속(迅速)'이 아니라 '고통(苦痛)·피로(疲勞)·저속(低速)', 그 자체가 되어가고 있다. 그래서 라디오에서는 교통정보가 삽입되고 각 도에 '교통방송'이 속속 개국하고 있다. 그러나 여기에도 만족하지 못하는 운전자들은 상당한 비용을 들여 'Car Navigation System(자동차 항법장치)'을 장착하기도 한다. 'Car Navigation System'은[24] GPS(Global Positioning System)[25] 위성에서 받은 위치 데이터를

---

23) ≪조선일보≫, 강인선, 2002년 7월 24일.

24) www.carnavi.com에서 인용.

25) 김영석, 『멀티미디어와 정보사회』, 나남출판, 1999, p.105.
    1995년 자동차회사 BMW는 4,400달러짜리 탑재 컴퓨터를 옵션으로 공급했다. 이 컴퓨터는 특히 음성명령을 사용해 운전자에게 위치를 가르쳐주는데, 이 시스템은

CARNAVI 본체 또는 외부의 무선 데이터망으로부터 제공되는 지리정보를 이용하여 차량의 위치를 화면에 표시하고 경로 안내를 해주는 기기이다.

이런 정황인데도 불구(不拘)하고 TV에서는 자주 교통정보를 취급하지 않고 다만 구색(具色)을 맞추는 정도의 아이템으로만 활용한다. 과거 성수대교가 붕괴됐을 당시 끊어진 다리를 불과 수초 차이로 건넌 구사일생의 운전자가, 차를 세우고 KBS TV에 휴대전화를 걸고, 마침 생방송중이던 프로그램에 전화를 물림으로써 즉시 이 사실이 알려지고 각계에 구조작업이 진행됐다는 것은 라디오 못지 않게 TV의 수용자에 대한 접촉도가 강력하다는 것을 증명한 사례이다.

특히 출근시간과 퇴근시간에 배치되어 있는 생활정보 프로그램은, 여러 방법을 고안해 교통정보를 방송하고 집에서 시청하는 시청자의 외출을 배려하면 좋을 것이다. 한편, 집으로 돌아오는 가족과 핸드폰을 통한 쌍방향 통신으로 그들의 정체 시간을 단축하도록 노력했으면 한다. 상습정체 지역 등은 GPS를 이용한 자동차항법장치를 이용해 상황과 우회 도로를 TV화면상에 예시하는 기술적인 장치도 어렵지 않게 개발할 수 있을 것으로 보인다. 로컬일 경우, 아니면 수도권이라는 커다란 에리어(area)의 교통정보는 하단 자막으로 요약해서 전달할 수도 있을 것이다. 문제는 TV 생활정보가 교통정보는 라디오의 몫이라고 생각하고 경원하는 데 있지 않은가 생각된다.

(25) 자동차

자동차는 사람과 재화를 실어 나르는 문명의 이기지만, 실상은 어른들의 (직장인과 주부) 장난감이다. 최소 3년에서 길어야 5년이 되면 새로운 차로 교체하고자 하는 것이 우리나라의 상황이다. 한 대의 자동차를 5~10년 이상 타고 있는 독일과 유럽과는 상당히 다르다. 직장인들은 신차(新車)가 출시되면 비록 직접 구매하지 않더라도 많은 관심을 기울인다. 모양과 스타일, 편의성, 첨단 기재의 탑재, 배기량, 연비, 가격 등을 꼼꼼히 살핀다. 그리고 그

INMARSAT 위성으로부터 세계측위시스템(Global Positioning System) 신호를 이용, 그 위치를 정확히 일러주고 CD-ROM에 내장된 지도에 근거, 운행을 제안한다. GPS는 원래 배와 군사행동에 사용되었으나 최근에는 응급차, 상업 우주선 등에도 장착된다.

차에 만족한다면 자신은 언제 그 차를 살 것인지에 대한 꿈을 꾸게 된다. 그러니 자동차가 어른의 장난감이 아니고 무엇이겠는가?

따라서 국내에서도 ≪카 라이프≫ 등 수종의 자동차 전문 잡지가 월간으로 나오고 있다. 어느 면에서 자동차 정보를 TV 생활정보에서 다루는 것은 시기상조(時機尙早)라는 의견이 있을 수 있다. 그러나 자동차는 이미 우리의 일상 용품으로 기능하고 있고 것이 현실이다. 또 가정 경제의 주도권을 쥐고 있는 주부들도 차량을 운행하고 있는 경우가 점차 증가하고 있는 추세다. 차에 관해 관심이 없을 수 없다. 그리고 차는 세계적으로도 그 소유자의 사회적인 위치를 나타내는 어떤 징표(徵標) 즉, 기호 가치(sign value)로 인식되기도 한다.

자동차는 소비를 촉진하기 위해 신규모델을 만들어낸다. 그리고 새로운 유행도 도입한다. 최근에는 일반 승용차보다 SUV(Sport Utility Vehicle)가 여러 종류로 출시되고 있다. 구매 방법도 일시불, 카드사용, 캐피탈 회사에서의 대출, 리스사 이용, 중고 자동차 구매 등 다양한 방법이 있고, 각종 이점과 단점이 있을 수 있다. 앞에서 지적한 여러 가지 세목(細目)에 관한 자동차 정보는 1년에 몇 차례 정도 아이템으로 방송하는 데는 별 문제가 없을 것이다. 다만 차량을 소개하는 데 특정업체의 홍보가 될 수 있는 요소는 사전에 원천 봉쇄하는 지혜를 발휘하지 않으면 안될 것이다.

(26) 성(性) 문제(Sex Clinic, 성 상담 또는 Sexology — 성 의학)

텔레비전의 영향력이 무한히 확장되면서 아이템의 영역이나 spectrum(범위)도 계속 확대되고 있다. 그 중의 하나가 인간의 성 문제이다. 성 문제는 정확하게 표현하면 '성 관련 trouble'을 말한다. 우리나라는 특히 유교적 전통이 면면이 이어져왔던 사회적인 배경이 있었기 때문에 Sex의 공론(公論)은 완벽하게 폐쇄(閉鎖)되어 있었다.

조선시대 양반집의 가옥 배치 구조를 보아도 알 수 있다. 부부가 같은 방에서 기거(寄居)한 것이 아니라, 남편은 '사랑(舍廊)'이라는 별채에서 살았고, 남자가 합방(合房)을 원할 때는 남의 눈에 띄지 않는 미로 같은 길을 돌아 본채의 아내방 뒷문으로 출입하도록 설계되어 있다. 이러한 사실은 성이 남녀간의 쾌락을 위해 필요한 것이 아니라 자손을 생산해 가문을 계승하고자 하는 목적이 우선됐다는 점을 시사하는 것으로 해석할 수 있다.

기껏 드러난 것이 조선 중기 이후 중국에서 흘러 들어왔거나 국내에서 자체 제작된 <춘화도(春畵圖)> 정도가 일부 양반집 안방에서 유통됐을 뿐이다. 이같이 성문제는 알맹이를 굳은 껍질로 쌓고 있는 호도(胡桃, 호두)처럼 파괴하지 않고는 그 정체를 파악할 수 없었다.

그러나 6·25를 거치면서 미국의 문물이 대거 유입되고, 박정희 대통령 시절 가족계획이 확산되었으며, 고도성장을 거치면서 세탁기 등 가전제품이 널리 보급됨에 따라 여성의 여가(餘暇)가 확보되고, 은행의 온라인 시스템 도입 과정에서 남편의 월급이 아내의 통장으로 직송되면서 여성의 권한은 유사 이래 최고조로 상승하게 되었다. 반면 IMF를 맞아 남편은 구조조정으로 인한 명예퇴직 등 수난이 잇달아 그들의 사기(士氣)는 사회적·가정적으로 땅에 떨어진 바 있다.

이것을 성 문제라는 관점에서 조명할 때 심각한 트러블로, 더 나아가 병적인 상황으로 전이되고 있는 것이 오늘의 현실이다. 그러나 시대 상황이 변하면서 호도처럼 까지 않으면 절대 드러나지 않는 것이 아니라, 한 꺼풀을 벗겨내면 또 한 겹씩 계속 벗겨져 나오는 양파처럼, 성문제는 복잡다기해지고 가족제도의 존속마저 위협하는 중대한 사태로 대두되고 있다. 통계청이 발표한 「2001년 혼인·이혼통계 결과」에 따르면, "1일 평균 877쌍이 결혼하고, 370쌍이 이혼한다"는 사실은 이미 거론한 바가 있다. 따라서 성문제는 이혼율에도 상당한 영향을 미칠 뿐만 아니라, 그냥 부부간 또는 남녀간의 부조화가 아니라 하나의 질병으로 간주하려는 것이 의학계의 견해가 아닌가 보여진다.

성 문제에 대한 학문적·사회적 연구는 일찍이 미국의 '앨프리드 킨지'의 「킨지 보고서」에 의해서 공론화되었다.26)

"결혼한 남성의 약 50%는 혼외정사 경험이 있다. 여성의 약 절반은 혼전 경험이 있으며 결혼한 여성의 25%는 남편 아닌 다른 사람과 잠잔 적이 있다. 남자의 92%가 자위행위를 해봤으며 30% 이상은 동성애 경험이 있다. 여성들 중 오르가슴을 경험해보지 못한 사람은 9% 정도다. 성교시간(47.6%는

---

26) ≪동아일보≫, 신연수, 1999년 10월 31일.

5분 이내 사정, 22.9%가 10분 이상 지속, 17.6%는 2분 내 사정). 부부의
성교 횟수(10대는 1주에 2.8회, 30세까지는 2.2회, 50세까지는 1회), 즐겨
사용하는 체위, 동성애와 항문성교의 경험까지 온갖 성생활의 양태가 처음
으로 체계적으로 집계되었다."

   이것은 오늘날 서울의 얘기가 아니다. 약 50여 년 전 「킨지 보고서」에 나타
난 미국인들의 성생활이다. 『남성의 성생활』(1948년 1월 5일 출간)과 『여성의
성생활』(1953년) 2권의 책으로 나온 「킨지 보고서」는 말 그대로 센세이션을
일으켰다.

   수치(羞恥)로 드러난 미국의 '성적 타락(墮落)'과 문명이란 가면(假面)에 가
리웠던 '야수성(野獸性)'에 사람들은 놀라고 당황했다. 반 더슨이라는 신학자
는 "만일 보고서가 사실이라면 미국의 성적 타락은 로마시대 최악의 시기와
비슷하다"고 개탄했다.

   당혹감은 킨지에 대한 분노로 폭발했다. "우리의 어머니와 아내 딸들에
대한 세기적 모욕이다" "킨지는 좋은 남편을 종마(種馬) 취급하고 있다"는
비난이 쏟아졌다. 미국 하원에는 특별위원회가 구성돼 연구에 재정지원을
한 록펠러재단을 조사했고 압력에 못 이겨 록펠러재단은 지원을 중단했다.

   그러나 두 책은 학문적 그래프와 표로 가득해 대중들이 쉽게 접근하기 어
려움에도 불구하고 50만 권이나 팔려 ≪뉴욕타임스≫ 베스트셀러 2·3위에
올랐다. 곧바로 세계 13개국에서 번역됐으며 프랑스 스웨덴 등에서는 아류
보고서들이 나돌기 시작했다. 킨지 보고서 여성편이 출판된 1953년 말에는
도색잡지 ≪플레이보이≫가 창간됐고 마릴린 먼로와 엘비스 프레슬리 등 대
중의 성적 욕망을 자극하는 스타들이 폭발적 인기를 끌기 시작했다.

   이와 같이 킨지 보고서는 사회적 억압과 종교적 금기 때문에 감춰져 있던
성의 실상을 만인 앞에 드러냈다. 그러자 성에 관한 담론이 밀실에서 광장으
로 쏟아져 나오기 시작했다. 억눌렸던 성적 표현들도 화산처럼 분출했다. 이
렇게 50여 년 전 성 문제는 미국에서 폭발해서 그 요원(燎原)의 불길은 세계
여러 나라로 삽시간에 번져갔다.

   최근의 리포트에 따르면,[27] 일본의 경우도 20~30대 여성 700명의 성의식

---

27) ≪조선일보≫, 권대열, 2002년 1월 25일.

을 조사해본 결과, 기혼 여성 절반이 "불륜(不倫)을 경험했다"는 충격적인 보고가 나오고 있다.

일본의 '20~30대 여성' 88%는 정해진 섹스 파트너가 있으며, 32%는 '정해진 파트너' 이외의 남성과도 관계를 가졌던 것으로 조사됐다. 또 '첫경험'은 20.4세쯤 하며, 기혼 여성 절반이 불륜 경험이 있는 것으로 나타났다.

이는 일본 ≪아사히신문≫이 발행하는 시사주간지 ≪아에라(AERA)≫가 최근호에 게재한「특집기획 조사」에 소개됐다. 전국의 20~30대 여성 700명(평균연령 32세)을 대상으로 한 이번 조사 결과에 따르면, 일본 여성들의 60% 이상이 섹스를 '서로의 애정을 확인하는 것'으로 보는가 하면, 또 절반 이상은 '성욕의 해소', '기분을 좋게 하기 위해'라는 데 동의했다(복수 응답). '스트레스 해소'와 '미모의 유지'를 위해서 섹스를 한다는 응답도 20% 정도 있었다.

복수의 섹스 파트너를 갖는 데는 50%의 여성이 '좋다고 생각'하며, 남성이 복수의 섹스 파트너를 갖는 데 대해서도 48%가 '좋다'고 생각해서, '좋지 않다'는 46%보다 많았다. 그러면서도 79%의 여성은 다른 남자를 안을 때 '죄책감을 느낀다'고 답했다. '하고 싶다'는 의사표현은 적극적인 것으로 나타났다. 79%의 여성이 '하고 싶을 때 하자고 얘기한다'고 답했다. 또 88%의 여성은 자위행위 경험이 있다고 답했다.

피임 방법으로는 콘돔을 사용하는 경우가 80% 이상을 차지했으며, '준비'는 주로 남성이 하는 것으로(70%) 조사됐다. 92%의 여성이 '콘돔을 사용하라'고 적극적으로 상대 남자에게 말하는 것으로 조사돼 '안전'에도 상당히 신경쓰고 있는 것으로 밝혀졌다.

사귀었던 남성들의 연령 폭은 평균 10.7세인 것으로 나타나, 나이차에는 별로 구애받지 않는 것으로 드러났다. 최고 30세 연상의 남자와 사귄 응답자도 있었으며, 18세 연하의 남자와 사귄 경우도 있었다. 평균적으로는 8.5세 연상, 2.2세 연하 남성이 '교제 연령 상·하한선'인 것으로 조사됐다.

결혼한 여성(전체 응답 여성의 43%)들만을 대상으로 한 조사에서는 '불륜 관계를 가진 적이 있다'는 응답이 51%이고, '없다'는 응답이 49%를 기록해, 기혼 일본여성들의 '남편 충실도'는 별로 높지 않은 것으로 나타났다.

이상은 2001년판 일본의 킨지 보고서에 해당한다고도 할 수 있다.

한·일과 함께 동양 삼국의 하나인 거대한 인구의 나라 중국도 남녀문제는 상당한 수준의 개방성을 보이고 있는 것으로 나타났다.[28] 중국의 킨지 보고서라 할 수 있는 이 화제의 보고서는 중국인민대학 사회연구소가 1999년 8월부터 1년간 20~64세 남녀 4,842명을 무작위 추출해 실시한 성 관념 조사를 토대로 작성된 것으로 최근 한 토론회에서 발표되었다.

보고서에 따르면, 중국의 기혼 여성 70%는 부부관계에서 남편보다 더 능동적으로 섹스를 즐긴다고 응답해 중국의 전통적인 여권 강세를 입증했다. 결혼 유무를 막론하고 '지속적인 관계를 맺고 있는 섹스 파트너가 다수 있다'고 응답한 비율이 30~34세의 연령층에서 남자 45.8%, 여자 17.7%인 것으로 나타났다. 특히 이 연령대에서는 기혼 남자의 36%와 기혼 여자의 19.4%가 다수 섹스 파트너와의 혼외 정사를 갖고 있다고 답했다. 25~29세의 미혼 남녀 중 성 경험이 있다고 답한 비율은 남성 72.2%, 여성 46.2%였으며, 섹스와 결혼은 별개라고 생각하는 관념이 광범위하게 퍼져하고 있다고 이 보고서는 덧붙이고 있다.

한국의 상황도 일본에 결코 뒤지지 않고 있다는 심각한 정황을 단적인 한 가지 예를 통해서 제시한다.

서울지검 마약부는[29] 마약거래상을 쫓는 과정에서 540여 명의 윤락사범 명단을 입수하고 그 처리 문제를 놓고 고민에 빠졌다. 소위 '회원제 윤락'으로 회원들에게 회비를 받고 윤락을 알선한 혐의로 이모(48) 씨를 구속했다. 이씨는 2000년 7월 생활정보지에 '즉석만남 알선'이라는 광고를 낸 뒤 최근까지 입회비 3만 원을 받고 남성회원 429명을 모집하고, 총 2,900회에 걸쳐 윤락행위를 알선했다는 것이다.

2,900회면 단순 계산으로 여기에는 남녀 각각 2,900명씩 5,800명이 개입된 셈이다. 수사과정에서 이러한 회원제 윤락 조직이 10여 개 이상 존재하고 있는 것으로 파악되고 있다고 하니까 한국인 수만 명이 비정상적인 섹스에 관여하고 있는 것으로 추정할 수 있다. 이들 중 일부는 '스와핑'(부부교환 섹스)의 혐의도 포착되었다는 것이다. 만연하고 있는 티켓다방 등과 함께 이것

---

28) ≪동아일보≫, 2002년 10월 31일.

29) ≪조선일보≫, 2002년 9월 7일.

이 섹스에 탐닉하고 있는 한국인의 얼굴이다.

또한 한국형사정책연구원[30]은 「성매매 실태 및 경제규모에 관한 실태조사」 결과를 발표했다. 이에 따르면 국내 성매매 시장 규모는 농림어업 비중인 4.4%와 맞먹는 것으로 드러났다. 이는 현대자동차의 2001년 총매출액 22조 5천억 원보다 많은 24조원에 달한다. 성매매 종사 여성은 33만 명으로 20~30대 여성 인구의 4.1%에 해당하며, 같은 연령대 취업인구의 8%를 차지하는 인구이다. 연구원은 또 "20~64세 남성 인구의 20%가 작년 한 해 동안 성매매를 경험했으며, 이들은 월평균 4.5차례 성을 구매하면서 화대로 1회 평균 15만 4천원을 지출했다"고 덧붙였다.

성의 생산과 소비, 수요와 공급이 제대로 조화되지 못했을 때 발생하는, 마치 뉴욕 월스트리트의 금융위기처럼, 남녀간의 어떤 공황(恐慌) 상태로 비유될 수도 있을 것이다. 그 발생원인과 이유는 한두 가지가 아닐 것이다.

영국을 비롯한 선진국 남성들의 정자수가 지난 반세기 동안 절반 이하로 급격히 감소했다고 영국 ≪인디펜던트≫지가 17일 보도했다.[31]

세계 각국의 조사결과를 취합한 자료에 따르면, 남성들의 정액 1㎖에 포함된 정자수는 50년 전 평균 '1억 6,000만 마리'에서 최근에는 '6,600만 마리'로 급감한 것으로 나타났다.

특히 영국 의료연구위원회는 최근 보고서에서 1970년대에 출생한 스코틀랜드 남성의 수정능력이 1950년대 출생한 남성보다 25% 가량 떨어지고, 남성들의 정자수가 연간 2%씩 감소하고 있다고 밝혔다.

미국 환경보호청(EPA)도 남성의 정액 속에 포함된 정자의 비율이 햄스터(hamster, 시리아 원산의 쥐의 일종)의 3분의 1에 불과하다는 조사결과를 공개했다.

신문은 이같은 남성 정자수의 급감현상이 DDT나 PCB 등 유독성 화학물질 및 환경호르몬의 범람에 따른 것으로 분석했다. 특히 신문은 피임약에 사용되는 인공 에스트로겐이 하수처리 시스템으로 흘러들면서 어류의 성호르몬에 큰 혼란을 야기하고 있다고 지적하면서 인체에도 같은 영향을 미칠

---

30) ≪조선일보≫, 2003년 2월 6일.

31) ≪동아일보≫, 2002년 3월 18일.

가능성을 경고했다.

그러면 2002년 한국의 상황은 어떤가? 생각보다 매우 심각한 형편에 처한 것으로 나타났다.[32] 20~40세 한국 남성의 남성호르몬 수치가 서양인의 79%에 불과할 정도로 적어 성기능 저하 등 남성 갱년기 증상을 일찍 경험할 가능성이 높은 것으로 조사됐다.

유럽 남성의 정자수를 6,600만 마리로 추정하고, 이 수치의 79%라면 한국인 남성의 정자수는 5,214만 마리 정도로 계산할 수 있다. 이런 수치를 읽으면서 과연 한국인 남성은 건강한 정신과 강건한 육체를 소유하고 태어나는가 하는 의문을 갖게 한다.

연세대 신촌세브란스병원 내과 임승길·이유미 교수팀이 지난해 4~7월, 20~40세 남성 40명을 대상으로 조사한 결과, 남성호르몬인 테스토스테론의 평균치가 서양인보다 적은 것으로 나타났다고 28일 밝혔다. 임 교수는 "술과 담배, 과로, 스트레스 등에 지나치게 노출된 것이 원인으로 추정된다"고 말했다. 이렇게 사회적인 원인으로 부부간 또는 남녀간에 균열(龜裂)이 발생한다.

세계적인 경제 불황은 섹스에 대한 젊은 부부들의 열정을 식히고 있다. 치열한 경쟁사회에서 생존하려 몸부림치는 맞벌이 부부들에게 섹스는 일종의 '사치'로 바뀌어가고 있다. 물리적인 시간의 부족과 스트레스, 피로의 누적이 그같은 추세를 부추기고 있다. 이런 현상은 맞벌이를 하면서 아이를 갖지 않는 딩크(DINK: Double Income, No Kid)족을 '딘스(DINS: Double Income, No Sex)족'으로 변화시키고 있다.

1990년대 들어 일본열도 전체를 뒤덮은 장기 불황은 일본인 생활 곳곳을 바꾸어놓았다.[33] 불황의 늪에 빠져 허우적거리는 동안 일본의 30대들은 성도 잃어버렸다. 일본 《아사히신문》이 최근 30대 기혼 남녀 500명을 대상으로 조사한 결과에 따르면, 일본인 30대 성인 4명 중 1명이 '성 없는 결혼생활'을 하고 있는 것으로 조사됐다.

일본 '성 과학회'에서는 '질병 등 특별한 사정이 없는 데도 1개월 이상 성교섭이 없는 부부'를 '세쿠스레스-섹스리스(Sexless)'라고 부른다. 일본에서는

---

32) 《동아일보》, 차재완, 2002년 6월 29일.

33) 《조선일보》, 권대열, 2001년 12월 5일.

이미 10년 전부터 '섹스리스 커플'이 사회문제로 대두됐다. 장기 불황을 거치면서 30대 남성들을 중심으로 그런 경향이 더욱 강해진 것으로 나타난 것이다.

"남편이 늘 말해요. '회사 목표에 내가 따라가지 못하고 있다'고……. 은행에 다니는 남편은 아침 8시에 출근해서 밤 11시가 넘어야 들어오고, 주말이나 심야에도 거래처로부터 연락이 끊이지 않아요. '해도해도 앞이 보이지 않는다'며 매일 피곤한 얼굴이에요. 섹스 없이 지내는 생활이 싫어요." 35세 주부가 신문에 기고한 내용이다.

'여성들의 사회 진출 증가'로 인한 갈등도 일본 '딘스족' 증가의 한 원인이 되고 있다. "새벽 5시 반에 일어나 자동차로 아이를 친정에 맡긴다. 부모님께는 한 달 5만 엔을 드린다. 도쿄까지 전철로 2시간 출근길. 퇴근해 아이를 찾아 집에 오면 10시를 훌쩍 넘긴다. '리스토라(구조조정)'로 회사에서 쫓겨난 뒤 이런 파견직을 전전하고 있다. 그래도 일을 하고 싶다. 아기도 싫다." – 결혼 10년째의 36세 여성

이런 상황 때문에 일본은 1980년대와 비교해 성의학적으로 큰 변화가 생겼다. 일본 ≪메디칼 트리뷴≫에 게재된 연구에 따르면, 80년대 일본인의 섹스리스 환자들 중 '성욕 저하'가 이유인 경우는 8%에 불과했다. 이것이 90년대에는 두 배인 16%로 늘었다. 일이 많은 전문직 딘스족에게서 흔히 나타나는 '섹스가 싫어서'라는 항목도 8.6%에서 26.1%로 3배나 늘었다.

≪아사히신문≫ 여론조사에서 남녀 모두 섹스리스의 이유로 가장 많이 꼽은 것이 '귀찮아서'(남녀 각 20%, 18%)이다. "다른 일 바쁜데 귀찮게 그런 거 뭐 하러 하느냐"는 얘기다. 남자들에게 다음으로 많은 이유는 '일이 피곤해서'(16%)였다.

남녀간에 사랑의 감정이 얼마 동안 지속되는가에 대해 많은 학자들이 연구를 거듭하고 있지만 최소 3개월 설이 있는가 하면 최대 3년 설도 있다. 현대인의 사랑은 이렇게 변하고 있기 때문에 섹스 트러블은 이제 사회적인 '병리현상'이고 개인 차원에서는 성인병 못지 않게 빠른 속도로 확산되고 있는 '질병 또는 질환'이다. 그런데 그런 은밀하고 말못할 고민을 비뇨기과 병원에 찾아가서 미주알 고주알 말하기도 실로 어려운 일이다. 따라서 TV 생활정보 프로그램에서 이 지난한 테마를 다루어 평범한 시청자들이 앓고 있는 심

각한 병고에 대해 여러 가지 접근으로 도움을 줄 수 있다.

다만 여기서 가장 중요하게 고려해야 할 것은 다루는 과정에서 '선정성(煽情性)'이나 '음란성(淫亂性)'이 노출되는 것을 사전 봉쇄해야 한다는 점이다. 즉 의학적 관점에서 병(트러블)의 증상, 원인, 치료, 상담을 수행하지 않으면 안 된다.

여담으로 1980년대 필자의 데스크 시절 에피소드를 통해, 선정성·음란성 배제의 중요성을 설명하고자 한다. 편성부에서 행하는 자체 시청률 조사기간이 돌아와 데스크, PD와 구성작가 간의 아이디어 회의를 수차 열었는데도 뚜렷한 아이템이 전혀 나오지 않아 시간에 매우 쫓기고 있었다. 신문을 읽다가 '아시아·태평양지역 성의학 세미나'가 롯데호텔에서 열린다는 기사를 발견했다. 혹시나 싶어 PD에게 취재지시를 내렸다. 귀사한 PD는 특별한 것은 없고, 참가한 어느 박사가 '부부간의 일반적인 성문제에 관한 상담'은 해줄 수 있다는 내락은 받았다는 것이다. 고심 끝에 이 성문제 아이템을 확정했는데 어쩐지 매우 찜찜한 기분이었다.

방송 당일 아침, 필자는 사무실에 놓인 4개의 모니터 중 다른 방송 프로는 힐끗힐끗 보면서 비뇨기과 의사가 출연하고 있는 우리 프로그램에 시선을 집중하고 있었다. 몇 가지 얘기가 나온 후, 화제는 남성의 조루증(早漏症)으로 옮겨갔다. 설명내용이 모두 줄타기에서 떨어질 것처럼 아슬아슬한 느낌이었는데, 순식간 그 비뇨기과 전문의는 손을 밑으로 뻗더니 쇼핑백에서 무엇인가 집어 올려 탁자 위에 턱하니 올려놓았다.

나는 순간 심장이 멎는 듯했다. 상당히 큰 남성 성기(性器) 모형이 화면을 가득 채웠다. 돌기(突起)물도 여간 큰 게 아니었다. 병원의 실험실에서 사용하는 실험도구 같았다. 그는 그 모형과 연결된 펌프를 손으로 주물러 공기를 넣다 뺐다하자 성기는 푸른색 물줄기가 왔다갔다 하면서 조루증이 실연(實演)되고 있었다.

남녀 MC와 방청객 모두 쇼크로 놀라 말을 잃었다. 매우 얼굴이 희고 표정이 없는 모 의과대학 비뇨기과 전문의는 무슨 일이냐는 듯 유유히 조루증의 증상과 치료법을 설명하고 있었다. 나는 "이제 집에 가서 아이나 보아야겠구나" 하는 생각을 일순 떠올렸다. 마침 늦게 둔 아이가 있었던 터라…… 그때까지 이런 아이템은 사표를 제출해야 할 정도로 금기(禁忌) 사항이었다. 등에서 식은땀이 줄줄 흘렀다. 순전히 데스크 아이디어와 권유였기 때문에 책임을 피할 길이 없었다.

방송이 끝났다. 그런데 이상했다. 이런 아이템이라면 10층 중역실에서 당장 전화가 온다. "무슨 그따위 아이템을 방송하느냐?"고 십중팔구 불호령이 떨어질텐데 조용하고 편성부나 심의실(審議室)에서도 감감무소식이다. 위기가 잠재해 있는 것인지 넘긴 것인지 도대체 어안이 벙벙했다. PD 등 실무자들도 걱정이 태산같았다. 약 2~3주 후 도착하는 '방송위원회 심의위반사례 보고서'에도 '조루증'은 발견할 수 없었다.

이 내용은 당시나 지금이나 한국 남성의 성기능장애의 70~80% 이상을 차지하는 것이고, 그것이 여성측의 최대 불만사항이었지만 감히 병원에 가서 상담하는 것은 엄두도 못낼 시절이었다.

화(禍)를 면할 수 있었던 이유는, 이런 방송 내용을 모니터하는 감독자를 비롯해 많은 성인 남성과 여성 시청자에게 진정 귀중한 정보를 제공했으며, 그것을 전문의를 통해 선정성·음란성 없이 의학적 접근으로 전달했기 때문이 아닌가 생각된다. 물론 시청률은 대단했다. 한국 남성의 3대 악(惡)인 3S(Short Soft Speed)를 극복하기 위해, 길이 2cm를 늘이는데 200만 원, 두께를 두껍게 하는 데 250만 원하는, 성기보형수술의 광고가 난무하는 지금 생각하면 격세지감(隔世之感)이 드는 이야기다. 만약 이런 코너를 만들어 방송할 경우가 생기면 '19세 이상' 등 등급 표시를 해서 다소 안전 장치를 하면 어떨까 한다.

(27) 국제 회의

지구촌의 항공망이 세분화되면서 사람들은 여기저기 여행하기를 좋아한다. 그래서 무슨 국제회의를 열 때도 한 곳에서만 하지 않고 옮겨다니면서 한다. 물론 장소가 고정적인 경우도 많다. 프랑스의 칸느는 영화·비디오·음반 등에 관해 매년 데먼스트레이션과 마켓을 연다. 밀라노·파리·런던·모스크바·도쿄·상하이 등에서 자주 패션쇼가 진행되며, 프랑크푸르트는 자동차·서적에 관한 전시회가 개최된다. 스위스는 여러 도시에서 정치적인 회의 또는 학술회의가 줄을 잇는다.

이것은 전문가 집단의 연구 발표회와 토론의 장이다. 그러나 모든 정보들이 공개되면서 그 내용은 언론의 관심이 집중되고 어떤 것은 일반 시청자에도 유익한 내용이 있을 경우를 발견할 수 있다. 영화·패션·자동차 등은 화면 효과가 우수하고, 국제회의나 학회·세미나 등에서는 특별한 내용을 뽑아낼 수도 있다. 만약 다른 나라에서 개최될 경우는 특파원이나 거래가 트인 현지 프로덕션을 통해 취재물을 받을 수 있을 것이고, 국내에서 열리는 경우는 취재에 나서보는 것도 좋을 것이다.

그 선별 방법은 행사 자료를 꼼꼼히 분석하고 전문가에게 도움을 받는 것이 경제적이다. 우리의 의·식·주와 문화수요, 그리고 정신 세계의 계발(啓發)에 도움이 될 것인지를 따져보고, 또 그것을 시청자가 쉽게 이해할 수 있도록 요리하는 것이 가능한지도 살펴야 할 것이다. '잡다하다'는 인상을 줄 수 있는 TV 생활정보에 간혹 이런 국제회의의 내용이 선별적으로 전달된다면, 그 프로그램에 대해 시청자는 상당한 무게를 느끼게 될 것이다. 외국어로 표현된 내용은 성우가 해설로 삽입하거나 자막으로 처리하게 되겠지만 가능하면 한국인 전문가의 부가적 인터뷰가 곁들여지면 더욱 효과적이 아닐까 생각된다.

(28) 증권 정보

금융의 세 가지 줄기는 은행, 보험, 증권이다. 우리가 급여를 받거나 자유업을 해서 돈을 번다면, 앞의 기관들을 통해 이윤을 증식하고자 한다. 경기가 호황일 때는 많은 사람들이 증권에 투자하고자 하는 생각을 하게 된다. 여기에는 기관 투자가, 직장인, 주부, 퇴직자, 전문 투자자 등 여러 부류의 사람들이 포함될 것이다. 또 증권의 매매로 생계비를 충당하는 사람들도 많다. 개황이 좋을 때는 증권을 사기 위해 관심을 집중하는 것이고, 반대로 불황일 때는 여러 종류의 증권을 보유하고 있는 사람들이 주로 증권을 팔기 위해 장을 예의 주시한다.

그리고 미국 월스트리트 주식시장의 동향은 전세계 증시에 막대한 영향을 미쳐서 세계 경제를 변동시키고 있고 거기서 한국도 예외가 아니다. 또 증시에는 전자거래시스템으로 운영되는 한국의 장외 주식거래시장인 '코스닥'도

있어 전문적인 다양한 정보의 수요와 요구가 많다.[34)]

　이렇게 증권시장은 정치 못지 않게 중요성을 띠고 있다. 따라서 텔레비전과 라디오, 일간지와 경제신문은 장세를 수치로 나타내는 증권시세와 그래프 등 정보를 스트레이트로 게재하고 보도한다. 그러나 그 내용은 변동이 심한 데다 전문적이어서 이해가 결코 쉽지 않다. 따라서 증권이 오르고 내리는 상황에 목을 매고 있는 수많은 투자가를 위해 TV 생활정보는 일주일에 한두 번, 또는 계기가 있을 때 수시로 증권 개황과 전망을 아이템으로 취급하는 것도 도움이 되지 않을까 한다.

　이때 증권에 대한 접근방법은 매입과 매출, 대기를 위한 동기나 배경·분위기 등 장세를 이해하고 판단할 수 있도록 상세한 해설 위주가 바람직하지 않을까 생각된다. 연사는 증권 분야에서 최고의 권위자여야 하고 공평무사해야 할 것이다. 애널리스트(analyst)는 회사에 소속되어 있거나 회사들과 연관을 맺고 있어, 만에 하나 이해관계와 관련된 언급을 한다면 프로그램은 상당한 타격을 받게 될 것이다.

　그런 파렴치(破廉恥)한 사람도 실제로 적지 않다.[35)] 금융감독원은 16일 증권사의 종목분석 보고서에 대한 부문검사를 벌인 결과 모 증권사 애널리스트 이모 씨와 투자상담사 이모 씨에 대해 정직 조치를 취했다고 밝혔다. 애널리스트 이씨는 지난해 친인척 계좌에 1억 1,700만 원을 입금, 주식을 매매하면서 코스닥 종목을 미리 사두고 이 종목에 대해 적극매수를 추천한 분석보

---

34) www.kr.encycl.yahoo.com

　　코스닥(KOSDAQ-Korea Securities Dealers Automated Quotation)은, 미국의 나스닥(NASDAQ)을 한국식으로 영문 합성한 명칭으로, 1996년 7월 1일 증권업협회와 증권사들이 설립한 코스닥증권(주)에 의하여 개설되었다.

　　나스닥의 개장으로 증권거래소 상장을 위한 예비적 단계에 지나지 않았던 장외시장이 미국의 나스닥과 같이 자금조달시장 및 투자시장으로서 독립적인 역할을 수행하게 되었다.

　　상장주식의 거래가 증권거래소에서 이루어진다면, 장외등록주식은 코스닥에서 이루어지는 것이다. 코스닥증권에서 거래되는 주식은 장외거래 대상종목으로 증권업협회에 등록된 기업의 주식이다. 증권거래소 상장에 비하여 등록(상장)하기가 쉽기 때문에 벤처기업이 많이 등록하지만, 현대중공업 같은 대기업 주식도 코스닥 종목에 들어 있다. 1999년 상반기 현재 등록된 기업은 안정성이 높은 금융기관으로부터 성장성이 높은 하이테크 벤처기업에 이르기까지 354개이다.

35) ≪조선일보≫, 2002년 8월 17일.

고서를 7차례 공표한 뒤 이를 매도한 혐의다. 또 투자상담사 이씨는 위탁자 2명의 계좌에서 모두 41차례에 걸쳐 7억 8,800만 원의 금액을 불법으로 일임 매매를 하고, 자기의 신분을 숨긴 채 증권정보 사이트인 P사의 '사이버고수' 로 활약하면서 유료 종목추천 코너에 특정종목을 매수추천한 혐의도 받고 있다.

이런 예로 보아 정확하게 관련된 정보만 제공하고 판단은 시청자가 하도록 하면 좋을 것이다.

(29) 영화·비디오·DVD·CD 정보

일반 시민들이 비용을 제일 덜 들이고도 즐거움을 얻는 것은 영화가 아닌 가 한다. 그래서 영화는 우리 일상생활 속에 중요한 요소로 자리잡고 있다. 영화의 공급(유통) 통로는 대체로 3가지이다. 일반 영화관, 비디오와 DVD, 그리고 TV영화 등이다. 시청자가 필요한 것은 '영화 선택'에 관한 정보이다. 우리는 광고되는 모든 영화를 다 볼 수 없고, 그럴 필요도 없다. 전문가들은 영화를 우수작을 기준으로 해서 A급 영화, B급 영화, C급 영화 등으로 구분 한다.

문제는 거의 모든 영화가 영리적인 측면 때문에, 작품성 또는 질적인 면에 서 상당히 과장되어 있다는 점이다. 따라서 영화광고나 기사·TV프로그램을 통해 B급 영화가 A급 영화로 둔갑(遁甲)하고, C급 영화가 B급 영화로 격상(格 上)하는 사례가 자주 발생한다. 그러나 어느 의미에서 상당히 저질인 C급 영화가 계속 생산되는 것은 영화계 나름대로의 이유가 있다.

즉 우리나라만 하더라도 전국적으로 수많은 극장이 있고 최근에는 멀티플 렉스(Multiplex, 다수의 스크린을 갖춘 복합상영관)36) 형태의 '복합상영관'이 늘

---

36) ≪동아일보≫, 2000년 9월 8일.
　　멀티플렉스의 보통기준(미국적)은 쾌적한 관람환경을 보장하는 최소 6개 이상의 상영 관을 포함하고 있으며, 쇼핑과 외식 게임 등 놀이공간을 함께 갖춰 한 곳에서 영화관람 과 식사, 그밖의 엔터테인먼트를 모두 즐길 수 있는 복합공간을 가리킨다. 여러 개의 스크린(Multiscreen), 다양한 서비스(Multiservice), 각종 오락(Multientertainment) 등 '3M' 이 갖춰져야 멀티플렉스라는 견해도 있다. 국내에서는 1998년 제일제당과 호주의 빌리 지 로드쇼가 합작해 세운 CGV강변11(스크린수 11)이 멀티플렉스 1호이고, 메가박스는 스크린수가 16개이다.

어나고 있어 소위 '스크린'의 수는 점증하고 있다. 서울극장연합회의 자료에 따르면, 2002년 현재 서울의 멀티플렉스 스크린 수는 85개이고, 전국적으로는 266개에 달한다고 한다.

여기에 상영할 영화를 부단히 공급하자니 제작비와 기간이 많이 소요되는 A급 또는 B급 영화만을 대기는 어렵다는 결론이 나온다. C급 영화들은 대체로 제작비 규모가 적으며, 폭력과 과다한 섹스를 주로 다루는 것이 많다. 이 영화들은 잠시 개봉관에서 선을 보이고 즉시 비디오로 제작돼 전국에 유통되는 과정을 밟는다. C급 영화는 영화시작 30초 안에 살인 등 폭력이나 농도 짙은 강력한 섹스 장면을 삽입해 관람자를 유인하고 이런 요소를 최소 3분마다 반복하면서 영화를 종결하는 '선정성'과 '폭력성'이 특징이라는 전문가의 분석도 있다.

또한 미국의 블럭버스터 영화들은 순제(순수제작비)와 P&A(prints and advertising)의 비율이 50 : 50이라는 것이다. 이 비율의 의미는 영화의 완성도와 작품성은 한계가 있기 때문에 그 모자란 부분을 각종 매체를 동원해 홍보로 강화하고자 하는 의도라는 것을 쉽게 알 수 있다. 영화제작사·기획자·감독·주연 배우들은 각종 미디어에다 사실상의 영화선전 행위를 사생결단으로 할수밖에 없고, 반대로 매체들은 이들의 로비에 무방비로 노출될 위험이 높다. 물론 여기에 로비의 대가가 오간다는 풍설은 늘 그치지 않는다. 그래서 영화의 기사, 프로그램, 평론 등은 늘 정직하지 않다는 일반의 평가가 나오고 있다.

이러한 업계의 관행을 감안하면 영화사나 제작자측의 입장이 가미된 홍보성 정보는 시청자에게는 전혀 불필요하다. 그러나 흥미, 작품성, 완성도, 메시지, 화제성 등에 대한 정확한 평가와 정보를 제공하는 기사나 프로그램은 쉽게 찾기 어려운 것이 오늘의 매체 현실이다. 연예지의 고위 간부가 수뢰(受賂, 收賂─수뢰의 법전상 용어) 혐의로 구속되고 연예관련 TV 프로그램들도 영화를 홍보해주고 있다는 구설수가 그치지를 않고 있다.

그 원조(元祖)는 미국 할리우드이다.[37] 왜곡된 영화광고에 분노한 미국의

---

37) ≪조선일보≫, 이동진, 2001년 7월 7일.
　미디어를 통한 영화의 과대 포장·홍보는 『할리우드의 영화전략』(피터 바트 지음, 김경식 옮김, 을유문화사) 및 『할리우드 거대 미디어의 세계전략』(다카야마 스스무 지음,

관객들이 법정으로 나섰다. 미국 '영화광고의 진실을 요구하는 시민들의 모임(Citizens for Truth in the Movie Advertising)'은 지난 2001년 6월 29일 로스앤젤레스 지방법원에 할리우드 메이저 영화사들에 대한 소송을 제기했다. 평론가들을 매수해 영화를 칭찬하는 평을 쓰게 하고, 그런 평을 다시 광고에 이용해 관객들을 현혹시켰다는 이유이다.

워너 브러더스, 20세기 폭스, MGM 등 대표적 스튜디오들이 소송 대상에 포함됐다. 이번 소송은 허위광고를 금하는 캘리포니아 법 조항에 근거하고 있다. 이 모임의 변호사 앤서니 소네트는 "관객들은 이제 <베틀 필드> 같은 영화가 <스타워즈> 이래 가장 위대한 영화라고 떠드는 광고의 구절을 본 뒤 극장에 가서 형편없는 작품임을 확인하고 실망하는 식의 반복된 과정에 질렸다"고 말했다.

존 트라볼타가 주연한 SF <배틀 필드>는 작년 최악의 영화로 손꼽혔던 작품이다. 만일 할리우드 영화사들이 이번 소송에서 패소할 경우 왜곡된 광고 속 영화평을 보고 극장을 찾았다가 실망한 캘리포니아의 모든 관객들에게 보상해줘야 하는 위기에 직면하게 됐다.

관객들의 이런 집단 움직임을 촉발한 것은 지난 6월 초 발생했던 콜롬비아 영화사의 '가짜 평론가 조작 사건'인 것으로 판단된다. 콜롬비아는 데이비드 매닝이라는 가공의 평론가를 만들어서 <기사 윌리엄>에 출연했던 배우 히스 레저를 '올 최고의 신인'이라고 과장된 찬사를 퍼붓는 등의 방식으로 평을 조작해 광고에 실었다.

콜롬비아는, ≪뉴스위크≫에서 '가짜평론가 조작사건'을 폭로한 데 이어, 자사 직원 두 명을 일반 관객으로 가장해 TV광고에 출연시켰던 '가짜 팬 조작사건'을 ≪버라이어티≫가 연이어 보도하자 곤욕을 치렀다.

영화는 TV 생활정보에서도 매력 있는 아이템이지만, 영화와 관련된 fact, 즉 작품성, 짧은 스토리, 화제(배우·감독·특수촬영……), 수상(受賞), 외국에서의 관객동원 정도 등을 객관적으로 평가한 내용만을 소재로 삼아야 할 것이다. 또 주말·연휴·공휴일 등에, 제작진이 수준 있다고 판단되는 3~5개의 영화를 함께 다루어 공정성을 유지해야 문제가 없을 것이다.

곽해선 옮김, 중심)에서도 부분적으로 엿볼 수 있다.

또 영화 제작자, 수입사, 감독, 배우, 영화에 호의적인 평론가 출연을 막아, 대담을 나누는 동안에 부지부식간에 나오는 홍보성 이야기를 피하는 것도 방법일 것이다. 개봉되는 영화에 대해 사전에 충분한 취재를 시행하고, 자료를 검토하고 전문가에게 문의하는 한편, 문제가 있는 영화는 그 결함을 평가한다면 시청자로부터 신뢰를 획득할 수 있을 것이다. 시청자가 원하는 것은 '그 영화가 알고 싶다'라는 점임을 유의했으면 한다.

비디오의 위력은 감소되고 있고 플레이어의 보급으로 DVD 출시는 증가되고 있는 추세이다. 그러나 아직도 비디오의 대중적 인기는 절대적이다. 많은 가정에서 비디오를 활용하고 있다. 비디오는 개봉관에서 보고자 했던 영화를 놓친 관객을 위한 '창구효과(window effect)'를 통해서 3~6개월 후 출시된다. 창구효과는, 영화 등 문화상품 생산은 초기의 투자비용이 높으나 일단 생산 후, 재생산에는 복제·전송비 등이 낮기 때문에 부가가치 창출에 유리하다는 개념이다. 영화의 경우, 자국 내 극장에서 개봉된 후 일정한 시차를 두고 비디오 → 케이블TV → 지상파TV → 위성방송 등 다양한 창구를 통해 동일 상품을 판매함으로써 수익을 올리게 되는 마케팅 방법이다.

창구 유통의 사이클[38]은 대체로 극장에서 상영 후 6개월이 지나면 비디오 사장으로, 다시 2개월 후 케이블TV나 위성방송의 PPV(pay per view) 서비스로 배급되며, 극장개봉 후 1년 정도가 지나면 PPV 창구가 끝나고 HBO 등 월 수신료를 지불하는 유료채널로 유통된다. 극장 개봉 후 30~36개월이 지나면, 네트워크 방송사, 독립 방송사, 혹은 케이블TV 기본채널에서 그 영화를 방송하기 시작한다. 미국 메이저 영화제작사의 수입을 보면 창구유통의 중요성을 실감할 수 있다.

1995년의 미국의 예를 들면, 극장수입은 전체 영화 배급업자들의 gross revenue의 29%를 차지한 반면, 47%의 수입이 그전에 제작되었던 영화가 비디오카세트로 제작되어 유통된 결과로 얻어졌다. 창구화 방안은 기본적으로 가격차별화 방안이며, 수용자 시장에는 좋은 서비스를 빨리 받아보기 위해 기꺼이 높은 요금을 지불하는 high value consumers와 무료 혹은 저렴한 비용

38) 송경희·이혜경, 「TV프로그램 공급시장의 경쟁촉진 연구」, 한국방송진흥원, 2000, pp.5~6.

의 대가로 낮은 품질과 기다림을 감수하는 low value consumers의 구별이 존재한다는 것을 전제로 한다. 따라서 창구화를 통해 수익을 극대화하기 위해서는 성공적인 가격차별화 전략이 필요하며, 그 전략이란 high value consumers와 low value consumers를 엄격하게 구분시키는 방안을 의미한다.

이것은 미국 중심의 유통체계 관행이고 영화 개봉 후 그 성과에 따라 마케팅 전략은 다양한 방법으로 수정될 수 있어 절대적이라고는 말할 수 없다.

우리나라의 비디오 생산은 상당한 수준이라고 말할 수 있다. 거의 안 나온 것이 없다고 보아야 한다. TV 생활정보에서 새로 출시되는 것을 매번 다루거나 하는 것은 바람직하지 않다. 그러나 예컨대 '여름방학에 자녀와 감상할 비디오 5선'이라든지, '1990년대 아카데미 수상작 해설', '마릴린 먼로 주연의 영화들', '할리우드 감독이 선정한 100선 영화 요약' 등의 형식이 가능할 것이다. 따라서 시의적절한 주제와 화제를 정하고 여기에 영화를 대입해 소개한다면 비디오 정보의 아이템화는 의미가 있을 것이다. 물론 한국영화도 포함할 수 있을 것이며, 희귀(稀貴) 영화로 분류됐던 영화가 비디오로 새롭게 출시됐다면 이것을 소개해도 무방하리라고 본다. 비디오 정보는 다이렉트보다 기획성 구성이 효과가 있을 것으로 생각된다.

DVD(digital versatile disc)는 CD와 같은 지름의 디스크에 영상과 음성을 디지털화해 약 135분 정도 저장하고 재생할 수 있는 장치다. 1996년 가을 경부터 DVD 플레이어와 영화 타이틀이 선을 보이기 시작했고, 꾸준히 성장세를 보이다가 현재는 폭발적인 증가세를 보이고 있다. 국내 상황도 플레이어가 20~30만 원대로, 홈시어터 시스템도 70~120만 원대로 형성됨으로써 보급이 더욱 가속화되고 있다. 대여료는 1,000~2,000원선이기 때문에 비디오와 큰 차이를 보이지 않는다.

DVD정보의 아이템화는 위에서 설명한 비디오와 유사하겠지만 아무래도 신규 출시와 관련된 내용에 관심이 있지 않을까 판단된다. 왜냐하면 비디오는 화면의 정세성이 떨어진 경우가 많았지만 DVD는 화면 상태는 우수하지만 비디오처럼 모든 영화가 나와있는 것이 아니기 때문이다. 수집을 원하는 애호가도 있을 것이고, 그냥 감상을 원하는 사람도 있을 것이다. 한 달에 한두 번 출시된 DVD 타이틀을 여러 개로 묶어서 소개할 수 있을 것이고, 계속 개선되고 있는 시스템에 관한 해설도 가능할 것이다.

DVD를 소장하기에는 아직도 가격이 비싸기 때문에, 예컨대 인터넷의 가격비교 사이트를 한번 설명하는 것도 가능하다. "서울 지하철 1·3호선 종로3가역 12번 출구로 나와 세운상가 쪽으로 1분 걸어가면 '씨디 뱅크' '세일 음향' '서울레코드' 등이 있는데 이곳이 인터넷보다 10% 정도 값이 싸다"는 식의 내용을 취재를 통해 삽입할 수도 있다.

CD는 음악을 감상하는 가장 보편적인 방법이다. 사람들은 가정에 최소 몇 십 장의 CD를 보유하고 있고, 새로운 앨범이 나올 때마다 자신의 취향에 따라 하나씩 사모은다. 이것은 책을 사서 읽고 책장에 보관하는 것과 마찬가지의 관행이다. 클래식의 경우 동일한 작곡가의 음악이라도 오케스트라, 지휘자, 독주자, 가수에 따라 그 음악적 특색이 매우 다른데, 사람들은 이처럼 같지 않은 것에 대해 흥미를 느끼고 선호한다. 따라서 CD정보는 '특색'에 초점을 맞추는 것이 중요하고, 이때 음반 전문가의 도움을 받을 필요가 있을 것이다. 이것도 한 달 단위 또는 석 달 단위로 한번 씩 방송하는 것이 무난하지 않을까 한다.

(30) 각종 sale 정보

사람들은 소비재와 내구재를 사용하지 않고는 살아갈 수 없다. 또 고급의 사치성 물건(奢侈財)도 선호한다. 이때 다소라도 물건을 싸게 살 수 있다면 돈을 버는 것으로 생각한다. 따라서 부유층이나 서민들 모두 '세일'을 주시한다. 외국의 세일은 우리와는 다른 순수한 의도에서 시행된다. 즉 일 년 동안 고객이 많은 물건을 구매해서 자신들이 수익이 많았으니까 그 보답으로 평소에 팔던 똑같은 물건의 값을 할인해서 파는 행사이다. 수요자들은 특히 쉽게 구입하기 어려운 가전제품, 모피, 가구 등 필요한 품목을 평소에 적어 놓았다가 'Thanks giving day'라든가 'Christmas' 세일을 기다렸다가 디스카운트된 가격으로 구매한다.

국내 백화점이나 대형할인점 등은 위와 같은 의미가 해외의 사정과 일치하는 것은 아니지만, 대량매출을 목적으로 평소보다 다소 저렴한 가격으로 파는 것은 틀림없다. 이때 중요한 포인트는 어떤 상품들이 세일을 통해 진짜로 싸게 파느냐에 대한 정보이다. 이것은 정확하고 신뢰할 수 있는 채널을 통해 취재를 해야만 한다. 만약 세일 정보가 방송으로 나갔을 경우, 시청자가 구매를 위해 상점에 갔을 때 절품(切品)되었다든지 하는 사례가 발생하면 곤란하다. 따라서 'A백화점의 경우 양복 1,000벌을 '선착순'으로 저가 판매한다'는 식으로 구체성을 띠도록 하는 것이 좋다.

따라서 백화점들은 1년에 몇 차례 정기적으로 세일을 시행하는데, 몇 개의 백화점이 언제부터 언제까지 세일을 한다, 주로 할인폭이 큰 상품들은 무엇인가? 세일 상품의 질과 재고량은 어떤가와 관련된 fact 위주로 정보를 제공하고, 이 정보를 근거로 시청자가 판단하도록 하면 문제는 없을 것이다. 물론 특정업체를 홍보한다는 위험이 따르지만, 이것은 동전의 앞뒷면과 같아서 잘 컨트롤하면 긍정적인 효과를 기대할 수 있다.

6) 출연자의 전문성

TV 생활정보 프로그램을 통해서 화면에 나오는 출연자들은 스튜디오에 직접 출연하는 경우와 ENG카메라로 찍어온 것을 편집해서 방송하는 두 가지 형태가 있을 것이다. 스튜디오 출연도 지방사(국)를 통해서 방송되는 것과 전화로 연결해서 말하는 것 모두가 포함된다. ENG로 촬영한 것도 해외에서 특파원이 취재해 보내온 것도 이 범주에 들어간다.

이 출연자들은 대부분 어떤 전문성이나 화제성(話題性)을 근거(기준)로 해서 텔레비전 프로그램 화면에 등장하게 된다. 이때,

전문성은 출연자 개인이 지니고 있는 지식·경험·연구결과·재능 등을 토대로 해서 사계(斯界) 최고의 권위자여야 한다. 또 단체의 소속원인 경우는 그 단체가 해당 사항에 대해 다년간 업무를 수행한 바 있는 특성이 인정되어야 할 것이다. 화제성과 관련된 출연자는 사건의 주인공이나 그 부모·아내·남편·친족 또는 친구 등 친소관계가 두터운 인물이거나 직접 목격자 등이 해당될 것이다.

일반적인 기준으로 평가할 때, 전문성이 공인되는 출연자들은 다음의 범위이다.

5) '아이템의 성격, 아이템 모델 30개' 와 6) '출연자의 전문성'은 거의 같은 범주이다. 다른 것은 '개념'과 거기에 투입되는 '인물'의 차이다. 두 가지 fact

는 같으면서도 서로 다른 접근과 특성을 내재하고 있다. 각각의 내용은 사고, 각도, 냄새, 촉각(觸覺), 입장 등에서 차이가 있음을 전제하면서 상술하고자 한다.

- **의사**(**내과 외과 이비인후과 피부과 치과 안과 비뇨기과 산부인과 신경정신과 가정의······ 심장전문의 성인병전문의 수술전문의 암전문의······**) **등 서양의학 전공의사**

우리가 종합병원에 가기를 원하는 것은 종합병원은 각종 전문의들이 다수 포진되어 있고 최신 검사·치료 기재들을 확보하고 있기 때문이다.

그러나 종합병원은 환자들이 폭주해 검진과 입원을 원할 때는 명성이 있는 병원은 보통 2~3개월의 시일이 소요되고 고비용이 요구된다는 단점이 있다. 차이는 있지만 해외의 사례도 이와 유사해 외국TV들도 'Meet the Doctor' 형식의 프로그램을 운영하고 있는데, 의사를 출연시키는 것은 'Meet the Doctor'의 유형이다.

- **한의사, 약사**
- **동물병원(수의사)**

애완 동물은 주인의 정서에 도움을 주지만, 만약 면역에 약한 유아가 있다면 동물이 갖고 있는 각종 질병에 감염될 위험성이 있다. 동물 사육과 인간과의 여러 측면의 관계 등은 1년에 한두 번 방송하는 것도 아이템으로 의미가 있을 것이다.

- **변호사·공인회계사·세무사**

공인회계사 세무사들은 우리가 국가기관에 납부할 세금과 관련이 있는 케이스가 많다. 물론 국가가 공정하게 세금을 부과해야 원칙이겠지만, 세금관련 법규정과 부과체계가 복잡하고 이것을 실제 적용하는 데 오류가 있을 수 있어, 징세관련 단체들은 과(過)부과하는 관행이 있고, 매년 수십 억 또는 수백 억원을 과다징수했다는 보도를 우리는 자주 접하고 있다.

따라서 변호사를 포함해서(변호사들은 법 관련 등 외에도 상속세 등도 관장한다) 회계사·세무사 등을 통해 적정한 과세를 요구받았는지도 따져봐야 하고, 불필요하게 부과되는 세금은 규정에 따라 절세(節稅)하는 방법도 터득하는 지혜가 필요하다.

• 부동산 전문가

평범한 직장인들이 자신의 집을 마련하는 데는 최소 10년 이상 걸린다.[39] 그리 큰 집도 아니다. 그후 자택을 보유하고 있다 하더라도 세금·교육비·생계비 등으로 재산을 증식하는 것은 어렵다. 따라서 사람들은 아파트와 땅을 사고 팔고 하면서 그 차익을 남겨 재산을 늘리는 수단으로 삼는다. 또 주변에서 부동산 매매로 재미를 본 사람들도 자주 목격할 수 있다.

도시에서 소위 요지로 분류되는 지역에 아파트를 분양하면 수십~수백대 일의 경쟁률을 나타낸다. 차액이 발생하지 않을 수 없다. 오죽하면 전매 제한 규정이 마련되었겠는가? 그러나 부동산이 무조건 황금의 알을 쏟아내는 거위는 아니다. 자칫 잘못했다간 현금이 묶이고 전매가 안 될 땐, 큰 고통을 겪게 된다. 은행에서 대출을 받았을 경우는 이자에 시달리게 된다. 가계가 쪼들리고 막심한 정신적 스트레스를 감내하지 않을 수 없다.

오늘날의 투기성 부동산 거래는 어느 의미에서 '필요 악(惡)'이다. 하자니 위험이 따르고 가만있자니 재산증식의 길은 요원(遙遠)하니 말이다. 부동산 거래가 만연(蔓延)하다보니 탈법과 사기(詐欺)의 함정이 도사리고 있다. 부동산 매매는 지역, 가격, 법규, 서류 확인 요령, 관행 등 많은 정보와 지식이 선행되어야 한다. 이러한 것들은 대체로 부동산 전문가를 출연시켜 방송으로 공급할 수 있는데, 이들의 전문성과 신뢰성이 전적으로 요구된다는 것을 유의해야 한다. 시청자의 권익이 강화되고 있는 추세이기 때문에 신뢰성에 이상이 발생할 때는 법적인 문제로까지 비화될 수 있다.

• 증권 전문가

앞에서도 증권문제를 언급한 바 있지만, 관련 출연자를 선정하는 데는 역시 전문성과 신뢰성이 기본 바탕이 되어야 할 것이며, 세계 경제의 흐름에

---

39) ≪조선일보≫, 2002년 3월 26일.

통계청은 4년 주기로 조사하는 주거와 교통·환경·안전부문의 '2001년 사회통계조사 결과'를 26일 발표했다. 결혼 후 최초 내집 장만기간은 평균 10년 9개월로 1997년보다 2개월이 단축됐다. 가구주의 15.8%는 결혼 전에 자기집을 소유했고 84.2%는 결혼 뒤 자신의 집을 마련했다. 내집 장만방법은 저축이 49.2%로 가장 많고 증여·상속 15.5%, 융자 13.9%, 부모 친척보조 13.8%의 순이었다. 내 집 장만까지 평균 이사횟수는 5.0회로 97년 4.2회보다 늘었다.

특히 조예가 있고 설명력과 화술이 우수한 연사래야 인기가 있을 것이다. 매주 또는 월별로 적절히 출연자를 교체 순환하는 것도 하나의 방법이 될 수 있다.

• 창업(創業) 상담

IMF 이후 기업의 구조 조정으로 명예퇴직 등 타의에 의한 퇴직자의 수가 급증했다. 경제 상황이 불황으로 이어져 이자율도 하락한 관계로 이들의 생계는 매우 어려운 지경에 이르렀다. 따라서 먹고살기 위한 방편으로 가게를 차리는 경우가 많다. 그러나 그들이 과거에 종사했던 책상에서의 업무나 특수분야의 마케팅 등은 소비재의 판매나 음식점 운영과는 거리가 멀다.

고민하는 사람들을 위해 특히 위치, 품목, 체인점 관련, 대출정보, 인테리어, 종업원, 개업시기 등에 관한 일반적인 정보나 상담은 많은 시청자의 관심을 끄는 소재이다. 이런 전문가를 적절한 계기(契機)에 출연시키면 상당한 시청률을 기대할 수 있을 것이다.

• 대입 상담자

우리나라 가정에서 가장 중대한 문제는 자녀를 대학에 입학시키는 것이다. 자녀 본인이나 부모 모두 여기서 성공하면 대박을 터트린 것처럼 기뻐한다. 그러나 많은 경우 성공보다 실패 사례가 많다. 엄청난 액수의 학원비와 교재대, 과외비가 들어간다. 해당기간에는 아마도 직장인 수입의 30~50%가 소요될 것이라는 추정도 가능하다. 1학기 수시·2학기 수시·정시·편입 등 등용문도 다양하다. 입시상담은 매번 있을 필요는 없지만 입시 계기와 적절한 시기를 앞두고 현황에 대한 분석과 설명이 학부모들에게 필요할 것이다. 대부분의 전문가들이 학원의 주요간부이기 때문에 연사 선정에 유의할 필요가 있고, ENG 취재 후 불필요한 부분을 편집으로 조정해도 좋을 것이다.

• 병무(兵務) 상담

선배들의 얘기를 들으면, 아이들을 대학에 보내면 부모로서 큰 관문을 통과한 것이지만, 이어서 아들이면 군대를 무사히 마치도록 해야 하고, 취직시켜야 하고, 그 다음은 결혼시켜야 한숨을 놓는다는 것이다. 결혼을 해도 요새는 아기를 잘 낳지 않으려고 해서 그것이 걱정이고, 출산을 하면 그 아이를 키우고 돌보는 일이 부모의 몫이기 때문에 A/S는 끝이 없다고 푸념들이다.

2차 관문인 입대도 나이, 학교문제(재수 휴학 등), 본인의 사정에 따라 입대 시기와 계절, 육해공·해병대의 군별(軍別), 병과, 카투사 등 세부사항에 있어서 전문적인 정보가 필요하다. 인터넷에도 내용이 소개되지만 부모들은 자세한 설명을 듣길 원한다. 1년에 2차례 정도 특집성 프로를 만든다면 선호하는 시청자가 많을 것이고, 이 경우는 사전예고로 홍보가 필요할 것이다.

- **문학평론가, 음악평론가(클래식), 미술평론가, 연극평론가, 영화평론가, 무용평론가, 대중음악평론가……**

이들은 문화와 예술분야의 공연·전시회·작품·해외의 경향 등에 관한 해설과 정보 제공을 담당한다. 요즈음은 매우 일천한 나이에 자칭 무슨 '예술 평론가'니 '문화 평론가' 하는 명칭을 붙이고 설익은 지식을 마구 뿌리고 다니는 사이비 평론가가 많은 세상이기 때문에 출연자 선택에서 상당한 주의가 요망된다고 하겠다.

- **팝송 전문가**

사람들에게는 누구나 젊은 시절 감성이 풍부하고 꿈과 낭만이 아련한 세월이 있다. 차후 나이가 들면 그때 함께 했던 친구와 연인이 그립고, 자주 갔던 다방이나 카페가 아직도 있는지 확인하고 싶어지며, 그 시대의 팝송을 추억하게 된다. 노년층은 에디트 피아프(1915~1963)의 "당신이 원한다면 세상 끝까지도 갈 수 있어요. 당신이 원하면 조국도 떠날 수 있어요"라는 가사로 유명한 '사랑의 찬가(L'hymne a l'amour)'도[40] 좋아 할 것이다. 그리고 독일 출신 영화배우 마를렌 디트리히(Marlene Dietrich)가 노래한 '릴리 마를렌(LiliMarlene)'에도 귀를 기울이게 된다. 전장(戰場)의 엘레지라고 칭송되는 이 노래는 독일의 시인 '한스 라이프'의 시에 베를린 출신 영화음악가 '노베르

---

40) 《조선일보》, 김한수, 2002년 2월 16일.
　'사랑의 찬가' 탄생 배경이 된 연서(戀書)들이 프랑스에서 책으로 묶여나와 화제가 되고 있다. 프랑스 주간지 《파리 마치》는 최근호에서 피아프와 권투 세계 챔피언을 지낸 그의 연인 마르셀 세르당이 주고받은 편지들이 『피아프-세르당, 너와 나, 사랑의 편지들』이라는 제목의 책으로 발간됐다고 보도했다. 1948년 3월부터 1949년 10월까지 1년 반에 걸쳐 불꽃을 피웠던 피아프와 세르당의 사랑은 비극으로 끝났다. 1949년 10월 27일 뉴욕에서 공연중이던 피아프를 만나기 위해 날아오던 세르당이 비행기 추락사한 것. 이런 충격과 슬픔을 누르며 피아프가 먼저 간 애인을 위해 적은 시에 곡을 붙인 것이 바로 '사랑의 찬가'였다.

트 슐체'가 곡을 붙인 신화적인 연가(戀歌)라는 평가다. 고향에 애인을 남겨둔 채 전쟁터에 나간 한 병사의 슬픔을 마칭 조(調)를 섞어 작곡한 이 노래는 애수 어린 선율만큼이나 애절한 가사로 되어 있다. 사막의 여우, 롬멜 장군조차도 '릴리 마를렌'을 "전세계를 흐르는 노래"라고 기술하고 있을 정도로 독일군이나 연합군 병사들의 심금을 울린 바 있다.

중년 이상은 비틀즈의 'Yesterday'라든가 'Bridge over troubled water' 'You needed me' 'The end of the world'⋯⋯ 등등 수없는 팝송을 들으며 상념(想念)에 젖게 될 것이다. 계절을 잘 고려해 노래에 얽힌 이야기와 시대상을 팝송 평론가가 잘 엮어내고 적절한 자료화면을 삽입한다면 이것도 그럴듯한 아이템이 될 수 있다.

• 스포츠 평론가

인기 스포츠는 남녀노소를 막론하고 관심이 높다. 선수와 감독, 팀, 경기결과, 전망, 몸값, 외국 선수와 경기 등 궁금하지 않은 것이 없다. 스포츠 담당기자 등 상세한 정보를 지닌 사람들의 설명은 재미가 있고 부드럽고 흐뭇하다. 특히 입담·화술이 전제되어야 할 것이다. 신문에도 났고 뉴스에서도 볼 수 있지만, 유사한 내용이라도 표현과 전달 방법에 개성이 있으면 우리의 눈을 끌게 된다.

• 요리 연구가

우리는 먹기 위해서 산다는 말이 있을 정도로 음식 즉, 요리는 일상생활에서 중요하다. 그리고 음식의 재료와 방법도 꾸준히 개발되고 있다. 또 외식의 빈도(頻度)도 늘어나 우리의 미각(味覺)도 바뀌고 있고, 반대로 종전의 우리 어머니시대와 비교해서 요즘 여성들은 특별 요리를 직접 하는 기회도 적다. 그런 의미에서 요리가 필요하다는 것은 인식하면서도 시행하는 것을 거북해하는 경우이다.

이때 전문가의 자극과 유혹이 필요하다. 아이들을 위한 요리, 남편용, 노인용 등 다양한 요리는 전문가의 설명과 시범 없이는 불가능하다. 계절에 따라 나오는 소재를 가지고 요리 강좌를 연다면 화면 역시 아름답고 풍성할 것이다. 이때 요리 연구가의 화술은 중요하고 용모도 빼어나다면 금상첨화이다.

• 미용연구가·피부관리사

텔레비전과 영화, 잡지의 영향 탓인지 오늘의 여성은 용모(容貌)와 미모(美貌)로 평가받는 시대이다. 특히 얼굴이 크지 않아야 하고 피부가 곱고 머릿결이 부드러워야 하며 갈색 등 적당히 염색을 해야만 거리를 활보할 수 있다. 뒷모습으로만 보면 앞에 걸어가는 그녀가 미국여인인지 한국여성인지 알 수 없다. 그러나 그러한 치장(治粧 및 治裝)은 자기 마음대로 하는 것이 아니다. 미용연구가는 하나의 모델을 지정하고 있고, 다만 자신의 얼굴형이라든지 여러 가지 개성을 감안해 변형이 가능할 뿐이다. 즉 얼굴 화장과 머리 치장의 과외 교사가 반드시 필요하다. 그녀는 화장의 교주(教主)인 셈이다.

여성은 학교(대학 또는 고교)를 졸업하고 사회진출을 하자면 우선 얼굴과 키에서 합격점을 받아야 한다. 이것은 절대절명의 지상명령(至上命令)이다. 이 계율을 위반하면 감옥에 갇히는 것 같은 신세가 될 수 있다. 이것을 극복하기 위한 화장품은 수백 가지가 넘을 것이다. TV 생활정보가 용모에 열등감을 갖고 있는 많은 여성들에게 4계절에 따라 화장법을 지도하는 것은 결코 나쁜 일이 아니다. 화면도 매우 고혹(蠱惑)적일 것이다.

미용연구가가 젊고 미인이면 좋고, 맨 얼굴의 모델(주부라면 더 좋다)에게 화장을 시행한 후, 아주 다른 가인(佳人)을 만들어놓을 정도로 탁월한 기술의 소유자라야 한다. 여성은 입술 하나만 잘 칠해도 예술작품과 같은 면모를 탄생시킬 수 있다. 더욱이 섹시한 이미지를 생산할 수 있다면 미용지도는 매우 훌륭한 아이템이 된다.

21세기에 접어든 지 2년만에 한국사회는 남녀불문하고 소위 외모(外貌) 지상주의를 일컫는 '루키즘(lookism)'의 열풍에 휩싸이고 있다. 위의 논지를 뒷받침하는 설문조사가 있었다.[41]

한국의 13~43세 여성 10명 중 7명 정도는 '외모가 인생의 성패를 좌우한다'고 생각하고 있는 것으로 조사됐다. 또 10명 중 8명은 '외모 가꾸기가 멋이 아니라 생활의 필수 요소'라고 생각하는 것으로 나타났다.

광고대행사 제일기획은 최근 13~43세의 서울 여성 200명을 대상으로 외모에 대한 전화면접 조사를 실시해 그 결과를 공개했다. 조사 결과, 응답자의 69%는 '외모에 신경을 쓰고 외출하면 사람들이 더 친절하게 대한다'고 생각

41) ≪동아일보≫, 신치영, 2002년 8월 12일.

했으며, 56%는 '또래의 여성을 만나면 외모부터 비교하게 된다'고 답해 대부분의 여성들이 외모를 크게 의식하고 있는 것으로 분석됐다.

응답자의 70%는 '피부나 몸매를 보면 그 사람의 생활 수준이 짐작된다'고 대답했다. 이에 따라 여성들은 외모 가꾸기에 하루 평균 53분을 투자하고 있으며, 거울은 하루 평균 8.3회 보는 것으로 나타났다. 응답자의 73%는 '자신이 평균보다 뚱뚱하다'고 생각했고, 72%는 '얼굴이 예쁜 여자보다 몸매가 좋은 여자가 더 부럽다'고 답해 최근 다이어트 열풍을 반영했다.

피부 관리사도 요즈음은 인기가 있다. 미혼 여성의 경우, 여드름은 천적(天敵)이다. 체질·환경오염·섭생(攝生) 등에 따라 발생하는 이 질환은 또한 극복하지 않으면 안 될 또 하나의 숙제이다. 물론 피부관리사가 지도했다고 해서 씻은 듯 없어지지야 않겠지만 전문가의 조언은 필요하다. 얼굴뿐만 아니라 여성들은 온몸의 피부도 갈고 닦는다. 이런 것들도 적절한 약품과 기재·방법을 통해 개선을 시도해야 한다. 아이템으로 할 경우, 상당한 비용이 발생하는 것은 피해야 하고 특정업체에 대한 PR이 되는 것도 조심해야 한다.

• 비만 클리닉 전문가

대형 수퍼마켓 같이 여성들이 많이 운집하는 장소에서 관찰하면, 일반적으로 노소를 가리지 않고 여성들의 비만도는 높은 것을 확인할 수 있다. 여성들의 체격은 비교적 당당하며 풍만(豊滿)한 반면, 남성들은 왜소한 경우가 많이 목격된다. 살과의 전쟁, 살을 빼는 것은 여성의 정체성(正體性)과도 관련이 있으며, 날씬해지고자 하는 욕망은 전혀 끝이 보이지 않는다. 또 고체중은 성인병 발병과도 무관하지 않다. 체중 증가는 유명인 무명인을 가리지 않는다.

미국의 인기 토크쇼 진행자인 '오프라 윈프리'는 『오프라 윈프리 다이어트』라는 책을 출판한 바 있다. 그는[42] 마이크 타이슨과 같은 99kg의 체중이 되자 다이어트로 20여kg을 줄이기도 했지만 그때뿐이었다. 1991년 그녀의 몸무게는 무려 107kg까지 불어났다. 결국 그는 다이어트 대신 트레이너인 '밥 그린'을 소개받아 조깅과 물을 하루에 6~8컵씩 마시면서 채식 위주의 식단을 마련했다. 1993년 그의 몸은 68kg이 됐고, 마라톤 풀코스를 완주했다.

---

42) 《조선일보》, 황태훈, 2002년 7월 20일.

꾸준한 운동의 결과였다. 그는 이 책에서 "규칙적인 운동과 올바른 식사는 매일 나 자신을 소중히 돌보고 나를 사랑하는 데 마음을 기울이는 과정"이라며 "강하고 마르고 튼튼하고 건강해지고 싶은 나의 목표를 달성했다"고 말했다.

이 책이 제안하는 체중 조절을 위한 10단계는 ▷ 매주 5~7회씩 20분에서 1시간 유산소 운동 ▷ 저지방 균형식단 ▷ 매일 세 끼와 두 번 간식 ▷ 취침 2~3시간 전에는 먹지 않기 ▷ 매일 과일이나 야채를 자주 먹을 것 ▷ 음주 자제 ▷ 매일 건강한 생활에 대한 다짐을 새롭게 하기 등이다. 강인한 정신력과 의지력을 갖고 꾸준히 이를 실천한다면 체중 감량이 가능하다는 것이 오프라 윈프리의 주장이다.

이것은 미국인 체질의 사례이기 때문에 한국인에게 적용할 경우 어떤 결과가 도출될지 모르지만, 만약 한국적 사례가 개발되고 이런 사례를 통한 전문가를 출연시킬 수 있다면 많은 시청자(남성도 포함)가 지대한 관심을 가질 것으로 본다.

국내 다이어트 시장규모는 연 1조원, 미용성형수술은 연 5,000억원 정도의 시장을 형성하고 있다고 한다. 그래서 비만 문제는 심각하고 아이템화하는 데도 상당한 비중을 둘 필요가 있다. 지혜로운 비만전문가를 찾지 않으면 안 된다.

그런데 이러한 열풍은 현대인들이 남녀불문하고 인간의 가치를 '섹시함'에 두고 있기 때문이고, 그 대표라고 할 수 있는 '마릴린 먼로' 현상을 통해서 그런 사실을 확인할 수 있다.[43]

"내 몸은 호텔!" 지난해 독일 프랑크푸르트 도서전에서 눈에 띄었던 대형 포스터 문안이다. 그 포스터는 유럽에서 활동하는 한 젊은 여가수가 쓴 책을 광고하고 있었는데, 마침 그 백인 여가수가 전시장 한구석에 작은 무대를 만들어놓고 독자들과 대화를 나누고 있었다.

치렁치렁한 갈색 머리에 우물처럼 깊은 눈, 늘씬한 팔등신. 독자들에게 그윽한 미소를 보내던 그녀는 무궁화 다섯 개짜리 호텔처럼 보였다. 그는 섹시함을 무기로 세상과 교섭하고 있었다. 20세기의 키워드, '섹시(sexy)'가 가진

---

43) ≪조선일보≫, 이문재, 1999년 12월 10일.

파워를 나는 보았다.

세기의 그믐에 새삼 마릴린 먼로를 떠올린다. 그가 가진 이미지는 바로 저 '호텔'로서의 육체다. 누구나 머물 수 있는, 대중에게 공개된, 반짝거리고 찬란(燦爛)하고 안락(安樂)하며 돈만 내면 누구나 이용할 수 있는 공공 장소. 먼로의 섹시함은 특정인이 독점할 수 없는 것이었다. 공식적으로만도 세 차례 결혼했고, 많은 사람들과 무수한 염문을 뿌렸지만, 그는 스크린을 통해 만인에게 공개된 연인이었고 '억눌린 섹스를 해방시키는 열쇠'였다. 먼로 이후 섹시는 금기(禁忌)의 울타리를 벗어나, 귀족 계급의 밀실(密室)을 뛰쳐나와, 거리에서, 대중들 사이에서 소비(消費)되기 시작했다.

'37-24-37' 신체 사이즈와 백치미로 압축된 이미지. 이젠 전설이 된 그 모습으로 마릴린 먼로는 살아있다.

먼로의 섹시함은 화면 속 그의 시선에 의해 완결되었다. 모두를 쳐다보고 있지만 결국 아무도 쳐다보지 않는 '텅 빈 시선'. 이 비현실적인 시선은 저 지하철 통풍구 위에서 날아 올라가는 치마를 내리누르는 포즈와 겹쳐진다. 19세기적 '정신' 숭배를 몰아낸 20세기 섹시함의 신화(myth)는 텅 빈 시선과 텅 빈 정신을 정당화한다. 먼로 이후, 텅 빈 시선은 섹시 스타의 전형적 시선이 되었다.

먼로의 육체는 강렬한 성적 에너지로 카메라를 매혹했고, 카메라로 인해 영생(永生)을 얻었다. 그가 20세기 한가운데로 출현할 때, 그러니까 10대 후반 핀업 걸로 카메라 앞에 섰을 때, 고아 소녀 노마 진이 마릴린 먼로로 다시 태어날 때, 새 생명을 준 것은 카메라였다. 영화와 매스컴, 전기 작가들에 의해 고착된 이미지 즉, 초점 잃은 눈에 봉긋한 미소, 그것은 카메라가 만들어내고 할리우드를 통해 전세계 대중을 흡인한 이미지다. 그 말고 누가 이처럼 오래 우리 곁에 섹시 우상으로 머무는가. 그가 가진 생명력은 어디서 오는 건지 나는 머리를 갸웃거려본다.

먼로와 카메라의 '결혼'은 섹시라는 손에 잡히지 않는 환상, 그래서 더욱 갈증을 일으키는 욕망을 유포시켰다. 먼로는 분명 분기점이었다. 아이같고 천연스런, 먼로의 섹시함은 여성의 섹시함과 성욕을 죄악시하던 이전 세기 윤리관을 녹여버렸다. 지하철 바람에 열오른 몸을 식히는 '7년만의 외출'은 '성욕이 삶의 가장 근본적인 에너지'라는 1950년대 미국 사회의 인식을 천진

난만하게 형상화한 것이었다.

프랑스 사회학자 에드가 모랭이 지적했듯, 대중은 새로운 신으로서의 스타, 상품으로서의 스타를 동시에 요구한다. 우리는 어두운 극장에서 현대의 신을 만났고 숭배했다. 신의 광휘(光輝)는 섹시로 더욱 빛났고 섹시는 20세기 사람들의 주제어가 되었다. 극장이라는 신전(神殿)은 곧이어 텔레비전이라는 좀더 일상적인 신전으로 확장되었고 여기 광고가 가세하면서 섹시는 20세기 후반의 일상적 삶으로, 우리 현대인의 자아 속으로 스며들었다. 20세기에서 섹스 어필이란 성의 상품화로 귀결지어진다. 이미지를 통해 공공연하게 상품화한 성 산업의 첨병은 역시 할리우드다.

그러나 우리가 알고 있는 먼로는 카메라와 영화 홍보팀이 만든 이미지일 뿐이다. 크리스타 메르커가 쓴 『섹스와 지성』에 의하면, 먼로는 죽기 얼마 전, "나는 일생동안 마릴린 먼로라는 역할만 했다"며 울었다고 한다. 세번째 남편이었던 극작가 아서 밀러는 이렇게 말했다. "그녀가 마릴린 먼로라는 바로 그 사실이 그녀를 죽였다." 자연인 먼로는 존재하지 않았는지도 모른다.

세기의 그믐에서, 스크린을 대체한 텔레비전 모니터는 이제 컴퓨터 모니터의 위협을 받고 있다. 먼로는 이 모든 매체의 변화에도 불구하고 엄연하게 살아있다.

시각 이미지가 소비자 시선을 장악한 이 세기에, 먼로를 통해 대중화된 섹시 이미지는 거의 모든 광고에 내장되어 있다. 영화 잡지에 등장한 전도연은 먼로를 패러디한 우마 서먼의 재생이다. 상품 생산과 유통, 소비 전 과정에서 먼로는 수시로 '호출'되고 있는 것이다.[44]

• 대학생 통신원

주부들은 자녀가 대학에 진학하면 아이를 잃어버린다는 이야기를 한다. 일단 아침에 나가면 심야에 들어오기 일쑤고, 집안에서도 부모와 별로 대화를 하지 않으려 한다는 것이다. 그가 전공에 대해 어떻게 생각하는지, 교우관

---

44) '비만'과 '섹시'는 거의 반대말이지만, 추구하는 개념은 동일하고 그것이 우리의 사고와 생활에 깊이 침전되어 있어, 그 정체를 파헤쳐본다는 의미에서 긴 글을 인용하게 되었다. '섹시'는 위의 글에서 본 바와 같이 환상이고 하나의 판타지이지만 현실은 그것을 결코 부정할 수 없다. 생활정보 제작자들은 이런 점을 적절히 판단할 수 있었으면 하는 생각을 해본다.

계는 어떤지, 이성 친구는 있는지, 학교생활은 재미있는지에 대해 부모는 아는 것이 별로 없는 경우가 많다. 대학문화가 어떤지에 대해서는 더욱 깜깜무소식이다. 이런 상황이니 자녀의 생각과 동떨어진 이야기를 하게 되고, 그의 행동이 과거부모의 잣대로 재단해보면 못마땅하니까 잔소리를 하게 된다. 결국 부모자식간에 소외(疏外)가 발생한다. 물론 정도의 차이는 있겠지만 어느 집안이나 다 있는 일이다. 그러나 부모는, '자식의 대학생활! 그것이 알고 싶다'의 심정이다.

이 관계의 소통(疏通)을 위해 대학생 통신원의 리포트를 아이템으로 삼을 수 있다. 활동적인 남녀 대학생을 선발해 통신원으로 기용하고, 그들의 취재와 설명을 통해 이 시대 대학생의 실상(實狀)과 여러 가지 에피소드를 전달하는 것이 목적이다. 예컨대 대학생들이 용돈은 얼마나 쓰는지, 아르바이트는 할 만한 것인지, 이성간 애정의 심도는 어느 정도인지, 취업의 전망은 있는지, 유학가는 학생은 많은지? 등등 궁금증을 풀어줌으로써 대학생 자녀와 부모간의 관계를 돈독히 하고자 하는 것이다.

• **해외 특파원·통신원·주한 각 대사관문화원 관계자**

'지구촌'은[45] 항공기, 신문, 라디오, TV, 인터넷 등으로 전세계가 촘촘히

---

45) '지구촌(Global Village)'이라는 말은 캐나다의 영문학자·문명비평가·저술가인 '허버트 마셜 맥루한(Herbert Marshall McLuhan)'(1911~1981)에 의해서 처음 사용되었다고 한다. 그의 이론을 요약하면(양승목, 서울대 언론정보학과 교수), 그는 모든 매체가 '인간 능력의 확장(extension of man)'이라고 본다. 책은 눈의 확장이고, 바퀴는 다리의 확장이며, 옷은 피부의 확장이고, 전자회로는 중추신경계통의 확장이다. 감각기관의 확장으로서 모든 매체는 그 메시지와 상관없이 우리가 세상을 인식하는 방식에 영향을 준다. 말하자면 '매체가 곧 메시지(The medium is the message)'이다.

맥루한은 모든 매체를 그것이 전달하는 정보의 정세(精細)도와 수용자의 참여도에 따라 쿨(cool) 미디어와 핫(hot) 미디어로 구분한다. 신문과 영화, 라디오는 핫 미디어이지만 텔레비전, 전화, 만화 등은 쿨 미디어이다. 쿨 미디어는 핫 미디어보다 정보의 정세도가 낮아서 수용자의 높은 참여, 즉 더 많은 상상력이 요구되는 매체이다.

맥루한에 의하면, 원시부족시대에 인간은 청각, 시각, 촉각 등 오감이 조화를 이뤄 감각의 균형을 유지하고 있었다. 그러나 기술 혁신으로 감각이 확장되면서 감각의 균형은 무너지고, 그것은 다시 기술을 낳은 그 사회를 재구성하게 된다. 즉 알파벳처럼 시각적으로 고도로 추상화된 인쇄문자의 발명은 원시인들의 감각균형을 무너뜨려 시각중심형 인간을 만들기 시작했고, 16세기 인쇄술의 발명은 이런 시각중심현상을 가속화시켰다. 그러나 19세기 중반 전신의 발명으로 전자매체시대가 열렸고, 특히 복수의 감각을 요구하는 텔레비전의 발명과 보급은 인간의 감각균형을 복구시켜 궁극적으로 인류를 다시

연결되어 있어 마치 이웃집과 유사한 시대에 우리가 살고 있다는 개념이다.
따라서 다른 나라 사람들인, 이웃집은 무엇을 먹으며 어떻게 살고 있고 자녀
들과는 어떤 관계를 유지하고 있는지도 궁금하다. 그들은 개를 얼마나 많이
키우고 거리에서 개의 배설물은 어떻게 치우는지도 관심사가 될 수 있다.
특히 동양문화권인 우리나라 여성들이 유럽과 미국의 서양문화권에서 좋은
제도와 관행이 있다면 배운다고 해서 나쁠 것은 없다.

이러한 외국인들의 일상생활에 관해서 자세히 알고자 한다면 해외특파원
에게 부탁해서 취재 테이프를 받아야 한다. 특파원이 어려울 때는 해당 국가
에 거주하는 통신원(주로 석·박사 과정 유학생, 전문직 인사)에게 부탁해 현지
프로덕션에 의뢰하거나, 내용은 통신원이 전화로 하고 자료화면을 활용하는
방법도 있을 것이다. 또 주한 문화원 관계자를 통해서 화면을 구하고 출연시
켜 설명을 듣는 방법도 있다.

테이프가 외국어로 되어 있을 경우, 내용이 짧다면 번역 자막을 넣어도
좋지만, 길이가 길면 더빙을 하는 것이 이해에 도움이 된다. 이때 외국어 원
음을 되도록 낮게 깔고 한국어 해설을 잘 들리도록 하는 것이 중요하다. 외국
어로 하는 원화면의 분위기를 살리기 위해 다소 높게 원음을 살리면, 한국어
가 안 들려 실패하는 경우가 대단히 자주 목격된다는 점을 기억하고 있었으
면 한다.

• 논설위원 또는 해설위원

논설위원은 신문의 논평을 담당하는 필자이고, 해설위원은 라디오나 TV에
서 어떤 문제에 대한 적정한 견해를 말하는 사람이다. 매체가 다르다는 점
외에는 거의 유사한 의미로 쓰이지만, 실제로는 각각 다른 개성을 지니고
있다. 신문은 한 번 읽은 후 다시 정독할 수 있는 특성이 있기 때문에 그
글의 내용과 구성에 적지 아니 심층성과 예리함이 도사리고 있다. 반면 해설
은 TV 화면에 해설자의 얼굴이 나오고 말로 진행되는 것이기 때문에 너무
어렵고 심각하고 날카로우면 시청자에게 전달되는 데 인식도가 낮아질 수
있다.

부족(部族)화시킬 것이라고 보았다. 즉 재부족화를 통해서(≪현대사상≫, 1997, 창간호)
새로운 사회, '지구촌(global village)'을 예고하고 있다고 한다.

TV 생활정보에서는 이런 특성을 그대로 이용하면 좋을 것 같다. 즉 어떤 사안이나 내용에 관한 비평을 위해 균형 있는 의견이 필요하다면 '논설위원'을 섭외하는 것이 바람직할 것이다. 정치의 정파적인 것을 제외하고, 시청자의 긴급한 문제에 대해서 정확한 실상과 대안을 제시해주면 사고(思考)와 판단면에서 진정한 도움을 받게 된다. 그러나 우리의 현실은 이와는 좀 동떨어져 있다. 즉 3개 지상파TV 중 2개사의 경영을 담당하는 수뇌부는 그 선임에서부터 정부의 입김이 뜨겁게 작용하고 있는 것이 최근까지의 관행이고, 나머지 한 회사도 과도하게 눈치를 보고 있어 과감하게 논설위원형의 연사를 활용하는 것은 쉽지 않은 일이다.

그러나 생활정보 제작을 책임지고 있는 프로듀서의 유연성과 지혜에 따라서 논설위원의 출연도 가능하리라고 본다. 아무리 생활정보 프로그램이라 하더라도 매양 '하나 마나'식의 이야기를 반복하거나 허구(許久)한 날 연예인 신변잡기만 늘어놓는다면 그것이 무슨 '언론'이라고 말할 수 있겠는가? 오늘의 세상은 무엇이 옳은 것이고, 진정 어떤 것이 나쁜 것인지에 대한 기준이나 잣대가 매몰(埋沒)되거나 상실(喪失)되어가고 있는 사회로 치닫고 있다. 이것은 무엇을 자극하거나 부추기고자 하는 말이 아니다.

TV 생활정보는 즐겨 애청하고 있는 'Soft 시청자'는 주로 미시주부, 주부, 자유 직업 종사자, 정년퇴직자, 노인으로 구성되어 있는데, 이들은 직장·공직 등 사회적 활동이 부족하기 때문에 오히려 다양한 '판단 기준'의 공급이 필요한 계층이다.

경제문제라든가 제도, 해외의 경향 등은 해설위원의 출연이 더 적합할 수 있다. 이들 해설위원은 일반 연사의 출연보다 신뢰성과 권위가 확보되며 설명력도 뛰어나 유효적절하게 활용하면 프로그램에 많은 보탬이 될 수 있을 것으로 기대된다. 해설위원의 출연도 그가 속해 있는 조직으로부터 출연과 관련해 양해를 얻어야 하며, 신문사 논설위원은 공식적으로는 출연요청서를 보내 신문사측에서 허가를 받아야 가능하도록 되어 있다. 그러나 섭외는 특별한 기술이고 개인적인 재능이 효과를 발하기 때문에 쉽게 목적을 달성할 수 있는 경우도 많을 것이다.

• **시사해설가**

신문기사나 TV뉴스에는 일주일이 멀다하고 이스라엘에서 폭발사고가 일어나고 수십 명씩 사상자가 나온다는 내용이 전해지고 있다. 이스라엘과 팔레스타인, 또는 이스라엘과 아랍권의 갈등에서 이러한 피비린내나는 자살공격과 보복이 자행(恣行)되고 있다. 이런 뉴스에 접하면서 우리는 궁금하다. 무슨 철천지원수(徹天之怨讐)를 졌길래 그와 같은 일이 반복되는가? 지정학(地政學)인 배경, 종교적·문화적 차이는 어떤 것인가? 그 국가들을 둘러싸고 있는 이해 당사국들의 입장은 무엇인가? 등을 소상히 알 수 있다면 궁금증이 풀리고 교양도 함양(涵養)될 것이며, 자녀들에게도 설명이 가능해 유익할 것이다.

또 유사한 것으로 러시아와 체첸의 분쟁(또는 전쟁)도 있다. 체첸인들은 세계에서도 드물게 강한 애국심과 개성, 협동심을 갖고 있다고 한다. 모스크바 지하철 부근에서 체격이 큰 러시아 남자가 왜소한 체첸 청년을 구타했을 때, 체첸 청년이 '나는 체첸인이다'라고 말하면 덩치 큰 러시아인이 슬그머니 도망친다는 이야기가 있다. 이유는 체첸 청년이 매를 많이 맞았다면 체첸인들이 거주하는 지역을 다 돌아다니면서 자신이 억울하게 매맞았음을 호소하고 그들은 수백 명이 호응해 보복과 복수를 해주기 때문이라는 것이다. 최근의 TV 인터뷰에서 체첸의 할머니들조차 후대(後代)에서라도 싸우겠다는 섬뜩한 다짐을 하는 장면을 볼 수 있었다.

이들의 140여 년에 걸친 반목은 1859년 체첸이 러시아제국(帝國)에 의해 강제 합병되면서부터 촉발되었다(이하 『두산대백과사전』). 1920년에는 소비에트 정권이 들어섰다. 1936년에는 체체노-잉구셰티야 자치공화국을 수립하였다. 그러나 제2차세계대전 중 체첸족과 잉구슈족이 독일군을 도와 독립을 달성하고자 했다는 혐의로 1943~1944년에 약 40만 명이 카자흐스탄과 시베리아로 추방되었으며, 체체노-잉구셰티야 자치공화국도 해체되었다.

이들은 1957년 흐루시초프의 복권조치로 대부분 귀환하여 자치공화국을 다시 설립하였다. 1991년 구소련 붕괴의 혼란기를 틈타 체첸은 일방적으로 독립을 선언하였으며, 그후 내부사정으로 정면 대응하지 못하던 러시아는 1994년 12월 체첸에 대한 전면공격을 가하여 수도 그로즈니를 함락했다. 1917년·1944년·1991년 러시아가 위기에 처할 때마다 독립의 깃발을 든 체첸인들은 카프카스산지(山地)로 후퇴하여 계속해서 집요하게 게릴라전을 전개하고 있다.

2002년 10월 23일, 모스크바에서 뮤지컬 공연중인 문화궁전 '돔 쿨트르이'
에 43명의 체첸 반군들이 진입했다. 이들은 관객 700명을 인질로 해서 '체첸
에서 러시아군의 철수'를 요구했다. 러시아 정부는 인질극 58시간만에 마취
가스를 투입해 반군을 제압한 결과 반군과 관객 등 170명이 사망하는 초유의
비극적 사태로 종결된 바 있다.

또 2002년 12월 27일, 체첸의 수도 그로즈니 정부 청사에 폭탄을 실은 트
럭과 지프가 돌진해 41명이 사망하고 60여 명이 부상하는 폭팔 사고가 있었
다. 이 사건은 체첸 반군이 친러시아적인 현 정부를 배신자로 규정하고 정부
관리들을 살해할 목적으로 시도된 것으로 보도되고 있다.

체첸족과 잉구슈족은 모두 이슬람교도이며 잉구슈공화국은 옛 체체노-
잉구세티야의 1/4인 북서부 지역을 차지하고 있다. 주요산업은 석유·가스
채취인데 정유업(精油業)은 수도인 그로즈니에서 집중적으로 이루어지며, 그
로즈니는 1893년 철도의 부설과 함께 석유가 채굴된 이래 외국자본의 주도
로 대도시로 발전하였으며, 혁명 당시에는 바쿠와 함께 석유산지를 이루었
다.

결국 체첸전쟁은 석유전쟁임을 알 수 있다. 이러한 내용들을 시사해설가가
요약해서 전달해준다면 살아있는 세계사를 공부하는 셈이 됨으로 매우 의의
가 클 것으로 생각된다.

• 국회의원·시의원·구청장

이들은 한국적 현실에서 볼 때 정치인이며 행정가이다. 특히 도시나 지역
의 어떤 문제를 해결하는 데는 상당한 영향력을 행사할 수 있는 사람들이다.
그러나 시민이 절실하게 원하는 데도 예산상·제도상·법규상 어려움 때문에
요청이 받아들여지지 않을 경우도 있다.

또 이것이 국가적인 차원에서 보면 지엽적(枝葉的)인 것이라 하더라도 여
러 지방자치제가 모두 겪고 있는 사례라면 매우 중요하다. 이와 관련된 문제
가 제기되었을 때는, 시민들의 의견과 행정당국의 방안 그리고 국회의원, 시
의원, 구청장 등의 발언은 사안을 풀어가는 데 매우 유익할 것이다. 그들이
출연자로 나와 다양한 관점에서의 견해를 피력하도록 하면, TV 생활정보가

시민의 아픔을 풀어주는 trouble shooter의 기능을 수행하는 데 일조할 수 있다.

다만 이들의 출연에 유의할 점은, 앞서도 지적했지만 그들은 정치인이기 때문에 그 속성(屬性)상 평소에도 자신을 크게 내세우려는 욕망이 강하고, PR성의 발언을 자주 하는 경향이 있음을 기억하고 있어야 한다. 또 생방송에 출연토록 하는 것보다는 ENG 취재가 피차 무리가 없어 보인다.

왜냐하면 생방송에서 시청자가 듣기 좋게, 요새 젊은이들이 잘 쓰는 말로 over해서 말해놓고, 문제가 생기면 표현상의 오해가 있었으니 해석상의 문제가 있었으니, 한마디로 유감이니 하고 발을 빼거나 발언 자체를 수정·부정할 가능성도 없지 않기 때문이다. 이렇게 말하면 그들의 명예에 누가 될 수도 있지만 일부 인사들이 그런 발언과 대처를 자주 하는 것이 시류(時流)임은 부인할 수 없는 것이 현실이다.

이 부분은, TV 생활정보가 trouble shooter의 역할을 자임하다가 거짓말쟁이가 돼 프로그램의 신뢰성조차 손상을 입어서는 곤란하다는 것을 강조하는 대목이다. 가능하면 사전에 정확한 질문내용을 서면으로 보내 그들이 충분한 자료준비를 하도록 하는 것이 효율적인 방법이 아닌가 한다.

• 백화점 판촉·홍보 책임자

앞에서 생활정보는 주로 우리가 살아가는 데 필요한 '의·식·주'와 관련이 있다는 점을 강조한 바 있다. 인간은 살아가는 데 비용이 발생한다.[46] 우선 음식을 섭취해야 하고 옷을 입어야 하고 물을 마셔야 하며 화장실을 사용하는 데도 정화용 물이 필요하기 때문에 돈이 든다. 어떤 의미에서 궁극적으로는 인간의 삶은 돈을 쓰기 위해 돈을 버는 형태이다. 그래서 사람들은 일상생활 중 물건을 사는 데 많은 돈과 시간과 노력을 소모한다.

그러나 물건을 사기 위해 돈을 쓰기도 어렵다. 필요한 품목을 정해야 하고 기능·스타일·가격·색깔·크기·배달문제 등 생각해야 할 것이 한두 가지가 아니다. 그리고 물건을 보유하고 있는 상점도 여러 곳이며, 가격도 제각각이

---

46) 《동아일보》, 2002년 5월 31일.
　　영국의 위익대학의 이안 워커 경제학 교수는 평균 1분의 경제적 가치는 남성이 약 200원, 여성이 160원, 이를 닦는 데 3분이 걸리면 약 555원, 손세차에는 약 5,560원이 소요되는 것으로 조사됐다고 CNN방송이 보도했다.

다. 자칫 잘못 사면 상당한 금액을 소매치기 당한 것이나 마찬가지 결과가 된다. 최근에는 케이블TV 홈쇼핑이 활성화되어서 전화를 걸거나 컴퓨터로 주문해 배송을 받는 경우도 많다. 통신판매도 비슷하지만 화면(또는 사진)만 보고 사면 후회하는 경우도 다반사(茶飯事)이다. 그래서 물건을 구입할 때, 가장 중요한 것은 개략적인 상품정보이다.

여름철 냉방용품을 장만하기 위해 사람들은 많이 갈등하게 된다. 다소 값이 비싼 6평형 벽걸이형 에어컨으로 결정할 것인지, 더 비싸고 소음은 있지만 이동이 가능한 것으로 정할지, 아니면 값은 저렴하지만 냉방능력이 떨어지는 냉풍기로 할 것인지 맘먹기가 쉽지 않다. 또 더운 날씨에 용산전자상가나 이마트 등으로 돌아다니며 확인하고 정보를 얻기도 어렵다.

이런 시청자의 입장을 고려해 하절기에 접어들 무렵, 냉방관련 상품의 종합적 상황에 관해 제보를 해주면 시청자들은 구매에 많은 도움을 받을 것이다. 상품들은 각각 어떤 기능상의 특징이 있는지? 신제품 여부? 제품에 비해 (특정상품이 아님) 가격은 어떤지? 내구성(耐久性)의 문제, AS는 언제나 가능한지? 등등에 관해 종합적인 분석과 해설을 해주면, 시청자들이 구매를 결정하고 판단하기가 적지 아니 용이해질 것이다.

이런 역할은 수천 가지 상품을 구매하고 또 판매하는 백화점의 전문가가 잘 담당할 수 있을 것이다. 그는 판촉, 머천다이징, 홍보 담당자가 될 수도 있다. 그가 누구든 자신의 백화점 상품을 소개하는 것이 아니라, 그를 통해서 계기 또는 특정 시기에 시청자가 필요로 하는 포괄적인 상품정보를 분석·요약해 전달하도록 하면 될 것이다.

즉 상품전문가들로부터 상품정보를 전달하는 것이 키포인트다. 우리나라 국제공항의 세관에 근무하는 전문가는 과장일지 모르지만, 세계 각국 상품 30만 개의 기능, 브랜드, 가격, 과세 여부 등을 인지하고 있다는 설이 있다. 상품에 대해 정확히 아는 것도 중요한 전문가임에 틀림없는 세상이다.

이상에서 예시하면서 나열한 것 외에도 출연의 가치가 있는 다수의 전문가들이 있을 것이다. 이들을 생활정보 프로그램에 출연토록 하는 것은 그들의 전문성 때문이다. 이러한 전문성은 시대에 따라 경제적·사회적 상황에 따라 변동되며, 그 분야의 스타도 나올 수 있기 때문에 프로듀서들은 그런 출연자의 전문성을 고려해 늘 새로운 인물을 찾아나서는 여행을 떠나야 할 것이다.

훌륭한 전문적 정보를 전달할 수 있는 연사를 발굴하면 프로그램은 더욱 풍성해지고 심도가 깊어지게 된다. 그러나 전문가들은 모두 개인적으로나 공적으로나 모두 상업적인 성격이 있는 조직에 개입되어 있을 것이다. 이때, 전문 정보를 제공하는 대가로 자신이 속한 조직의 이해를 반영할 수 있다. 고의(故意)는 아니더라도 잠재적으로 본능적으로 이런 부분이 프로그램 도중에 노출(露出)되면, 방송위원회 심의관계자와 시청자들은 공히 간접 PR이라는 생각을 하게 된다.

정보와 홍보는 동전의 앞과 뒤와 같다고들 한다. 이것은 정보가 조금 도를 지나치면 홍보로 변질될 수 있다는 경고의 이야기다. 점심 한번 먹고 저녁에 맥주 한잔 대접받은 것이 무엇이 문제냐 할 수도 있지만, 프로듀서로서의 자존심을 지키기 위해서도 공연한 오해는 피하는 것이 상책이다.

또 보도에서도 예민하고 지략이 있고 상상력이 풍부하고 발이 빠른 기자는 자주 특종(特種)을 건진다. 그리 빛이 나지는 않지만 TV 생활정보 아이템 선정과 취재에도 반드시 특종은 있다. 그리고 특종은 시청자를 기쁘게 하고 즐겁게 해준다.

7) 전달 통로

앞에서도 지적했지만, 5)번의 아이템의 성격과 6)의 출연자의 전문성은 종합적인 측면에서 보면, 중복되는 국면과 의미가 존재한다. 그러나 같은 아이템이라도 거기에 출연하게 되는 전문가에 따라 아이템의 성격도 변할 수 있고, 프로그램의 색깔도 달라질 수 있다. 따라서 상호보완적인 요소들을 갖고 있다고 하겠다. '아이템의 성격'과 '출연자의 전문성'을 한덩어리로 본다면, 이것은 어떤 세부적인 '통로(通路, channel)'를 거쳐서 시청자에게 전달된다. 이것은 TV 메커니즘상 '사람' 자체일 수도 있고, '기계적'인 장치일 수도 있다.

이러한 통로는 방송 사전에 모두 선택되어야 하며 아이템을 표현하고 시청자에게 전달하는 데 효율성을 따져서 결정되어야 할 것이다. 예컨대 어떤 출연자는 생방송하는 스튜디오에 나오게 해서 방송할 수도 있을 것이고, 또 그 사람이 일하는 사무실에서 ENG로 녹화를 해서 방송을 내는 방법도 있다. 그 인사는 스튜디오에 나와서 이야기를 생동감 있게 해야 하지만, 예정된 생방송 시간에 중요한 회의 일정과 중복되어서 부득이 녹화를 하게 될 경우도 있을 것이다.

이런 편의상의 문제 때문이 아니라, 스튜디오에 출연해서 설명하는 것이 시청자에게 더 설득력이 있을 것인지, 출연자 사무실의 현장감이 더 화면 효과와 전달력에 도움이 될지를 판단해야 된다는 이야기다. 일반적인 아이템 전달 통로는 다음과 같다.

(1) MC(Master of Ceremony)

MC는 생활정보 방송에서 선장과 같다. 인사말과 아이템이 연결되는 다리에 해당하는 말을 하고 프로그램의 주제, 아이템, 출연자, 기계적인 상황, 방송시간 등을 조정·통제한다. 또 MC의 개성 및 인품, 인격도 그대로 시청자에게 전달되므로 시청률 향상에 영향을 미치기도 한다. TV 생활정보 프로그램에서의 MC는 남녀 2MC인 경우가 대부분이다. 남성이 나이가 들고 경륜(經綸)이 있다면 여성은 젊고 재기발랄한 사람이 마땅할 것이다. 반대로 여성이 나이가 든 경우는 주부로서 오랜 경험이 아무래도 생활정보라는 단어 그대로 아이템에 녹아들 수 있다. 이때 상대 남성 진행자는 여성 시청자에게 호감이 갈 정도의 수려(秀麗)한 청년이 합당하리라고 본다.

진행자에게 가장 중요한 점은 아이템을 요리하는 지적(知的) 능력과 상호간의 호흡 그리고 겸손함이다. 인터뷰를 할 경우, 앙케트(enquete, 질문표)를 이미 전달했는데도 개인적인 경험 위주로 이야기를 전개시킨다든가, 또는 사회적으로 고위직에 있는 인사에게 불편한 질문은(질문 내용에 포함되어 있음에도 불구하고) 고의로 회피한다든지 하는 사례는 있어서는 안 될 것이다. 이러한 사례는 오히려 인기 있는 MC들에게서 자주 발생한다.

2MC의 진행은 기본적으로 공동작업이다. 그런데 양자 중 커리어가 있는 사람이 더 말을 많이 하기 위하여 상대 진행자의 말을 가로챈다던가 하는 경우는 매우 볼썽 사나운 장면이다. 또 인기가 있는 사람이나 지적 수준이 좀 있다고 자만(自慢)하면서 시청자를 눈 아래 깔고 보는 듯한 태도는 절대

삼가야 할 행위다. 또 아나운서인데도 자신이 마치 연예인인 양 도를 지나쳐서 경박하게 비치는 언동도 바람직하지 못하다.

진행자는 TV 생활정보 프로그램에서 핵심적인 채널이다. 그의 인품과 능력에 따라서 시청자들이 채널을 선택할 수 있다는 점을 생각해야 한다. 시청자는 TV채널을 고정시키면서 그들의 얼굴을 보고 싶어야 할 것이다. 만약에 사소한 문제라도 있으면 제작자는 그들의 자존심을 존중해가면서 시정(是正)되도록 설득할 필요가 있다. MC를 선정하는 것은 하나의 탁월한 기술이다. 단기간에 서둘러 정하면 실패할 확률이 높고 적어도 반 년 이상 각종 데이터를 통해 심사숙고해서 결정할 문제라고 본다.

(2) 게스트(guest, 출연자)

게스트는 프로그램의 초대 손님으로 6)에 예시된 출연자의 전문성에 따라 생방송 스튜디오에 나오는 사람이다. 해당 아이템에 대해 설명하고 방법이나 대안(代案)을 얘기하고 목격담 또는 증언을 해주는 역할을 하게 된다. 그는 최고 수준의 전문가여야 할 것이다. 그런데 조연출이나 구성작가는 무심하게 평범한 전문가를 섭외할 수가 있다. 왜냐하면 평범한 전문가도 전문가는 전문가라는 이유에서다. 방송은 개인적인 행동이 아니고 공적인 행위이다. 따라서 최고의 전문가만을 찾고 출연하도록 하는 것이 중요하다.

데스크는 제작과정에서 '섭외가 용이한 경량급 연사를 선택하지 않는가' 하는 부분을 감시하고 조언하며 도움을 주도록 해야 한다. 게스트는 그날 프로그램의 꽃이다. 실내의 분위기를 살리자면 예쁘고 품위 있고 향기가 좋고 싱싱한 꽃으로 장식해야 하듯이 우수하고 적절한 게스트를 찾아야 한다.

(3) ENG 취재

ENG로 촬영해오는 것은 어떤 fact일 경우가 많다. 아이템의 핵심을 이루는 내용 중심이 될 것이다. 여기에는 아이템과 연관된 '그림'과 관계자의 '말'도 포함된다. 그리고 fact의 배경이 되는 insert도 함께 찍어와서 편집을 통해 fact와 조화를 이루도록 하는 조치가 수반되어야 한다.

그리고 '현장감'도 적절하게 표현되어야 ENG취재의 의의가 살아난다. 촬영을 연출하는 프로듀서는 아이템의 기본적인 내용이 무엇인지 카메라맨에게 정확히 설명해 그가 어떤 장면을 강조해 찍어야 하고 insert는 어떤 것을 예비로 만들어놓아야 할지도 사전에 요구하는 것이 좋다. 스튜디오에 출연자가 나와서 하는 이야기보다 '그림'이 포함된 ENG물은 한층 효과적일 수도 있다. 편집을 요점 정리로 늘 깔끔하게 처리하는 습관은 제작을 용이하고 부드럽게 한다.

(4) 리포터

리포터는 현장 취재의 MC 겸 프로듀서이다. 비록 현장을 표현·묘사하는 3~5분, 또는 4~7분의 짧은 내용이라도 리포터의 역할은 적지 않다. 질문지에 표시된 내용을 현장의 관계자에게 물어보고 프로그램이 원하는 답변을 구하고, 또 화면으로 취재되기 어려운 인간의 내면(內面)이나 정신적인 감정, insert와 관련된 분위기 등을 메모했다가 ENG 취재화면을 스튜디오에서 내보낼 때 보충 설명한다.

최근의 프로그램들을 보면 리포터는 무조건 개그맨식으로 큰소리로 떠들고 코미디언처럼 연기하는 것이 정형화(定型化)되어 있다. 이것은 아마도 모 지상파TV에서 사람찾는 코너에서 남녀 개그맨이 기용되어 소위 '튀는' 리포팅을 한 것에서부터 비롯된 것 같이 보인다. 이 프로그램의 인기와 시청률이 높아지자 TV방송에 관해 특별한 훈련이나 연수를 받지 않는 리포터들이 계속 이러한 스타일을 모방함으로써 유행하게 된 것이다.

또 지방국의 경우이지만, 아나운서조차도 개그맨처럼 웃기고자 설익은 연기를 하는 것은 바람직해 보이지 않는다. 리포터는 현장의 내용과 상황을 적절하게 전달하면 된다. 억지로 개그맨으로 변신할 필요는 없다.

그리고 리포터는 대부분 탤런트·가수·미스코리아·개그우먼 등에 적을 두고 있는 미혼 여성들이지만 지명도에서는 상당히 약한 경우가 많다. 선정기준이 미모만 따지지 않나 하는 생각이 든다. 미모 못지 않게 프로그램을 적절히 운영하는 지적 능력을 더 고려했으면 하는 생각이다. 리포터도 출연빈도가 많으면 시장정보, 인터뷰, 현장 스케치, 민원관련 등 전문화해보는 것도 하나의 방법이 될 수 있다. 방송사의 사정이 리포터에 대한 전문교육을 시행하는 것은 무리가 있을지 몰라도 가능하면 여러 프로그램의 리포터를 일정 기간에 걸쳐 과외 공부시키는 시도도 해볼 만하다고 생각한다.

(5) 중계차

중계차는 OB(outdoor, outside broadcasting)라고도 부르는데, 중계차를 이용하는 경우는 대부분 현장감을 극대화하기 위한 조치다. 대체로 어떤 식전(式典)이나 이벤트 성격의 것을 취재할 때 활용된다. 이것은 ENG로 취재하는 대신 중계차 생방송으로 취재한다고 보면 된다. 중계차는 크기에 따라 다르지만 최소 3대 이상의 카메라가 탑재(搭載)되어 있기 때문에 그림을 만드는 데는 별로 부족한 점이 없지만 편집이 불가능하므로 특히 리포터의 역할이 크다고 할 수 있다. 다만 참여하는 스태프의 숫자가 많아 번거롭고 비용이 발생할 수 있으니 반드시 필요한 경우에만 사용하는 것이 바람직할 것이다. 그리고 방송 사전에 프로듀서와 기술감독이 현장을 답사하고 거리상 기타 기술적 장애가 없는지도 확인해야 한다.

(6) 지방사

이것은 지방사 스튜디오에서 취재된 테이프와 진행내용을 key station(서울)으로 보내는 형식이다. 그리고 서울과 cross talking을 하게 된다. 두 개의 스튜디오에서 서로 주고 받고 하는 셈이다. 편집이 가능하고 지방사에서 local에만 존재하는 특별한 정보를 성의껏 제작해 키스테이션을 통해 전국에 모두 송출될 수 있어 장점이 많다. 지방사는 로테이션으로 순서가 돌아가는 경우가 많다. 지방사와 키스테이션이 함께, 다른 지방사에서 얼마전이라도 이미 방송한 유사·중복적 아이템은 없었는지를 확인해 아이템의 신선미를 확보하도록 하는 조치가 필요하다.

(7) 특파원

특파원은 현재 2개의 부류로 운영된다. 즉 뉴스 전담 특파원과 PD특파원이 그것이다. PD특파원이 있는 지상파 방송은 그를 생활정보 프로그램에 활용하면 상당한 효과를 얻을 것으로 판단된다. 이 경우 월 몇 회 테이프 송고라든지 취재요청은 1주 전 또는 2주 전에 해야 한다든지 비용은 어떻게 정산한다든지 하는 운영세칙을 만들어 시행하면 프로그램에 색다른 개성과 요소가 가미되어 전체적으로 풍성한 이미지를 창출하게 될 것이다.

(8) SNG

SNG는 'satellite news gathering'의 약자로, 통신위성을 이용한 텔레비전 뉴스취재 방식을 말한다. SNG는 멀리 떨어진 섬이나 높은 산 등 외진 곳에서 휴대용 송신기로 통신위성을 향해 영상과 음성을 쏘고, 그것을 지상기지에서 수신하는 중계시스템이다. 걸프전 때 미국 CNN의 '피터 아네트' 기자가 현장화면을 SNG를 통해 전세계에 송신함으로써 그 위력을 발휘하고 성가(聲價)를 높인 바 있다.

생활정보 프로그램에서는 매우 특별한 경우에 사용이 가능할 것이다. 만약 보도국에서 뉴스에서 사용하였고, 그 뉴스와 시차를 감안해 생활정보 프로그램에서도 가용할 수 있는 조건이라면 보도국과 협의해 시도해볼 수도 있을 것이다. 뉴스에서는 아무리 대단한 장면이라도 5분 이상 길게 방송내기는 어렵지만, 생활정보 프로그램에서는 시간에 구애(拘礙)받지 않고 자세하게 내용을 전달할 수 있는 장점이 있기 때문에 보도국의 정보에 관심을 기울이는 것도 중요하다.

(9) 전화

전화를 방송에 사용하는 것은 라디오적 발상이지만 TV라고 해서 사용 못할 바는 아니다. 더욱 핸드폰이 대량 확산된 상태이기 때문에 전화 활용 방법을 고안해놓으면 상당히 유리한 정보를 획득할 수 있다. 이것은 긴급정보일 수도 있고, 또 일반 시청자가 상상하기 어려운 희귀(稀貴) 정보일 수도 있다. 프로듀서는 거미가 곤충들을 잡아먹기 위해 거미줄을 쳐놓듯이 평소 정보망을 구성해 정보 채집(採集)에 노력해야 할 것이다. 방송 화면 하단(下端)에 자주 프로그램 관련 제보 전화번호를 자막으로 내보내는 것도 하나의 방법이다. 이것은 '프로그램과 시청자는 한가족이다' 하는 의미도 있어 시청자에게 친밀감을 줄 수 있다.

(10) 실연(實演)

이것은 스튜디오에서 실제로 방송실시간에 무엇인가를 해서 시청자에게 보여주는 행위이다. 일종의 퍼포먼스(performance)에 해당되는 셈이다. 요리를 만들어도 되고 꽃꽂이를 하거나 크리스마스용 아름다운 양초를 만들어보아도 좋다. 또 바이올린이나 플루트를 연주해도 나쁘지 않다. 또 간단한 패션쇼도 할 수 있을 것이다. 그런데 이때, 그들이 실연에 임할 수 있는 플랫폼(platform) 유형을 설치해야 하고, 사전 리허설도 있어야 스튜디오 카메라맨들이 당황하는 일이 없을 것이다.

8) 구성 요령

구성 요령은 한 개의 아이템에 포함되어야 할 화면과 말을 어떤 형식으로 배열 또는 배치할까에 관한 문제이다. 비록 길지 않은 시간(분량)이라도 절도(節度)있게 작은 내용들을 연결해 스토리를 만든다면 시청자들이 이해하고 인식하는 것이 훨씬 용이할 것이다. 구성은 프로듀서와 구성작가의 경험과 순발력, 유연성 등이 총체적으로 결합된 고도의 기술이고 감각이다. 일반적인 요령만 소개하고자 한다.

(1) 기승전결(起承轉結)

생활정보에서 한 개의 아이템 시간은 대체로 5~7분 정도일 것이다. 내용이 재미있고 유익하면 짧은 시간이지만, 그 반대면 지루하고 긴 시간이다. 이 시간 동안이라도 기승전결의 순서로 내용을 배열하면 짜임새가 생긴다. 이 방법은 어느 면에서 story telling이지만 그래도 문제점도 지적되어야 하고 대안(代案)도 나와야 하며 작은 클라이맥스도 필요하다. 앞서 '고도의 기술'이라는 언급을 했지만, 이것은 짧은 프로그램을 보고도 감동과 공감(共感)을 얻게 될 때를 의미한다. '기승전결'은 한마디로 말하면, 전달할 내용을 네 토막으로 잘라 이어놓는 것이다.

(2) 강약장단(強弱長短)

만약 생활정보 프로그램에서 무겁고 심각한 아이템만 5~6개를 연속해서 방송한다면 그 프로그램의 시청률은 미미할 것이다. 즉 시청자들로부터 외면당한다는 뜻이다. 또 어떤 프로그램을 보면 시답지 않은(중년층이 보기에) 연예인들이 나와 민망하기 짝이 없는 이야기만 늘어놓는 경우도 없지 않다. 그럴 경우 시청자들은 그 프로그램을 변변치 못한 프로그램으로 치부(置簿)한다. 따라서 생활정보 프로그램이라 하더라도 시청률(흥미)도 생각해야 되고 명성도 감안해야 한다.

즉 다소 무거운 아이템과 무겁지 않으면서도(너무 가볍지 말라는 뜻이다) 유익하거나 재미있는 아이템을 적절히 섞었으면 한다. 6개 아이템을 방송할 경우, 4개 정도는 소프트한 것으로 선택하고 2개는 하드한 것으로 하면 될 것이다. 그러나 여기에서도 소외계층의 가슴답답한 사연이라든가 급히 대안이 마련되지 않는 상황에서 장애인의 힘겨운 모습을 계속 보여주는 것이 의의는 있겠지만 시청자를 위해서는 그리 바람직하지 않다고 본다.

생활정보를 처음 담당하는 젊은 프로듀서 중 일부는 프로그램이 자기 개인 소유라고 착각하고 소외계층을 다루는 것이 TV의 본분과 사명이라고 생각하는 사람도 있을 수 있다. 이런 문제들은 적당한 계기에 오히려 특집 성격으로 처리하는 것이 효율적이 아닐까 한다. 또 6개 아이템 중 2개 정도는 좀 길어도 무방하고 나머지 4개는 짧은 듯해서 강약장단의 리듬을 유지하도록 하면 제작자 자체도 유연한 느낌을 받게 될 것이다.

(3) 템포의 문제

이것은 전체적인 진행 속도를 말한다. 너무 빨리 가면 준비한 취재 내용이 부족하게 될 것이고 느리게 방송하면 넘치게 된다. 또 전자의 경우는 시청자가 프로그램을 촐랑댄다고 생각할 것이고, 후자는 늑장을 피는 것으로 느껴질 수도 있다. 이러한 점은 연출자의 조절과 MC의 진행을 통해서 얼마든지 가감(加減)될 수 있다. 특히 스튜디오에 연사가 출연했을 때는 진행 속도의 완급(緩急)에 대해 예민하게 반응해야 할 것이다. 즉 2개의 아이템은 쾌속(快速)으로 가고 그 다음은 약간 저속(低速)으로 감으로써 가쁜 숨을 다소 고르기를 하듯 좀 쉬어가는 조치를 취하도록 하면 별 문제가 없다. 모두 시청자의 편의를 위한 부응(副應)이다.

(4) 아이템의 개수

아이템의 길이를 짧게 해서 7개 아이템으로 구성할 수도 있고 길이를 다소 길게 만들어서 5개나 6개로 할 수도 있다. 그러나 아이템의 길이가 짧으면 표현하고자 내용을 모두 수용하는 데 반드시 어려움이 발생한다. 별로 현명하지 못한 방법이다. 따라서 중간 크기의 아이템으로 만들어 너무 여러 개로 구성하지 않는 것도 하나의 수단이 될 수 있다. 50~60분 동안 시청자도 몇 개쯤 이야기를 보고 나면 피곤하고 지치게 된다. 어떤 정해진 룰이 없는 것이기 때문에 중용지도(中庸之道)를 취하는 것이 무난할 것으로 보인다.

9) 섭외(涉外)

섭외는 생활정보 프로그램에서 '아이템 선정' 다음으로 중요한 기술이다. 아이템에 대한 접근은 경쟁방송사와 사내의 다른 프로그램에서도 시도할 수 있다. 그러나 섭외는 다소 다르다. 거의 동일한 시간대에 같은 문제를 가지고 출연을 요구해도 어떤 프로그램은 성공하지만 다른 프로그램은 실패할 수 있다. 이것이 문제이다. 최근에 섭외는 PD나 조연출도 담당하지만 많은 경우 구성작가가 전담하다시피하고 있는 것이 경향이고 관행이라는 점을 지적하면서 섭외에 관해 상술하고자 한다.

(1) 출연자 섭외

한 주에 방송할 TV 생활정보의 아이템 5~6개를 확정해서 기획안을 완성했다고 가정하자. 그 다음의 단계는 기획안 중에 아이템으로 확정된 것을 실제로 촬영하는 것이다. 촬영을 하자면 무조건 카메라를 들이대고 찍을 수는 없다. 촬영이라는 말을 다르게 표현하면 '찍히는' 것이다. 그러니까 찍혀질 사람과 찍혀질 내용이나 물건 등에 대해 허락을 받거나 양해를 얻어야만 한다.

섭외(涉外)는 '기획안'과 '촬영'을 잇는 가교(架橋)이고 그 중간단계라 할 수 있다. 섭외의 사전적인 뜻은 '외부와 연락하는 일, 또는 교섭하는 일'로 되어 있다. 그 의미만 생각한다면 별로 어려운 일이 아니다. 그러나 상대방이 동의할지 여부는 미지수이고 거절할 가능성이 더 많다. 따라서 PD나 구성작가에게 섭외의 기술은 무엇보다도 중요한 능력 중의 하나이며, 프로그램의 성패를 결정하는 핵심적인 요소라 하겠다.

우리가 돈을 버는 장사를 쉽게 생각하면, 남의 주머니에 있는 돈을, 내 물건을 상대방에게 주는 조건으로 어떤 위압이나 강압을 가하지 않고 내 주머니로 가져오는 행위이다. 이와 마찬가지로 섭외도 심하게 말하면, 전혀 나올 마음이 없는 사람을 자발적으로 방송국에 나오게 하거나 촬영을 하게 만드는 기술이다.

이때 가장 중요한 것은 섭외의 명분이다. "왜 당신이 텔레비전에 반드시 나와야 하는가" 하는 명분(名分)을 정확히 설명해야 한다. 당신의 경험과 목격(目擊), 그대의 지식과 지혜가 국민들에게 매우 필요하다. 좀 과장되게 표현하면, '시청자'는 "당신 보기를 간절하게 원하고 있고, 당신이 이야기해주기를 목마르게 바라고 있다"고 정중하고 겸손하게 설득(說得)해야 한다.

왜냐하면 일반적으로 방송사 입장에서 요긴한 사람들은, 방송에 출연하는 것이 이해 관계가 없는 한, 과정이 복잡하고 시간을 많이 소모해 번거롭다고 느끼고 있기 때문에 나오기를 꺼린다. 반면 지명도(知名度) 홍보가 필요한 개업의라든가 한의사, 변호사, 세무사 등등은 또 그렇지가 않다. 이렇게 섭외술은 생각보다 그 구조가 복잡하다.

즉 방송측이 나오기를 바라는 사람은 경원(敬遠)하는 경우가 대부분이고, 텔레비전이 필요로 하지 않는 사람은 오히려 화면에 얼굴을 내밀고자 여러 가지 노력을 기울인다. 이 양극화 과정 속에서 제작자가 어떻게 지혜롭게 또 예리하게 판단을 내리느냐가 관건이다. 결국 프로그램의 성공은 PD와 구성작가의 머리와 전화를 거는 손가락에 있다고 해도 과언이 아니다. 그래서 제작의 '베테랑(veteran)'이라는 의미는 섭외를 심도있고 다양하게 수행해낼 수 있다는 뜻이기도 하다.

생활정보 프로그램에 있어서 fact(주요 내용)를 ENG로 찍는 그림이 중요한 것은 물론이지만 그래도 출연자의 비중은 아주 높다. 모든 정보와 이야기의 근원은 사람에서 비롯되기 때문이다. 그래서 드라마도 마찬가지겠지만 특히 비드라마 프로그램에서 '사람'에 관한 지속적인 관심과 연구가 선행되어야 한다. 특히 구성작가가 출연자 선정과 섭외에서 상당한 영향력을 행사하고 또 관장(管掌)한다고 볼 때, 작가는 일정한 법칙을 정해놓고 유연한 테크닉을 발휘해 출연자를 공략하는 섭외전선에 나서야 할 것이다.

특별한 순서 없이 섭외요령(要領)을 설명하기로 한다.

비드라마 프로그램들은 대개 화제(話題), 사건(事件), 계기(契機)가 중심이 되는 경우가 많다는 것을 전제로 하고 다음의 사항에 관심을 기울이도록 해보자.

① 'A라는 문제'의 분석이나 해석에 대해 누가 가장 해박한 사람인가를 찾는다. 이때 적절한 사람, 꼭 맞는 사람은 그 분야에서 최고의 전문가이거나(top class) 당사자, 또는 경험자, 목격자를 뜻한다. 이렇게 볼 때, 섭외가 어려운 것은 최고의 전문가, 당사자, 경험자, 목격자는 엄밀한 의미로 한 사람이거나 폭을 넓혀도 5명 이내이고, 당사자나 경험자는 한 사람이거나 두 사람 정도일 수밖에 없다.

그러나 그들은 다른 방송사나 신문사에서도 노리고 있고 심지어 같은 방송국 안에서, 즉 교양국과 보도국 간에도, 또는 교양 프로와 연예 프로 사이에서도 경쟁관계에 있음을 유의해야 한다. 우선 순위에 따라서 1~5명 정도로 섭외할 인원을 정해놓고 1번부터 전화를 걸어 섭외에 들어간다. 설득이 뛰어나거나 운이 좋아 1번 사람이 성공할 수도 있고 또 4번이나 5번째 가서야 겨우 성사될 경우도 있을 것이다.

② 어떤 사건이나 사안과 관련이 있을 경우 최대한 빠른 속도로 섭외에 임해야 하고, 또 끈질기게 지구력을 발휘하도록 한다. 훌륭한 연사를 섭외하는 일은 풀밭에 떨어져 있는 큰 다이아몬드를 찾는 것과 같다. 먼저 발견하고 재빨리 뛰어가 집는 사람이 임자일 가능성이 있는 것과 유사하다. 풀밭에 있음이 분명하다면 곳곳을 세밀히 끝까지 뒤져 찾아내는 인내심이 요구된다. 당사자 본인과 통화는 됐지만 여러 가지 이유로 거절할 수도 있는데, 그때도 대번에 포기하지 말고 계속 명분을 내세워 설득해보아야 한다.

2장 생활정보 제작론 **403**

또 아이템에 관한 인물이 쉽게 떠오르지 않을 때는 사냥꾼의 전술을 이용하도록 해보자. 사냥꾼은 넓고 넓은 산야에서 어떻게 짐승들(사냥 감)을 찾아내는가? 그들은 무작정 산 속을 헤매는 것이 아니고 토끼나 노루, 들짐승들이 주로 다니는 길목을 찾고 기다리다가 그곳에 덫을 놓고 사냥을 한다. 우리가 원하는 사람들이 주로 어디에서 활동하는가? 대학교인가, 연구소인가, 대기업인가, 벤처기업인가 하는 식으로 발상하면 사람에 대한 실마리를 풀어갈 수 있다.

③ 전화번호 조견표(早見表)를 만들어두자. 각 분야별로 예컨대 환경 분야, 의학 분야 등등으로 세분화하고, 의학 분야라도 가정의, 내과, 외과, 이비인후과, 정신과, 치과 등으로 나누고, 다시 위암, 폐암, 간암, 자궁암 전문의 식으로 사람을 추려놓고 그들의 전화번호(사무실, 자택, 핸드폰 번호까지)를 일람표로 작성해두면 매우 편리하다. 덧붙여 만약 섭외가 됐을 때를 가정해 그 인사의 집이나 사무실 위치도 알아두고 자동차로 방송국까지 오는 시간도 계산해두도록 한다. 며칠 전에 섭외가 완료되었다면, 반드시 하루 전날 오후나 밤에(8~9시경) 전화를 다시 걸어 '확인 콜'을 해야 하고, 방송 당일 한두 시간 전에 그 인사가 방송국으로 출발했는지도 점검하면 안전하다.

④ 출연자에게 방송에 관련한 세부 내용을 사전에 전달하는 것은 필수적이다. 방송국 도착 시간, 어떤 스튜디오(A, B, C, D……)로 찾아와야 하는지, 자세한 질문 내용 즉, 질문 내용을 출연자가 사전에 정확하게 알고 있어야 여기에 대한 분명한 답변을 준비할 수 있을 것이다. 이 부분은 아주 중요하다. 그 질문에 대해 배정된 예상 답변시간, 출연자가 방송이 끝나는 시간, 함께 이야기할 사람도 알아두는 것이 좋다. 복수 출연의 경우, A라는 출연자는 B라는 출연자와는 사이가 좋지 않기 때문에 스튜디오에 왔다가도 B임을 알고는 돌아가는 경우도 있고, 그런 일도 드물지가 않기 때문에 유의해야 한다.

출연시간이 많이 소요될 것으로 예상될 경우, 출연료를 알려줄 수도 있다. 어떤 연사들은 출연료를 신문의 칼럼 쓰는 것과 비교해 요구하기도 한다. 자신이 신문에 칼럼 한편 원고를 쓰는 데 3시간이 소요되고 50만 원을 받는다면, 같은 3시간 출연에 출연료도 그만큼 주어야 한다

고 생각하기도 한다. 이러한 액수에서 차이가 생기면 매우 불쾌하게
여긴다. 이것도 어쩌다 간혹 생기는 일이 아니라는 점도 기억하고 있어
야 한다.

만약 섭외가 확정됐다면, 상대방에게 팩스나 이메일 주소를 확인하고,
질문하게 될 앙케트나 출연과 관련된 세세한 내용들을 원고 청탁서처
럼 '출연요청서'에 써서 보내면 안전하고 차질을 줄일 수 있다. 또 생방
송이라면 방송 당일 방송국 정문에 안내원을 배치하든가 또는 정문 경
비 근무자에게 어느 출연자가 몇 시경 도착한다는 것을 알리고, 어느
스튜디오까지 안내를 해달라고 부탁하는 것도 하나의 지혜이다.

⑤ 방송에 출연해서 손해보았다는 느낌을 주지 않도록 배려한다. 즉 출연
자가 대답하기에 적절하지 않은 질문은 삼가는 것이 좋다. 주제에 관한
이야기를 진행하는 과정에서 철학을 전공한 교수에게 별안간 경제학
분야의 문제를 물어본다면 대답의 심층성을 기하기 어렵다. 대학교수
라도 모든 것을 다 알 수는 없는 노릇이다. 또 여성 변호사가 이혼 문제
를 상담하기 위해 출연했는데, 마침 그 변호사도 이혼을 했을 경우, 왜
당신은 이혼을 했느냐 하고 사생활에 관해 대답을 요구하는 식으로 질
문을 한다면 그 변호사는 매우 당황할 것이다. 항용 진행자들이 무심코
저지르는 예상치 못한 질문들을 특히 구성작가는 사전에 차단하는 예
방 조치도 취해놓아야 한다.

⑥ PD와 구성작가는 지속적으로 출연할 가능성이 있는 인사를 관리해야
한다. 우리가 주머니 속에 무슨 열쇠가 들어있고 돈이 얼마나 있는지를
알고 있으면 편리하듯이, A라는 저명 인사가 다른 방송의 유사 프로그
램에 언제 출연했는지, 신문, 여성지에 무슨 내용의 글을 썼는지 등 그
인사의 활동을 점검하고 자신의 프로그램에 얼마나 자주 출연했는지도
꼼꼼하게 살핀다. 너무 자주 출연하는 것은 신선미가 떨어져 이롭지
못하다. 특별한 경우(고정 출연)를 제외하고는 1년에 두서너 차례 나오
면 족할 것이다. 전화를 했는데 만약 외국여행 중이라면 귀국 날짜를
물어두었다가 돌아온 후 출연할 수 있도록 하면 된다.

⑦ 타력갱생(他力更生)도 쓸 만한 방법이다. 자력갱생(自力更生)은 자기 스
스로 일을 해결한다는 뜻이다. 물론 타력갱생이라는 말은 안 쓰지만

다른 사람의 도움을 받는다는 뜻으로 사용했다. 만약 본인과 통화는 이루어졌는데 출연하고 싶지 않다고 고집을 한다면 다른 사람의 힘을 빌려서라도 시도해본다. 무릇 모든 프로그램의 섭외는 친소관계(親疏關係)가 으뜸이다. 상대방을 잘 아는 사람이나 경륜이나 무게가 있는 사람이 권유하면 성공할 수 있는 경우도 실제로 많이 발생한다.

섭외가 잘 안 될 경우, 노련한 방송국 간부가 나서서 간곡히 부탁한다든지, 아니면 출연자의 주변 정보를 얻어 그 분의 부인, 친척, 동창, 은사, 후배 등의 연고(緣故)를 이용하면 일이 쉽게 풀릴 수 있다. 최후의 순간까지 시도를 멈추어서는 안 된다. 다른 사람에게 섭외를 부탁하는 것은 절대 체면이 상하는 일이 아니다. 방송국에 오래 근무해보면 섭외는 엄연한 하나의 '특별한 기술'이며, 프로그램 담당 커리어(career)와 정비례한다는 사실을 자주 경험하게 된다. 태권도의 높은 '품'띠처럼 제작자도 섭외의 높은 '품'을 획득하고 유지하도록 해야 한다.

(2) 연예인 섭외

연예인은 생태적으로 '출연'을 먹고사는 사람들이다. 그래서 그들은 텔레비전에 출연하는 것을 매우 반가워하고 또 밝(?)힌다. 출연을 해서 연예인들이 기대하는 것은 두 가지다. 하나는, 여러 개의 TV 프로그램에 얼굴을 자주 내밀어 자신의 인기를 극대화하고자 하는 것이고, 두번째는 수입 즉, 인컴에 관한 이유 때문이다. 연예인들은 보너스도 없고 퇴직금도 없다. 오직 인기가 충만할 때 출연을 많이 해서 돈을 벌어놓는 수밖에 없다. 그들에게 인기는 곧 머니다. 이렇게 보면 연예인을 출연시키는 문제는 별로 어렵지 않을 것으로 생각되기도 한다. 그러나,

구성작가나 초임 프로듀서들이 반드시 기억해야 할 것은, 연예인들은 그들의 인기를 척도(尺度)로 해서 스스로 프로그램을 선택·통제·관리하고 있다는 점이다.

연예인 초년병 시절에야 출연이 많으면 많을수록 다다익선(多多益善)이지만 조금씩 인기가 높아질수록 그 양상은 변할 수밖에 없다. 인기가 생기면 여러 가지 프로그램의 프로듀서와 구성작가들로부터 섭외가 들어오고 출연

요청이 줄을 잇게 된다.

그때 이들이 판단하고 선별하는 기준은 우선, 그 프로그램의 '시청률'이 될 것이다. 교양 프로이든 연예 프로이든 시청률이 높은 프로그램에 출연해야만 자신의 인기를 많은 시청자에게 알릴 수 있고, 이미지도 고양(高揚)될 것이다. 그래야만 출연료의 몇십 배 또는 몇백 배 개런티를 받게 되는 CF에 출연할 기회를 잡을 수 있다. 다음은 시청률이 높은 인기 프로그램을 제조해내는 인기 프로듀서와의 '친소관계(親疏關係)'이다.

이것은 비연예 프로그램인 정보 프로그램에서도 적용되는 룰이다. 만약 B라는 인기가 평범한 프로그램에 먼저 출연하기로 섭외가 완료된 상태인데, 타방송의 A라는 소위 요즘 표현으로 인기 빵빵한 프로듀서가 같은 날 동일한 시간에 출연을 요청해온다고 가정하면, 그 출연자는 갈등하지 않을 수 없을 것이다.

왜냐하면 정직하게 A프로듀서의 섭외를, B프로그램과의 선약(先約)을 이유로 거절한다면, 분명히 스타 제조기인 A프로듀서와의 친소관계는 금이 가게 되고, A프로듀서는 열심히 키워주었는데 이제 좀 컸다고 내 말을 안 듣는구나 하고 다시는 그 인기 프로그램에 출연 기회를 주지 않을지도 모르기 때문이다. 이것을 유치하다고 생각할 수도 있지만 실제 양자간의 정서는 그렇지 않다. 인기 연예인은 인기를 얻은 후, 자기 실력으로 됐다고 생각하고 PD는 자기의 지원으로 가능했다고 믿는다.

따라서 인기 프로그램을 갖고 있는 프로듀서들은 이와 같은 무언의 협박 내지는 공갈의 표현을 자주 사용하는 것도 그들 입장에서는 크게 무리는 아니다. 이번에 출연을 하지 않는다면 앞으로는 끝이라고. 실제로 그런 일이 다반사로 일어나는 곳이 방송국이다. 인기를 얻기 전이 양(羊)이라면 인기를 얻은 후는 호랑이다. 인기 전과 관련해 맺었던 인간관계는 인기획득 후 무참하게 파기되거나 배반의 가능성이 높은 것이 연예계의 생리이기 때문이다. 요즈음도 국민가수로 운위되고 있는 가수 조용필 씨를 키워주었다는 사람이 한동안 5백여 명이나 되었다는 우스갯소리가 있을 정도이다.

이와 같은 연예 프로의 특수한 구조와 연유로 해서 연예인의 섭외는 상상 외로 어렵다. 최근에 방송되는 프로그램의 경향을 보면 연예 관련 프로 외에도 교양, 정보, 심지어 교육 프로그램조차도 연예인을 출연시킨다. 연예인을 출연시켜 내용을 보다 재미있게(달짝지근하게) 포장함으로써(sugar coating) 시청률을 높여보자는 심산이다. 그러니 인기 있는 연예인은 바쁠 수밖에 없고, 인기 연예인의 섭외는 힘들 수밖에 없다.

구성작가가 섭외를 전담하는 입장이라면, 자신이 담당하고 있는 프로그램의 시청률과 프로그램의 위상 등을 한번 따져보는 것도 좋을 것이다. 중간층의 프로그램이라면 최고 톱스타의 출연은 다소 자제하는 것이 유리할지도 모른다. 욕심만 앞서 톱스타를 원한다면 성공 확률은 전혀 높지 않으므로 눈높이를 조정해보는 것이다.

시청률이 다소 저조하기 때문에 오히려 톱스타를 통해 보충하고자 하는 의도라면 방법이 없는 것도 아니다. 즉 그 파트의 부장이나 다른 부서의 연예 프로 담당자에게 그 연예인의 출연이 특별한 의미가 있다는 명분을 설명하고 부탁하는 것이다. 그러면 그들은 그 연예인이 소속돼 있는 소위 '매니지먼트' 회사나 프로덕션에 의뢰를 하게 될 것이고, 한 프로그램의 한 구성작가가 아닌 보다 큰 차원의 조정을 거쳐 섭외는 성공할 수 있게 된다.

프로듀서나 구성작가의 입장에서 인기 연예인들이 그리 반가운 존재는 아니다. 그러나 비록 생활정보 프로라 하더라도 연예인들은 프로그램에 활기를 불어넣고, 밝은 색깔을 칠해놓는 중요한 요소 중의 하나이기 때문에 연예인에 대한 연구도 게을리해서는 안 되고 그들과 지속적인 친밀도를 유지하는 것이 필요하다. 제작자는 훌륭한 프로그램 즉, 맛있는 요리를 만들기 위해 온갖 요리 재료와 다양한 조미료를 늘 곁에 두고 있어야 한다. 물론 아까 이야기한 '출연자 조견표'에는 연예인의 전화번호도 당연히 포함돼 있어야 한다.

(3) 촬영 섭외

훌륭한 내용을 촬영하고 뛰어난 화면을 창출해내는 것은 드라마 비드라마를 가리지 않고 아무리 강조해도 지나치지 않다. 따라서 ENG촬영은 텔레비전 프로그램에서 그 무엇보다 중요한 것이며, 여기에서의 성공 여부는 '촬영 섭외'에 의해서 많이 좌우된다.

촬영 섭외는 두 가지로 나누어 생각할 수 있는데, 하나는 이미 사람이나 내용, 장소가 결정되어 있는 경우이다. 또 하나는, 사람은 A씨로 정해 졌는데, 어느 장소에서 찍을 것인가가 미정이거나 가변적(可變的)일 때이다.

전자는 촬영허락을 이미 받았기 때문에 특별한 문제가 거의 없지만, 후자의 경우는 섭외에 대해 다양하게 접근해볼 수 있을 것이다.

노련하고도 예리한 감각을 지닌 제작자가 세련된 섭외를 했을 때는, 예컨대 같은 내용의 인터뷰라도 독특한 장소, 분위기 있는 장소를 택해 촬영을 했을 경우는 거기서 풍겨나오는 화면상의 느낌이 훨씬 고급스럽게 감지될 수도 있을 것이며, 그 반대의 경우는 '눈으로 보이는 현상(現狀)' 자체만큼도 내용을 표현해내지 못할 수가 있다.

촬영 섭외에서 특별한 원칙은 없지만 '어떠한 방법'으로 촬영하느냐 하는 것이 중요하다. 우선 6하원칙 비슷한 촬영 제목을 상대방에게 자세히 알려주고 그에 따른 준비를 할 수 있도록 협조를 구해야 한다. 전화로 말할 때도 내용을 조목조목 메모하고 상대방에게 받아쓰게 하는 방법으로 전달한다면 효과가 있을 것이다.

오늘의 도시생활은 인정이 메마르고 사람들도 이기적인 것이 일반적인 현상이다. 따라서 자신에게 도움이 되는 일일지라도 시간이 오래 걸리는 것은 아무도 달가워하지 않는다. 이번 촬영은 넉넉히 잡아 대체로 몇 시간쯤 소요된다는 것을 분명히 말하는 것이 좋다. 만약 오후 5시에 공항으로 출발해야 할 사람에게, 오후 1시에 녹화를 시작해 2시간이면 녹화가 끝난다고 말했다가 이것이 지켜지지 않는다면 서로에게 큰 낭패이다. 또 사안에 따라 다르겠지만,

촬영에 동원되는 인원수도 알려주어야 할 경우가 있다. 웬만한 촬영이라도 PD(또는 AD), 카메라맨, 오디오맨, 리포터, 작가, 조명기사, 운전기사 등 10여 명이 동원되는 것은 예사이다. 거기다 현장에 필요한 인원도 포함될 수 있어 많은 수의 사람들이 북적거리고 때로는 법석도 떤다. 촬영을 당하는 사람의 입장에서는 거의 그런 내용을 모르기 때문에 적지 아니 당황할 수가 있다. 되도록 미리 알려주고 이해를 구하는 것이 마음 편하다.

다음으로, 체크해야 할 몇 가지 촬영 조건을 열거한다.

① 카메라가 자유롭게 움직일 수 있는 공간이 되는가를 알아보고, 만약

    장소가 협소하다면 보다 넓은 곳으로 옮기는 것도 고려해보아야 한다.
② 만약 ENG가 아니고 중계차가 나간다면, 건물의 몇 층에서 녹화를 할 것인지를 반드시 미리 확인하고, 8~9층일 경우 그 높이만큼의 전선을 준비해야 하기 때문에 기술 파트에 이런 사실을 알려주고 그들이 현장을 답사하도록 유도해야 할 것이다.
③ 실내 촬영과 야간 촬영에는 조명의 준비가 필수적이라는 점도 유의하고, 또 상대방이 준비해놓아야 할 소품이나 장비 등도 미리 알린다.

    어떻게 보면 이러한 임무는 모두 연출이나 조연출이 담당해야 할 일들이다. 그러나 최근에는 조연출, 구성작가 가리지 않고 이런 업무들을 처리하는 경우가 많다.

    촬영에서의 섭외는 '경제적'으로 계획을 세워야 한다는 점이 중요하다. 드라마는 대본이 있기 때문에 화면을 미리 분할해 촬영 콘티를 짤 수 있다. 그러나 비드라마, 즉 교양 프로나 생활정보 프로들은 대본이 없고 촬영의 구분, 또는 화면 분할 등도 즉석에서 이루어진다. 그렇다고 해서 무조건 많은 양을 촬영하는 것도 바람직하지 않다. 많은 양을 촬영하자면 현장에서 시간이 많이 걸릴 뿐만 아니라 차후 편집 과정에서 preview나 search하는데 시간이 많이 소모된다. 따라서 구성작가는 이 사안이 방송됐을 때 효과를 발휘하려면 "꼭 필요한 내용과 화면이 어떤 것인가"를 판단할 수 있어야 하고, 또 그것을 프로듀서에게 촬영하도록 요청할 수 있어야 한다. 이렇게 보면 구성작가의 일은 결코 쉽다고 할 수 없다.

    또 하나, 촬영이 경제적으로 수행되어야 하는 이유는 어느 방송사나 ENG 카메라를 무한정 사용할 수 없다는 점이다. 주 1회 방송되는 프로그램들은 보통 2~3일 카메라를 배정받는 것이 관행이고, 하루에 밤 촬영을 제외한다면 많아야 3~4건밖에 촬영할 수 없는 것이 현실이다. 그것은 장소를 이동하는 데 교통정체로 시간 소모가 많고, 또 촬영팀과 상대방 간에 촬영을 위한 필요충분조건이 제대로 마련되지 않아서 생기는 결과이다.

    따라서 구성작가가 한 개의 아이템을 촬영하는 데 반드시 필요한 내용과 화면을 꼭 집어 강조하는 일은 매우 중요하다 하겠다. 또 촬영이 끝났을 때, 협조해주어서 고맙다는 인사, 출연료, 장소 사용료, 기념품 전달 등도 현장

뒤처리에 바쁜 PD를 대신해 신경을 써줄 수 있다면 일은 수월하게 끝나게 된다.

만약 구성작가가 현장 촬영에 동반하지 않는다면, 촬영팀에게 찾아가야 할 정확한 위치와 장소, 사람 이름과 직위, 직함, 전화번호 등을 명기한 메모와 함께 인터뷰할 질문지 전달을 잊지 말아야 할 것이다. 실수를 거듭하면서 촬영이 끝난 시점에서 돌이켜 생각해보면, ENG촬영은 반드시 현장 답사가 필요한 작업임을 모두가 공감하게 된다.

촬영 섭외에서 또 하나 유의해야 할 점은, 섭외가 완료된 후 현장 답사를 해보니 여러 가지 조건이 원만치 못해 소기의 성과를 거둘 수 없는 것으로 판단된다면, 상대방에게 솔직하게 상황을 설명하고 촬영을 취소하는 한편, 재빨리 다른 아이템이나 장소를 찾도록 하는 것이 현명한 조치일 터이다. 나쁜 원료로는 결코 좋은 제품을 생산할 수 없는 것은 텔레비전 방송이나 물건을 만드는 것이나 매한가지다.

10) 취재 요령

"취재를 어떻게 하는 것이 제일 좋은 방법이다"라고 말하기는 정설(定說)도 없고 매우 어려운 문제이다. 한마디로 하자면 6하원칙에 입각해 수행해야 한다. 그러나 거기에는 취재를 하는 프로듀서의 많은 실전경험과 지략, 인간 자체에서 발생하는 여러 가지 학구적 배경, 감성, 유연성, 순발력, 임기응변(臨機應變), 개성, 인품 등이 복합적으로 작용해서 이루어지는 것이기 때문에 '무엇이 요령이다'라고 단정짓기는 불가능해 보인다. 그러나 큰 기둥과 굵은 줄기는 다음과 같이 예시할 수 있다.

① 정해진 아이템과 관련해서 각종 자료 조사, 전문가의 의견 청취, 장소 확인 등 취재를 위한 여러 정황을 사전 체크할 필요가 있다.
② 'fact'를 이루고 있는 핵심적인 요인(要因)이 무엇인가로부터 접근할 수 있다. 만약 수인성전염병(水因性傳染病)이 문제가 되었다면, 수인성 전염병은 물이나 음식에 들어있는 세균에 의해 전염되는 이질·장티푸스·콜레라 등이 여기에 속하는 질환이다. 손에 묻은 균으로부터 전염되는

경우가 많고 고열이 발생하는 대단히 위험하고 확산이 빠른 특징을 보인다.

이때의 취재는 먼저 발병환자의 현황을 파악해야 할 것이고, 관계 당국에서는 발생원인이 무엇인지에 대해 어떻게 보고 있으며, 감염경로 등 역학조사(疫學調査)가 어떻게 시행되고 있는지를 추적해야 한다. 또 치료방안과 예방대책을 철저히 취재해 일반 시민이 경각심을 갖도록 해야 할 것이다.

구체적인 처방으로 '음식을 날로 먹는 것'을 피하고, '물은 반드시 끓여 마시고', '외출이나 활동 후 손을 철저히 비누로 닦고', '유사 증세가 있는 환자가 발생하면 즉시 대형병원에서 진찰을 받게 한다' 등의 순서를 밟아가면서 취재에 임한다면 큰 줄거리는 모두 포함되는 셈이다. 즉 6하원칙을 포함해서 현황(現況)이나 문제점, 발생 원인, 행정당국의 입장, 대처 방안(또는 대안 제시), 예방 대책, 구체적인 시행세칙 등이 제시되면 취재는 빈틈이 없게 된다. 추가하면 지역적 수인성 질환의 분포상황, 방역당국과 전문의의 견해 차이, 약품의 공급상황, 재고 정도 등도 취재할 수 있다.

③ 음악에서도 피아노는 소리가 탕탕 튕겨지는 데 반해 바이올린은 여러 소리를 감싼다. 이와 같이 fact를 감싸주는 배경이라든가 동기의 분위기를 화면으로 나타낼 수 있다면 내용에 더욱 설득력이 가미될 것이다. 이것은 결국 insert화면을 다양하게 구사함으로써 가능하게 된다. insert는 현장에 도착해서 여러 가지 각도로 촬영할 것을 점검해보고, 카메라맨에게 insert 화면촬영을 사전 요구해야 틀림이 없다. 앞서도 언급한 바가 있었지만, 'video value= fact + insert'의 공식은 fact를 보완하는 의미에서 유념했으면 한다.

④ 어떤 의견이 찬성과 반대로 갈라질 경우는 찬반을 동일한 비율로 구성하도록 한다.

⑤ 인터뷰 등 취재를 당하는 사람이 경험이 없다고 생각되면 사전 리허설을 시행해도 무방하다. 또한 긴장을 풀고 자연스럽게 이야기하도록 연출(권유)한다.

⑥ 배터리, 조명 등 각종 기재와 관련된 보조물들도 구비되었는지 사전

점검한다.

11) 대본 작성

대본은 방송할 원고를 말하는데 각본, 스크립트(script)라고도 한다. 영국에서는 영화나 방송용 대본을 스크립트라고 칭하고, 일본에서는 라디오·텔레비전용 대본을 스크립트라고 부른다. 우리나라는 대본 및 스크립트를 혼용한다. 스크립트에는 원칙적으로 원고 외에도 카메라의 앵글, 조명, 시간 등 상세한 사항을 기재하도록 되어 있으나 매일매일 방송되는 생활정보 프로그램에서는 원고와 큐시트(일종의 구성대본의 역할을 한다)로만 줄여서 편의상 사용하고 있다. 대본을 각 내용의 성격으로 보면,

(1) opening 및 closing

이것은 프로그램을 시작하면서 하는 인사말이다. 주로 날씨, 계절, 주변의 화제, 어떤 의미를 부각시킬 수 있는 짧은 에피소드 등을 소개하면서 프로그램의 문을 여는 것이다. 또 그 날 방송할 주요 아이템을 예고하기도 한다. 오프닝은 너무 길면 안 된다. 그리고 개성 있고 멋있게 써야 하는데 이것은 순전히 작가의 재능에 속하는 영역이다. 만약 그럴듯한 인사말이라면 MC는 거기에다 정감과 말솜씨를 더해 정말 맛깔스러운 인사를 치를 것이다.

그러나 MC가 맘에 안 들면 자기 마음대로 고쳐대거나 자기 식의 인사를 해도 무어라 항의하기가 어렵다. 1~2분에 불과한 아주 짧은 글이라도 특색을 나타내기는 어렵다. 매일 비슷한 것으로 인사를 대신하기도 심기가 불편하고 백미(白眉)의 표현도 여의치가 않은 것이 바로 오프닝이다.

하는 수 없이 하루 전부터 아니면 늘 인사말감을 생각해 찾아낼 수밖에 없다. 천고(千古)의 명언(名言)이나 금언(金言-생활의 본보기가 되는 귀중한 말), 잠언(箴言-훈계·경계가 되는 말), 우화(寓話-다른 사물에 비겨 교훈을 나타내는 말), 시(詩) 구절, 성경말씀의 한 부분을 인용할 수도 있을 것이다. 프로그램의 첫 페이지를 멋있게 장식하기 위해 상당히 신경써야만 소기의 성과를 거둘 수 있다.

closing은 작별인사말이다. 이것도 길면 좋지 않다. 짧으면서도 오늘 프로그램을 정리하고 내일을 기약하는 내용이면 무난할 것이다.

(2) 아이템 원고

이것은 아이템에 관해 출연자 또는 ENG취재를 내보낼 때 필요한 멘트이다. 출연자를 소개하면서, 아이템과 관련된 내용을 설명하거나 시청자의 의견 또는 제작자가 지향하는 견해 등을 말하게 될 것이다. 6하원칙, 현황이나 상황, 문제점, 대안 등에 관한 동기나 배경에 관한 말들이다.

출연자나 ENG 취재물이 있기 때문에 긴 멘트는 자제하는 것이 좋을 것이다. 출연자에 대하여 유도하거나 ENG에 대하여 보조적인 내용들을 기술하면 된다. 중언부언(重言復言)하는 것은 결코 바람직하지 못하다. 글의 정경을 묘사하자면 '척척 집어'주는 식으로 써나가는 것이 바람직하다.

(3) 연결 원고

이것은 글자 그대로 앞의 아이템을 종결하고 뒤 아이템으로 이동하기 위하여 상호 연결하는 말을 쓰면 된다. 아이템들은 서로 유사한 성격일 수도 있지만 전혀 동떨어진 다른 내용일 수도 있기 때문에 전후를 단절감 없이 스무드하게 이어가기 위해서이다. 이것도 너무 길이가 길 이유가 없다.

(4) 별지(別紙) 원고

별지 원고는 순서대로 말하는 용도의 원고가 아니라 어떤 내용에 관해서 특별히 말하기 위한 자료를 제공하기 위하여 따로 만들어놓은 원고를 의미한다. 어떤 성명서, 발표문, 통계 이외에도 특별한 내용은 MC가 읽거나 소개할 수 있다. 순서대로 나가는 원고에 섞여 있으면 오히려 불편할 수가 있을 것이다.

(5) 질문 원고(앙케트)

이것은 인터뷰이(interviewee, 인터뷰 당하는 사람)에게 질문할 내용을 1 2 3

4······ 적어놓은 것이다. MC나 리포터가 대답할 출연자의 성명, 직업, 직위 등을 소개한 후 질문지 순서에 따라 질문을 유도하고 대답을 구하게 될 것이다. 이것은 출연자 섭외 때, 전달된 것과 대체로 동일한 것이다.

(6) 내레이션

해설을 말한다. 짧은 다큐멘터리처럼 화면구성으로 한 아이템을 만들 수 있는데, 이때는 MC나 아나운서 또는 성우가 내레이션을 읽어야(깔아야) 그 아이템이 화면이나 음성과 조화를 이루게 된다. 원고 작성 방법은 다큐멘터리에서 이미 언급한 것과 같다. 다만 내용이 길지 않기 때문에 원고가 짧을 뿐이다.

(7) stand by 원고

TV 생활정보는 거의 생방송으로 진행된다. 1일 기획안에 따라 출연자, ENG취재, 지방사, 중계차, 기타 아이템들이 사전에 차질없이 준비되고 생방송(송출)에 임하게 된다. 이렇게 사전 준비와 확인을 거치지만 출연자가 부득이 한 사정(예컨대 위경련 교통사고······)으로 스튜디오에 도착하지 못하는 사정도 발생할 수 있고, 지방사나 중계차에 기계에 이상이 생겨 연결이 별안간 불가능한 돌발(突發) 사태도 있을 수 있다.

이와 같이 펑크가 날 경우, 적어도 4~5분은 시간이 부족하게 된다. 무엇으로 이것을 메울 것인가? 위기는 벗어나야 한다. 따라서 PD들은 시차(時差)에 관계없는 건강문제 등을 예비 아이템(편집완료된 테이프)으로 만들어놓는다. 물론 여기에는 원고가 있어야 한다. 이런 용도로 준비하는 것이 스탠바이 원고이다. 또 약간의 시간이 남을 경우도 날씨라든가 어떤 미담 또는 화제를 MC가 설명함으로써 적정한 방송시간을 맞출 수 있게 된다.

12) 원고 작성

생활정보 원고도 앞서 언급한 다큐멘터리 원고와 원칙은 동일하다.

① 주로 구어체를 사용한다.

② 형용사 부사를 자제하고 동사를 활용한다.

③ 문장은 되도록 간결하게 만든다.

④ ENG에 대한 설명은 가능한 한 자제한다(화면으로 표현 안 된 부분만 기술한다).

13) 큐시트(Cue Sheet) 작성

큐(cue)는 방송을 제작하기 위한 연출자, 엔지니어, 스태프, 출연자 간의 신호이다. 큐시트는 1일 방송이 어떻게 진행될 것인가에 대한 신호를 표로 만들어놓은 문서이다. 이 진행표만 보면 그날 방송이 어떤 식으로 나갈 것인가를 알 수 있다.

따라서 우선 큐시트는 신속하게 만들어져야 한다. 왜냐하면 내일 아침에 나갈 방송에 관한 각종 소재의 편집이 늦어지기 쉽고 어떤 때는 방송을 불과 1시간 미만으로 남겨놓고 편집이 끝날 경우도 있다. 분초를 다투듯이 빨리 작성되어야 한다.

두번째로 구체적으로 지시 신호가 표시되어야 한다. 생방송은 순간순간 방송 내용이 흘러가기 때문에 한눈에 무슨 뜻인지 인식할 수 있도록 구체성을 띠어야 이해가 빠르다. 사족(蛇足)은 불필요하다.

세번째는 이런 용이한 인식을 위해 각종 지시 신호의 표시는 간결해야 효율적이다. 큐시트 용지를 사용해 컴퓨터를 사용하지 않고 만약 필기로 써넣는다면 확실히 보이도록 글자를 크게 쓰는 것이 좋다.

큐시트가 필요한 사람은 다음과 같다.

① 제작진에서 프로듀서, 조연출, 구성작가, FD(floor director)

② 기술진은 TD(technical director), 카메라맨(3명 이상), 조명담당자, VTRman,audioman, 주조정실 TD

③ 스태프는 music effectman, sound effectman

④ 프로그램 관리측에서는 제작부서의 차장, 부장(또는 팀장), CP 또는 국장, 제작본부장

⑤ 편성부서에서는 주조정실 MD(master director)

⑥ 기타 심의실 홍보실 담당자도 필요할 수 있다

이와 같이 큐시트는 제작자뿐만이 아니라 방송관련자 모두가 방송이 어떻게 진행되고 어떤 내용이 나가도록 기획됐는지를 한눈에 알 수 있는 조견표와 같은 성격을 지니고 있기 때문에 성실하고 정확하게 만들어져야 할 것이다.

3. 생활정보·교양프로그램 기획 메커니즘

1) 시설 및 기계사용 측면

(1) Studio 사용

① 토크 중심 – 이것은 'MC + 출연자(일반출연자, 전문가) + 방청객'의 형식이다. 물론 중간에 ENG취재물이 삽입될 수 있지만 주로 MC와 출연자 간의 이야기를 통해서 주제를 정리해나간다. MC의 능력이 뛰어나야 하고 출연자의 수준도 높아야 성과를 거둘 수 있다.

② 실습(實習)형 – 스튜디오에서 어떤 아이템을 실제로 시행해서 그 과정과 결과를 시청자에게 보여주게 된다. 음악을 연주할 수도 있고, 요리 만들기도 가능하다. 또 에어로빅을 하거나 무엇을 만드는 것을 시청자가 관심 있게 관찰하도록 하는 내용이다. 비교적 제작비가 많이 들지 않기 때문에 생활정보·교양 프로그램으로서는 유리하다 하겠다.

③ 토론(討論) – 특정한 주제를 가지고 여러 명의 토론자들이 출연해 찬성 또는 반대 입장에서의 견해를 밝히거나, 어떤 문제에 대해 다양한 생각을 표명해 전체적인 의견을 유도하게 된다. 찬반 토론일 때는 공격과 수비 형태 비슷한 토론자 진영(陣營)이 구성되어야 프로그램에 박진감이 생겨 흥미롭게 된다. 연사 섭외와 관련해 여러 가지 제작자의 신념과 입장이 있겠지만, 토론 프로그램이야말로 그 문제에 관해 사계(斯界) 최고의 전문가를 출연시킬 수 있는가의 여부가 성패의 관건(關鍵)이다. 왜냐하면 토론 프로그램은 시청자가 출연한 토론자들의 설전(舌戰)을 관전하려는 의도도 있겠지만, 그것보다는 자신이 생각하고 있고 알고

있는 지식이나 판단보다도 한차원 높고 현명한 식견(識見)에 관해서 한 수 배우고 싶어서 시청하게 되기 때문이다.

현재 지상파TV 중에는 토론 프로그램이 별로 많지 않은 상황이다. 그리고 국민들로부터 크게 사랑받는 것도 아니다. 이것이 모두 고도의 검증 과정을 거쳐서 출연자를 선정하지 못한 이유가 아닌가 유추(類推)할 수가 있다. 보통사람도 다 알고 있는 이야기를 전문가라는 타이틀로 포장된 말은 결국 들으나마나하다고 생각할 수 있다.

또한 토론 주제에 따라 젊은 출연자가 나와야 할 상황도 있겠지만, '……평론가'라는 식의 정체불명의 토론자가 나와 지엽적인 문제만 일방적으로 주장한다든가, 중년층 이상 시청자가 보기에 TV에 출연하기에는 적절치 못한 복장을 하거나, 머리에 노란 염색을 한 토론자가 나온다면, 실제 토론의 내용을 떠나서 토론 프로그램으로서의 권위와 신뢰성에 상처를 입을 수 있다는 점을 고려했으면 한다.

토론 프로그램의 연출자는 아무래도 경륜이 있는 시니어가 담당해야 마땅하지만 방송사 사정에 따라 주니어급 연출자가 프로그램을 만들게 되면 아무래도 전체를 조망(眺望)하는 시야가 높지 않을 가능성이 있을 수 있다. 더욱 구성작가가 섭외의 주도권을 갖고 있을 경우 그녀의 눈높이에서 토론자가 결정될 수 있어 관리자(부장·국장)의 supervising이 절실히 요망되는 사안이라고 하겠다. 토론 프로가 시청자의 성가(聲價)를 얻을 수 있는 조건은 월 4회 방송되는 프로그램 중 2~3회가 성공해야 가능할 것으로 생각된다.

④ **토크쇼**(talk show)－발음 그대로 하면 '토옥쇼'이다. 토크쇼는 '유명 MC + 인기 연예인(또는 지명도가 있는 화제의 인사) + 캄보 밴드 + 방청객' 공식이라고 할 수 있다. 토크쇼는 미국에서 많이 제작되고 있고 일본의 경우도 비슷하다. 이것도 연예 프로그램으로서는 제작비가 많이 들지 않고 심야에도 깨어 있는 젊은 시청자를 수용할 수 있어 방송 시간에 선호도가 높다.

우리나라 프로그램이 외국 토크쇼와 다른 것은, 외국 프로는 연예인 일변도(一邊倒)가 아니라는 점이다. 우리 토크쇼는 드라마, 코미디, 개그 프로, 영화에 출연 빈도가 높은 연예인을 대거 출연시키고, 특히 그들의 신변잡기(身邊雜記) 이야기만 가지고 웃고 떠들고 하기 때문에 부정적인 시각을 갖고 있는 시청자들이 많다. 해외 토크쇼는 우리 것에 비해 소위 '진지한(serious)' 주제도 많고 놀랄 만한 테마도 있다.

예컨대 창녀(娼女)가 초대 손님으로 나오고, 정선된 여성 방청객들은 "당신이 여기가 어딘 줄 알고 나왔느냐?"고 공격한다. 그러면 그 밤의 여인은 "당신들 남편들이 밤마다 찾아와 우리가 돈을 많이 벌어 국민으로서 세금을 내겠다는 이야기를 하고자 나왔다"고 응수한다. 그녀는 곁들여 "남편들이 우리를 찾아오는 것은 당신들의 섹스 기술이 형편없어서이다"고 비아냥거리고, "여기서 한 수 배우겠느냐?"고 기염(氣焰)을 토한다. 이때 MC는 싸움을 말리면서 매춘의 사회적 역할과 공론화(公論化), 과세(課稅) 등에 대해 출연자·패널들과 이야기를 나누고 시청자들의 의견도 받는 식이기 때문에 우리보다는 접근이 다양하고 심도 또한 깊다 하겠다.

⑤ 강좌(講座)형－이것은 스튜디오를 교실 삼아 강의를 진행하는 것이다. '일요 특강' '영어 강좌' '김용옥 교수의 노자와 21세기'와 같은 강의 위주이다. 과거에는 단순한 수업형태로 연사의 일방적 강의가 주를 이루었으나, 최근에는 단조로움을 피하기 위해 각종 자료화면이나 도형 등도 많이 사용한다. 물론 이때도 방청객이 있어야 분위기가 형성될 수 있다.

⑥ 공지사항(公知事項)형－공지사항은 뉴스 형태이다. 지상파TV에서도 경우에 따라 필요한 때가 있겠지만, 지역 SO 등에서는 자주 활용하게 되는 형식이다.

⑦ 스튜디오 버라이어티(variety)－이 유형의 프로그램들은 스튜디오에서 다소 오락적인 요소가 가미된 흥미로운 프로그램을 진행하는 경우이다. 퀴즈, 간단한 게임, 어린이 프로 등이다. 스튜디오를 몇 개의 block으로 나누어 사용한다.

(2) Studio 및 ENG, 중계차(또는 M/W) 사용

① 종합구성 프로그램－이 프로그램은 일종의 생활정보 프로그램 영역이

다. 다른 점은 생활정보 프로는 대체로 시간이 60분 정도이지만 종합구
성은 2시간을 넘는 경우가 많다. 스튜디오와 ENG 외에도 지방사에서
M/W를 통해서 오는 정보와 중계차에서의 리포트와 스케치, 해외 특파
원의 취재 등 다양하다.

② 이브닝쇼-이브닝쇼는 대체로 키스테이션과 지방사의 리포트를 로테이
션으로 순환하면서 운영한다. 이 경우는 키스테이션의 스튜디오와 지방
사의 스튜디오를 연결해서 지방사의 화면을 키스테이션에서 받고 이야
기를 나누는 형태이다. 즉 스튜디오와 스튜디오의 결합 형태라고 말할
수 있다.

③ Studio + ENG-주로 르포 프로나 매거진 프로, 심층취재 프로그램들
이 이 형태에 해당된다. 스튜디오에 1MC 또는 2MC가 나와서 이야기를
하고 ENG취재물을 내보내고 하는 형식이다. <PD 수첩>, <그것이 알
고 싶다>, <2580>, <추적 60분> 등이 모두 Studio → MC → ENG의
순서로 진행된다.

(3) ENG + 더빙실 + 종합편집실

이러한 시설 사용 프로그램은 다큐멘터리다. 이미 상술한 바 있듯 다큐멘
터리는 촬영해온 ENG화면을 편집하고, 여기에 더빙실에서 해설을 삽입하
고, 종합편집실에서 음악·음향·자막 등을 집어넣는다.

(4) 중계차 생방송 또는 녹화방송(+ 편집실)

① 생방송-중계차를 이용해 현장에서 내용을 생방송하는 경우이다. 여러
대의 카메라를 이용해 발생하는 각종 화면을 혼합·연결해가면서 프로
그램을 만들어간다. 이때 타이틀이나 CM, 자막은 주조정실 등에서 삽
입한다. 생방송은 글자 그대로 실시간으로 진행되기 때문에 사후 편집
과 같은 개념이 불가능해 연출자, MC, 카메라맨, TD 등이 모두 노련해
야 한다.

② 녹화방송-이것은 현장 화면을 잡아 녹화한 후 그 내용을 편집실에서
불필요한 부분은 편집을 통해 삭제하고 타이틀, CM, 자막, 음악, 음향

등을 집어넣는 형식이다.

 이상과 같이 시설이나 기재를 사용해 프로그램을 기획할 수 있는데, TV 생활정보나 교양 프로그램들은 각각의 특징이나 포맷을 살려 위에서 예시한 어느 하나의 형식에 대입해 프로그램을 만들 수 있겠다.

2) 내용 중심

아이템에 대한 접근을 다음의 근거나 기준을 통해서 시도한다.

① 주제가 과거의 유형이라도 시의성이나 시사성이 있을 때는, 그것을 오늘의 시점에서 현실감각에 맞게 어레인지한다.

② 아이템 선정을 위해 자료를 검색할 때, 주제나 소재의 크기가 작은 것 위주로 발상(發想)을 시도한다. 여러 개의 아이템으로 구성되는 생활정보 프로그램은 애초에 한 개 아이템의 크기는 한도가 있음으로 '사과처럼 한 손안에 잡히는 것이 무엇인가?'를 통해 좁혀 들어간다.

③ 시청자를 염두에 두지 않고 제작자 자신의 취향에만 집착하는 것을 경계해야 한다. 만약 연출자가 미식가이기 때문에 음식에 관심이 많아 음식관련 아이템만 자주 방송한다면, 주(住)와 의(衣), 문화수요 등은 배제된다. 좀 역설적이지만 제작자 자신이 싫어하는 것이 무엇인가를 통해서 생각해볼 수도 있다.

④ 유행이나 너무 젊은 층 시청자 기호(嗜好)에만 영합하는 것을 피하는 것이 유리하다. 생활정보 프로그램의 시청자는 미혼 여성, 미시 주부와 주부, 자유 직업인, 노년층 등 다양하기 때문에 미혼 여성과 미시 주부 위주로 아이템을 구성하게 되면 생활정보 프로그램의 기둥이 되고 있는 진정한 주부층이 이탈할 가능성도 없지 않다. 따라서 young과 old는 3 : 7 정도로 다루면 무난하지 않을까 생각된다.

⑤ 비록 생활정보·교양프로라고 하더라도 시청자 입장에서 다소는 흥미가 있어야 하고, 다 보고나서는 반드시 얻은 것이 있다는 느낌이 생기는 아이템을 탐색(探索)할 것을 당부한다.

⑥ 아이템의 내용이 전체적으로 의미가 있는데, 내용이 간단할 경우, 화면 구성은 다양하게 할 수 있는가를 기준으로 해서 선택 여부를 결정하는 것이 좋을 것이다. 왜냐하면 화면이 풍부하고 다양성이 확보된다면 화면 자체만으로도 내용의 인식이 상당한 정도 가능하기 때문이다.

⑦ 가능하면 남녀노소 누구에게나 관심이 있을 만한 보편성이 있는 아이템으로 접근하는 것이 중요하다.

⑧ 아이템 중 조그만 에피소드가 단서가 되어 하나의 스토리가 만들어지는 것도 있을 수 있는데 이런 것의 선택은 바람직하다. 연결고리가 확보되어 전개가 스무드한 장점이 있다.

⑨ 최종적으로 아이템으로 선정하는 것을 놓고 고심할 경우, 과연 우리 어머니나 누나, 내 아내는 이 아이템을 어떻게 생각할까를 중심으로 시청요소의 특징이 무엇인가를 분석해보았으면 한다.

⑩ 해당 프로그램을 다소 오래 담당했을 경우, 아이템이 스테레오 타입이 되지 않나 분석해볼 필요가 있다. 각기 다른 듯하지만 자세히 관찰하면 똑같은 유형의 아이템만 방송될 수가 있다. 이때는 타방송사의 동종 프로그램의 경향을 모니터해보고 어떤 새로운 방향을 모색해 변화를 추구해야 할 것이다.

3) 시청 계층 대상

(1) opinion leader 대상

(2) 남성적 대상

(3) 여성적 대상

(4) 가족 전체 대상

(5) 특정인(전문성, 취미, 컬렉션……) 대상

(6) 어떤 지적(知的) 정보를 원하는 계층

(7) 어떤 system을 보기를 원하는 계층

(8) '지역'에 관심이 강한 계층

(9) 레저에 관심을 보이는 계층

(10) 작은 커뮤니티에 관심을 보이는 계층

등등으로 시청자를 세분화해서 아이템을 발상할 수 있다. 시청자는 모두 각기 취향이 다를 것이다. 그리고 최근에는 인터넷 등을 통해서 그들의 의사를 직접적으로 밝히는 경우도 적지 않다. 이런 것들은 근거로 하고 빌미로 해서 아이템 발상의 폭을 넓히고 심도를 깊게 할 수 있다.

3장 결론

　텔레비전 생활정보 프로그램 제작론을 마감하면서 세 가지 관점에 관해 생각해보기로 한다. 첫째 생활정보 프로그램은 TV에서 '범용(汎用) 프로그램'이라는 점이다. 둘째는 TV제작의 기초는 생활정보에서 비롯되고 있다는 것이다. 그리고 세번째는 생활정보 프로그램은 인터넷에서의 '정보 검색사'와 같은 역할을 수행하지 않으면 안 된다는 임무에 관해서이다. 이 세 가지 요소가 생활정보 프로그램의 주위를 둘러싸고 있는 환경이라는 사실을 확인코자 한다.

　생활정보 프로그램은 신문에서의 사회부 기사처럼 그 범위가 한없이 넓다. 사람들이 살아가기 위해 실제적으로 연관을 맺고 있는 모든 것은 생활정보 프로그램의 관심사이고 또 아이템도 될 수 있다. 그러나 시청자들은 드라마나 오락 프로그램에 비해 생활정보 프로그램에 깊이 탐닉되지 않는데, 그 이유는 생활정보 프로그램은 그냥 TV를 틀어놓고 늘 보는 프로그램으로 간주하고 있기 때문으로 여겨진다. 이러한 사실은 생활정보 프로그램이 TV장르에서 '범용(汎用) 프로그램'이라는 것을 의미한다. 즉 널리 여러 방면에서 활용되고 있다는 것이 특징이다. 따라서 범용의 의의는 매우 중요하지만 그것을 각별히 느끼기는 쉽지 않다.

　그러나 드라마는 시청자가 매우 열심히 보는 것 같지만, 또 화제도 되지만 내용을 별로 따지지 않는다. 반면 생활정보 프로그램은 대충 보는 것 같지만 사실은 상당히 따진다. 예컨대 어떤 아이템이 다소 잘못 나갔을 경우, 즉각 그 내용에 오류가 있다는 반응이 전화로 인터넷으로 쏟아져 들어오는 것을 보면 알 수 있다.

일견 생활정보 프로그램은 그냥 뜨뜻미지근한 것이다 하고 생각하다가도 어느 순간 뜨거운 열기를 느끼게 된다. 이런 제작상의 농도 때문에 생활정보 제작자들은 때로는 피로감도 느낄 수 있고 지치기도 할 것이다. 평소 늘 성취감이 미약하다고 생각하지만 꼭 그렇지 않다는 것을 강조한다. 생활정보 프로그램은 범위가 넓기 때문에 여러 가지 요소가 상존할 수 있고, 그것이 차후 다른 장르의 프로그램을 제작하는 데 상당히 유리한 조건으로 작용하게 된다.

지상파TV 방송사에서 수습사원으로 근무할 때, 제일 부러운 것이 프로듀서의 자격으로 '큐'를 주는 행위이다. 그들은 모두 완전한 의미의 PD, 즉 연출자가 되기 위해 수십 수백대 일의 경쟁을 뚫고 방송국에 들어왔다. 그러나 사실상 그 행로는 매우 험난하다. 드라마의 경우가 수련기간이 가장 길다고 말할 수 있다. 드라마는 드라마 작가와 작품 분석에 대한 연구가 선행되어야 하고, 장면을 만드는 기술도 오랫동안 연마하지 않으면 안 된다. A라는 연출자 밑에서 한 작품 조연출을 하고, 다시 B라는 연출자 아래서 한 작품을 하는 식으로 계속 순환된다. 그러나 그 연출자들은 몇 작품하고 마는 것이 아니고, 5년 10년 15년 정년 퇴직이 다가올 무렵까지 만기 제대가 없다. 그래서 실제로 카메라, 스튜디오 연출 등 독자적인 연출을 해볼 기회는 거의 없다. 요즈음은 다소 단축됐다고는 하지만 최소 4년에서 5년은 조연출로 속말로 '썩어야' 할 것이다. 역시 쇼프로그램도 드라마와 유사하다. 특히 쇼프로그램은 카메라에 대한 운용이 매우 정교해야 한다. 그것들은 하루아침에 터득되는 것이 아니고 상당한 세월과 경험이 요구된다.

그러나 생활정보는 드라마와 양상이 많이 다르다. 선배 연출자들이 여러 가지 이유로 자주 빠져나가기 때문에 늦어도 조연출 2년 정도면 연출자로 승격될 수 있다. 이것은 매우 특혜적인 조건이다. 이때부터 그는 스튜디오라든지 카메라 등 기타 연출에 관한 부분을 마음대로 해볼 수 있고, 그것이 앞으로 TV제작의 기초로 작용하게 된다. 5년과 2년은 2.5배라는 차이가 있다. 날짜로는 912일의 간격이 생긴다. 이 기간 동안 실제적·심리적·정서적 이점은 대단하다고 보아야 한다. 2.5배의 성장, 무시할 수 없는 장점이라는 것을 이해할 필요가 있다. 이것은 생활정보 프로그램 제작자와 관련된 내용이다.

생활정보 프로그램의 제작단계와 구체적인 방법 등에 관해 여러 가지 측면에서 기술한 바 있지만, 생활정보 프로그램의 특질은 한마디로 '인터넷에 있어 정보 검색사'와 같은 역할이라고 규정할 수 있다. 인터넷에 들어가면 엄청난 양의 정보들이 홍수를 이루면서 소용돌이친다. 그것들이 검색자에게 모두 필요한 것은 아니다. 대부분이 자기 PR, 이념의 자화자찬, 섹스와 관련된 뚜쟁이…… 모두 쓰레기 같은 것들이다. 그러나 열심히 휘젓고 다니다보면 때로는 보석 같은 진짜 정보도 발견할 수 있다. TV에서의 생활정보는 인터넷의 '보석 같은 진짜 정보'를 찾아내는 과정이고, 그것을 가공 포장해서 시청자에게 택배하는 행위라고 말할 수 있다. 결론적으로 생활정보는 지극한 인내심을 가지고 '보석 같은 진짜 정보'를 추적하는 결의가 무엇보다 중요하다 하겠다. 정보화시대라는 말이 있지만 TV 생활정보가 시청자의 정보화 과정에서 핵심적인 역할을 담당하고 있다는 사명감을 모든 제작자들이 인식하고 있었으면 하는 바람을 가져본다.

3부

구성작가론

1장 구성작가의 자질과 역할

1. 구성작가의 개념

상당히 오래 전부터 프로그램에서 구성작가의 기능이 확대되고 역할이 다양해져서 텔레비전 방송을 지탱하는 커다란 기둥으로 자리를 잡고 있다. 구성작가의 수도 상당히 늘었을 뿐만 아니라 그들이 수행하는 작업의 수준도 종전에 비하면 잡다한 일을 하던 주변부에서 본질적인 방송일을 관장하는 중심부로 이동했다고도 평가할 수 있다. 그만큼 구성작가는 여러 방송요인 중에서 하나의 분명한 역할로, 또 직업군(群)으로 계속 성장하고 있다.

지금도 많은 구성작가가 활동하고 있지만, 앞으로도 구성작가가 되고자 하는 많은 지원자들이 줄을 잇게 될 것이다. 대학을 졸업하고 직업을 갖고 있지 않은 사람 중에서 상당수가 구성작가를 희망하고 있고, 특히 여성의 경우는 절대다수가 구성작가가 됐으면 하고 염원하고 있음을 여러 가지 조사와 인터뷰를 통해서 알 수 있다.

그러면 구성작가는 어떤 사람이 될 수 있는가? 누구나 될 수 있는가? 거기에 왕도(王道)는 무엇인가? 지름길은 있는가?를 생각하기에 앞서 도대체 '구성작가'는 누구인가? 하는 정체(正體)와 개념을 먼저 따져 보아야 하는 것이 정확한 순서일 터다.

우리 국어사전에는 '구성'의 뜻은 "얽어 짜서 만듦"으로 나와있다. 먼저 얽고, 그 다음 짜고, 끝으로 만듦의 연속동작으로 되어 있다. 언뜻 보면 아주 단순한 것 같기도 하고, 또 별뜻이 없어 보이기도 하지만, 사실은 '구성'이라는 개념과 형태를 가장 분명하게 규정하고 있다.

이렇게 '구성'의 뜻이 분명해졌을진대 방송은 왜 하는가도 한번 짚어 볼 필요가 있다. 여러 가지 논의가 있을 수 있겠지만, 한 개인의 삶, 국민의 생활, 훌륭한 국가를 만들기 위해서, 즉 국가경영에 이바지하기 위해서로 정리할 수도 있다. 이런 관점에서 생각하면, 방송의 최종목표는 '인간'으로 귀착(歸着)된다. 결국 텔레비전 방송은 '사람을 위해서' 가장 좋고 유익한 것들만을 골라 보여주고, 들려주고 제시해주는 모든 행위가 된다. 이때 우리에게 '나쁜 것, 유해한 것'을 찾아내고 가려내어 지적하는 것도 '좋은 것'에 해당된다.

한편 작가쪽의 입장에서 보면, 작가는 모름지기 어떤 시대의 작가이든 허구(虛構)와 현실을 조합해 미래의 가치를 창출해내야 하는 것이 본원적인 임무일 것이다. 변화무쌍(變化無雙)한 오늘의 사회에 대처(對處)해서 살아가기 위하여, 합리적이고 가치 있는 규범(規範)을 만들어내는 힘, 그것이 곧 작가의 목표이고 역할이며 영역이 아닌가 생각된다. 즉 시대 정신을 최전선에서 앞장서서 끌고 가는 사람일 것이다. 특히 방송작가는 순수문예작가와는 달리 모든 문제들을 보다 단순하고 쉽게 풀어야 하고 더욱 편하게 꾸며야 하는 특성을 갖고 있다.

결국 '방송' '구성' '작가' 세 단어가 결합된 방송구성작가의 개념은 사람들에게 '좋은 것'만 선택해서, 특히 변화에 대처하는 힘, 다가올 미래의 규범을 중심으로, 흥미있고 쉽게 풀어서 얽고 짜서 만들어 보여주고 들려주는 제반행위로 규정할 수 있지 않을까 한다. 이런 점을 깊이 생각한다면 구성작가가 해야만 될 일, 또 구성작가라는 직업은 결코 쉬운 일이 아니라는 것을 알 수 있다. 그러나 어려운 가운데에서도 어떻게 강도(强度) 높게 하느냐, 또는 심도(深度)를 깊게 하느냐에 따라서 못할 일도 아닌 것이 분명하다.

여기서 구성작가의 한 가지 모델을 비유해서 제시하고자 한다. 한 화가가 사람을 그리는 경우를 예로 든다. 만약 그 화가가 뛰어난 재능을 갖춘 사람이라면 그는 보이지는 않지만 정확하게 사람의 '뼈'를 가늠해서 그릴 것이고, 거기에다 적당한 양의 '살'을 붙일 것이고, '피'를 주입할 것이며, 또 몸의 자세라든가 얼굴 표정을 통해서 그 인물의 정신(精神)을 구현해낼 것이다. 있는 그대로만 그린다면 한 장의 사진 형태는 될 수 있을지라도 고매(高邁)한 인격을 지닌 한 인간이라는 작품은 만들기 어렵다.

앞의 예를 통해서 '얽고 짜서 만듦'으로 규정되는 구성의 본뜻은, '뼈에다 살을 붙이고, 피를 주입하며, 정신을 불어넣는 작업'임을 헤아려볼 수 있다. 이것이 구성의 정도(正道)요 왕도라고 한다면, 현재 우리들의 구성작업은 상당히 궤도(軌道)에서 벗어나 있지 않나 하는 생각을 하게 된다. 지금까지 우리들은 뼈와 살, 피와 정신을 그리기는 고사(姑捨)하고 겨우 어떤 모습에 엉성하게 걸려 있는 '옷'만을 그려낸 것이 아닌가 하는 의심을 하게 되고 또 반성의 염도 갖게 된다.

차가 많은 도로에는 교통체계를 꿰뚫고 있는 교통경찰이 정리를 해주어야 소통이 되듯이 방송프로그램도 숫자가 많기 때문에 '뼈와 살, 피와 정신'의 체계에 달통(達通)한 구성작가가 반듯하게 존재해야만 프로그램이 적절히 교통정리가 되고 발전을 기대할 수 있을 것이다.

2. 구성작가의 분류

방송작가라는 어휘가 언제부터 사용되었는지는 분명하지 않다. 다만 텔레비전 방송이 인기를 얻고 우리 생활에서 큰 부분으로 자리 잡고 난 후가 아닌가 여겨진다. 왜냐하면 텔레비전이 존재하지 않았던 라디오 전성시대에는 라디오 드라마를 집필하는 작가만 있었고 그외의 프로그램에 관해 스크립트를 쓰는 요원은 없었다. 거의 모든 원고를 프로듀서나 기자들이 직접 썼기 때문이다. 엄밀하게 말하면 극본작가는 있었지만 방송작가 또는 구성작가는 없었던 셈이다. 라디오 방송은 그만큼 단순한 편이었고 외줄기(mono)였고 복잡하지 않았다.

그러나 텔레비전이 시작되고부터는 방송의 골격을 만드는 과정부터 다양해지고 복선적(stereo) 방법으로 변화하게 되었다. 즉 방송의 골격과 내용을 확정한 후, 다시 말하면 방송될 '거리'를 영상으로 만들어내는 단계와, 여기에다 원고를 삽입하는 작업으로 이원화되었다. 라디오는 '소리' 한 가지였지만 텔레비전은 '그림'에다 '소리'를 포함하기 때문에 라디오에 비하면 최소 2배, 그 이상의 노력과 공(功)이 들고 작업의 양도 과중하게 증가하게 되었다.

이런 이유로 해서 연출자(제작자)가 방송내용도 선정하고 그림도 만들고 또 원고까지 쓰기는 어려운 상황에 이르게 되었다. 이러한 시기를 기점으로 해서 방송작가는 자연발생적으로 제작에 도입되었다고 볼 수 있다. 물론 일본이나 미국 등 방송 선진국에는 이미 방송작가 시스템이 운영되고 있었는데, 그들도 본류는 아니고 이런 시스템을 영화에서 벤치마킹한 것이다. 결국 방송작가는 외국의 시스템을 본뜨면서 수요에 의해 생겨난 셈이다.

소위 '스크립터'로 지칭되어온 방송작가는 라디오와 텔레비전 어느 쪽에서 먼저 활동하게 되었는지는 분명치 않다. 특히 MBC-TV가 개국했던 1968년경에는 라디오의 연예 프로, 가십 프로, 퀴즈 프로그램 등 소수 프로그램에서 작가를 기용했기 때문에 TV와 라디오가 거의 비슷했거나 아니면 라디오 쪽이 다소 빨랐을지도 모른다.

그후 1970년대에 들어서서 TV에 '모닝쇼'가 등장하면서 구성작가를 본격적으로 가동하게 되었다. 그 이전에도 코미디물을 집필하는 소수의 작가들이 있어 독점적인 지위를 누리기도 했다. 1980년대 초 모닝쇼의 활성화와 함께 2시간 이상의 대형 특집프로들이 자주 방송되면서 구성작가는 인원도 보강되었고 역할과 기능도 확대되었다.

또한 1985년 이후 크게 인기를 얻은 개그 코미디(종전의 코미디언들이 아니라 젊은 개그맨들이 주축이 되었다) 프로그램에 구성작가들이 대거 투입되면서 구성작가의 수는 증가 추세에 들어섰다. 지상파TV 4개사와 지방민방, 케이블TV의 PP와 SO, 라디오의 FM 채널, 종교방송과 교통방송 등이 정착되면서 현재는 구성작가의 전성시대를 맞고 있다. TV와 라디오, FM 등 프로그램의 포맷을 가리지 않고 현재는 구성작가가 배치되지 않은 프로그램은 찾기 어려울 정도가 되었다. TV 뉴스에조차도 구성작가가 개입되어 있다. 구성작가 없는 프로그램은 생각할 수 없는 시대가 된 것이다.

구성작가의 연혁(沿革)에 해당하는 부분을 대체로 더듬어보았지만, 요즈음 시류(時流)를 기준으로 작가를 분류해보고자 한다. 전공 프로그램에 따라 작가의 구분도 다양하다.

라디오의 경우 드라마 작가, 시사작가(MBC의 홈런출발류), 코미디작가, 구성작가—여기에는 일반 교양프로 구성, 꽁트, 쇼프로그램 구성, DJ 프로, 퍼스낼러티 프로 등의 구성—가 모두 포함된다. 클래식 프로그램 작가, 팝송 프로 작가, 스포츠 프로그램 작가, 보도 프로 작가 등으로 세분된다.

텔레비전도 드라마 작가, 쇼프로 작가, 코미디·개그 작가, 토크쇼 작가, 어린이·가족프로그램 작가, 퀴즈 또는 게임프로 작가, 교양작가—이들은 모닝쇼, 종합구성, 토론프로 등을 담당한다—다큐멘터리 작가, 뉴스라이터—여러 기자가 쓴 문장을 부드럽고 간결하게 정리하거나 앵커맨의 멘트 등을 정리하고 섭외를 돕는다—등으로 극세분화할 수 있다.

이렇게 프로그램의 본질적 성격에 따라 여러 가지 형태로 나누어지고 있지만, 구성작가를 광의(廣義)로 해석한다면 그 구분은 아주 미묘하고, 영역 또한 금을 그어 딱 자르기 어렵다. 그러면 '구성작가'의 범위를 어디까지로 잡는 것이 좋을까? 편의상 방송극본작가(드라마 작가)와 다큐멘터리 작가를 제외한 모든 방송작가를 구성작가의 범주(範疇)로 보는 것이 어떨까 생각한다. 이것은 누가 정확하게 오랫동안 연구한 바도 없고, 또 다른 이론(異論)이 있을 수도 있겠지만, 프로그램의 특성상 드라마와 다큐멘터리 프로그램은 독립적인 위치로 분리해서 제외해놓자는 것이다.

드라마 작가와 다큐멘터리 작가, 그리고 구성작가, 이 세 작가군이 종합적으로 방송작가를 이룬다. 그러나 드라마 작가와 다큐멘터리 작가의 수는 구성작가에 비해 그 숫자가 훨씬 적은 것이 현실이다. 그리고 앞으로도 그 분포(分布)는 크게 변하지 않을 것으로 전망된다. 따라서 '구성작가'라는 명칭을 모두 '방송작가'로 바꾸어 쓰고, 나머지 드라마 작가와 다큐멘터리 작가로만 나누면 방송작가를 구분하는 개념도 정리되고 해석과 이해도 용이해질 것이 아닌가 생각된다. 그러나 관행은 쉽게 바뀌기 어렵기 때문에 이 책에서도 '구성작가'라는 명칭을 계속 사용하고자 한다.

3. 현황

현재 활동하고 있는 구성작가의 숫자라든가 방송사별 인원 등 현황을 파악하는 것은 지극히 어려운 일이다. 물론 사단법인 한국방송작가협회도 있고

KBS구성다큐작가협의회, MBC구성작가협의회도 있지만 자세한 상황에 접근하기는 어렵다. 왜냐하면 그들은 방송사에 소속된 인원이 아니고 프리랜서(freelancer, 특별계약을 맺지 않은 자유작가)이기 때문이다.

그리고 한 방송사에서만 구성작가로 일하는 것이 아니라 다른 방송사에서도 중복해서 일할 수 있다. 또한 일 년에 두 번 시행되는 정규개편, 그리고 시청률이 저조할 때 하게 되는 수시개편 등으로 프로그램 개입의 변동이 심하다. 방송사와 정확한 계약관계가 아닌 경우가 많아 일반 회사에 정규직이나 계약직으로 취업이 되면 곧 방송국을 떠나는 등 복합적인 이유가 많다.

또 대부분이 여성들인 이들은 거의 결혼 적령기(適齡期)에 걸쳐 있어 결혼과 동시에 구성작가를 떠나는 경우가 비일비재하다. 아마도 PD나 조연출에 종속되어 있는 것 같은 스트레스가 싫었을 수도 있고, 철야(徹夜)하는 일이 지겨웠을 수도 있다. 또 일부는 저축을 해 늦기 전에 유학을 떠나는 사람도 있다. 이렇게 구성작가의 세계는 인원의 이탈과 유입 등 이합집산(離合集散)의 유동(流動)이 많아 정확한 현황은 어느 의미에서 존재하고 있지 않을지도 모른다.

따라서 구성작가의 규모를 가늠하기 위하여 프로듀서의 수가 얼마인가를 통해서 접근해보고자 한다. 방송위원회가 발간한 「2001년 방송산업 실태조사 보고서」에 따르면, 방송사업종사자 중 PD는 총 2,871명이다. 지상파방송 2,195명, PP사(방송채널사용사업) 542명, SO(종합유선방송) 103명, 중계유선방송 31명이다. 그리고 프로그램제작사(프로덕션) 48개사의 경우 452명으로 되어 있다. 지상파 2,195명 + PP사 542명 + 프로덕션 452명 = 총 3,189명에 이른다. 즉 전국에 산재해 있는 방송사의 PD의 숫자는 줄잡아 3,000명 수준 이상으로 이해할 수 있다.

이 중에서 편성PD와 드라마PD를 1,000명으로 넉넉히 본다면, 구성작가와 관련이 있는 일반PD는 2,000명선이다. 물론 여기에 조연출의 숫자도 포함되어 있겠지만 그 반수를 구성작가로 잡는다면 최저 1,000명에서 1,500명 정도가 구성작가로 활동하고 있다는 추정이 가능하다. 왜냐하면 PD 한 명당 구성작가 1명은 대체로 연결되어 있는 것으로 보기 때문이다. PD 3,000명 중 그 50%에 해당하는 1,500명 정도가 구성작가라면 방송산업에서 구성작가가 점유하고 있는 비중은 대단하다 하겠다. 또 적지 않은 보도 프로그램(뉴스 포함)도 구성작가를 기용하는 추세가 늘어나고 있음을 감안할 때 구성작가의 중요성은 점증하고 있는 추세이다. 프로덕션 48개사의 자료는 정확한데, PD 452명에 작가는 147명으로 되어 있다. 이것은 한 명의 작가가 약 3편의 프로그램을 담당하고 있다는 의미로도 해석할 수 있다.

이번에는 방송사와 방송작가는 어떤 관계를 유지하고 있는가를 살펴보고자 한다.

드라마 작가의 경우는 대체로 '시놉시스(synopsis, 개요)'를 제시해 몇 회분이 미리 나오기 때문에 3개월, 6개월, 단회분 등 비교적 정확한 계약관계가 성립될 수 있다. 그러나 드라마 이외의 프로그램들은 프로듀서와(이 경우 프로듀서는 방송사를 대표한다) 작가간에 개별적으로, 또 구두로 약속이 이루어진다. 특별히 예외에 대한 단서(但書)가 논의되지 않았다면 프로그램을 담당하는 기간은 약 6개월로 다음 프로그램 개편시기까지로 하는 것이 관행이다. 이것은 프로듀서의 의도에 맞게, 또 방송사의 어떤 기준에 미달되지 않을 경우에만 해당된다. 만약 시청률이나 청취율이 저조하거나, 방송사가 추구하는 내용과 배치되는 다른 방향으로(상당히 미묘한 부분이다) 원고가 집필됐을 때는, 다른 작가로 교체되고 도중하차(途中下車)하게 되는 것이 현실이다.

비공식적 형태로 계약금이나 전속금이 제공되는 소수의 드라마 작가나 다큐멘터리 작가를 제외하고는 방송사와 방송작가 사이에 정확한 계약관계는 사실상 존재하고 있지 않은 셈이다. 마치 자가(自家)나 전세집은 없고 월세집이나 여관만 존재하는 것 같은 형국(形局)이라 씁쓸한 느낌이다. 구성작가의 현황을 언급하면서 구성작가의 양(숫자)은 상당한 위치에 도달한 것이 분명한 반면, 업무의 질적인 면에 대한 업그레이드가 이루어져야 구성작가의 직업적인 정체성을 공고히 할 수 있다는 점을 역설하고, 그것이 앞으로의 연구과제라는 것을 지적하고자 한다.

4. 위상과 전망

앞에서 방송사 전체에서 구성작가의 숫자를 1,000~1,500명 정도로 추산한 바 있다. 만약 1명의 작가가 약 3개의 프로그램을 담당한다고 가정하면,

현역으로 활발히 활동하고 있는 구성작가는 대체로 300~400명 수준이 될 것이다. 여기에 준비중인 예비작가를 100명 정도로 계산하면 아무리 적게 잡아도 500명 이상의 구성작가가 활발하게 활약하고 있음은 틀림없다. 그러면 이 500명의 작가군(群)은 방송사로부터 어떤 대접을 받고 있는가?

스무 손가락 정도의 드라마 작가와(드라마가 늘어난 추세라 30명이 될지도 모른다)와 열 손가락에 가까운 다큐멘터리 작가를 제외하면 방송작가 즉, 구성작가는 뚜렷한 대우를 못 받고 있지 않나 하는 생각을 하게 된다.

물론 예외가 있다. 커리어가 높은 몇 명의 중진 구성작가들은 다소 많은 프로그램을 계속해서 담당하기 때문에 상당한 원고료 수입을 올리고 있다. 이 작가들은 속도전(速度戰)을 요하는 시사 프로그램이나 생방송 프로 또는 시트콤까지 영역을 넓히고 있기 때문에 역시 예외에 속한다.

쇼와 코미디 버라이어티 등 예능 프로그램의 경우는, 이런 장르의 프로그램 숫자가 증가하고 있기 때문에 구성작가의 숫자도 증가추세다. 이 프로의 특징은 주 시청자가 젊은 층이기 때문에 좋게 말하면 '신선하고 흥미롭게' 만들어야 하는데, 그렇게 만들기 위해서는 '신선하고 흥미로운' 것이 '어리고 유치한 것'으로 변질될 위험성이 항상 존재하고 있다. 어쨌든 간에 '다소 유치한 것 같으면서도 웃기는 것'도 아무나 생각하고 구성할 수 있는 것이 아니기 때문에 일군의 연예작가들은 고소득을 올리면서 성가를 높이고 있는 중이다.

드라마 작가 30명, 다큐멘터리 작가 20명, 중진구성작가 20명, 여기에 연예작가 30명을 더하면 100명이다. 이런 추계(推計) 방법에 큰 무리가 없다면, 500명 중 100명, 즉 25%만 방송사에서 확실한 위치를 점하고 충분한 대접을 받고 있다고 볼 수 있다. 부연(敷衍)하면, 한국 구성작가의 위상은 '절대적 위상 25', '상대적 위상 75'라는 지수로 표현할 수도 있다. 따라서 '절대적 위상 25'를 '100' 이상으로 끌어올리는 것이 구성작가들의 일차적 목표가 될 것이다.

따라서 이 목표를 달성하는 것이 구성작가에 대한 전망(展望)이 될 터이고, 아울러 '상대지수 75'의 원인을 분석하고 대안을 마련해야만 그러한 지점에 도달할 수 있을 것이다.

그러면 '지수 75'가 형성되는 원인이 무엇인가에 대해 개략적인 차원에서 생각해보고자 한다.

방송사에서 방송작가를 호칭(呼稱)하는 것을 보면,

'스크립터' – 이들은 프로그램의 전체적인 파악보다는 짧은 내용들을 대본으로 만들고 있는 사람이라는 의미가 내재되어 있다. 주로 교양이나 생활정보 프로그램에 개입되어 있다.

'구성작가' – 이 사람은 특히 구성력이 요구되는 TV모닝쇼나 이브닝쇼 등을 담당한다.

'작가' – 주로 TV 다큐멘터리 프로그램의 구성과 원고 집필을 맡고 있으며, 앞의 작가들보다는 커리어와 나이가 많아 다소 격상된 작가라는 의미가 잠재된 것으로 보인다.

'작가 선생님' – 이 경우는 텔레비전 드라마를 집필하는 드라마 작가를 지칭한다. '선생님'이라는 존칭이 붙었는데 이는 TV방송사의 시청률 경쟁에서 주도적인 역할을 수행하는 TV드라마의 살생(殺生)을 결정하는 높은 존재(어느 면에서 至尊이다)라는 뜻으로 해석할 수 있다. 방송국에서는 누가 시킨 것도 아닌데 자연발생적으로 이런 호칭이 통용된다. 이런 관행에 대해 방송국에서 활동하는 많은 작가들이 별로 기분 좋지 않게 느낄 것이다.

이런 호칭 구분이 생기는 것은 해당 작가에 대한 집필 능력, 구성능력, 경력, 성실도, 지구력, 인품, 시청률 발생정도 등 여러 요소가 복합적으로 작용하면서 그 결과로 하나의 판단이 형성된 것이기 때문에 주관적 잣대라고 탓하기는 어려운 부분이다.

한마디로 '지수 75'의 원인은 무엇인가? 그 대답도 한마디다. '프로(professional) 근성(根性)'. 텔레비전 방송이 소위 물이 좋다고 소문이 나서 평생직업으로 생각하지 않고, 방송국이라는 화려한 깃발에 매료되어 부업으로 또는 아마추어의 입장으로 뛰어든 사람이 적지 아니 많기 때문이 아닌가 여겨진다.

따라서 재능과 능력의 측면에서 보아 어느 정도 전문성과 성실성, 프로근성이 부족한 인원은 자연적으로 도태(淘汰)되어야 할 것이며, 전문 직업인으로서 강한 도전 정신을 소유한 사람을 대량으로 확보하는 작업이 절실하다고 하겠다. 그것이 곧 구성작가의 전망이다. 이것은 마치 증권이 좋다니까 너도나도 뛰어들었지만 전문성이 부족한 사람들은 깡통계좌만 쥐고 실패할 수밖에 없었던 것을 타산지석(他山之石)으로 삼았으면 하는 바람이다.

이것을 구성작가에 대한 비관적인 전망으로 평가할 수도 있겠지만, 반대로 재능이 있고 프로 근성이 있는 사람이 구성작가로 들어오면 곧 '지수 25'에 틈입(闖入)될 수 있다는 높은 가능성을 시사하는 의미이기도 하다.

5. 자격

창작인(創作人)에게 자질이나 자격을 따지는 것은 사리에 맞지 않는 사고 방식이라고 부정적으로 생각할 수 있다. 그러나 구성작가는 방송에 간여(干與)하는 창작인이기 때문에 일반 창작과 다소 다른 요소가 있다. 방송은 프로 그램으로 한 번 성립되면 취소나 연기가 불가능한 속성을 갖고 있다.

따라서 방송작가는 프로그램과 연관을 맺음과 동시에 최대한의 노력을 경주해서 일정 수준 이상의 정품(精品)만을 생산해야 한다. 클레임(claim, 위약·손해배상청구)이 있는 제품이면 절대 안 되고, 또 딜리버리(delivery)도 정확해야 하는 수출의 경우와 흡사하다. 이런 이유로 해서 구성작가를 이야기할 때, 우리는 자질을 논하고 자격을 살피지 않을 수 없게 된다. 그것들은 다음과 같이 예시할 수 있다.

첫째, 일반적으로 방송사에서 구성작가를 공개 모집하는 조건은, 대졸 이상의 학력으로 규정하고 있다. 이것은 적어도 대학졸업 정도의 학력을 소유한 사람만이 프로그램 구성과 원고 집필이 가능할 수 있다는 일반론에 근거한 것이다. 물론 고등학교 졸업자도 뛰어난 재능을 갖춘 사람이 있겠지만 그런 사람을 가려내기란 어려운 일이다. 또한 고졸자는 대졸자에 비해 4년이라는 객관적인 수학(修學) 기간이 짧다는 약점도 있다.

또 대학 재학생도 마찬가지다. 대학교 수업과 방송국의 업무는 도저히 공존할 수 없는 시간적인 문제가 존재한다. 그래서 대학 졸업자 또는 예정자를 그 대상으로 하고 있다.

여기에 부가적인 조건을 덧붙인다면, 작가는 나이가 적든 많든 정신적으로 성숙해야 한다는 점이다. 미성숙성은 객관성, 보편성, 균형감각을 지니고 사고하거나 판단하는 데 장애가 될 수 있기 때문이다.

둘째, 텔레비전에서 구성작가는 기본적으로 '부업(副業)'이나 '아르바이트' 형태로는 성립되기 곤란하다는 점을 지적하고자 한다. 물론 미혼 때부터 구성작가로 일하다가 결혼해서 주부의 입장에서 구성작가를 계속하는 경우는 다르다. 이 일 저 일을 하면서 일시적으로 구성작가를 하겠다는 것은 아무래도 '프로 정신'이 결여될 수밖에 없다는 뜻이다. 만약 가능하다면 구성작가의 절대적 자격은 '상당 기간 또는 평생 직업으로 삼고자 하는 신념과 결의'이다. 혹자는 구성작가가 무엇이 그리 좋길래 평생 직업으로 삼겠는가? 하고 반문할 수도 있다.

그러나 구성작가는 장점이 많은 직업이다. 작품만 잘 써내면 그뿐, 별다른 제한과 조건이 없다. 이른 새벽부터 출근전쟁에 시달릴 필요도 없으며 직장 생활에서 부단히 받게 되는 상사와의 갈등이라든가 스트레스도 덜하다. 요즈음은 노트북 컴퓨터 보급이 일반화되어 있어 원고가 완성되면 어디서든지 이메일로 송고해버리면 그만이다. 원고료조차도 온라인으로 통장에 송금되니, 매일같이 방송국에 나갈 필요도 없다. 재택근무로도 안성맞춤이다.

뿐만 아니라 성취감(成就感) 또한 상당하다. 자신이 선택한 아이템, 취재, 섭외한 사람, 원고 내용이 개인과 사회, 국가와 민족에 대하여 사고와 판단, 선택과 행동, 정서와 심성에 적지 않은 영향을 미친다고 생각하면 이 어찌 가치 있는 일이 아니겠는가? 자신의 역량(力量)이 타인을 위해 좋은 도구로 사용된다면, 이것은 정녕 훌륭한 직업임에 틀림없다. 구성작가가 속해 있는 범주는 사실상 방송인이다.

또한 보수도 여성의 입장에서만 따진다면 다른 직업에 비해 결코 나쁘지 않다. 이것은 소위 '작가 등급'에 따라 차이가 발생한다. 등급은 경력과 능력에 따라 정해지는데 경력은 대체로 종사한 햇수이고, 능력은 그간 담당한 프로그램과 그 성공도(시청률) 여부와 관련된 평가이다. 만약 능력과 성실성, 저력이 부족하다면 오래 버틸 수 없고 도태(淘汰)되었을 것이다. 이것이 방송국의 비정한 현실이다. 수입과 관련해 최상위권의 작가, 평범한 작가, 수련과정에 있는 작가, 이렇게는 구분이 가능하다.

이 세 부류의 작가들 월수입은 최저 100만 원에서 최고 300만 원은 족히될 것으로 생각된다. 여기서 2,000~5,000만 원의 전속금을 받는 특수한 작가는 제외하고자 한다. 다른 직업과 액수로만 수평 비교해 보아도 적지 않다.

유사 직종인 프로듀서와 견주어봐도 나쁜 편은 아니다.

다만 그 수입이 장기간 고정적으로 보장되지 아니하고 보너스나 기타 혜택이 없다는 것이 약점이다. 그러나 자신이 담당한 프로그램이 구성과 원고가 훌륭했다는 능력을 인정받는다면 지상파TV 4개사 어디에 가서라도 일을 맡을 수 있다. 따라서 역량 있는 구성작가는 언제나 '계약 상태'라고 봐도 무리가 없다.

결국 구성작가의 자격은 ① 대졸 이상과 ② 적절한 역량 ③ 부업이 아닌 평생 직업적 성격, 세 가지로 요약할 수 있을 것이다.

6. 자질

구성작가 공모시 면접을 해보면 많은 지원자들이 대학 재학 때 학보사 기자로 일했거나 대학방송국에서 활동한 것을 강조해서 소개한다. 그런 커리어가 나에게는 구성작가로서의 자질이 충분히 있다는 것을 은근히 표현한 것으로 생각할 수 있다. 그렇다면 학보사와 대학방송국이 구성작가의 산실(産室)이라는 말인가? 전혀 아니라고 본다. 그들은 취미와 과외 활동으로 참여했기 때문에 구성작가의 활동 범위와 다소 유사한 부분에 익숙해 있다고는 할지라도 자질과 연관시키는 것은 무리가 아닌가 한다.

그러면 구성작가의 진정한 자질은 무엇일까? 그것은 아무도 단정적으로 대답하기 어려운 질문이다.

흔히들 구성작가는 '인간과 사회'를 통찰(洞察)하고 '사랑과 생활'을 철저히 연구·분석하는 것이 본연의 임무라고 말한다. 인간과 사회, 사랑과 생활, 이때 '사랑'은 매우 광범위한 개념일 것이다. 단순히 이 네 가지 요인만으로 한정한다 하더라도, 여기에 가장 근접하고자 하는 열정이 뜨거운 사람만이 구성작가의 자질을 소유하고 있다고 생각할 수 있다. 인간과 사회, 사랑과 생활에 대한 인식과 이해가 충분치 않다면 무엇을 파악(把握)해서 어떤 것을 시청자에게 제공할 것인가?

앞에서 제시한 네 가지 요소에 대해 평범한 정도의 관심을 가졌거나 별 애정이 없다면, 그 사람은 구성작가로서의 자질이 없다고 단언해도 무방하다. 즉 좀 과장해서 말하면, 사회학자나 철학자처럼 사람 사는 모든 현상에 대해 뜨거운 열정을 가져야 가능하다는 의미다. 이것이 구성작가로서 첫번째 필요한 자질이다. 스스로 자신에게 그런 열정이 있는지 여부에 대해 생각해본다면 구성작가의 자질 유무는 쉽게 판별될 수 있다.

그런 열정은 어디에서 나오는가? 관심과 호기심이다. 관심과 호기심은 관찰과 탐구(探究)를 통해 얻어진다. 사람에 따라서는 하찮은 것이라도 자세히 살펴보고 여러 가지로 생각해보는 사람이 있는가 하면, 그 반대의 사람도 있다. 우선 구성작가에게는 호기심이 중요하다. 무엇이든지 자세히 보고 끊임없이 관심을 가져야 그 현상이 무엇인지 알 수 있을 것이고, 원인과 대책에 대해서도 어떤 판단을 내릴 수 있을 것이다. 하물며 관심과 호기심이 부족하다면 어떻게 세상일을 알 수 있겠는가? 따라서 사고와 행동이 세밀하지 못한 사람은 구성작가로서의 자질이 일단 미흡한 것이 아닌가 생각할 수 있다.

다음의 자질은 지구력(持久力), 곧 끈기다. 끝까지 추구하는 힘이 뛰어나야 한다. 포기도 있을 수 없고 중단해서도 안 된다. 이것은 자료수집, 취재, 섭외의 경우도 마찬가지다. 테이프를 모니터할 때도 수십 권 수백 권이나 되는 엄청난 양일지라도 한 권도 빼놓지 말고 다 보아야 한다. 원고도 100장을 썼더라도 내용과 다소 맞지 않는 하자(瑕疵)가 발생할 경우, 그것을 버리고 며칠 밤을 새워서 열 번이라도 다시 써야 마땅하다. 사실 구성작가는 업무추진의 성격상 '끈기의 커다란 덩어리'다. 매사에 싫증 잘 내고 집중력이 약한 사람은 구성작가로서의 자질이 부족한 사람으로 평가할 수 있다.

사람이 생각하고 행동하는 방법에는 이성적(理性的)으로 하는 것과 감성적(感性的)으로 하는 두 가지가 있을 것이다. 구성작가는 접근 방법에 있어서 이성적 측면과 감성적 측면을 공히 겸비해야 한다. 왜냐하면 어떤 사안을 볼 때, 이성적으로만 판단하면 너무 딱딱하고 재미가 없는 반면, 감성적으로만 이해하면 흥미는 생길지 몰라도 가볍고 여린 쪽으로 흐르기 쉽기 때문이다.

구성작가는 테마(Theme)에 따라서 내용을 판단하고 이성의 칼과 감성의 창(槍)을 자유자재로 휘둘러야 우수한 작품을 생산할 수 있다. 이성과 감성을 공유하고자 하는 노력 자체도 구성작가에게 빼놓을 수 없는 자질이다. 보통 우리들에게는 이성보다 항상 감성이 더 넉넉한 경우가 많다. 풍부한 감성에다 차가운 이성을 붙이는 일은 생각보다 쉽지가 않다.

마지막 자질은 자기 주장을 내세우기에 앞서 상대편의 의견을 경청(傾聽)할 수 있는 도량(度量)을 견지하는 태도이다. 구성작가가 프로그램 제작에 영향력을 발휘할 수 있다고 해서, 자기 고집만 내세운다면 합리적으로 제작에 임하는 데 상당한 장애가 될 수 있다. 텔레비전 프로그램은 모두 집단제작이고 협업이기 때문이다.

구성작가의 자질을 요약하면,

① 인간과 사회에 대한 뜨거운 열정
② 사물과 사안에 대한 투철한 관심과 호기심
③ 남다른 지구력
④ 이성과 감성을 고루 갖춘 접근방법
⑤ 상대의 의견을 적절히 경청하고 수용할 수 있는 도량과 태도

등이다. 어떻게 보면 구성작가의 자질은 결코 평범하지 않고 매우 미묘하고 독특한 요소들이 있다는 점을 기억했으면 한다.

7. 구성작가의 역할

구성작가를 열렬히 지망하고 있는 사람들도 구성작가는 오로지 방송원고만 쓰는 사람으로 굳게 믿고 있는 것을 자주 경험한다. 언젠가는 꼭 구성작가를 하고 말겠다는 사람들은 대개 남보다 조금 나은 글재주 하나 믿고 내가 구성작가가 되는 것은 시간문제라고 생각하면서 무조건 덤벼드는 경우가 많다. 방송국에서 일하다 결혼으로 퇴직한 주부가 아기가 크면 미모도 다소 퇴색하고 몸맵시와 목소리도 전과 다르니까 원고는 좀 쓸 수 있다고 여기고 전직에 복귀하는 것보다 구성작가로 입신하는 것이 용이하다고 생각해 구성작가가 되겠다고 애쓰는 것도 본 일이 있다.

이러한 사례는 구성작가의 역할과 임무에 관해 큰 오해를 하고 있기 때문일 것이다. 그 이유는 그들은 구성작가라는 뜻과 개념을 단지 글자 그대로만

해석해서 인식한 탓이 아닌가 생각한다. 구성작가는 방송국에서 원고를 써주는 사람 정도로만 생각해서가 아닐까. 일견 틀린 말은 아니지만 구성작가의 '구성'은 단순한 명사의 뜻이 아니라 '방송 메커니즘(mechanism)' 속의 구성을 지칭하는 것이며, '구성작가는 방송 메커니즘을 통한 작품이나 원고를 써야 한다'는 것이 정확한 역할과 임무임을 강조하기 위해서이다.

그러나 많은 지망생들이 이 점을 간과(看過)하거나 전혀 고려하지 않는 것은 그들만의 잘못이 아닐 수도 있다. 왜냐하면 이러한 '방송 메커니즘'은 연극의 경우, 관객은 무대 전면에서만 볼 수 있고 무대 뒤는 구경할 수 없듯이, 텔레비전 제작은 늘 베일에 가려져 있어 메커니즘 자체가 있는지조차 잘 알 수 없기 때문이다. 현 시점에서 구성작가의 역할은 10으로 볼 때, 실제 원고를 쓰는 부분은 길어야 2~3에 불과하고 나머지 8~7 만큼은 메커니즘과 관련된 것들이다.

드라마나 다큐멘터리 연예 프로를 제외하고 교양·생활정보를 중심으로 역할과 임무를 정리하고자 한다. 다큐멘터리 제작과 생활정보론에서 유사한 부분을 상술한 바 있기 때문에 요점만 짧게 간추려본다.

1) 아이템

우리가 흔히 아이템, 아이템 하기 때문에 막연히 어떤 '거리'로 받아들이기 쉬운데 영어사전에 'item'은 "신문 따위의 기사, 한 항목", 또는 "이야기 거리"라는 해석이 나와있다. 그러니까 아이템은 크게는 주제요, 작게는 소재(素材)에 해당된다고 볼 수 있다. 구성작가는 프로듀서와 함께 아이템을 찾아내야 하는데, 전체적으로 6개가 필요하면 적어도 12개는 만들어놓아야 한다. 12개라도 최종선택에서 탈락되는 것이 많으면 이것도 부족하다.

2) 기획안 작성

주제나 아이템들이 결정됐으면 어떻게 섭외·취재하고 어떤 순서로 방송할 것인가를 서류로 만든다. 대부분 PD가 만들지만 구성작가도 거들어야 하고, 그 내용을 100% 숙지(熟知)하고 있어야만 한다.

3) 섭외

출연하거나 취재할 사람, 즉 대상을 미리 결정 통보해 차질이 없게 한다. 이 역할은 대부분 구성작가가 담당하는 것이 관행이다. 섭외는 전문성이라든가 어떤 자료에 입각해서 수행되는데, 구성작가는 사람과 전문성에 관한 자료를 다량 확보하고 있어야 적절한 섭외가 가능할 것이다.

4) 촬영

기획안에 따른 섭외가 완료되었으니까 취재에 동반해 위치확인, 인물 소개, 질문원고 제공 등을 수행한다. 이때 특별한 insert의 촬영을 PD에게 요구할 수 있고, 자세한 설명 메모만 전달하면 취재에 동반하지 않을 수도 있다.

5) 구성안 작성

촬영된 내용과 섭외된 출연자를 어떤 순서로 또한 여하한 방법으로 방송할 것인가를 서류로 작성해 확정한다. 이 경우 PD와 구성작가의 분담은 50 : 50일 수도 있고 30 : 70으로 구성작가의 비중이 더 높을 수도 있다.

6) 편집 참여

PD나 AD가 편집할 때 참석해서 내용·순서·인서트 등에 대해 조언하거나 의견을 개진할 수 있고, 편집된 부분에서 길이(시간), 사람 이름, 장소 등을 확인 메모하고 자막원고를 작성해(주로 AD가 하지만 구성작가가 할 경우도 있다) 해당 부서에 넘긴다.

7) 원고 작성

편집이 완료되었음으로 편집된 화면을 보고 opening, bridge, 본 내용원고, 질문원고(생방송시 출연자용), closing, standby 원고 등을 작성한다.

8) 큐시트 작성

실제 방송(송출)에 임하기 위해 내용의 순서 및 소요 시간, 비디오, 오디오, 음악, 효과, CM, 출연자, 지방사, 특파원, playback tape시간, MC가 멘트를 시작하는 부분 등을 정확히 적어 큐시트대로 방송할 수 있도록 문서로 최단 시간 내에 만든다.

9) 생방송 및 녹화 참여

생방송 및 녹화가 큐시트대로 진행되도록 PD, AD, FD와 협력하고 출연자도 관리한다(출연자에게 출연 일자·장소·시간 등 전화로 확인, 출연자 맞이하기, 출연료 전달, 감사인사 등).

10) 효과 분석

자신이 아이템을 선정하고 섭외 촬영 구성 방송한 내용의 시청률과 사내, 시청자들의 반응이 어떤가를 채집해 다음 프로그램에 참고한다.

11) 새로운 아이템 개발 및 기획취재 연구·준비

한 프로그램이 진행되는 동안에도 다음 프로그램을 위해 새 아이템과 기획 취재안 등을 오버랩해서 (동시에) 생각하고 준비해두어야 한다.

이상과 같이 간략하게 표현했지만 구성작가의 임무는 거의 제작자의 수준과 크게 다르지 않다. 어느 면에서 매우 힘이 드는 것으로도 생각되지만, 진정 전문가가 되자면 아니면 오랫동안(평생일 수도 있음) 구성작가로 생활하기를 희망한다면 이러한 메커니즘은 매우 도움이 되는 프로세스가 아닐 수 없다.

8. 주인의식

　상세히 나누면 열 가지가 넘는 구성작가의 역할을 언급하다 왜 '주인의식(主人意識)'의 이야기가 나오는가 의아하게 생각할 수 있다. 만약 현재 구성작가로 일하고 있거나 경험이 있는 사람에게 어떻게 하면 구성작가가 빨리 될 수 있는가 질문을 한다면, 그들 중 일부는 "구성작가, 그거 별거 아니야, PD에게 커피나 빼다주어야 하고, 대서방(代書房) 노릇이 고작이야, 그리고 아주 피곤해" 하는 부정적 의견을 얘기하는 사람도 있을지 모른다.

　위의 경우는 두 가지 측면에서 원인을 찾을 수 있을 것 같다. 첫번째 가정(假定)은 프로듀서가 지나치게 독선적인 인물로 작가에게 업무를 분담시키지 않고 스스로 열 가지 정도의 과정을 도맡아 처리하고 구성작가에게는 단지 원고(멘트)만 쓰게 했을 경우다. 이렇게 되면 작가는 사실 원고 외에는 별로 할 일이 없을 것이다.

　많지 않은 양의 원고만 썼고 열 가지 과정에 주체적으로 적극 참여하지 못했기 때문에 내용을 포괄적으로 파악하기 어려웠을 것이다. 그 결과로 이미 쓴 원고조차 잘못 썼으니, 또는 방향이 제대로 안됐으니 하는 타박이 나올 수 있다. 이때 구성작가는 엄밀히 말하면 큰 잘못이 없다고도 할 수 있다.

　두번째는 위와는 반대로 작가 자신이 열 가지 과정에서 경험이 매우 부족했거나 능력이 모자라고 성의가 없어서 적극 참여하지 못하고 프로듀서가 시키는 대로 원고만 썼을 경우를 가정할 수 있다.

　위에서 제시한 두 가지 가정 모두 결과적으로 구성작가로서 제몫을 다하지 못한 것이다. 중심부(中心部)에 있어야 할 구성작가가 주변부(周邊部)에만 머무르고 만 셈이다. 자의든 타의든 자신이 해야 할 임무가 10개인데 자신은 2개밖에 못했다면 미안한 마음이 드는 것은 인지상정(人之常情)일 것이다. 편집 등으로 심야까지 일하는 PD에게 처음에는 자진해서 커피를 빼다주었을 것이고, 2개의 임무만 수행하는 것이 반복된다면, PD도 커피는 당연히 구성작가가 서비스하는 것으로 습관이 될 수도 있다. '나는 PD가 설명해주는 대로 원고만 쓰면 그만이다' 하는 체념도 나오게 되지 않겠는가? 여기서 'bender coffee girl'이라든가 '대서방'과 같은 모멸적인 말이 나오게 된다. 이 같은 사례는 아주 유감스럽고 불행한 경우이다.

그러면 주인의식을 소유한 주체적 구성작가의 위상은 어떤 것인가? 정확한 기준을 제시하기는 어렵다. 그러나 방송사의 입장에서 헤아린다면, 임무를 10개의 과정으로 국한하고, 그 가운데 최소 5개 이상의 과정에서 구성작가가 상당한 역량을 발휘해야만 낙제점을 면한다고 볼 수 있다.

7개 이상에 대해 적극적으로 관여하고 이것을 어느 정도 장악(掌握)한다면 대체로 능력 있는 구성작가로 평가받게 되고 장래가 유망하다는 평판(評判)을 받게 될 것이다. 만약 10개를 완전히 파악하고 자유자재로 요리할 수 있다면, 그 구성작가는 내신성적 1등급의 주전 선수로 발탁되어 자기 담당프로그램 이외에 종합구성 등 특집 프로그램에 투입될 가능성이 높아진다.

한 단계 더 나아가 10개 과정 이외에도 상상력과 창의력이 출중한 구성작가라면 모닝쇼 → 다큐멘터리 → 어린이 드라마(또는 청소년 드라마)→ 단막극(베스트극장, 드라마게임류) → 미니시리즈 → 주말연속극으로 이어지는 이상적인 엘리트 작가 코스에 진입할 수도 있을 것이다.

물론 드라마 작가와 구성작가는 그 출발선상이 다르다. 드라마 작가는 애초에 TV드라마로 출발하고, 구성작가는 교양·생활정보로 시작한다. 그러나 소수의 드라마 작가는 구성작가로 입문해서 드라마(예: 미니시리즈, TV문학관, 시트콤) 작가로 변신한 사람들도 없지 않다. 이들은 대부분 내러티브(narrative, 이야기의 구조)가 탄탄하고 구성이 견고하다는 세평이 나와있다.

이쯤되면 작가 스스로도 자신의 가능성에 대해 점검을 해보게 되고, 방송사 내부의 종사자들도 그들의 능력 잠재성 여부와 관련해 어떤 느낌을 받게 될 것이다. 이런 이유들로 인해 방송관계자들은 구성작가의 자질론·재능론을 거론하게 되고, 또 거기에 매달리게 된다. 이제 기성 구성작가들이 가장 듣기 싫어하고 분노하는 '밴더 커피걸과 대서방'을 극복하는 처방은 나온 셈이다.

재삼 강조하면 구성작가는 단지 원고만 써서는 안 된다. 그는 열 가지 이상의 TV방송의 메커니즘을 십분 이해·파악하고 그 과정에서 여러 가지 일을 수행해내고, 그 메커니즘을 통해 원고를 창출해내야만 한다. 이렇게만 된다면 감히 누가 대서방이니 어쩌니 하는 소리를 할 수 있겠는가?

농구나 야구경기도 스코어가 나야 관중이 모인다. 마찬가지로 TV도 시청률이 제대로 나오지 않는다면 다음 개편에 도태된다. 출중한 아이디어가 넘치면서 재치 있게 아이템을 잡아내고 지구력 있게 섭외에 임해 프로그램 시청률에 기여한다면 누가 '커피 타령'을 하겠는가? 아마도 그런 구성작가와 일하게 되는 PD는 "구성작가여! 점심은 로스로, 저녁은 갈비로 모실지어다!"를 외칠 것이다.

구성 잘하고 원고 잘 쓰는 작가는 PD가 업고 다니고 싶고, 눈에 넣어도 아프지 않다. 그런 작가에게는 언제나 새 프로그램이 기다리고 있어 쉴 틈이 없을 것이다. 구성작가에게 '주인의식'은 핵심적인 요소이다.

9. 왕도는 있는가?

구성작가가 되는 지름길이나 왕도(王道)가 있다는 말은 아직 들어보지 못했다. 다만 제작자측에서 재능 있는 인물을 어떤 방법을 통해서든지 찾아내서 전문가로 육성하는 경우가 있을 수 있고, 지망생 스스로가 부단한 노력을 기울여 구성작가로 데뷔할 수도 있다. 구성작가 입장에서 보았을 때 전자는 수동적으로 발굴의 대상이 되는 것이며 후자는 능동적으로 개척의 주체가 되는 것이다. 그러나 방송사의 관행상 전자의 사례는 그렇게 많은 것은 아니다. 따라서 여러 가지 난관과 장벽을 뚫고 방송국의 높은 문턱을 스스로의 힘으로 넘어 들어가는 것만이 결과적으로 지름길일 수밖에 없다.

전자는 개인적인 접촉을 통해서 이루어진다고 보아야 한다. 평소 구성작가가 되기 위한 사전 훈련과 준비를 어느 정도 했다고 생각되면, '가상 구성안', '원고 샘플(데먼스트레이션 원고)', '각종 자료수집 스크랩북', '자기 소개서' 등을 마련하고 여러 지상파TV의 교양·생활정보 관련 부서에서 일하는 프로듀서를 수소문해 접촉해야 할 것이다.

우선 다리를 놓아야 하는데 그 다리는 현재 방송국에서 구성작가로 일하는 대학의 선배를 통해도 좋고, 기타 친척이나 친지 중에 해당 PD로 근무하는 사람이 없는가를 탐지해보는 수도 있다. 이것도 저것도 불가능하다면 좀 무리한 방법이지만 제반 자료 파일을 들고 직접 관련 PD에게 사생결단으로 쳐(?)들어가 담판(談判)을 지을 수도 있다. 어느 경우든 가장 중요한 점은 프로듀서가 그 자료들을 읽고 상당한 감동을 느껴야만 한다는 사실이다. 상대방이 그 자료의 탁월함에 놀라지 않는다면 시도는 좌절된다.

이렇게 PD를 직접 공략하는 것이 가장 빠른 지름길이지만 제시된 자료의 수준에 따라 성공할 가능성도 가장 높은 반면, 일언지하에 실패할 가능성 역시 가장 높은 위험성이 있다.

앞에서의 후자는 자력갱생(自力更生)의 방법이다. 이것은 훈련을 통해서인데, 이것은 계획없이 막연히 이것저것 조금씩 손대다 말다 해서는 안 된다. 마치 수능시험을 준비하듯 여러 부문을 요점 정리하면서 공부해야 한다. 밤낮을 가리지 않고 독서실을 이용할 정도로 열의가 있어야 함은 물론이다. 새삼 고3시절로 돌아가야 할 만큼 구성작가의 문은 높은 편이다.

사람에 따라 훈련방법이 다르고 다양하겠지만 등정(登頂)을 위한 일반적인 루트는 다음과 같다.

① 일간지 두 가지 정도를 선택해서 정독(精讀)한다

물론 사설은 빼놓지 않고 읽으며, 중요 자료는 스크랩 해놓고, 칼럼이나 여러 기사에서 아이템이 될 만한 것들에 대해 꾸준히 연구한다. 또한 월간 조선, 신동아 등 종합 월간지를 계속 읽어 세계와 국내의 변화와 흐름을 파악한다. 매일 두 가지 신문을 읽는다면 일 년이면 730개의 신문을 읽는 것이 되어 대단한 지식의 축척이 가능해진다.

② 소설 및 사회과학서적 탐독

일주일에 소설 2권을 읽고 한 달에 2권쯤 사회과학관련 교양서적도 읽는다. 일 년이면 소설 96권과 교양서적 24권을 읽게 된다. 이것은 대단한 독서량이고 또 노력이라고 할 수 있다. 이 과정을 통해서 스토리 구성, 내용의 전개, 표현방법, 단어의 사용 등을 본받아 감성과 이성의 창작 실례를 경험한다.

③ 영화도 자주 본다

②번의 내용을 보강하는 의미에서도 영화를 감상한다. 극장에 가는 것은 시간소모가 많음으로 작품성 있는 영화를 골라 비디오로 보면 중요 장면은 다시 볼 수도 있고 TV화면이나 insert를 대하는 데 도움이 될 것이다.

④ 매일 원고를 쓴다

하루에 열 장 이상씩(200자 원고지 기준) 매일 원고를 쓴다. 일기도 좋고 수필 형태도 무방하며 칼럼이라면 더욱 좋다. 처음에는 10장 정도씩 계속 쓰다가 나중에는 한번 시작해서 20~30장, 50장, 70장, 100장, 150장, 200~300까지 늘려갈 수 있다. 이렇게 하기 위해서는 '주제 및 소재'를 찾게 되고 소항목들도 있어야 하기 때문에 작은 그림을 모아 큰 그림을 그리는 훈련이 될 것이다. 200자 원고지 300장은 중편소설의 분량이다. 여기까지가 가능하다면 소설가나 문필가로 입신하는 것도 어렵지 않을 것이다. 이때 쓰다 말다 해서는 완성도 안 되고 효과도 없다. 집중적으로 써야 결과가 나올 것이다.

싱글 프로골퍼는 하루에 3,000개의 공을 쳐야 그 컨디션이 유지된다는 설이 있다. 구성작가도 결국 프로이다. 이것은 기본기(基本技)에 관한 문제이다. 히딩크 감독도 먼저 한국선수의 기본기를 수정했고 다음 전술을 연마시킨 바 있다. 여기에 준하는 만큼은 채 못되더라도 그런 정신적인 투지는 선행되어야 할 것이다.

⑤ 여러 계층의 사람을 만나고 다양한 행사에 관심을 갖자

구성작가는 자신의 대학전공과 관계없이 모든 주제를 다루고 요리할 수 있어야 한다. 뿐만 아니라 한 프로그램 안에서도 정치 경제 사회 문화 예술 과학 체육 등 각양각색의 요소들이 쉬지 않고 돌출(突出)한다. 마치 전쟁터에서 사면팔방에서 적의 총탄이 날아드는 것과 같은 양상이다. 강연회 세미나 음악회 전람회 등 모든 곳에 깊은 관심을 보이는 것이 좋다.

그림공부를 마치고 선생님 곁을 떠나는 문하생에게 그의 사부(師父)는, "훌륭한 그림을 그리기 위해서는 만리(萬里)를 여행하고, 만 권의 책을 읽어야 하며, 만 사람과 만나 이야기를 나누어야 한다"고 말한다. 어떤 사물을 그리는 데 표면만 보아서는 안 된다는 점을 강조한 것이다. 정상의 구성작가가 되고자 한다면 이 노 사부 당부처럼 다양한 경험을 쌓는 것이 중요하다 하겠다.

⑥ 실제 작품을 만들어보아야 한다

연극 연습을 할 때 배우가 발성을 제대로 하지 않고 작은 소리를 내면 연출자는 불같이 화를 내고 꾸짖는다. 이렇게 하는 것은 비슷하게 흉내만 내는

것일 뿐 실질적인 연습이 안 되기 때문이다. 구성작가도 마찬가지다. 아이템이라든지 원고 쓸 내용이 머릿속에서만 맴돌아서는 안 된다. 만약 스스로 PD와 작가를 겸해서 아이템을 뽑고 원고를 쓰는 훈련을 한 달에 3개쯤 해낼 수 있다면 구성작가로 뽑히는 데 크게 도움이 될 것이다.

⑦ 프로그램 모니터

인간의 두뇌는 대체로 어떤 한계가 있다고 과학자들은 주장한다. 따라서 다른 사람의 의견이나 아이디어를 참고하는 것도 때로는 필요할 때가 있다. 소위 '프로'라고 소문난 작가들이 만든 프로그램을 보면 역시 특별한 개성을 엿볼 수 있다. 따라서 그들의 프로그램을 보다 정확히 모니터하는 것은 가치가 있다. 사실 구성작가 공부에는 모니터보다 더 좋은 교재는 없다고 해도 과언이 아니다. 아침에 신문의 방송란을 살펴보고 점찍은 프로그램은 녹화해서라도 꼭 보는 습관을 가지도록 해보자.

이상과 같은 수련방법은 어느 면에서 수도사와 같이 매우 고된 내용이다. 그러나 차후 구성작가로 성공했다면 일반 월급쟁이 수입과 비교할 때, 고액의 원고료를 받을 수 있는 선망의 직업이기 때문에 여기에 상응하는 훈련과정이 필요하다는 것이 무리하다고 생각되지는 않는다. 투자가 선행되어야 수익이 발생하는 것은 자본주의 사회의 원리이기도 하다. 구성작가가 되고자 희망하는 사람은 당연히 독서실에 자리를 잡아야 할 것이다.

10. 등용문(登龍門)

구성작가에 이르는 길은 네 가지 정도일 것이다. 공채, 연수기관 수료 후 추천, 친분을 이용한 경우, 작품으로의 도전이 그것이다.

1) 공채

KBS MBC SBS 대체로 2년에 한번씩 구성작가를 공개 모집한다. 일반적인

평가방법은,

① 해당 방송사의 프로그램 모니터 보고서 2종(생활정보 프로그램과 다큐멘터리·드라마)
② 모닝쇼 등 생활정보 프로그램 구성안 2~3일분. 실제 방송이 가능한 형태로 기획의도, 주제와 아이템, 취재내용, 출연자 등을 명기한다.
③ 이력서
④ 자기 소개서

등을 제출받아 평가·분석하는 것으로 1차 서류심사를 실시한다. 만약 300명 정도가 응시했다면 1차 서류심사에서 약 200명 정도가 탈락하고 100여 명이 남게 된다. 이어서 2차 시험은,

⑤ 구성실기. 제시된 주제 중 한가지를 선택해 방송용으로 실제 구성안을 만들고 원고도 작성한다.
⑥ 논술문 시험을 치른다. 논술문 테스트에서는 어휘의 활용과 표현력, 주제접근력, 내용압축기술, 구성력 등을 주로 보게 된다. 논술문 제목은 복수로 정해주는데, '봄바람'이라든가 '낙엽' 같이 제목은 평범한데 실제 집필이 어려운 경우도 있고, 또 사회적인 문제에 대한 견해를 물어 판단력과 접근방법을 측정할 수도 있다. 길이는 B4 1장 정도이다.
⑦ 여기서 다시 성적순으로 20명 정도로 압축하고 면접을 거쳐 10명 내외를 최종 확정한다.

2) 연수기관을 통한 추천

KBS MBC SBS는 각기 방송인이 되고자 하는 지망생을 대상으로 훈련기관인 '아카데미'를 운영하고 있다. 여기에 모두 구성작가반이 있다. 또 한국방송작가협회 부설 방송작가교육원과 연세대학교 이화여자대학교 한양대학교 등 몇몇 대학교에서도 교육원 차원에서 이와 비슷한 과정을 실시하고 있고, 사설학원도 있다. 그러나 위의 빅 3가 아무래도 시설과 강사진 등 강점이

있어 유리하다. 연수기간은 6개월이고 수강료는 200만 원 내외로 알려져 있다. 자격은 대졸 또는 예정자이다.

이들은 6개월 과정 중 4개월 정도 지나면 방송회사(지상파TV PP 프로덕션 등)에서 들어오는 수요에 대해 추천을 시작한다. 방송사의 모집인원이 1명일 경우 한 아카데미에서는 보통 2~3명 정도를 복수 추천한다. 만약 3기관에 모두 추천을 의뢰했다면 약 10명 정도의 후보자가 추천될 것이고, 거기서 1명이 선발된다면 경쟁률은 10대 1이 된다. 그러나 KBS는 KBS계열회사에 또 MBC는 MBC 아카데미에만 한정해서 추천 의뢰한다면 약 3대 1이 될 것이다. 또 프로덕션이나 PP의 경우는 지상파TV에 비해 다소 경쟁률이 낮아질 수도 있다.

그리고 1차 추천에서 실패하면 2차 추천에 도전하고 하는 식으로 약 1년에 걸쳐 노력하면 아카데미 수료 실력이 평균을 상회할 경우, 거의 50% 정도는 구성작가 취업이 가능하리라고 생각된다. 대학교에서 4학년 1학기까지 졸업 학점을 이수하고 6월경 아카데미에 입학해 다음 해 봄에 구성작가 추천에서 성공한다면 매우 이상적이다. 이런 관점에서 보면 아카데미는 구성작가가 되는 데 상당한 도움을 주는 기관이라 하겠다.

3) 친분 이용방법

이 경우는 실제로 매우 효과가 클 수 있다. 왜냐하면 누군가의 소개로 진입했기 때문에 프로듀서가 구성작가 지망생에게 긍정적일 것이라는 단서가 있기 때문이다. 한국사회의 특성상 누구의 부탁을 받았다든가 추천을 받았다면 그 영향력은 상당하다. 다만 전제 조건은 앞에서도 누누히 설명했지만 구성작가 업무를 어느 정도 수행할 수 있는 최소의 기본 능력은 갖추고 있어야 한다는 점이다. 그것이 없다면 애초부터 시도할 필요가 없다. 추천자에게 폐(弊)만 끼치고 실패할 것이 뻔하다. 스타일만 구기고 마는 것이다.

성사를 위해 교양국 생활정보 파트에서 일하는 PD나 AD에게 접근한다. 선배 후배 친척 친지 교수 등 모든 정보망을 가동해 찾으면 실무자 한 사람쯤은 다리를 놓을 수 있다. 그들에게 자주 찾아가 구성안 등 자료를 제출하고 붙임성 있게 졸라대면 의외로 성공할 수도 있다. 구성작가는 진퇴가 자주 발생한다는 것을 설명한 바 있다. 막연할 것 같지만 방송국이라는 데가 묘해서 빨리 성사될 수도 있다. 여러 가지 조건을 모두 갖추었다고 가정하면 아카데미보다 신속한 경우도 많을 것이다.

또 거의 비슷한 방법이지만 현재 프로그램을 여러 개 담당하고 있는 구성작가에게 접근하는 경우를 생각할 수 있다. 역시 동창 선후배의 연줄을 이용해 구성작가를 소개받고 무조건 그에게 밀착(密着)한다. 방송국에 자주 나가 그의 잡일을 도와주고 마치 그 작가의 조수나 비서처럼 한 동안 관계를 유지한다. 그러면 실무의 구석구석도 파악해 배울 수 있고 그 파트 구성작가의 예비군으로서도 인식도 가능하게 된다. 참을성 있게 기다리면 결원(缺員)이 생길 수도 있고, 선배 구성작가가 결혼하거나 유학을 가거나 아프거나 해서 6개월 정도면 무슨 구멍이 뚫려도 뚫릴 수 있다.

4) 신춘문예식 작품으로 도전

아이디어가 백출하고 원고도 뛰어나고 구성도 짜임새 있게 할 수 있고 사람 설득도 잘해 섭외에도 일가견이 있다고 자타가 공인할 때만 시도할 수 있는 방법이다. 누구 통하고 부탁하고 할 것 없이 작품만 자신이 있다면 그것을 들고 직접 담당자를 찾아가 구성작가를 시켜달라고 얘기한다. 그 작품의 수준은 우리가 매년 정초에 신문사에서 신춘문예의 당선작을 발표하는 데 그런 수준이면 되지 않을까 생각한다. 작품의 주제의식 완성도에 따라 성공률이 다르겠지만 그 모든 것이 평균 95점 이상, 즉 A$^+$ 이상이면 가능성이 있지 않을까 싶다. 방송사측에서는 어디엔가 발군(拔群)의 구성작가가 숨어 있지 않을까 하는 생각을 하고 있다. A방송사에 찾아가 실패하면 B방송국으로 가고 거기서도 성공하지 못하면 C방송으로 가보고 하는 것은 젊은 시절의 정열이고 패기다. 구성작가는 나무 밑에 누워 다 익은 감이 떨어질 때를 기다리는 식으로는 불가능하다.

이상의 몇 가지 등용문은 설명은 편하게 했지만 사실은 모두 쥐구멍처럼 좁다. 그러나 작품만 뚜렷하고 기량만 일정 수준을 상회한다면 구성작가의 진입문호도 결코 좁은 것은 아니라고 본다. 오직 철저한 사전 훈련과 대비만이 필요한 것이다. 그 정도 노력하면 무엇인들 못하겠는가? 하필 왜 구성작가를 해야만 하나? 이렇게 반문할 수도 있다. 그러나 다른 직업도 자세히 관찰하면 구성작가보다 더욱 어려운 진입장벽이 있다.

1년을 공부하고 준비해서 10년, 아니 평생을 지내는 데 문제가 없다면 사법시험에 합격한 남자와 결혼하는 것보다 가치가 있지 않겠는가? 작품만 잘 만들어내면 방송국에서는 절대 구박하는 일이 없고 공주처럼 모시면서 많은 원고료를 지불한다. 일 년 공부만 잘하면 수천만 원이 드는 혼수(婚需)도 스스로의 힘으로 장만할 수 있고, 키 크고 직업 좋은 신랑감도 줄을 세울 수 있다. 대졸여성에게 구성작가는 고성취감과 고소득을 제공해주는 하나의 첨단장비다. 그들이 현대사회의 톱스타로 진출할 날도 멀지 않은 것으로 보인다. 여성작가에게 밀려 남성작가가 매우 희귀한 것은 매우 안타까운 일이다.

2장 구성작가 실무론

1. 원고작성

취재물 편집이 끝나고 전체적인 구성이 완성되면(큐시트가 확정된 상태) 구성작가는 서둘러 원고쓰기에 들어가야 한다. 드디어 작가가 가장 고대하고 기대하던 때가 온 것이다. 그러나 TV 프로그램 원고는 인쇄매체의 원고와는 아주 다른 면이 있다.

즉 '그림'에 맞추어 써야 하고, 공연히 글로 멋을 부려야 할 필요도 없이(화면이 있으니까) 담백하게 써야 하며, 짧은 시간 내에 끝내야 하는 것 등이다.

일반 작가의 모습과는 다르고 성취감도 부족하며 어느 면에서 허망하기까지 할 것이다. 또 원고를 쓰면서도 이것저것 따져야 할 것도 많아 집필할 맛도 나지 않는다.

구성작가는 보통으로 원고를 쓴다면 어려운 점이 없겠지만, 잘 쓰자면 적지 아니 까다롭다. 따라서 훈련이 필요하고 경험을 요한다. 남성과 여성 두 명의 MC를 통해 프로그램을 진행할 경우는, 남성용과 여성용으로 구분해서 원고를 쓰도록 하는 것이 편리하다.

opening, 본 내용, 리포터용, 출연자용, bridgement, closing 원고 등은 앞에서 상술한 바 있으므로 줄거리는 생략하고 보충설명만 첨가하고자 한다.

① 화면이 나가면서 MC나 리포터가 설명을 할 때, 반드시 화면의 길이(시간)보다 다소 짧게 멘트를 끝내는 것이 중요하다. 화면의 길이만큼 말을 하게 되면 자칫 뒷 장면의 그림과 오디오가 물릴 우려가 있어 주의가 요망된다.

② 설명이 계속돼 지루하게 느껴질 때는 설명을 생략하고 화면에 맞는 음악을 사용해 분위기를 고조하는 것이 오히려 효과가 있다. 이것은 PD적인 영역이지만 구성작가의 판단이 확실하면 사전에 요구할 수 있다. TV는 원고에 앞서 '그림'이 모든 것을 설명하고 암시(暗示)한다는 것을 기억하고 있으면 좋을 것이다.

③ 리포터용 원고는 리드(유도·소개)멘트는 자세한 내용이 곧 나오게 되므로 길 필요가 없고, 리포터는 카메라가 표현하기 어려운 부분, 어떤 '냄새' 같은 꼭 '할 말'만 하도록 사전에 전달하고, 원고를 리포터 자신이 썼다면 구성작가가 '그림 시간'과 맞추어 '줄이고 늘이고' 해서 정확히 시간에 맞도록 정리를 해준다.

또한 리포터의 현장 설명도 이창명·박수림이 초창기에 사용했던 무조건 큰 목소리로 분위기를 띄우는(그들도 요즈음은 그렇게 하지 않는 것 같다) 형태는 사전 제어하는 것이 바람직하다. 리포터도 화면에 적절한 어조로 말하도록 조치한다. 이것은 리포팅이 현장의 전달이지 개그나 코미디 성격이어서는 곤란하다는 의미이다.

④ 출연자용 원고에서 출연자의 직업, 직위 등 신분을 정확히 설명하도록 하고, 왜 출연하게 됐는지 하는 출연의도를 리드부분에 밝힌다. 질문은 해당주제, 현황, 문제점, 원인, 배경, 대책, 선진 외국사례, 결론에 대한 답이 명쾌히 나오도록 꾸민다.

유사·반복 질문은 피하고 긴 질문은 역시 긴 대답을 유도할 수 있기 때문에 삼가도록 유의한다.

⑤ bridgement의 경우, 앞내용의 결론과 관련된 얘기를 짧게 언급하면서 뒷내용을 잠깐 암시·설명하는 정도면 족하다. 또 출연자 코너로 이어질 경우도 장본인을 옆에 앉혀 놓고 길게 말하는 것(원고)은 바람직하지 않다.

⑥ closing 원고는 생방송일 경우 시간 조절이 필요하므로 단락별로 나누어

작성해 아무데서나 끝내도 문제가 없도록 만든다.

⑦ standby용 원고는 글자 그대로 한 아이템에 문제가 생겼을 때를 대비하는 것이기 때문에 최근의 해외화제, 시사문제, 계절과 건강, 전국성의 문화정보, 명언이나 경구 등을 '카드식'으로 작성해 준비해두고 2~3일 간격으로 정기적으로 교체해 시제(時制)에 문제가 없이 항상 사용할 수 있도록 한다.

2. 생방송

생방송은 지금까지 복잡다단했고 힘들었던 여러 과정이 최종적으로 정리되고 종합되어 한 개의 프로그램으로 생산되는 마지막 단계이다. 생방송에 임하게 되면 구성작가는 다른 어떤 단계보다도 그 역할이 한결 가벼운 입장이라고 말할 수도 있다. 그러나 내막을 들여다보면 그렇지도 않다. 생방송은 비유해서 말하면 그 자체가 하나의 전투이다. 전장에서 한 순간 방심하면 많은 사상자가 발생하고 패배하듯이 생방송도 긴장을 늦추어서는 절대 안된다.

물론 구성작가가 생방송을 하는 것은 아니다. 이것은 PD 책임하에 진행되지만 PD도 기술적인 메커니즘과 방송 소재 등 매순간 머리를 압박하는 것이 많아 진행의 몇 단계씩 앞을 내다보는 것은 어느 정도 한계가 있다. 따라서 구성작가는 그날의 프로그램을 전(前), 중(中–생방송 순간), 후(後)로 나누어 넓은 시야로, 또 예민한 후각(嗅覺)을 통해 문제가 없는가를 관찰하고 지원하도록 한다.

생방송은 PD, AD, 구성작가, TD…… 등등이 일체가 되어 만들어내는 협동작업이다. 이때 구성작가가 스튜디오 뒷전에서 커피나 마시고 있다면 결코 바람직하지 않다. 구성작가도 방송사의 정규직원은 아니지만 중요한 스태프이기 때문이다.

생방송에서 큐시트가 중요하다는 사실은 앞서도 언급한 바가 있다. 큐시트와 원고가 정확하게 해석되고 여기에 MC의 개성이 어우러지면 금상첨화이고 이것이 화면을 한층 돋보이게 한다.

따라서 생방송의 사전 단계로서 큐시트와 원고가 마땅히 복사되어 생방송 주체와 관계자에게 전달되지 않으면 안 된다.

큐시트는 복사해서 MC, 리포터, PD, AD, TD, FD, 카메라맨(3~5명), 비디오맨, 오디오맨, 음악담당, 효과담당, 주조정실에 있는 MD에게도 전달되어야 한다. 만약 중계차를 사용하면 그 스태프에게도 큐시트를 따로 주어야 하고, 또 지방사(地方社)를 부르게 되면 그 담당PD에게도 팩스로 보내주어야 한다.

원고는 MC(2명), PD, AD, FD, TD에게 절대적으로 필요하다. 구성작가가 부지런하다면 복사 후 FD를 독려해 전달도 서두를 것이다. 진행내용의 기술적인 면에 따라 오디오맨 비디오맨 효과담당 음악담당 리포터에게 주어야 할 때도 있다.

또 하나의 업무는 출연자 관리다. 출연이 확정됐더라도 새벽 6시경, 결례를 무릅쓰고 확인 전화를 건다. 일종의 모닝콜과 같은 것이다. 출연자가 그 방송국에 처음 온다면 도착 예정시간에 정문 안내실 부근에서 그 출연자를 맞아들이거나, 현관 근무자에게 생방송 스튜디오까지 handover(데려다주기)를 부탁해놓아야 마음이 놓인다. 방송국의 스튜디오는 미로(迷路)이다. 방송국에 처음 오는 사람은 잘못하면 방송국에 도착해서 스튜디오를 찾아오는 데 20분도 걸릴 수 있다.

잠시 일본 NHK의 예를 소개하면, 자가용이 흔하지 않던 시절, 아침 일찍 방송국에 나와야 하는 출연자를 배려해 택시를 타고 오게 하고 택시 운전기사는 택시요금 영수증에 사인만 받아 후에 정산하는 제도를 시행한 바 있다. 정문에 내리면 아르바이트 학생이 대기했다가 출연자를 확인하고 인도해서 스튜디오까지 안내하는 것이다(search and catch, handover).

출연자가 도착하면(방송시간 30분 전이면 좋다) 세부 질문내용, 배당된 시간, 유의사항을 설명해주고, MC, PD와 인사를 나누게 한 뒤 분위기가 어색하지 않도록 노력하며 그 출연자와 관련된 이야기를 나눔으로써 긴장을 풀어주도록 한다.

다시 NHK의 예를 들어보자. 가수 조용필 씨가 '돌아와요 부산항에'로 인기 절정에 오르고 일본인들도 그 노래를 좋아하게 되자, NHK가 조용필을 초청해 쇼프로그램에 출연하도록 했다고 한다. 리허설 후 생방송이 시작되고 조용필은 대 프로그램에 출연하는 부담 때문에 매우 긴장했을 것이다. 그때 성장을 한 미모의 여직원이 다가와 자신도 조용필의 팬이라고 추켜세우면서 담배를 권하는 등 긴장을 풀도록 시도하고 있었다. 출연 차례가 되자 잠시 포옹을 하고는 '조용필은 좋은 노래를 부를 수 있을 것'이라고 속삭이며 등을 밀어 무대로 내보냈다는 것이다. 물론 조용필은 그런 미인의 따뜻한 독려에 따라 열창(熱唱)을 부를 수 있었다는 설이 전해지고 있다. 프로들도 긴장하는데 아마추어야 어떠하겠는가? 생방송은 그만큼 사람의 정신과 행동을 얼어붙게 한다. 이것을 녹여주는 것도 구성작가의 역할이다.

방송이 끝나고 '좋은 이야기를 했다'는 말, '수고했다'는 치하(致賀)도 잊지 말아야 하며, 출연료도 챙겨주어야 하고, 전송(餞送)도 가능한 한 멀리 나가는 것이 좋다. 출연자는 열심히 방송에 임했는데, 방송이 끝나니 '가든지 말든지 알아서 하라'는 느낌이 들 정도의 무관심을 보인다면 그 방송에 다시는 출연하고 싶지 않을 것이다.

이런 자잘한 임무까지 모두 수행했다면 구성작가는 출연자 관리에 만전을 기한 셈이 된다. 이 부분이 귀찮을 수도 있겠지만 구성작가는 '나는 해당 프로그램의 대모(代母)다' 하고 생각하면 다소는 위안이 될 것이다.

여기서 구성작가의 핵심적 역할과 관련된 논의로 다시 돌아가보기로 한다. 생방송을 관현악단에 비유하면 지휘자는 프로듀서(연출자)이고 구성작가는 악장(樂長)의 역할과 유사하다고 해도 아주 틀린 말은 아니다. 따라서 악장이 컨덕터를 보좌하듯이 연출자의 생방송 수행을 도와야 한다. 구성작가의 미묘한 임무를 정리해본다.

① 원래 기획의도 대로 내용이 진행되는지, 큰 줄기를 벗어나고 있지 않는지, 또 진행 속도가 너무 빠른지 아니면 늘어져 있는지도 잘 살펴서 조언해주면 도움이 된다. 만약 한 아이템이 7분 소요예정이었는데 6분이 다 돼가는 데도 별 재미도 없고 정리가 안 된다면 무엇이 잘못인가를 판단해 억지로라도 끝내도록 해야 한다.
② 타임키퍼 역할도 중요하다. 전체 방송시간 52분 중 현재 32분이 지나고 있다는 환기(喚起)도 요긴할 때가 있다.
③ 변경사항이나 수정을 요하는 내용이 생기면 큰 종이에 매직펜으로 써서

스튜디오 안의 MC가 보게 하거나, 소리를 내지 않고 조심해서 스튜디오에 들어가 MC가 인지하도록 한다.

④ 자막이 틀리지 않았는지도 신경써야 하며, 그날 프로그램의 특징·개성·장점과 결함·단점은 무엇인지 메모해두면 차후 도움이 된다.

이상과 같은 결함이 발견돼 PD, MC, AD, TD 등에게 조언이나 주의를 환기시킬 때는 매우 조심스럽고, 겸손하고, 또 결정적일 때만 시도하는 것이 좋다. 왜냐하면 오케스트라 연주에서 악장이 지휘자를 간섭할 수 없듯이, 각 영역의 고유성을 수시로 침범한다면, 방송진행에 도움이 되기에 앞서 많은 갈등을 야기할 것이 분명하기 때문이다.

결론적으로 생방송에서 구성작가는 세 가지를 유의했으면 한다.

① 분업의 과정에서(PD, MC, TD……) 인지하지 못하는 문제가 발생하는가를 주시한다.
② 생방송이라는 숲과 나무를 동시에 관찰한다.
③ 프로야구의 포수(捕手)처럼 모든 생방송 사항과 행위를 기억하도록 노력한다.

음악 연주에서도 악장이 뛰어나면 그 역할은 보이지 않지만 훌륭한 화음을 읊조려내는 것을 우리는 많은 경험을 통해서 알고 있다. 이것은 구성작가가 생방송이라는 음악의 악보를 모두 외우고 있었으면 하는 기대와 희망에서 강조하는 것이다. 구성작가는 매우 예민하고 세심하며 내용에서도 올곧은 감성과 이성의 소유자로 변신되어야 할 것이다. 그러나 이 작업은 쉽지 않다. 어떻게 실크이고 울(wool)일 수 있겠는가? 그러나 TV방송은 그런 인재들을 요구하고 고대(苦待)한다.

3. feed back 측정

기업들도 제품을 생산해 소비자에게 판매하고 나서는 그 상품이 얼마나 인기가 있었는가를 정확히 측정하고자 노력한다. 제품의 장점, 편리도, 가격, 구입 장소, AS 요구문제 등 소비자의 반응을 모니터해서 제품의 개선 또는 신제품생산을 위한 자료로 사용하는 것은 우리가 널리 알고 있는 바이다.

방송이 나간 직후부터 그 생방송 프로그램이 시청자에게 어떻게 보여졌나를 꼼꼼히 살피는 것이 중요하다.

그것을 재는 첫번째 척도는 아무래도 시청률이 가장 손쉽다. 만약 아침방송이었다면 다음날에는 시청률표가 사무실에 전달된다.

앞에서도 설명한 바 있지만 시청률은 텔레비전을 본 사람과 안 본 사람을 모두 합쳐 계산하는 방법이고, 점유율은 TV를 본 사람만 계산하게 되어 있어 차이가 발생한다. 따라서 프로그램에 대한 시청의 정도는 시청률과 점유율을 함께 참고해야 다소라도 정확성을 기할 수 있다. 두 가지가 모두 높다고 자만해서는 안 될 것이며, 저조할 경우 이 조사는 공신력도 없는 별 볼일 없는 것이라고 애써 무시하는 태도도 옳지 못하다.

나쁜 점괘(占卦)는 맞는다는 말이 있듯이 시청률이 미흡한 것은 아이템 선정, 취재, 구성 등 제작상에서 명백한 어떤 하자(瑕疵)가 있기 때문에 발생하는 것이지 작품성이 뛰어났는 데도 떨어지는 법은 없을 것이다. 신참 프로듀서 중에는 자신은 프로그램을 신선하게 잘 만들었는데 시청자의 안목이 구태의연(舊態依然)해서 시청률이 낮다고 억지를 부리는 친구도 본 적이 있다. 이것은 참으로 난센스이다. 다시 말해 애써 시청률을 부인하기보다 그 원인이 무엇인가를 발견해 바로 잡는 것이 중요하다. 생방송은 주 5회 방송되는 경우가 많음으로 신속하게 개선하지 않으면 누적되어 시청자들로부터 버림받게 될 수도 있다.

둘째, 사내의 여론에 귀를 기울이는 것이 좋다. 그 조직에 몸담고 있는 여러 명의 선배들은 아마도 거의 전부 초년시절에 생방송 프로그램을 담당한 경험이 있을 것이다. 따라서 그 프로듀서와 여러 조연출들의 견해, 즉 '아주 좋았다' '좋았다' '보통이다' '좀 약했다' '죽쒔다'식의 리커트 척도(Likert Scales)[1] 방식으로 평가를 받아보는 것도 좋을 것이다. 그들의 비평은 아주

---

1) R. 위머·J. 도미니트, 『매스미디어 조사방법론』, 유재천·김동규 공역, 나남출판, 1999, p.80.
　　매스 커뮤니케이션 조사연구에서 가장 보편적으로 이용되는 척도는 리커트 척도(Likert

공정하다고 생각한다. 동병상련(同病相憐)이랄까 오히려 제작자나 작가 편을 드는 경향이 있을 망정, 공연히 프로그램을 폄하(貶下)하지는 않을 것이다. 이들의 생각은 기술적인 면에서도 정확성이 있다고 보아야 한다.

여기에는 팀장이나 차장, 부장까지도 포함된다. 그 이상 직책의 사람들인 부국장, 국장, 본부장 또는 이사의 견해는 상당히 시야가 넓을 뿐만 아니라 총체적인 스테이션 입장에서 판단한다는 점을 염두에 두었으면 한다. 비록 시각의 차이는 있지만 선의의 비판은 오히려 프로그램을 성숙시키는 데 중요한 역할을 수행한다.

셋째, 사외의 반응을 살필 필요가 있다. 방송이 나가고 나면 사무실이나 시청자부에 많은 전화가 쏟아지고 다양한 의견이 인터넷에도 올라온다. 감동적이다, 형편없다, 말도 안 된다, 내용은 틀린 것이 많다, 주인공은 사기꾼이다…… 등등. 이때 구성작가는 그 많은 의견이 정확성, 공정성, 균형성, 보편성, 포괄성 등에서 문제가 없는지를 따져보고 판단해야 한다.

백인백색의 생각을 모두 충족시키면서 프로그램을 만들 수는 없지만, 그래도 시청자의 지적 사항이 있으면, 사소한 것은 인터넷에 해명이나 양해의 글을 올리는 것이 좋고, 심각한 문제나 오류(誤謬)가 발생했다면 다음날 프로그램에 사과를 하는 것이 올바른 태도라 하겠다. 별로 문제가 안 되는 것이라고 속단했다가 그 내용이 신문사 인터넷에 뜨고 키워서 기사화된 후 우물쭈물 변명하는 것은 바람직하지 못하다. 또 자신의 성명과 신분을 밝히고 어떤 의견을 제시하는 오피니언 리더가 있을 수 있는데, 그런 때는 심사숙고해 그 인사의 주장이 옳다면 즉시 프로그램에 반영하는 기민(機敏)함을 보이는 것이 도리일 것이다.

그런데 여기서 가장 중요한 것은 구성작가 자신이다. 생방송이 끝나고 나면 잘되고 못된 것은 작가 자신이 가장 잘 안다. 자기에게 관대하고 합리화시키는 태도는 '큰 작가'를 만들지 못한다. 제작부 사무실에서 젊은 프로듀서가 '우리 와이프가 프로그램 참 좋다고 얘기했다'고 자랑스럽게 떠드는 것을

Scales)로 합산 평가 방식(summated rating approach)이라고도 한다. 이 척도에서는 하나의 주제와 관련된 진술문을 많이 만들고 응답자로 하여금 각 진술문에 대해 매우 찬성, 찬성, 중립, 반대, 매우 반대 중에서 하나를 선택할 수 있게끔 한다. 개별 응답항목에 가중치가 부여되고 조사대상자의 응답이 모아져 그 주제에 관한 단일 점수로 계산된다.

들을 때마다 실소(失笑)를 금할 수 없었다. 그 와이프는 도대체 누구란 말인가? 방송평론가인가? 제작자인가? 글자 그대로 와이프일 뿐이다. 물론 한 사람의 시청자 의견일 수는 있지만 프로듀서 남편과 아내라는 일촌간의 관계 때문에 제작에 영향을 미친다면 이것은 매우 심각한 문제이다. 그런 의견에 경도되는 일부 제작자를 자주 목격하면서 한심하다는 생각이 들 때도 있다.

feed back을 번역하면 '환류(還流)'가 된다. 사전적 의미는 '물 또는 공기의 흐름이 방향을 바꾸어 되돌아 흐르는 일'이다. 자신이 한 방송이 어떻게 되돌아오는가 하는 것을 정확히 측정할 수 있다면, 그것은 최고의 프로그램으로 가는 지름길일 것이다.

4. MC와 Set에 대한 운용(運用)

TV방송사에서는 봄 가을 두 차례 프로그램 개편을 시행하는 것을 관례로 하고 있다. 물론 부분적으로 조정이나 수정을 수시로 하기도 하지만 봄철 정기개편은 4~9월까지, 가을개편은 10월에서 다음해 3월까지의 각각 6개월 동안의 방송을 위해 이루어지는 것이다. 대부분의 생방송 프로그램들도 이 관행에 따라 조정을 거치게 된다. 또한 MC 작가 또는 프로그램을 방송하는 스튜디오의 set도 6개월을 한도로 해서 정해진다.

MC나 작가 모두 반년 동안 주어진 임무를 차질없이 잘 수행해야만 다음 시즌에도 같은 일을 계속할 수 있게 된다. 만약 문제가 많이 생기게 되면 속말로 짤리게 된다. 프로야구에서 성적이 좋지 못할 때, 타구단으로 트레이드되는 것과 같은 이치이다. 따라서 구성작가는 프로그램과 자기 자신을 위해서 MC와 set에 대해 각별한 관심을 기울였으면 하는 것이다.

MC와 set는 업무의 성격상 프로듀서의 영역이다. 그러나 프로듀서는 주어진 자기 방송 날자 하루를 감당하기에도 벅찬 경우가 많다. 나무는 잘 보아도 숲을 관찰하는 데는 다소 부족할 수도 있다. CP가 있기는 하지만 그 사람도 한 프로그램만 신경쓰지 못할 경우도 있을 것이다. 숲의 상황을 정확히 점검할 사람은 역시 구성작가이다. 그러나 대부분의 작가들은 MC나 set에 별 관심이 없다. MC와 set는 프로그램을 현격하게 변화시킬 수 있는 요소이며,

반년은 매일 프로그램을 보는 시청자에게는 매우 긴 시간이다.

4월 개편일 경우, 계절은 봄과 여름일 것이고, 가을 개편은 가을과 겨울일 것이다. 그러나 전자는 사실상 봄·여름·가을을 모두 포함하게 되고, 후자는 가을·겨울·봄 세 계절에 걸쳐 있다고 보아야 한다. 또 계절은 언제 왔다가 언제 간다는 정확한 기준을 정하기 어렵다. 기후에 따라서 빠른 때도 있고 늦어지는 경우도 있다. 특히 도시에서는 계절의 구분이 명확하지 않은 상태에서 시간이 흘러간다. PD와 조연출은 취재와 편집에 매달려 자주 밤을 지새야 하기 때문에 여간 정신을 차리지 않으면 '계절의 흐름', 또는 '추구되어야 할 변화'에 둔감해지거나 무감각해지기 쉽다.

이때 작가는 한 걸음 크게 물러서서 회화를 원근법으로 감상하듯 '계절의 변화'에 대응하고 '지루함'을 집어낼 수 있다면, 스튜디오 카메라맨이 신선하고 동적인 화면을 만드는 데 도움이 될 것이다.

일차적으로 MC의 스튜디오에서의 형식에 관해서 생각해보자. 생방송 프로그램은 거의 남녀 2MC가 앉아서 진행하는 것이 하나의 공식처럼 되어 있다. 그러므로 진행형태의 구도(構圖)로만 본다면 2MC의 '앉은 그림'을 시청자는 6개월이니까 5일×26주=130일 동안 보는 셈이 된다. 적지 아니 싫증날 수도 있다.

이때 작가는 MC의 자세에 대해 어떤 변화를 시도할 수 있다.

첫째, 여러 프로그램에서 시도하고 있는 것이지만, 앉은 MC를 세우는 것이다.

둘째, MC를 같은 스튜디오 안에서 따로 분리해본다.

셋째, MC가 고정해서 서 있지 않고 다소 움직일 수 있도록 한다.

넷째, 한 명의 MC는 스튜디오에 또 한 명의 MC는 다른 곳에 위치하도록 시도한다.

위의 방법들은 언제나 어떤 경우에나 쓸 수 있는 것은 아니다. 그날의 내용, 아이템의 특색에 맞을 때만 가능하다. 그러나 MC를 세우거나 움직이거나 분리하는 아이템을 의도적으로 골라서 만들 수도 있다. 엄밀하게 말하면 이것은 연출의 영역이다. 그러나 프로듀서에게 '변화를 필요로 하는 동기', 아니면 '변화를 유도할 아이디어'를 제공하거나 협의의 과정을 거치면 된다.

프로그램이 무엇인가 잘 풀리지 않을 때 또 맥이 빠지고 무덤덤해서 재미가 없을 때 크지 않은 것이라도 프로그램에 충격을 주게 되면 도움이 될 수 있다. 그런 적기(適期)에 문제점을 거론하면 채택도 쉽고 제작진 내에서 칭찬도 들을 수 있다.

이차적으로는 MC 자체를 교체하는 문제이다. 이것은 어려운 일이다. 한번 들인 사람을 나가게 하는 것은 인간사에서 가장 어려운 일로 평가되고 있고, 시행을 위해서는 고도의 기술적 방법이 요구된다. 그러나 2MC는 기본적으로 조화(調和)가 생명이다. 남녀가 유별하고 특색과 역할이 서로 다를지라도 두 사람은 잘 어울려야 시청자들도 그들의 진행을 즐기게 된다. 그러나 MC를 운용해보면 그렇지 않은 경우도 자주 발생한다.

서로 말 빼앗기, 가로채기 경쟁을 벌인다던가, 상대방 무안주기를 서슴지 않는다던가 원고대로 하지 않고 설익은 자신의 유식을 뽐낸다던가 그 형태는 여러 가지이다. 이것은 인기인에게서도, 또 경험이나 지적 능력이 뛰어난 인사에게서도 발생된다. 이런 경우 2MC는 가장 중요한 호흡에 균열(龜裂)이 생기고 전달 내용은 겉돌거나 다른 방향으로 오도(誤導)되기 쉽다. 이것은 프로듀서의 연출력으로 어느 정도 극복할 수도 있겠지만 사람간의 일이기 때문에 결코 쉽지 않은 작업이고 시간이 지날수록 악화되는 속성을 지니고 있다. 마치 잘못 결합된 부부가 갈등을 빚는 것과 유사하다. 이들은 이혼을 서둘러야 하는데 여러 가지 문제들에 묶여 질질 끌면서 개인적인 삶의 질은 말이 아니게 저하된다. 갈등이 유발된 MC의 경우도 이와 크게 다르지 않다.

그러나 MC의 선정은 계약서를 쓰고 시작하는 것은 아니지만 대체로 6개월은 보장되는 것이 묵시적인 관행이다. 이 기간을 지키려다보면 프로그램은 손상되고 시청자는 떠나게 된다. 그래서 프로듀서와 구성작가는 과연 이 팀으로 6개월을 지속할 수 있겠는가를 신중하게 신속히 판단해야 한다. 불가능하다는 결론에 도달하면 대안 마련에 돌입해야 한다. 그러나 개편이 완료돼 시행중에는 능력 있는 MC들이 모두 다른 프로그램에 묶여 있어 어려움이 더하다. 모든 방법과 지혜를 동원해 사람을 찾는 것이 살길이다. 대안에 대한 최종 결정은 프로그램 차원이 아닌 그 부서의 장(長)과 전체 구성원의 조언과 동의를 얻는 것이 좋고, 여러 가지 적절한 자료를 통해 퇴출되는 MC를 설득해서 그들의 자존심과 인기에 가혹한 상처가 나지 않도록 하는 것이 바람직할 것이다. 즉 다음 개편 시즌에 그 사람의 개성에 맞는 프로그램을 배려하겠다든지 하는 약속을 해 어느 정도 서운함을 달래주어야 할 것이다.

MC문제는 상당 부분 프로그램의 존폐(存廢)가 달려 있는 것이고 MC가 원인인 것을 알고도 질질 끌다가는 다음 개편에 PD도 바뀌고 구성작가도 해고되는 수난을 겪게 된다는 점을 유념했으면 한다.

다음은 set에 관한 문제이다.

생방송팀은 방송사 사정에 따라 다르겠지만 대략 3~6개 팀으로 운영(運營)되지 않을까 생각된다. 그 팀의 숫자만큼 다른 프로듀서가 해당 프로그램을 담당하게 된다. 한 프로듀서가 일주일에 한번 제작하면 그는 한 달에 네번 차례가 돌아온다. 따라서 스튜디오에 설치되는 세트가 신선감이 있는가에 관해서는 어떤 절박한 느낌이 별로 들지 않을지도 모른다. 이 문제는 실제로 그 프로그램의 CP나 차장 부장이 관여해야 할 사항이다. 그러나 이 경우도 구성작가가 변화를 거론할 수도 있고, 적절하게 대처하게 된다면 프로그램에 많은 도움이 될 수 있다.

특히 생활정보방송은 계절감각이 매우 예민하기 때문에 중요성 또한 크다. 자칫 한 순간만 놓쳐도 묵은 김치꼴이 된다. 그래서 생방송 프로그램들은 계절을 늘 보름에서 한 달간 앞당겨서 준비한다. 겨울의 한가운데지만 봄이 얼마 남지 않았고 남쪽 지방에는 봄기운이 완연하다면 과감하게 봄세트로 바꾸면 좋고, 비용문제로 그것이 여의치 않다면 일부 도색을 새롭게 시도한다든지, 아니면 스튜디오 여러 부분에 화사한 봄꽃장식이라도 해놓으면 분위기가 달라져 생동감을 불러일으킬 것이다. 각종 소품도 같은 맥락(脈絡)이다.

여기어 남녀 MC의 의상이나 분장에도 조언이 필요한 경우가 있을 것이다. 크게 보면 구성작가는 프로그램의 모든 구성요소에 유의해야 하고, 어떤 부분도 통제할 수 있는 전문성을 체득하는 것이 중요하다. 그래야 소위 '큰작가'가 될 수 있고, 프로그램도 빛낼 수 있게 된다. 한 주에 한 번 또는 두번 순서가 돌아오고, 내가 직접 참여하는 프로그램만 좋으면 그만이다 하고 생각할 수도 있고 팀간의 분위기가 그럴 수도 있겠지만, 생방송 또 생활정보방송은 연예오락 프로와 달리 자기 프로그램 시청률 외에 평균적으로 시청률이 어느 정도 유지되어야 프로그램이 존속된다는 점을 간과해서는 안될 것이다.

5. 1인 정보센터

모닝쇼나 생활정보 프로 등 생방송 프로그램의 시청흡인력을 높이기 위해서는 개성 있는 아이템을 적시(適時)에 얼마만큼 신속히 찾아내느냐에 달려 있다. 그래서 종사자들은 생활정보 프로그램을 '아이템 전쟁'으로 이해한다. 결국 시청자가 필요한 '양질의 삶'을 추구하기 위한 정보찾기인 것이다. 그런 정보는 쉽게 생각하면 도처에 널려 있는 것도 같지만, 막상 찾아나서면 눈을 까뒤집고 보아도 눈에 띄지 않는 것이 정보의 속성이다. 따라서 구성작가는 각종 자료와 정보source 개발에 신명(身命)을 다할 필요가 있다. 즉 자료탐색이 본능화되고 생활화되어야 한다는 말이다.

앞에서 정보source에 관해서는 상술한 바 있으므로 여기서는 생략하기로 한다. 우리 속담에 '구슬이 서 말이라도 꿰어야 보배다'라는 말이 있다. 아무리 땅바닥에 구슬이 많이 떨어져 있어도 그것을 실에 꿰어야 목걸이로 쓰든 제 기능을 하고 가치가 발생한다는 뜻이다. 정보의 경우도 비슷하다. 무수히 많은 정보가 채집되어 있더라도 그것을 실에 꿰듯 계열화(系列化) 내지 편람화(便覽化)해놓지 않으면 쓰고 싶을 때 즉시 사용하기 어렵다.

그 방법은 무엇인가? 특별한 공식이 있는 것은 아니고, 성의와 지속성이 요구된다. 우선 각종 자료를 검색하면서 아이템으로서의 가치 또는 잠재성이 있다고 판단되는 것은 모두 스크랩해둔다. 이것을 경제 사회 문화 예술 교육 육아 법률 부동산 세금…… 하는 식으로 정리해도 좋고, 또는 월별(月別)로 파일을 만들 수도 있다.

다음은 그 아이템과 관련이 있는 취재대상이나 게스트가 될 인물의 연락처를 발굴하는 작업이다. 하늘을 바라봐야 별을 딸 수 있듯이 전문가 이름만 많이 안다고 무슨 소용이 있겠는가? 전화번호를 알고 있어야 섭외가 가능하다. 그러니까 구성작가는 걸어다니는 전화번호부라고 해야 옳다. 이것도 한 번 만들어놓고 내버려두면 안 된다. 전화번호가 달라질 수도 있고, 직장과 직위가 변경되는 경우도 발생한다. 늘 수정 보완하는 작업도 계속되어야 할 것이다.

또 하나의 방법은 정보가 숨어 있을 만한 곳을 찾아다니는 일이다. 낚시질을 하자면 낚싯대 등 도구가 있어야 되듯이 구성작가도 명함을 만들고 프로그램 제목, 방송시간, 전화번호, 팩스번호, 이메일 주소, 생방송 도착시간, 스튜디오 위치 등을 요령껏 표현한다. 그리고 앞에서도 예시한 바 있는 정보 source 중에서 중요한 곳을 골라 일정기간에 한번씩 방문해 정보를 채집하는 것이다. 예컨대 '소비자문제를 연구하는 시민의 모임'에 찾아가 새롭게 부각된 인체유해식품 실험결과는 나온 것이 없는가? 하는 식이다.

이렇게 구성작가의 파일은 여러 가지 자료가 집적된 '1인 정보센터'의 기능을 수행해야 한다. 각종 자료를 모으는 것은 개인적으로 다소 컬렉터(collector)적 기질이 있어야 가능하다. 이것은 한 개인의 과거 궤적(軌跡)을 파악하는 데도 도움이 될 뿐만 아니라 그것이 누적(累積)되면 해당 기간 동안 당시의 사회상을 이해하는 데 결정적 요소가 될 수 있다. 평생에 걸쳐 치열하게 자료를 정리한 교수의 사례를 전범(典範)으로 제공하려는 의도에서 소개하고자 한다. 1997년 1월 11일 ≪조선일보≫, 「서울대 김안제 교수, 회갑맞아 '인생 가계부' 펴내」라는 제목의 기사(박재영)이다.

> 통계만 수천 항목, 완벽한 개인역사 수록⋯⋯ 한국 현대사 축소판
> 육십 평생 먹고 잔 것까지 모두 기록⋯⋯ 나이별 애창곡 643곡
> 주례한 78쌍 이름, 처음 버스 타 본 날짜, 저작 원고장수도.
> 올해 회갑을 맞은 노교수. "남의 말을 들어 거북하지 않다"는 이순의 나이에
> 육십 평생의 완벽한 기록을 836쪽짜리 책으로 펴냈다.

청년시절 옮겨 다녔던 자취집들 주소, 처음 손에 쥐었던 월급 액수, 심금을 울렸던 영화 1,123편의 제목들, 주례를 섰던 78쌍의 신랑·신부 이름⋯⋯. 백과사전 판형의 이 책 속에는 노교수의 깨알같은 인생 편린들이 빛을 발하고 있다. '한 한국인의 삶과 발자취'. 수천 항목의 통계표와 수십 년 쌓은 자기기록을 빼곡이 담은 이 책의 주인공은 환경대학원 김안제 교수이다.

김 교수는 지난 9일 서울 호텔에서 가진 회갑 기념식에서 은사와 동료, 선후배 등 600여 명에게 책을 나눠주었다.

"이사 28회, 여행 1천1백53회, 읽은 소설책 9백79권, 특별강연 7백13회, 논문지도 학생 1천2백8명, 받은 연하장 6천4백60장……", 회갑을 축하하러 왔던 사람들은 책장을 넘기면서 놀랐다. 놀라움은 감탄으로 변했다. 어떻게 이런 통계가 나왔을까?

김 교수의 '첫 경험'들을 접하면서는 사람들 얼굴엔 미소가 떠올랐다. "1945년(10세) 11월 1일 처음으로 만화책 봄(홍길동), 49년 9월 12일 생 애 최초의 버스 승차(누님댁에), 57년 6월 30일 첫 중국음식(원효로 중국 집), 62년 4월 7일 음주(취업일에 동료들과), 69년 4월 10일 텔레비전 구입(창신동 집에 흑백용), 85년(50세) 4월 18일 골프 싱글타수 기록(양지 골프장 81타)……".

웃음은, 책장을 넘기면서 탄성으로 바뀌었다. 2천 1백 40건에 이르는 평생의 저작물들을 연대별, 주제별로 분류한 뒤 제목, 게재날짜, 게재문헌, 심지어 원고지 분량까지 기록돼 있었다. 공공기관 자문위원 등으로 활동한 것은 2백 52회였다. 그때그때 공식직함과 활동기간, 그 기관의 당시 책임자 이름도 빠뜨리지 않았다. '고드름', '애수의 소야곡', '러브미텐더', 'J에게', '잊혀진 계절'……. 나이에 따라 이어지는 6백 43곡의 애창곡들은 한국 가요사의 축소판이다.

책을 본 홍성웅 건설산업연구원장은 "더 할 수 없이 객관적인 그의 생애 일지는 한국 현대사의 축소판으로, 타임캡슐에 보관할 가치가 있다"고 말했다. 김재성 미국 LA 아시아국장은 "평생 대소사를 컴퓨터처럼 차곡차곡 쌓아온 그의 우직함과 치밀함이 믿어지지 않는다"고 말했다.

김 교수는 아무리 술에 취해 들어와도 반드시 서재에서 10분을 보낸다고 했다. 그날 일과를 적기 위해서다. "습관이 되면, 무엇을 적어두는 일은 아침에 양치질을 하는 것처럼 쉬워지지요." 그는 "과거를 정리하다보면 미래를 생각하게 된다"고 했다. 통계전문가인 그가 계산해본 평생 수입은 48억 1천만 원, 지출은 43억 7천만 원이었다. "빈 몸으로 왔다가 4억 넘게 남았으니 본전 이상은 했잖소." 가요 '타타타'를 불러대는 김 교수다. 빛바랜 연도별 다이어리는 40권이 넘는다. 부인 황연자(53세) 씨는 "남편은 가족들과 약속도 분 단위로 한다"고 말했다.

김 교수는 그간 꾸준히 접촉해왔던 초등학교 은사, 유학시절 미국인 친구, 동료 교수, 제자, 세 자녀와 사위 등 61명에게서 '내가 본 김안제 교수'라는 글을 받아 책머리에 실었다. 그리고 책 말미에는 "인간으로 점지된 사실과 값진 생애를 이루게 해준 나의 조국 대한민국에 감사한다"고 적고 있다. 김 교수는 서울대에서 보낸 25년 동안 도시계획, 지역개발, 지방자치분야 저서 20권, 논문 5백 64건, 연구보고서 1백 19건을 냈다. 그 거대한 학문편력 끝에 드디어 세상에 모습을 보인 이 한 권의 책은, '인간 김안제'를 완성시키고 있었다.

김 교수의 경우는 매우 특별한 경우이다. 아무나 흉내낼 수 있는 사례는 아니다. 평범한 사람에게는 다소 지루한 듯한 기사를 소상히 소개한 것은 '자료수집은 어떤 것인가?', 실제로 '무엇이 자료가 되는가?' 하는 점과 또 '그 자료가 현재와 미래에 어떤 가치를 부여하며 작용하는가?'에 대해서 생각해보기 위해서이다. 김 교수는 고위직이었고 매우 부지런한 것을 앞의 기사를 통해 알 수 있었는데, 정년퇴직 때까지 자신의 총수입이 48억 원이나 되었다는 것은 이런 자료가 아니면 절대 접근할 수 없는 것이기 때문에 자료의 가치에 대해서는 우리가 충분히 공감하는 계기가 될 수 있지 않은가 한다.
결론적으로 구성작가는 각종 자료와 정보를 '넓고 깊게 자신 속에 간직하고 있어야 하고 그것을 본능화해야' 프로작가에 반열(班列)에 진입할 수 있는 것이 아닌가 생각한다. 왜냐하면 자료(정보)는 곧 아이템이고 아이템은 시청률이기 때문이다. 신문 등 매체기사는 인터넷으로도 서치가 가능하지만 각각 시스템이 달라 적지 않은 시간이 걸리는 경우도 많다. 그때그때 자료를 복사해 보관하고 늘 자신의 손가(on hand)에 닿도록 하는 것이 유용할 것이다.

6. 모니터론

생방송 프로그램은 그날그날 얼마나 잘 만들었는가 하는 순위가 결정된다. KBS 1TV와 2TV, MBC와 SBS, 4개의 채널에서 비록 포맷은 다소 다르더라도 우리 시청자의 사고와 행동, 생활과 정서, 개인과 사회에 대하여 얼마나 유익한 방송으로 영향을 주었는가? 또 흥미로웠는가? 4개 지상파가 방송한 결과를 만약 수평 비교한다면 우열이 쉽게 판가름나게 된다. 이것은 프로그램들의 시간대가 거의 비슷하거나 서로 붙어 있어 드라마나 쇼처럼 분산되어 있지 않기 때문에 그 성과가 더욱 분명해진다.

따라서 구성작가는 그날의 방송이 종료됐을 때, 자신이 담당한 프로그램이 4개의 유사 프로그램 중에서 몇 등으로 나타났는가를 알고 있어야 한다. 그 순위는 다음날 시청률 차트를 보면 금방 알 수 있지만, 그것보다는 타사 프로그램의 아이템은 어떤 것이었으며, 전체적인 구성이 어떤 색깔이 있었으며, 그 흐름은 어떤 식이었는가를 파악하는 것이 중요하다는 이야기다.

그들과 중복되는 아이템을 다룬 것은 없었는지? 내가(또는 다른 동료 구성작가가) 이미 방송한 것, 아니면 다음에 하려고 생각해둔 것이 나가지는 않았는지를 알고 있을 필요가 있다. 생방송·정보 프로그램들은 '팀 제작' 시스템이기 때문에 제작자나 구성작가의 발상과 접근이 유사할 경우가 많다.

동일 생방송 프로그램이 3개팀으로 구성되어 있을 때 즉, 각 팀에 각기 소속되어 있는 3인의 구성작가가 서로의 아이템을 사전 확인하거나 모니터하지 않았을 경우, 아이템이 중복되거나 비슷할 가능성은 높다. 실제로 취재까지 완료된 상태에서 데스크에 의해 그런 현상이 발견되는 경우도 왕왕 있다. 어제 A방송에서 나간 아이템이 오늘 똑같은 것이 B방송에서 나갔다면 그것은 어느 면에서 좀 웃음거리다. 상업적 업체의 홍보성 이벤트는 대체로 생방송 프로그램들을 염두에 두고 기획된다. 특별히 귀하의 프로그램에만 독점적으로 취재토록 협조한다는 경우가 있다. 그러나 실제로는 취재시간을 조정함으로 시청률이 높은 프로그램이 모두 그 아이템을 다루도록 하는 방법을 쓸 수 있기 때문에 매우 조심해야 한다. 그 쪽을 탓하기에 앞서 여러 가지 정황을 확인하는 것이 중요하다.

생방송 프로그램은 매일 5~6개의 아이템을 연결해가며 만들어야 하는가? 반드시 그렇지는 않다. 시의적절한 한 개의 테마를 고르고 이것을 다각도로 취재분석하며 그 대안이나 해결책을 모색하는 기획도 여간 의미가 있는 것이 아니다. 때때로의 이러한 테마기획은 아주 돋보이면서도 유익하고 프로그램에 무게를 줄 수도 있다. 만약 상대국에서 자주 테마기획을 하는데, 이쪽에서는 매번 같은 양태의 내용만 방송한다면 경쟁사 프로는 '큰 프로' 우리 프로는 '작은 프로'라는 인상을 시청자에게 심어줄 우려가 있다. 이런 사태에 대비하기 위해서는 프로그램 모니터가 절대적으로 요망된다 하겠다.

또 하나 유의할 것은 상대방 프로그램의 장점이나 결점을 발견하고 대처하기만 하면 만사형통(萬事亨通)인가 하는 관점이다. 꼭 그런 것은 아니다. 경쟁사 프로에서 '중요 아이템'을 짧고 가볍게 다루고 말았다면, 우리 쪽에서 조만간(早晚間)간에 다시 찬스를 잡아 심층취재로 다양하게 구성하면 라이벌 프로를 압도하는 훌륭한 기획이 될 수도 있다. 다만 즉석불고기식으로 즉시 시도할 것인가, 아니면 김장김치처럼 묵혀서 할 것인가는 제작자와 구성작가가 적절한 시기를 선택하도록 하는 것이 좋다.

또 생방송 프로그램에서도 특종(特種)이 가능하다. 밤 9시 뉴스에서 크게 다루어진 인물이 있을 경우, 약간의 시간이 지난 후, 그를 출연시켜 그의 사생활이나 심경을 듣는다면 그것도 일종의 특종이 된다. 그런 인물일수록 출연 자체가 어려울 수 있지만, 여러 방법을 동원해 시도하면 가능성도 있다. 상대프로는 특종도 만들어내는데 이쪽은 빈손이라면 자존심도 상하고 회사 측에 체면도 안 선다.

우선 전체적인 프로그램 모니터를 통해 과거 현재에 어떤 아이템들이 다루어졌는지에 대해 파악한다. 만약 그것으로 인한 차질이나 혼란이 생긴다면 작가의 자질을 의심받을 수 있다. 상대프로에서 무거운 것, 큰 것을 낸다면 나도, 우리도 더 큰 것, 더 묵직한 것을 내서 만회(挽回)해야 하고, 또 더욱 개성 있는 기획과 아이템으로 반격을 시도해야 할 터이다.

그러면 어떻게 모니터를 할 것인가? 다른 방송 프로를 무슨 방법으로 다 커버할 것인가? 구성작가는 자신이 담당하고 있는 동종의 프로그램은 모두 모니터해야 한다. 물론 프로그램이 방송되는 날은 볼 수 없지만, 녹화를 통해서라도 꼭 다시 보도록 하고 평일도 타사 프로그램 아이템을 확인하도록 한다. 다른 업무와 겹치면 자료조사원에게 부탁해서라도 그들 방송에서는 무슨 아이템이 나갔는지 인지한다.

즉 직접 라이벌 프로그램은 자기 스스로 녹화를 해서 보도록 하고 나머지 프로그램들은 동료 구성작가끼리 분담해 파악하도록 한다. 또 각자가 녹화한 것을 교환해볼 수도 있다. 제작팀 차원에서 다소의 비용을 만들고 아르바이트 학생을 고용해 모니터를 하는 방법도 있을 것이다.

미인은 늘 거울을 본다. 미인이기 때문에 수선화(水仙花, daffodil─신화)처럼 자기 얼굴을 드려다 보는 것이 즐거워서이기도 하겠지만, 더 미인이 되기 위해서 아니면 현재 미인의 상태를 오랫동안 유지하기 위해 관리하려는 의도가 강하게 작용하기 때문에 미인의 손에서는 거울이 떠나지 않는 것이다.

모든 창조는 모방에서 비롯된다는 사실을 우리는 역사를 통해서 알고 있다. '모방창조'에서 뛰어난 재능을 보인 일본은 세계 일류국가로 성장한 것을 봐도 그것이 증명된다. 자료의 천착(穿鑿)은 구성작가의 생명이고, 그런 맥락에서 다른 프로그램을 세심하게 모니터하는 일은 작가의 중요임무 중 하나라는 것을 강조하고자 한다.

7. 거시적 접근에 관한 소고(小考)

텔레비전 프로그램은 6개월을 한 개의 기(期)로 기획·제작·방송된다는 것은 이미 언급한 바 있다. 그래서 교양 정보 패밀리 프로 작가들은 스스로 자신들을 '반년짜리 인생'으로 치부(置簿)하고 있다. 어느 면에서 자조(自嘲) 섞인 푸념이다. 어떻게 하면 여섯 달 동안 프로그램을 잘 메꾸어낼 수 있으며, 다음 6개월은 무난히 기약할 수 있겠는가? 그것이 구성작가에게 가장 중요한 문제다.

반년 동안 열심히 생방송 프로에 매달렸는데도 프로듀서가 매정하게 구성작가를 교체해버렸다. 이해할 수 없는 일이다. 억울하다. 분하다. 생방송 제작팀의 분위기가 안 좋다…… 등등의 비난성 이야기가 종종 흘러나올 때가 있다. 물론 매우 유감스러운 경우이다. 그러나 한 시즌 동안 정말 훌륭하게 해냈고 또 시청률이 그 사실을 뒷받침해주었다면 아마도 그런 사태는 절대로 일어날 수 없을 것이다.

왜냐하면 뛰어난 구성작가를 별 이유 없이 교체하는 바보 프로듀서와 관리자는 절대 있을 수 없기 때문이다. 다만 프로그램에 대과(大過)는 없는 듯하지만 무엇인가 밋밋하고 긴장감이 없고 어떤 마디조차 발견할 수 없는 경우라면 프로듀서나 팀장 부장이 그냥 방관할 수 없는 사태이다. 제작자 입장에서 보면 조금도 부당한 처사가 아닐 것이다. 이것은 프로듀서와 구성작가가 모두 경기에 진 패장(敗將)이 된 경우이다. 프로듀서를 감독으로 보고 구성작가를 선수로 본다면 감독이 선수를 교체하는 것으로도 생각할 수 있다.

그러면 어떤 것이 프로그램에 변화를 줄 수 있는 방법인가? 이것은 일차적으로 프로듀서의 창의력과 관련된 것이고, 이차적으로는 이러한 업무와 관련된 구성작가의 실험정신이 얼마나 치열했는가와 직접적인 연관이 있다고 생각된다. 이것은 그들의 두뇌에 달려 있는 문제이다. 사실 어떤 대안을 모델로 제시하는 것도 적절히 않을 수도 있다.

여러 가지 다양한 접근이 가능하겠지만, 6개월을 '하루하루'씩 1일 단위로 보지 말고 거시적으로 보는 방법도 있다. 즉 한 달을 월별로 생각해보는 것이다. 월 2회로 하면 더 좋겠지만 그것이 힘겹다면, 월 1회의 '특별기획'을 구상한다면 프로그램 자체도 효과가 있을 뿐 아니라 작가의 기획력도 높아지는 효과를 기대할 수 있다. 월간 한번 정도의 특집성 기획은 발상만 잘하면 무수히 많을 것이다. 몇 가지 아이디어를 패턴으로 제시하고자 한다.

1) 스튜디오 향연(饗宴)형(studio festival)

우리의 생활과 관련이 있는 주제를 정해놓고 연예인, 인기인, 저명인사, 스포츠맨, 예술가, 주부 등을 스튜디오에 다소는 요란스럽게 또 푸짐한 느낌이 들도록 출연시켜 흥겨운 이야기, 노래, 실연(實演) 등을 곁들여 분위기를 한껏 고양시킨다.

2) 지방사 블럭(block) 기획

지방사에서 제작한 프로그램들 중에는 매우 독특하고 감명 깊은 아이템들도 많다. 오히려 배당된 시간이 짧아 더 보고 싶은 아쉬움이 남기도 한다. 따라서 K리그 올스타전처럼 대전·청주·충주 등을 하나로 묶어 중부권으로 만들고 이들을 주축으로 서울의 키스테이션과 주고 받고 하는 식이다. 다음은 전주·광주·목포·여수의 호남권, 부산·대구·울산·마산·진주·포항의 영남권, 춘천·강릉·삼척의 강원권과 제주권 등 5개 권역으로 나누거나, 5개권에서 1개사씩 선정해 그들이 마련한 내용들을 보는 것이다. 매번 서울의 시각에서 제작된 프로를 시청하다가 이런 프로그램이 방송되면 시청자는 상당히 색다른 느낌을 받게 될 것이다.

3) 거물 인사의 독점적 초대

이것은 거의 텔레비전 프로에서 볼 수 없었던 저명인사를 독점적으로 스튜디오에 나오게 하는 경우이다. 이들은 대부분 텔레비전 출연을 극도로 싫어한다. 그래서 TV에서 볼 수 없는 것이다. 스튜디오에 나오게 했다면 이미 그 자체로도 상당히 성공했다고 말할 수 있다. 물론 섭외 확률은 10% 미만인 경우가 많다. 만약 성사가 됐다면 그 한 사람을 대상으로 다양한 아이템을 만들어 프로그램의 전체 시간을 할애(割愛)해도 무방할 것이다.

4) 불우이웃돕기 등 캠페인 시도

우리 사회에서 정부나 단체의 힘만으로 잘 안 되고 국민들이 자발적으로 참여해야 해결·개선될 수 있는 아이템을 특집으로 정하고, 그들의 공감과 지혜를 끌어내 합의를 유도하도록 시도한다. 교통문제, 경제문제, 도덕심 회복, 퇴폐(頹廢)·마약 추방, 친절하기 등 테마는 많다.

5) 고발·르포적 아이템

제도적으로 정해진 것이 안 지켜진다든가 불법적 사례가 자행될 때, 또는 위험이나 사고의 위험이 예상되는 문제들을 집중적으로 다루고 해결방안을 제시하면 좋다. '카메라 출동'식의 코너를 확대한 것으로 생각하면 되고, 되도록 한 개의 유형으로 정리해 통일성을 이루도록 하면 효과가 크지 않을까 생각한다. 관리나 공직자의 대책에 대한 의견이 필요하면 이것을 반드시 삽입하는 것이 바람직하다.

6) 해외기획

어느 텔레비전 회사나 모두 해외 특파원과 PD특파원을 두고 있다. 미국도 워싱턴 뉴욕 LA에다 남미도 있고, 동경, 베이징, 모스크바, 베를린, 파리, 런던 등의 소식을 어느 한 시기에 종합해 '세계의 특집'을 만들어도 아주 이색적이다. 찍어서 송고한 내용을 위성으로 받아 사전에 편집하고 부분부분 생방송 형태로 진행하면 다양한 특집이 될 수 있다.

이런 여섯 개의 테이프 외에도 많은 발상이 있을 수 있다. 다만 여기에는 제작비 문제도 장애가 될 수 있는데, 제작비가 상한선이 있는 한도제도라면 평일에 덜 쓴 예산을 따로 모아 특집에서 집행할 수도 있을 것이다. 아니면 내년 예산에 애초에 특집성 프로그램 부분을 미리 삽입해 해결하도록 한다. 이런 것은 PD가 생각해야 할 문제이지만 구성작가도 의견을 제시할 수 있다.

한 달에 한 번씩 힘이 들어간 기획이 가능하다면 반년 동안은 행복한 작가로 지낼 수 있고, 다가오는 나머지 6달도 전혀 문제가 없을 것으로 확신한다. 프로페셔널 작가의 길은 조금도 방심할 수 없다는 점을 재삼 지적하고자 한다.

8. 간접 PR의 함정(陷穽)과 금기사항

오늘날 세상에서 발생하고 생산되는 모든 정보는 동전(銅錢)의 양면과 같은 속성을 지니고 있다고 보아야 한다. 왜냐하면 전면은 모두 정보일 것이고, 그 뒷면은 정보를 만든 사람, 보내는 사람의 이해(利害) 또는 의도의 뜻이 담겨 있음을 우리는 자주 경험하기 때문이다. 이때의 의도는 대부분 소위 'PR'과 관련된 것들이다.

프로그램에서 다루어지는 어떤 아이템이 매우 '독특하다' '남다르다' '개성있다' '좀 별나다'라고 인식될 때, 그것 자체가 시청자들로 하여금 호기심을 자아낸다. 그 호기심이나 관심 흥미가, 정보를 만들어낸 사람의 입장에서 볼 때, 금전이나 권위 명예 등과 아무런 연관이 없다면 하등(何等)의 문제가 발생하지 않는다.

그러나 그런 관계에 있어서 특히 정보제공자가 금전적으로 이익을 보게 되는 의도가 감추어져 있다면 그 효과가 즉시 일어나든 장기적으로 생기든 제작자의 입장은 매우 나빠진다. 간접PR의 혐의가 있는 것으로 대내외에서 비난을 면치 못하게 되고 제작자의 도덕성에 흠집이 생기고 구성작가의 부주의가 문제로 떠오른다. 특히 생방송 프로그램들은 어느 것이든 간접PR의 가능성이 존재하고 있어 주의가 요망된다. 심한 경우는 방송위원회로부터 징계판정을 받아 망신들을 당한다.

그 책임은 누구에게 있는가? 물론 담당 프로듀서와 그 프로듀서를 지휘 감독하는 팀장 또는 부장에게 있다. 그러나 구성작가에게도 그 책임의 반 정도가 있다고 말해도 억울하다고 변명하기가 어려운 구석이 있다. 즉 사태를 방관한 책임인 것이다. 중계차로 생방송을 하다가 정말 우연히 간접PR이 이루어진 것을 예외로 한다면, 그런 PR의 상황은 의도적인 기도(企圖), 즉 고의성(故意性)이 완전히 배제된 상태에서는 여간해서 발생하지 않는 것이 방송의 메커니즘이다.

만약 작가의 안목에서 클레임이 발생했다고 판단됐다면 프로듀서와 협의를 거쳐 문제가 있다는 의견을 제시하고 간접PR에 해당하는 화면, 자막, 원고내용을 수정하도록 해야 마땅할 것이다. 간접PR 예방도 구성작가 임무 중에 하나로 포함된다. 막말로 점심 얻어먹은 것도 아닌데 그런 일에 involve되는 것은 바람직하지 않다. 만약 PD에게 간접PR 의견을 제시하고 설득을 했는데도 문제가 해결되지 않았다면 그것은 구성작가는 책임을 면할 수 있다고 본다.

고의의 대상이 되는 것은 대개 상품과 관련된 것들이다. 특정백화점 관련, 또는 상표나 브랜드, 특정 상품 그 자체일 수 있고, 특정 상점이나 회사명, 간판의 확대 촬영화면도 여기에 포함된다.

다음은 '사람'이다. 이 사람들은 자유업에 종사하는 유형이다. 개업의사, 한의사, 변호사, 세무사, 매장을 소유하고 있는 디자이너, 영화제작자·감독·배우, 쇼기획자, 출판사 사장 등 여러 계층이다. 이들이 자신의 전공분야에서 시청자의 공익 차원에서 어떤 문제를 얘기했다면 아무런 문제가 있을 수 없다. 오히려 시청자 입장에서는 고맙게 느껴질 것이다.

그러나 그 사람들의 전공이나 직업적인 관계에서 볼 때, TV에 자주 출연함으로써 지명도(知名度)가 높아지고 신뢰성이 구축돼 그의 일상생활에서 수익이 늘어난다면 엄격히 말해 그것도 간접PR에 해당된다. 예컨대 유명한 미용 전문가가 출연했을 때, 미용에만 국한해 이야기를 진행하면 그것은 정보의 차원이다. 그러나 자신의 미용실을 자주 거론하고 미스 코리아를 몇 명 당선시켰느니 하면서, 저희 ○○미용실은 특히 교통이 편리해서…… 어쩌고 하면서 과장·미화해서 말한다면 그것은 틀림없이 간접PR로 몰리게 된다.

따라서 정면으로 클로즈업으로 촬영된 상표, 회사이름, 상품을 단독으로 보여주는 것은 자제해야 한다. 또 영업행위가 분명한 장면도 넣지 말일이다. 고정 출연자도 변화를 주도록 하는 것이 합리적이다. 의사의 경우도 가능하면 종합병원을 택하는 것이 좋은데 그들은 많은 환자를 보아야 하기 때문에 스튜디오 출연이 쉽지 않을 것이다. 꼭 필요하면 녹화를 해오는 방법을 써도 된다.

그리고 개업의를 출연시킬 때도 전문성을 따져 의사의 수를 늘리면 출연빈도도 낮아져 크게 문제가 안 될 것이다. 가능하면 ○○병원을 표기하지 말고 ○○전문의로 자막을 만들면 피해갈 수 있다. 또 고정출연자를 너무 장기적으로 출연하도록 할 필요가 없다. 장기출연은 스튜디오에서의 이야기가 안정된다는 장점은 있지만 신선미가 떨어진다는 약점이 있다.

그러나 이렇게 제약 위주로 생각하면 프로그램 제작에 어려움이 발생한다. 이때 취재나 화면구성을 신축적으로 운영할 수 있다. 만약 추석에 볼 만한 영화를 소개하는 아이템이라면 한두 개의 영화만을 대상으로 하지 말고 여러 개의 개봉영화를 각각 같은 길이의 화면을 보여주고 시청자가 선택하는데 유용하도록 객관적 해설을 붙이면 그대로 정보로 전환될 수가 있다.

유명한 음식점을 안내하는 소위 '별미집'도 느닷없이 한 집만을 집중 소개한다면 문제가 발생하게 된다. 주변의 유사한 음식점들이 왜 음식값도 비싼 그 집만 소개하느냐고 항의가 빗발칠 수 있다. 비교적 음식값이 저렴하고 맛이 훌륭한 음식점을 여러 개 골라, 또 지역도 안배해가면서 시리즈로 엮어가면서 방송한다면 시청자는 PR보다는 정보로 인식할 것이다. 이 경우도 정확한 위치나 교통편 전화번호 등을 알리는 것은 너무 공시적으로 하지 말고 기술적으로 조치할 필요가 있다.

금기사항의 경우는 매우 범위가 넓고 미세하기 때문에 한마디로 간단히 얘기하기 어렵다. 그러나 꼭 조심해야 할 것은 초상권(肖像權)에 관한 것이다. 만약 상대방이 취재에 응하지 않을 경우 몰래 촬영해 방송했다고 가정하자. 그 방송의 결과로 인해 당사자가 명예, 인격, 사회활동, 재산상의 큰 피해가 발생했다면 그 책임은 전적으로 방송사와 프로그램 그리고 프로듀서가 지지 않으면 안 된다. 특히 최근처럼 국민의 권리와 욕구가 증폭된 상황에서는 초상권에 대해 세심한 배려가 요망된다고 하겠다.

초상권 외에도 어린이와 관련된 문제들, 특정 학교이름, 환자, 직업, 종교 등도 화면 및 표현상 주의를 기울여야 하며, 또 고가의 사치품(奢侈品)의 소개 등은 호기심 충족, 아니면 절약을 홍보하는 차원이 아니라면 주의를 기울일 필요가 있다. 이것은 'Luxury'라는 제목 등 고가품 소개 잡지들이 여러 가지 나오고 있기 때문에 그런 잡지에 수요자를 위한 역할을 맡기면 될 것이다. 공연히 그런 물건들을 별 뜻도 없이 소개했다가는 서민들의 상대적인 박탈감(剝奪感)을 유발한다는 비난을 받게 될 것이다. 그러나 어떤 경우든지 결정적 장면들이 일단 제거되고 적절한 설명을 삽입함으로써 우회적 표현이 가능할 것이다. 즉 어떤 묘기의 장면을 보여주면서도 "어린이는 위험하므로 따라하지 않도록 부모의 지도가 요망된다"는 식의 자막을 사용하는 예와 같은 것이다.

또한 최근에는 PPL(Product Placement)도 문제가 되고 있다. 이것은 영화의 경우, 자동차나 어떤 제품 등을 제공 또는 대여해 작품에 삽입하고 광고 효과를 얻는 방법을 지칭하는데, 이것도 개인적인 차원에서 또 부적절한 거래형태로 과도하게 텔레비전에서 사용될 때는 사법적인 처리도 거론될 수 있으므로 매우 신중하게 생각하지 않으면 안 된다.

결론적으로, 프로듀서가 의도적으로 '간접PR'을 시도하지 않았다면, 그러니까 PD가 편집에서 부주의로 간접PR 성격을 모르고 지나갔다면, 구성작가가 화면을 보고 간접PR의 가능성을 제시할 수 있다. 그러면 문제를 사전 예방할 수 있는 것이다. 이 지적의 과정에서 구성작가의 표현은 겸손하고 정중해야 프로듀서가 자신의 실수를 쉽게 인정하게 될 것이다. 자칫 자존심을 건드리면 문제도 해결 안 되고 감정적인 갈등이 생기고 골만 깊어질 우려도 있다. 그러나 아이템을 보다 강력하게 접근시키기 위해 다소의 위험을 감수하는 입장이라면 프로듀서와 구성작가가 토의와 협의를 거쳐 되도록 우려 부분을 순화시키도록 해야 할 것이다.

텔레비전은 어느 면에서 거울보다 더 정확하고 정직하다. 이 점은 제작자도 잘 느끼지 못할 경우도 있을 것이다. 따라서 만약 있을지도 모를 'PR의 냄새'를 오히려 시청자는 쉽게 눈치챌 수도 있다는 사실을 인식하고 있어야 한다. 그런 사례가 반복되면 프로그램의 신뢰는 여지없이 떨어지고 만다.

생방송 프로그램에서 프로듀서와 구성작가는 물론 부부는 아닐지라도 일

심동체(一心同體)여야 한다. 각각 임무와 사명이 다른 개체이지만 서로 호흡이 잘 맞고 분리되어 있지 않아야 완성도 높은 프로그램을 생산할 수 있는 것이다.

9. 프로듀서와의 관계

21세기에 들어와서 한국사회는 모든 국민들의 각종 욕구가 계속 분출되는 현상을 보이고 있는 것으로 판단된다. 산업의 현장, 금융계, 공직사회, 교육계, 여성계, 시민단체, 의료기관……, 심지어 부부간의 권리조차도 증폭되고 있다. 온갖 분야에서 그러한 경향은 조금도 수그러들지 않는다. 이것은 방송계라고 해서 크게 다르지 않다. 프로듀서들은 제작권과 편성권의 자유를 요구하고 있다. 프로듀서와 구성작가 간에도 서로의 입장 차이가 자주 논의되고 있다.

즉 프로듀서와 구성작가는 수직적인 종속관계인가? 하는 것이다. 이 질문은 매우 미묘하다. 원칙적으로는 협조관계가 정답이다. 그러나 실제적으로는 협조관계가 아니고 종속관계일 때도 있고, 또 종속관계가 아니고 완전한 독립개체일 수도 있다. 일도양단(一刀兩斷)으로 말하기 참으로 어려운 관계인 것이다.

이들간의 갈등은 업무분담과 관련이 있다. 만약 PD가 제작관련 외의 사소한 일을 주문한다면 작가의 입장은 고단해지고 기분도 상할 것이다. 이러한 전제에 앞서서 다음의 내용을 이해하고 있을 필요가 있다.

교양·정보 프로그램은 대체로 최소한 2년 이상 조연출을 담당해야 연출자로 발탁될 수 있는 것이 텔레비전의 관행이다. 동일한 시기에 프로듀서와 구성작가로 프로그램을 담당했다고 가정하더라도 프리랜서인 구성작가보다 프로듀서가 실전경력과 경험이 풍부한 것은 사실이다. 그러나 한 3년쯤 구성작가로 일했다면 상황은 또 다를 것이다.

주체적이면서 능동적이고 사명감이 드높은 프로듀서와 일천(日淺)한 경력 때문에 수동적인 작가간에는 애초부터 문제가 있을 것으로 보여지기도 한다. 그러나 실제에서는 그렇지 않다. 왜냐하면 프로듀서들은 대체로 구성작가를 새로이 맞거나 교체하면 프로그램에 적응하기 위한 예비기간을 정해놓고 있기 때문이다. 아무리 재능이 뛰어나고 능소능대(能小能大)한 경험을 소유한 작가라도 처음부터 해당 프로그램의 일을 잘해 내기란 쉽지 않다.

한 주에 한 번씩 담당한다고 생각할 때 한 번 두 번 세 번…… 즉, 1개월 이내에 그 작가의 아이템 접근력, 섭외력, 구성력, 임기응변(臨機應變)력, 사고의 유연성, 순발력, 스태프간의 인화(人和)력, 발전속도 등이 긍정적으로 감지되면 아무런 문제가 없다. 이런 결론에 도달했을 때, 프로듀서는 더욱 열성적으로 자기가 지닌 제작 노하우를 구성작가에게 이전해 숙련(熟練)의 기간을 단축하려 노력하게 된다.

또 업무습득 성과가 높고 속도가 빠르면, 그는 자신이 담당하던 여러 가지 일들을 기꺼이 구성작가에게 이양(移讓)하기를 서두를 것이다. 이 속도와 정비례해서 프로듀서와 구성작가 간의 종속관계는 '수평관계' 내지 '협력관계'로 정상화되거나 회복될 것이다.

반면 1개월이 흘러가도 호전되는 변화가 나타나지 않고 진전이 없다면 PD도 괴롭고 작가도 힘든 지경에 빠진다. TV 프로그램은 최초의 3초라는 말도 있다. 프로그램 방송개시 3초 안에 시청자를 사로잡아야 한다는 뜻이다. 즉 첫머리에 시청자를 묶어놓지 못하면 리모컨이 즉각 작동해 채널이 돌아가므로 프로그램이 성립되지 않는다. 이런 관점에서 볼 때, 사실 1개월은 꽤 긴 시간이다.

그렇다고 한 달만에 구성작가를 교체하는 것도 여러 면에서 어려운 점이 있다. 특히 인간적인 면에서도 그렇다. 구성작가 개인에게 심한 상처를 주게 되기 때문이다. 구성작가의 업무수준이 좋지 않다는 이유 때문에 프로그램의 질과 농도가 낮은 프로그램을 계속 만들 수도 없는 것이 PD의 입장이다. 진퇴양난인 것이다.

따라서 프로듀서는 작가 영역의 업무까지 모두 담당해 프로그램을 총체적으로 주도할 수밖에 없게 된다. 작가는 이제 할 일이 아주 줄어들어버린다. 이와 같은 상황이 상당기간 계속되면 두 사람간의 수평관계는 기대하기 어려워진다. 자신들도 잘 인지하지 못하는 사이에 종속관계로 변화될 수 있는 것이다. 이 과정에서 구성작가의 커피 서비스 문제가 발생하는 것으로 볼 수 있다.

그러나 프로듀서가 사려깊다면 이런 관계는 재빨리 단절해야 옳다. 구성작가는 구성업무를 담당하는 사람이지 자신의 비서나 심부름꾼은 아니기 때문이다. 또 피차 프로그램을 생각해야 한다. 구성작가도 업무가 힘겨우면 건강이 나빠졌다는 핑계를 이유로 자진사퇴하고 다음을 기약해야 옳다. 그러나 인간사는 그렇게 정석(定石)대로만 진행되지 않기 때문에 갈등이 생긴다.

다음은 양자가 호흡이 일치하는 경우이다. 그러나 업무시간 외에 그들은 얼마만큼 친밀한 관계를 유지해야 하느냐 하는 것도 문제일 수가 있다. 즉 밤에 프로듀서가 맥주를 마시자고 요청하면 언제나 응해야 하나 하는 것이다. 여기에도 어떤 정해진 기준이 있는 것은 아니고 정답도 있을 수 없다. 다만 분명한 것은 그 맥주 미팅이 프로그램 제작이나 개선을 위해서 도움이 되느냐가 판단의 기준이다. 프로의 세계에서 맥주도 못 마신다면 그것도 말이 안 되겠지만 도를 지나치면 자기의 구성·원고 업무에 지장을 줄 수 있다. 비용을 지불하는 것도 친구나 지인에게 하는 일반 관례에 따르면 될 것이고 무조건 돈을 내는 것도 종속관계를 자초하는 단초가 될 수도 있다. 그리고 서로 미혼으로 애정관계가 아니라면 그런 맥주 미팅은 업무로만 국한하지 않으면 다른 구성작가의 화제에 오르고 스캔들로 발전할 소지도 있기 때문에 구성작가 업무를 유지하는 데 장애가 될 수 있으므로 유의할 점이다.

끝으로 서로간에 협력관계라 하더라도 대화나 표현에서 조심할 필요가 있다는 것을 지적하고자 한다. 프로듀서들은 일반적으로 정서적으로 감성적인 사람들이 지원한다. 따라서 그들은 매우 예민한 성격의 소유자로 봐야 한다. 그리고 입사시험의 경쟁률이 대단히 높아 거의 사법고시 수준을 뚫고 들어온 사람들이기 때문에 자존심이 하늘을 찌르는 부류들이다. 또 한편으로 조연출 생활을 하면서 심부름센터 직원처럼 온갖 궂은 일을 수행해왔고, 뿐만 아니라 자기가 원하는 대로 조연출에서 프로듀서로 승격되는 기간이 길어 복합적인 반항심이 잠재된 처지다. 원천적으로 그들은 누구의 간섭을 싫어한다. 비록 일 때문이지만 구성작가의 의견제시나 제의가 명령 비슷하게 들리면 그들은 쉽게 폭발할 가능성이 있다. 당신이 무어냐고. 따라서 수평관계라도 그들의 이런 속성을 고려해 우회적 표현이 필요하고 설득적 대화가 요구된다. 앞에서도 구성작가는 프로그램의 대모라고 얘기하지 않았던가?

프로듀서와 구성작가의 메커니즘도 이렇게 적지 아니 복잡하다. 이런 사항

들을 재빨리 극복할 수 있는 작가는 프로듀서에게도 대우받고 장래성도 인
정받는다. 주종관계니 하는 말도 나오지 않고 수평관계 협력관계가 정착된
다. 커피도 날라다주지 않고 매일 PD로부터 점심대접을 받을 수도 있다. 그
리고 그것이 정상이다.

디지털방송은 나가고 있지만 TV방송은 속성상 도제관계(徒弟關係)이다. 선
험자(先驗者)를 통해 기술이 전수되고 이전된다. 자존심을 제쳐두고 먼저 일
을 철저히 배우고자 하는 열성은 작가가 지녀야 할 중요한 자질 중의 하나이
다. 그 다음에 나머지 권리와 지위는 획득하도록 해야 한다. 이것이 구성작가
와 PD와의 관계 결론이다.

10. 다큐멘터리 작가로 가는 길

생방송 프로그램을 반드시 ENG구성으로만 만들라는 법은 없다. 여러 가
지 다른 기법을 활용한다는 것은 이미 언급한 바 있다. 다만 '아침' 또는 '오
전' 시간대로 방송시간이 잡혀 있을 경우, 빠른 템포의 진행이 요구되기 때문
에 ENG활용이 유리하다. 이렇게 볼 때 5~6분 정도의 아이템 4~6개로 구성
되는 생방송 프로의 제작과정을 통해서 구성작가는,

① 주제를 골라내고, 접근하는 방법
② 자료를 확보하고 활용하는 요령
③ 사람과 장소 등을 섭외하는 기술
④ 많은 양의 내용 중 핵심이 되는 것만 찾아내 압축하는 능력
⑤ 촬영해온 화면 중 어떤 것이 시청자에게 감동을 주는가를 판단하는 힘
⑥ 전체를 4개로 잘라 기승전결로 구성하는 방법
⑦ TV방송 시스템과 각종 기재에 대한 메커니즘

등을 파악하고 연구하게 될 것이다.

비록 한 개 아이템이 5~6분밖에 되지 않지만 시청자로부터 흥미와 관심
을 유발하기 위해서 구성작가는 ①~⑥까지의 특성을 원만히 소화해야 할

것이다. 이 5~6분짜리 아이템을 열 배 정도로 확장하면 다큐멘터리와 유사한 형태가 된다. 물론 내용과 특질이 다를 수는 있지만 내용을 담아내는 과정과 용기(容器)는 별로 다르지 않다. 따라서 생방송 프로그램에 대한 수련을 정확히 거치고 경험을 쌓게 되면 다큐멘터리 작가로 변신(變身)하는 것은 상당히 유리할 것으로 생각된다.

다만 보통의 생방송 작가들은 그 일을 하면서 다큐멘터리 작가로 승격할 생각은 거의 하지 않을지도 모른다. 그런 생각을 할 시간적 여유가 없기 때문이다. 생방송 작가와 다큐멘터리 작가를 비교할 때, 다큐멘터리 작가가 한 차원 높은 수준이라는 것이 현실임을 인정한다면 구성작가를 시작하면서 애초부터 최종목표를 다큐멘터리 작가로 잡으면 어떨까 생각한다.

만약 그렇게 맘을 먹었다면 단 5분짜리 아이템의 주제를 선정하고, 자료를 찾고, 압축하고, 기승전결을 만드는 작업을 여타의 다른 작가들 보다 월등히 성실하고 깊이 있게 수행할 수 있을 것으로 본다. 따라서 생방송 프로에 매달리면서도 다큐멘터리 작가라는 큰 목표에 도전하는 것은 매우 바람직하다. 즉 생방송 프로를 통해 기량을 인정받도록 한 다음, '종합구성 프로그램'을 담당하는 기회를 얻도록 노력해야 할 것이다.

종합구성 프로그램은 특별기획이나 계기특집으로 시간도 80~90분 또는 그 이상이다. 이 프로그램의 특징은 많은 독립적 아이템을 종합하면서 통일적인 주제에 접근하도록 만들어야 하며, 다양한 형식─스튜디오, ENG, 중계차, 지방사, 특파원……─을 구사해 구성하게 된다. 더욱 시간이 긴 만큼 템포감을 살려야 하고, 무엇보다도 흥미와 재미를 유지하도록 꾸며야 하며 많은 양의 원고도 써야 할 것이다.

50~60분짜리 프로에서 한 단계 높여 그 이상의 시간이 소요되는 프로그램을 담당해본다면 훨씬 다양한 안목이 생기게 되지 않겠는가? 다큐멘터리 프로그램은 단편만으로 만들지 않고 2부작, 또는 3부작으로 만들 경우도 자주 있기 때문에 이러한 긴 호흡이 필요한 것이다. 이러한 과정을 통해서 어느 정도 경험과 자신감이 생기면 다큐멘터리 작가로 업그레이드될 가능성이 높아진다.

다시 말해 생방송 프로를 구성하는 데 유능한 면모를 보였다고 판단되면, 프로듀서들은 자연히 종합구성을 담당해보라고 권유하게 되고, 종합구성에서도 능력을 발휘했다고 소문이 나면, 그 다음은 다큐멘터리 제작자들이 자기 프로그램을 맡아달라고 제의하게 되는 것이 순서이다.

일보 더 나가서 생각해보자. 다큐멘터리 작가로서 늘 프로그램을 탄탄한 구성으로 성공시켰다면, TV드라마 쪽에서도 유혹의 신호가 올 수 있다. 그가 드라마 집필에 관심이 없을 수는 없을 것이다. 처음에는 어린이 드라마, 청소년 드라마를 쓸 기회가 올 수 있다. 여기서 다시 성공하면 단막극, 단막극에서 탁월한 성과를 거두면 미니시리즈, 고시청률로 장안의 화제를 불러일으켰다면 그녀는 조만간 최종적으로 주말연속극의 작가로 화려하게 데뷔하게 될 것이다. 그러면 신문 등 모든 매체들은 앞다투어 TV의 신데렐라 작가 등장을 알리게 된다. 이것이 프로페셔널 구성작가의 개념이고 종착역이다. 드라마의 여왕으로 일단 등극하면 그녀는 일을 그만두고 싶어도 중단할 수 없고 평생에 걸쳐 원고를 쓰지 않으면 안 된다.

이렇게 따져보면 모닝쇼 등 생방송 프로그램은 구성작가에게 매우 소중한 기회를 제공하고 있는 셈이다. 이런 프로는 모든 비드라마 프로의 기본이고 핵심이라고 표현해도 지나치지 않다. 이런 이유로 해서 구성작가는 부업하듯, 또는 적당한 때까지 해보겠다는 생각이 곤란하다는 것이다. 다시 말해 대단한 각오가 필요하다는 것을 재삼 강조한다.

교양·정보·생방송 프로그램과 관련된 여러 가지 문제들을 마감하면서, 이런 유형 프로그램의 개념은 기본적으로 '양질(良質)의 삶을 추구하는 작업'이다. 잘못하면 '생활정보'라는 단어 때문에 그냥 '생활'에만 치중할 수 있고, 고정된 형식에 치우칠 우려도 있지만 제작자와 스태프들은 국민들의 양질의 삶을 위해 최선의 노력을 경주(傾注)할 의무가 있는 것이다. 따라서 모름지기 구성작가는 '양질의 삶'에 대한 개념적 무장을 강력하게 해야 된다는 점을 당부하고자 한다.

생방송 프로가 양질의 삶에 대한 추구라면, TV 다큐멘터리는 '정신적 삶에 대한 존중(尊重)'이고, 드라마는 '인생과 사랑에 대한 승화(昇華)'일 것이다.

'길은 로마로 통한다'는 말이 있듯이 생방송 프로로 시작해서 어떤 프로그램에도 도달할 수 있다. 생방송 프로는 첫발자국이면서 구성작가가 첫번째로 끼는 단추이다.

3장 라디오 프로그램 작가론

1. 라디오 프로그램

라디오 구성작가와 관련된 내용은 앞서의 TV구성작가론에서 대체적인 사항들을 모두 언급했기 때문에 특징적인 것만 요점 정리하기로 한다.

대학교의 방송관련학과에서 상담을 해보면 구성작가가 되고자 하는 여대생이 적지 않고 그중에서도 라디오작가를 지망하는 사람들이 의외로 많다. 그 이유를 정확하게 파악하기는 어렵지만 대체로 세 가지 정도인 것 같다. 고교시절 또는 대학 1·2학년 때 방송반에서 활동해서 라디오 프로그램에 깊은 매력과 정을 느낀 경우가 있고, 텔레비전에 비해 라디오는 그 제작과정이 훨씬 단순하기 때문에 구성작가의 작업 과정도 더 용이할 것이라는 점도 작용하는 것으로 보인다.

또한 원고료도 TV는 한달 기준으로 '정액 × 4회'인데 반해, 라디오는 '정액 × 26회'인 경우가 많아 이것도 장점으로 꼽히므로 수입이 짭짤하다는 인식이 깔려 있다. 그러나 가장 근본적인 원인은 구성작가가 되기 위한 경쟁률에서 라디오가 적지 아니 유리할 것이라는 생각 때문이 아닌가 한다.

그러나 실제로는 라디오가 절대로 용이한 매체가 아니기 때문에 구성작가가 되기 위한 경쟁의 면도 결코 수월하지 않다는 점을 전제하고자 한다. 라디오 프로는 매우 정서적이고 섬세(纖細)해야 하며 반드시 메시지가 있고 논리적이어야 하는 등 구성작가의 입장에서 고려해야 될 일들이 한두 가지가 아니다. 라디오 프로그램 작가가 되기 위해서는 라디오와 FM에 대한 많은 공부와 훈련이 필요하다는 것은 재론의 여지가 없다.

라디오 프로그램은 텔레비전과 달리 그림이 없이 '말과 소리(음악)'만으로 이루어진다. 따라서 이 '말'은 엄밀히 따지면 모두 원고에 의존한다고 볼 수 있다. 이것을 공식화하면,

- 라디오 = 말 + 음악
- FM = 음악 + 말
- TV = 그림 + 말

이 된다. 그러면 라디오 원고는 무엇으로 구성되는가?

① 원고는 자료의 수집, 해석, 분석을 통해 가공된 정보전달 형태로 이루어진다.
② 정보전달은 줄거리(body)와 풍자(諷刺), 희화(戲畵), 패러독스(paradox, 逆說), 패러디(parody, 模倣·比喩)를 활용해 비아냥거림으로써 웃음을 주는 내용들을 포함하고 있다. 그래야 재미를 유발해 청취를 유도할 수 있다.
③ 다양하고 흥미로운 에피소드로 엮어지게 된다.
④ 원고는 결국 '새로운 이야깃거리'이다.

이야깃거리는 우선 청취자가 흥미와 재미를 느낄 수 있어야 하고, 그 내용을 듣고 무엇인가 덕을 볼 수 있어야 하며, 또한 교양적 측면에서 얻는 것이 있어야 하고, 계속 듣고 있어도 불편하지 않으면서 편안해야 한다. 여기서 우리는 원고 즉, 이야깃거리의 속성을 알아챌 수 있다.

그러면 이야깃거리를 어디서 찾을 수 있을까? 가장 손쉬운 방법은 활자매체 자료들을 아주 세밀하고 샅샅이 뒤져야 하는 것은 TV와 같다. 일간지, 경제지, 스포츠신문, 종합월간지, 전문잡지, 잘 만든 사내외보, 시민단체의 리포트 등등에서 찾도록 한다.

이야깃거리 즉, 자료를 잘 찾아냈다 하더라도 라디오 작가에게 가장 중요한 점은 '자료'를 반드시 가공(加工)해야 한다는 점이다. 다시 말해 자료를 그대로 날 것으로 쓸 수는 없고 요리를 해야 한다. 음식을 만들 때도 자료를 다듬기도 하고, 썰기도 하고, 물에 삶아내기도 하며 기름에 튀기기도 하는 것과 같은 이치다.

자료에 대한 가공기술이 라디오 작가를 만들어낸다. 가공은 해당 프로그램의 성격이나 그 날의 주제와 소재와 관련해 밀접한 연관성을 갖는다. 또한 매일매일의 아이템이 다르고 신선해야 하는 차별성도 있어야 한다.

한 아이템에 배정된 시간은 아마도 3~5분 정도일 것이다. 이렇게 규정된 시간 안에 전달할 내용을 기·승·전·결의 방법으로 재미있고 논리적으로 표현하도록 한다. 요즈음의 프로그램들은 대부분 남녀 2MC이기 때문에 역할분담도 정해야 하고 중간에 어떤 음악들이 들어가게 될 것인가를 생각해보는 것도 좋다. 원고지로 계산하면 앞부분 50자를 빼고 6~10장 분량 정도이다.

좀 다른 각도에서 생각해보면 오프닝원고 즉, 프로그램을 시작하는 인사말이나 그 날의 아이템 소개 등을 준비해야 하고, 본 내용에 관한 원고, 또 출연자 인터뷰 원고도 있어야 한다. 오늘날 라디오 프로그램은 MC와 출연자 인터뷰(전화인터뷰도 포함), 그리고 음악이 가장 큰 구성요소이다. 언뜻보면 너무 단순한 것 같지만 고도의 기술과 전략을 요한다. 라디오 수신기 숫자도 많아 접근도도 좋고 제작비가 적게 들기 때문에 투자에 비해 경쟁력이 강한 매체이다.

따라서 출연자에게서 흥미 있는 내용을 빼내는 인터뷰 원고(질문 포함)는 매우 중요하다. 인터뷰 원고를 잘 쓰는 기술은 출연자에 대한 상세한 자료를 확보하는 데서 출발한다. 많은 출연자 정보를 갖고 청취자에게 무슨 이야기를 가장 잘 할 수 있는가를 따져 꼭 집어 물어보도록 원고를 작성해야 한다.

전화인터뷰도 활용도가 높은데, 이때 주의를 기울일 것은 전화에 연결된 사람은 일반적으로 얘기를 길게 끄는 경향이 있다는 점이다. MC가 전화 건 사람을 잘 통제할 수 있도록 내용을 꾸미는 지혜도 필요하다.

라디오작가는 자신이 담당한 프로그램이 어떤 시간대이고 주요 청취대상이 누구인가 하는 것을 항상 인식하고 있어야 한다.

아침 5~7시, 7~9시, 9~12시, 1~2, 2~4시, 4~6시, 6~8시, 8~10시,

10~12시, 12~새벽 2시 등 어느 시간대인가에 따라서 노인, 주부, 미시 주부, 상공인, 운전사, 중고생, 대학생 등 청취자 계층이 달라진다.

해당 프로의 고객 즉 청취자에 필요한 꼭 맞는 이야깃거리, 각종 자료를 라디오 작가는 무수히 스크랩해야 할 것이다. 스크랩된 자료는 병사의 실탄과 같고 결국 라디오 작가의 생명이다. 텔레비전은 프로듀서가 찍어온 그림이 밑천이지만 라디오는 순전히 말과 음악으로 해야 한다. 구성작가는 말할 내용을 무수히 저장해놓고 여기서 적절한 것을 골라내지 않으면 안 된다. 말을 공급하기 위해 작가는 많은 책을 읽어야 하고, 개봉되는 영화 중에서 화제거리도 찾아야 하고, 엔터테인먼트(연예) 스토리도 달통(達通)해야 한다. 또 FM을 포함해서 모든,

라디오 프로그램에 있어서 공통적으로 유의해야 할 점은 '자동차 운전사'에 대한 배려와 관심이다.

왜냐하면 요즈음은 어느 길이고 안 막히는 길이 없고 그때 운전사는 반드시 라디오를 켜고 있다는 사실을 항상 기억하고 있어야 한다. 라디오작가는 소통정보를 비롯한 교통관련정보에 아주 예민해야 하고 기동성을 발휘해 내용을 정리하는 능력도 갖추지 않으면 안 된다. 물론 교통방송이 있지만 운행 중인 차량의 모든 운전기사가 모두 교통방송만 듣는 것이 아니다.

또한 각종 뉴스, 기상정보, 시사정보를 MC가 편하게 전달하도록 요리할 수 있는 능력도 필요하다. 정보센터 소식을 이용할 수도 있고, 자신이 해당 방송사의 뉴스나 YTN 뉴스 채널의 정보를 가공할 수도 있다.

2. 라디오 프로그램 원고 작성

라디오 프로그램의 원고는 보다 세밀하게 만들어져야 한다는 점을 우선 강조하고자 한다. 텔레비전은 기본적으로 화면에 상당 부분 의존할 수 있지만, 라디오는 오직 말로 표현되는 음성으로만 전달되기 때문에 TV의 말보다 라디오의 말은 정세도와 순도가 높아야 그 역할을 충분히 수행할 수 있다. Ahmed Mansor[1]는 'Mansor's ABCDEFG Formulas for Writing'이라는 기사 작성법을 제시하고 있는데, 그 개념이 매우 명쾌하기 때문에 라디오 프로그

램 원고 작성에도 유용하리라고 생각되어 소개하고자 한다.

- A = Accurate, 정확·정밀
- B = Brief, 간결한
- C = Clear, 밝은·명확한·뚜렷한
- D = Direct, 직접적으로
- E = Easy, 쉽게
- F = Fair, 공명정대한
- G = Good taste, 멋있게·맛있게

A～G는 절대로 복잡하지 않고 단순하며, 어렵지 않고, 균형적이어야 하며, 또 멋이 있어야 된다는 점들을 강조하고 있다. 이런 원칙을 기본으로 해서 참작할 더 많은 요소들을 추가한다.

① 문맥이 논리 정연해야 한다.
② 구어체로 쓴다. '～하여'를 '～해서'로, '～되여'를 '～돼서'로 바꾸어 쓴다.
③ 문장의 리듬과 박자가 맞도록 꾸민다.
④ 살아있는 말을 쓴다. 가능하면 현실적인·현대적인 감각의 말을 쓰자는 뜻이다. 사극에 나오는 '감축 드리옵니다'라는 표현을 요즘은 아무도 안 쓰는 것을 상기해야 한다.
⑤ 청취자는 단 한 사람으로 생각한다. 나는 그대만을 위해 얘기한다.
⑥ 상스럽고 거친 표현을 피한다.
⑦ 은어·유행어의 사용도 자제한다.
⑧ 약어(略語)는 풀어서 쓴다.
⑨ 경어를 쓴다. 또 피한다. 주부님들께서 → 주부께서, 운전기사님 → 운전기사
⑩ 군더더기 말(蛇足)은 원고 검토시 삭제한다.

---

1) MBC라디오국 편, 『라디오 방송제작론』, 나남출판, 1991, pp.133～139.

3. 인터뷰

인터뷰에 관해서[2] 찰스 스테와트(Charles Stewart)와 윌리엄 캐시(William B. Cash)는 "인터뷰는 행태의 교호작용을 위해서 사전에 계획되고 진지한 목적을 지닌, 질문과 응답을 내포한 일련의 쌍방커뮤니케이션 과정이다"라고 정의하고 있다. 방송에서 행해지는 인터뷰의 특성은 다음과 같다.

① 은밀하지 않다. 공개적이기 때문에 환영받을 수도 있고 거부될 수도 있다.
② 대상자와 합의에 의해서 이루어져야 한다.
③ 특정한 목적 아래 수행된다. 청취자가 알고 싶어하는 내용을 물어본다.
④ 사전준비가 필요하다. 질문지가 정확히 마련되면 좋다.
⑤ 반드시 방송되지 않을 수도 있다. 합의에 의해 인터뷰가 이루어졌어도, 방송에 적합하지 않을 경우, 방송되지 않을 수도 있다는 점을 알려주고 양해를 얻도록 해야 한다.
⑥ 연출이 필요하다. 작가는 청취자가 궁금해하는 내용을 출연자가 말할 수 있도록 사전에 알리고 유도해야 의도된 대답이 나올 것이다.

인터뷰도 한 개의 소형 프로그램으로 연출이 필요하다는 점을 지적했지만 효과적인 인터뷰를 수행하기 위해서는 방송시작과 함께 몇 가지 조건과 분위기가 조성되어야 성공을 거둘 수 있다. 다음을 유의했으면 한다.

① 출연자의 긴장을 빨리 풀어준다. 진행자는 인터뷰 대상자에게 관심과 호의를 보인다.
② 시동을 빨리 걸어야 한다.
③ 대답을 주의깊게 듣고, 적절한 흥미를 보인다.
④ 출연자의 말을 차단(遮斷)하지 않도록 한다. 진행자가 물어보고 대답이 빨리나오지 않으니까 진행자가 자기의 견해로 대답을 대신하는 것은

---

2) 앞의 책, pp.120~125.

최악의 인터뷰이다.

⑤ 인터뷰의 흐름이 통제되어야 한다. 자기 합리화나 PR의 의도를 막도록 한다.

⑥ 인터뷰 중간 출연자의 성명과 직위를 소개한다.

⑦ 답이 뻔한 질문은 피한다. 장애자가 지리산 등반을 하는 과정에서 '힘드십니까?' 하는 질문은 부적절하다.

⑧ 가끔 대답이 난처한 질문도 한다.

⑨ 인터뷰 내용과 관련이 없는 사적인 질문은 자제한다. 이혼문제를 상담하는 변호사에게 당신도 이혼했느냐?(실제로 이혼했을 경우)는 질문은 곤란하다.

⑩ 수동적이고 소극적인 인터뷰 대상자에게는 여러 각도에서 말을 시켜 원하는 답변을 얻도록 시도한다.

4. 리포팅과 리포터

리포팅의 핵심은 '현장감(現場感)'이다. 현장에서의 생생한 이야기가 청취자·시청자에게 공감과 흥미를 충족시켜주게 된다. 따라서 리포터가 '현장감'에 충실치 못한 리포팅을 한다면 그날 방송은 실패한 것이라고 할 수 있다. 리포팅의 특성을 살펴보자.[3]

① 리포팅은 현장(現場)이다.

② 리포팅은 살아있는(곧 지금의 상황) 느낌을 주도록 한다.

③ 리포팅은 작은 프로그램이다. 따라서 6하원칙이 준수되는 small full story가 되어야 한다.

④ 리포팅은 작은 프로그램이기 때문에 연출이 필요하다. 경우에 따라 리포터가 연출자가 될 수도 있다.

⑤ 리포팅은 personality이다. 리포터의 개성이 살아야 성공할 수 있다.

---

3) 앞의 책, pp.127~131.

이러한 리포팅의 특성을 파악하고 실제 리포팅을 수행하자면 그에 맞는 적절한 기법이 요구될 것이다. 리포팅의 기법을 요약한다.

① 리포팅의 주제가 무엇인가를 분명히 한다. 기획의도를 충분히 숙지한다.
② 리포팅의 유형을 설정한다. 단순한 행사 스케치인지, 현장에서 꼭 필요한 어떤 내용을 담을 것이지를 결정하고 3~5분 가량의 시간이지만 opening, body(본 내용), closing의 구성으로 진행한다.
③ 현장연출은, 현장책임자를 사로잡는 것이 중요하다. 현장상황에 관해 그는 누구보다 가장 많은 정보를 가지고 있을 것이다.
④ 다소의 쇼맨십도 가미되어야 리포팅은 흥미가 있다. 다만 너무 지나치면 곤란하다.
⑤ 위기대처능력이 요망된다. 현장은 스튜디오처럼 단순하지 않고 복잡하다. 따라서 돌발사가 발생할 수 있고, 이때 리포터는 임기응변을 발휘할 수 있는 준비가 되어 있어야 한다. 리포팅과 리포터는 '순발력'과 '유연성'이 공히 필요하다.

5. FM 프로그램

라디오 작가의 또 다른 선택은 FM DJ 프로그램에 관한 원고를 만드는 일이다. 이 경우는 DJ의 특성을 정확히 파악해 DJ에 맞게 원고를 써야 하고, 비록 자신이 음악을 고르는 것이 아니라 하더라도 팝송이나 대중음악에도 조예(造詣)가 있어야 좋은 원고를 쓰게 된다.

비록 DJ가 아니고 작가지만 FM에서 음악에 관해 해박한 지식을 소유하는 것은 매우 중요하다. 음악의 역사 및 변천과정, 아티스트의 동정, 음악의 장르별 특성 및 분류방법, 가사의 내용, 히트곡의 연보(年譜), 최신곡에 대한 정보, 가수와 연관된 화제, 스캔들까지 모두 프로그램의 소재가 될 수 있기 때문이다. 스탠더드 팝송, 컨트리, 하드록, 헤비메탈, 칸소네, 유럽 음악, 아프리카 음악, 남미 음악 등 소위 월드 뮤직을 모두 일별(一瞥)할 수 있다면 진정 개성 있고 기름진 원고들이 나올 수 있을 것이다.

또한 우리의 노래도 가곡, 대중가요, 국악에 관해서도 관심을 가져야 할 것이다. 특히 대중가요(소위 뽕짝)는 라디오와 TV를 망라한 연예오락 프로그램의 소재로서 항상 50% 이상을 점유하고 있다는 사실을 기억해야 할 것이다.

FM 프로그램에서 음악은 주식(主食)이고 말은 부식(副食)이라고 생각할 수 있다. 그렇다면 음악과 말의 비율은 어느 정도가 적절할까? 절대적인 기준은 없다고 한다. 미국의 경우는 6 : 1 정도, 우리나라 라디오 프로그램은 4 : 1, FM은 4.5 : 1, 음악 전문 프로그램은 4.5 : 1~5 : 1 정도의 비율로 진행되고 있다. 우리 FM 방송은 DJ의 말이 너무 많다는 지적이 전문가 사이에서 나오고 있지만, 말이 좀 많은 프로가 오히려 인기가 있다는 역설적인 면을 보이기도 한다. 이것은 음악만으로 긴긴 방송시간을 꾸민다는 사실에 어떤 한계점이 있다는 것을 의미하는 한편, 음악(선곡)의 다양성이 부족하다는 것을 반증하는 것일 수도 있다.

DJ의 독자적인 말은(멘트) 2분 이내로 줄이는 것이 현명하고 인터뷰라도 5분을 넘지 않게 마무리하는 것이 산뜻하다.

최근에는 한 작가가 모든 원고를 다 쓰지 않고 오프닝작가, 알맹이작가(본내용 구성), 음악작가(음악내용 해설) 등으로 전문화된 프로그램이 있다고 하는데, 이때 프로그램을 전체적으로 보아 통일성을 기하는 작업이 수반돼야 할 것이다.

구어체와 대화체를 구사하는 FM작가가 되기를 원한다면 많은 FM 프로그램을 열심히 모니터해 그 스타일과 자료가공기술을 습득하는 것이 가장 빠른 지름길이라고 할 수 있다.

정의상으로는 이견이 있겠지만, 현재의 상황으로 보면 FM방송은 결국 DJ 방송이라고 말해도 지나치지 않다. 따라서 DJ에게 전달되는 원고(멘트)에는 거기에 어울리는 요령이 있다.(DJ 김기덕) 그것들을 정리한다.

① DJ멘트는 일상적인 대화에 기초를 둔 자연스러운 언어의 구사이다. 그 말들은 따뜻하고 친근하며 진술하면서, 멋과 개성이 요구된다.

② 이상한 어투를 개성으로 삼아서는 안 된다. 자칫 잘못하면 연속극에

등장하는 다운타운 DJ로 오해받을 수 있다.

③ DJ에 꼭 맞는 독창적 어투를 개발하도록 한다. 그것이 DJ의 생명이다.

④ 현실 감각에 입각한 이야기 스타일을 만들도록 한다. 그래야 멋이 나온다.

⑤ 이야기와 에피소드를 만들기 위해서는 다양한 자료가 뒷받침되어야 한다.

⑥ 말에 힘을 주기 위해 때로는 '단어' 자체를 강조한다. '긴급' 뉴스를 전해드립니다 하는 식이다.

⑦ 음악과 마찬가지로 말의 리듬도 살리도록 한다. 음악은 아름다운 데 거기 삽입되는 말이 너무 딱딱하면 곤란하다.

⑧ pause, 한 순간 말을 중단하는 것은 강조, 변화, 호흡의 조정을 위해 필요하다.

⑨ 원고를 DJ가 읽는 식이어서는 맛이 없다. 작가가 원고를 작성할 때도 말하듯이 쓰도록 하는 것이 중요하다. DJ 역시 원고를 소화해 자신의 말인 양 표현해야 할 것이다.

⑩ 확실하지 않은, 어설픈 말을 인용하는 것은 삼가는 것이 유리하다.

⑪ FM에서 논리적 사고를 요하는 이야기는 적합치 않다. 가벼운 마음으로 부담없이 들을 수 있는 내용이 좋다.

⑫ FM프로라도 인터뷰 대상자의 상세한 정보가 필수적이다.

⑬ 인터뷰의 질문은 DJ 자신이 아니라 FM 청취자가 궁금한 것을 묻도록 한다.

⑭ 인터뷰에서 농담 따먹기식 말장난은 프로그램의 질을 떨어뜨린다.

⑮ 특정 계층에 이익 또는 불이익을 주는 발언도 삼간다.

6. 라디오 뉴스

라디오 뉴스는 정규 프로그램으로 방송되는 것 이외에도 '정보센터 뉴스'의 형식으로 AM과 FM 등 여러 프로그램에서 활용된다. 이 경우도 보도국의 취재 내용이나 외신 모두 다소의 가공이 불가피하다. 따라서 뉴스가 구성되는 구조를 파악할 필요가 있다.

기사는[4] 리드와 본문으로 구별된다.(송도균) 리드는 기사 전체의 내용을 압축(壓縮)해서 전달하고, 본문은 리드가 밝힌 내용을 6하원칙에 따라서 논리적으로 설명하게 된다. 따라서 청취자의 주의를 끌기 위해 훌륭한 리드가 강조된다. 그러나 리드는 길어서는 안 되고 정곡(正鵠)을 찔러야 된다는 점이 핵심이다.

여기서 일반 작가들이 뉴스를 다루거나 가공할 때, 가장 고려하지 않으면 안 될 것은 것은 대체로 '역(逆) 피라미드' 형태로 꾸며진다는 사실이다. 이것은 즉 삼각형인 피라미드를 거꾸로 세워놓은 것 같은 역삼각형의 모습으로 뉴스가 구성되고 있다는 것을 의미한다.

역 피라미드는 뉴스 가운데 포함된 사실들을 중요도의 순서에 따라 차례로 배열하는 방식이다. 가장 중요한 사실을 리드로 하여 표제(標題)감이 되게 하고, 중요도가 다소 떨어지는 것을 뒤로 돌려 형편에 따라(시간이 부족할 경우) 기사를 잘라도 의미 전달에 문제가 없도록 하는 것이다. 피처 스토리의 경우는 다르지만 방송 또는 통신기사의 경우는 역 피라미드 형식의 기사가 필수적이라는 것을 알고 있을 필요가 있다.

핵심적인 몇 가지 주의점을 제시한다.

① 기사는 확인된 사실만으로 객관적으로 짜여져야 한다. 따라서 보도국에서 공급된 것이라 하더라도 정보센터 작가가 가공하는 과정에서 오해나 해석상의 오류가 있을 수 있으므로 불분명한 것은 반드시 확인 작업을 거치지 않으면 안 된다.

② 방송 뉴스에 나가는 모든 기사는 뉴스의 출처를 반드시 밝혀야 한다. 정보센터 뉴스도 이에 준한다. 정보센터 뉴스는 보도국 뉴스에서 취사 선택하는 것이기 때문에 시차를 고려해야 하고 필요할 경우 이것도 명기한다.

③ 기사에서 6하원칙은 매우 중요하다. 그러나 '누가, 무엇을, 언제, 어디서, 어떻게, 왜'를 한 문장에 모두 넣으려는 시도는 위험하다. 문장이

---

4) 앞의 책, p.401~406.

길어지고 따라서 시청자의 이해력이 떨어진다. 6하원칙 내용도 중요도
에 따라 짤라가면서 설명하면 무리가 없을 것이다.
④ 정보센터 뉴스 전달자가 너무 아나운서 스타일을 고집할 필요는 없다.
모방을 하다보면 부자연스러워지고 이상한 느낌을 줄 수 있다. 뉴스(소
식)를 정확히 전달하도록 하는 것이 오히려 도움이 된다.
⑤ 정보센터 뉴스 작가 또는 전달자는 일간지, TV뉴스(YTN 포함), CNN까
지도 접근할 수 있다면 최상의 소식을 만들어낼 수 있다.

7. 교통방송 프로그램

도시와 지방, 농촌과 어촌을 가리지 않고 어느 곳에 가도 차량은 넘친다.
따라서 인간의 이동은 현대 사회에서 가장 시급히 해결해야 할 중대한 과제
중의 하나이다. 이런 상황을 개선하기 위해 서울교통방송을 비롯해 부산, 광
주, 대구, 대전, 인천, 원주, 전주(미개국)[5] 등 8개 교통방송이 개국되어 현지
교통정보를 방송하고 있다.

지상파TV, 케이블TV, FM방송 등의 수도권 집중은 점차로 지방민방의 형
식 등으로 분산되고 있는 것이 현실이고, 이런 흐름과 함께 각 지역 교통방송
의 설립도 가속화될 것으로 전망되고 있다. 여기에는 적지 않은 수의 프로듀
서와 작가, 진행자 등 방송요원의 확보도 선행되어야 하기 때문에 스태프를
지망하는 사람들에게 교통방송은 상당한 메리트를 주는 요인으로 생각할 수
있다. 그리고 그들의 근무지역이 거주지역과 동일해야 하므로 채용 경쟁에
서도 수적인 면에서 유리하지 않을까 생각된다.

그러나 '교통방송'의 특성을 고려하지 않고 접근한다면 상당한 차질을 빚
게 될 것이다. 교통방송의 개념 또는 체계를 설명하고자 한다.

교통방송의 개념은 인간의 이동, 또는 재화의 수송을 원활히 하기 위한
제반 교통수단을 망라해서 시스템의 개선과 활용 정보를 시민들에게 즉시
전달하는 것으로 규정할 수 있다. 따라서 교통이라는 의미는 차량, 기차, 선

---

5) 방송위원회, 「2001년 방송산업 실태조사 보고서」, 2001년 12월, p.65.

박, 항공기 등이 모두 포함되는 광의의 개념이다. 차가 막히는 정체(停滯) 구간을 말해주는 것이 교통방송이라고 생각하는 것은 매우 잘못된 이해이다. 교통방송에서는 다음과 같은 사항들이 다루어져야 할 것이다.

- 정체 상황, 우회도로
- 교통법규
- 운전자 등 교통 관련 종사자의 이해(利害)와 벌측
- 운전자의 건강과 복지
- 신호체계와 도로운영의 개선
- 교량과 건널목의 문제
- 사고의 판정과 사후처리
- 사고 피해자의 수송문제
- 사고와 보험처리
- 보험약관을 둘러싼 분쟁
- 뺑소니 운전사와 시민의 신고정신
- 각 지역의 특수 교통상황
- 정책 수립
- 교통경찰관과의 문제, 암행단속, 독직 등
- 차량 정비와 업체
- 주차문제와 주차장
- 각종 운송수단의 매표문제
- 교통안전 교육, 교통안전 캠페인 전개
- 신차 모델 소개
- 자동차 잡지
- 외국의 경우

등등 대상 아이템은 범위가 넓고 다양하다. 각각의 부문은 모두 깊은 전문성이 요구되기 때문에 종사자는 많은 연구가 있어야 하고 풍부한 경험을 축적해야만 효율적인 교통정보체계를 구축할 수 있을 것으로 생각된다. 이런 이유로 교통방송이 단지 정체구간을 알려주는 것은 아니라는 것이 확실해진다.

그것은 극히 표면적인 기능이며 궁극적으로는 우리의 교통문화를 향상시킴으로써 모든 국민을 교통사고로부터 보호하고 교통질서와 법규를 준수하는 국민으로 끌어올리는 데 그 최종 목표가 있다고 하겠다. 구체적인 방법으로 다음의 내용에 유의할 필요가 있다.

- 프로듀서, 작가, 리포터 등 종사자는 각 도시·지역적 특성 즉, 인구분포, 공공 건물·학교·시장 등의 위치와 상황을 숙지해 머리에 입력하는 것이 중요하다.
- 도로와 정체지역, 시간적 변화의 흐름, 우회 가능 도로에 관한 답사와 연구가 필요하다.
- H/W도 고려되어야 한다. 즉 중계차, 헬기, 행정Post(경찰청, 도로공사, 공항공사, 항만청, 기상대, 철도청, 지하철 상황실 등), 교통통신원 고정Post, 휴대폰 및 일반전화의 활용, GPS 등에 대해 어떻게 최상의 수신상태를 유지할 것인가와 업그레이드할 것인가도 연구되어야 한다.
- 정보전달방법도 개선되어야 할 것이다. 이야기의 구성이나 에피소드에 재미와 흥미가 가미되어야 지상파 라디오와 경쟁할 수 있다.
- 차원 높은 정보 전달을 위해서는 PD, 기자, 아나운서, 리포터, 작가, 통신원 등에 대한 집단적인 교육도 필요하다.
- PD와 리포터는 기자와 같고 아나운서와 같아야 한다. 즉 취재의 논리가 있어야 하고 아나운서처럼 전달이 정확하고 명료하지 않으면 안 된다.
- 반대로 기자의 경우는 PD처럼 특성을 살려 다양성, 심층성, 설명적 측면을 살리면 좋을 것이다.
- 작가는 경찰의 '교통정보센터'의 실장처럼 그날 벌어지는 시내의 시위, 행사까지도 모두 염두에 두는 종합적인 접근이 요망된다.
- 기자 프로듀서 아나운서 리포터 등 교통정보의 실제 전달요원들은 기자의 출입처와 유사하게 정보발생기관을 분담해 전담 마크하는 것도 효율성이 있다.

이상과 같이 교통방송은 정체나 사고소식을 알려주는 데서 한 차원 높여 교통문화의 향상을 도모하며, 소통의 질을 높이고, 시민의 수송과 물류의 유통을 원활히 함으로써 경제성을 극대화하는 최첨단 과학인 점을 유의하면서 제작에 임했으면 한다. 뿐만 아니라 현장 경험이 매우 중요하다는 것을 다시 강조하고자 한다.

8. 사내방송

사내방송은 대기업의 본사와 각 지사 또는 branch, 행정망(예컨대 구청 등) 등이 헤드쿼터의 전달사항을 신속히 전파하는 커뮤니케이션의 역할을 수행하는 매체로 급격히 성장하고 있다. 메이저 기업들은 홍보실 산하에 방송시설을 갖추고 사내방송을 실시하므로 업무의 원활함을 도모하고 각 커뮤니티 간의 업무, 복지·후생·레저·동아리 등에 관한 정보를 소개한다.

그 규모는 대학교의 학교방송 수준이거나 아니면 지방 민간방송보다 좀 작은 수준을 상정할 수 있다. 또 TV인 경우도 있고 라디오만 일 수도 있다. 처리되는 정보는 회사 자체에서 제공하는 하향식 정보(일반의 관변 뉴스와 유사하게 하겠다)와 커뮤니티 간의 다소 사적인 정보로 대별될 수 있다. 기초적인 부분만 간추리고자 한다.

- 비록 제목은 사내방송이지만 일반 방송과 다를 바가 없다. 기획·취재·기사작성·전달(아나운싱 및 리포팅)이 수행되어야 하고 6하원칙도 지켜져야 한다.
- 회사의 자체 뉴스는 간부회의를 위해 준비되는 '주간정기보고'나 '일일보고'를 홍보실 담당자가 검토를 마친 것을 사용하면 무리가 없을 것이다. 회사의 모든 정보가 공개되어서는 안 된다. 즉 산업스파이들에게 어떤 빌미를 주어서는 안 된다.
- 여기에는 경영의 부문 중에서, 조직과 인사, 공사현장에서의 소식, 새로운 공법과 신기술 도입, Quality Control, 마케팅 개선과 기법, 공지사항 등 다양한 정보가 포함된다.
- 따라서 사내방송 기자나 PD는 방송에 필요한 각종 소스를 확보하고 있어야 한다. 즉 취재가 필요하다는 말이다. 소형 카세트 녹음기도 지참한

다.

- 사내방송 뉴스도 반드시 새로운 것이어야 뉴스 벨류가 있다.
- 본사 방송실에서는 각 단위 취재 담당자에게 전화를 걸어 '무슨 좋은 내용이 없는가?'를 확인하고 가치가 있을 경우 취재를 요구하는 것도 방법이다.
- 반대로 지역 담당자가 아이템을 선별할 경우, 본사 담당자가 해당 아이템에 관해 어떤 가치를 부여할 것인가를 생각해보는 것도 좋다. 즉 전사적인 입장에서 뉴스의 가치를 판단하자는 것이다.
- 본사와 지역 담당자들은 1분기에 한 번 정도 미팅을 갖고 시행착오에 대한 교정작업을 벌여야 정상궤도를 유지할 수 있다.
- 사내방송이라도 청취자의 관심을 끄는 '화제'가 도움이 된다. 예컨대 사내의 누구와 누가 결혼한다든지, 사돈을 맺었다든지, 어느 부장의 자녀가 서울대학교에 합격했다든지, 누가 병으로 입원했는데 그 부서 사원들이 병원비를 모으고 간호를 한다든지 하는 미담은 아주 좋은 뉴스가 될 것이다.
- 인사이동과 관련된 승진, 전보, 포상, 표창, 해외연수, 출장, 파견 등도 매우 관심이 높은 정보이다.

기타의 내용들은 일반 방송에 준하므로 줄이고자 한다.

사내방송은 우리의 경제규모 확장과 함께 더욱 확대될 것으로 전망된다. 일반 기업이나 행정 조직에 포함되어 있지만 그 성격은 정확하게 방송과 같다. 또한 그 조직도 일반 방송과 틀리지 않는다. 기자·PD·아나운서·작가·리포터·엔지니어가 모두 필요하다. 다만 한 사람이 여러 가지 기능을 담당하는 1인다역 체제라는 것이 다소 다를 뿐이다. 지상파 등에 비해 업무는 비교적 단순한 편이고 봉급 수준도 나쁘지 않다고 한다. 다만 방송인으로서의 성취감이 다소 떨어지는 것이 단점인데 그냥 직장인이라고 생각하면 큰 문제가 없을 것이고, 사내방송에서 경험을 쌓고 차후 케이블TV나 기타 방송으로 전직하는 경우도 자주 목격돼 사내방송의 위상과 장래는 긍정적임을 지적하고자 한다.

이렇게 위에서 살펴본 여러 가지 내용들을 종합적으로 판단하면, 결국 라디오 프로그램은 풍성한 '이야깃거리'를 얼마나 많이 갖고 있는가가 중요하고 또 이것이 어떻게 감칠맛나게 꾸며져 청취자의 귀에 전달되느냐에 따라 성패가 달려 있다고 하겠다.

모든 라디오들이 채널의 획일화 현상을 보이고 있고, TV에의 종속현상도 심화되고 있다. 특히 FM은 음악 전문편성 채널이라 하더라도 시사, 생활정보 및 음악·오락을 모두 소재로 삼는 AM화 경향을 보이고 있는 문제점도 노정된다. 그럼에도 불구하고 라디오의 비전과 전망은 꾸준한 상향곡선을 그리고 있다는 점을 언급하고 싶다. 차후 DAB(Digital Audio Broadcasting) 시스템이 상용화되면 다시 한번 라디오의 르네상스가 도래하게 될 것으로 전망된다.

4장 결론

오늘날 방송의 위력은 실로 막강하기 그지없다. 특히 텔레비전의 힘은 강대하고 그 범위도 매우 넓어서 국가와 사회, 또 조직과 개인의 일들이 텔레비전을 통해서 알려지게 되는 것을 우리는 늘 경험하는 바이다.

흔히 영상저널리즘이라고 부르는 텔레비전 제작은 기자와 PD, 구성작가와 카메라맨을 주축(主軸)으로 해서 많은 스태프들이 참여해 작품을 만들어낸다. 구성작가는 실제로 글만 잘 써서 되는 것이 아니고, 프로그램의 주제를 결정해 기획안을 만드는 데도 분명한 견해를 갖고 있어야 하며, 충분한 자료조사와 광범위한 섭외를 통해 심도 있는 기획안과 구성안을 작성할 수 있어야 한다. 또 PD가 찍어온 그림을 보고 fact(주요내용)와 insert(배경화면)를 적절히 선별하고 조화시킬 수 있는 능력도 필요하다. 즉 텔레비전의 전 제작과정의 이해와 함께 그림을 만들어낼 아이디어도 짜내고 각각의 화면에 맞추어 글을 써야 한다. 따라서 구성작가는 텔레비전 아티스트이며 라이터이다.

텔레비전은 기자적 안목, 프로듀서적인 접근, 예술적인 영상, 작가적인 논리가 격조 있는 앙상블을 이룰 때, 완성도와 작품성이 인정되는 작품이 나오게 된다. 그리고 진정한 '영상 저널리즘'을 구현했다는 평가를 받을 수 있다. 구성작가는 TV 저널리스트로 가는 가장 빠른 지름길이며, 성취욕을 맛보고 고소득으로 자립할 수 있는 '대졸 여성들의 새로운 오아시스'라고 불리는 만큼 구성작가에 관심을 갖고 그 세계를 이해하는 것은 매우 의미 있는 일이라 하겠다.

구성작가가 가장 심도 있게 파악해야 될 부분은 '기획'이다. 나무가 큰 줄기와 작은 가지들로 이루어지듯이 텔레비전 프로그램도 '주제'가 설정되고 메인 테마는 다시 보다 작은 '아이템'들이 모여 형성된다. 주제가 선명하지 못한 프로그램은 죽은 프로그램과 같다. 결국 '시청자에게 무엇을 줄 것인가 (feed back: 종합작용, 반향)'가 주제이고, '전 국민의 심성과 정서, 사회와 문화에 대해서 어떤 영향을 미칠 것인가'를 날카롭게 따져보는 것이 정확한 주제이다. 만약 이 주제를 중심으로 기획을 아주 잘 해냈다면 이미 그 프로그램의 제작은 반 이상 성공했다고 봐도 된다. 그만큼 기획은 중요하다. 기획은 주로 제작자(프로듀서 연출가)가 담당하지만 요즘은 구성작가들이 많이 협조하는 공조체제를 취한다.

프로듀서가 기획의 과정을 서둘거나 미진한 점이 생기면 나중에 작품에 클레임이 발생할 수 있고, 구성작가가 너무 아이템에 매달리면 전체적인 주제의식이 결여될 수 있다. 나무만 보고 숲을 못 보는 것과 같다. 결국 프로듀서도 구성작가도 기획의 과정에 오랜 시간 동안 집착해야 한다. 일단 주제와 제작방법 등이 결정됐다면 즉시 구성작가는 중·소 아이템을 선정하기 위한 자료수집에 돌입하게 된다. 구성작가의 임무와 관련해 가장 핵심적인 과제는 '자료'이다. 따라서 유능한 구성작가는 어떤 자료를 어디에 가면 찾을 수 있는가를 알고 있는 사람이며, 항상 자료를 모으기에 혈안이 되어 있어야 한다.

방송사나 프로덕션에서 구성작가를 뽑을 때 이력서, 자기소개서, 프로그램 모니터 보고서, 기획·구성안 등을 요구하지만 최근에는 자료파일제출이 추가되는 실정이다. 이것은 그 구성작가 후보생의 평소 자료 키핑능력을 평가해보기 위한 조처일 터이다. 곧 자료파일은 구성작가를 만드는 것이다.

자료조사와 섭외가 끝나면 '기획안 작성'에 들어간다. '기획안'은 프로그램의 '기본설계도'이다. 기획의 종착역은 기획안 작성이다. 그러나 프로그램 제작의 시발점은 기획안 작성에서부터이다. 결국 프로그램의 생명은 기획이고, 기획의 생명은 자료이며, 완벽한 자료는 심도 있는 기획안을 만든다.

설계도에 따라 ENG촬영이 이어진다. 촬영까지는 구성작가의 입장에서 좀

거리가 있는 내용이었지만 'preview(예비화면조사)' 단계는 구성작가가 적극 참여해야 할 길목이다. 프리뷰는 야외촬영이 완전히 끝난 후 프로듀서·조연출·구성작가가 편집실에 모여 테이프에 담긴 내용과 그림들이 무언인가를 구체적으로 파악하고(인터뷰 내용, 출연자 성명, 직위, 장소, 인서트 등) 확인하는 과정이다. '감동적/ 흥미유발/ 유익함/ 클라이맥스/ 영상미' 등의 기준에 따라 fact(주요내용)와 insert(배경화면)로 구분해 언더라인을 그어 중요 부분만 골라낸다. 여기서 구성작가의 중요역할인 '구성안 작성' 작업에 돌입한다. 기획안이 프로그램 기본설계도라면 구성안은 취재내용과 그림을 어떻게 배열 할 것인가에 대한 설계도이다. 프리뷰 때 그어놓은 언더라인부분을 세밀히 검토한 후 거기서 뽑힌 아이템들을 '기승전결'의 순서로 배열한다.

"기승전결은 전체 내용을 파악해서, 이해·전달이 편리하도록 네 토막으로 나누는 것이라고 생각하면 된다. 교양프로에서는 '발단 — 원인 — 문제점 — 대책'의 관점으로 활용된다." "'구성'은 한 덩어리 주제를 '그림'을 통해 어떻게 배열하면 시청자에게 가장 근사하게 보여질 수 있을까에 대한 '논리'이고 '과학'이며 지혜와 지략, 창의성과 합리성의 총체이다." 구성작가에게 기승전결을 제대로 사용하지 못하면 패장(敗將)이 될 위험성이 있고, 잘 쓰면 만사형통이 될 가능성이 있다. 결국 기승전결은 구성작가에게 금과옥조이다.

종합편집실에서 기술감독의 주도로 dissolve작업이 끝나면 프로그램을 구성하는 모든 그림이 연결·완성된다. 작가는 급할 때는 하루나 이틀, 늦어도 닷새 이내에 원고를 미쳐 PD에게 넘겨야 하고, 연출자는 이 원고를 수정, 보충, 개작한 후 더빙(dubbing)에 들어간다. 더빙은 완성된 그림에 해설자(성우)가 내레이션을 집어넣는 순서이다. 구성작가에게 일견 이러한 텔레비전 제작의 굽이굽이 펼쳐진 고개와 계곡은 별 상관이 없을 것으로 생각될 수도 있지만, 제작 메커니즘을 속속들이 이해하지 못한다면 결코 훌륭하고 뛰어난 구성과 원고작성은 불가능한 것으로 보여진다.

좋은 원고를 쓰는 요령은 헤밍웨이의 문장처럼 무엇보다 짧게 쓰는 것이 중요하고 동사(動詞)를 활용하는 대신 형용사의 남용을 자제하는 것도 한 방법이다. 원고를 읽으면 전체적으로 시냇물 흐르는 듯한 느낌을 주고, 작가의 독특한 스타일을 구축해 화면에 향기가 배어나도록 하며, 비록 길지는 않더라도 메시지(철학), truth(진실), esprit(정신), sign(상징)을 바탕으로 원고를 작성한다면 훌륭한 구성작가의 범주에 들어갈 것이다.

드라마 작가의 최종목표는 무엇일까? 아마도 주말연속극을 집필하는 것이 아닐까 생각해본다. 그러면 구성작가는 어떤 프로그램을 목표로 삼는가? 그 정답은 틀림없이 다큐멘터리 프로그램일 것 같다. 분야는 다르지만 주말연속극과 다큐멘터리는 거의 같은 무게를 갖는다고 주장해도 크게 무리는 없을 것이다. 따라서 구성작가가 정복해야 할 최고의 봉우리는 다큐멘터리이고, 이 지점이 바로 전환과 변신(變身)의 시발점이다. 만약 구성이 탄탄한 다큐멘터리의 달인(達人) 작가라는 평가를 받게 되면 그는 드라마를 쓸 수 있는 기회도 생길 수 있다. 여러 가지 면에서 다큐멘터리 프로그램은 구성작가에게 매우 귀중하다.

다큐멘터리는 매우 크고 깊은 그릇에 비유될 수 있다. 오랫동안 공들여 빚은 백자 도자기에 어떻게 예사 음식을 담을 수 있겠는가? 정선된 자료를 가지고 최고의 숙수(熟手)가 만든 요리를 담아야 한다. 따라서 무작정 날카롭기만 한 주제, 한풀이로 가득한 아이템, 앙칼진 소리가 요란한 내용은 선택하지 말아야 할 것이다. 따뜻하고 온기(溫氣)가 느껴져야만 시청자들은 거기에 눈과 귀를 모을 것이다. 프로듀서와 구성작가는 다큐멘터리를 보는 '눈'을 키워야 할 것이다. 그 눈은 내용을 선택하는 첨단 기술을 개발하는 과정이고, 황야에서 보물을 찾기 위해 떠나는 고된 여행을 의미한다.

텔레비전 방송국의 문턱을 넘어 구성작가가 최초로 진입하는 곳은 대체로 생활정보 파트인 경우가 많다. 또 구성작가에 대한 수요가 가장 빈번한 곳도 생활정보 프로그램 제작부서이다. 따라서 구성작가에게 '생활정보'의 비중은 매우 높고 취업의 면에서도 황금어장에 해당된다.

생활정보는 인간과 실생활과 관련된 최신(새로운, 특이한, 빠른) 소식이다. 생활정보는 삶의 질 향상에 기초를 둔다. 우리 생활과 문화의 개혁과 개선을 목표로 한다. 즉, 프로그램을 보고 나서 시청자가 무엇인가 얻는 것(feed back)이 있어야 한다. 뿐만 아니라 생활정보라도 '재미와 흥미'를 수반해야 하고 '그림'도 다양해야 설득력이 생긴다.

우리의 실제생활을 짧게 줄이면 의식주와 문화수요이다. 만약 의식주를 형이하학이라고 한다면 문화수요는 형이상학이다. 또 한국인은 춘하추동 사계절을 바꾸어 가면서 살아간다. 이것은 '생활정보=의·식·주·문화수요×춘

·하·추·동(+계기)'의 형식이 된다.

　생활정보 작가는 좋은 소재를 판단해서 단번에 선별해낼 수 있는 '아이템의 눈'을 가져야 하는 것이 관건이다. 텔레비전 생활정보프로그램의 성공과 실패는 아이템이다. 시청률 경쟁은 아이템 전투의 소산이다. 발빠르고 날렵한 아이템의 눈을 지닌 구성작가가 누구인가를 감지할 수 있는 프로듀서의 눈도 밝아야 시청률 공포에서 자유로울 수 있을 것이다. 생활정보에서 다큐멘터리, 다큐멘터리에서 드라마로 가는 길은 구성작가가 밟아야 할 엘리트 코스가 아닌가 생각된다.

프로그램 주제 및 분석 관련 용어·개념 해설 70

1. 용어·개념 정리의 필요성

현재 우리나라에서 방송되는 다큐멘터리 프로그램을 보면, 대체로 두 가지 유형으로 대별된다.

첫째는 "세계를 자신이 본 그대로 남에게 보여주는 것이 중요하고, 그것이 예술가의 길이고 의무이며, 예술작품은 사회변화에 기여할 수는 있지만, 사회변화 자체를 목적으로 창조되어서는 안 된다"고 생각한 <북극의 나누크>를 만든 미국의 로버트 플래허티의 주장과 관련이 있다. 자연다큐멘터리 또는 많은 문화다큐멘터리 프로그램 등이 여기에 속할 것이다.

두번째는, 다큐멘터리에 대해 "은유적으로 표현해서 그냥 거울이 아니라 망치에 비유할 수 있다. 다큐멘터리는 미래 사회를 건설하는 사회개혁의 대행자로서의 역할을 수행해야 한다"고 설파한 영국의 존 그리어슨의 프로그램 유형으로 나눌 수 있다. 심층취재, 르포, 시사문제를 다루는 다큐멘터리는 이 범주에 포함된다.

이러한 상황을 배경으로 해서 용어정리의 필요성을 살펴보고자 한다.

첫번째 이유는, 세계 도처의 모든 국가들에게 불합리와 부조리, 부정과 소외 등 많은 정치적·경제적·사회적 문제가 야기되고 있는 동시에 국민들의 새로운 욕구가 분출되고 있는 것은 21세기에 진입해서도 변하지 않고 있는 현상이다. 우선 텔레비전 다큐멘터리 프로그램은 그것이 지니고 있는 특성상 사회적 정화(淨化)와 개선을 위해 문제를 제기하고 해결책을 모색해야 하는 것은 거부할 수 없는 명제이다.

그러나 여기서 우선 고려되어야 할 측면은, 사회개혁을 위한 프로그램 제작에 다큐멘터리가 실제적으로나 심리적으로나 지나치게 경도되어 있지 않은가 하는 우려를 지적할 수 있다. 시청자는 무겁고 딱딱하고 골치아픈 것보다 멋있고 근사하고 자연스러운 프로그램을 더 선호한다.

그 다음은 개선·개혁적 프로그램 제작에서 그 자세와 접근 방법이 정확하고 합리적이냐 하는 것이다. 문제를 만들기 위해 파헤치는 것이 아니냐 하는 논리도 있을 수 있다. 어설픈 문제제기만 있는 프로그램이 양산된다면 그것도 곤란하지 않느냐 하는 관점도 존재한다. 따라서 더욱 철저한 문제 접근과 그 배경에 대해 치밀한 원인분석 등이 필요하다는 전제(前提)가 설득력이 있지 않을까 생각된다. 국민의 사고력 배양과 정서의 순화를 위해서는 로버트 플래허티가 주장하는 심미적 유형의 프로그램도 적절한 양이 제작되지 않으면 안 될 것이다.

과거 대학시절에 접했던 진보적 이론에 근거한다든가 직업적 이데올로기에 따라 작동한다든가 하는 사례가 발생한다면, 진정한 언론의 역할을 수행하는 것은 불가능할 것으로 판단된다. 사회는 급격히 변동하고 있고 거기에 대처하는 지적(知的) 재무장도 수반되어야 마땅하다. 왜냐하면 다큐멘터리 제작은 그냥 예사 TV 프로그램을 만드는 것이 아니기 때문이다. 따라서 짧은 내용이지만 여러 개념들에 대한 요점정리는 매우 필요한 사항으로 인식되었다.

두번째로, 많은 부분 텔레비전 프로그램들은 대중문화와 관련성이 있고 다큐멘터리도 여기에서 예외가 될 수 없다는 사실을 지적하고자 한다. 따라서 많은 대중문화 비평가와 연구자들은 텔레비전 프로그램을 대중문화 이론의 잣대로 재단하고 평가하는 새로운 경향이 나타나고 있다. 특히 다큐멘터리 프로그램도 문화이론과 그 지형·지도에서 멀리 떨어져서는 결코 자유로울 수 없다는 것이 용어 정리의 두번째 이유이다. 주제와의 관련성 그리고 그 분석에서의 제반 접근방법, 비판의 기준(criteria), 요소들은 제작자들이 그냥 무시할 수 없고 오히려 가까이에서 자세히 관찰하지 않으면 안 될 이론들이 아닌가 하는 맥락이 핵심이다. 이것은 한마디로 프로그램의 틀을 공고히 하고, 내용을 합목적적으로 선택하며, 그 구성면에서 다양한 시각과 사안에 대한 전방위적인 고려를 하나의 장치로 개입시키고자 하는 의도를 배경으로 하고 있다.

마르크스 이론은 정치·경제·사회 모든 부문의 학문적 기저(基底)에 흐르고 있고 또 끈끈하게 묻어나고 있다. 그것은 문화 영역에서도 그 세력이 결코 약하지 않다. 그리고 그것을 신봉하는 사람들도 없지 않다. 따라서 어렴풋하게 기억하고 있는 생각, 기억의 저편에 침잠(沈潛)해 있는 이론과 논리들 그리고 개념들을 다큐멘터리스트는 정확히 확인하고 정리해볼 필요가 있다. 그래야 다큐멘터리 프로그램, 시사 프로그램, 르포 프로그램의 균형감각과 공정성이 확보될 수 있기 때문이다.

세번째로, 텔레비전 프로그램 전체를 놓고 볼 때, 다큐멘터리는 여러 가지 프로덕션상의 기능(제작기술)이 누적되고 축적되어야 제작이 완숙되는 특성을 갖고 있다. 적어도 5년 이상 매진해야 가능할 것이다. 그 5년은 전후좌우를 돌아볼 여력이 전혀 없을 것으로 추측된다. 독서에 매달린다든가 이론서를 탐독하는 것도 쉽지 않을 것이다. 어느 면에서 이 기간 제작자에게 프로덕션은 존재(存在)하지만 학문적인 탐구는 부재(不在)하는 상황이라고 판단해도 크게 틀리지 않을 것으로 생각된다. 매스 커뮤니케이션 원론과 대중문화론은 신문방송학과의 학부에서도 강의가 이루어지지만, 언론대학원 등의 과정에서 더욱 심도 있게 상술된다. 따라서 이런 부문은 개인적인 독학이나 대학원 코스워크를 통해 극복되어야 할 것이다. 그러나 크고 작은 이론과 개념, 용어들은 현재 상태에서 수용되고 활용되어야 하기 때문에 그것들을 요점정리해야 할 당위성이 존재하게 된다.

구성작가들은 워낙 전공이 다양하고 다만 구성과 원고 집필이라는 기능적인 면에서만 고려되어왔기 때문에 위에서 제기한 여러 가지 요구들은 별 의미가 없다고 이해될 수도 있다. 그러나 프로듀서와 구성작가는 동전의 앞뒷면과 같은 양상을 띠기 때문에 이러한 수요(需要)의 측면에서 절대로 제외될 수 없다는 것이 필자의 견해이다. 프로그램의 심도와 성숙을 기하기 위해서는 프로듀서의 절대적 능력뿐만이 아니라 구성작가의 상대적 능력이 뒷받침되지 않고는 불가능하다는 판단에서이다.

70개로 간추린 이론·개념·용어는 책 한 권에 해당하는 상당히 방대한 양이다. 그러나 우리가 짧은 지면과 시간에 모두 섭렵(涉獵)할 수 없으므로 그것들의 핵심적인 파편을 통해서 내용에 대한 어떤 단서(端緒)를 포착하고자 하는 것이 기본 목적이다. 제목과 압축된 내용을 참고로 해서 내용의 줄거리와 논리의 방향성을 파악했으면 하는 기대이다. 물론 이 가이드라인을 근거로 해서 다른 많은 전문서적과 지식에 접근해야 될 것으로 생각된다.

따라서 교수·연구자·전문가들의 노작(勞作)들을 부득이 인용(引用), 발췌(拔萃), 압축(壓縮), 요약(要約), 정리(整理)하는 무례를 범하게 됐음을 정중하게 사과드리고자 한다. 물론 이것은 편의성 때문이기도 하지만, 이런 문제를 해결하기 위해서 실제로 어떤 묘책을 찾을 수 없어서이기도 하다는 점을 부기한다. 그리고 그 구성과 전개 방법도 부록(附錄)적 성격과 형태를 취하고 있음을 양해말씀드린다. 70개의 아이템을 선정한 것은 다큐멘터리 등 프로

그램의 주제와 분석과 관련 가능성이 얼마나 많고 빈도수가 높은가를 기준
으로 해서 필자의 편집자적 안목에 의거해, 가나다 순으로 나열했음을 밝힌
다. 이것은 일종의 수능시험을 위한 과외공부와 같은 개념이다.

2. 용어·개념 해설

• 객관성(objectivity) ─ 편향(偏向)을 가지지 않은 진술로 특정지어진다고 하
는 과학적 접근방법. 객관성은 비록 완전히 달성하기는 불가능한 것이지만
모든 실험(experimental) 연구의 가장 결정적인 목표 중의 하나이다.

　예컨대, 탑40 싱글차트를 보자. 언뜻 보기에는 그것들이 매주마다의 가장
잘 팔리는 레코드의 현황을 반영한다는 점에서 객관적인 것으로 보인다. 그
러나 모든 가게의 레코드 발매 내역을 다 모니터하기란 사실상 불가능하다.
결과적으로 레코드 가게들의 표본집단이 사용된다. 만일 표본 레코드 가게
들의 명단이 1970년대 영국에서 그랬던 것처럼 레코드 회사로 흘러 들어간
다면 레코드 회사들이 그들 표본 가게들에서 특정 물품의 판매를 부추길 수
있는 충분한 가능성이 존재한다. 그렇게 되면 그 레코드는 차트상에서 보다
높아진 위치를 차지하게 되기 때문에 라디오 방송도 더 자주 탈 수 있게
된다. 탑40 순위의 사실성에 대한 믿음은 이제 의심받아 마땅하다. 객관성과
편견은 뉴스와 뉴스 가치에 관한 논의에서도 흔히 언급되는 용어이다.[1]

• 게이트키퍼(gatekeeper) ─ 미국의 사회심리학 및 사회학 전통에서 유래한
개념으로 뉴스 미디어조직 내에서 전략적인 의사결정자의 위치에 있는 편집
자 등과 '같은 사람'을 지칭하는 데 사용된다.

　직업적 커뮤니케이터들은 그들이 뉴스 생산 과정에서 관여하는 단계에 따
라 '뉴스 수집자' 또는 '뉴스 처리자'로 구분된다. 첫째 단계에서 리포터와
저널리스트들은 '있는 그대로의' 뉴스를 수집하고, 둘째 단계에서 이 뉴스
자료들은 선택적인 통제를 통해 뉴스를 만드는 사람들인 게이트키퍼들에 의

---

1) 박명진 편, 『비판커뮤니케이션과 문화이론』, 나남출판, 1994, p.17.

해 선택되고 압축된다. 그들은 자신들이 뉴스 가치가 있다고 생각하는 일부 정보들에 '관문을 열어주고' 그렇지 않은 다른 정보들에게는 '문을 닫아버린다'는 것이다.

그들의 가장 중요한 직업적 기능은 최종적인 뉴스 생산물에서 필수적인, 객관적(objective)이고 공정한(impartial) 결정을 내리는 일이며, 대부분의 게이트키퍼 연구는 그러한 결정에 영향을 미치거나 편견(偏見)을 부과하는 갖가지 압력들을 평가하려고 시도한다. 이러한 압력들은 보통,

① 게이트키퍼 자신이 가진 호(好)·불호(不好)의 주관적 가치체계
② 그들의 직접적인 작업상황
③ 게이트키퍼의 결정을 제한하는 법적, 관료적, 상업적 통제

등으로부터 유래하는 것으로 보인다.[2]

• 결정론(determinism)—모든 또는 적어도 넓은 범위의 사회적·문화적 현상들은 기초가 되는 다른 힘들에 의해 그들의 형태, 구조, 방향이 직접적으로 결정된다는 주장.

① 경제적 결정론(Economic determinism)—모든 사회적·문화적 과정들은 주어진 경제적·물질적 관계들에 직접적으로 환원될 수 있는 것으로 여겨진다.
② 기술 결정론(Technological determinism)—모든 사회적 변화는 기초가 되는 기술적 발전과 혁신의 직접적인 결과로 간주된다.
③ 생물학적 결정론(Biological determinism)—특정한 생물학적 본능 또는 자연적인 충동과 욕망들이 사회의 의사소통적 상호작용과 광범위한 사회 과정의 결정 요소로서 지나치게 강조된다.[3]

---

2) 앞의 책, p.22.
3) 앞의 책, p.24.

• 계급/사회계급(class/social class) — 사회계급은, 사회 내의 생산수단에 대하여 유사한 관계 속에 있고 따라서 부의 소유, 권력과 물질적 보상의 불평등 구조 내에서 공통의 사회·문화적 위치를 점하고 있는 인간 집단으로 이루어진 변별적인 사회구성체이다.

사회계급의 기본이론과 그에 따른 서술을 구성하는 이론들은 칼 마르크스(Karl Marx, 1818~1883)의 저작에서 그 윤곽이 이루어졌다.

첫번째 유형은, 생산수단의 공동소유가 특징인 사회(공산주의 형태)와 생산수단의 소유가 공동적이지 않고 불평등하게 분배되어 비소유자를 배제한 몇몇 소유자 집단의 손에 집중되는 사회로 구별된다.

두번째 유형의 사회는, 계급분화가 이루어지고 특히 착취와 그에 따른 지배 종속관계로 특징지어진다. 고대문명의 시대에 있어 지배적인 생산양식은 노예제도라고 할 수 있고 이때의 생산수단은 노예였다. 봉건시대의 생산양식은 농업이었고 생산수단은 토지였다. 자본주의 사회에서 주된 생산양식은 산업이며, 생산수단은 다양한 형태의 자본이다.

이와 같은 계급 개념은 생산수단을 소유한 자와 그렇지 못한 자들의 갈등이다. 그러므로 소유계급과 비소유계급의 관계는 기본적으로 착취적이고 적대적이고 그들의 계급 이해는 필연적으로 갈등하게 되는 것으로 정의된다.[4]

• 공평성, 불편부당성(impartiality) — 방송매체(신문이 아닌)에서 공공문제를 보도할 때 편파성을 띠지 않는 원칙.

공평성은 방송과 의회 내 정당들(특히 지배정당들) 사이를 조정하는 실제적이고 실용적인 실천이다. 이는 보도자들이,

① 모든 범위의 관점과 의견들
② 의견의 상대적인 비중(이는 기존의 수립되어 있는 또는 정통적인 관점이 그것에 도전하는 관점들에 비해 우선권을 갖는다는 것을 뜻한다)
③ 시기에 따른 의견의 범위와 비중에서의 변화 등을 고려하기로 되어 있는 전략이다.

---

4) 앞의 책, pp.27~28.

전통적으로 공평성은 프로그램들 안에서 실현되어야 했다. 즉 만일 토리당의 관점을 언급하려 한다면 같은 프로그램에서 노동당의 관점도 언급해야 하는 것이다.

공평성은 다른 개념, 즉 균형과 중립성이라는 두 개념과 구별된다. 공평성은 다른 두 개념의 단점을 극복한 것으로 여겨진다. 균형은 상반되는 시각들에 균등한 시각을 할당하는 것이다. 여기에서 이야기되는 내용은 그것이 이야기되는 시간보다 덜 중요하다. 중립성은 어떤 선택의 기준도 없이 어떠한 관점이든 차별없이 접근시킴(accessing)을 뜻한다.[5]

• 관음주의(觀淫主義, voyeurism) ─자신의 관찰행위가 타인에게 노출되고 있지 않다고 확신하는 상태에서 어떤 대상의 행동을 엿봄으로써 성적(性的) 보상을 받는 행위.

이것은 '인간의 시각에 존재하는 성적 욕구(scopophilia)'에 기반하는 메커니즘으로, 특히 자신이 주시하고 있는 대상이 자신의 주시를 알아차리지 못하는 특정 상황에서 가장 적극적으로 작용한다.

관음주의는 종종 이성을 유혹하거나 성적 만족을 위해 자신의 몸의 일부나 전부를 타인에게 보여주는 노출증(exhibitionism)과 복합되어 드러나기도 한다. 관음주의와 노출증은 실제 분리되지 않는 충동으로서 보는 행위와 보여주는 행위 사이의 끊임없는 교차 속에 있는 시각의 욕망이라고 할 수 있다.

문화현상 속에서 관음주의 기제는 연극과 영화, 스트립쇼 등 관객의 보는 행위에 의존하는 분야에서 작용한다. 그러나 관음주의가 가장 강력하게 작용하는 것은 영화이다. 연극과 스트립쇼의 경우에는 무대 위의 공연자가 실제 인물이고 관객과 공연자가 서로의 존재를 의식하고 있어서 관음주의의 효과가 상대적으로 약한 반면, 영화에서는 관객과 스크린 사이가 이중으로 격리되어 있다. 즉 영화에서는 스크린과 관객이 공간적으로 격리되어 있을 뿐만 아니라, 스크린에 등장하는 인물들은 허구이므로 관객과 스크린 사이에 이중격리 현상이 일어나 영화 속의 인물은 결코 관객을 직시하지 않음으로써 더욱 관음주의 효과를 증대시킨다.

---

5) 앞의 책, p.35.

영화의 관음주의는 물신주의(fetishism)와 동반되어 영화의 이데올로기적 효과를 강화시킨다. 물신주의가 영화 속의 특정 대상에 시선을 고착시킴으로써 영화 속에 제시되는 내용물 자체를 문제삼지 않게 된다. 한편, 관음주의는 관객으로 하여금 물신적 대상에 시선을 고착시켜 머물러 있지 않고 호기심을 가지고 영화의 내용을 따라가서 결국 영화가 제시하는 것을 이해할 수 있게 함으로써 영화의 이데올로기 작용을 가능하게 한다. 영화 전편을 쾌락의 원리에 따라 보게 하는 이 두 메커니즘의 결합은 이와 같은 방식으로 영화 자체가 특정한 시각에서 제작된 것임을 감추고 관객으로 하여금 사회적 삶으로부터 보는 행위의 쾌락으로 안주(安住)하게 하는 것이다.6)

• **구조주의(structuralism)** ─어떠한 문화적 행위 내지 작품에 있어서든 의미생산을 가능케 하는 체계, 관계 형식─즉 구조─에 주목하는 것으로 특징지어지는 지적인 시도.

구조주의는 1960년대 이후 영향력을 발휘한 일련의 프랑스 학자들과 연관된다. 구조주의는 텍스트(text) 또는 작품에 숨겨져 있는 본질적 또는 내재적인 의미를 드러내려고 애쓰지 않는다. 구조주의는 분석적 또는 이론적인 시도로서 일차적으로 마치 언어의 규칙들처럼 의미생성을 가능케 하는 규칙내지 구속에 대한 체계적인 설명에 바쳐진다.

초기 구조주의에서는 소쉬르 언어학과 그 용어의 사용이 두드러졌던 바, 특히 기표(signifier)와 기의(signified), 랑그(langue)와 파롤(parole), 공시적(synchronic), 통시적(diachronic), 계열체(paradigm)와 통합체(syntagm) 등의 개념이 그것이다. 구조주의는 그러한 구조들이 어떻게 모든 종류의 문화적 행위들에서 발견되는지를 보여주는 데 기여했다. 비교적 명백한 영화, TV, 문학 등의 의미체계는 물론이고 건축, 패션, 음식, 친족관계, 무의식 등에도 구조주의적인 분석이 가해졌다.7)

구조주의는 어떤 문화적 행위 내지 작품에 있어서 의미생성을 가능케 하는 체계나 관계의 형식 즉 구조에 주목하는 접근법으로서, 언어의 규칙들처럼

---

6) 앞의 책, p.36.

7) 앞의 책, p.41.

<미디어 분석의 적용 예>8)

기표	정의	기의	비고
Close up	얼굴	친근함	shot의 처리
Long shot	세팅과 인물	맥락, 공적인 거리 여유	
Pan down	내려다보는 카메라	힘, 권위	카메라 작동
Fade in	검은 화면에서 이미지가 나타남	시작	
Cut	한 이미지에서 다른 이미지로 바뀜	순간성, 긴장감	편집 기술
Wipe	화면에서 이미지가 사라짐	결론을 암시	

의미생성을 가능케 하는 규칙 내지 구속에 대한 체계적인 설명을 시도한다. 구조주의자의 텍스트 분석은 사건·인물·상징과 같은 요소들에게 어떤 특정한 규정적 범위의 기능·조합·대조·등치(等値)를 허용하는 숨겨진 텍스트의 논리를 들어내기 위해 그들 사건·인물·상징의 경험적 중요성을 제쳐둔다.

매체에 대한 구조주의적 분석은 영화·사진·텔레비전 프로그램·문학작품 등과 같은 텍스트의 메시지가 어떻게 의미를 생산하느냐 하는 문제 즉, 그것의 의미 작용과 표상의 체계 및 과정에 집중된다.9)

• 기호가치(sign value) ─ 사용하기 위해서 샀다면 사용가치(use value)이고, 100원에 사서 150원에 팔려고 했다면 교환가치(exchange value)이다. 자동차를 단순히 교통수단으로 사용하고자 한다면 작은 차가 경제적일 것이다. 그러나 사람들은 큰 차를 선호한다. 이것은 우리가 자동차를 신분 과시용으로 이용하기 때문이다. 이것이 기호가치이다.

• 기호(sign) ─ 기호에는 세 가지의 기본적인 특성이 있다. 기호는 우선 물리적인 형식이 있어야 하고, 그 지신이 아닌 다른 어떤 것을 지시해야 하며, 사람들에게 기호로서 이용되고 인식되어야 한다.

---

8) 강상현, 「구조주의 관점의 언론/문화 연구」.

9) 김지운·방정배·이효성·김원용, 『비판 커뮤니케이션 이론』, 나남출판, 1998, pp.37~38.

바르트(Barthes)는 장미의 예를 들고 있다. 즉 장미는 명목상으로는 하나의 꽃에 불과하지만, 만일 어떤 젊은 청년이 그의 여자 친구에게 장미를 선물했다고 하면 그것은 하나의 기호가 된다. 왜냐하면 그것은 그 청년의 로맨틱한 열정을 의미하며 그녀도 그렇게 인식할 것이기 때문이다.

기호와 그것들이 코드 또는 언어로 조직되는 방식은 커뮤니케이션 연구의 기본을 이룬다. 그것은 말, 제스처, 사진 또는 건축물 등 다양한 형식을 갖는다. 기호학(semiotics)은 기호, 코드, 그리고 문화에 관한 연구인 바, 기호의 본질적인 성질 그리고 그들이 사회생활에서 작용하는 방식 등을 규명하는 데 관심을 갖는다.

소쉬르(Saussure)는 기호를 두 가지의 구성 요소로 나누었는데, 기표(signifier)와 기의(signified)가 그것이다. 퍼어스(Peirce)는 세 가지 형태의 기호가 있다고 보았다. 즉 도상(icons), 지표(indexes), 그리고 상징(symbols)이 그것이다.[10]

• 기표/기의(signifier/signified) – 함께 기호(sign)를 구성하는 개념의 쌍(雙). 소쉬르의 용어로서 기표는 우리가 감각을 통해 지각하는, 말의 소리 또는 사진의 형상과 같은, 기호의 물리적 형식이다. 기의는 기호가 지시하는 것에 대한 사용자의 정신적 개념이다.[11]

• 뉴스 가치(news values) – 기업적으로 생산되는 주류적 신문 및 방송에서의 뉴스 기사의 선택, 구성 및 제시에 사용되는 직업 코드.

뉴스 가치는 산업화된 뉴스 기업조직의 생산적 필요의 결과이다. 그러한 뉴스 기업조직에서 일하는 사람들은 각각의 개인들로서는 여러 가지 혼합된 야망, 신념, 정치적 견해 및 능력들을 보여줄 것이다. 기업조직 내에서 그들은 고도로 분화된 노동에 종속되나, 조직의 바깥에는 그것의 경쟁조직들이 있고 저널리스트 및 방송이라는 직업의 직업적인 이데올로기가 있다. 이러한 맥락(contexts)에서 뉴스 가치는 그 모든 사람들, 활동들, 신념들의 조합으로부터 표준화된 산물을 생산하는 작용을 한다.

---

10) 박명진 편, 『비판커뮤니케이션과 문화이론』, 나남출판, 1994, p.61.

11) 앞의 책, p.60.

뉴스 가치란 뉴스 기사에 관한 것이지, 사건 자체에 관한 것은 아니라는 것을 기억해둘 필요가 있다. 뉴스 가치는 다음의 범주와 관련이 있다.

① 뉴스 가치는 최근에 일어났고, 갑작스러우며, 애매모호하지 않고, 예측 가능하며, 적절하고 밀접한('국내'의 문화·계급·종교에 대해) 사건에 관한 기사를 우위에 둔다.

② 경제, 정부정책, 산업, 국가의 외교업무, 갈등이나 인간적인 흥미, 재난이나 스포츠 등 국내의 사건들에 관한 기사에 우선 순위가 주어진다.

③ 그러한 기사들 내에서 우선 순위는 인격화, 갈등, 폭력, 엘리트 국가들(미국, 러시아, 영국, 유럽, 일본)에 관계된 언급, 엘리트 국민에 관련된 언급, 부정적인 것(나쁜 뉴스)에 주어진다.

④ 동의하기 비교적 어려운 뉴스 가치들이 종종 작용하고 있는 것이 나타나기도 한다. 예컨대 수도중심주의, 인종주의, 가부장주의, 자연화, 합의 등이 거기에 해당한다.

⑤ 뉴스 기사들은 독자·시청자들의 관심이라고 가정된 것에 호소해야 한다. 따라서 그것들은 상식적이고, 오락적이고, 극적이며, 픽션(멋진 이야기) 같고, 매력적이고, 시각적이어야 하며, 연예나 텔레비전에 관한 것이어야 한다.

⑥ 기사들은 제도적 일상과 양립가능한 것이어야 한다. 따라서 사건들은 일지적(日誌的) 사건(정당회의, 기념식, 연례보고 등)이어야 하며, 또는 다른 뉴스통로나, 보도자료, 통신사 보도 등을 통해 이미 발표된 것이어야 한다.[12]

• **다원주의/자유주의적 다원주의**(pluralism/liberal pluralism) — 다원주의는 지속적으로 경합하는 다양한, 또 독립적 이익집단 및 엘리트들 사이에서 점차 확산되는 권력의 분배를 강조하는 것으로 정의된다.

다원주의는 지배계급 또는 엘리트들에 의한 지속적인 고도의 권력집중에 중점을 두는 마르크시스트나 고전적 엘리트 이론 등의 권력이론과 상반된다.

---

12) 앞의 책, pp.70~71.

다원주의자들에게 있어서 현대 산업사회의 결정적인 특징은 진보적으로 분화된 다양한 구조를 향한 운동이며, 그러한 과정의 결과, 모든 정치적·제도적 영역에서 참여와 통제를 요구하고 경합하는 이익집단들이 출현하게 된 것이다.[13]

• 담론(談論, discourse) — 푸코(Foucault)에 의하면, 지식은 그것을 생산해내는 사람들의 이익을 대변하는 것일 뿐 어떤 객관적이거나 절대적 진리를 내포하고 있는 것이 아니라는 입장을 취하고 있다. 지식이 만들어 내는 것은 진리가 아니라 진리로 가장된 힘일 뿐이다. 힘쓰는 사람의 말이 힘없는 사람의 말보다 무게가 있고, 힘을 실은 사람의 말이 담론이다.

힘 좀 쓰는 사람의 얘기는 항상 그럴듯하게 들리고, 또 그 말은 진리로 통용되며, 따라서 지식으로 취급되기 십상이다. 여기서 힘있는 사람이란 권력을 가지고 있는 사람은 아니다. 푸코가 말하는 힘있는 사람이란 오직 상대적인 개념이어서 훈련병, 학생, 돈 없는 사람, 여자, 시골사람 등 어느 누구보다도 약한 사람 앞에서는 강자가 될 수 있다는 개념이다.

디스커스 또는 힘이 실려 있는 말이란 항상 하나의 말로만 성립될 수 없다. 말에 힘을 가하려면 한마디 말로는 불가능하고, 여기저기서 똑같은 얘기를 떠들어주어야 비로소 말이 살고 힘을 쓸 수가 있다. 이런 말을 하는 무리를 푸코는 '이야기 구성체(discursive formation)'라고 일컫는다. 이 용어는 말의 단수적 의미가 아니라 복수적인 성격을 띠고 있다. 한 가지 주제를 놓고 어느 무명의 논객이 인기 없는 잡지에 목이 터져라 외치는 것보다 말이 안 되는 내용이라도 각 신문사와 방송국이 간헐적으로 보도해주고, 대학교수들이 논문화하고, 정치가들이 뒤늦게 그 주제를 정책으로 채택할 것처럼 북소리를 요란히 내면, 그 얘기가 힘을 쓸 수 있고, 모든 사람이 반드시 알아야 할 필수 지식이 된다는 논리이다. '세계화'라는 것도 그런 예 중의 하나이다.[14]

• 라이드식(Reithian) — BBC의 초대국장 존 라이드(John Reith)경에 의해 형

---

13) 앞의 책, p.77.

14) 조종흡, 「힘, 몸, 그리고 성: 어떻게 읽을 것인가?」.

성된, 방송의 공공 서비스 정신 및 정책으로 구체화된 일런의 문화적 가치, 목적, 활동을 가리키는 용어이다.

방송의 사회적 역할에 대한 라이드의 구상은 기본적으로 다소 교회와 유사한 제도로 구체화된 독립적, 비상업적, 국민적 서비스의 이상(理想)을 강조하는 것이었다. 방송 서비스는 정보, 교육, 오락의 제공을 통해 공공의 취향(趣向)을 형성시킴에 있어 가능한 한 최고의 수준을 유지하는 데 헌신한다는 것이었다.[15]

• 랑그(langue)·파롤(parole) — 사회에서 규범으로 정해둔 말의 사용은 랑그이며, 그 규범에서 어긋난 개인적인 말의 사용은 파롤이라고 부른다.

구조, 체계 등에 대해 갖는 구조주의의 관심은 소쉬르의 랑그(lange)와 파롤(parole)의 구분에서 더욱 명확해진다. 소쉬르는 언어 세계를 랑그와 파롤로 나눈다. 파롤은 개인적인 언어를 의미한다. 자신의 독특한 말하는 스타일이 있고, 각 지방에는 그에 해당하는 사투리도 있다. 그러한 것들이 파롤에 해당한다. 그에 비해 랑그는 개인적 언어로 하여금 의미를 내게 하는 언어적인 구조 혹은 문법적 체계에 해당한다.

'파롤'과 '랑그'의 구분을 다음의 예로 구체화해보자. 초등학교 국어 시간에 어린 학생들에게 가장 빈번히 주어지는 문제는 '비슷한 말' 또는 '반대말' 적어내기가 있다. 선생님이 '보통'의 반대말을 쓰라는 문제를 냈다. 그런데 한 학생은 '곱빼기'라고 썼다. 자신의 집인 중국 음식점에서는 '보통'과 '곱빼기'의 쌍이 전혀 어색하지 않기 때문에 정답이라고 생각했다. 그러나 선생님은 '곱빼기'라는 답은 틀린 답이라고 채점했다. 이럴 경우 중국 집 학생의 '곱빼기'라는 언어사용은 파롤에 해당한다. '보통'의 반대말은 '특별'이다라고 답을 쓴 학생의 언어사용은 랑그에 입각한 정답이 될 것이다.[16]

• 마취(痲醉)작용(narcotization) — 매스 미디어의 부정적 효과와 역기능을 기술하는 데 사용되는 미국식 용어이다. 역기능은 매스 커뮤니케이션이 대

15) 박명진 편, 『비판커뮤니케이션과 문화이론』, 나남출판, 1994, p.101.
16) 원용진, 『대중문화의 패러다임』, 한나래, 1998, pp.175~176.

중의 정치적 무관심과 타성(惰性)을 조장한다는 의미이다.

이 용어는 미디어에 의해서 '빈곤' 같은 사회·정치적인 중심문제에 관한 정보의 공급이 늘어나고 있는 데 반해, 그 해결책을 위한 조직화된 사회적 행동과 개입이 줄어들고 있다는 역설적 관계를 지적하는 데 사용되어 왔다. 라자르스펠드(Lazarsfeld)와 머턴(Merton)은 "매스 커뮤니케이션이 송신하는 정보량이 증가함에 따라 무심결에 사람들의 에너지를 적극적 참여로부터 수동적인 지식으로 변형시킨다"고 주장한다.17)

• 맥락(脈絡)/ 사회적 맥락(context/ social context) — 두 가지 용법으로 사용되는 용어인데, 첫째는 상호작용이나 의사소통 교환과정을 둘러싸고 있는 사회적 상황 내지 환경의 즉각적이고 특수한 형상, 둘째는 보다 광범위하고 포괄적인 의미로 어떤 행동이나 과정 또는 사건이 자리잡고 그 안에서 의미 있게 되는 보다 폭넓은 사회적·정치적·역사적 환경 내지 조건을 뜻한다.18)

• 메시지(message) — 커뮤니케이션 과정에서 전달되는 것 즉, 송신자가 수신자에게 영향을 미치는 수단.

이는 코드화(encoding)의 이전과 해독(decoding)의 이후에 존재하는 원래의 내용(content)으로 간주된다. 코드화를 통해 메시지는 전달될 수 있는 형식(form)으로 번역되며 해독을 통해 원래의 상태로 되돌려진다.19)

• 문화(culture) — 제도적으로 또는 무정형적으로 조직된 감각·의미·의식의 사회적 생산과 재생산.

이 용어는 원래 토양이나 식물의 경작(cultivation)에서의 문화(culture)처럼 순전히 농업적인 연원(淵源)에서 유래되었다. 그후 그 의미가 넓혀지면서 이 말은 굴(oysters)에서 박테리아에 이르는 생물의 배양(培養, cultures)을 의미하게 된다.

---

17) 박명진 편, 『비판커뮤니케이션과 문화이론』, 나남출판, 1994, p.106.
18) 앞의 책, p.110.
19) 앞의 책, p.111.

문화의 개념은 특히 매튜 아놀드(Matthew Arnold)와 그의 추종자들에 의해서 위대한 문학·미술·심오한 음악 등에 대한 지식과 실천을 통한, 물질적이 아닌 정신적 완성에의 추구라는 개념으로서 수립되었다. 그 목적이 이해가 아닌 완성, 물질이 아닌 정신적인 것이었기 때문에 문화는 '이 세상에서 사고되고 이야기된 최상의 것'이다 라는 것에 대한 '반응'에 기초한 '판별(discrimination)'과 '감성(appreciation)'의 훈련으로 비쳐졌다.

비평가들은 스스로를 물질 문명과 과학기술의 침식에 대항하여 문화의 '부드러움과 광채'를 보호하고, 이를 무지몽매(無知蒙昧)한 대중사회의 성원들에게 전파하기 위해 싸울 임전태세를 갖춘 공동체쯤으로 생각하는 경향이 있었다. 그러한 풍속 속에서 문화의 '보배'들이 산업사회 이전의 과거와 비산업주의적 의식에 속한 것이라고 주장되는 것은 놀라운 일이 아니다. 엘리트주의적인 문화개념에 반대하는 사람들은, 그러한 문화개념이 '문화적'인 소수와 '비문화적인' 다수로 나누어버림으로써 대부분의 사람을 소외시키고 있다고 주장한다.[20]

• 문화적 제국주의(cultural imperialism)─경제적으로 지배적인 위치에 있는 나라가 다른 나라에 대하며 경제적·정치적·문화적 통제를 확대·강화해간다는 제국주의의 보다 일반적인 과정의 통합적 부분이자 산물.

이 개념은 부와 권력을 갖춘 발전된 자본주의국가(특히 미국과 서구)와 상대적으로 힘이 약한 저(低)발전국가 사이의 지배와 종속의 전세계적 관계의 문제를 대두시킨다. 문화 제국주의는 그러한 과정의 중요한 측면 즉, 어떤 상품이나 유행, 스타일 등이 지배적인 국가로부터 종속시장으로 전달되는 것이 지배국가의 문화적 가치와 신념, 관례들에 의해 유지되고 또 이를 보장하는 특정 형태의 수요와 소비를 창조하게 되는 방식을 의미한다. 이런 식으로 개발도상국가의 고유문화는 외래의 문화에 의해 지배당하며, 정도의 차이는 있지만 침탈되고 대체되며 도전받게 되는 것이다.

다국적 기업이 이 과정에서 중요한 역할을 수행한다. 그들의 목표는 그들의 생산물을 세계경제를 통해 널리 확산시키는 것을 용이하게 하는 것인 바,

---

20) 앞의 책, p.115.

궁극적으로 이는 자본주의체제에 부합하는 이데올로기의 국제적 살포라고 볼 수 있다.

매스 미디어는 이러한 과정이 조직적으로 수행되는 가장 영향력 있는 제도적 수단이다. 영화, TV 프로그램, 레코드, 뉴스, 광고 등과 같은 미디어 산물들이 국제적으로 지배적인 소수의 생산원(특히 미국)으로부터 개발도상국의 국가와 문화적 상황의 미디어 체제로 일방적으로 수출되는 결과를 수반한다.[21]

• 미학(美學, aesthefics) - 관념 철학(idealist philosophy)에서 유래한 개념으로 취향(taste)의 원칙, 특히 좋은 취향 따라서 미(美)의 원리를 지칭한다.

미학은 19세기말에 일반화된 개념으로, 예술에서의 '세련된' 미 감상에 결부되면서 '예술을 위한 예술'의 담론에 의해 정립되었다. 그러나 미학의 관념론적인 함축의미는 앞서 말한 취향의 원리를 선험적인 것으로, 즉 어느 한 시대나 문화 혹은 매체를 넘어서는 어느 한 개인의 주관적인 반응을 넘어서는 것으로 설명하려는 시도에 있다. 미학의 연구 대상은 역사적·문화적 그리고 생산수단적 맥락을 벗어난 예술작품 자체이다. 미학이라는 용어는 기호학에서 특히 미학적 코드라는 개념으로 얼마간 통용되고 있다. 미학적 코드는 기의(signified)보다 기표(signifier)를 우위에 둔다.[22]

• 물신주의(物神主義, fetishism) - 특정 물질적 대상이 실제로 갖고 있지 않은 속성을 갖고 있는 것으로 숭배하게 됨으로써, 결과적으로 그 대상에 관련된 모순이 은폐(隱蔽)되는 현상. 물신은 이때 숭배의 대상인 물질적 대상을 가리킨다.

물신이란 본래 '만들어진 것'이란 뜻을 가진 'feitigo'에서 유래된 것으로, 15세기 후반에 서아프리카에 처음 도착한 포르투갈인들이 원주민의 부적과 숭배물을 부르기 위해 사용한 말이다. 이 말은 17세기 이후 유럽의 종교학계에서 원시종교의 우상숭배와 애니미즘적(animism, 종교의 원시형태의 하나) 성

---

21) 앞의 책, p.125.

22) 앞의 책, pp.129~130.

격을 지칭하기 위해 널리 쓰여졌다. 19세기 후반 이후 물신과 물신주의란 개념은 종교학의 영역을 넘어서서 산업사회의 새로운 메커니즘을 설명하기 위해 차용되었는데, 마르크스 경제학과 정신분석학이 바로 그 영역이다.

마르크스는 사적 소유에 의한 상품생산사회에서, 상품, 화폐, 자본 등이 갖게 되는 특수한 성격을 설명하기 위해 이 개념을 사용했다. 상품은 노동에 의한 생산물이며 상품의 가치는 생산관계의 표현임에도 불구하고, 이 사실이 은폐되어 상품의 가치를 상품 자체의 내재적인 속성으로 믿게 되는 현상을 상품의 물신성이라고 말했다. 화폐는 상품교환을 매개하기 위해 인간이 만들어낸 것으로, 서로 다른 상품들의 가치를 표현하는 수단으로써 채택된 것인데, 화폐가 마치 가치의 직접적인 화신(化身)처럼 되어 자연적으로 가치를 지니고 있는 것으로 믿게 됨으로써, 숭배의 대상이 되는 현상을 마르크스는 화폐의 물신성이라고 설명한다.

정신분석학적으로는 부재(不在)를 덮어 은폐시켜줌으로써 부재 자체에 대해 믿지 않게 해주는 물체를 물신이라 하며, 물신을 통해 부재를 부정하는 현상을 물신주의라고 한다.

프로이드(Freud)는 물신주의 현상이 오이디푸스 콤플렉스를 벗어나지 못한 단계의 어린이들이 겪게 되는 거세공포로부터 유래된다고 설명한다. 이 단계의 아이는 아직 성별에 따른 해부학적 차이를 인식하지 못한다. 따라서 모든 사람은 음경(陰莖)을 가지고 있다는 근본적인 믿음과 어떤 사람에게는 음경이 없다는 경험적 확인에 의한 믿음 사이의 충돌을 경험하게 된다. 여기서 음경의 부재는 거세의 결과일지도 모른다는 거세공포가 유발된다. 이는 음경이 있는 장소의 전 단계에 위치해 있는 물질적 요소들, 예컨대 스타킹, 속옷, 장화, 벨트, 긴 머리채 등에 시선을 고착시킴으로써 극복된다는 것이다.

미디어 연구에서 물신주의적 현상에 관한 관심은 특히 영화 연구에서 두드러졌다. 영화기호학의 선구자격인 크리스티앙 메츠(Metz, 1997)는 영화에서의 물신주의를, 영화가 꾸민 이야기인 것을 알면서도 그것의 실재에 대한 믿음을 동시에 갖게 되는 현상으로 설명한다.

허구적 이야기임을 알면서도 허구라는 부재성(不在性)을 부정하게 만드는 영화적 물신들로는 관객의 시선을 고정시키는 다양한 시각적 요소들이 지적된다. 즉 여성의 육체, 얼굴, 특정 신체부위들, 장관의 풍경, 호화 의상, 요란한 장치, 특수효과 등이 그것이다. 메츠는 이외에도 현실감을 주기 위해 동원되는 카메라 작업, 몽타주 등 영화의 일부 테크닉도 영화적 물신으로 간주한다.[23]

• 비언어적 커뮤니케이션(non-verbal communication) ― 언어 이외의 수단을 통해 이루어지는 사람들 사이의 커뮤니케이션.

비언어적 커뮤니케이션(NVC)은 주로 다음과 같은 원천으로부터 나온다.

① 시선의 접촉(다른 사람의 신체와 얼굴을 바라보는 정도).
② 입(특히 시선접촉과 관련하여 이루어지는 미소나 찡그린 표정).
③ 자세(예컨대, 정면을 향해 앉거나 뒤로 돌아앉는 것).
④ 제스처(대화를 할 때의 팔 동작의 사용 같은 것).
⑤ 지향성(수신자를 향한 신체의 방향).
⑥ 신체의 거리(다른 사람과 아주 가깝게 서 있거나 멀리 떨어져 서 있을 때와 같은 것).
⑦ 냄새(향수냄새를 포함).
⑧ 피부(안색, 상기됨, 촉감 등을 포함).
⑨ 머리털(길이, 촉감, 및 스타일 등 포함).
⑩ 의복(특히 유행에 관계되는).

이른바 '육체언어(body language)'로 불리는 것의 몇 가지 측면은 부모와 아이 사이의 커뮤니케이션을 수립함에 있어 필수적이며, 구어를 포함하는 보다 진전된 상호작용(interaction)을 가능케 한다. NVC를 언어와 분리된 것으로 간주하는 것은 잘못이다. 만약 취직시험 면접을 할 때, 지원자가 질문자를 똑바로 쳐다보지 않거나 얼굴을 찌푸리고 양어깨를 구부리고 있다면 채용할 마음이 생기지 않을 것이다.

또 상호간의 눈의 접촉(상호작용자 쌍방이 서로의 눈을 보고 있을 때)은 호감의 기호가 될 수 있다. 그러나 너무 오래 응시하는 것은 불안감을 유도한다.

---

23) 앞의 책, pp.126~127.

시선의 접촉은 흔히 눈동자의 크기, 눈썹의 굴곡과 움직임 그리고 웃음 등에 의해 더욱 고양된다. 확대된 눈동자, 강렬한 시선(방향지어진 응시), 웃음 그리고 눈썹의 빠른 꿈틀거림은 보통 성적 매력과 연관된다.[24]

• **상관조정**(相關調整) **기능**(correlation function) ― 매스 미디어의 기능 중 하나로 단순한 사실 보도의 차원을 넘어서 환경에 관한 정보의 의미를 해석하고 대응책을 마련하여 수용자들의 태도에 영향을 미치는 매스 미디어의 기능을 말한다.

수용자들이 변화하는 환경에 제대로 적응할 수 있도록 도와주는 언론활동을 의미한다. 이러한 미디어의 상관조정 기능은 주관적 가치가 개입된 사설이나 논평 등을 통해 나타난다. 이를 통해 수용자들은 사건의 심층적인 배경과 의미에 대해서는 물론이고 사건에 대해 어떠한 의견을 가지고 어떻게 대처해야 하는지를 알게 된다. 즉 보다 폭넓은 맥락에서 사건의 의미에 대한 해석과 평가를 내려주고 보도된 사건을 어떠한 입장에서 볼 것인가를 시사해준다.[25]

• **상부구조** ― 상부구조는 생산양식이라는 토대로부터 비롯되는 각종 정치적, 문화적, 법적, 교육적 제도와 이러한 제도에서 나온 '사회적 의식의 결정화된 형태'들로 구성된다. 한편으로 상부구조는 토대를 표현하는 동시에 정당화하고, 다른 한편으로 토대가 상부구조의 내용과 형식을 '조건' 짓거나 '결정' 짓는다.[26]

• **상상계·상징계**(imaginary·symbolic) ― 라캉이 인성(人性)구조의 구축과정을 언어의 문제와 관련하여 설명하기 위해 사용한 개념이다. 언어습득의 시작을 기점으로 하여 그 이전은 상상계이다. 이때는 주체와 객체가 혼돈된

---

24) 앞의 책, pp.141~142.
　　비언어적 커뮤니케이션의 요소들은 대체로 TV드라마와 관련이 있지만, 뉴스와 르포, 다큐멘터리 프로그램의 화면에서도 그 기능이 확대될 수 있는 가능성이 높기 때문에 차후 이에 대한 연구가 필요할 것으로 사료된다.
25) 방송문화진흥회 편, 『방송문화사전』, 한울, 1997, p.226.
26) 강상현, 「비판커뮤니케이션 연구의 원류」.

상태의 자아세계이다. 언어습득 이후는 주체 객체의 분리를 비롯해서 사물들 간의 차이체계의 인식에 진입한 자아의 세계를 가리킨다.

상상계의 마지막 단계를 '거울상 단계(mirror phase)'라고 부르는데, 이것은 생후 6개월~2살 사이에 발생하는 것으로 간주된다. 라캉은 이 단계에서 상상적으로나마 최초의 주체형성이 이루어지고, 자신과 타자에 대한 어렴풋한 지각이 이루어진다. 지각된 타자의 상을 자신의 일부로 여기게 되므로 자신과 대상이 통합된 일체를 이루고 있는 것으로 지각하는 상상적 통합 또는 동일시가 발생된다는 것이다. 이때 형성되는 최초의 주체는 자신에 대한 오인(誤認)을 바탕으로 이루어진다. 그후 상상계로부터 상징계로 진입함에 따라 주체와 객체의 분리가 가능해지고 둘 사이의 통합은 불가능하게 된다.

라캉의 이 이론은 영화연구에서의 '동일시' 과정에 대한 연구(Metz), TV프로그램에서의 주체구성방식에 관한 연구(Ellis), 광고에서의 소구방식과 이념작용(Williamson) 등에서 사용되었다.[27]

• 상징(象徵, symbol) ─ 지표나 도상과는 달리 기호와 지시대상 사이에 어떠한 직업적인 관련성 없이, 오직 사회성원들 사이의 약속에 의해서 자신이 아닌 어떠한 다른 것을 표현하는 기호를 상징이라고 한다. 언어와 숫자, 도상적 특징을 갖지 않은 교통신호 등은 모두가 상징이다.

각국의 자연언어를 표현하는 문자체계는 그 언어를 사용하는 공동체의 약속을 배우지 못하면 전혀 이해할 수 없다. 숫자는 인류가 발명한 가장 추상적인 즉, 사회적인 자의성과 관습이 배제된 상징체계이다.[28]

• 선정주의(煽情主義, sensationalism) ─ 특정 의미를 극도로 강조하고 독자의 도덕적, 심미적 감성을 자극하여 사건 기사를 실제보다 흥미롭고 중대한 것처럼 윤색(潤色)하는 보도경향.

이 말의 의미는 원래 철학과 문학에서 유래되었으나 언론에서는 대중 염가신문이 탄생되면서부터 사용되기 시작했다. 1830년대 이후부터는 인구증가,

27) 박명진 편, 『비판커뮤니케이션과 문화이론』, 나남출판, 1994, pp.153~154.
28) 이영음·홍석경, 『영상학』, 한국방송통신대학교 출판부, 2000, p.44.

도시화, 산업화 그리고 교통, 통신의 발달과 교육의 보급으로 신문 독자층의
급속한 증대가 이루어졌다. 그러나 기존의 정론지적 신문들이 취했던 보도
내용과 편집 방식으로는 독자층의 뉴스추구 욕구를 충족시켜 줄 수 없었다.
그리고 당대의 신문들이 정파를 초월한 독립지로서 등장하기 위해서는 그
재정기반을 스스로 마련해야 하는 자본주의적 영리기업으로 존립해야 했다.

이때 당대 신문들이 판매부수의 신장(伸張)을 위한 수단의 하나로 채택한
보도양식이 바로 선정주의였다. 이것은 인간의 원초적 본능을 자극하여 독
자의 호기심을 끌어당기는 흥미 본위의 내용 즉, 살인사건, 범죄기사, 화재,
재앙, 부정부패, 진담기문 등의 기사를 집중적으로 재미있게 보도하는 방식
이다. 당시에는 새로운 뉴스 보도 경향으로 등장했다. 특히 미국에서는 1830
년대 초부터 시작된 염가신문 시대, 1890년대의 황색신문 시대, 그리고 1920
년대의 재즈 저널리즘 시대에 선정주의가 가장 성행했던 때가 있다.

이러한 결과 선정주의는 신문의 경영에 성공을 가져다주어 기업적 기반을
공고히 하는 데 기여하였다. 또한 풍부한 사진과 산뜻하고 활기 있는 기사
그리고 취재영역을 넓혀주는 등 신문의 제작편집 부문에서 새로운 이정표를
제시해주기도 하였다. 그러나 부정확하고 불공평한 보도와 지나친 허위보도
등 주관적 보도로 인해 많은 사람들의 명예훼손을 유발하거나 사생활을 침
해하는 행위가 빈번하여 사회의 물의를 빚기도 했다.

선정주의는 기본적으로 대중신문의 발생과 더불어 시작되었지만, 오늘날
까지 언론 보도방식에 영향을 미치고 있다. 다만, 그것이 언론보도의 관행으
로 보편화되어 있기 때문에 독자들이 이를 의식하지 못하고 있을 뿐이다.[29]

• sex/ gender/ sexuality — sex는 남녀간의 해부학적(생물학적) 차이를 가
리키는 용어이며, gender는 남녀간의 사회적 차이를 의미한다. 대부분의 페
미니즘이 연구 대상으로 삼는 부분은 sex라기보다 gender라고 할 수 있다.

---

29) 박명진 편, 『비판커뮤니케이션과 문화이론』, 나남출판, 1994, p.164.
　　이렇게 선정주의를 설명하는 것은 신문보도 외에 특히 텔레비전의 시사 프로그램, 매
　거진 프로그램들에서 선정주의 취재를 통해 내용의 전달보다는 시청률을 올리고자 하
　는 기도가 점증되고 있는 점을 우려해서이다. 선정주의와 에로티시즘이 혼합되어 사용
　되는 것은 결코 바람직하지 않다.

sexuality는 우리의 몸과 몸을 통한 쾌락과 관련된 가치, 태도, 신념 등을 의미한다.[30]

• 소외(疏外, alienation) ─ 특히 마르크스의 저작에서 설명된 것으로, 각 개인들이 사회적 실존(實存)의 중심 국면으로부터 점차적으로 유리되어가는 과정을 말한다. 사람들은 이를 정복할 수 없는 '외부적'인 힘에 의해 조종당하는 과정으로 경험한다는 것을 지칭하는 용어.

　마르크스는 소외를 자본주의 사회에서의 사회적·경제적인 생산활동 조직에서 불가피하게 발생하는 현상으로 규정하고 있는데, 소외의 근본원인은 사회적 관계가 경제적 요소에 의해 결정되고, 그에 대하여 반응하게 되는 방식에 있다. 임금·수익·공급 등과 같은 요인들은 독립적인 존재로서 개인들을 억압하고 통제하는 작용을 하는 것으로 보인다.[31]

• 스타/ 스타 시스템(star/ star system) ─ 스타는 우상숭배(偶像崇拜)와 유사한 방식으로 숭배의 대상이 되는 특정 개인의 가공적(架空的)인 인물상(personality image)과 그 인물상을 구현하는 것으로 간주되는 인물을 가리키는 용어이며, 스타 시스템은 스타를 만들어내는 체계적이고 조직적인 작업을 의미한다.

　스타가 처음 발생한 것은 영화에서이지만 스타는 이제 영화뿐 아니라 대중사회의 보편적 현상으로 인식된 만큼 사회 여러 분야에서 찾아볼 수 있게 되었다. 일반적으로 스타 현상이 발생하기 위한 조건으로는 다음과 같은 점들이 지적되고 있다.

---

30) 원용진, 『대중문화의 패러다임』, 한나래, 1998, p.224.
31) 박명진 편, 『비판커뮤니케이션과 문화이론』, 나남출판, 1994, p.171.
　이러한 원론적인 개념과는 다소 다르게, 특히 영화에서는 한 인간이 다른 사람들 또는 집단과 융화하지 못하고 외톨이가 되어 고독 속에 살게 되는 고립된 삶의 이야기를 많이 다루고 있고, TV 시사프로 등에서는 장애자라든가 극빈계층의 문제 등을 소외의 개념에 포함시켜 소재로 삼는 경향을 보이고 있다.

① 스타는 치밀하게 구조화되고 효율적인 관료주의가 발달된 사회에서 발생한다.

② 스타는 경제력이 발달하여 생존문제가 해결되고 잉여생산이 가능해진 사회에서 발생한다. 이런 사회에서는 노동과 여가가 구분되고 여가생활이 보편화되어 일반대중이 단순히 실용적인 것 이외의 행위, 자기 표현의 욕구를 지니게 되며 스타는 이러한 욕구의 매개체로서 기능한다.

③ 스타는 아직 사회적 유동성이 있어서 누구나 원칙적으로 스타가 될 수 있다고 믿어지는 사회에서 발생한다.

④ 스타는 지역문화가 쇠퇴하고 취향의 보편화가 이루어지는 대중문화의 발달과 함께 발생한다.

⑤ 스타는 사회의 규모가 거대화되어 스타에 대한 대중의 무지에 기반한 일방적 관계가 유지될 수 있으며 사회성원간의 익명성이 성립되는 사회의 현상이다.

영화산업에서 제일 먼저 스타가 발생했고 확고한 스타 시스템이 형성된 배경에는 다음과 같은 여러 가지 설명이 가능하다.

① 스타는 자본주의적 시장동기와 이데올로기적 동기에 의해 조직되었다. 스타는 영화시장 형성을 위해 대규모 영화사에 의해 제조된 영화사의 고정자본으로서 실패를 방지하는 이윤보장 역할을 했다는 것이다.

② 스타는 영화산업 측의 일방적인 경제적 동기의 산물이 아니라, 수많은 수용자의 공통된 욕구와 꿈, 취향, 집단무의식에서 비롯된 관객의 수요에 기초한 산물이다.

③ 스타는 카메라 작업, 특히 인간의 가장 주관적인 표현방식인 얼굴표정을 포착할 수 있는 클로즈업이라는 특수한 기술로 인해 특정 배우에게 고유한 이미지와 개성이 형성되고 부각될 수 있었기 때문에 생겨났다.

④ 배우 자신의 뛰어난 재능과 매력이 숭배의 대상이 됨으로써 스타가 발생했다.

스타 시스템은 할리우드 영화산업이 대외적으로 팽창(膨脹)하기 시작한

1920년대에 불확실한 영화시장의 안정된 수익보장을 위해 고안되었다. 관객들이 무성영화의 배우들을 기억하기 시작하자 영화사들은 영화개봉에 앞서 신문, 라디오, 잡지, 사진, 팬클럽 등 여러 매체를 동원하여 배우의 사생활과 인성(人性)에 대한 이미지를 매력적인 것으로 만들었다.

스타가 된 배우는 후속영화를 위한 은행대부 유치의 담보가 되었으며, 영화사의 독점된 자본으로서 이윤보장을 위해 끊임없이 여러 매체를 오르내려야 했다.

심리적인 관점에서 볼 때, 영화의 경험은 관음주의와 숭배주의(cultism)로 가득 차 있으며, 여기에서 스타는 중요한 욕망의 매개자(媒介者)로 기능한다. 스타 시스템은 스타의 인성과 이미지를 강력하게 전달하는 영화 테크놀로지와 손잡고 관객의 욕망을 조절하여, 채워지지 않고 가속화되는 욕망의 굴레를 생산한다.

오늘날에는 영화뿐만 아니라 록음악, 스포츠 영역에까지 스타현상이 확산되고 있으며, 이들은 종종 광고에 동원되어 그들의 스타일의 차이체계에 기초하여 새로운 상품의 이미지를 생산해 내도록 조직되고 있다. 그 결과 현재 스타 시스템이 경제적, 이데올로기적으로 기존의 사회체계를 재생산해내는 여러 가지 메커니즘에 대한 관심이 고조되고 있다.[32]

• 시뮬라시옹(simulation) — 실제로 존재하지 않은 이미지가 이제 실제가 되어서 진짜가 없어진 상태가 바로 시뮬라시옹이다.

시뮬라시옹은 1980년대 프랑스 포스트모더니즘의 거장인 '장 보드리야르(Jean Baudrillard)'에 의해서 창안된 이론이다. 즉, 이미지가 현실을 지배한다. 소비와 재화, 정보가 풍부해지면 인위적인 기호가 만들어지고, 그것은 기존의 권력·지식·역사 등의 가치를 무너뜨린다. 포스트모던 사회인 것이다.

오늘날의 시뮬라시옹은 원본도 사실성도 없는 실재 즉, 파생 실재를 모델들을 가지고 산출하는 작업이다. 보드리야르에 의하면 "이미지의 1단계는 '이미지는 깊은 사실성의 반영이다', 2단계는 '이미지는 깊은 사실성을 감추고 변질시킨다', 3단계는 '이미지는 깊은 사실성의 부재를 감춘다', 4단계는

---

32) 앞의 책, pp.178~181.

'이미지는 그것이 무엇이건 간에 어떤 사실성과도 무관하다. 이미지는 자기 자신의 순수한 시뮬라크르(simulacra)이다"라고 주장한다. 시뮬라크르는 모조품과 진품을 구분할 수 없을 정도로 거의 완벽하게 복제한 상태를 뜻한다.

이미지는 처음 가졌던 실재의 모습을 점점 잃고 어떠한 실재와도 무관한 상태에 이르게 된다. 그 마지막 단계에서 이미지는 결국 실재와는 완전히 동떨어진 자신만의 순수한 시뮬라크르가 되는 것이다. 실제가 없는 이미지만이 넘치는 세계가 바로 지금의 모습이다. 그래서 현대사회는(자기 권위를 유지하기 위해서라도) 실제로 존재하지 않는 것을 마치 실제로 있는 것처럼 만들어놓기도 하며 이로 인해 실재와 가상실재가 혼란해진 상태를 시뮬라시옹이라고 한다. 즉 소비, 정보 등이 넘치면 시뮬라시옹을 겪게 된다. 예컨대 사람들은 옷이 아니라 어떤(오드리 헵번) 이미지를 소비한다. 오드리 헵번의 기호(code)는 청순함, 우아함, 발랄함이다.33)

• 신 자유주의(new freedom) ─ 미국과 영국은 다년간 복지정책을 실시한 결과 관료화와 비효율이 사회 전체적으로 확산되면서 각종 규제는 기업의 경쟁력을 약화시키고 경제를 파탄으로 몰고 갔다. 1980년대 레이건과 대처는 직면한 심각한 재정적자와 경제침체를 극복하기 위해 신자유주의 정책을 실시했다.

규제 없는 시장이 궁극적으로 모든 사람에게 이익을 줄 경제성장의 견인차(牽引車)라는 믿음 아래 자유화, 탈규제화, 민영화, 개방정책을 도입했는데, 이 개념이 신 자유주의이다.

신자유주의 정책수립가들은 정부의 역할을 줄이고 시장 기능을 확대하고 노동시장을 유연화하고 사회의 모든 부문에 있어 구조조정을 추진했다. 국가 보조금을 축소하고, 교육·건강 부문에서 사회적 서비스 비용을 줄여 시장에 맡기는 정책을 채택했다. 이러한 정책은 국가가 시장에 최소한 개입하여 시장 자유를 최대한 보장하면서 최대의 효율을 도모한다는 가정에 기초하고 있다.

---

33) KBS 1TV 『TV, 책을 말하다』, 2002년 10월 24일 방송분에서 요약·정리.
   이 프로그램에는 장 보드리야르가 직접 출연해 시뮬라시옹을 자세히 설명했다.

신자유주의의 특징은 국가 기능에 대한 불신과 시장에 대한 신뢰이다. 공공자원을 분배하는 경우에도 국가와 비교하여 시장은 효율적이고 도덕적으로 우월하다는 것이다.[34]

• 아우라(aura) ― 예술작품 자체가 지닌 독특성, 일회성 또는 사회적 구별성을 자아내는 특수 미묘한 분위기나 내용.

아우라는 원래 그리스어, 라틴어에서 나온 말로서 미풍이나 꽃향기 발산과 같은 작용을 뜻하였다. 다른 한편으로는 간질병 환자나 히스테리 환자가 발작 직전에 느끼는 신체감각의 전조나, 최면술 시술자로부터 피시술자에게 전달되어가는 영기(靈氣)를 말하기도 한다.

예술적 의미는 벤야민(W.Benjamin)의 논문 「복제기술시대의 예술작품」(1936)에서 새로이 사용되었다. 그에 의하면 현대 이전의 예술작품은 존재와 결부된 일회성을 그 특징으로 하고 있으며, 그 작품의 진가는 '지금 여기에'라는 단 한번뿐인 현존성에 따라 지속된다고 한다. 그런데 오랜 세월을 거쳐 발전해온 복제기술은 19세기에 들어서면서부터 사진과 영화, 녹음의 출현을 계기로 질적인 변모를 맞게 되었다.

원작에는 일회성과 지속성이 밀접하게 얽혀 짜여져 있지만, 복제품은 일시성과 반복 가능성을 갖게 되었다. 기술적 복제가 성공하면서 원작의 일회성은 상실되어버렸고, 또 그 예술작품의 진가가 어디에 있는가라는 문제는 무의미하게 배제되어버렸다. 이 경우에 상실되어가는 것을 일괄해서 벤야민은 '아우라'라고 불렀다. 따라서 그에 의하면 현대문명은 '아우라의 상실(喪失)'로 나타난다.[35]

• 앙드레 바쟁(Andre Bazin) ― 1951년 창간된 프랑스 영화잡지 ≪까이에 뒤 시네마(cahiers du cinema)≫에서 활동한 영화비평가 앙드레 바쟁은, 영화의 특성을 shot들을 결합시킴으로써 현실세계를 변형시키는 것이라고 본 아이젠슈타인과 달리, 영화의 본질은 shot 그 자체를 구성함으로써 현실을 특정하

---

34) 신중섭, 「신자유주의란 무엇인가?」, www.hanbal.com/review101/t-1.htm

35) 박명진 편, 『비판커뮤니케이션과 문화이론』, 나남출판, 1994, pp.195~196.

게 재현(represent)하는 것이라고 주장하였다.

바젱은 몽타주가 눈속임에 의존하고 현실을 지나치게 왜곡하며, 의미생산을 과도하게 감독의 통제 아래 둔다고 비판했다. 하나의 장면을 편집으로 끊지 않고 길게 찍어내는 롱 테이크(long take)의 shot을 통하여 관객으로 하여금 프레임 속의 요소들을 해석하도록 두는 연출 방법을 주창하였다. 몽타주에서 미장센으로의 변화는 영화에서 영상스타일을 강조하는 경향을 낳았고, 영상편집을 통한 의미생산 통제자로서의 감독의 역할로부터 영화 해석자로서의 관객의 역할에 관심을 기울여야 한다는 새로운 영화와 영화연구의 방향을 제시하였다.36)

• 에로티시즘(eroticiism) ─ 사랑의 정념(情念)을 그린 문학, 미술, 음악, 영화 등의 문화예술을 가리키는 말. 그리스 '사랑의 신'인 에로스(Eros)에서 유래된 말인데, 원래는 사랑을 주제로 한 모든 것을 가리키는 말이었으나 점차 성애(性愛)를 그린 문화예술을 가리킨다. 오직 성적·육감(肉感)적 자극(刺戟)을 주목적으로 하는 포르노그라피(桃色文學, pornography)와는 구별되지만 그 경계는 모호한 실정이다.37)

원래 '매춘에 관한 이야기'를 뜻하는 '포르노그라피'의 준말 '포르노'는 제대로 정의를 내리기 힘들다. 시대에 따라 그 기준이 달라지기 때문이다. 보통 성기와 성행위를 노골적으로 묘사한 글이나 이미지를 가리키지만 구체적으로 들어가면 복잡하다.

'포르노'에 해당하는 우리말은 '외설(猥褻)' '음란(淫亂)' 정도인데 외설이 일본식 표현이라 해서 현행법에서는 음란으로 표기한다. 음란은 성욕을 자

---

36) 이영음·홍석경, 『영상학』, 한국방송통신대학교 출판부, 2000, p.188.

롱 테이크 중에 유명한 장면은 데이비드 린 감독의 <아라비아의 로렌스> 중에 포함되어 있다. 즉 파이잘 왕자를 찾아 사막을 횡단하던 로렌스가 우연히 발견한 오아시스의 물을 마시고 휴식을 취하고 있다. 그러다가 문득 섬뜩한 느낌이 들어 지평선을 바라보면, 저 멀리 아물거리는 신기루로 한 사내가 말을 타고 달려온다. 그는 베두인 부족의 알리족장이었다. one scene, one cut의 이 장면은 단순히 한 인물이 영화 속에서 등장하는 것이 아니다. 롱 테이크를 새로운 관점에서 사용하여 영화역사에 또 다른 시작을 알리는 장면으로 기록되었다.

37) 방송문화진흥회 편, 『방송문화사전』, 한울, 1997, p.317.

극하거나 흥분 또는 만족하게 하는 내용 가운데 일반인의 성적 수치심을 해치고 선량한 성적 도덕관념에 반하는 것으로 정의된다. 좀더 구체적으로 예를 들면 성기의 노출, 적나라한 성행위, 강간, 변태적 성행위, 아동추행 등을 가리킨다.

여기에 어떤 암묵적 기준이 작용하는데 그 하나는 '수치심의 유발'이라는 기준이다. 성행위는 숨겨져야 하지 노골적으로 드러나서는 안 된다. 또 하나는 나이와의 관계로 포르노 또는 음란물이 '성인들의 문화'라는 제한이다.[38]

• 연출(mise-en-scene) — 연출은 frame나 shot 내에서 화면을 구성하는 연기·세트·의상·동작·대사·음악·빛·색·공간적 관계·물건의 위치 등 요소들을 배열하는 감독의 작업을 말한다.

촬영현장에서 수많은 스태프와 출연자들을 통제하고 다양한 영상요소들을 조화롭게 선택하며, 원하는 배우들의 연기와 분위기, 화면을 만들어 내는 것은 감독의 연출역량에 달려있다. 감독은 전경과 원경을 결정하고 엄청난 양의 영상요소들을 계산하고 배치하며, 수많은 출연자들의 움직임과 빛과 카메라의 이동을 결정하여 새로운 영화적 세계를 창출해낸다.[39]

• 오뎃사 계단 — 아이젠슈타인이 주장한 5가지 몽타주가 모두 들어 있는 영화 <전함 포템킨> 중 오뎃사 계단에서의 학살 장면을 말한다.

① 오뎃사 계단에서 학살이 진행될수록 화면 길이를 가속도가 붙는 리듬으로 점점 짧게 편집한 것은 '운율의 몽타주'이다.
② 차르 군대의 점진적인 행진과 공포 속에서 흩어지는 군중의 무질서를 대비한 것은 '율동의 몽타주'이다.
③ 빛과 그림자, 밋밋한 평면과 입체감나는 화면의 대비 등을 보여주는 '음조의 몽타주'는 계단에 비친 차르 군대의 그림자와 그 그림자에 묻혀 아들을 안고 절규하는 어머니의 모습을 보여주는 장면이 예이다.

38) 최민, 「포르노」, ≪동아일보≫, 2002년 4월 22일.
39) 이영음·홍석경, 『영상학』, 한국방송통신대학교 출판부, 2000, p.188.

④ '배음의 몽타주'는 운율·율동·음조 몽타주가 합해져 나타나는 효과를 가리킨다.

⑤ '지적 몽타주'는 잠자고 있다가 포효하며 일어나는 사자상을 연속해서 세 화면으로 편집하여 억압에 항거하는 민중을 비유한 것을 들 수 있다. 이 장면은 이후 여러 영화에서 패러디되었다. 그중 하나가 할리우드 영화 <언터처블>이다.[40]

• 오이디푸스 콤플렉스(Oedipus complex) ─ 오이디푸스 콤플렉스는 거세 위협에 의해서 생겨난다. 어머니를 포기하지 않으면 거세시킨다는 아버지의 협박은 거세 불안을 낳는다. 아이는 쾌감 원칙인 어머니를 포기하고 현실 원칙인 아버지의 법을 받아들이지만 쾌감에 대한 향수를 포기하지 않기에 늘 공허하고 불안하다. 자아 이상은 늘 자아를 감시하는데, 이것이 자의식이다. 이상적 자아는 어머니이고, 동시에 그녀가 선택한 아버지이다. 그는 자신을 버린 어머니와 어머니를 빼앗은 아버지를 부러워하면서 증오한다.[41]

• 외시적 의미(denotation, 의미작용의 1차 단계) ─ 롤랑 바르트(Roland Barthes)의 외시적 의미는 의미작용의 1차 단계로서, 기호와 지시대상 사이의 단순한, 문자 그대로의 관계를 가리킨다. '머리' '대가리' '두상'이라는 단어는 모두 우리 신체의 특정 부분을 가리키는 말들이고, 장미꽃의 그림이나 사진은 실제의 장미라는 이름의 꽃을 지칭한다.

영상 이미지에서 카메라가 잡아내는 대상과 이미지 사이에 벌어지는 빛에 의한 기계적이고 화학적인 작용의 결과가 외시적 의미를 창출하지만, 이것은 실제 분석의 목적을 위해서만 쓰일 뿐, 실제로는 수학적 언어와 같은 고도의 체계화된 언어를 제외하면 객관적이고 가치 중립적인 의미작용 단계는 없다.[42]

---

40) 존 하트, 『스토리보드의 예술』, 이남진 역, 고려문화사, 1999, p.33.

41) 권택영, 『감각의 제국』, 민음사, 2001, p.62.

42) 이영음·홍석경, 『영상학』, 한국방송통신대학교 출판부, 2000, p.131.

• 함축적 의미(connotation, 의미작용의 2차 단계)─함축적 의미는 기호의 외시적 의미가 실질적으로 해독될 때 발생하는 연상적·표현적·가치평가적 의미차원을 말한다. 사진에서 빛이 자동적으로 발생시키는 기계적·화학적 과정은 외시적 의미를 창출하지만, 이러한 영상의 외시적 기능에 함축적 내용을 붙이는 것은 인간의 선택이 개입하는 부분이다. 즉 카메라의 위치와 초점·구도·각도·조명 등이다.

몸의 일부를 '머리'라고 부르는 것과 '대가리'라고 부르는 것은 그러한 선택을 한 사람의 교양·문화적 특성뿐만 아니라 선택의 의도도 내포하고 있다. 장미꽃의 사진이 어떠한 맥락에서 이용되는 가에 따라 그것은 생물도감의 표본사진일 수도 있고, 정열·사랑의의 기호일 수도 있다. 영상은 무엇인가를 찍었다는 점에서 반드시 외시적 의미를 전달하는 동시에 그것이 어떤 색·움직임·조명으로 처리되었느냐에 따라서 함축적인 의미를 생산한다.[43]

• 신화(myth, 의미작용의 2차 단계)─롤랑 바르트가 보다 전문화시켜 사용한 신화라는 용어는 한 문화권을 통해 폭넓게 받아들여지는 개념의 묶음(a chain of concepts)을 가리킨다. 이에 의해 문화의 구성원들은 특정한 토픽이나 그들의 사회적 경험의 부분을 개념화하거나 이해한다.

우리가 시골에 대해 가지고 있는 신화는 자연적이다, 정신적으로 신선감을 준다, 평화롭다, 아름답다, 휴식과 요양의 장소이다 등등의 연쇄로 이루어진다. 반대로 도시에 대한 신화는 비자연적임, 갑갑함, 노동, 긴장, 스트레스 등의 개념을 포함한다. 신화들은 지시대상(referents)들에 대해 자의적(自意的)이며 문화에 따라 특수하다. 예컨대 18세기에는 도시는 좋음, 문명화됨, 세련됨, 품위있음 등으로 '신화화'되었고, 시골은 나쁨, 비문명, 거침, 원시적 등으로 '신화화'되었다.

신화라는 용어는 비전문인들이 생각하는 '잘못된 믿음'의 의미로 사용되는 것이 아니라, 인류학적인 의미로 '추상적인 문제를 개념화하는 한 문화의 방식'이라는 의미로 사용되는 것이다. 신화는 개념적이며 기의 차원에서 작용한다.[44]

---

43) 앞의 책, p.131.

• 은유(隱喩, metaphor) - 은유는 알려지지 않은 것을 알려진 것의 용어로 바꾸어놓음으로써 커뮤니케이트하는 방식이다.

"그 차는 딱정벌레 걸음을 하였다"라는 은유는 우리가 그 차가 어떻게 움직였는지는 잘 모르지만 딱정벌레가 마루를 가로질러 허둥지둥 달려가는 모습은 알고 있음을 가정하고 있다. 이 은유는 딱정벌레의 특성을 자동차에 전위시키고 있는 것이다.

야콥슨(Jakobson)은 은유가 시(詩)에서의 특징적 양식이고, 우리가 알고 있는 문화적 신화(myths)의 특성을 알려져 있지 않은 상품에 전위시켜 이미지를 창출하는 광고의 특성이기도 하다고 주장한다. 거친 서부의 황야는 한 담배 상품의 은유였고, 샌프란시스코의 밝은 불빛은 한 화장품 상표의 은유가 되었다.45)

• 의미 고정시키기(anchorage) - 바르트(Barthes)의 용어로, 언어가 광고나 뉴스 사진 같은 시각영상에 작용하는 주요 방식을 지칭한다.

사진은 잠재적으로 열려 있는 텍스트(open text)인데, 이때 말은 독자를 영상에 대한 특정한 선호해독(preferred reading)으로 이끈다. 즉 말은 "표류하는 기의들의 체인을 고정시킨다"는 것이며, 바르트는 사다리 주변에 몇 개의 과일들이 흩어져 있는 장면을 보여주는 광고물을 예시하여 이와 같은 자신의 이론을 설명하고 있다. 이것은 수확(收穫)의 빈약함을 의미할 수도 있고 바람에 의한 피해, 아니면 '신선함'을 의미할 수도 있다. 여기에 '당신 자신의 정원에서 딴 듯한'이란 말이 붙여짐으로써 다른 불필요한 해석을 차단하고 이를 '신선함'의 의미로 강하게 몰고 가는 것이다.46)

• 이데올로기(ideology) - 마르크스주의 본래의 의미에 따르면, 이데올로기는 계급사회에서의 의미작용(지식과 의식을 모두 포함한다)의 사회적 관계를 뜻하며, 지배계급의 이데올로기가 당대의 지배적 개념이 된다고 설명한다.

---

44) 박명진 편, 『비판커뮤니케이션과 문화이론』, 나남출판, 1994, p.217.

45) 앞의 책, p.210.

46) 앞의 책, p.32.

후속 연구들과 현실 속의 역사적 경험을 통해서 자본주의가 지배하는 사회 속에서도 자본주의를 정당화하고 존속시키는 지배 이데올로기만 존재하는 것이 아니라 서로 대립하는 이데올로기들 즉, 페미니즘, 마르크시즘, 하위문화 등 대안적인 이데올로기들이 서로 투쟁중에 있다는 것이 밝혀졌다.[47]

• 이미지(image) ─ 원래는 실재의 시각적 표상 즉, 물리적 표상(그림이나 사진과 같이) 또는 상상 속에서의 표상(문학이나 음악에서와 같이)을 의미했다. 현재 이 말은 일반적으로 실재를 재생산하기 위해서보다는 수용자들에게 어필하기 위해 창조된 제조물(fabrication)이나 공공의 인상을 의미하며 이는 실재가 이미지에 부합되기 어렵기 때문에 어느 정도의 허위를 포함하게 된다.[48]

• 이야기체(narrative) ─ 허구적인 것이든 사실적인 것이든 하나의 이야기를 연속된 장면으로 즉, 그리고 그 다음에……하는 식으로 조직화시키는 장치, 전략 및 관습.

이야기체는 다시 몇 가지로 세분되는데 특히 '구성(plot, A가 B를 만났다: 무슨 일이 벌어진다: 질서가 되돌아온다'과 '서술(narration, "옛날에 아름다운 공주가 살았다", 또는 "어제 대통령이 말했다")로 나뉜다. 구성은 이야기의 더 이상 나뉘어지지 않는 내용이며, 반면 서술은 그 내용과 관련되는 방식이다.

직접화법이나 간접화법과 같은 장치 또는 3인칭에 대응하는 1인칭의 사용('그/그녀'에 대응하는 '나')은 구성의 속성이기보다는 이야기체의 속성이다. 그러한 속성은 사실상 어떤 구성을 가졌건 모든 이야기에서 정형적으로 분석될 수 있다. 이야기체 분석은 구조주의 및 문학비평에서 점차 보편화되며 더욱 더 정교해지고 있다.

이야기체는 방송 뉴스와 같은 비허구적인 이야기의 한 특성이기도 한데, 여기서는 직업적인 코드(codes)가 모든 이야기의 특정한 구조와 질서 및 구성요소들을 결정한다. 역설적으로 이야기체는 많은 정적(靜的) 이미지(images)에

47) 이영음·홍석경, 『영상학』, 한국방송통신대학교 출판부, 2000, p.139.
48) 박명진 편, 『비판커뮤니케이션과 문화이론』, 나남출판, 1994, p.231.

도 내재한다. 특히 광고사진에서는 그러한데 여기에는 사진 속의 현재 순간의 '전'과 '후'가 그 사진의 요소 속에 포함되어 있으며, 우리는 그 이미지 전체를 이해하기 위해 이렇게 암시된 시간의 경과를 인식해야 할 필요가 있다.

많은 뉴스 사진은 방금 일어난 사건 또는 막 일어나고 있는 사건에 의존하며 사진을 뉴스가치가 있도록 만드는 것은 이야기체의 감각인 것이다. 최근에는 우리가 이야기체의 전략을 수단으로 하여 우리 자신과 우리의 일상적 삶을 의미화하는 방식에 주의가 기울어지고 있다.[49]

• **이중의 동일시**(double identification) ─ 영화의 이데올로기적·미학적·오락적 효과는 영화에 대한 관객의 동일시를 통해서 얻어진다. 영화에서는 두 가지 동일시가 동시에 일어난다.

먼저 카메라 시점과의 동일시가 일어난다. 카메라가 잡아서 우리의 등뒤에서 스크린 위에 투사하는 현실의 상을 우리는 마치 우리의 두 눈이 보고 있는 것과 같이 수용하는데, 이것은 우리의 눈과 카메라, 영사기와의 동일시 때문이다.

두번째 동일시는 영화 속의 인물에 대한 동일시이다. 그 결과 영화의 이야기 전개의 각 순간에서 여러 인물들에 대한 감정이입과 그에 따른 기쁨·슬픔·공포와 같은 정서적 효과가 발생한다. 영화를 관람할 때 이러한 두 가지 동일시는 동시에 일어나기 때문에 '이중의 동일시'라고 부른다.[50]

• **재즈 저널리즘**(jazz journalism) ─ 재즈 저널리즘은 제1차세계대전 직후인 1920년대에 시작하여 약 20년 동안 미국 전역에 확산되었던 저널리즘이다. 이것의 특징은 ① 정상 신문 절반 크기인 타블로이드판으로 인쇄했다. ② 사진과 그림을 풍부하게 사용하였다. ③ 기사문체가 간결하고 기사길이가 짧았다는 점이다.

재즈 저널리즘은 ≪뉴욕 데일리 뉴스≫가 1924년부터 처음으로 시작하였다. 이 신문은 1880년대 황색 저널리즘 시대로 되돌아가 오락과 선정적인

---

49) 앞의 책, p.231.

50) 이영음·홍석경, 『영상학』, 한국방송통신대학교 출판부, 2000, p.186.

내용들이 대부분이었는데, 연재만화, 가십, 스포츠, 범죄, 실연자와의 상담, 별점, 섹스, 할리우드 연예계 소식 등으로 가득 채워졌다. 뉴욕 데일리 뉴스는 한때 최고 200만 부까지 팔렸고, 많은 신문들이 모방한 바 있다.[51]

• 정신분석이론(psychoanalytical theory) ─ 내적인 정신구조와 그들 사이의 복잡한 관계를 다루는 이론적 관점으로 프로이드(Freud)에 의해 최초로 체계화되었다.

정신분석이론의 중심에는 충돌·욕구·원망(願望) 등이 만족을 지향하고 따라서 동기화(動機化)는 기본적으로 쾌락주의적인 것으로 볼 수 있다는 가정이 자리잡고 있다. 좌절(挫折, frustration)은 동기의 차단으로부터 오는 것으로 고통과 자아비판을 낳으며 우리의 쾌락추구적인 자아에 대해 장애적 요소가 된다. 프로이드는 그러한 경험이 억압을 통해 의식으로부터 무의식의 세계로 감추어지거나 보다 동떨어진 사건으로 전이된다고 주장했다.

무의식은 심리적 기제 가운데 비조직화된 부분이며, 프로이드는 이것을 이드(id)라고 명명했다. 이드에 대한 통제는 자아(ego)의 몫인 반면, 사회화의 인식을 통해 타자(others)의 관념을 내면화시킴으로써 초자아(super)가 형성되게 된다. 프로이드 정신분석이론은 환원주의적이며 감정적이고 성적인 충동에 사로 잡혀있다고 비판받아 왔지만, 기호·상징·이미지 연구에 커다란 기여를 했음은 틀림없다.[52]

• 주이상스(jouissance) ─ 주이상스란 몸이 느끼는 신비스런 희열(喜悅), 오르가즘이다.

열반의 원칙이 '주이상스'이고, 이차적 마조히즘이 '남근적 주이상스'이고, 도덕적 마조히즘이 '성적 주이상스' 혹은 잉여 주이상스이다. 주이상스는 열반을 꿈꾸는 죽음 충동이다. '희열'이라고 번역되지만 그보다 의미가 넓다.

51) 방송문화진흥회 편, 『방송문화사전』, 한울, 1997, pp.403~404.
   이러한 재즈 저널리즘은 80여 년 전에 성행한 바 있는 낡은 방법이지만, 아직도 여러 신문들이 구태의연한 재즈 저널리즘의 수법을 쓰고 있으며, TV도 그런 특징을 프로그램을 통해 노출하는 것은 경계할 사안이라고 할 수 있다.
52) 박명진 편, 『비판커뮤니케이션과 문화이론』, 나남출판, 1994, pp.271~272.

오르가즘은 작은 주이상스이다. 주이상스는 열반을 지향하는 즐김, 쾌락, 희열이다. 몸은 아늑한 평화를 원한다. 최초의 평화는 아이가 어머니의 몸 안에 있었을 때였다. 프로이드의 가장 위험스럽지만 위대한 발견은 쾌감 원칙 너머에 죽음 충동이 있다는 것이다. 죽음은 아늑한 평화, 대지와 하나가 되는 것, 어머니에 대한 그리움, 연인에 대한 그리움 그리고 흙과 고향으로 돌아가고 싶은 파괴 본능이다.[53]

• 중심 및 주변 관계(core and periphery) - 종속이론을 구성하는 중심 개념의 하나로, 세계 자본주의 체제의 중심을 이루는 풍요로운 선진국가들과 주변의 빈곤한 저발전국가들 사이에 존재하는 불평등한 관계를 지칭함.

이 용어가 모든 종속이론가들에게 공통된 것은 아니지만, 이 같은 개념에 나타난 기본적 접근방식은 동일한 것이다. 예컨대 '중심 및 주변 관계'라는 독창적인 아이디어를 제시한 프랑크(A.G. Frank)는 세계 자본주의 체제를 '중심권(metropolis)'과 '위성권(satellite)'으로 구분하며, 저발전 지역인 위성권은 자신의 지역에서 창출되는 자본 혹은 잉여의 일부를 세계의 중심권으로 유출시킨다고 하였다. 그러한 관계는 16세기 이래로 계속 존재해왔으며, 그 이후로 그것은 위성국에 대한 지배와 착취의 형태에서만 변화가 있었을 뿐이지 본질적인 내용에서는 변함없이 계속되어왔다는 것이다.

이러한 '중심-주변' 관계가 보여주는 전반적인 의미는 경제적 차원에서뿐만 아니라, 국제간의 커뮤니케이션과 문화의 차원에서도 수용되고 있다. 예컨대 종속이론은 현존의 국제 커뮤니케이션 구조를 개편하고자 하는 신국제정보질서(NWIO: New World Information Order, 1970년대 전반에 걸쳐 유네스코, 국제통신연맹 및 기타 국제적 회의에서 제3세계의 개발도상국가들이 기존의 국제 커뮤니케이션 체제에 대한 구조적 개편을 요구한 주장 및 운동) 운동의 논리적 배경이 되고 있다.

구미(歐美) 통신사 중심의 정보흐름에서 드러나는 양적, 질적 불균형 현상, 선진국가들의 다국적 기업을 통한 문화제국주의 현상 그리고 국제간 기술이전에 따른 기술종속 현상 등의 문제에 대한 논의가 대두되고 있다.[54]

---

53) 권택영, 『감각의 제국』, 민음사, 2001, p.109.

• 지표(index)·도상(icon) — 피어스(Peirce)의 기호의 세 가지 범주 가운데 하나인데, 지표는 그 대상과 우연적으로 실존적으로 연결되어 있는 기호이다. 지표는 그것이 가리키는 대상의 일부분으로 나타난다.

연기는 불의 지표이고, 사장의 뚱뚱한 배는 부의 지표이며, 으르렁거리는 소리는 분노의 지표이고, 에펠탑은 파리의 지표이다. '모나코(Monaco 1979)'는 지표들이 영화에서 환유(換喩)적으로 사용된다고 말한다. 그는 잠자는 여인의 베개 위에 놓인 지폐뭉치가 매춘의 지표로 사용되는 예를 들고 있다.[55]

도상은 지시대상과 '닮음'의 관계에 있는 이미지 기호를 말한다. 이러한 의미에서 무엇인지를 묘사한 그림·회화·사진·영화 등은 모두가 기본적으로 지시하려는 대상과 외견상 유사성을 지녔다는 점에서 도상의 특성을 지닌다.[56]

• 직업적 이데올로기(occupational ideology) — 전문직 등 직업범주들이 가지는 전략적 특성을 말한다. 그 직업 종사자들은 이를 통해 자신의 지적 산물에 대한 접근이나 그 직업에의 입문에 대한 통제를 유지하고 그들의 방법, 목적, 보상이 어떠해야 하는지에 관해 그들 나름의 질서 속에서 응집력을 유지한다.

직업적 이데올로기는 막강한 제도적 힘을 가진 제도적 실체에 의해 뒷받침되기는 하지만 비정형적인 코드이다. 일단 입문하면 그 직업 종사자들은 이러한 코드에 자발적·일상적으로 순응하도록 요구된다. 이 코드는 규칙의 모음이라기보다는 역할 모델이다. 직업적 이데올로기는 비의적(秘義的)이고 전문적이며 난해한 언어로 특징지어진다.[57]

---

54) 박명진 편, 『비판커뮤니케이션과 문화이론』, 나남출판, 1994, p.282.

55) 앞의 책, p.289.

56) 이영음·홍석경, 『영상학』, 한국방송통신대학교 출판부, 2000, p.39.

57) 박명진 편, 『비판커뮤니케이션과 문화이론』, 나남출판, 1994, p.290.
  예컨대 우리나라에서 벌어진 의약분업사태도 직업적 이데올로기를 배경으로 하고 있다.

• **커뮤니케이션**(communication) – 커뮤니케이션에는 크게 두 가지의 정의가 있다. 첫째는 커뮤니케이션을 A가 B에게 메시지를 보내 B에게 효과를 미치는 과정으로 보는 것이다. 둘째는 커뮤니케이션을 의미의 교섭과 교환으로 보는데 그 가운데서 메시지, 문화권 내의 사람들 그리고 현실이 상호작용하여 의미가 생성되고 이해가 이루어지게 된다는 것이다.58)

• **코드**(code) – 코드란 한 문화의 구성원들 사이에서 명시적으로 또는 암시적으로 합의된 규칙에 의해 지배되는 기호체계이다.

코드에는 법률적 코드, 행동적 코드, 의미화 코드도 있다. 고속도로는 의미화 코드인 동시에 행동적 코드이다. 또 각 매체에는 기술적 코드 영역이 있는데, 이것은 함축의미를 운반하는 데 사용된다. 사진의 경우, 초점·조명·구성·카메라 앵글 등의 코드가 함축의미를 창출하는 데 사용된다. 영화 TV에서는 편집·fading·dissolving의 코드가 같은 기능을 담당한다.59)

• **콘티뉴어티**(continuity) – 극의 흐름을 유연하고 통일성 있게 만드는 사건의 흐름을 말한다. 다른 시간, 다른 장소에서 촬영된 단속적인 영상들이 화면과 화면 사이의 영화적 요소들이 가지고 있는 연속성 때문에 무리없이 전개될 수 있는 것이다. 시퀀스의 연속성을 유지하기 위한 법칙이나 편집 유형이 지켜져야 하며, 경우에 따라서는 이것을 깨뜨려서 극적인 효과를 증가시킬 수도 있다.60)

• **탈규제**(deregulation) – 일반 산업부문에서 많이 사용되나, 특히 라디오, TV 등의 커뮤니케이션 산업체제가 기존의 제도적 규제에서 벗어나 개방된 국면으로 접어드는 현상을 지칭함.

일반적으로 탈규제란 새로운 기술의 바달, 새로운 산업부문의 등장, 시장의 확대에 따라 기존의 규제장치가 부적합해질 경우 새로운 변화에 대응할

---

58) 앞의 책, p.301.

59) 앞의 책, pp.305~307.

60) 존 하트, 『스토리보드의 예술』, 이남진 역, 고려문화사, 1999, p.19.

수 있는 규제방안이 마련될 때까지 잠정적으로 기존의 규제장치가 약화되는 것을 뜻한다.

TV방송의 경우, 대체로 1970년대 중반 이후 구미 각국에서 시청각 커뮤니케이션 산업 체제에 대한 규제완화의 국면에 들어섰다. 이는 1960년대 이후 뉴미디어의 등장에 따라 놀라울 정도로 진행되어온 새로운 커뮤니케이션 미디어의 개발 및 상품화로부터 비롯된 것이다.

직접적으로는 비디오와 케이블TV 보급의 확산이 결정적인 요인으로 작용한 것으로 볼 수 있다. 즉 전파수단에만 의존하던 TV방송의 규제방식은 정보기술의 발달로 인해 더 이상 적합하지 않은데다, 케이블TV를 비롯한 뉴미디어 산업의 발전을 경쟁적인 시장상황을 통해 이루어보고자 하는데 탈규제의 배경이 있다고 할 수 있다.

1972년 미국정부는(김영석) 그동안 군사적 목적으로만 이용되었던 통신위성을 상업용으로 이용할 수 있도록 허용하는 '우주개방정책(open sky policy)'을 발표하였다. 이 정책에 따라 1975년 미국 최초의 유료 케이블TV사인 HBO(Home Box Office)사가 통신위성을 이용하여 각 가맹 방송사에 프로그램을 전송하기 시작했으며, 1976년에서 위성을 이용하여 전국을 커버하는 슈퍼스테이션(superstation)이 등장한 바 있다.

한편 탈규제의 개념은 '사유화(privatization)'라고도 일컬어지고 있는데, 이는 탈규제로 인해 방송의 민영화가 확산되고, 종래의 TV방송 일반의 근간이 되었던 공공성 이념이 변화하고 있는 현상을 시사한다고 할 수 있다. 특히 케이블TV의 발달에 따라 TV방송에 대한 공공적 통제가 상업적 통제로 급속히 변환되는 특징을 나타내기도 한다.

따라서 공익개념을 근간으로 해서 공영방송체제를 유지해왔던 서구의 경우는 공공성 이념에 대한 재정립이 필요하게 되었고, 다른 한편 공공성 개념 없이 주파수의 분배와 그 사용에 대한 규제를 통해 방송의 공공성을 실현하고자 했던 미국의 경우도 현존의 규제장치가 더 이상 효율성을 발휘하지 못하게 되었다. 이에 따라 공익실현 도구로서의 방송이라는 지금까지의 공공성 이념은 이제 보류(保留) 내지 포기되어가는 양상을 보이게 되었다.[61]

• **텍스트/ 메시지**(text/ message) − 이 두 용어는 흔히 혼용되는 것으로 커뮤니케이션의 기본적인 요소인 기호(signs)와 코드(codes)로 구성된 의미화의 구조를 가리킨다.

이러한 구조는 말, 글, 영화, 옷, 자동차의 스타일, 제스처 등과 같이 다양한 형식을 가질 수 있다.

빈번히 혼용됨에도 불구하고 이 두 용어는 차이를 가지는데, 그 차이점을 견지하거나 확대시키는 일은 보람있는 작업이다. 텍스트는 보통 송신자(sender)나 수신자(receiver)로부터 독립된 그 자체의 물리적 실체를 가지며, 따라서 표상적인(representational) 코드를 가지는 메시지를 가리킨다. 책, 레코드, 편지, 사진 등은 텍스트이다. 또 TV쇼의 녹화 필름이나 말의 필기본 같은 것 역시 텍스트이다. 그러나 제스처나 얼굴표정 등은 메시지를 전하기는 하지만 텍스트를 창출하지는 않는다. 메시지란 용어는 사회학자, 심리하자, 엔지니어 등 커뮤니케이션 과정학파들에 의해 주로 사용되며 '전달되는 것'이라는 단순한 정의로 사용되는 경향이 있다.62)

• **텔레비전 담론**(television discourse) − 텔레비전 담론은 텔레비전의 산물(output)이다. 이것은 주류적 텔레비전의 낯익은 코드, 스타일, 장르(genres)와 관습 등과 어울려 확립된 시간편성과 방송대본상의 습관들, 전문직업적 활동의 복합적 과정 전체 그리고 우리가 TV적인 것으로 알아보고 기대하도록 배우는 텍스트상의 장치들과 전략들을 모두 포함한다.

TV담론은, 우리가 TV를 보는 방식을 특정한 방향에 따라 고정시키고 방향지우며 통제하고 조장하는 이용가능한 수단으로 수립되어온 막대한 양의 의미를 창출하는 표상(表象)들을 포함하고 있다.63)

• **토대**(base) − 사회와 사회변동에 대한 마르크스의 분석에서 나온 것으로, 이 개념은 주어진 사회의 기초가 되는 경제적 구조나 '물질적 기반'을 은유

---

61) 박명진 편, 『비판커뮤니케이션과 문화이론』, 나남출판, 1994, pp.310~311.

62) 앞의 책, p.315.

63) 앞의 책, p.317.

적으로 지칭하는 것이다.

이 개념의 용법은 마르크스가 이와 같은 기반과 그가 '상부구조'라 부른 사회의 다른 부분 사이를 구별했던 결정론적 관계를 다소 드러내고 있다.

마르크스는 유물사관을 주장하는데 그에 의하면, 계급의 분화와 같은 사회의 변화와 사회구조의 중심차원은 경제적 토대의 관계 변화에 기초하거나 그로부터 비롯된다고 한다. 경제적 생산의 특수한 사회조직을 가리키는 마르크시스트의 개념은 생산양식(mode of production)이다. 마르크스는 역사는 각기 다른 생산양식으로 특징지어지는 여러 다른 시기로 나뉜다고 주장한다. 그는 그 시기들을 원시공동체 시대(부족사회), 고대노예제 시대(고대 로마), 봉건시대(중세유럽), 자본주의 시대 그리고 공산주의 시대라고 불렀다. 특정한 생산양식은 특수한 생산력과 특수한 생산의 사회적 관계의 조합에 의해 구별된다.

마르크스는 생산력이란 개념을 씀으로써 한 사회의 생산능력을 형성하는 물질적·사회적 요인들의 복합체에 주의를 집중시켰다. 이들에는 생산과정에서 조직되는 원자재, 노동, 기술지식, 기계장치 등이 포함된다. 생산관계란 말은 어떤 사회 내에서의 생산력과 생산수단의 소유의 사회적 분배 그리고 결과적으로 경제적 생산물이 분배되는 방식을 지칭한다.

그는 자본주의 사회에서 이러한 관계들은 생산력과 생산수단의 소유로 구조지워지는데 이는 재산과 부를 창출할 수 있는 수단을 소유한 개인 내지 집단과 그를 소유하지 못한 개인 내지 집단 사이의 사회적 계급단계를 결정 짓는다고 주장한다.

여기서 주의해야 할 결정적인 포인트는, 정치·교육·가족관계·문화 등의 영역을 포함하는 상부구조가 경제적 토대에 의해 결과적으로 형성·조건화된다는 것이다. 윌리엄즈(Williams, 1977)가 지적한 것처럼 "마르크스주의 문화이론에의 어떠한 현대적 접근도 '결정하는' 토대와 '결정되는' 상부구조의 전제를 고찰함으로써 시작되어야 한다." 따라서 경제적 토대는 마르크스주의 이론의 필수불가결한 개념으로서 커뮤니케이션·문화·사회연구의 방향을 제시하고, 통합할 수 있는 것이다. 이 개념은 주의깊게 다루어야 한다.[64]

---

64) 앞의 책, pp.318~319.

• 팝 아트(Pop Art) ─ 팝 아트 운동은 아르 누보 디자인의 유기체적인 형태와 다다이즘의 반항적인 철학을 결합하였다. 1950년대 중반에 모임을 가졌던 런던의 예술가들과 디자이너의 단체의 이름에서 팝 아트의 명칭이 생겼다. 팝 아트의 대상물은 대중문화의 일부로 여겨지는 것들이다. 그 당시까지 진지한 예술적 관심을 기울일 가치는 없지만 사회 대중문화의 일부로 여겨졌던 대상물들을 이용하였다. 팝 아트의 대표적인 예술가는 앤디 워홀(Andy Warhol)이 있다.[65]

1962년 10월말(김한수) 뉴욕의 한 화랑에서 열린 '신사실주의 화가들'전은 이상한 작품들로 가득 차 있었다. 만화를 그대로 확대한 그림, 스프 통조림을 무수히 그려놓은 그림, 쓰레기더미에서 주워온 잡동사니를 붙여놓은 그림…… 출품작가는 이제 갓 서른을 넘긴 앤디 워홀, 로이 리히텐슈타인, 라우센버그 등이었다. 팝아트는 상품뿐 아니라 영화, 로큰롤 등에 이르기까지 봇물처럼 쏟아져 나오는 미국식 대량생산─대량소비시대를 미술로 번안(飜案)한 것이었다.

• 페놉티콘(Panopticon) ─ 푸코는 『감시와 처벌』에서 제레미 벤담의 '페놉티콘'을 비판적 근대 해석의 결정적 텍스트로 삼고 있다. 페놉티콘은 벤담이 18세기 말 고안한 원형 감옥설계로, 이 장치 속에서 죄수는 감시자의 동정과 존재 여부를 알 수 없고, 항상 감시당하고 있다는 느낌을 받고 있는 것이 특징이다.

푸코에 의하면, 노동자의 자녀는 학교 페놉티콘에 의해 감시·교육되고 공장에서도, 파업의 경우도 동일하다. 교도소에서 출옥하면 부랑자나 창녀로 떠돌아다니다 붙잡혀 복지원·여자기술원에 들어가 또다시 감시와 조련을 당한다. 여기서 기율(紀律)에 복종하지 않으면 미치광이로 분류되어 정신병원에 보내져 역시 감시와 규율(規律)을 당하기 때문에 근대사회는 탈출구 없는 거대한 페놉티콘이라는 주장이다. 이러한 존재는 학교, 병원, 공장, 사무실, 병영…… 등등 무수히 많은 곳에 조성되어 있고, 국가도 스스로 거대한 권력상태를 조성하는 페놉티콘이고, 이것의 근본 원리는 주인이 없는 '익명적'이

---

65) 이영음·홍석경, 『영상학』, 한국방송통신대학교 출판부, 2000, p.290.

라는 것이다.66)

• 편집(editing/montage) ─ 편집은 영화화면을 서로 연결함으로써 화면의 대조를 통하여 영상의 의미를 창출하는 것을 말한다. 현장을 촬영한 러시 필름들을 가지고 감독이 영화의 마지막 모습을 결정하고 특별한 의미를 부여하는 과정 모두가 편집에 속한다.

소련의 영화감독 아이젠슈타인(Sergei Eisenstein, 1898~1948)은 편집을 영화의 본질로 격상시킨 몽타주 이론을 최초로 주장하였다. 예컨대 매우 지친 사람의 얼굴 모습 다음에 김이 나는 수프의 화면을 연결하면 그 인물이 배고픔을 느낀다는 의미가 생산되는 것이다. 아이젠슈타인은 영화가 현실세계의 이미지를 기록하고 복제하는 것이라는 당시의 관념을 깨고, 영상 사이의 충돌(衝突)을 영화영상 의미생산의 기법으로 사용하였다. 즉, 영화를 영상 사이의 병렬(並列)에 의하여 새로운 의미를 창출하고 현실세계를 변형하는 매체라고 이해한 것이다. 몽타주 기법은 소련 사회주의 체제 속에서 영화를 효과적인 정치적 교육 도구가 될 수 있게 하였다. 그러나 아이러니컬하게도 현재 몽타주 기법이 가장 많이 사용되는 분야는 자본주의의 꽃인 광고와 뮤직 비디오 분야이다.67)

• 포스트 모더니즘(post modernism) ─ 포스트 모던한 정서를 한마디로 설명한다면, 합목적적이고 형식적이며 이성적이고 총체적인 것을 추구하던 모더니즘의 사고를 부정하는, 인간의 주체와 자아에 대한 회의(懷疑)의 가치체계이다. 역사적 맥락에서 볼 때, 근대사회가 계몽주의, 프랑스 대혁명, 산업혁명 및 자본주의의 성립과 더불어 시작되었다면, 포스트모던 사회는 근대의 '계몽기획'의 결과로 야기된 자연의 정복, 환경 및 생태계의 파괴, 두 차례에 걸친 세계대전, 에이즈의 공포, 핵무기의 확산과 같은 현상에 대한 자성(自省)의 인식이라고 할 수 있다.

포스트 모던이즘은 모더니즘에 대한 거부로 절대성보다는 상대성, 일원론

66) www.truelove.new21.net/philosophy/postmord.html

67) 이영음·홍석경, 『영상학』, 한국방송통신대학교 출판부, 2000, p.187.

보다는 다원론, 독단주의보다는 관용주의로 한결 더 설득력 있는 이론으로 받아드리기 시작했다. 포스트 모더니즘은 후기 현대사회의 서구적 최첨단 테크놀로지나 감각에 대한 관심보다는 오히려 그러한 것들이 초래하는 정치적, 사회적 또는 문화적, 심리적 문제점들에 더 많은 관심을 갖고 있는 사조라고 볼 수 있다.

좁은 의미의 포스트모더니즘은 제2차세계대전 이후에 새로이 대두되기 시작한 문학과 예술을 가리키는 문예적 개념으로 정의된다. 보다 넓은 의미에서는 철학이론과 사회이론, 자연과학론에 이르기까지 광범위하게 사용되어 현대사회를 지배하는 일종의 시대정신이라고 할 수 있을 정도로 그 개념이 확장되었다.[68] 포스트 모더니즘을 주창한 사람은 미국의 레슬리 피들러(Leslie A Fiedler, 1917~2003)로 알려지고 있다.

• 프레임(frame) ─사회적 지식과 경험의 조직화를 의미하는 개념.

고프만(Goffmann)은 사회적 상황을 이해하고 이에 반응하기 위하여 우리가 일상생활에서의 현실(실재)을 어떻게 틀지우는지를 보여주었다. 그림을 둘러싼 틀(액자)은 벽과 그림 사이의 경계를 뚜렷이 한다. 이 용어는 매스 미디어 연구에서도 사용되어왔다. 미디어 프레임은 선택의 원리, 즉 강조·해석·표현의 코드이다. 미디어 제작자들은 언어적인 것이든 시각적인 것이든 미디어 생산물과 담론을 조직하기 위해 프레임을 일상적으로 사용한다.

이에 따라 뉴스 편집자들은 다양하고 상충하는 정보들을 빠르고 쉽게 처리하고 묶을 수 있게 해준다. 프레임은 매스 미디어 텍스트의 코드화(encoding)에서 중요하게 제도화된 부분이며, 수용자의 해독(decoding)을 구성하는 데 중심적인 역할을 할 수 있다.

카메라의 프레임은 현실 속에서 일정한 부분만을 '떼어낸다(take a picture)'는 점에서 가장 원초적이면서도 중요한 의미를 생산해낸다. 카메라로 무엇을 잡는가에서부터 영상은 이미 찍는 사람이 그 영상을 통해서 어떠한 메시지를 전달하려고 했는지 그의 의도를 내포하고 있다.[69]

---

68) 강상현, 「포스트 시대의 미디어 연구」.

69) 박명진 편, 『비판커뮤니케이션과 문화이론』, 나남출판, 1994, p.331; 『영상학』, p.121.

• 하위문화(subculture) – 어떤 사회에서 일반적으로 볼 수 있는 행동양식과 가치관을 전체로서의 문화라고 할 때, 그 전체적 문화의 내부에 존재하면서 어떤 점에서는 독자적 특질을 나타내는 부분적 문화가 하위문화, 곧 서브컬처이다.

이것은 전체사회 속의 특정한 사회층이나 집단을 담당자로 하는 독특한 행동양식 및 가치관으로서의, 이른바 '문화 속의 문화'라고 할 수 있다. 구체적으로는 상류계층의 문화, 화이트칼라의 문화, 농민의 문화, 도시의 문화, 청소년문화, 군사문화, 불량배 집단의 문화 등이 이에 해당된다.

서브컬처의 개념은 1950년대 후반, 미국 사회학에서의 비행연구(非行硏究) 즉, 비행 청소년들이 형성하고 있는 독특한 비행문화의 연구에서 발전한 것이며, 오늘날에는 앞서 기술한 바와 같이 계층문화, 연령층문화, 직업문화, 지역문화 등 여러 영역에서 두루 쓰이게 되었다.[70]

• 환류(還流)작용, 피드백(feed back) – 현재는 커뮤니케이션 모델 내지 커뮤니케이션 이론에 밀접하게 연관되어 있지만 원래는 사이버네틱스(cybernetics)에서 온 개념이다. 피드백은 메시지에 대한 해독자(decorder)의 반응이 코드 작성자(encorder)에게로 되돌아가는 과정이라고 할 수 있다. 따라서 이는 코드 작성자로 하여금 메시지가 어떻게 받아들여졌는지를 알게 하는 수단이 된다. 그렇게 해서 코드 작성자가 의도하는 반응을 얻기 위한 전달 과정이나 코드화 또는 매체(medium)상의 변화가 가능하게 되는 것이다.[71]

• 환유(換喩, metonymy) – 환유는 어떤 것의 전체를 표현하게 위해 한 부분, 한 요소를 사용하는 방식이다.

야콥슨은 환유가 리얼리즘 소설의 특징적 양식이라고 말한다. TV경찰 시리즈의 리얼한 무대 장치는 도시 전체를 환유한다고 할 수 있다. 선택되는 환유 요소에 따라 도시에 대한 우리의 시각은 변한다. 뉴욕 런던은 기분 나쁘고 불빛도 어두운 부패해가는 범죄의 온상으로 보일 수 있다. 뉴스도 환유적

---

70) www.kr.encycl.yahoo.com
71) 박명진 편, 『비판커뮤니케이션과 문화이론』, 나남출판, 1994, p.352.

이다. 보도되는 장면사진은 사건 전체의 일부분이지만 현실 전체를 묘사하는 것으로 해석된다.[72]

• 헤게모니, 패권(hegemony) — 그람시(Gramsci)에 의해 정립된 개념으로, 문화론적 연구에서 헤게모니는 특정한 역사적 시기에 지배계급이 국가의 경제적·정치적 문화적인 방향에 대한 자신들의 권력을 유지하기 위해 피지배계급에 대한 직접적인 강압보다는 문화적인 수단을 통해 사회적, 문화적인 지도력을 발휘하는 능력을 말한다.

문화론적 연구에서 헤게모니 개념은 일상적인 의미나 표현, 행동 등이 어떻게 해서 지배적인 집단의 이익을 전체의 이익으로 보이도록 조직화되며 이해되는가의 연구를 통해서 자주 발견된다. 헤게모니는 계급 이데올로기를 자연화하며 이를 상식의 형태로 만드는 것이다. 결국 권력의 강요로서가 아니라 권위로서 행사될 수 있다는 것이며, 생활의 '문화적' 국면이 탈정치화된다는 것이다.[73]

---

72) 앞의 책, p.353.

73) 앞의 책, pp.343~344.

■ 참고문헌

김사승. 2000, <BBC다큐멘터리특강>, 한국방송영상산업진흥원.

강대인·김우룡·홍기선. 1995, 『방송제작론』, 나남출판.

강만석 외. 1998, 『텔레비전 다큐멘터리 정착화방안 연구』, 한국방송개발원.

강상현. 「구조주의 관점의 언론/문화연구」.

_____. 「비판커뮤니케이션 연구의 원류」.

_____. 「포스트 시대의 미디어 연구」.

권택영. 2001, 『감각의 제국』, 민음사.

김영석. 1999, 『멀티미디어와 정보사회』, 나남출판.

김지운·방정배·이효성·김원용. 1998, 『비판 커뮤니케이션 이론』, 나남출판.

다카야마 스스무. 2001, 『할리우드 거대미디어의 세계전략』, 곽해선 역, 중심.

『동아백과사전』 제6권. 1992, 동아출판사.

_____ 제7권. 1992, 동아출판사.

≪동아일보≫, 1997.

_____. 1998. 6/15. 6/17. 6/21. 6/23. 6/25. 7/10.

_____. 1999. 3/15. 9/2. 9/8. 10/31.

_____. 2000. 5/26. 9/8.

_____. 2001. 6/29. 7/20. 7/25.

_____. 2002. 1/16. 1/31. 2/1. 2/8. 2/22. 3/18. 4/22. 5/31. 6/29. 7/11. 7/16. 7/25.8/12. 8/26. 9/17. 9/25. 10/31. 11/5.

마이클 래비거. 1998, *Directing The Documentary*, 조재홍·홍형숙 역, 지호.

문화방송 편, 『영상편집이론』.

방송문화진흥회 편. 1990, 『방송대사전』, 나남출판.

_____. 1997, 『방송문화사전』, 한울.

박명진 편. 1994, 『비판커뮤니케이션과 문화이론』, 나남출판.

송경희·이혜경. 2000, 「TV프로그램 공급시장의 경쟁촉진 연구」, 한국방송진흥원.

신중섭. 「신자유주의란 무엇인가?」

신현웅. 1993, 『방송문장론』, 전예원.

에릭 바누. 2000, 『세계 다큐멘터리 영화사』, 이상모 역, 다락방.

원용진. 1998, 『대중문화의 패러다임』, 한나래.

월간미술 편. 1996, 『세계미술용어사전』, 중앙일보사.

이영음·홍석경. 2000, 『영상학』, 한국방송통신대학교 출판부.

이준일·금동호·김영식. 2000, 『영상매체학개론』, 커뮤니케이션북스.

이환경. 1999, 『TV드라마 작법』, 청하.

이효성. 1989, 『정치언론』, 이론과 실천.

이효인. 1999, 『영화미학과 비평입문』, 한양대학교 출판부.

≪전자신문≫. 2000.

전평국. 1994, 『영상다큐멘터리론』, 나남출판.

≪조선일보≫. 1997.

_____. 1998. 5/1.

_____. 1999. 12/10.

_____. 2001. 3/28. 5/8. 6/7. 7/4. 7/7. 7/24. 8/18. 8/31.

_____. 2002. 1/25. 1/29. 2/1. 2/15. 2/16. 3/22. 3/26. 7/3. 7/5. 7/11. 7/13. 7/15. 7/20.
    7/24. 8/15. 8/17. 9/7. 9/12. 9/24. 10/5.

조종흡. 「롤랑 바르뜨, 신화론자인가? 도착적 쾌락주의자인가?」.

_____. 「힘, 몸, 그리고 성: 어떻게 읽을 것인가?」.

존 하트 1999, 『스토리보드의 예술』, 이남진 역, 고려문화사.

≪주간동아≫, 2002. 5/9.

최 민. 「포르노」. ≪동아일보≫ 2002년 4월 22일자.

최양묵. 2000, ≪여의도 저널≫ 창간호, 사단법인 여의도크럽.

_____. 2000, ≪연세커뮤니케이션스≫, 연세대학교 언론홍보대학원.

최정호·강현두·오택섭. 1995, 『매스미디어와 사회』, 나남출판.

≪컴퓨터 아트≫ 7월호, 1999.

피터 바트 2001, 『할리우드의 영화전략』, 김경식 역, 을유문화사.

「2001년 방송산업 실태조사 보고서」. 방송위원회.

「2002년 방송산업 실태조사 보고서」. 방송위원회.

Alan Rosental. 1997, 『다큐멘터리 기획에서 제작까지』, 안정임 역, 한국방송개발원.

Herbert Zettl. 1995, 『텔레비전 제작론』, 황인성·윤선희·정재철·조찬식 역, 나남출판.

http://sig.kornet.net/on-air/studyroom/camera/camera4.html&camera5.html

KBS 1TV. 2002. 7/18. 및 10/24. <TV, 책을 말하다>.

lgpress@www.lg.co.kr.

MBC 라디오국 편. 1991, 『라디오 방송제작론』, 나남출판.

≪MBC가이드≫. 2001. 7, 「심미선의 시청률 이야기 ④-우리나라 시청률 조사현황」.

NHK취재반. 1986, <실크 로드> 제12권, 이명성·김균 역, 『모든 길은 로마로 통한다』, 서린문화사.

Patrick G. Riley. 2002, *The 1 Page Proposal*, 안진환 역, 을유문화사.

R. 위머·J. 도미니크. 1999, 『매스미디어 조사방법론』, 유재천·김동규 역, 나남출판.

www.carnavi.com

www.frenux.net

www.habal.com/review101/t-1.htm

www.kr.encycl.yahoo.com

www.ssy.co.kr/korean/read/cine

www.truelove.new21.net/philosophy/postmord.html

■ 지은이
최양묵
고려대학교 경제학과 졸업
서울대학교 신문대학원 수료
연세대학교 언론홍보대학원 석사
MBC-TV 교양제작국 기획제작부장·제작 1부장
MBC 사업국장
(주) MBC 프로덕션 대표이사 사장
MBC 아카데미 교수
성균관대학교 신문방송학과 강사
공연윤리위원회 수입외화심의위원
동덕여자대학교 공연예술대학 겸임교수
방송위원회 '이 달의 좋은 프로그램' 심사위원
현재 동덕여자대학교 공연예술대학장
    (주) 한국케이블TV 모두방송 대표이사 사장
    EBS 시청자위원회 부위원장

논문 「위성방송과 케이블방송과의 보완적 관계에 관한 연구」(2001) 외
편저 『바구니에 가득찬 행복』 1·2권(1978)
    『현대여성은 누구인가』(1982) 외 다수

방송문화진흥총서 **44**

텔레비전 다큐멘터리 제작론

ⓒ 최양묵, 2003

지은이 | 최양묵
펴낸이 | 김종수
펴낸곳 | 도서출판 한울

초판 1쇄 발행 | 2003년 3월 15일
초판 7쇄 발행 | 2014년 2월 5일

주소 | 413-756 경기도 파주시 광인사길 153 한울시소빌딩 3층
전화 | 031-955-0655
팩스 | 031-955-0656
홈페이지 | www.hanulbooks.co.kr
등록번호 | 제406-2003-000051호

Printed in Korea.
ISBN 978-89-460-4820-1 93070

* 책값은 겉표지에 표시되어 있습니다.

이 책은 MBC의 공적기여금으로 조성된
방송문화진흥자금으로 출간되었습니다.